👉 **Alle Karten zum Gratis-Download – so funktioniert's**
In diesem Reisehandbuch sind alle Detailpläne mit sogenannten QR-Codes versehen, die per Smartphone oder Tablet-PC gescannt und bei einer bestehenden Internet-Verbindung auf das eigene Gerät geladen werden können. Alle Karten sind im PDF-Format angelegt, das nahezu jedes Gerät darstellen kann. Für den Stadtbummel oder die Besichtigung unterwegs hat man so die Karte mit besuchenswerten Zielen und Restaurants auf dem Telefon, Tablet-PC, Reader oder als praktischen DIN-A-4-Ausdruck dabei.
Mit anderen Worten – der „gewichtige" Reiseführer kann im Auto oder im Hotel bleiben und die Basis-Infos sind immer und überall ohne Roaming-Gebühren abrufbar.

Überblick

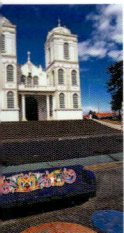

Reiserouten

Reiserouten

Reiserouten

Reiserouten

Weiterführende Informationen:

Karten:

Karten in den Umschlagklappen:

vorne: Costa Rica Übersicht mit Seitenweisen
hinten: San José Innenstadt

Legende

i	Information	⚓	Hafen	▨▨▨	Fußgängerzone
★	Sehenswürdigkeit	✈	Flughafen, Flugplatz	1 CA1	Autobahn/Schnellstraße (mit Nr.)
†	Kirche	⚡	Aussichtspunkt	22	Fernstraße (mit Nr.)
♁	Kathedrale	☂ Cocal	Strand	222	Hauptstraße (mit Nr.)
M	Museum		Tauchen		Nebenstraße, befestigt
■	wichtiges Gebäude	🏃	Wandern		Nebenstraße, meist unbefestigt
⁘	archäolog. Stätte	∩	Höhle		Fahrweg, unbefestigt
👤	Denkmal	🗼	Leuchtturm	- - - -	Piste, Pfad
✚	Krankenhaus	9	Unterkünfte		Nationalpark/Schutzgebiet
🛒	Markt, Supermarkt	9	Essen und Trinken	RNVS ☆	Naturpark/Refugio Nacional de Vida Silvestre
🎁	Einkaufen	🚓	Polizei		Rangerstation (teilw. Übernachtungsmöglichkeit)
✉	Post	$	Bank		
🚢	Schiffsanleger, Fähre	P	Parkplatz		periodischer See
🚂	Bahnhof	⛽	Tankstelle		Sumpf
🚌 Alfaro	Busbahnhof, mit Linienname	T	Thermalbad		
		♨	Heiße Quelle	© graphic	

VORWORT

Jahr für Jahr zieht es mehr und mehr Besucher (2012 waren es 2,3 Mio.) nach Costa Rica, das vor allem berühmt und beliebt ist wegen seiner Nationalparks, seiner Strände und seiner relativ hohen politischen und wirtschaftlichen Stabilität. Zusammengefasst wird dies mit dem im Alltag der Costa-Ricaner allgegenwärtigen Ausspruch **„pura vida"** (wörtlich übersetzt „das reine Leben"), was als Aufforderung zu verstehen ist, das Leben stressfrei zu genießen. Daneben wird es auch in der Bedeutung „mir geht es gut", „alles ist gut", „danke" oder auch „bitteschön" verwendet.

Costa Rica kann sich nicht nur in dem Glück sonnen, im Gegensatz zu den meisten anderen lateinamerikanischen Ländern seit Ewigkeiten keinen Militärputsch mehr erlebt zu haben, sondern es ist sogar das zweite Land in der Welt (nach Liechtenstein) gewesen, dass seine Armee aufgrund eigenen Entschlusses gänzlich abgeschafft hat.

Turismo naturalista bzw. **eco turismo** – haben sich in Costa Rica Tourismus und Natur glücklich vereint? Seit den 1980er-Jahren setzt die costa-ricanische Tourismuswerbung vor allem auf den Faktor Natur. Mit Verweis auf den hohen Anteil an Schutzgebieten und Nationalparks wird Costa Rica als ökologisches Musterländle vorgeführt. Diese Werbestrategie scheint auf fruchtbaren Boden gefallen zu sein:

Sowohl die Einnahmen aus dem Tourismussektor als auch die Besucherzahlen aus dem Ausland steigen stetig. Mit diesem Zuwachs ist allerdings eine gewisse Änderung in der Struktur des Tourismus' verbunden. Zunehmend wollen die Gäste „exklusivere" Leistungen in Anspruch nehmen. Zudem sorgt auch „sanfter" Tourismus für Belastungen der Natur: War z.b. der **Tortuguero-Nationalpark** früher lediglich mit einem gemächlichen Flussdampfer erreichbar, sodass man von San José für einen Besuch mindestens vier Tage einplanen musste, gibt es heute eine Flottille von Schnellbooten, die die Touristen in den Park expediert. Da inzwischen auch eine Verbindungsstraße durch den Naturpark Braulio Carrillo besteht, ist es nun prinzipiell möglich, Tortuguero in ein bis zwei Tagen von San José aus zu erkunden.

Dass dies auch gemacht wird, zeigen die steigenden Besucherzahlen. Doch die modernen Schnellboote verschmutzen das Wasser erheblich mehr als der alte Dampfer, und sie stören die Tierwelt. Außerdem führen die hohen Wellen, die die Schnellboote produzieren, zu einer Beschädigung und Erosion der Ufer. Die Transportkosten für die Einheimischen haben sich trotz spezieller Rabatte vervielfacht. Auch im **Nationalpark Manuel Antonio**, der auf der Beliebtheitsliste an erster Stelle rangiert, hat der Massenansturm schon zu erheblichen Problemen geführt. Zum einen wird man dem Abfallproblem nicht mehr Herr, zum anderen sind einige dort beheimatete Tierarten, die besonders scheu sind, aufgrund der von den Touristen ausgehenden Unruhe erheblich dezimiert worden, da sie aufgehört haben, Brutpflege zu betreiben. Durch eine Limitierung des Besucherstroms und Abbruchverfügungen für einige Herbergen versucht man, dieser Entwicklung entgegenzuwirken.

Der Autor ist sich wohl bewusst, dass auch dieser Reiseführer nicht unbedingt zur Schonung der unberührten Natur beiträgt. Die Routenbeschreibungen sind aber so angelegt, dass die Ziele größtenteils mit öffentlichen Verkehrsmitteln und aus eigener Kraft erreicht werden können. Zudem sollte man keinen landesuntypischen Unterbringungsstandard fordern, der insbesondere in ländlichen Regionen nur dann erreicht werden kann, wenn man wenig Rücksicht auf die Natur nimmt.

Dieses Buch wäre nicht entstanden, wenn ich beim Kennenlernen des Landes, bei meinen Recherchen und beim Verfassen des Textes nicht von einer Vielzahl von Menschen in der einen oder anderen Weise unterstützt worden wäre. Nur wenige davon sind mir dem Namen nach bekannt. Wenigstens ihnen soll an dieser Stelle – stellvertretend für alle – gedankt werden: *Aileen, Andrea, Angelika, Astrid, Christoph, Frank, Helena, Henrik, Isidoro, Isabel, José, José Luis, Juliane, Kerstin, Loren, Maike, Manuel, Marcela, Maria, Maria José, Maribel, Mauricio, Michael, Michaela, Olaf, Petra, Roman, Stefan und Torge.*

Wer mit hilfreichen Tipps und ergänzenden Informationen zur Aktualisierung folgender Auflagen beitragen möchte, dem sei schon jetzt im Namen aller künftigen Leser dieses Reisehandbuchs gedankt.

Magdeburg, im Januar 2014

Jochen Fuchs

I. COSTA RICA: LAND UND LEUTE

Costa Rica auf einen Blick

Staatsname	Republik Costa Rica (República de Costa Rica)
Internationale Abkürzung	CR
Länderkürzel im Internet	.cr
Staatsform	Republik mit präsidentiellem Regierungssystem
Hauptstadt	San José
Nationalflagge	Blau – weiß – rot – weiß – blau (blau steht für den atlantischen bzw. pazifischen Ozean, weiß symbolisiert die Funktion des Landes als Bindeglied zwischen Nord- und Südamerika und rot drückt die Sympathie mit den revolutionären Ideen der Französischen Revolution aus)
Amtssprache	Spanisch
Nationalsprachen	Spanisch, im karibischen Landesteil auch Englisch bzw. eine auf dem Englischen basierende Kreolsprache sowie mehrere indigene Sprachen
Einwohner (2011)	4,3 Mio., San José 0,34 Mio. (Großraum San José 1,62 Mio.)
Bevölkerungsdichte	84,18 Einw./km², in San José 7.546 Einw./km² (BRD: 229 Einw./km²)
Bevölkerungswachstum (2010)	1,5 %
Human Development Index (2012)	0,773, 62. Rang v. 187 Ländern (BRD: 0,905, 9. Rang)
Regionale Gliederung	sieben Provinzen (Alajuela, Cartago, Guanacaste, Heredia, Limón, Puntarenas und San José), die in insgesamt 81 Kantone und 463 Distrikte aufgeteilt sind
Ethnische Gliederung	94 % Weiße und Mestizen, 3 % Afroamerikaner, 1 % Asiaten, 1 % Indigene und 1 % Sonstige
Religionen	57 % Katholiken, 12 % (Neo-)Protestanten, 7 %, andere christliche Gruppen, 3 % sonstige Religionen, 21 % Atheisten
Lebenserwartung (2012)	79,4 Jahre
Verstädterung	60 %
Alphabetisierungsrate	95 %
Anteile am BIB	66 % Dienstleistungen, 22 % Industrie, 7 % Landwirtschaft, 5 % Dienstleistungen im touristischen Sektor.
Wachstumsrate BIB (2012)	5,1 %
Inflationsrate (2013)	6,3 %
Pro-Kopf-Einkommen (2012)	8.356 €, 74. Rang v. 181 Länder
Löhne	Plantagenlandarbeiter ca. 350 €, Bauhilfsarbeiter ca. 425 €, Koch ca. 460 €, Fußballspieler 1. Division ca. 633 €, Universitätsabsolvent (BA) ca. 795 €, Universitätsabsolvent (Lic.) ca. 815 €
Arbeitslosenrate (2013)	7,8 %
Gini-Koeffizient (0 = totale Gleichheit, 1 = totale Ungleichheit)	0,542 (BRD: 0,31)
Tourismus (2012)	ca. 2,3 Mio. Besucher
Währungseinheit	Costa Rica Colón (1 CRC = 100 Céntimos)
Fläche	51.100 km² (Niedersachsen: 47.600 km²)
Landwirtschaftlich genutzte Fläche	40 %
Ausdehnung	Nord-Süd 460 km, West-Ost 259 km
Küstenlänge	1.290 km (davon 212 km karibische Küste)
Höchster Berg	Chirripó (3.819 m)
Längster Fluss	Río Grande de Terraba (ca. 200 km)
Zeitzone	MEZ minus 7 Std.
Geografische Lage	Zentralamerika, grenzt an Panama und Nicaragua

Historischer Überblick

20000–9000 v. Chr.: Besiedlung des mittelamerikanischen Raumes entweder von Norden (Ausgangspunkt Sibirien) über die vereiste Beringstraße oder aber von Süden durch Nachfahren von an der Küste Südamerikas anlandenden frühen Seefahrern.

ca. 9600–4500 v. Chr.: Während der auf die Eiszeit folgenden Mittelsteinzeit verbessern sich die Klimabedingungen, die **umherstreifenden Gruppen** vergrößern sich auf bis zu 100 Menschen. In dieser Periode sind Fortschritte bei der **Werkzeugfertigung** festzustellen, von denen Funde in Guanacaste und im Tal des Turrialba zeugen.

ab ca. 5000 v. Chr.: Mit Beginn der Jungsteinzeit beginnt man, **Mais** anzupflanzen, wobei die traditionellen Nahrungsgewinnungsmethoden weiterhin beibehalten werden.

ab 2000 v. Chr.: Entstehung der ersten zumindest vorübergehend festen **Kleinsiedlungen**, der Wanderfeldbau wird eingeführt. Die ältesten Funde aus dieser Zeit wurden in Guanacaste gemacht.

ab 500 v. Chr.: Mit den veränderten Produktionsmethoden ändern sich allmählich die gesellschaftlichen Strukturen. Waren Jäger und Sammler ebenso wie die ersten Wanderfeldbauern grundsätzlich egalitär organisiert, ermöglichen die Überschüsse aus dem Ackerbau erste **Spezialisierungen** und die Herausbildung einer gewissen **Elite**. Diese von *caciques* regierten Gemeinschaften umfassen mehrere Siedlungen und beherrschen ein sich gegenüber anderen Gemeinschaften abgrenzendes (Klein-)Territorium.

ab 500 n. Chr.: Die Verarbeitung von Jade sowie eine Verfeinerung der Gefäßherstellung (erste polychrome Keramiken) zeugen von fortschreitender Spezialisierung. Auf der Halbinsel Nicoya etablieren sich die der sogenannten mesoamerikanischen Kultur verbundenen **Chorotegas**, die schon über ein relativ differenziertes **Kastenwesen** verfügen (Kaziken, Priester, Krieger, Handwerker, Bauern etc.). In den übrigen Teilen des Landes dominieren Einflüsse aus Südamerika. Die bedeutendste Fundstätten dieser Kulturen liegen im Südwesten (Borucas im Diquís-Delta) sowie bei Turrialba (Guayabo, s. S. 218).

1502   Beginn der costa-ricanischen Kolonialzeit. Im September landen die ersten Spanier unter Führung von **Cristóbal Colón** (Kolumbus) auf der Insel Uvita vor dem heutigen Limón an. Der vergeblich Indien suchende Kolumbus wird bei seiner Ankunft von Ortsansässigen mit Goldgeschenken bedacht, weshalb er das Land als „reiche Küste" (span.: *costa rica*) in Erinnerung behält.

1522   Spanische *conquistadores* durchstreifen unter **Gil González Dávila** erstmals das Land auf der Suche nach Gold und bekehrbaren Seelen.

1528   Mit **Bruselas** entsteht die erste spanische Siedlung, die allerdings nur kurze Zeit Bestand hat.

Mitte des 16. Jh.: Beginn neuerlicher Kolonialisierungsbemühungen.

1562   **Juan Vazquez de Coronado** gründet Castillo de Garcimuñoz als Vorläufer der späteren Kolonialhauptstadt **Cartago** und wird zum Gouverneur ernannt.

1569   Abschluss der *conquista*. Entsprechend dem Rang und den Verdiensten der einzelnen Teilnehmer an der Eroberung erfolgt die **Verteilung von Land** und die Zuweisung von indianischen Arbeitskräften (*encomienda* bzw. *repartimiento*). Diese Aufteilung der Eigentumsverhältnisse und die Einteilung in gesellschaftliche Klassen bleiben über Jahrhunderte erhalten.

1611   Die Zahl der im Lande wohnenden Spanier hat sich seit 1569 auf 330 verdreifacht, die Zahl der **indigenen Bewohner** wurde um nahezu die Hälfte auf etwa 15.000 dezimiert. Man vermutet, dass zum Zeitpunkt des Auftauchens der ersten Europäer mindestens 25.000 Menschen im Lande lebten, manche Forscher gehen auch von bis zu 400.000 Einwohnern aus.

ab Mitte des 17. Jh.: Kakaoplantagen, die mit Hilfe von Sklaven an der Atlantikküste angelegt werden, sollen zur Basis einer wirtschaftlichen Aufwärtsentwicklung werden.

1709 Kakaobohnen werden offizielles Zahlungsmittel. 800 Bohnen entsprechen einem Peso.

18. Jh. Gründung von Heredia, San José und Alajuela. Der allmähliche Niedergang der Kakaowirtschaft führt zum Aufstieg des eher kleinflächig betriebenen **Tabakanbaus**.

Beginn des 19. Jh.: Entdeckung von kleineren Goldvorkommen und Einführung des **Kaffees** als Exportprodukt der Zukunft.

1821 **Unabhängigkeit** von Spanien und vorübergehender Anschluss an das **mexikanische Kaiserreich**.

1823 Costa Rica wird als Republik Mitglied der **Zentralamerikanischen Union** mit Guatemala als Zentrum. Die Zeit der ewigen Konflikte zwischen Liberalen und Konservativen beginnt.

1824 Abschaffung der **Sklaverei**.

Ethnische Gruppen

info

Eine Besonderheit stellt das relativ **konfliktfreie Zusammenleben** der ethnischen Gruppen in Costa Rica dar. Dies trug auch dazu bei, dass während der nachkolonialen Ära soziale Konflikte in aller Regel weniger heftige Formen annahmen als in den umliegenden Ländern.

Gegenüber **Einwanderern aus dem europäischen Raum** verhielt man sich generell integrationswillig. Diese verstärkten die Bevölkerung im Valle Central und erwarben sich durch mitgebrachtes Know-how oft schnell einen anerkannten Platz in der Gesellschaft. Anders war die Lage der **Farbigen**. Sie waren dafür ausersehen, die Rolle

Die Bewohner von Guanacaste pflegen einen ausgeprägten Lokalpatriotismus

info

einzunehmen, die ursprünglich den Indianern zugedacht gewesen war. Die Reste der **indigenen Bevölkerung** beließ man – sieht man von einigen wenigen Missionsversuchen ab – über lange Zeit hinweg weitgehend ungestört in ihren Rückzugsgebieten. Erst als sich die Bananenplantagen in Richtung panamaische Grenze ausdehnten, erfolgten Einbrüche größeren Umfangs in ihre Lebensräume, die eine erneute Verdrängung dieser Gruppe zur Folge hatten.

Soweit Farbige als Sklaven oder Kontraktarbeiter nach Costa Rica kamen, wurden sie in aller Regel außerhalb des Hauptsiedlungsgebiets in den Plantagenregionen ansässig (gemacht). So entwickelte sich das karibische Tiefland zeitweise zu einer regelrechten afroamerikanischen Enklave. An diesem Zustand änderte sich lange Zeit nichts. Bis 1940 existierte ein **Verbot für Farbige**, das zentrale Hochland zu betreten oder gar sich dort niederzulassen. Selbst farbige Eisenbahner mussten den von der Karibik nach San José fahrenden Zug verlassen und wurden gegen weiße Kollegen ausgetauscht bevor die Lok hinauf ins Valle Central abdampfen durfte. Von der United Fruit Company (U.F.Co.) ertrotzte der Staat sogar die Zusage, dass bei neu anzulegenden Plantagen an der pazifischen Küste keine schwarzen Arbeiter beschäftigt würden. In aller Regel betrachtete man sie nicht als Costa-Ricaner, sondern – da viele von ihnen im Rahmen des Eisenbahnbaus und des Bananenbooms eingewandert waren – als Fremdarbeiter. Von diesen erwartete man, dass sie nach einiger Zeit wieder in ihr Herkunftsland zurückkehren würden. Da ihr Hauptansiedlungsgebiet, die Region um Limón, zudem U.F.Co.-Land war, nahm man sie umso weniger als Teil des costa-ricanischen Volkes wahr.

1838   Austritt Costa Ricas aus der Zentralamerikanischen Union unter **Braulio Carrillo**.

Mitte des 19. Jh.: Costa Rica wird zum Land der Kaffeebarone und erlebt einen **wirtschaftlichen Aufschwung**.

1856/57 Der Versuch des Südstaatlers **William Walker**, Costa Rica – wie auch das übrige Mittelamerika – nach erzwungener Wiedereinführung der Sklaverei den USA einzugliedern, scheitert. Costa Ricas berühmteste Schlacht wird bei

Der Nationalheld Juan Santamaría wird auch in Alajuela mit einem Denkmal geehrt

Santa Rosa geschlagen und der Mulatte Juan Santamaría geht als „Held von Rivas" in die Annalen der offiziellen Geschichte ein.

1869   Die kostenlose **Schulbildung** wird eingeführt.

1870   Der Militär **Tomás Guardia** putscht und wird in den kommenden Jahren mal als Präsident, mal als Drahtzieher hinter dem Präsidenten zum die Politik maßgeblich prägenden Mann.

1882   Abschaffung der Todesstrafe auf Initiative von Tomás Guardia. Der US-Amerikaner **Minor C. Keith** legt den Grundstein zur Fertigstellung der transkontinentalen Eisenbahn und erhält im Gegenzug die Möglichkeit, Costa Rica zur „Bananenrepublik" zu machen, indem er im karibischen Teil Bananenplantagen anlegt und die **United Fruit Company** (U.F.Co.) als Vorläufergesellschaft von Chiquita gründet.

Beginn des 20. Jh.: Die costa-ricanische Wirtschaft basiert auf **Kaffee-** und **Bananenexport**.

Kaffeebarone und Bananenmultis

An der im Jahre 1821 erfolgten Loslösung des Landes von Spanien waren vor allem die auf Freihandel setzenden Liberalen interessiert. Die Rolle der Kolonialaristokratie übernahm nun eine aus der liberalen Elite hervorgegangene und mit dem – wenn auch kurzlebigen – Minenboom zu ökonomischer Macht gelangte Gruppe, die dann im Laufe des 19. Jh. den Kern der **Kaffeepflanzeroligarchie** bildete. Aufgrund ihrer ökonomischen Vorherrschaft konnte sie in dem zentralistisch orientierten Nationalstaat unangefochten ihren Führungsanspruch realisieren.

Eine Limitierung ihrer Macht erfuhr die Kaffeeoligarchie erst mit dem noch vor der Wende zum 20. Jh. einsetzenden Boom des **Bananenanbaus**. Initiatoren der auf **Enklavenwirtschaft** basierenden Produktion waren der US-Amerikaner Minor C. Keith (dessen Stadthaus in San José noch heute besichtigt werden kann, s. S. 154) und seine Bananengesellschaft **United Fruit Company** (U.F.Co.). Da man sich allerdings damit begnügte, die Plantagengebiete als einen quasiautonomen Staat im Staate auszugestalten, ohne landesweit der einheimischen Oligarchie die Führung streitig zu machen, wurde die Herrschaft der Kaffeebarone in ihren Stammlanden solange nicht davon tangiert, wie sie sich den Interessen des Großkonzerns gegenüber aufgeschlossen zeigten.

Lediglich mittelbar bedeutete die Errichtung der Enklaven eine Infragestellung der hergebrachten Ordnung. Die für Costa Rica neuartige Großproduktion führte zu einem Bruch mit den semifeudalen Arbeitsverhältnissen und zur Herausbildung eines **Proletariats**, das zunehmend begann, die gegebenen Machtstrukturen zunächst in Frage zu stellen und dann auch offen gegen sie zu opponieren.

Der Proletarisierungsprozess war zwar schon im 19. Jh. durch die zunehmende Konzentration des Bodens in den Händen weniger Kaffeebarone vorbereitet worden, da hierdurch eine umfangreiche **Enteignung von Bauern** stattgefunden hatte. Doch der eigentliche Anstoß zum Durchbrechen der paternalistischen Tradition erfolgte erst durch die Niederlassung der U.F.Co.

Zu Beginn des Kaffeebooms hatte für Newcomer noch die Möglichkeit bestanden, Aufnahme in die **neue Elite** zu finden. Aus Eigentümern größerer, günstig gelegener Fincas hatte sich ansatzweise eine gutsituierte rurale Mittelschicht bilden können. Inzwischen aber waren die Reihen der Oligarchie geschlossen und der bäuerliche Mittelstand weitgehend ausgedünnt worden. Letzteres war eine Folge der Konzentrationstendenzen und der die Kaffeewirtschaft in Mitleidenschaft ziehenden Krisen.

info

Kaffee

Gleichzeitig war seit dem Ende der 1920er-Jahre eine verstärkte **Landflucht** erfolgt. In den dadurch angewachsenen Städten hatte sich ein **Kleinbürgertum** entwickelt, welches an einem Aufbrechen der verkrusteten ökonomischen und politischen Strukturen existentielles Interesse zeigte. Es verfügte allerdings weder über eine gesicherte ökonomische Basis noch stellte es quantitativ einen entscheidenden Teil der Bevölkerung dar.

1934 Die Bananenarbeiter unter Führung des Kommunisten und späteren Autors **Carlos Luis Fallas** gewinnen ihren **Streik** gegen die United Fruit Company.

1940 Der Christdemokrat Rafael Ángel Calderón Guardia und der Führer der costa-ricanischen Kommunistischen Partei Manuel Mora gehen unter Vermittlung des sozialchristlich geprägten Erzbischofs Víctor Sanabria Martínez eine Koalition ein und legen gemeinsam den Grundstein für die wohlfahrtsstaatliche Orientierung des Landes. So fällt auch das Verbot für Afroamerikaner, das zentrale Hochland zu betreten.

1948 Der christdemokratisch-kommunistischen Regierungskoalition steht eine bunte Opposition gegenüber: die konservativen Agrarier, deren Präsident der antisemitischen Zeitungsverleger **Otilio Ulate Blanco** ist; die sozialdemokratisch orientierte Gruppe um **José Figueres**, der es in Zusammenarbeit mit der Legión Caribe u. a. um die Befreiung Lateinamerikas von tyrannischen Regierungen geht, sowie eine Fraktion unter Führung des lokalen Repräsentanten des **Coca-Cola-Konzerns**. Nach einer turbulenten Kampagne für die Wahlen am 8. Februar schließt sich Figueres zusammen mit Ulate Blanco, der als Präsidentschaftskandidat für die Unión Nacional ins Rennen gegangen war. Die Dispute um den strittigen Wahlausgang mündeten in einen blutigen fünfwöchigen **Bürgerkrieg** mit über 2.000 Toten, aus dem Figueres als Sieger hervorgeht. Die Verfassung von 1871 wird aufgehoben.

Am 8. Mai wird eine **Junta** unter dem Vorsitz von Figueres als Führer des Ejército de Liberación Nacional gebildet, die für die folgenden 18 Monate die Macht im Lande ausübt. Diese Zeit nutzte man zum einen für **wirtschaftliche Umgestaltungen** (beispielsweise wurden die Banken verstaatlicht), zum anderen zur Durchführung einer **Säuberung** des Landes. In diesem Zusammenhang gehen etwa 7.000 Costa-Ricaner ins Exil und in den Gefängnissen sitzen rund 3.000 politische Gefangene.

1949 Am 8. Januar finden die Wahlen zur verfassunggebenden Versammlung statt, in der konservativ orientierte Kräfte die Mehrheit bilden. Die an der Verfassung von 1871 orientierte **neue Verfassung** der sogenannten Zweiten Republik wird am 7. November verabschiedet. Sie sieht u. a. vor, dass die **Streitkräfte aufgelöst** werden und die Aufstellung einer Armee in Friedenszeiten verboten ist. Frauen sowie die afroamerikanischen Bewohner des Landes erhalten das **Wahlrecht**. Figueres übergibt die Macht an **Ulate Blanco**, den Sieger der Wahl von 1948.

Das Militär im „Land des Friedens"

info

Zwar rühmt man sich im Lande häufig, stets **„mehr Lehrer als Soldaten"** und **„mehr Schulen als Kasernen"** gehabt zu haben, doch hielt dies das Militär nicht immer davon ab, sich durchaus aktiv an der Austragung politischer Konflikte zu beteiligen. Dennoch institutionalisierte es sich nie als ein Staat im Staate. Das Militär agierte meist lediglich als (Putsch-)Instrument. Nach getaner Arbeit kehrte es wieder in die Kasernen zurück. Es erhob auch nicht wie in vielen anderen lateinamerikanischen Staaten den Anspruch, ein dem Parteiengezänk übergeordneter Ordnungsfaktor im nationalen Interesse zu sein.

Die Ursachen für seinen eher marginalen Status reichen zurück bis in die Kolonialzeit. Als **wirtschaftlich unbedeutende Randprovinz** bedurfte das Land keiner überdimensionierten „schimmernden Wehr". Sogar die kleine Truppe, mit der man sich begnügte, verschlang höhere Mittel als die Provinz einbrachte. Hatten ursprünglich die spanischen Gouverneure noch stets um zusätzliche Kräfte für die Erringung der tatsächlichen Herrschaftsgewalt nachgesucht, so änderte sich dies spätestens dann, als der **Schmuggelhandel** zu florieren begann. Mehr Soldaten hätten unter Umständen nur dazu geführt, dieses einträgliche Geschäft wirksamer zu unterbinden. Als das spanische Weltreich zu wanken begann und in Mexiko und Südamerika die ersten Kämpfe um die Unabhängigkeit aufflammten, war Madrid – wenn überhaupt – nur noch in der Lage, an den neuralgischen Punkten des Reiches seine Kraft zu konzentrieren. Da Costa

Künstlerische Darstellung des Kampfes gegen Walker in Rivas

Rica nie zu diesen zählte, war es, als die Unabhängigkeit proklamiert wurde, von loyalen Truppen weitgehend entblößt.

In den folgenden Auseinandersetzungen zwischen Konservativen und Liberalen mussten erstere so auf die Hilfe eines schlagkräftigen, konservativ orientierten Militärs weitgehend verzichten. Da Costa Rica während der Wirren um die Zentralamerikanische Föderation keine Einfälle in sein an der Peripherie gelegenes Territorium zu befürchten brauchte und selbst keine Ambitionen hatte, sich in den Kämpfen zu engagieren, bestand in dieser Ära ebenfalls keine Notwendigkeit zu einer forcierten Aufrüstung. Selbst in den Fällen, in denen mit Hilfe des Militärs ab Mitte der 1830er-Jahre die eine oder die andere Fraktion oder Familie ihr missliebige Präsidenten ablöste, taugte es kaum dazu, dauerhaft ein auf diese Weise zur Macht gekommenes Regime zu erhalten.

Als William Walker 1856 die Unabhängigkeit Costa Ricas bedrohte (s. S. 16), verfügte man über finanzielle Reserven, die zur Abwehr des Invasionsversuchs eingesetzt wurden und so maßgeblich zu seinem Scheitern beitrugen. Auch in der Folgezeit sah sich Costa Rica aus den bereits genannten Gründen mit keiner unmittelbaren Gefahr von außen konfrontiert, die Anlass für den Aufbau starker Streitkräfte hätte sein können. Da das Land nie über ein starkes Heer verfügte, sahen seine Nachbarn wiederum nie eine Bedrohung ihrer Souveränität von ihm ausgehen. Costa Rica geriet somit niemals in die Lage, den Beginn einer **Aufrüstungsspirale** auszulösen.

Insgesamt gesehen entwickelte sich auf diese Weise eine Tradition, ohne die es letztlich kaum denkbar gewesen wäre, dass in der Verfassung von 1949 ein grundsätzliches **Verbot von Streitkräften** festgeschrieben wurde. Selbst unter Berücksichtigung des Umstands, dass in Costa Rica andere Formationen inzwischen z. T. originäre militärische Aufgaben übertragen bekommen haben (paramilitärische Einheiten wie die Guardia Rural oder die Reserva gibt es durchaus), stellt dies ein gelungenes Modell der Kriegsprävention dar.

1951	Die sozialdemokratisch orientierte **Partido de Liberación Nacional** (PLN) wird gegründet. In der Folgezeit bildet sich in Costa Rica ein im Wesentlichen **bipolares System** heraus: einerseits die von Figueres dominierte PLN, auf der anderen Seite das eher **bürgerliche, rechte Lager**, welches zu den Präsidentschaftswahlen meist unter unterschiedlichen Bezeichnungen antritt. Charakteristisch für die weitere Entwicklung ist, dass – ähnlich wie in Großbritannien – lange Zeit ein mehr oder wenig regelmäßiger Machtwechsel zwischen den Repräsentanten dieser beiden Lager erfolgt.
1953	**Figueres** gewinnt als Kandidat des PLN die Präsidentschaftswahlen. Gemäß dem sozialdemokratisch orientierten Programm werden die Banken verstaatlicht, die **Sozialgesetzgebung** ausgebaut und die Wirtschaft angekurbelt.
1955	Anhänger des exilierten ehemaligen Präsidenten **Calderón** (1940–1944) scheitern mit ihrem Versuch, von Nicaragua aus eine **Invasion** durchzuführen und Figueres zu entmachten.
1958	Der Kandidat der rechten Partido Unificación Nacional (PUN), **Mario Echandi Jiménez**, wird Präsident, setzt aber die Politik seines Vorgängers in ihren Grundzügen fort.
1970	**José Figueres** (PLN) wird zum wiederholten Mal Präsident; ein Teil des Eisenbahnnetzes wird verstaatlicht. Figueres wird in den IOS-Finanzskandal verwickelt und das Land von **Studentenprotesten** in Zusammenhang mit Konzessionen, die dem multinationalen Bergbaukonzern ALCOA zugeschanzt worden waren, erschüttert.

Das Goldene Zeitalter

In den ersten drei Dekaden nach Gründung der sogenannten *Segunda República* im Jahre 1949 erlebte das Land ein – wie der Historiker Molina es vielleicht etwas zu überschwänglich ausdrückte – **Goldenes Zeitalter**: Die Bevölkerung wuchs zwischen 1953 und 1973 auf das Zweieinhalbfache; anstelle von 3,5 Mio. Bananenkisten (1944) exportierte man um die 18 Mio.; der Preis des *quintals* Kaffee (ca. 46 kg) stieg zwischen 1940 und 1956 von 9 auf 68 US$ und die Produktivität der Kaffeefincas verdreifachte sich zwischen 1950 und 1970, was maßgeblich auf den Einsatz von Chemikalien zurückzuführen sein dürfte.

Mit Zucker und Fleisch gelang es seit den 1960er-Jahren neue, für den Export bestimmte Agrarprodukte zu erzeugen und mit dem verstärkten Anpflanzen der Afrikanischen Palme wurde man bei der Öl- und Margarineproduktion weitgehend Eigenversorger. Anfang der 1960er-Jahre setzte eine gezielte staatliche **Industrialisierungspolitik** ein. Die Idee dahinter war, die einseitige Abhängigkeit des Landes vom Agrarsektor zu beenden. Parallel dazu versuchte der Staat die **Ausbildung** der Bevölkerung zu verbessern und eine den neuen Erfordernissen der Zeit adäquate **Infrastruktur** aufzubauen.

Gleichwohl kann diese Zeit nicht als eine reine Erfolgsgeschichte betrachtet werden. Der Vormarsch des Agro-Business rollte über den Wald hinweg, verursachte erhebliche ökologische Probleme und ließ nicht wenige Menschen, die ursprünglich im Agrarsektor ihr, wenn auch bescheidenes, Auskommen gefunden hatten, in den Reihen des Prekariats landen. Ökonomische Ungleichheiten nahmen zu, gleichzeitig kehrten immer mehr Men-

Auf dem Land hat das Pferd als Transportmittel noch nicht ausgedient

schen dem Landleben den Rücken und zogen es vor, ihr Glück in den Städten zu suchen. Als ein erster Ausdruck des bevorstehenden Endes des Goldenen Zeitalters mögen die Auseinandersetzungen um die **Konzessionen für Rohstoffabbau** angesehen werden, die die Regierung dem multinationalen Konzern ALCOA (Aluminium Company of America) hatte zuschanzen wollen. Dieser Konflikt sorgte Anfang der 1970er-Jahre für eine gewisse Aufbruchsstimmung und Politisierung insbesondere der akademischen Jugend.

1974 **Daniel Oduber Quirós** (PLN) wird Präsident, der PLN verliert aber die parlamentarische Mehrheit. Unter seiner Präsidentschaft wird der Bildungsbereich ausgebaut und eine intensive Kulturförderung betrieben.

1975 Das Verbot der Kommunistischen Partei und anderer linksorientierter Parteien wird aufgehoben.

1978 Der Vorsitzende des Oppositionsbündnisses Unidad, **Rodrigo Carazo Odio**, wird zum Präsidenten gewählt. Die sandinistischen Revolutionäre werden in ihrem Kampf gegen den **nicaraguanischen Diktator Somoza** von der costa-ricanischen Regierung unterstützt, was Ursache für den Abbruch der diplomatischen Beziehungen zum Nachbarland ist.

1979 Nach dem Sieg der linksgerichteten Befreiungsbewegung FSLN in Nicaragua werden die diplomatischen Beziehungen erneut aufgenommen.

Die ökonomische Situation in Costa Rica verschlechtert sich; die Arbeiterklasse versucht mit **Streiks**, ihre Errungenschaften zu verteidigen.

1980 Die Inflationsrate steigt auf knapp 20 %. Illegaler **Waffen-** und **Drogenhandel** beginnen zu boomen.

1982 **Luis Alberto Monge** vom PLN wird Präsident, seine Partei erringt erneut eine parlamentarische Mehrheit. Monge versucht mittels einer **Austerity-Politik**, die ökonomischen Probleme in den Griff zu bekommen; die Unterstützung der USA erkauft er sich durch ein Einschwenken auf deren **antisandinistischen Kurs,** kann aber vermeiden, dass US-amerikanische Truppen im Land stationiert werden (und eine zweite Front im Süden Nicaraguas eröffnen). Costa Rica unterwirft sich dem Diktat des Internationalen Währungsfonds (IWF).

1983 Das Land wird durch eine **schwere wirtschaftliche Krise** erschüttert. Die Inflationsrate steigt auf 90 %, jeder fünfte Werktätige ist arbeitslos, das Bruttoinlandsprodukt (BIP) sinkt um 6 %. Costa Rica erklärt seine immerwährende **politische Neutralität.** Konservative Parteien schließen sich zum **Partido Unidad Social Cristiana** (PUSC) zusammen, Rafael Ángel Calderón wird ihr Vorsitzender. Während der PLN weiterhin von der SPD über ihre Friedrich-Ebert-Stiftung gesponsert wird, übernimmt beim PUSC die Konrad-Adenauer-Stiftung der CDU diesen Part.

1984 Die Kommunistische Partei Costa Ricas spaltet sich. Weitere linke Gruppen zerfallen bzw. spalten sich ebenfalls. Der antisandinistische Contra-Führer Eden Pastora wird bei einem Attentat verletzt. „Voice of America" (US-amerikanischer Propagandasender) erhält eine Sendelizenz im Norden Costa Ricas. Eine *marcha por la paz* am 15. Mai demonstriert für **Frieden in Zentralamerika** und gegen die völkerrechtswidrige US-amerikanische Einmischung in der Region.

1985 Ein Absturz eines Hubschraubers der von den USA finanzierten und befehligten Contras liefert den Beweis für von Costa Rica ausgehende Aktivitäten im Kampf gegen Nicaraguas Sandinisten. Es kommt zu **Grenzzwischenfällen** zwischen Nicaragua und Costa Rica.

1986 Der PLN-Kandidat Óscar Arias gewinnt die Präsidentschaftswahl. Der PLN verliert zwar Prozentpunkte, kann seine absolute Parlamentsmehrheit jedoch verteidigen.

1987 Dem BRD-Außenminister H.-D. Genscher wird als erstem ausländischen Politiker die lebenslange **Ehrenbürgerwürde** verliehen. Eine leicht abgewandelte Version des Arias-Plans zur Herstellung des Friedens in Zentralamerika wird in Guatemala unterzeichnet. **Oscar Arias** erhält den **Friedensnobelpreis.** Fortschreiten der **Abholzung**: Waren 1943 noch 38.250 km² des Landes mit dichtem Wald bewachsen, so sind es nun nur noch 14.758 km².

1988 Verbesserung der wirtschaftlichen Lage. Unter dem Diktat des IWF werden neue **Strukturreformen** durchgeführt – Streiks, Straßenblockaden und Demonstrationen sind die Folge.

1989 **Skandal um Drogengelder**: Sowohl Arias als auch Oduber sollen von einem US-Drogenboss Wahlkampfunterstützungszahlungen erhalten haben. Weitere Politiker des PLN sowie des PUSC sowie hohe Beamte sind sowohl in das internationale Drogengeschäft als auch in illegale, die Neutralität des Landes verletzende Aktivitäten der Reagan-Administration gegen Nicaragua verwickelt. Arias schwenkt auf die **US-Linie** gegen die Regierung von Panama unter Noriega ein. Umfangreiche **Streiks** zwingen die Regierung zu einer partiellen Abmilderung der Austerity-Politik. Ein weltweiter **Preisverfall**

für Kaffee beginnt. Mit der Sala IV des Obersten Gerichtshofs erhält Costa Rica eine **Verfassungsgerichtsbarkeit.**

1990 Der Kandidat des PUSC, **Rafael Ángel Calderón Furnier,** wird Präsident. Er ist der Sohn des ehemaligen Präsidenten Calderón Guardia (1940–1944), Erzfeind des „Staatsgründers" José Figueres. Der PUSC verfügt im Parlament über die absolute Mehrheit. Schon bald widerruft der neue Präsident seine Wahlversprechen hinsichtlich verbesserter Sozialleistungen und gerechterer Einkommensverteilung. Er verabschiedet sich von etlichen Teilen des costa-ricanischen Sozialstaatsmodells und orientiert sich am **neoliberalen Mainstream.** Im Oktober treten 100.000 im öffentlichen und privaten Sektor Beschäftige in den Streik.

1991 Auf einem Treffen der bananenexportierenden Länder fordern diese die Europäische Gemeinschaft auf, ihre neu beschlossenen **Importquoten** aufzuheben und sich verstärkt gegen die US-amerikanischen Konzerne zur Wehr zu setzen. Im April erschüttert ein schweres **Erdbeben** die Atlantikküste. Der Vulkan Rincón de la Vieja bricht aus. Panama und Costa Rica schaffen durch ein Abkommen den grenzüberschreitenden **Parque de la Amistad.** Der Kaffeepreis sinkt weiter. Massive **studentische Proteste** erheben sich gegen die neoliberale Bildungspolitik des Präsidenten Rafael Ángel Calderón Furnier.

1992 Die Einnahmen aus dem **Tourismusgeschäft** verdrängen als Devisenquelle den Export von Kaffee auf Platz drei. Nummer eins bleibt weiterhin der Bananenexport mit einem Anteil von knapp 20 %. 100.000 Beschäftigte arbeiten im bananenproduzierenden Sektor, pro km² werden 195 kg Schädlingsbekämpfungsmittel (Weltdurchschnitt: 20 kg) eingesetzt. Die US-amerikanische Standard Fruit Company wird verschiedener **Umweltvergehen** schuldig gesprochen. Die Erlöse aus dem Kaffeeexport decken die Produktionskosten nur noch zu 60 %. **Gewerkschafts- und Studentenproteste** zwingen die Regierung zum Verzicht auf Massenentlassungen und Sparmaßnahmen im Bildungssektor. Die durchschnittliche Lebenserwartung steigt auf 75,9 Jahre. 14 % der Landbevölkerung haben immer noch keinen Zugang zu sauberem **Trinkwasser.** Der Wechselkurs des Colón wird freigegeben.

1993 Costa Rica wird Mitglied des in San Salvador gegründeten **Zentralamerikanischen Integrationssystems** (SICA). Etwa 700.000 Touristen, darunter 35.000 aus der BRD, besuchen das Land. Zwei Jahre zuvor waren es nur 504.000 gewesen. Costa Rica zählt gemessen an der **Pro-Kopf-Verschuldung** weiterhin zu den höchstverschuldeten Ländern der Erde. Die prinzipielle Zollfreiheit für den Bananenimport in die BRD wird aufgehoben, was Costa Rica als den zweitgrößten Bananenexporteur empfindlich trifft.

1994 **José María Figueres** (PLN), Sohn des mehrmaligen Präsidenten des Landes, gewinnt die Präsidentschaftswahl. Damit wurde – wie schon in den 1940er-Jahren – ein Calderón von einem Figueres beerbt.

1995 Der Kaffeepreis fällt im Juli auf den absoluten Tiefstand seit Jahren: Nur noch 2.080 US$ werden pro Tonne bezahlt. Der sozialdemokratische Figueres schließt – unter Verrat seiner im Wahlkampf gemachten Versprechen – mit dem Christdemokraten Calderón einen Pakt über die **Beibehaltung des neoliberalen Kurses.** Im Februar erhält man für 1 US$ 169 Colones – im April 1986 betrug der Wechselkurs noch 1:33. Im August demonstrieren über 100.000 Menschen gegen die Wirtschaftspolitik der Regierung, was die größte **Demonstration** seit einem Vierteljahrhundert in San José darstellt.

1996 Im Januar werden erstmals in Costa Rica in einer Reisegruppe reisende **Touristen entführt.** Zwei Frauen werden zehn Wochen lang festgehalten und gegen Zahlung eines Lösegeldes freigelassen.

1998 Der Kandidat des christdemokratischen PUSC **Miguel Ángel Rodríguez Echeverría** wird Präsident.

2000   In einem nicht verbindlichen Referendum sprechen sich ca. 80 % für eine **Aufhebung** des seit 1969 geltenden absoluten **Wiederwahlverbots** für einen Präsidenten aus, in dessen Folge dann die Verfassung entsprechend geändert wird. Im März findet eine der größten **Demonstration** seit mehreren Jahrzehnten in San José statt. Die Teilnehmer wenden sich **gegen die neoliberale Wirtschaftspolitik** der Regierung im Allgemeinen und gegen die Privatisierung des Telekommunikationssektors im Besonderen.

2002   **Abel Pacheco de la Espriella**, ein Arzt und Psychiater, wird als Repräsentant des PUSC zum Präsidenten gewählt. Er sieht in der Reduktion der öffentlichen Ausgaben und der Staatsverschuldung ein maßgebliches Ziel seiner Politik.

2004   Der ehemalige costa-ricanische Präsident José María Figueres Olsen (PLN) muss sich als *Chief Executive Officer* des Weltwirtschaftsforums dem Verdacht stellen, dass er als Gehilfe von Alcatel ungefähr 1 Mio. US$ kassiert hat. Seine Amtskollegen vom PUSC, die Ex-Präsidenten Miguel Ángel Rodríguez Echeverría und Rafael Ángel Calderón Furnier, werden im Oktober verhaftet, da man ihnen Verwicklungen in **Korruptionsaffären** und illegale Bereicherung vorwirft.

2006   In diesem Jahr gelingt dem costa-ricanischen Friedensnobelpreisträger von 1980, Óscar Arias Sánchez (PLN), zum zweiten Mal der Sieg beim Rennen um die Präsidentschaft – wenn auch nur mit einem denkbar knappen Vorsprung von 1,1 % gegenüber dem Linken Ottón Solís (Partido Acción Ciudadana).

2007   Massendemonstrationen gegen das **Freihandelsabkommen** mit den USA.

2008   Beim Konflikt zwischen der Umweltbehörde SETENA, die solche Ananasplantagen stilllegen will, die mit **hochgiftigen Agrochemikalien** die Gewässer verunreinigen, und der dafür verantwortlichen Firma Tico Verde (= Grüner Costa-Ricaner) zieht die SETENA-Direktorin Cruz Ramirez den Kürzeren und verliert ihr Amt, da Präsident Arias sich nicht hinter sie, sondern hinter die Ananasproduzenten stellt.

2009   Bei dem von der britischen New Economics Foundation erstellten Happy Planet Index landet Costa Rica auf dem ersten Rang unter 143 Ländern und ist demnach die **glücklichste Nation** der Welt. Die Region um den Vulkan Poás wird vom schwersten **Erdbeben** (6,2 auf der Richterskala) seit 150 Jahren erschüttert, fast 100 Menschen sterben. Ex-Präsident **Calderón Fournier** (1990–94) wird zu fünf Jahren Haft **verurteilt**, da er Schmiergelder in Millionenhöhe eingenommen hatte.

2010   Mit **Laura Chinchilla** vom rechten Flügel der sozialdemokratischen PLN kommt erstmals eine Frau ins Präsidentenamt. Sie hatte bei den klerikalkonservativen Kräften gepunktet, als sie gegen eine Eheschließung von Homosexuellen und für das Verbot von Abtreibungen auf die Straße gegangen war. Zudem gerierte sie sich als Vertreterin von *Law and Order*. Im neugewählten Parlament gehören 24 Abgeordnete der PLN an, elf dem linken Partido Acción Ciudadana (PAC), neun dem rechten, 1994 gegründeten Movimiento Libertario (ML); fünf weitere Parteien stellen zwischen einem und sechs Volksvertretern. Darunter befindet sich mit dem linken Partido Accesibilidad Sin Exclusión (PASE) eine Partei, deren vier Abgeordnete insbesondere die Interessen von Behinderten vertreten. Laut dem Bericht zur Lage der Nation hat die **soziale Ungleichheit** und die **Gewalt** im Jahr 2010 ein vorher noch nie da gewesenes Ausmaß erreicht. Auf 100.000 Einwohner kommen in diesem Jahr 11,5 Morde, wobei 40 % davon im Zusammenhang mit dem internationalen **Drogengeschäft** stehen.

2011   Der **Nationalpark Manuel Antonio** wird von der Zeitschrift Forbes als einer der schönsten der Welt gekürt. Ex-Präsident Miguel Angel **Rodríguez Echeverría** (PUSC) wird wegen Korruption zu fünf Jahren Haft **verurteilt**.

2012   Erster großer **Ausbruch** des Vulkans **Turrialba** seit 1866. Costa Rica landet bei der Auswahl der glücklichsten Nation erneut auf dem ersten Platz.

2013 Fast zwei Drittel der Anbauflächen von Kaffee sind vom **Kaffeerost** befallen, einer Pilzkrankheit, die zu erheblichen Ernteausfällen führt.
Die in Costa Rica beheimatete **Digitalwährung** Liberty Reserve gerät in den Fokus strafrechtlicher Ermittlungen. Über dieses System sollen über 6 Mio. US$ gewaschen worden sein.

2014 Für die im Februar anstehenden Wahlen werden momentan dem PLN gute Chancen vorhergesagt sowie seinem Präsidentschaftskandidaten **Johnny Araya Monge**, dem populären Bürgermeister der Hauptstadt und Neffen des ehemaligen Präsidenten Luis Alberto Monge Álvarez. Gegen ihn kandidieren Rodolfo Piza Rocafort (PUSC) sowie Otto Guevara Guth (Movimiento Libertario) auf der rechten Seite des politischen Spektrums und u. a. José María Villalta Florez-Estrada (Frente Amplio) sowie Héctor Monestel Herrera (Partido de los Trabajadores) von links.

Kompromiss und Legitimation

info

Betrachtet man die costa-ricanische Geschichte in ihrer Gesamtheit, so fällt auf, dass selbst nach harten Auseinandersetzungen zwischen verfeindeten Lagern der Versuch gemacht wurde, doch noch zu einer von einem allgemeinen Konsens getragenen Entscheidung zu gelangen. Sogar nach bürgerkriegsähnlichen Konflikten trachtete man danach, der unterlegenen Partei noch gewisse Zugeständnisse zu machen. Selbst erfolglose Putschisten und Aufrührer konnten meist darauf vertrauen, nach Beilegung des Streits begnadigt zu werden. Zumindest brauchten sie nicht mit drakonischen Strafen zu rechnen.

Dieser **Konsensualismus** begünstigte gleichzeitig eine weitere costa-ricanische Tradition, nämlich die des (formalen) **Legalismus** im verfassungsrechtlichen Bereich. So fand bereits der erste Kompromiss zwischen Konservativen und Liberalen nach der Ausrufung der Republik seinen Niederschlag in einer Konstitution, die den bezeichnenden Namen *Pacto de Concordia*, also **„Eintrachtspakt"** erhielt. Die Entwicklung war dadurch gekennzeichnet, dass neue Regierungen und sogar die durch einen Umsturz an die Macht gekommenen Präsidenten fast ausnahmslos rasch dafür sorgten, sich als Legitimationsbasis eine neue Verfassung zu verschaffen oder grundlegende Verfassungsreformen durchzuführen.

Ungeachtet der äußerlichen Diskontinuität und der durchaus üblichen Anleihen bei anderen Verfassungen resultierte hieraus ein relativ evolutionärer Prozess, aus dem letztlich ein **Verfassungswerk** hervorging, welches vor allem auf der Ebene der Kompetenz- und Kontrollverteilung eine hohe Eigenständigkeit aufweist. Zeiten, in welchen ohne bzw. unter Missachtung der verfassungsmäßigen Ordnung die Regierungsgewalt ausgeübt wurde, blieben seit Beginn des 20. Jh. – wie etwa während der Tinoco-Diktatur zwischen 1917 und 1919 bzw. nach dem Bürgerkrieg von 1948 – auf kurze Episoden beschränkt – und selbst dann noch versuchten die jeweils Herrschenden, ihrem Handeln eine rechtliche Basis zu verpassen.

Landschaftlicher Überblick

Geografie

In der Verfassung des Landes bestimmt Art. 5: „Das Hoheitsgebiet der (costa-rica-nischen) Nation erstreckt sich zwischen dem Karibischen Meer, dem Pazifik und den Republiken von Nicaragua und Panama. Die im Pazifik gelegene Insel Coco stellt einen Teil des Hoheitsgebiets dar." Costa Rica ist mit einer Fläche von 51.000 km² ungefähr eineinviertel mal so groß wie die Schweiz.

Geografisch kann man das Land in **drei Großräume** unterteilen: Die **tropischen Tiefebenen** sowohl auf der Karibik- wie auf der Pazifikseite, die getrennt werden durch eine **zentrale Hochebene**, wo die Mehrheit der Bevölkerung wohnt, sowie die von Nordwesten nach Südosten verlaufenden **Kordilleren**. Bei diesem – sich von Alaska bis Feuerland erstreckenden – amerikanischen Gebirgszug unterscheidet man in Costa Rica die im Norden gelegene **Cordillera de Guanacaste**, die bis zu 2.000 m hohe Berge meist vulkanischen Ursprungs aufweist, ferner die bis auf 1.500 m ansteigende, etwas südlicher gelegene **Cordillera de Tilarán** und – in größerer Äquatornähe – die **Cordillera Central** sowie die **Cordillera de Talamanca**, deren höchster Gipfel der Chirripó mit 3.819 m ist. Die **karibische Küste** ist relativ wenig zerklüftet und verfügt über eine mehr als 200 km lange Strandlinie. Der südliche Teil in Richtung Panama ist durch eine Küstenstraße erschlossen, der nördliche Abschnitt über ein parallel zum Meer verlaufendes Kanalsystem zu erreichen.

Die schönen Strände sind einer der Hauptanziehungspunkte für Costa-Rica-Reisende

Klima und Reisezeit

Auf der **Karibikseite** muss man das ganze Jahr über mit **Regen** rechnen. Der größte Teil des Niederschlags fällt hier zwischen November und Januar sowie im Juni und Juli. Will man dem Regen entkommen, hat man auf der **Pazifikseite** die besseren Karten. Grundsätzlich gilt hier: Je weiter man in den Süden kommt, desto regenreicher wird es. So kann man beispielsweise in Liberia (kurz vor der nicaraguanischen Grenze) von Dezember bis April ziemlich sicher sein, dass man nicht nass wird, in San Isidro gilt dies für Januar und Februar. Weiter südlich in Richtung panamaischer Grenze entspricht die Situation ungefähr derjenigen an der Karibikküste. In San José im **Hochland** ist der regenreichste Monat der Dezember. Danach nimmt die Niederschlagsmenge kontinuierlich bis fast auf null ab, um erst im Mai wieder schlagartig anzusteigen. Aber man sollte sich auch in den Regenmonaten nicht unbedingt davon abschrecken lassen, in niederschlagsreiche Gebiete zu fahren, da es selten tagelang ununterbrochen regnet, sondern vielmehr ein Großteil des Niederschlags wolkenbruchartig niedergeht.

Die **Durchschnittstemperaturen** hängen natürlich stark von der **Höhenlage** ab. In den Bergen über 3.000 m muss man von Durchschnittswerten unter 10 °C ausgehen. Auf dem Chirripó kann es hin und wieder sogar zu einem Absinken der Quecksilbersäule auf unter 0 °C kommen; nicht umsonst ist dieser Gipfel in der Region nördlich des

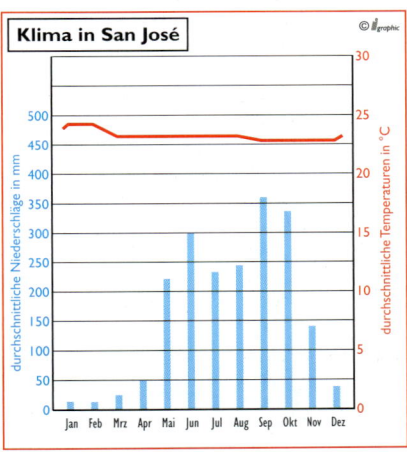

Klima in San José

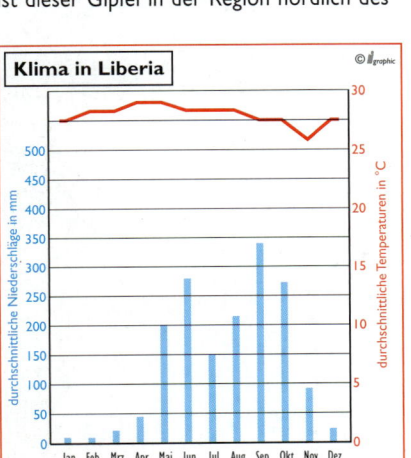

Klima in Liberia

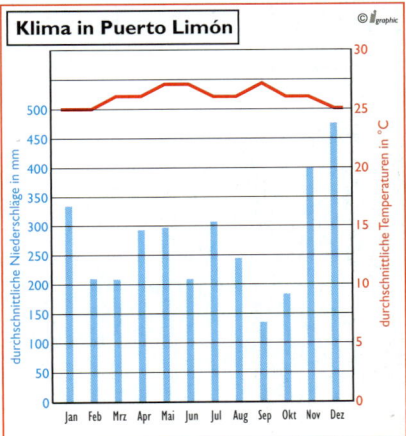

Klima in Puerto Limón

info

El Niño

Grundsätzlich kann man das Wetter im Lande relativ sicher vorhersagen. Unter dem Einfluss eines Klimaphänomens, welches unter der Bezeichnung *El Niño* (hier: das Christkind) geführt wird, kommt es jedoch in unregelmäßigen Intervallen – die im Schnitt alle vier Jahre auftreten – um die Weihnachtszeit herum zu einer weit über dem langjährigen Durchschnitt liegenden Erhöhung der Wassertemperaturen vor der pazifischen Küste Amerikas. Diese Erwärmung, die im Gegensatz zu Normaljahren auch nur bedingt zurückgeht, hat auch in Costa Rica klimatische Veränderungen zur Konsequenz, wobei es zu extremen Dürren – insbesondere problematisch in der trockenen **Nordprovinz Guanacaste** – oder aber auch zu verheerenden Stürmen und Überschwemmungen kommen kann. Insofern ist man, wenn man das Land in einem *El-Niño*-Jahr bereist, nicht davor sicher, dass es zu völlig unvorhergesehenen, untypischen Wetterentwicklungen kommt, von welchen die Erhöhung der Meereswassertemperatur sicherlich noch die angenehmste sein dürfte.

Äquators bis hinauf nach Mexiko der einzige, der jemals vergletschert war. In 2.300 m Höhe kann man mit Mitteltemperaturen von 15 °C rechnen und bereits 1.000 m tiefer mit Temperaturen von 20 °C. Im Tiefland ist es sowohl auf der Karibik- als auch auf der Atlantikseite durchschnittlich um 27 °C warm. An der **Karibikküste** steigt das Thermometer meist um ein paar Grad höher als an der **Pazifikküste**.

In der Regenzeit kann es schwierige Straßenverhältnisse geben

Betrachtet man allein die Durchschnittstemperaturen, so kann man von **San José**   *Mildes Klima*
als der „Stadt des ewigen Frühlings" reden, da es dort stets zwischen 19 und 21 °C
warm ist. Hinter dieser Statistik verbergen sich allerdings Tageshöchstwerte von
über 30 °C zwischen Dezember und Juni. Auch sonst sinken sie nur geringfügig ab.
Von Dezember bis März kommt es dann zu Nachtwerten von um 10 °C und niedriger.

Bedenkt man die Höhenunterschiede Costa Ricas, so kann man in diesem kleinen
Land gleichwohl praktisch das ganze Jahr über einen Aufenthaltsort finden, der der
individuellen Lieblingstemperatur entspricht (s. zu den Klimazonen *Tierra Helada*
etc. auch S. 30ff).

Flora

Bereits in einem 1883 veröffentlichten Beitrag über die Pflanzenwelt Costa Ricas
findet sich folgendes Statement: „Wohl in keinem Theile Amerika's, ja vielleicht der
ganzen Welt, findet sich auf einem so kleinen Raume eine solche **Masse der verschiedensten Pflanzenformen** der verschiedensten Familien zusammenge-
drängt als in Central-Amerika und speciell im südlichsten Theile desselben, in Cos-
ta-Rica."

Dem bleibt nur wenig hinzuzufügen. Costa Rica bedeckt gerade 0,035 % der Erdoberfläche, aber 5 % aller auf der Welt überhaupt vorkommenden Arten **leben im
Land**, darunter fast 10.000 verschiedene höherentwickelte Pflanzenarten – ca.
10 % davon sind Bäume und 15 % Orchideen. Wissenschaftler können sich noch für   *Ökologische*
Jahre mit der Entdeckung und Bestimmung **bislang unbekannter Arten** be-   *Vielfalt*
schäftigen, obwohl der oben zitierte Autor bereits vor über 100 Jahren feststellte:
„Die grossen Hochebenen Costa-Ricas hat man mit Recht mit einem großen,
durch schöne Straßen durchschnittenen Garten verglichen. Der **Urwald ist verschwunden**, an seine Stelle sind Kaffee-, Mais- und Zuckerrohr-Plantagen getreten, oder derselbe ist in Viehweiden, *potreros*, umgewandelt. In den Pflanzungen
(*Haciendas*) kann man nur kultivierte Pflanzen und die lästigen, häufigen Unkräuter
sammeln; Mais-Pflanzungen wurden oft niedergebrannt, Kaffee-Plantagen oft vom
Unkraute gereinigt, dauernd kann sich also keine Pflanze ansiedeln."

Wer durch die Hochebene Costa Ricas fährt und sich für die Ursprünglichkeit begeistert, sollte also bedenken, dass er eine jahrhundertealte Kulturlandschaft vor
Augen hat. Dementsprechend soll im Folgenden nicht auf seltene exotische Pflanzen aus dem tiefsten Urwald eingegangen werden, sondern auf Pflanzen, denen
auch der Reisende ohne Botanisierausrüstung begegnet.

Gefährliche Pflanzen gibt es kaum in Costa Rica, wirklich giftig sind die wenigsten. Als Faustregel gilt, dass man sich von jenen Pflanzen fernhält, die eine weiße,
milchartige Flüssigkeit produzieren. Natürlich gibt es auch costa-ricanische Formen von Brennnesseln wie etwa die gelbblühende *Loasa speciosa*, deren spanische
Bezeichnungen einerseits (*campana*) auf ihre glockenförmige, bis zu 15 cm (im

Durchmesser) große Blüte und andererseits (*ortiga veinticuatro*) auf die 24 Stunden anhaltenden Folgen eines Hautkontaktes Bezug nehmen. Sie wird bis zu 1,5 m hoch und ist vor allem in den Hochwäldern der Vulkane Turrialba und Irazú zu finden bzw. zu spüren.

Vegetationszonen

Für die **große Vielfalt der Flora** Costa Ricas sind vor allem zwei Ursachen verantwortlich: zum einen ist das die geografische Lage auf dem Isthmus zwischen Nord- und Südamerika, wo sich die Einflüsse der beiden großen Kontinenthälften überschneiden. Neben den jeweils prägenden Vegetationstypen der beiden existieren hier auch ganz eigene. Zum anderen sind dies die in keinem anderen Land Zentralamerikas vorzufindenden großen **Höhenunterschiede**. Nirgendwo sonst steigt die Zentralkordillere bis auf fast 4.000 m Höhe an, sodass man auf der relativ kleinen Fläche des Landes nicht nur die als *Tierra caliente* (heißes Land) und *Tierra templada* (wohltemperiertes Land) bezeichneten **klimatischen Vegetationsgebiete** aufsuchen kann, sondern auch die Klimazonen *Tierra fría* (kaltes Land) und *Tierra helada* (gefrorenes Land).

Tierra helada

Die **Tierra helada** findet sich in Costa Rica in den Gipfellagen rund um den Irazú und den Cerro de Buena Vista, hauptsächlich aber im Chirripó-Gebiet bzw. im Parque La Amistad nordwestlich der Grenze zu Panama. Das Klima ist hier dadurch gekennzeichnet, dass die durchschnittlichen Monatstemperaturen im Jahresverlauf nur geringfügigen Abweichungen unterliegen. Viel höher sind die Tagesschwankungen. Die Niederschlagsmengen sind relativ hoch, hin und wieder Hagel

Rund um die Laguna Caliente des Volcán Poás wachsen nur spärlich Pflanzen

und zum Teil auch Schnee können fast das ganze Jahr über auftreten, zudem auch Nachtfröste, was den Namen erklärt.

Die mit **Páramo** bezeichnete Vegetation in dieser Zone erinnert zum Teil an die **alpine Pflanzenwelt** Zentraleuropas. Tatsächlich sind viele der im Páramo vorkommenden Arten andinen Ursprungs. Verbreitet sind hier dichtwachsende Moose und Farne, vor allem dort, wo eine hohe Bodenfeuchtigkeit herrscht. In trockeneren Lagen finden sich Sträucher, für die ebenso wie für die Farne gilt, dass sie in den höhergelegenen Regionen kleinwüchsiger sind.

Tierra fría

Unterhalb der Tierra helada liegt die sogenannte **Tierra fría**. Diese Vegetationszone zieht sich – wenige Kilometer von San José entfernt beginnend – in südöstliche Richtung zur panamaischen Grenze hin. Zur Tierra fría zählt auch der nördlich von San José gelegene Landstrich zwischen den Vulkanen Poás und Barva.

Obwohl die Höhengrenzen aufgrund lokaler Besonderheiten nicht unerheblich schwanken, kann man die Untergrenze der Tierra fría ungefähr zwischen 1.500 und 2.000 m ansiedeln. Der hier vorherrschende **Buschwald** erreicht meist eine Höhe von bis zu 10 m. Verbreitet sind u.a. der Weißarrayanbaum (*lorito*), der Schmetterlingsstrauch (*salvia*), die zur Familie der Heidekrautgewächse zählenden *colmil-*

Im Nebelwald

los mit trotz ihres hohen Säuregehalts essbaren Früchte, die Bergorange (*azahar de monte* oder *copey*) mit bis zu 15 cm großen Blättern, die man in der Kolonialzeit als Papierersatz nutzte und die Winterrinde (*quiebramuelas*), deren Rinde bei Zahnschmerzen lindernde Wirkung bringt.

Bis hin zur Baumgrenze des die Tierra fría prägenden **Nebelwaldes** finden sich Staudenpflanzen von erheblichem Ausmaß. Zu ihnen zählen die Gunnera (*higuera* oder *sombrilla de pobre* = Sonnenschirm des Armen) und ein Ampfergewächs (*ruibarbo*), das bis zu 5 m hoch werden kann. Auch die Bergnessel (*ortiga de montaña*) erreicht mit einer Größe bis zu 4 m beachtliche Ausmaße.

In den niedrigeren Lagen der Tierra fría sind vor allem **Eichen** und **Baumfarne** unter den Großgewächsen typisch (*roble*). Die Eichen werden im Extremfall bis 35 m hoch. Orchideenliebhaber dürften hier auf ihre Kosten kommen, denn die

Mehrzahl der in Costa Rica wachsenden **Orchideen** stammt aus diesen Bergregionen; gleiches gilt für die Bromelien. Am auffälligsten dürften aber die epiphytischen Farne und Moose sein. Diese sind keine Schmarotzerpflanzen, wachsen allerdings auf den Zweigen und Ästen der Bäume. Sie hängen zum Teil von diesen herab, sodass sie wie lange Bärte wirken. Die hohe Luftfeuchtigkeit, stetig wiederkehrender Nieselregen und nahezu täglich auftretender Nebel, der sich im Lauf des Tages nur langsam, manchmal auch gar nicht hebt, führen dazu, dass diese Moose für gewöhnlich nass wie vollgesogene Schwämme sind.

Feuchtes
Klima

Tierra templada

Die mittleren Jahrestemperaturen der Tierra templada liegen um die 20 °C. Die untere Grenze dieser Vegetationszone befindet sich zwischen 600 und 1.000 m, die obere Grenze bildet den Übergang zur Tierra fría bei 1.500 bis 2.000 m. Bei dieser Zone gibt es wiederum verschiedene Ausprägungen. Sie unterscheiden sich dadurch, dass der eine Typ keine bzw. nur wenige Trockenmonate aufweist, während für den anderen starke und lange Trockenzeiten (bis zu sieben Monaten) typisch sind.

Der erste Typus der Tierra templada befindet sich in dem der Karibik zugewandten Teil der Kordilleren sowie in einem Bergzug, der südlich des Valle de Coto Brus und nördlich der Linie Palmar–Neily bis zur panamaischen Grenze reicht. Ihn prägen vor allem **Berg-Regenwälder** mit starker Dominanz von Eichen. Je weiter man nach Süden kommt, desto häufiger sind die Vertreter tropischer Arten zu beobachten, während im Norden eher solche aus den gemäßigten und kalten Klimazonen der nördlichen Hemisphäre bekannten Familien gedeihen. Diese Laubbäume

In vielen Orten hat man für Touristen Hängebrücken durch den Regenwald gebaut

sind nur während der Sommermonate grün, während es für die tropischen Arten charakteristisch ist, dass sie ohne Rücksicht auf die Jahreszeit grünen. Ein ähnliches Nord-Süd-Gefälle gilt für Sträucher.

Der trockenere Teil der Tierra templada erstreckt sich entlang der dem Pazifik zugewandten Seite der Gebirgskette, wozu insbesondere das dichtbevölkerte **Valle Central** mit den wichtigsten Städten des Landes zählt. Ein kleiner Landstreifen südlich der Linie Santa Cruz–Nicoya–Carmona auf der Nicoya-Peninsula gehört ebenfalls zu dieser Zone. Hier fällt – verglichen mit dem anderen Teil der Tierra templada – nur eine etwa halb so große Niederschlagsmenge (ca. 1.500 mm pro Jahr). Unter den Bäumen dominieren Eichen. Die Region ist reich an verschiedenen tropischen Gewächsen – zumindest in der Theorie.

Tatsächlich haben gerade in diesen von den Europäern als angenehm empfundenen Klimazonen die Kulturpflanzen und Weiden weitgehend die ursprüngliche Vegetation verdrängt. Insbesondere mit der Einführung des **Kaffeeanbaus** auf breiter Ebene ging die primäre Vegetation zurück.

Kaffee verdrängt ursprüngliche Vegetation

Tierra caliente

Das übrige Land – flächenmäßig der größte Teil – ist unter die Kategorie **Tierra caliente** einzuordnen. Hier treten drei Vegetationstypen auf. Erstens die **immergrünen Regenwälder** des Tieflands, die sich durchgehend bis zur Karibikküste an die Tierra templada anschließen. Die Regenwälder dominieren ferner den nördlichen Teil der Osa-Peninsula und die Gegend nördlich von Golfito bis zur Tierra templada. Der zweite Typus wird durch **Feuchtwälder** in Gebieten mit starken Trockenperioden bestimmt. Hierzu zählen die Region südlich der Tierra templada auf der Nicoya-Peninsula und der Landstrich zwischen Quepos und Puntarenas sowie die südliche Hälfte der Osa-Peninsula. Der hauptsächlich in der Provinz Guanacaste liegende Rest wird von **regengrünen Trockenwäldern** dominiert, die im Gefolge der Viehzucht inzwischen meistenteils der **Trockensavanne** mit ihren Dornengestrüppen weichen mussten.

Drei Typen von Wäldern

Die **immergrünen Regenwäldern** des Tieflands sind, wie der Name vermuten lässt, dadurch gekennzeichnet, dass es keine Trockenzeit gibt. Es regnet zwar nicht ständig, allerdings ist auch in der regenärmeren Zeit zwischen Dezember und April fast täglich mit Schauern zu rechnen. Das Tiefland präsentiert eine immens vielfältige Flora mit teilweise allerdings nur begrenzt verbreiteten Arten.

Die Bäume bilden mit ihren Kronen **mehrere Etagen**. Die **hochwachsenden Arten** (um die 50 m) stehen nicht dicht gedrängt, sodass die darunter liegenden Kronen noch genügend Sonne bekommen. Die Regenwaldriesen zählen oft zu den Edelhölzern, wie z. B. der Mahagonibaum (*caoba*); daneben sind es Ficus-Arten, die einen Stammdurchmesser von bis zu 3 m erreichen und deren Standfestigkeit durch teilweise mannshohe Brettwurzeln gewährleistet wird. Die **zweite Ebene** des Urwalddachs wird durch eng zusammenstehende Bäume gebildet, die 30 bis 40 m hoch werden, wie z. B. den Kautschukbaum (*árbol de hule*) oder den Bukarebaum (*bucare ceibo*). Das für gewöhnlich sehr harte Holz dieser Bäume wurde einst mit Vorliebe in Eisenbahnschwellen verwandelt.

Bis zu 50 m hohe Bäume

Das **dritte Blätterdach** wird von Bäumen gebildet, die für gewöhnlich zwischen 10 und 20 m hoch wachsen. Zu ihnen zählen z. B. der Nelkenpfefferbaum (*jamaica*), dessen weiße Blüten ebenso wie seine Früchte ein *aroma delicado* verbreiten; ferner der den lateinamerikanischen Weihrauch liefernde Kopalbaum (*copal*) und der Sapium (*yos*), dessen milchig-klebriger Saft als giftig gilt und den man früher beim Vogelfang zum Bestreichen der Leimruten benutzte. Aus seinen Blättern bereitete man einen Aufguss, um die Räude bei Tieren zu behandeln. Die verschiedenen Arten der Spanischen Zeder (*cedro*) haben meist feines Holz, das sich gut verarbeiten lässt und nicht selten als Ersatz für das teurere Mahagoniholz dient. Liebhabern von Cohiba-Zigarren o. Ä. begegnet die Spanische Zeder häufig in Form von Humidoren, da diese gerne aus schädlingsvertreibendem und luftfeuchtigkeitsstabilisierendem Zedernholz gefertigt werden.

Vielfältig nutzbare Pflanzen

In nahezu allen Schichten des Regenwalds kommen die verschiedenen **Gummibaumarten** vor – davon soll es fast 40 Arten im Lande geben, z. B. *Ficus costaricana* (span.: *higuerón* oder *matapalos*). Interessant ist bei einigen die Art der Fortpflanzung: Ihre Früchte werden von den Vögeln verzehrt, die dann die Samen beim Ausscheiden auf den Ästen der Bäume deponieren. Dort treiben sie aus und senden ihre Wurzeltriebe in Richtung Erdoberfläche. Haben sie diese dann erreicht, hangelt sich die Pflanze an einem nahen Baum hoch, was nicht selten zur Folge hat, dass der Umschlungene das Zeitliche segnet, was den Hintergrund für die Bezeichnung *matapalos*, d. h. Buschtöter, darstellt. Die **unterste Ebene** bilden Sträucher,

Auf dem Kanal nach Tortuguero

die bei günstigen Lichtverhältnissen zu kleinen Bäumen heranwachsen. Hierzu zählen u.a. verschiedene Pfefferbäume (*cordoncillo*). Der Boden selbst ist Lebensraum nur relativ weniger Arten, eine wesentliche Ursache hierfür ist Lichtmangel.

Was die Veränderung dieser Vegetationszone durch menschlichen Einfluss anbelangt, so ließ man sie – abgesehen vom zeitweiligen Kakaoanbau – während der Kolonialzeit weitgehend unangetastet. Erst als mit dem Eisenbahnbau Ende des 19. Jh. das Gebiet partiell erschlossen wurde, kam der **plantagenmäßige Bananenanbau** auf, der das Gesicht des karibischen Tieflands maßgeblich veränderte. Als die Natur zurückschlug und die Panamakrankheit (Verursacher: *Fusarium oxysporum cubense*) die Aufgabe von Teilen der Monokultur erforderlich machte, ersetzte man die Bananenkulturen durch den Anbau von Hanf, Kakao, Kokos- und Ölpalmen. Ein Teil wurde vom Urwald wieder zurückerobert, sodass sich **sekundäre tropische Regenwälder** bildeten, die oft sehr viel dichter bewachsen sind als die ursprünglichen. Eine solche Rückverwandlung ist jedoch nur dann möglich, wenn während der Zeit der Plantagenbewirtschaftung die Erosion nicht allzu weit fortgeschritten ist. Der nach 1985 einsetzende Bananenboom führte allerdings auch an der Atlantikküste dazu, dass erneut viele Flächen gerodet und kultiviert wurden.

Monokultur erzeugt Schädlinge

In den **Feuchtwäldern in Gebieten mit starken Trockenperioden** werfen die Bäume in der Trockenzeit ihre Blätter ab. Dies gilt vor allem für die Bäume der oberen Kronenschicht, die sich ca. 30 m über dem Boden befindet. Zu diesen Bäumen zählen der Wollbaum (*ceiba*) und der Ohrenfruchtbaum (*guanacaste*), der als **costa-ricanischer Nationalbaum** gilt. Der Ohrenfruchtbaum weist in der Regel einen Stammdurchmesser von 1 m auf, wobei einzelne Exemplare es auch schon auf 3 bis 4 m gebracht haben. Seine gefiederten, bis zu 25 cm langen Blätter falten sich übrigens während der Nacht zusammen.

In den Gebieten der Tierra caliente, in denen (regengrüne) **Trockenwälder** vorherrschen, nimmt die Höhe der Bäume im Durchschnitt weiter ab. Hier findet sich beispielsweise der Kalebassenbaum (*colabacero*). Selten größer als 6 bis 7 m, wachsen an ihm die *guacal* oder *jícara* genannten Früchte. Aus der äußerst harten Fruchtwand lassen sich Trinkgefäße herstellen. Dem Fruchtfleisch selbst wird eine abtreibende Wirkung zugesprochen. Ein die Trockenheit liebender Busch, der auch in höheren Lagen vorkommt, ist der Ameisenbaum (*guarumo*). Sein Stamm ist ausgebleicht und hohl. Nicht selten bietet er Ameisen eine Heimstatt. Die hohlen Stängel wurden früher von den Indianern als Kanalisationsrohre für den Wassertransport benutzt und seine Fasern zu Schnüren verarbeitet.

Ursprüngliche Primärwälder mit den beiden letztgenannten Vegetationstypen in Costa Rica noch zu finden, ist nicht sehr leicht. Selbst die in den entsprechenden Landstrichen gelegenen Nationalparks befinden sich teilweise auf jahrhundertelang landwirtschaftlich genutztem Terrain. Durch die menschlichen Eingriffe wurden die Primärwälder weitgehend beseitigt, und es entstanden entweder Sekundärwälder – oder aber die ehemals bewaldeten Flächen (so war etwa die gesamte Nicoya-Halbinsel noch bis zum Ende der 1940er-Jahre von Wäldern bedeckt) verwandelten sich in eine Savannen- und Graslandschaft, in der Wald- bzw. Gestrüppreste mehr oder weniger nur noch als Inseln existieren.

Wenige Primärwälder

Entwaldung und Wiederaufforstung

1950 waren über 70 % Costa Ricas bewaldet, 1978 noch ein Drittel und seit der zweiten Hälfte der 1980er-Jahre weniger als ein Viertel. Während sich zwischen 1990 und 2005 weltweit die Zahl der Wälder um rund 3 % verringert hat, ist es Costa Rica als dem einzigen Land Zentralamerikas und als einem der wenigen Länder der Welt gelungen, eine Politik der *reforestación*, also der Wiederaufforstung, umzusetzen. In den letzten 20 Jahren wurden ungefähr 10 % des Territoriums Costa Ricas aufgeforstet, sodass heute wieder ein größerer Teil des Landes von Wald bedeckt ist (vgl. hierzu auch die – nicht ganz so optimistisch klingende – FAO-Studie unter www.fao.org/docrep/X5601S/x5601s04.htm (auf Spanisch)).

Nutzpflanzen

Banane

Unter den Nutzpflanzen nimmt sowohl in ökonomischer als auch in historischer Hinsicht die (Süß-)Banane (*plátano* oder *banano* bzw. *banana*) eine herausragende Stellung ein (s. S. 17 u. S. 66). Wer im Land herumreist, wird bald feststellen, dass es „die" Banane indes gar nicht gibt. Insgesamt existieren um die 100 Bananenarten. Die Pflanze stammt übrigens nicht aus Amerika, sondern aus Südostasien und wurde erst über Afrika und die Kanaren in Panama und Mittelamerika eingeführt. Heute ist Costa Rica, wo jährlich zwischen 2 und 2,5 Mio. t von den Stauden

geholt werden, weltweit der drittgrößte Bananen-Exporteur hinter Ecuador, wo zwischen 7 und 8 Mio. t pro Jahr geerntet werden, und den Philippinen.

Manche Bananenarten können bis zu 9 m hoch werden, die in Costa Rica ansässigen wachsen jedoch kaum je über 4 m. Die Pflanze selbst verfügt trotz ihrer imposanten Höhe über keinen Stamm. Der Teil, den man beim ersten Blick hierfür halten könnte, ist innen fast hohl und gehört zum Blattwerk. Bis die Pflanze herangewachsen ist, vergehen etwa neun Monate. Die Früchte entwickeln sich am Blütenstand, der im frühen Stadium des Wachstums verhüllt ist. Bis zur Ernte muss man drei Monate warten; das Gewicht einer Staude beträgt dann ca. 35 kg.

Die **Ernte** beginnt, wenn die Bananen noch grün sind. Die Felder sind zumeist

Bananenstaude

von Gräben zur Wasserregulierung umgeben und teilweise auch von solchen durchzogen. Die Pflanze benötigt viel Wasser, darf jedoch keine nassen Füße bekommen. Auf den Plantagen verpackt man die Stauden bereits während des Wachstumsprozesses in Plastiksäcke, die mit Insektiziden imprägniert sind.

Wer durch einen solchen Bananenwald geht, wird bald feststellen, dass er stinkt. Das ist vor allem auf den erheblichen **Einsatz von Chemie** zurückzuführen. Dieser bringt es mit sich, dass die Arbeit auf den Plantagen extrem ungesund ist. Auf *Giftige* Costa Ricas Bananenplantagen werden pro Hektar ca. 6 kg Chemikalien einge- *Chemikalien* setzt; in Deutschland ist pro Hektar Kulturfläche die Hälfte üblich. Während zwischen den 1940er- und 60er-Jahren die sogenannte **Panamakrankheit** die vorherrschende Gefährdung der Plantagen darstellte, werden sie heute hauptsächlich von der **Sigatoka-Krankheit** bedroht. Dieser Pilz wird mit Fungiziden bekämpft.

Zum Export werden die Stauden in einzelne Hände zerlegt und in Kartons verpackt. Vorher passieren sie noch ein Bad. Der Transport von der Plantage bis nach Hamburg dauert gewöhnlich zehn bis 14 Tage. Eine Temperatur im Transportraum von 13 °C verhindert ihr Weiterreifen. Die endgültige Verkaufsreife erhalten die Exportfrüchte erst dadurch, dass man sie in speziellen Reiferäumen nachbehandelt.

Neben der (meist) gelben Obstbanane gibt es noch die grüne **Kochbanane**. Sie wird bis zu 35 cm lang und kann nicht roh verzehrt werden. Kocht man sie, so erhält man eine wohlschmeckende Sättigungsbeilage, die in Costa Rica auf dem Mittagstisch nicht selten die Stelle der Kartoffel in Norddeutschland einnimmt. Im *Bananen-* Rauch getrocknet und dann zermahlen verarbeiten sie die Indianer der Karibik- *sorten* küste zu *chicha*, einer Art Bananenmost. Weltweit werden viermal mehr Koch- als Obstbananen verzehrt. Die Fruchtbanane heißt im spanischen Spanisch übrigens *plátano,* in Zentralamerika jedoch – um die Verwirrung komplett zu machen – *banano* oder auch *banana.* Wer dort *plátanos* begehrt, erhält in aller Regel Kochbananen.

Ananas

Diese tropische Frucht (*piña*) wurde bereits von Cristóbal Colón beschrieben. Sie zählt zur Familie der Bromeliazeen. Die Früchte können mehr als 3 kg wiegen und werden in einigen meist höhergelegenen Gegenden Costa Ricas auf Feldern und Plantagen großgezogen. Auf Spanisch heißt sie *piña*, wahrscheinlich weil ihre Gestalt einige heimwehkranke Kolonisatoren an die heimatlichen Pinienzapfen erinnerte. Die wohlschmeckendsten, weil kaum faserigen Früchte erntet man in der Gegend von Turrialba. Ihr Fruchtfleisch ist eher weiß denn gelb. Wer optisch beim Gewohnten bleiben möchte, dem seien die Produkte der Pazifikküste empfohlen.

Die Bedeutung der Ananas als Wirtschaftsfaktor steigt einigen Jahren. Die Anbau- *Ananas-* fläche hat sich inzwischen vervielfacht. Mittlerweile wird auf über 45 km² so viel *Produzent* Ananas geerntet, dass Costa Rica zum Ananas-Exporteur No. I weltweit avancier- *Nr. I* te. Die meisten Früchte werden in Europa und den USA konsumiert. Auch hier bleiben negative Begleiterscheinungen nicht aus: Wasservergiftung, mangelnde Schutzkleidung der Arbeiter sowie Einsatz von Chemikalien, die zum Teil – wie etwa das Herbizid Paraquat – in Europa gar nicht zugelassen sind. Selbst wer nicht auf den Plantagen arbeitet, wird nicht unbedingt verschont: In El Cairo etwa erhalten Bewohner seit Jahren ihr Trinkwasser mit Tankwagen, da Pestizide von den Ananasfeldern das lokale Wasser für Menschen ungenießbar gemacht haben.

Kakao

Kakao (*cacao*) wurde bereits in vorkolumbianischer Zeit genossen, wohl aber nicht gezielt angebaut, sondern in den Wäldern gesammelt. Erst während der Kolonialzeit wurde aus ihm das erste *cash-crop* des Landes. Vor allem im Matinagebiet im karibischen Tiefland blühten zu dieser Zeit die ersten Plantagen auf. Die beste Qualität wird auch heute noch als *cacao matina* bezeichnet, doch ist diese Sorte bei den Schokoladenfabrikanten wenig beliebt, da sie teuer ist. Dies liegt daran, dass bis zur ersten regulären Ernte manchmal 15 Jahre vergehen.

Berühmte Matina-Schokolade

So bevorzugt die Süßigkeitenindustrie die Kakaosorte *Theobroma leiocarpa* (*cacao calabacillo*), bei welcher die Bohnen zwar kleiner und unansehnlicher sind, aber bereits vier Jahre nach Pflanzung des Baums geerntet werden können. Diese Sorte ist robuster und fruchtbarer, woraus ein erheblicher Preisvorteil erwächst. Es ist allerdings dem US-Konzern Mars gelungen, die Gensequenzen des Matina-Qualitätskakaos zu entschlüsseln (s. auch www.cacaogenomedb.org) und man erhofft sich daraus eine Ertragsverbesserung von bis zu 500 %. Die Kakaopflanze wird 3–4 m hoch, die Schoten sind oval und erreichen etwa die Größe einer 1-Liter-Milchtüte. Sie wachsen zum Teil unmittelbar am Stamm, was die Ernte ziemlich vereinfacht.

Tabak

Tabak (*tabaco*) wurde bereits von den Indianern zu medizinischen und kultischen Zwecken genutzt. Die Blütezeit des Tabakanbaus lag in der zweiten Hälfte des 18. Jh. Doch schon damals war die Qualität des vor allem im zentralen Hochland um San José herum angepflanzten Produkts gelinde gesagt nicht unumstritten. Zwar wird costa-ricanischer Tabak auch heute noch exportiert, doch für die Ökonomie des Landes spielt er eine relativ unbedeutende Rolle.

Kokospalme

Kokospalmen (*cocotero*) wachsen hauptsächlich an den beiden Küsten des Landes, können aber auch in der Tierra caliente in einiger Entfernung vom Meer gedeihen. Die bei uns bekannte Nuss ist an ihrem Ursprungsort von einer grünen Schale umgeben und erreicht ungefähr die Größe eines Fußballs. Die Wedel der Palme dienen bei traditioneller Bauweise auch zum Dachdecken. Die noch nicht ausgereiften Früchte (*pipas*) stellen natürliche Feldflaschen dar und liefern ein erfrischendes Getränk.

Teil des Speiseplans

Speziell an der Karibikküste sind die Kokosnussprodukte in den Speiseplan der Bevölkerung integriert. Das aus der Kokospalme gewonnene Öl wird zur Speisezubereitung verwendet, es dient aber auch zur Haut- und Haarpflege. Öl wird übrigens auch aus den Früchten einer anderen Palme (*coquito* oder *palmiche*) gewonnen, die hauptsächlich in Meeresnähe vorkommt. Deren rote Früchte sehen wie Miniaturausgaben der Kokosnüsse aus. Diese Palme wächst auch nicht so hoch wie ihre große Schwester, die gewöhnlich über 15 m hoch ist.

Zuckerrohr

Zuckerrohr (*caña de azúcar*) spielt – wenn auch weit weniger als auf Cuba – in Costa Rica eine bedeutende wirtschaftliche Rolle. Die Hauptanbaugebiete liegen im Bereich der Tierra templada, teilweise auch in der tiefergelegenen Tierra caliente.

Die traditionelle Verarbeitung des Zuckerrohrs erfolgt in sogenannten *trapiches*, wo es zunächst ausgepresst und der Saft gekocht wird, sodass er kristallisiert. Die Größe dieser Einrichtungen entspricht in etwa derjenigen alter Weinpressen. Noch heute werden für den internen Verbrauch Blöcke von unraffiniertem Zucker (*panela*) verkauft.

Zur Zuckerherstellung dient hauptsächlich die *caña amarilla*, während die *caña morada* zu Futterzwecken benutzt wird. Straßenhändler bieten mitunter frischgepressten Zuckerrohrsaft mit Eis an, ökonomisch relevant ist dieses Getränk allerdings nicht. An-

Zuckerrohrplantage

ders verhält es sich mit der verfeinerten Form des Zuckerrohrsafts, der die Grundlage für eine nicht unerhebliche Rum- und Schnapsproduktion (*ron* oder *aguardiente de caña*) darstellt. Die Gewinne aus dem Alkoholmonopol des Staates bildeten über lange Zeit hinweg eine Haupteinnahmequelle für den Provinz- bzw. Staatsetat.

Eukalyptusbaum

Dieser aus Australien stammende Baum (*eucalipto*) wird bereits seit einigen Jahrzehnten in Costa Rica angepflanzt. Dabei war anfangs nicht die Gewinnung des bekannten Eukalyptusöls der vorrangige Zweck. Vielmehr versprach man sich von seinem Anbau eine Eindämmung der Malaria, doch ausgerechnet an der Karibikküste, wo dies am notwendigsten gewesen wäre, gedieh der Baum nicht. Inzwischen ist er bei Aufforstungsprojekten wegen seines schnellen Wachstums (Schlagreife schon nach fünf bis sieben Jahren) beliebt, doch ist sein Anbau unter ökologischen Gesichtspunkten sehr problematisch. Zum einen wird er meist in Monokultur angepflanzt, sodass einheimische Arten Verbreitungsräume einbüßen. *Schnell wachsender Baum*

Das Hauptproblem bilden jedoch die langen Pfahlwurzeln des Baumes. Was bei der Malariabekämpfung wünschenswert war, nämlich die Absenkung des Grundwasserspiegels, führt zugleich zu einer stark reduzierten Wasserversorgung für die einheimischen Arten. Ökonomisch ist der Eukalyptus für die Holzgewinnung interessant.

Passionsblume

Der Name dieser Pflanze (*granadilla real*) entstand, weil man in ihr ein Symbol für das Leiden Christi sah: Die dreigespitzten Blätter sollen an Lanzen, die Ranken an Geißeln erinnern, die zehn Blütenblätter stehen für die zehn Apostel (ohne Judas und Petrus), die violett-weiße Nebenkrone stellt die Dornenkrone dar, die fünf gelben Staubblätter die Wunden Christi. Im Gegensatz zur *flor de la pasión*, deren Frucht in Größe eines Hühnereis mit der Reifung eine gelbliche Farbe annimmt, bleibt die Frucht der Passionsblume grün. Das Fruchtfleisch ist leicht säuerlich und dient als Basis für ein Erfrischungsgetränk.

Leckeres Erfrischungsgetränk

Mangobaum

Der Mangobaum (*mango*) stammt – wie auch die Banane – aus Asien. Wann er in Costa Rica heimisch wurde, steht nicht exakt fest. Er gedeiht sowohl in der Tierra caliente als auch in der Tierra templada. Wie bei Äpfeln gibt es auch bei Mango sehr viele verschiedene Arten. Sie werden grün, im unreifen Zustand, mit Salz gegessen. Aus den reifen Früchten gewinnt man ein Erfrischungsgetränk und Gelee. Der Mangobaum gedeiht in Costa Rica bis in Höhen von 1.500 m. Kultiviert wird er vornehmlich für den Inlandsbedarf.

Tamarinde

Entgegen ihrem lateinischen Namen stammt die Tamarinde (*tamarindo*) wahrscheinlich aus Afrika. Sie gedeiht sowohl an der Pazifik- als auch an der Atlantikküste. Die Schoten schmecken leicht säuerlich. Sie dienen zur Herstellung eines Erfrischungsgetränks, das übrigens abführende Wirkung hat.

Kaffeestrauch

Wirtschaftliche Bedeutung

Auch diese Pflanze (*cafeto*), die in Geschichte und Gegenwart des Landes eine herausragende ökonomische Rolle spielt, ist erst vor knapp 220 Jahren in Costa Rica heimisch geworden. Sie wächst hauptsächlich im zentralen Hochland auf einer Höhe zwischen 800 und 1.000 m. Der Kaffeebusch ist nicht sehr groß, die Blüten der Pflanze sind weiß. Gegen Jahresende ist die dann rote, etwa kirschgroße Frucht pflückreif. Im Anfangsstadium ist sie von grüner, später von gelblicher Färbung (zur ökonomischen und historischen Bedeutung siehe auch S. 17 sowie S. 67).

Mais, Bohnen und andere traditionelle Lebensmittel

Grundnahrungsmittel Mais

Bereits vor der Ankunft der spanischen Kolonisatoren wurden bestimmte Pflanzen genutzt und teilweise auch gezielt angebaut. Zu den wichtigsten Nahrungsmitteln der *indígenas* zählten **Mais** (*maíz*) und **Maniok** (*mandioka*). Auch hier erweist sich Costa Rica als Schwellenland: War Mais eher im Einflussgebiet der Mayas heimisch, also u. a. in der Gegend des heutigen Guatemala und Honduras, so dominierte die Maniokpflanze, deren Knollen erst durch Kochen genießbar werden, eher im nördlichen Südamerika. Im Gebiet des heutigen Costa Rica trafen dann diese beiden Kulturen aufeinander. Während Mais auch heute noch ein Volksnahrungsmittel in Costa Rica darstellt, ist Maniok nahezu vollständig verschwunden.

Ebenfalls schon früh wurde eine Vielzahl von **Bohnensorten** kultiviert, deren Früchte noch heute die costa-ricanische Tafel füllen. Es dominieren hierbei die dunklen Sorten. Angebaut werden sie vorwiegend in der Tierra templada und der

Tierra fría. Der Speiseplan der Ureinwohner umfasste des Weiteren Gemüse und Früchte wie **Kürbis**, **Kartoffel**, **Tomate**, **Paprika** und **Erdnuss**, die dann von den Spaniern nach Europa gebracht wurden. Zu ihnen zählen ferner die **Süßkartoffel** (*camote*), deren Verbreitungsgebiet sich von der Tierra caliente bis zu den Stränden erstreckt, und die **Avocado** (*aguacate*). Auch von letzterer ist eine Vielzahl von Sorten bekannt, die größte bringt bis zu 2 kg schwere Früchte hervor. Weitere alte Kulturpflanzen sind die **Vanille**, der in der Tierra caliente heimische (und nicht zuletzt einst für die Farbgebung der Bluejeans wichtige) **Indigostrauch** (*añil*), die **Baumwolle** (*algodón*) sowie der einen rötlichen Farbstoff liefernde **Orleanbaum** (*achiote*). Der Farbstoff – ursprünglich zur Körperbemalung und zur Färbung von Textilien benutzt – findet heute vor allem in der Lebensmittelindustrie als Färbemittel Verwendung. *Traditionelle Lebensmittel*

Vor allem im Pazifikraum verbreitet war auch früher schon die **Papayafrucht** (*papaya*). Sie gedeiht an nahezu blattlosen Bäumen, sodass die zum Teil ellenlangen Früchte gut zu sehen sind. Der **Sapatebaum** (*zapote*) wächst ebenfalls an der Westküste in Höhen bis zu 1.000 m. Er hat trotz seiner Größe nur einen kurzen Stamm und ist stark verästelt. Die mandarinengroßen Früchte schmecken sehr süß. Aus den Samen kann man ein Öl gewinnen, das gegen Erkältungen eingesetzt wird. Vor der Einführung des Bügeleisens wurden die Kerne übrigens zum Glätten und Bleichen von Weißwäsche benutzt.

In den Savannengebieten der Pazifikküste wächst mit der **Coyolpalme** (*coyol*) eine Palmenart, aus deren Saft (nicht nur) die Indianer durch Fermentation ein alkoholhaltiges Getränk gewannen.

Die Coyolpalme – vielseitig verwendbar und allseits geschätzt

info

Die von Mexiko bis Panama verbreitete Coyolpalme (coyol), die vor allem durch ihre extensive Stachelbewehrung, von der nicht einmal die Blätter ausgenommen sind, nahezu unverwechselbar ist, kommt in Costa Rica hauptsächlich in Guanacaste vor.

Für die dortigen Bauern hat sie zwei wichtige Funktionen: Ihre Früchte dienen zum einen als Viehfutter, zum anderen stellt die *coyol* auch den Grundstoff für die Zubereitung des Coyolweines zur Verfügung. Um die hierfür notwendige Flüssigkeit zu gewinnen, wird der Baum gefällt und die ihm entströmende Flüssigkeit aufgefangen, aus der dann als Ergebnis eines Fermentationsprozesses der Coyolwein entsteht.

Fauna

Auch Costa Ricas vielfältige Tierwelt schlägt im Hinblick auf die **Biodiversität** so einige Rekorde: So verfügt das Land mit etwa 850 Vogelarten (Zugvögel mitgerechnet) über mehr Arten als die USA und Kanada zusammen. Die hier herumflatternden Schmetterlingsarten übertreffen in quantitativer Hinsicht den gesamten afrikanischen Kontinent. 205 Säugetierarten finden sich hier und 160 Amphibienarten, ferner 220 Reptilienarten und in den Gewässern sowie vor der Küste mehr als 1.000 Fischarten – und nicht zu vergessen: die 35.000 Insektenarten.

Überblick über in Costa Rica heimische Tiere

Es ist unmöglich, alle in Costa Rica vorkommenden Tierarten hier ausführlich zu beschreiben. Selbst wenn man dies wollte, so stünde dem der Umstand entgegen, dass noch gar nicht alle Tierarten bislang entdeckt worden sind. So sind z.B. erst kürzlich drei neue Salamander-Spezies im Talamancagebiet aufgespürt worden. Daher soll im Folgenden nur über einige besonders häufige und/oder interessante Vertreter der Fauna informiert werden. Buchtipps zur Fauna s. S. 560.

Ameisenbär

Ameisenbären

Vertreter dieser Tierfamilie dürften relativ schwer zu beobachten sein, da es in Costa Rica nur noch wenige Exemplare ihrer Art gibt. Der größte Vertreter, der **Große Ameisenbär** (*oso hormiguero grande* oder *oso caballo*), kann über 1 m lang werden und bis zu 90 cm Höhe respektive 50 kg Gewicht erreichen. Er ist an seiner extrem langen Schnauze, seinem ebenfalls überdimensionierten Schwanz und seinen starken Krallen an den Vorderpfoten erkennbar. Sein Haarkleid ist weiß-schwarz mit leichtem Anflug von Grautönen. In der langen Schnauze verbirgt sich eine klebrige Zunge, die über einen halben Meter lang sein kann und ihm das Einfangen der als Tagesration benötigten ca. 30.000 Ameisen und Termiten frisch aus dem Bau ermöglicht.

Anders als die anderen, weit kleineren Ameisenbärenarten, z.B. Nördlicher Tamandua (*oso hormiguero*) oder Zwergameisenbär (*ceibarito*), lebt der Große Ameisenbär nicht nur im Wald und ist auch nicht – wie jene – in der Lage, auf Bäume zu klettern, was sich aus der praktisch nur für ihn typischen Krallenhaltung bei der Fortbewegung erklärt. Am Atlantik ist er vor allem im Nationalpark Tortuguero, auf der Pazifikseite auf der Osa-Halbinsel anzutreffen.

Faultiere

Gut zu sehen auf dem Weg nach Tortuguero   Wer Faultiere beobachten will, hat, obwohl sie außer auf der Nicoya-Halbinsel prinzipiell im ganzen Land vorkommen, die beste Gelegenheit hierzu auf dem Weg in den Nationalpark Tortuguero, wo man nicht selten eines der Tiere an einem Baum in der Nähe des Kanalufers entdecken kann. Am besten geht das in den Kronen von Cecropia-Bäumen, da deren Blätter (neben Früchten und den Blättern des Yosbaumes) die Lieblingsspeise des Tieres sind. In Costa Rica trifft man am häufigsten auf das ungefähr einen halben Meter lange Dreifingerfaultier (*perezoso de tres dedos*), das auch – in Nachahmung seines Rufs – Ai genannt wird. Gleichwohl sind hin und wieder Zweifingerfaultiere (*pere-zoso de dos dedos*) unterwegs. Die Abnei-gung des Dreifingerfaultiers, den Boden zu berühren, ist so ausgeprägt, dass es sich nach unten hängend mit Hilfe seiner drei starken Krallen die Äste entlang hangelt. Sogar die Haartracht hat sich dieser Ge-wohnheit angepasst: Anders als bei ande-ren Tieren findet man nämlich den Schei-telhals nicht am Rückgrat, sondern am Bauch. Faultier wird es genannt, weil seine Fortbewegung extrem langsam erfolgt. Es hangelt sich immer nur Pfote für Pfote vor-wärts. Mehr als einen Arm gleichzeitig zu bewegen ist ihm anscheinend unangenehm.

Wo die Bewaldung etwas dichter wird, ist das Faultier schwer zu entdecken. Die klei-nen Algen, die im Fell sitzen, stören es kaum. Beide zusammen bilden insofern eine Symbiose, als die Algen durch ihre grüne Farbe dem Faultier helfen, sich op-tisch an das Blätterwerk anzupassen. Die-se Algen sind nicht die einzigen Bewohner des Biotops. Es leben im Fell des Tieres zu-

Faultier

dem kleine, flugfaule Schmetterlinge, die es sich deshalb leisten können, nicht her-umzuflattern, da sie die in den Haarrillen des Faultieres lebenden Algen abweiden. Kommt es zur Paarung von Faultieren, so ergibt sich auch für deren Untermieter eine Gelegenheit, die Gene ihrer Nachkommenschaft neu zu mixen. Das Gewicht eines Faultieres beträgt in etwa 6–7 kg, die Länge des Tieres schwankt zwischen 40 und 70 cm.

Sollte man jemals ein Faultier auf dem Boden erblicken, so kann man sicher sein, dass es für dieses Tier nur einen Grund gab, sich dorthin zu begeben: Es war mal wieder Zeit, den allwöchentlichen Gang zur Toilette anzutreten. Da nämlich die Afteröffnung im Laufe der Evolution ihre Lage – zumindest bisher – nicht verändert hat, würde sich das Tier beim Abkoten am Ast nur selber beschmutzen. Der unge-wöhnlichen Fähigkeiten noch nicht genug: Kein anderer Säuger hat mehr Halswir-bel als das Ai. Die Ausstattung mit neun Halswirbeln befähigt das Tier, den Kopf um bis zu 180 ° zu wenden. Da das Ai aufgrund seiner Gewohnheiten und seiner **Lebensraum** Gelüste – es frisst Blüten, nicht zu alte Blätter und frische Sprossen – unbedingt auf **Wald** das Vorhandensein von Wald angewiesen ist, haben sich seine Chancen, als Art zu überleben, mit der zunehmenden Entwaldung des Landes verschlechtert.

Gürteltiere

Es gibt ungefähr zwanzig Arten von Gürteltieren, wobei das Neunbinden-Gürtel-tier in Costa Rica am leichtesten aufzufinden ist. Von Kopf (und das ist wörtlich zu nehmen!) bis Schwanz ist dieses Tier mit Panzerringen, das sind gegeneinander bewegliche Knochenplatten, versehen. Die Beweglichkeit wird dadurch gewährleistet, dass die Panzerringe untereinander und mit den den Kopf schützenden Schilden über Hautfalten verbunden sind. Obwohl es Neunbinden-Gürteltier (*armadillo común* oder auch *cusuco*) heißt, besitzt es nicht immer neun Panzerringe, mal sind es mehr, mal weniger. In aller Regel wird man auf das Gürteltier, welches nachtaktiv ist, aber auch schon in der Dämmerung zum Vorschein kommt, nur dadurch aufmerksam, dass man es im Unterholz und im Laub rascheln hört. Aufgrund seiner Panzerfärbung, die der Farbe getrockneten Grases entspricht, ist es nämlich hervorragend getarnt. Das Gürteltier ernährt sich von Insekten, Larven, hin und wieder auch von einem Ei oder dem einen oder anderen Kleinreptil, aber auch Aas und pflanzliche Kost sind nicht gänzlich tabu. Der Beute schnüffelt es mit seiner spitzen Schnauze nach und ergräbt sie sich mitunter. Wie bei Faultieren und Ameisenbären hat sich bei den Gürteltieren angesichts ihrer bevorzugten Nahrung ein Gebiss als überflüssig erwiesen und im Laufe der Jahrtausende haben sich bei allen drei Familien die Gebisse nahezu vollständig zurückgebildet. Um auf ein Gürteltier zu stoßen, braucht man nicht unbedingt weite Reisen zu unternehmen, da es im ganzen Lande verbreitet ist.

Leichter zu hören als zu sehen

Affen

In Costa Rica sind **vier Affenarten** beheimatet: die **Mantel-Brüllaffen** (*mono congo* oder auch nur *congo*), die **Klammeraffen** (*mono colorado* oder *araña*), die **Totenkopfäffchen** (*mono ardilla* oder auch nur *tití*) und die **Kapuzineräffchen** (*mono cariblanco* bzw. *carablanco*).

Häufig sind im ganzen Land die weißgesichtigen, mit einer schwarzen, insofern an eine Kapuze erinnernden Kopfbehaarung versehenen **Kapuzineräffchen** anzutreffen, deren sonstige Farbe mehr oder weniger dunkel- bis hellbräunlich ist. Sie sind etwa 35 cm lang und leben gerne gesellig. Zur Beobachtung eignen sie sich gut, weil sie ein festes Wohnumfeld haben und nur in engen Grenzen wandern. Die Affengruppe besteht normalerweise aus nicht mehr als dreißig Tieren. Die männlichen Exemplare können bis zu 3,5 kg schwer werden, während ihre Partnerinnen etwas weniger gewichtig sind. Es fällt ihnen nicht schwer, auch mal auf zwei Beinen daher zu kommen.

Die Äffin säugt ihr Junges relativ lange und ist auch nach dem Abstillen noch etliche Zeit für die Versorgung des Nachwuchses zuständig. Nur beim Transport des Affenbabys wird sie mitunter mehr oder weniger tatkräftig und begeistert von ihrem Partner unterstützt. Die Jungen werden mit etwa einem halben Jahr selbstständig, was aber nicht heißt, dass sie sich damit von der Elterngeneration distanzieren. Bis zur Geschlechtsreife dauert es noch mind. weitere zwei Jahre. Der *cariblanco* ist ein Allesfresser. Kaum ein Müllcontainer in den Parks oder auch anderswo scheint davor sicher zu sein, dass Kapuzineräffchen eine Razzia auf der Suche nach kalorienspendenden Leckerbissen durchführen. Eine besondere Bedrohungssituation existiert bislang für sie nicht. Beliebt und relativ leicht zu beschaffen sind Tiere für den Hausgebrauch, sodass einem in nicht wenigen costa-ricanischen Häusern insbesondere auf dem Lande ein Affe entgegentobt.

Beliebtes Haustier

Die **Totenkopfäffchen** verdanken ihren Namen ihrer schwarzen Kopfzeichnung, die an einen Totenkopf erinnert. Sie sind scheuer und seltener zu sehen. Dies mag

Kapuzineräffchen

damit zusammenhängen, dass sie mit einer Körpergröße, die in etwa derjenigen einer Hauskatze entspricht, die kleinsten der in Costa Rica beheimateten Affen sind. Ihr Schwanz ist zwar bis zu 40 cm lang, der ca. 1 kg schwere Körper dagegen nur 25 bis 35 cm groß. Sie bewegen sich rasch und geschickt im dichten Blätterdach des Waldes. Anders als ihre Vettern verfügen sie über einen Schwanz, der als Steuerungsinstrument oder Klammerhilfe eher ungeeignet erscheint.

Noch bis vor einem halben Jahrhundert war der *mono ardilla* auf der pazifischen Seite des Landes recht verbreitet. Inzwischen führten die zunehmende Entwaldung in dieser Region und die verbreitete Unsitte, Äffchen als Maskottchen zu halten, zu einem rapiden Rückgang der in der Wildnis lebenden Totenkopfäffchen. Heutzutage sind fast nur noch in wenigen Nationalparks in der Nähe des Pazifiks, z.B. im *Schrumpfender* Parque Nacional Corcovado und im Parque Nacional Manuel Antonio, sowie in *Lebensraum* wenigen tiefliegenden kleinen Waldstücken außerhalb der eigentlichen Parks Restbestände an Totenkopfäffchen vorhanden, sodass man um ihre Weiterexistenz bangen muss. Wie die meisten anderen Primaten lehnt der *titi* weder fleischliche noch pflanzliche Kost ab. Er lebt von Wurzeln, Früchten, aber auch von Insekten, kleinen Fröschen und Echsen. Sein häufiges und schnelles Reisen im *canopy*, dem Kronendach des Waldes, bringt es mit sich, dass er nach Art der Bienen für etliche Gewächse wie etwa die Süße Passionsfrucht (*granadilla*) die Funktion eines Bestäubers übernimmt.

Brüllaffen sind am besten während der Trockenzeit zu beobachten, wenn die Bäume ihr Laub abgeworfen haben. Im Parque Nacional Cahuita auf der karibischen und im Parque Nacional Santa Rosa, im Rincón de la Vieja und im Parque Nacional Guanacaste auf pazifischer Seite sind die Chancen, eines dieser Tiere zu Gesicht zu bekommen, besonders gut. Die zwischen 60 cm und einem Meter großen und zwischen 7 und 13 kg schweren Tiere mit schwarzem oder dunkelrotbraunem Fell sind nicht besonders schnell und ziehen ein langsames Klettern von Ast zu Ast dem Turnen und Springen vor. Ihr Schwanz, der länger als ihr Körper ist, dient gewissermaßen als ein weiteres Gliedmaß. Selbst wenn man keinen der *congos* zu Gesicht bekommt, so kann man doch in aller Regel in vielen Nationalparks ihr Gebrüll, das so gar nicht zu ihrem relativ kleinen Körperwuchs passen will, auch noch in 2 bis 3 km Entfernung nicht überhören. Sinn und Zweck des Schreiens ist die Revierverteidigung. Nur das männliche Tier ist in der Lage, diese Laute zu produzieren. Seine Stimmorgane sind von einem stark vergrößerten Zungenbein umgeben, das als Resonanzverstärker dient. Kehlkopf und Unterkiefer des Tieres sind deshalb unverhältnismäßig groß, was aber durch einen entsprechenden Bartwuchs verdeckt wird. Insbesondere in den Bergen findet man den tiefschwarzen Brüllaffen. Brüllaffen ernähren sich von pflanzlicher und tierischer Beute, wobei Blätter von einigen Gummibäumen, vom Guababaum, vom Kaffeeschattenbaum und vom Balsambaum seiner besonderen Vorliebe sicher sein können.

Nicht zu überhören: bei Brüllaffen ist der Name Programm

Der Lebensraum des *mono congo* reicht bis hinauf in luftige Höhen von 1.500 oder 1.600 m, wobei er die tieferliegenden Wälder in Küstennähe und mit heißem Klima besonders schätzt.

Klammeraffen sind tagaktiv und zeichnen sich durch einen sehr langen Schwanz aus, mit dem sie sich bei ihrer Turnerei auch ohne Hilfe der Gliedmaßen an den Ästen halten können. Auch sie sind Herdentiere; wo einer ist, können 15 oder mehr Artgenossen nicht weit sein. Im Schnitt sind sie knapp 9 kg schwer, 35 bis 55 cm lang und verfügen über eine Lebenserwartung von gut 30 Jahren. Ihr Hangschwung ist so effektiv, dass sie damit über 10 m weit springen können. Weitere erwähnenswerte Besonderheiten des *mono colorado* sind, dass ihm ein Daumen fehlt und dass es bei der Beobachtung der Tiere nicht selten zu einer Verwechslung von Mann und Frau kommt. Dies ist darauf zurückzuführen, dass die Weibchen über sehr große, pendelförmige Genitalien verfügen, die ohne die Möglichkeit eines näheren Hinsehens leicht für einen Penis gehalten werden können. Die Klammeraffen zählten in Costa Rica traditionell durchaus zum jagd- und (im Erfolgsfall) verzehrbaren Wild. Um sie vor der Ausrottung zu bewahren, ist ihr Erlegen gesetzlich verboten. In einer gewissen Häufung kommen Klammeraffen nur noch in den Nationalparks Tortuguero, Barra del Colorado, Rincón de la Vieja, Palo Verde, Santa Rosa, Guanacaste, Juan Castro Blanco sowie in der Área de Conservación la Amistad und der Area de Conservación Junquillal vor.

In vielen Nationalparks zu sehen

Nasenbären

Der mit lateinischem Namen *Nasua nasua* oder *Nasua narica* (*pizote*) genannte, üblicherweise zwischen 5 und 9 kg wiegende Kleinbär wird ca. einen halben Meter lang und steht auf verhältnismäßig kurzen Beinchen. Er scheut die Mittagssonne, aber außerhalb der Siestazeit geht er nahezu unentwegt auf Beutezug. Bei seiner Nahrung ist der Nasenbär nicht sehr wählerisch. Der Nachwuchs und die Weibchen leben in aller Regel in Gruppen, während männliche Nasenbären nicht selten allein unterwegs sind. Übermäßig scheu ist der *pizote* nicht und so vergreift er sich mitunter an den Nahrungsvorräten des Reisenden, so dieser sie nicht ausreichend gesichert hat. Er hält sich mit Vorliebe dort auf, wo etwas für ihn abfällt. Sein Ver-

Allesfresser

breitungsgebiet konzentriert sich auf Guanacaste und die südlichen, in der Nähe des Pazifiks liegenden Gebiete sowie der Umgebung von Sarapiquí.

Jaguare

Jaguare (*jaguar*) – die größten Raubkatzen im
Land, die bis zu 100 kg schwer und an die
2 m lang werden können – gibt es zwar in
ganz Costa Rica, doch sind sie inzwischen so
stark dezimiert und von der völligen Ausrottung bedroht, dass wohl kaum ein Reisender
eine derartige Katze zu Gesicht bekommen
wird. Jaguare leben gewöhnlich als Single. Lediglich die Brunstzeit stellt eine Ausnahme
dar. Der weibliche Jaguar ist spezialisiert auf
die Verteidigung des Nachwuchses und erle-
digt dies mehr oder weniger im Alleingang.
Diese Tiere sind definitiv keine Vegetarier
und erbeuten Säugetiere aller Art, ver-
schmähen allerdings auch Vögel, (kleine)
Krokodile und Schildkröten nicht.

Nasenbär

Berg- oder Silberlöwen

Die größte aller Kleinkatzen ist der Puma (*puma*). Mit einer Schulterhöhe von bis
zu 80 cm und einem Gewicht, das zwischen 70 und 80 kg liegt (weibliche Pumas
bringen es allerdings nur auf etwa 50 kg und sind auch um ca. ein Drittel kleiner),
bleibt er nur wenig hinter dem Leoparden zurück. Pumas gibt es prinzipiell in ganz
Mittelamerika, in Nordamerika ist er – sieht man von einzelnen Regionen im gebir-
gigen Osten ab – ausgerottet. Außerhalb der Paarungszeit leben Pumas als Single.
Dies prägt ihre Jagdweise: Die Beute wird angeschlichen und lautlos im Sprung geschlagen. Sofern es ihm nicht gelingt, größere Beutetiere wie etwa Rehwild per Biss
ins Genick zu erlegen, begnügt er sich mit Kleinwild. Er kann bis zu 4 m hoch und
6 m weit springen. In der Paarungszeit lieben sie engen Kontakt und gehen sogar
gemeinsam auf die Jagd.

Das Weibchen ist etwa drei Monate trächtig, bevor es für gewöhnlich drei bis vier, in Einzelfäl-
len sogar sechs Junge wirft, die jeweils etwas unter einem Pfund
wiegen und mit etwa 25 cm Größe
ziemlich klein sind. Knapp zwei
Jahre bleiben sie mit ihrer Mutter
zusammen und erhalten von ihr
ihre jägerische Grundausbildung.

Puma

Yaguarundis oder Wieselkatzen

Die Wieselkatze oder das Yaguarundi (*león breñero*) bringt es mit einer Körperlänge von weniger als 75 cm auf ca. 8 kg Körpergewicht. Sie sieht einer Hauskatze nicht ganz unähnlich und lebt sowohl im Dschungel als auch in der Buschsavanne bis hinauf auf 2.000 m, entweder als Single oder als Paar. Sie sucht allerdings das Leben in der Nähe von Fließgewässern, wo sie in der Lage ist, selbst Fischen den Garaus zu machen, damit diese neben kleinen Vierbeinern, Vögeln und diversen Reptilien ihren Speiseplan bereichern.

Ozelots

Eine weitere Kleinkatze ist im Gegensatz zum Puma in Costa Rica nicht landesweit, sondern fast nur noch im Parque Nacional Chirripó zu finden: der Ozelot (*ocelote* oder *manigordo*). Die Farbe des Fells spielt bei diesem Tier etwas ins Gräuliche hinein – ausgestattet mit einem goldenen Schimmer. Markantestes Zeichen sind allerdings die schwarzbraunen Punkte, die tendenziell in linienförmigen Bändern angeordnet sind. Man wird dieses Tier eher selten zu Gesicht bekommen, auch wenn es mit einer Länge (von Schnauze bis zur Schwanzspitze gemessen) von 160 cm –
Nachtaktive bei etwa 15 kg Gewicht –nicht gerade klein ist. Der Ozelot ist nachtaktiv und ge
Katze ruht den Tag in einem Versteck zu verschlafen. Die Katze lebt im Dschungel, im Nebelwald, in von Mangroven dominierten Wäldern und in der Buschsavanne von all dem Kleingetier, das zu erbeuten sie von ihrer Größe her in der Lage ist.

Ozelot- oder Tigerkatzen

Ebenso gefährdet wie der Ozelot – und dies aus dem gleichen Grunde – ist sein kleinerer Vetter: die Ozelotkatze (*caucel* oder *tigrillo*), die dem Ozelot von der Farbgebung des Fells her ähnelt (wobei allerdings schwärzlich ausgeprägte Exemplare nicht selten sind) und ebenfalls zu den Kleinkatzen gehört, dem Ozelot aber

Ozelot

an Größe und Kompaktheit (Kopf-Schwanzlänge nur 100 cm und ein Gewicht von *Wald-* ca. 3 kg) unterlegen ist. Die Tigerkatze lebt in den Zonen, die von Wald bedeckt *bewohner* sind. Grundlage ihres Speiseplans sind Mäuse, Kaninchen, Vögel, Eidechsen, Frösche und Insekten.

Kojoten

Obwohl man bei dem Stichwort Präriewolf (*coyote*) nicht unbedingt an Costa Rica als typisches Habitat denkt, ist dieses etwa 50 cm große und 25 kg schwere Tier hier zu finden. Es ähnelt etwas dem Schäferhund und ernährt sich von kleinerem Getier als auch von Aas, sodass der Kojote eine Art Müllschluckerfunktion innehat. Er verschmäht aber ebensowenig Früchte und andere vegetarische Nahrungsbestandteile sowie Hühner und andere domestizierte Lebewesen, wobei ihn letzteres bei den Zweibeinern nicht unbedingt beliebt macht. Kojoten pflegen eine relativ monogame Lebensweise, nicht selten verfügt das Paar auch über eine feste Adresse, wo das Weibchen nach ca. zwei Monaten der Trächtigkeit ca. 8–10 Junge wirft. Gejagt wird der Kojote insbesondere von seinen Konkurrenten und Futterneidern Puma, Mensch und Jaguar.

Waschbären

Der Waschbär (*mapache*) kommt wie in den nördlichen und südlichen Nachbarländern Costa Ricas grundsätzlich überall vor. Er bevorzugt, um seinem „Waschzwang" Genüge tun zu können, die Nähe von Gewässern, seien es Bäche, Flüsse *Nah am* oder aber das Meer. Er wird über einen halben Meter lang, wiegt für gewöhnlich *Wasser* zwischen 10 und 12 kg und verfügt über eine charakteristische, ein bisschen an die Karikatur eines Panzerknackers erinnernde Zeichnung des Gesichts. Sein Schwanz ist fast schwarz, versehen mit weißen, manchmal leicht ockerfarbenen Ringen. Da das Tier bevorzugt nachts unterwegs ist (den Tag verschläft es in Verstecken ver-

Waschbär

schiedenster Art), fällt seine Beobachtung nicht immer leicht. Waschbären sind, was ihre Nahrung anbelangt, nicht eben wählerisch. Auf dem Speisezettel stehen sowohl Nüsse und Früchte als auch diverse Kleinsäuger, Vögel, Amphibien, Insekten und sogar Fische. Während der Brunst begnügt sich das Männchen nicht damit, nur eine Lebensabschnittsgefährtin zu beglücken, sondern versucht seine Gene möglichst weit zu streuen – die Ergebnisse stellen sich nach gut zwei Monaten ein. Weitere vier Monate später sind die Kleinen dann reif und ausreichend (aus-)gebildet, sich ohne mütterlichen Schutz durchzuschlagen.

Wickelbären

Auch Honigbär genannt

Der Wickelbär (*martilla* oder *kinkajou*), ein possierliches Tier, das – bezieht man seinen langen Greifschwanz mit ein – bis zu 1,10 m lang wird und zwischen vier und fünf Kilogramm wiegt, lebt in den Kronen der Urwaldbäume. Sein Fell ist in weiten Teilen ähnlich dem von Löwen gefärbt, seine Pfoten enden in kräftigen Krallen. Ähnlich wie der Waschbär frisst er sowohl Kleingetier als auch vegetarische Speisen, wobei ihm Früchte, Eier und Honig besonders munden. Er kommt in Guanacaste, in der Gegend von Monteverde und San Carlos sowie in der Umgebung des Vulkans Barva bis in eine Höhe von 2.500 m vor. Das nachtaktive Tier lebt in kleineren Verbänden, weibliche Tiere bringen nach knapp viermonatiger Tragezeit nur ein bis zwei Junge zur Welt, die zunächst weder sehen noch hören können.

Die possierliche Erscheinung und der Umstand, dass sie sich leicht zähmen lassen, bedingen, dass sie mitunter als exotische Haustiere gehalten werden. Bei einigen indianischen Stämmen gehörte der Kinkajou aber durchaus zu den Tieren, deren Verzehr man nicht ablehnend gegenüberstand.

Pakas

Höhlenbauer

In Costa Rica kommen sowohl das mit einem Körpergewicht von zwei bis drei Kilogramm und einer Größe um einen halben Meter relativ kleine Paka (*guatuza*) als auch das weitaus größere Tieflandpaka (*tepezcuintle*) vor, welches bis zu 12 kg schwer und 70 cm lang werden kann. Das *guatuza* lebt im Wald, unabhängig davon, ob es sich um Sekundär- oder Primärwald handelt. Sein Verbreitungsgebiet erstreckt sich vom südlichen Mexiko bis in den Norden von Argentinien. Seine natürlichen Feinde sind Raubkatzen, Boas und Kojoten, während es sich selbst vegetarisch ernährt: Früchte, Pflanzen und Blätter stehen auf seinem Speiseplan. Es verfügt nur über ein kleines Schwänzchen, sein Balg ist, ähnlich dem der Schweine, ohne Unterwolle und durchgehend rötlichbraun – ohne die für das Tieflandpaka typischen, in Reihen angeordneten weißen Flecken. Sein Bau findet sich, obwohl es sich bei ihm um keinen ausgemachten Höhlengräber handelt, unter der Erde und auch ansonsten ist es stets auf der Hut vor den Tieren, zu deren Beutetieren Pakas gehören: Seine Nahrung verleibt es sich in „Hab-Acht-Stellung" ein, wobei es auf den Hinterbeinen sitzt, mit den Vorderpfoten die Nahrung zum Maul führt und währenddessen die Umgebung nach möglicherweise auftauchenden Verfolgern absucht.

Das Tieflandpaka hat ein ähnliches Verbreitungsgebiet wie das Paka. Es lebt vorwiegend als Single und macht die Nacht zum Tage. Als Vegetarier suchen die Tieflandpakas sich auf dem Boden liegende Früchte und Blätter, mitunter auch einige

Knollengewächse, Wurzeln und Nüsse. Sofern es sich ermöglichen lässt, halten sie sich in Feuchtgebieten im Einzugsbereich von Flüssen und Gewässern auf, da sie als talentierte Schwimmer das feuchte Element nicht selten als willkommenen Fluchtweg wählen. Sie werden sowohl in abseits gelegenen Teilen der Wildnis als auch in nicht allzu großer Entfernung von menschlichen Behausungen angetroffen. Da sie für den Menschen angesichts der Qualität ihres Fleisches eine willkommene Beute darstellen, leiden sie unter einem starken Verfolgungsdruck, sodass sie in etlichen Teilen des Landes bereits als ausgerottet gelten. Das weibliche Tieflandpaka wirft ca. vier Monate nach Empfängnis selten mehr als zwei Junge.

Tapire

Ähnlich wie der Jaguar ist auch der Tapir in Costa Rica außerhalb des Zoos von San José schwerlich aufzuspüren. Zum einen werden Tapire nachts erst richtig lebendig, zum anderen wohnen sie vorwiegend im Wald, sodass die Beobachtungsmöglichkeiten begrenzt sind, obwohl sie nicht gerade zu den kleinen Tieren gehören. Der Flachlandtapir (*danta*) kann bis zu 2 m lang und 300 kg schwer werden; am ehesten wird man ihn noch bei einem Wasserbad zu Gesicht bekommen. Der etwas kleinere Bergtapir ist in Costa Rica vor allem im noch wenig erschlossenen Talamancagebiet und insbesondere im Chirripó-Nationalpark beheimatet. Schuld an der starken Gefährdung der Tapire ist ihr als wohlschmeckend geltendes Fleisch.

In freier Natur schwer zu entdecken

Von der Erscheinungsform fällt zunächst ihre lange trompetenartige Nase auf. Umso kürzer ist dafür der Schwanz, die Plumpheit des Leibs wird durch die kleinen Füßchen noch zusätzlich betont. Die Rückenpartie des Tapirs ist dunkelgrau, der Bauch hellgrau mit weißen Flecken.

Der Nachwuchs hat, wenn er zur Welt kommt, eine Tragezeit von gut einem Jahr hinter sich. In ihrer Jugendzeit sind die Tiere mit einer der Vegetation im Unterholz

Tapire sieht man am Tag eher selten

angepassten Camouflage (helle Flecken und Punkte auf dunklem Hintergrund) getarnt, sodass es für Raubkatzen schwierig ist, sie aufzuspüren.

Tapire legen – in aller Regel während der Dunkelheit – mitunter große Distanzen zurück. Sie sind wenig scharfsichtig, können dies allerdings aufgrund ihres überdurchschnittlich gut entwickelten Geruchssinns sowie mit ihrem scharfen Gehör gut kompensieren, sodass sie nicht völlig chancenlos gegenüber Pirschjägern sind. Es ist nicht völlig ausgeschlossen, sie in kleinen Gruppen anzutreffen, da die Alttiere ihren Nachwuchs in ihrer Umgebung auch dann dulden, wenn dieser schon die Pubertät hinter sich hat, sodass die Basis einer solchen Herde der Familienverband darstellt. Sie stehen auf der Liste der vom Aussterben bedrohten Tierarten, was primär damit zusammenhängt, dass ihr Lebensraum aufgrund der immer stärkeren Flächennutzung durch den Menschen schrumpft.

Orientierung durch Gehör und Geruch

Tapire sind strikte Vegetarier, sie konsumieren nicht nur Früchte, Blätter und Pflanzen, sondern auch eine Vielzahl von Samen, für deren Verbreitung die unermüdlichen Wanderer nebenbei sorgen. Das Verbreitungsgebiet erstreckt sich zwischen Ecuador und Südmexiko, in Costa Rica sind sie bis in die Gipfelregionen des Talamancagebiets hinauf zu finden.

Wildschweine
Die in Costa Rica am häufigsten anzutreffenden Wildschweine sind eigentlich Pekaris (lat.: *Tayassuidae*), die zwar den europäischen Wildschweinen in Aussehen und Auftreten nicht unähnlich sind, aber dennoch als eigene Gattung gelten. Die feinen Unterschiede bestehen darin, dass sie kleiner sind als ihre europäischen Vettern, ihre Hinterpfoten eine Zehe weniger aufweisen und ihre Hauer nicht aufwärts, sondern abwärts gerichtet sind. Hinzu kommt noch eine in der Nähe der Schwanzwurzel befindliche Drüse, mit deren Hilfe sie eine Art Moschusduft verbreiten. Die Pekaris oder Nabelschweine leben in Horden von manchmal bis zu hundert Tieren im Wald und können bis zu 1 m lang werden.

In Horden im Wald unterwegs

Besonders wenn sie mit Frischlingen unterwegs sind, sollte man sich vor einer herannahenden Horde möglichst schnell auf den nächsten Baum flüchten, falls deren Hauptrennrichtung nicht eindeutig an einem vorbeigeht. Die Pekaris, von denen es mehrere Unterarten gibt – so etwa den etwas größeren und dunkler gefärbten, aber weißgesichtigen Weißbartpekari (*chancho cariblanco*) oder den Halsbandpekari (*saíno* oder *zaíno*) – können nämlich weder besonders gut hören noch sehen, sodass es zu bedauerlichen Unfällen kommen kann, die weniger auf die Aggressivität der Tiere als auf ihre begrenzten Sinneswahrnehmungen zurückzuführen sind. Sie leben mit Vorliebe in bewaldeten Gegenden und ernähren sich von Früchten, Blättern, Insekten, Schildkröten, Eiern und verzehren mitunter sogar Schlangen. (Wild-)schweinemäßig ergraben sie sich einen Teil ihres Speiseplans.

Opossums oder Beutelratten
Das im gesamten Land vorkommende Opossum (*comadreja*) lebt von kleinerem Getier einschließlich Vögeln und Schlangen, aber auch von Aas und Früchten. Seine Überfälle auf domestiziertes Geflügel verschaffen ihm allerdings wenig Sympathisanten. Man kann ihm eine gewisse Kämpfernatur nicht absprechen, wagt es sich

doch an ihm an Körpergröße vielfach überragende Tiere heran. Das Nordopossum (*tlacuache norteño*) findet sich in Costa Rica dagegen hauptsächlich im trockenen Nordwesten. Opposums können über fünf Kilo schwer sein und – rechnet man den Schwanz hinzu – bis zu einem Meter lang werden. Bei der Geburt – nach knapp zwei Wochen Tragezeit – ist der Nachwuchs recht winzig und wiegt weniger als ein Gramm. Die ersten beiden Monate ihres Erdenlebens verbringen Opposums ausschließlich im Beutel des Muttertiers, welches sie gut drei Monate lang säugt. Gewöhnlich leben Beutelratten in einem bis zu 20 Hektar großen Revier als Single und sind erst ab Einbruch der Dunkelheit aktiv.

Leguan in Tortuguero

Leguane

Mit ihren gefährlich wirkenden Zacken auf dem Rücken erinnern Leguane an die Dinosaurierepoche. Sie zählen zu den Reptilien und leben von Insekten und kleinen Tieren. Der Grüne Leguan (*iguana*) ist der imposanteste Vertreter dieser Tierart in Costa Rica. Er kann bis zu 2 m lang werden, wird allerdings normalerweise in kleinerer Ausführung gesichtet. Sehr grünlich sind eigentlich nur die Jungtiere, die älteren Artgenossen dunkeln nach. Der Leguan ist tagsüber aktiv und deshalb gut zu beobachten. Sein Fleisch gilt als Delikatesse, sodass er in einigen mittelamerikanischen Ländern auch gejagt wird. Auch die Gelege lässt man – obwohl geschützt – in Costa Rica mitunter nicht links liegen, sondern verarbeitet sie (gekocht) für den Speisezettel. Ein weiterer, im Vergleich zum Grünen Leguan etwas kleinerer Vertreter dieser Familie ist der Schwarze Leguan (*iguana negra*).

Krokodile

Die in Costa Rica vorkommenden Krokodile, besser gesagt Kaimane (*caimán* oder *yacaré*), von denen es verschiedene Unterarten wie etwa den Braunen Brillenkaiman gibt, sind meist relativ klein und werden selten länger als 2 m. Ihre Beute jagen sie für gewöhnlich im Wasser. Dieser Jagdmethode haben sich auch ihre Nasen angepasst, die sich auf den Schnauzen befinden. Hat das Tier seine Beute gepackt, so hält es sie bis zum Eintritt des Exitus unter Wasser. Um zu verhindern, dass dabei Wasser durch die eigene Nase eindringt, verschließt das Krokodil seine Nasenlöcher mittels einer speziellen Nasenklappe. Die geringe Körpergröße in Verbindung

Kleine Kaimane

Auch auf dem Weg nach Tortuguero kann einem das eine oder andere Krokodil begegnen

Auch im Río Tempisque daheim

mit einer hohen Anpassungsfähigkeit hat dazu geführt, dass Kaimanen fast jedes Wasser recht ist, sodass sie sich nicht darauf beschränken, in naturnahen Sümpfen, Flüssen etc. aufzutauchen, sondern durchaus auch schon in Bewässerungsteichen, ja sogar schon in Straßengräben gesichtet worden sind. Im Río Tempisque sind aber auch schon richtige (Spitz-)Krokodile (*cocodrilo*) mit über 5 m Länge gesichtet worden. Diese leiden übrigens unter Frauenmangel. Während normalerweise drei Weibchen auf ein Männchen kommen, beträgt das Verhältnis im Río Tempisque 1:2. Man führt dies darauf zurück, dass das Klima wärmer geworden ist, was dazu führt, dass mehr Männchen als Weibchen aus den Eiern kriechen – mittelbar hat dies zur Konsequenz, dass etwa 25% der Männchen entweder blind oder schwer sehbehindert sind, da die Augenpartie bei ihren Kämpfen um die wenigen Damen unter den Attacken von Rivalen irreversibel geschädigt worden ist.

Schildkröten

Von Wilderern und Fischern bedroht

An einigen Stränden des Landes sowohl an der Pazifik- als auch an der Karibikküste landen im Frühjahr und im Herbst Riesenschildkröten, um in von ihnen gebuddelten Nestern ihre Eier abzulegen (s. S. 350). Die Eiablage erfolgt in der Regel nachts. Einige der Strände befinden sich in den Nationalparks Santa Rosa und Tortuguero. Aus den tischtennisgroßen Eiern – ein Gelege enthält bis um die hundert davon – schlüpfen dann die Jungschildkröten, sofern die Nester nicht vorher ausgeraubt wurden. Begehrt sind sie auch von Menschen, weil eine Mär den Eiern potenzsteigernde Wirkung zuschreibt. Den erwachsenen Tieren droht nicht nur der Suppentopf, oft fallen sie auch den modernen Fischfangmethoden zum Opfer, wenn sie sich in den Netzen verheddern.

Schildkröte am Strand von Tortuguero

Die meisten der in Costa Rica vorkommenden Meeresschildkröten wie die **Echte Karettschildkröte** (*tortuga carey*), die **Lederschildkröte** (*tortuga baula*), die **Bastardschildkröte** (*tortuga lora*) und die **Suppenschildkröte** (*tortuga verde*) sind bedroht oder stark gefährdet, sodass die von Costa Rica an den Eiablagestätten betriebene Schutzpolitik strikt unterstützt werden sollte.

Im Gegensatz zu ihren im Meer lebenden Verwandten sind die in stehenden oder nur langsam fließenden Gewässern, nicht aber im offenen Meer vorkommenden **Schnappschildkröten** (*tortuga mordedora* oder *tortuga cocodrilo*), von denen diverse Unterarten im Lande existieren, eher miserable Schwimmer. Sie wandern dafür auf dem Grund eines Gewässers entlang. Diese Schildkröten, die durchaus bis zu 30 kg auf die Waage bringen können, profitieren beim Fang ihrer Beute im bzw. aus dem Wasser heraus von ihrem langen Hals. Im Einzelfall gelingt es ihnen sogar, Wasservögel unter Wasser zu ziehen und sie zu ertränken. Ansonsten sind sie nicht wählerisch, dafür aber umso aggressiver, worunter mitunter sogar Menschen zu leiden haben, die ihnen zu nahe kommen.

In Kanälen beheimatete Art

Stirnlappenbasilisken

Dieses nicht nur aufgrund seines Aussehens bemerkenswerte, bis zu 70 cm lange Tier, welches in Costa Rica als *lagarto Jesuscristo* – oder auch nur einfach als *Jesús* – bezeichnet wird, hat sich seine (Spitz-)Namensgebung dadurch verdient, dass es unter Ausnutzung der Oberflächenspannung des Wassers in der Lage ist, über dasselbe zu laufen, besser gesagt: zu flitzen. Von dieser Fähigkeit macht der Stirnlappenbasilisk insbesondere bei Gefahr Gebrauch und bringt es dabei durchaus auf

Stirnlappenbasilisk

Geschwindigkeiten von über 10 km/h. Das Tier verspeist neben pflanzlicher Nahrung hauptsächlich Insekten und kleine Reptilien.

Blattschneiderameisen

Stellvertretend für die Insektenwelt einige Worte zu den fast überall zu beobachtenden Blattschneiderameisen (*hormigas zompopas*), die in geselliger Form in Erdbauten mit bis zu fünf Mio. Tieren hausen, zu denen lange Transportwege führen. *Schwer beladen unterwegs* Auf diesen marschieren die Ameisen mit ihrer Beute: kleingeschnittenen Blatttteilen, die oft fünf- bis zehnmal so groß sind wie die Trägerinnen selbst. Die großen (weiblichen) Arbeitsameisen befördern z.T. zusammen mit den kleingeschnittenen Blättern auch noch ein bis zwei (kleinere) Krieger. Sie legen dabei Strecken bis zu einem Kilometer zurück. Im Bau werden auf den zerkauten Blättern Pilze gezüchtet, die als Nahrung dienen.

Dort lebt auch die Königin, die nur während der Paarungszeit flugfähig ist. Sie kann bis zu 20 Jahre alt werden und produziert nach nur einmaliger Begattung – das Männchen stirbt nach dem Akt – während dieser Zeit die Nachkommenschaft des Volkes. Die Tiere sind übrigens extrem kurzsichtig und orientieren sich mit Hilfe von Duftstoffen. Säubert man ihren Weg von denselben, führt dies zu einem Orientierungsverlust.

Rotaugenlaubfrosch

Eines der beliebtesten Fotomotive des Landes ist der recht häufig vorkommende Rotaugenlaubfrosch (*rana verde de ojos rojos*, in Costa Rica *rana abórea calzonuda*). Er lebt in Feuchtgebieten und kann vor allem in der Regenzeit auf wassernahen

Blättern gesehen werden. Mit den Saugnäpfen an den Füßen kann er sich an den glatten Blättern festhalten. Übrigens ist das Weibchen deutlich größer als das Männchen.

Erdbeerfröschchen

Es handelt sich hierbei um eine prächtig gefärbte, allerdings mit 2 bis 3 cm recht kleine und zudem extrem giftige (Farb-)Froschart, deren knallig rotorangefarbene Körper (mit schwarzen Tupfen) auf (blau-) schwarzen Beinchen ruhen, was ihnen in Costa Rica die Bezeichnung

Erdbeerfröschchen *Rotaugenfrosch an der Karibikküste (Tortuguero)*

blue jeans eingebracht hat. Verarbeitet wurde dieses Tier früher zu Jagdzwecken, indem man Pfeilspitzen mit seinem Gift versah. Neben dem Erdbeerfröschchen existieren noch ca. weitere 130 Arten von Pfeilgiftfröschen. Die kräftige Färbung soll auf Verfolger abschreckend wirken.

Königsboas oder Abgottschlangen

Die in Costa Rica kurz als *boa* bezeichnete Riesenschlange (*Boa constrictor*) ist eigentlich die bekannteste Schlange Mittelamerikas. Sie kommt in ganz Costa Rica vor. Mit einer Länge von bis zu 5,50 Metern (Regelgröße 3 m) ist sie auch die potenziell größte Schlange Mittelamerikas. Boas halten sich sowohl am Boden als auch in den Bäumen auf und ernähren sich von Reptilien, Vögeln und Säugetieren. Obwohl sie nachtaktiv sind, kann man sie manchmal auch am Tage antreffen – wenn sie sich außerhalb ihres Verstecks aufhalten. Fühlt sich eine Boa bedroht, so reagiert sie darauf mit einem Fauchen, und genügt dies zur Abschreckung nicht, so ist sie durchaus in der Lage, dem Feind dank ihrer langen Zähne Bissverletzungen beizubringen. Boas bringen in einem Wurf 10 bis 50 lebendige Schlänglein zur Welt, die jeweils bereits einen halben Meter lang und etwa 50 g schwer sind.

Boa Constrictor

Hühnerfresser

Die Hühnerfresserschlange (*voladora* oder *culebra mica*) zählt zu den Nattern und ist in den Wäldern ganz Mittel- und Südamerikas anzutreffen. Die bis zu 2,5 m lange Schlange ist überaus schnell, was ihr bei der Jagd nach Kleinsäugern und Vögeln zugutekommt. Wie die Boa setzt die Hühnerfresserschlange Fauchen als eine ihrer Abschreckungstaktiken ein, bringt allerdings keine lebenden Jungen zur Welt, sondern legt ein bis zwei Dutzend Eier, aus denen nach etwa 8 Wochen der Nachwuchs schlüpft.

Indigoschlange

Bedrohte Schlangenart

Nach der Anaconda ist diese nicht zuletzt aufgrund des Umstands, dass „Schlangenliebhaber" bis zu 1.000 US$ für ein Exemplar bezahlen, von der Ausrottung bedrohte Schlange (*zumbadora de pestaña* bzw. *cola sucia*) mit bis zu 3 m Länge ein Titan unter ihren Artgenossen in Zentralamerika. Sie lebt nicht selten in den unterirdischen Bauten von Gürteltieren. Die Indigoschlange ernährt sich nicht nur von allerlei kleinem Getier, sondern auch von anderen Schlangen. Da sie immun gegen deren diverse Gifte ist, verschmäht sie nicht einmal Giftschlangen. Hat sie ihre Beute einmal in ihren Fängen, so tötet sie sie nicht selten dadurch, dass sie das Opfer mit voller Wucht gegen Steine oder Ähnliches schmettert.

Mussurana

Die zur Gattung der Trugnattern zählende kräftige Schlange (*viborera común* oder *zopilota*) wird maximal 2,5 m lang, im Schnitt jedoch nur ca. 1,5 m. Sie lebt am Boden lichter Wälder, ersatzweise an Waldrändern. Junge Exemplare erscheinen, nachdem sie aus dem Ei geschlüpft sind, leicht rosig, während ihre älteren Verwandten eine bläuliche Färbung annehmen. Zu ihrer Beute gehören wie bei der Indigoschlange andere Artgenossen auch der hochgiftigen Sorte: Gegen das Gift der Korallenschlange ist die Mussurana zwar nicht gefeit, doch kann ihr das von Ottern nichts anhaben.

Würgeschlange

Mit ihrem Maul, das mit ca. einem Dutzend kräftiger Zähne ausgestattet ist, verbeißt sie sich in deren Kopf, umschlingt deren Körper und – ähnlich wie die Boa – erwürgt bzw. erdrückt sie ihre Beute. Zwar enthalten die Fangzähne der Mussurana eine giftige Substanz, doch wird sie Menschen grundsätzlich nicht gefährlich. Es gibt Bauern, die sich Mussuranas quasi als Haustiere halten und sich ihrer bedienen, um die sie und ihre Tiere gefährdende Ottern zu bekämpfen. Ansonsten lebt die inzwischen allerdings eher rar gewordene Schlange im dichten Unterholz und kann sowohl tags als auch nachts aktiv sein.

Korallenschlangen

In Costa Rica kennt man 16 verschiedene Korallenschlangenarten (*corál*). Sie zeichnen sich durch eine recht auffallende Farbgebung (rot-schwarz-gelb oder rot-schwarz-weiß) aus und leben vorzugsweise versteckt am Boden unter verrottendem Laub und Steinen. Sie werden maximal 1,20 m lang (Regellänge unter 0,80 m). Ihre bevorzuge Beute sind andere Schlangen und Echsen. Aus ihrem Gelege, das selten mehr als ein Dutzend Eier umfasst, schlüpft der Nachwuchs nach knapp 2,5–3 Monaten. Ihr Gift wirkt auf das Nervensystem und ist überaus wirksam. Da Korallenschlangen aber nicht allzu aggressiv sind, kommt es eher selten dazu, dass Menschen von ihnen gebissen werden.

Nicht alle Schlangen, die so aussehen, als ob es sich bei ihnen um Korallenschlangen handelt, sind auch wirklich solche. Einige Natterarten sind auf Mimikry spezialisiert und hoffen durch eine möglichst täuschende Nachahmung der Korallenschlangen ihr Überleben zu sichern. Dem auf Schlangen nicht spezialisierten Touristen dürfte es aber anzuraten sein, den näheren Kontakt zu ihnen ebenso zu meiden wie den zu echten *corales.*

Buschmeister, in Costa Rica „matabuey" (Ochsentöter) genannt

Buschmeister

Die zu den Grubenottern zählenden Buschmeister (*matabuey* oder *plato negro*) haben sich ihren „Meistertitel" dadurch verdient, dass sie mit bis zu 3,5 m Länge (Regelgröße etwa 2,5 m) die größten Giftschlangen auf dem amerikanischen Kontinent sind. Ihr spanischer Name *matabuey* (Ochsentöter) zeugt von der Wirksamkeit des ihnen eigenen Kampfstoffes. Die auf der Karibikseite des Landes vorkommende Art ist eher unaggressiv, gleichwohl nicht minder gefährlich, während die insbesondere auf der Osa-Halbinsel heimische Art sich dadurch auszeichnet, dass sie nicht nur mit ihrem Schwanz ähnliche Geräusche wie eine Klapperschlange produzieren kann, sondern zudem Störenfriede mit drohend erhobenem Kopf selbst bei sofort angetretenem Rückzug über etliche Meter verfolgt.

Da Buschmeister allerdings nicht wirklich häufig sind und zudem das Tageslicht scheuen, sind tödlich verlaufende Begegnungen mit Menschen eher selten. Buschmeister lieben es, den hellen Tag in – nicht von ihnen angelegten und von ihren ursprünglichen Bewohnern bei ihrem Erscheinen möglichst fluchtartig verlassenen – unterirdischen Bauten zu verbringen. Nachts jagen sie in ihrem Habitat, dem tropischen Regenwald, hauptsächlich kleinere Säuger. Das Gelege, das aus einem halben bis zwei Dutzend Eiern besteht, wird bis zum Schlüpfen der Kleinen von den Weibchen gut 10 Wochen lang bewacht. *Giftig, aber selten zu sehen*

Palmenvipern oder Greifschwanz-Lanzenottern

Anders als die Buschmeister kommen die nachtaktiven Palmenvipern (*bocaracá* oder *vibora de pestañas común*) von Mexiko bis ins subtropische Südamerika relativ häufig vor. Sie haben feuchte Wälder gerne, wobei sie nicht unbedingt stets feuchtwarm sein müssen, denn man trifft diese Schlangen bis in Höhen von ca. 1.500 m an. An ihren Farben sind die vor allem nachts regen Schlangen nicht immer eindeutig zu erkennen, da sie (oliv-)grün, gelb(-braun) und fast weiß (mit schwachen schwarzen, rotfarbenen bzw. braunen Linien im Zick-Zack-Muster) sein können. Bäuchlings tragen sie schwärzliche Flecken. *Verschiedene Farben*

Sie werden bis zu 0,8 m lang (Regelgröße um 0,6 m) und verbringen den Tag regelmäßig nicht unter der Erde wie die Ochsentöter, sondern, was die Unfallgefahr erheblich erhöht, in den Zweigen oder an Baumstämmen. Ihr Gift ist nicht ganz so

Palmenviper

wirksam wie das der Ochsentöter, gleichwohl sollte man es vermeiden, der sich üblicherweise von Vögeln, Amphibien, Reptilien oder auch kleinen Säugern ernährenden Viper zu nähern. Wie die Boa vermehrt sie sich dadurch, dass sie 6–10 lebende Schlangen gebiert.

Glanzspitznatter

Diese Schlange (*bejuquilla major*) hält sich mit Vorliebe auf Bäumen auf. Da sie zwar bis zu 2 Meter lang wird, aber mit einem Durchmesser von ca. 2 cm nicht über dicke Muskelpakete verfügt, hat sie sich auf eine besondere Jagdmethode verlegt: Sie verbeißt sich dank ihres ungewöhnlich großen Mauls leicht in den Kopf ihres Opfers und hält es, während ihr Gift aus zwei Giftzähnen in den dessen Körper eindringt, in die Höhe, sodass die Chance auf eine erfolgreiche Gegenwehr äußert minimal ist. Sobald die Beute ausreichend gelähmt ist, wird sie hinuntergewürgt. Ist dieser Prozess abgeschlossen, so zieht sich die Natter zur Verdauung auf einen möglichst hoch gelegenen Rastplatz zurück. Ihr Körper ist von grüner Färbung und weist gelbe Streifen auf.

Meist in Bäumen zu finden

Tropische Klapperschlange

Von dieser Schlangenart (*cascabel tropical* oder *vibora de cascabel*) ist ca. ein Dutzend Unterarten bekannt, die sich allerdings nicht wesentlich unterscheiden. Die Tropische Klapperschlange kann knapp zwei Meter lang werden und bis zu drei Dutzend lebende Nachkömmlinge zur Welt bringen. Ihre Färbung changiert von bräunlich bis zu einem dunklen Grau, wobei rautenförmige Schattierungen auf ihrem Rückenteil typisch sind. Bei ihr trifft die Mär, dass durch schwere Schritte hervorgerufene Erschütterungen Schlangen generell zur Flucht veranlassen, definitiv nicht zu. Dazu hat sie insofern auch keinen Anlass, als sie die giftigste aller Klapperschlangen ist. Fühlt sie sich bedroht, so verharrt sie, benutzt jedoch ihre am

Schwanzende befindliche Rasseln zur Warnung. Je jünger die Schlange ist, desto weniger durchdringend ist ihr Laut. Hohe Stiefel können das Risiko, gebissen zu werden, verringern, da die Klapperschlange bodennah angreift. Sollte es gleichwohl zu einem Unfall kommen, so ist für den Fall, dass die Schlange ihre volle Dosis eingesetzt hat, in der Mehrzahl der Fälle, in denen keine professionelle Hilfe geleistet wird, mit dem Exitus zu rechnen, da es kein wirksames Gegengift gibt. Es ist also notwendig, den Verletzten so schnell wie möglich zum Arzt zu bringen, wobei der betroffene Körperteil keinesfalls belastet werden darf. Bei Atemlähmungen muss eine Mund-zu-Mund-Beatmung vorgenommen werden, Aussaugen, -schneiden bzw. -brennen wird ebenso wenig empfohlen wie das Anlegen eines Druckverbandes (s. a. S. 501).

Giftigste aller Klapperschlangen

Terciopelo-Lanzenotter bzw. Fer-de-Lance

Diese zu den Grubenottern zählende recht schlanke Schlange (*barba amarilla*) kann im Extremfall bis zu 2,5 m lang werden, was allerdings typischerweise nur einzelnen weiblichen Vertretern ihrer Art gelingt. Ihre Rückenfärbung ist dunkel mit dreieckigen Zeichnungen. Der Bauch dagegen ist eher hell, häufig gelb. Man findet sie besonders oft im tiefgelegenen Regenwald auf der pazifischen Seite des Landes, ist aber auch in trockener Umgebung und bis in Höhen von über 1.000 m nicht völlig sicher vor ihr. Sie lebt gerne in Bodennähe, was sie aber nicht hindert, sich gelegentlich auf Bäume zu begeben.

Auf ihrem Speiseplan stehen sowohl kleinere Reptilien und Amphibien als auch Säuger und Vögel, selbst größere Insekten werden nicht prinzipiell verschmäht. Wie die Klapperschlange neigt sie nicht dazu, schnell Reißaus zu nehmen und ist zudem grundsätzlich aggressiver. Sie scheut vor menschlichen Siedlungen nicht zurück, was sie angesichts des ihr zur Verfügung stehenden Giftcocktails extrem ge-

Aggressive Schlange

Die Lanzenotter gehört zu den für Menschen gefährlichsten Schlangen des Landes

fährlich macht. Die nach einem Biss häufig auftretenden Nekrosen machen nicht selten Amputationen notwendig. Fast zwei Drittel aller Schlangenbisse in Costa Rica und ein noch höher Prozentsatz der Todesfälle sind auf die Terciopelo-Lanzenotter zurückzuführen. Pro Jahr werden in Costa Rica ca. 500 Menschen Opfer einer Schlangenattacke, die Zahl der jährlichen Todesfälle liegt allerdings meist im ein- bis zweistelligen Bereich.

Pelikane

Pelikane (*pelícano*) halten sich in Costa Rica für gewöhnlich in der Nähe der Meeresküste auf, da große Inlandsseen fehlen. In Costa Rica findet sich eine braun- und nicht weißgefiederte Pelikanart. Sie wird bei uns als Meerespelikan (*pelícano pardo*) bezeichnet. Pelikane leben in Schwärmen und ernähren sich von Fischen, die sie entweder zufällig während des Schwimmens aufnehmen oder aber – regelmäßig – aus der Luft angreifen.

Als Spezialität der in Costa Rica beheimateten Pelikanart ist ihre Fähigkeit anzusehen, in der Art eines Stukas die schwimmende Beute nach einem Sturzflug aus bis

zu 20 m Höhe zu erhaschen, was ihren Vettern in Europa oder Asien nicht gelingt. Leicht erkennbar sind sie an ihrem Kehlsack und ihrem ausgeprägten Schnabel. Der Kehlsack dient quasi als Kescher. Hebt der Vogel seinen Kopf aus dem Wasser, so verliert er das mitgenommene Wasser durch ein Zusammenpressen des Sacks. Damit seine Beute nicht entwischt, hält er gleichzeitig seinen Schnabel geschlossen.

Bei ihren Beutezügen agieren diese Pelikane nicht selten im Kollektiv. Auf Nahrungssuche durchstreifen sie die Lüfte bis zu 40 km täglich und bedürfen Tag für Tag einer Ration an Fischen, die in etwa einem Viertel ihres Körpergewichts entspricht.

Papageien

Eine der prächtigsten Papageienarten Costa Ricas ist der Ara (*lapa roja*), der über 80 cm groß werden kann und extrem bunt gefärbt ist.

Papagei

Er ist aufgrund der umfangreichen Entwaldungsaktionen stark gefährdet. Im Corcovado-Park allerdings ist er noch relativ oft zu sehen. Der Ara ist ein monogames Tier und er kann von dieser Lebensweise selbst im Flug nicht lassen. So sind diese Tiere, die zudem recht sozial sind und häufig in Gruppen auftreten, stets zumindest im Doppelpack zu beobachten.

Quetzalvögel

Einer der Paradevögel Costa Ricas ist der Quetzal (*quetzal*). Man erkennt ihn an seiner grünen Oberseite und dem roten Bauchgefieder. Ein beliebter Aufenthaltsort dieses Vogels sind die Nebelwälder, wo sein grünes Federkleid eine gute Tarnung darstellt. Der Quetzal ist Wappenvogel Guatemalas und Namensgeber der dortigen Währung. Der Körper misst nur etwa 30 cm, der Schwanz des Männchens ist jedoch doppelt so lang. Die prächtigen grünen Schwanzfedern werden dem Tier freilich zum Verhängnis: Trotz strengen Schutzes sind sie weiterhin Objekt menschlicher Begierde.

Quetzalvogel

Brutpflege betreibt der Quetzal in der Regel in der Höhlung eines Baumes. Dabei wird auch das Männchen aktiv, was es allerdings seinen Schwanz kostet, da es nur dann in die Höhle hineinkommt, wenn es die Schwanzfedern über den Kopf fallen lässt. Manchmal ragen sie freilich auch aus der Höhle heraus. Meistens sind die Federn am Ende der Brutzeit dermaßen ramponiert, dass sie kaum mehr als Zierrat tauglich sind und abgeworfen werden. Bevorzugt verspeist der Quetzal die Früchte des zur Familie der Lorbeergewächse (*ira rosa*) zählenden wilden Avocadobaums, was für den Baum den Vorteil hat, dass er auf diese Weise im gesamten Revier des Quetzals verbreitet wird, und für den Quetzalsucher, dass er sich am Vorkommen dieser Pflanze bei seiner Suche nach diesem Paradiesvogel orientieren kann.

Die Wahrscheinlichkeit, tatsächlich einen solchen Vogel zu Gesicht zu bekommen, ist allerdings nicht sehr hoch, da man nicht nur lange vor Sonnenaufgang auf die Pirsch gehen muss, sondern auch die Lichtverhältnisse in diesen Stunden in dem vom Quetzal für gewöhnlich bewohnten Habitat (Regenwald) regelmäßig mehr als bescheiden sind.

Tukane

Kennzeichen der auch als Pfefferfresser bezeichneten Tukane (*tucán*) sind ihre überdimensional großen und leuchtend bunten Schnäbel. Sie lassen das Herz eines jeden Fotografen höher schlagen. Diese Schnäbel sind nicht, wie meist vermutet, aus massivem Horn, sondern werden aus knöchernen Zellen gebildet, sodass sie den Vogel beim Fliegen nicht allzu sehr behindern. Trotzdem sind Tukane nicht ge-

Tukan

rade die geschicktesten Flieger. In Costa Rica hat man sechs verschiedene Arten von Tukanen gezählt, die im ganzen Land verbreitet sind. Hierzu zählen sowohl der Regenbogen- als auch der Braunrückentukan (*tucán pico iris* oder *curre negro* bzw. *tucán quioro*).

Tukane gehören als Familie zu den Spechtvögeln und sind damit Verwandte des in unseren Breiten heimischen Buntspechts. Wie die Aras sind sie monogam veranlagt. Große Exemplare können über 60 cm lang werden, wobei ihre Flügelspannweite allerdings eher bescheiden ist.

(Pracht-)Fregattvögel

In Costa Rica kommt diese Vogelart (*tijereta del mar*, wörtlich also: „Scherchen des Meeres") hauptsächlich auf der Isla del Coco und an der gesamten Pazifikküste vor. Der mit Ausnahme seines knallig roten Kropfes tiefschwarz gefärbte Prachtfregattvogel bringt es auf eine Flügelspannweite von 2,5 m, sein scherenförmig gegabelter Schwanz ist etwa einen halben Meter und sein Schnabel über 10 cm lang, sodass es überrascht zu erfahren, dass er für gewöhnlich nicht mehr als 1,5 kg wiegt. Er ist

(Pracht-)Fregattvogel

beim Fliegen äußerst wendig, was ihn dazu befähigt, anderen vom Beutemachen heimkehrenden Seevögeln so lange nachzujagen, bis sie ihre Beute abwerfen und der Fregattvogel sich diese im Fluge schnappen kann. Durch diese Technik vermag er seine Schwimm- und Tauchunfähigkeit erfolgreich zu kompensieren.

Fregattvögel sind, wenn sie nach knapp zwei Monaten aus dem Ei schlüpfen, typische Nesthocker. Es dauert fast ein halbes Jahr, bis sie ihre Heimstatt erstmals verlassen. Da es sich bei ihnen um Einzelkinder handelt, werden sie von beiden Elternteilen, die sich zuvor schon beim Brüten immer abgewechselt haben, in umfassender Weise betreut. Ihre Adoleszenz haben sie erst nach gut sechs Jahren hinter sich, die übliche Lebensdauer ist gut viermal so lang.

Politischer und wirtschaftlicher Überblick

Das politische System – Staat und Verwaltung

Costa Rica kann als eine **präsidentielle Republik** charakterisiert werden, da die nach Vorbild der US-Verfassung direkt gewählte Präsidentin **Laura Chinchilla** mit einer Fülle von Kompetenzen ausgestattet ist. Anders als in den USA fehlt es aber an der Macht der Präsidenten beschneidenden föderalen Komponente. Ähnlich wie Frankreich steht das Land in **zentralistischer Tradition**, wovon auch der Verwaltungsaufbau zeugt: Die sieben Provinzen des Landes werden von Gouverneuren regiert, die von der bis 2014 regierenden Präsidentin Laura Chinchilla eingesetzt wurden.

Die Basis des politischen Systems bildet die Verfassung vom 7. November 1949. Die **Präsidentin**, die an der Spitze der Exekutive steht, ist nicht nur Staatsoberhaupt, sondern auch Regierungschefin. Sie beruft ihre Minister und Ministerinnen, fertigt die Gesetze des Landes zur Publikation aus und legt den Staatsetat vor. Ihre Amtsperiode umfasst – ebenso wie die Legislaturperiode des Parlaments – vier Jahre. Anders als in den USA ist eine unmittelbare Wiederwahl nicht möglich. Nach Ablauf der Amtszeit muss eine achtjährige Pause eingelegt werden, erst dann kann sich die ehemalige Präsidentin erneut um das Amt bewerben. Sofern sie dabei Erfolg haben sollte – Oscar Arias ist dies einmal gelungen –, wäre dies gemäß einer Verfassungsänderung von 2003 ihre letzte Kandidatur.

Präsidiale Republik

Das **Parlament**, das unter dem Begriff *Asamblea legislativa* firmiert, setzt sich aus 57 Abgeordneten zusammen. Gegen Regierungsdekrete kann die *Asamblea legislativa* mit einer Zweidrittelmehrheit ihr Veto einlegen. Der von der Präsidentin erstellte Etat muss mit einfacher Mehrheit bestätigt werden. Seit 2007 können wie in der Schweiz Gesetze auch per **Volksentscheid** in Kraft gesetzt werden.

Das **Oberste Gericht**, dessen Richter vom Parlament gewählt werden, fungiert seit 1989 auch als Verfassungsgericht. Jede der sieben Provinzen, die zusammen 81 Kantone und 421 Kommunen aufweisen, verfügt über ein Gericht erster Instanz. Daneben existiert noch ein Wahlgerichtshof, der nicht nur die Aufgabe hat, Streitfragen zu entscheiden, sondern auch die Wahlen zu organisieren.

Wirtschaft

Vorrangiges Ziel aller maßgeblichen Wirtschaftsaktivitäten während der gesamten costa-ricanischen Geschichte war nicht der Aufbau einer Struktur, die sich an den Bedürfnissen der Gesamtbevölkerung orientierte, sondern die Suche nach einem Produkt, welches über günstige Absatz- und Verwertungsbedingungen im Bereich des spanischen Imperiums bzw. später am Weltmarkt der jeweils herrschenden Elite eine Vermehrung ihres Reichtums in Aussicht stellte. Dieses Ziel trachtete man

Produkte für den Weltmarkt

zunächst mit dem Auffinden von **Edelmetallvorkommen** zu erreichen, dann nacheinander mit dem Anbau von **Kakao**, **Tabak**, **Kaffee** und schließlich **Bananen**, wobei jeweils diejenigen politischen Maßnahmen ergriffen – und oft auch gegen Widerstände durchgesetzt – wurden, die diesem Vorhaben zu dienen versprachen.

Gemeinsames Charakteristikum solcher Strategien war zum einen, dass man sich jeweils an den Anforderungen potentieller Abnehmer und der Nachfrage auf dem Weltmarkt orientierte. Zum anderen war diesen wirtschaftspolitischen Planungen immer gemein, dass sie sich jeweils nur auf ein einziges Produkt richteten. Die Folge war, dass das Land dann auch von dessen Konjunkturzyklen äußerst abhängig wurde. Dies wiederum verhinderte eine langfristige und das gesamte Land auch außerhalb des jeweiligen Hauptanbaugebietes erfassende Entwicklung, sodass man in und insbesondere nach den jeweiligen Krisen fast regelmäßig vor einem Nichts stand. Verstärkt wurde die einseitige Abhängigkeit speziell dann, wenn man den Anbau von Grundnahrungsmitteln zugunsten einer verstärkten Produktion des jeweiligen Exportschlagers einschränkte.

Konzentration auf ein Produkt schuf Abhängigkeit

So war man in einem solchen Fall bei einer Krise darauf angewiesen, zur Deckung des Bedarfes an Devisen für den Import von Nahrungsmitteln in einem noch größeren Umfang genau diesen Exportartikel zu produzieren und abzusetzen, was bei einer sowieso schon gesunkenen Nachfrage zu einem weiteren Preisverfall führte.

Bananen

Im Zuge des massiven Anbaus von **Bananen** trieb man die Außenorientierung auf ihre Spitze. Noch während des Kaffeebooms hatte der US-Amerikaner Minor C. Keith im 19. Jh. begonnen, Bananen entlang seiner Eisenbahnlinie zu kultivieren (s. S. 17). Ihr plantagenmäßiger Anbau brachte das Land für lange Zeit in die Hände der **United Fruit Company** (U.F.Co.), wodurch Costa Rica einer der Bananenstaaten Mittelamerikas wurde. Man unterwarf sich damit dem Diktat des Weltmarkts nicht nur im Absatz, sondern erlaubte auch noch der U.F.Co. als einem multinationalen Konzern, die direkte Kontrolle des gesamten Produktionsablaufs zu übernehmen und darüber hinaus eine De-facto- als auch partiell De-jure-Limitierung der eigenen nationalen Souveränität vorzunehmen.

Von Multis dominiertes Geschäft

Zwischen 1900 und 1950 war die U.F.Co. praktisch im Besitz einer globalen Monopolstellung im Bananengewerbe. 1950 beschäftigte sie weltweit ca. 90.000 Arbeiter und Angestellte und nannte 65 Kühlschiffe, 25.000 km Eisenbahnlinie und 73 Rundfunkstationen ihr Eigen. Seit 1960 agieren drei multinationale Konzerne (Del Monte, Chiquita und Dole) auf dem Weltmarkt und kontrollieren 87 % des Bananengeschäfts. In Costa Rica werden 60 % der Bananen auf den Plantagen der multinationalen Konzerne erzeugt und 30 % von costa-ricanischen Betrieben, deren Eigentümer jedoch durch Absatzverträge an die Multis gebunden sind. Lediglich 10 % der Bananen wachsen auf den Fincas unabhängiger Bauern.

Was die **Produktivität des Bananenanbaus** anbelangt, so steht Costa Rica ungeschlagen an der Spitze. Im Schnitt erntet man pro Hektar 45.000 kg Bananen.

Banknoten als Spiegel der ökonomischen Entwicklung

Waren ehemals auf costa-ricanischen Geldscheinen idyllische Szenen von kaffee-pflückenden Menschen zu sehen, so zieren sie seit 2004 Tiere des Dschungels oder der Meere. Das ist wahrscheinlich kein Zeichen einer auf wundersame Weise plötzlich erwachten Tierliebe bei den Zentralbankern des Landes, sondern dürfte zum einen mit dem relativen Bedeutungsrückgang des traditionellen Devisen-bringers Kaffee zu tun haben. Zum anderen verweist es auf die zunehmende Be-deutung des Tourismus für das sich „grün" gerierende Costa Rica.

Während einst der Kaffee maßgebliche Bedeutung für die wirtschaftliche Entwicklung Costa Ricas hatte..., *... sind es heute Flora und Fauna, die durch den Ökotourismus Geld in die Kasse spülen*

Ecuador z. B. bringt es nur auf gut die Hälfte dieser Menge. Pro Jahr exportiert Costa Rica um die 10 Mrd. Bananen, mit deren Verkauf knapp 8 % der Exportein-nahmen verdient werden. Landesweit gibt es um die 130 Fincas oder besser gesagt Bananenplantagen. Im Schnitt arbeiten auf jeder Plantage um die 250 Menschen un- *Harte Arbeit* ter harten Bedingungen im Akkord. Bei der Ernte schneiden sie die Blütenspitzen ab, um die Zahl der von ihnen abgeernteten Stauden nachzuweisen. Da die Firmen kurz vor Ablauf der Probezeit zu kündigen pflegen, haben die wenigsten der auf den Plantagen Beschäftigten einen festen Vertrag. Ihr Durchschnittsalter beträgt 30 Jahre, ältere Leute werden nur ausnahmsweise eingestellt. Umgerechnet ver-dient ein Bananenarbeiter monatlich zwischen 350 und 500 US$.

Die Bananenproduzenten bemühen sich in den letzten Jahren vor dem Hintergrund ihrer Erfahrungen mit den überdurchschnittlich kämpferischen Bananenarbeitern zunehmend um die Gründung von **„gelben Gewerkschaften"**. Diese versuchen unter der Fahne des sogenannten *solidarismo*, den Arbeitern im Bananensektor eine für die Unternehmer günstigere Verhaltensweise anzutrainieren. In ungefähr 75 % aller großen Bananenplantagen existieren solche Assoziationen, denen ca. 22.000 Mitglieder angehören sollen.

Kaffee, Rindfleisch, Zuckerrohr und Ananas

Lange Jahre stellte auch **Kaffee** wirtschaftlich gesehen eines der wichtigsten Pro-dukte des Landes dar. Mitte der 1950er-Jahre wurde jeder zweite Colón, den man mit dem Export verdiente, über den Verkauf von Kaffee eingenommen. Inzwischen *Abnehmende* hat seine Bedeutung abgenommen, und zwar aufgrund der Diversifikationspolitik *Bedeutung* der Regierung sowie des Einbruchs der Kaffeepreise auf dem Weltmarkt. Einer-seits die niedrigen Kaffeepreise, andererseits das fortgeschrittene Alter eines

Kaffeearbeiter

Großteils der Kaffeesträucher haben dazu geführt, dass in den letzten Jahren die Kaffeeproduktion im Lande um ca. ein Drittel zurückgegangen ist. Nur noch knapp 3 % der Exporteinnahmen werden aktuell durch Kaffee erwirtschaftet.

In den letzten Jahrzehnten wuchs der Stellenwert eines neuen Exportprodukts: **Rindfleisch**. Costa Rica hat sich inzwischen zu einem wichtigen „Schlachthof" für die USA entwickelt. Die Ausdehnung der Weideflächen ist maßgeblich an einer zunehmenden Entwaldung des Landes schuld. Während vor den 1960er-Jahren z. B. noch nahezu die gesamte Nicoya-Halbinsel bewaldet war, ist sie inzwischen weitgehend zum Abgrasen freigemacht worden. Folgeprobleme sind vor allem Erosion und zunehmender Wassermangel in einigen Gebieten des Landes. Nach Schätzungen verliert man pro Kilo exportiertem Fleisch 2,5 t Mutterboden durch Erosion.

Seit einem halben Jahrhundert wird auch verstärkt **Zuckerrohr** angepflanzt. Hintergrund dafür ist der z.T. bis heute anhaltende Wirtschaftsboykott der USA gegenüber dem revolutionären Kuba. Kuba war bis zum Sturz der Diktatur durch die von Fidel Castro geführte Guerilla 1959 die Hauptquelle für die US-amerikanische Produktion von Süßigkeiten gewesen. Heute steht Zuckerrohr auf einem der vorderen Plätze der Exportgüter Costa Ricas. Auch die erhebliche Ausdehnung der **Ananasproduktion** (seit 2003 hat sich die Anbaufläche fast verdreifacht auf nun über 420 km²) ist in diesem Zusammenhang zu erwähnen, nicht zu vergessen die verheerenden Folgen für die Umwelt, die durch die dabei zum Einsatz kommenden Chemikalien ausgelöst werden. Mit gut 7 % der Exporteinnahmen steht Ananas an vierter Stelle der Devisenbringer und ist auf bestem Wege, wichtiger als die Banane zu werden.

Tourismus

Die wichtigste Devisenquelle ist inzwischen der **Tourismus**. Neben den bekannten Stränden und Nationalparks werden weitere, bisher nur schwer zugängliche Gebiete erschlossen, um mehr und mehr Touristen ins Land zu holen. So erlebt zurzeit etwa das bislang eher abgeschiedene und mit dem Image eines ausgeprägten Hinterwäldlertums ausgestattete Guanacaste im Norden des Landes einen wahren Tourismusboom an seinen Küsten.

Was den Tourismus anbelangt, so versucht man durchaus auch in solchen Marktsegmenten Fuß fassen zu wollen, die nicht unbedingt ins klassische Bild des „grü-

Whale Watching

Auch im Bereich des Ökotourismus sucht man nach neuen Betätigungsfeldern, wie sie etwa die Wal- und Delfinbeobachtung darstellen. Jährlich werden mehrere Mio. US$ allein mit solchen Touren eingenommen. 45 Unternehmen bieten hauptsächlich von Drake (auf der Osa-Halbinsel) oder Bahía Ballena bzw. Uvita rund dreistündige Suchfahrten an, die zwischen 80 und 120 US$ kosten. Ehemalige Fischer verwandeln sich so in Dienstleister für Touristen und bedienen jährlich ungefähr 40.000 Besucher, wobei nicht immer dem Umweltgedanken Rechnung getragen wird.

Als problematisch für die Objekte der Begierde insbesondere im Parque Nacional Marino Ballena erweist sich beispielsweise, dass weder ausreichendes Personal noch eine ausreichende Zahl von Patrouillenbooten zur Verfügung stehen, um zu kontrollieren, dass die Schutzbestimmungen für die Tiere von den Tourbetreibern eingehalten werden. Als problematisch erweist sich insbesondere das zu dichte Heranfahren der Touristenboote.

nen" Costa Rica passen. Hierzu zählen etwa die Themen **Schönheitsoperationen** oder **Glücksspiel**: Seit einigen Jahren jedenfalls hat der Casinotourismus in Costa Rica Fuß gefasst. Zielgruppe sind dabei vor allem US-Amerikaner aus denjenigen US-Bundesstaaten, in denen das Glücksspiel verboten ist. Gewöhnlich werden diese Casinos dann zusammen mit Luxushotels betrieben.

Abenteuertourismus inkl. Bungee-Jumping zählen zu den Attraktionen Costa Ricas

Wirtschaftliche Entwicklung

Wirtschafts-
krise

Wie für viele andere lateinamerikanische Länder brachten die 1980er-Jahre auch für Costa Rica erhebliche Rückschläge in wirtschaftlicher Hinsicht: Die Produktion landwirtschaftlicher Produkte war partiell rückläufig; zeitweise erlebte der Colón eine sehr schnelle Entwertung und hohe Auslandsschulden führten zu einer immer angespannteren Devisenlage des Staates. Auch die sozialdemokratischen Regierungen in dieser Dekade vermochten es nicht, den Reallohnverlust der meisten abhängig Beschäftigten wirksam einzudämmen und die wachsende Arbeitslosigkeit durchschlagend zu bekämpfen.

In den 1990er-Jahren begann man neben dem Ausbau des touristischen Sektors mit der Forcierung des **Anbaus von nicht traditionellen Produkten**, zu denen in Costa Rica beispielsweise neben Erdbeeren und Ananas auch Zierpflanzen gehören. Nicht wenige der in Europa erhältlichen Yuccapalmen und Drachenbäumen sind in costa-ricanischer Erde groß geworden.

Strategien
gegen die
Abhängigkeit
von landwirt-
schaftlichen
Produkten

Ferner schuf man *zonas francas*, in denen billige costa-ricanische Arbeitskräfte beispielsweise im **textilverarbeitenden Bereich** tätig sind. Ausländische Investitionen wurden einige Jahre lang mit Vorliebe in diesem Bereich getätigt. Diese Phase scheint inzwischen zu Ende zu sein und das Kapital zieht sich aus diesem Sektor zurück, was insbesondere für Heredia, ein Zentrum für diese Art von Investitionen, äußerst negative Auswirkungen hat. Seit der Administration Figueres jun. setzt man zudem auf **Hightech**. Der Computersektor und die dazugehörige Technologie hielten so in verstärktem Umfang Einzug ins Land. Servicezentren, die hauptsächlich spezialisierte Software entwickeln, wuchsen wie Pilze aus dem Boden. Heute sind beispielsweise Slimsoft, Amba Research und Hewlett Packard in diesem Sektor aktiv und Intel stellt hier seit gut 20 Jahren Mikrochips her. Fast 50 % der Exporterlöse Costa Ricas werden im High-Tech-Bereich eingefahren. Zurzeit boomen zudem **Grundstücksgeschäfte**, die vor allem an Guanacastes Stränden und in deren unmittelbarem Hinterland getätigt werden.

Zuneh-
mender
Drogen-
handel

Obwohl der Anbau und der **Handel mit illegalen Drogen** ganz im Gegensatz zum Hightechsektor keinerlei im Staatshaushalt ausgewiesene Unterstützung erhielten, verhinderte dies nicht, dass in diesem Bereich sowohl die Distribution als auch die Produktion einen nicht unerheblichen Aufschwung nahmen. So bietet beispielsweise die Talamancaregion gute Rahmenbedingungen für den Marihuanaanbau und die Rolle Costa Ricas nicht nur als Abnehmer-, sondern auch als Transitland für bewusstseinserweiternde Substanzen aus dem Süden des Kontinents hat in den letzten Jahrzehnten an Bedeutung gewonnen.

Durch den IT-Boom sowie massiv ins Land fließende Gelder, die nicht zuletzt aus den USA stammen und deren Eigentümer jenseits des Agrarsektors Anlagemöglichkeiten suchten, geriet Costa Rica – ebenso wie die anderen Länder der Region – um die Mitte der ersten Dekade des 21. Jh. unter einen erheblichen Druck aus Washington, einem diesen Investoren nützlichen **Freihandelsabkommen** (*Tratado de Libre Comercio, TLC*) zuzustimmen, dessen Regelungen jedoch die nationale Souveränität einschränken würden. Profitable Sektoren wie das Versicherungswe-

sen und die Telekommunikation sollten so dem Zugriff von „Heuschrecken" ausge- *Vom Agrar-*
liefert werden. Jene hatten Morgenluft gewittert, nachdem die weitgehende Wand- *zum Dienst-*
lung vom Agrarstaat zum Dienstleistungs- und Industriestaat stattgefunden hatte. *leistungsstaat*
Diese Wandlung machen folgende Daten deutlich: 1965 erwirtschaftete der Agrarsektor ein knappes Viertel des BIP, nach der Jahrtausendwende waren es nicht einmal mehr 8 %, während der tertiäre Sektor 65 % und die Industrie ungefähr 20 %
des BIP schufen.

Im Streit um das Freihandelsabkommen gab es mehrere Massenproteste, so z. B.
im Februar 2007, als an die 60.000 Demonstranten gegen dieses von der Regierung
Arias als auch deren Vorgängerregierungen befürwortete Vorhaben in San José auf
die Straße gingen. Letztlich setzten sich im Oktober 2007 die Befürworter des
TLC in einem Referendum mit knapper Mehrheit durch.

Im Vergleich zum Vorjahr wuchs 2012 das BIP um etwa 5 %. Dies ist vor dem Hin- *Stetiges Wirt-*
tergrund zu sehen, dass das Bruttoinlandsprodukt zwischen 1994 und 2003 im *schafts-*
Schnitt jährlich um 4,3 % gestiegen ist – ein Prozentsatz, der von keinem anderen *wachstum*
lateinamerikanischen Land in jenem Zeitraum erreicht werden konnte. Auch von
2007–2011 waren stetige Wachstumsraten zu verzeichnen. Maßgeblichen Anteil an
dieser Entwicklung hatten das gestiegene Exportvolumen und die massiv ins Land
strömenden Direktinvestitionen.

Ein weiterhin gravierendes Problem stellt die **hohe Staatsverschuldung** dar, die
aktuell bei über der Hälfte des Bruttoinlandsprodukts liegt, was nicht zuletzt darauf zurückzuführen ist, dass insbesondere die reichen Bürger Costa Ricas im welt-
weiten Ranking auf dem „Fachgebiet" Steuervermeidungstechniken einen der ersten Plätze einnehmen. Aber nicht alle Steuervermeider sind Bürger des Landes:
Costa Rica ist nicht zuletzt deshalb auf der **„Schwarzen Liste" der Steueroa-
sen** zu finden gewesen, die die OECD erstellt.

Nicht vergessen werden darf trotz der positiven Globalentwicklung auf ökonomi-
schem Gebiet, dass gleichwohl Arbeitslosigkeit, hohe Lebenshaltungskosten und
Armut neben der Kriminalität die Themen sind, die dem einfachen Menschen ste-
ten Anlass zur Sorge geben. Inzwischen lebt fast ein Viertel der Bevölkerung unterhalb der Armutsgrenze, 6 % sogar in extremer Armut. Allein seit Beginn der
1990er-Jahre stiegen die Preise im Land real um über die Hälfte, ohne dass die Löh-
ne entsprechend erhöht wurden.

Trotz allem ist Costa Rica jedoch im **mittelamerikanischen Vergleich** weiter- *Trotz Armut*
hin dasjenige Land, das einerseits die größte Stabilität, andererseits eine noch ver- *und*
gleichsweise hohe **soziale Absicherung** für seine Bevölkerung aufweisen kann. *Kriminalität*
Letzteres lässt sich an folgendem Beispiel verdeutlichen: Von den rund 28,5 Mio. *für zentral-*
Einwohnern Zentralamerikas verfügen etwa 13 Mio. über keine menschenwürdige *amerikani-*
Unterkunft. In Guatemala hat nicht einmal jeder zweite Einwohner eine Bleibe, die *sche*
man als Wohnung bezeichnen kann, in Costa Rica sind es „nur" 640.000 Menschen *Verhältnisse*
(knapp 15 %), die menschenunwürdig untergebracht sind, wobei die Lage in den *stabil*
Grenzgebieten und an der Karibikküste überdurchschnittlich schlecht ist.

Gesellschaftlicher und kultureller Überblick

Bevölkerung

Die Bewohner des Nordwestens haben sich ihre Cowboy-Kultur erhalten

Costa Rica ist etwas größer als Niedersachsen und hat offiziell gut 4,3 Mio. Einwohner. Über die Zahl der illegal im Land lebenden Menschen, von denen viele aus Nicaragua stammen, gibt es nur ungenaue Schätzungen. Die durchschnittliche **Bevölkerungsdichte** von 84 Einw./km² (BRD: 229 Einw./km²) gibt nur eine sehr ungenaue Vorstellung über die regional äußerst unterschiedlichen Werte. Während etwa das atlantische Tiefland und die Grenzregion zu Panama sehr dünn besiedelt sind, bevorzugen die meisten Costa Ricaner traditionell die mit einem angenehmen Klima ausgestattete zentrale Hochebene. So weist etwa das auf der *Meseta Central* liegende San José über 7.500 Einw./km² auf.

San José (ca. 340.000 Einw.) ist nicht nur die größte Stadt des Landes, sondern auch sein politischer und wirtschaftlicher Mittelpunkt. Fast jeder dritte Costa Ricaner lebt im **Großraum San José** (ca. 1,62 Mio. Einw.). Die Hafenstädte Limón (ca. 95.000 Einw.) und Puntarenas (ca. 115.000 Einw.) sind die größten Küstenstädte auf der atlantischen bzw. pazifischen Seite. Nur zwei von fünf Einwohnern leben heute noch auf dem Land. Dies korrespondiert mit dem Umstand, dass heute weniger als 10 % des Bruttoinlandsprodukts im Agrarsektor erwirtschaftet werden. Das Armenhaus des kolonialen Mittelamerikas ist seit mindestens 40 Jahren **kein Agrarland** mehr.

info

Vom Plan des Präsidenten Lincoln, ehemalige Sklaven nach Costa Rica umzusiedeln

Es war einmal, am 14. August 1862, als der damalige US-Präsident Abraham Lincoln eine Rede hielt, in welcher er vor einer Gruppe von *colored freemen*, wie die befreiten Sklaven genannt wurden, diesen Land in Aussicht stellte, welches nicht allein über „*rich coal-mines*" verfügen sollte, sondern auch noch ausgestattet sein sollte mit „*harbors among the finest in the world*". Damit wollte Lincoln den *freemen* nicht Pittsburgh oder San Francisco als Entschädigung für ihre Leiden unter den US-amerikani-

info

schen Sklavenhalter anbieten, sondern ein weitaus südlicher liegendes Paradies schmackhaft machen: Costa Rica (richtigerweise natürlich nicht den ganzen Kuchen, sondern nur ein Stückchen davon).

Unter der Voraussetzung, dass das von Lincoln propagierte Projekt sich hätte realisieren lassen, so hätte eine massenhafte Umsiedlung zu einem weitgehend weißen Nordamerika geführt, in heutiger Diktion: es wäre zu einem „ethnic cleansing" gekommen. Der Rede vorausgegangen waren diplomatische Bemühungen, Länder zu finden, die bereit waren, die schwarzen US-Amerikaner aufzunehmen. Costa Rica in Gestalt seines damalige Außen- und Bildungsminister Francisco M. Iglesias hatte angebissen und eine dementsprechende Bereitschaft erklärt (*vgl. Anlage 1 zum Schreiben v. Charles N. Riotte an den US-Außenminister, Despach No. 33 v. 15.05.1862, in: General Records of the Dept. of State, Consular Despatches, Despatches from United States Ministers to Central America, 1824–1906, [Mikrofilm] Roll 18, Costa Rica, Volume 1, June 13, 1861-June, 15, 1863*).

Nicht nur von costa-ricanischer Seite, sondern auch in den USA schien zunächst alles klar: Der US-Kongress bewilligte Mittel für das Vorhaben. Der costa-ricanische Minister Iglesias freute sich schon und schrieb: *„that by this means our deserted and unhealthy coasts may in time become populated and efficiently improved."* Einige in Costa Rica über Landbesitz verfügende US-Amerikaner wollten ebenfalls ihren Schnitt machen und erkundigten sich über die „Lieferbedingungen" und ließen anfragen, *„under what conditions the Government of the United States would be willing to let them have colored freemen as laborers and settlers."* Doch dann setzte mit voller Wucht die Gegenbewegung ein, die der Idee des „outsourcing" der schwarzen US-Amerikaner den Garaus bereitete.

Die Presse schrie auf, bezeichnete das Unternehmen mit einer auf Walker bezogenen Charakterisierung als „Filibustertum neuen Typs", aus welchem letztlich eine ernste Gefahr für die Unabhängigkeit und Souveränität der zentralamerikanischen Länder abgeleitet wurde, und verbreitete ansonsten eine von *„negroe-phoby"* bzw. *„anti-negroe-excitement"* – so der US-Botschafter Riotte – durchtränkte allgemeine Stimmung.

Der damalige spanische Botschafter hatte sich ebenfalls in den Kampf gestürzt. Er stellt ein gutes Beispiel für den herrschenden blanken Rassismus dar, der hinter der Bezeichnung *„anti-negroe-excitement"* in Costa Rica steckte, und gibt andererseits zu erkennen, dass die in den USA wirksam gewordenen Antriebskräfte für dieses Projekt aus dem gleichen Schoß gekrochen sein dürften: „Angesichts der Wichtigkeit, die Gründung von Kolonien freigelassener Sklaven in den Ländern, die einmal spanisch waren, zu verhindern, weil die natürliche Folge hiervon der Untergang unserer Rasse wäre, die sowieso schon angesichts der heterogen Vermischungen, die sie erlitten hat, ziemlich entartet ist, habe ich unablässig versucht, mit allen Mitteln, (..) die Idee zu bekämpfen, in dieser Republik die freigelassenen Schwarzen zu empfangen, von denen sich die Vereinigten Staaten befreien wollen. (...) Es würde [bei der Verwirklichung des Ansiedlungsplans] die heute in diesen Ländern [Mittelamerikas] dominante Rasse zur Minderheit machen (...)." (*Despacho No. 13 v. 15.02.1863, in: Archivo General Ministerio de Asuntos Exteriores y de Cooperación, Fondo Correspondencia, Subfondo Consulados, Serie San José de Costa Rica, Sig. H 2043, Fecha 1859–1870*).

Das costa-ricanische Parlament schien überzeugt worden zu sein, dass den Weißen der baldige Untergang drohte und beschloss daraufhin ein Einwanderungsgesetz, das sich in etwa auf folgenden Nenner bringen lässt: § 1: Einwanderung ja, § 2: aber bitte keine Schwarzen und (für alle Fälle) § 3: für Chinesen gilt § 2. Der costa-ricanische Minister Iglesias sah sich als Folge nun gezwungen, dem US-Botschafter Riotte das Scheitern des Vorhabens mitzuteilen.

Im Gegensatz zu den anderen mittelamerikanischen Ländern nimmt Costa Rica im Hinblick auf seine Bevölkerung eine gewisse Sonderstellung ein. Diese ist relativ **homogen zusammengesetzt**, der Anteil an Indigenen und Afroamerikanern ist gering. In weiten Teilen des Landes sind Nichtweiße kaum existent. Stereotypisie-

Diskrimi-
nierung

rendes Denken ist allerdings auch Costa Ricanern nicht fremd und zuweilen werden den Schwarzen im karibischen Teil des Landes negative Attribute angehaftet. Doch inzwischen haben sich vor allem die neuen, meist aus Nicaragua stammenden **Einwanderer** zu den wahren gesellschaftlichen Underdogs entwickelt.

info

Migranten in Costa Rica

Costa Rica hat sich seit etlichen Jahren zu einem **Einwanderungsland** nicht zuletzt für Nicaraguaner entwickelt. Die Angebote von nach Nicaragua fahrenden Busgesellschaften haben sich vervielfacht. Zudem kann man im Straßenbild der costa-ricanischen Städte auffällig viel Werbung für das Handling der sogenannten *remesas* sehen. Mit Hilfe solcher Geldtransfers versuchen die Armutsflüchtlinge aus Nicaragua das (Über-)Leben ihrer daheimgebliebenen Familien zu erleichtern. Die Höhe der Gelder, die von nicaraguanischen Immigranten so jährlich an ihre Lieben überwiesen werden, überschreitet inzwischen fast den Wert der Exporte Costa Ricas in sein nördliches Nachbarland.

Generell kann man nicht behaupten, dass Costa-Ricaner ihre Brüder und Schwestern aus dem Norden mit offenen Armen und Herzen aufnehmen. Oft werden die Migranten nicht nur unterdurchschnittlich bezahlt, sondern man traut ihnen auch alles Schlechte zu – oder schiebt ihnen zumindest die Verantwortung für dessen Existenz in die Schuhe.

Dieser **Anti-Nicaraguanismus** dürfte nicht zuletzt darin begründet sein, dass viele Costa Ricaner die „armen – und natürlich faulen! – Mestizen" aus dem Nachbarland mit europäischen Augen sehen und sich ihnen gegenüber überlegen fühlen. Sei es, weil Costa Ricaner im Schnitt sich in einer ökonomisch vorteilhafteren Lage befinden, oder sei es, weil man sich traditionell als „weißer" und damit kulturell und intellektuell jenen überlegen fühlt. Die aktuell kursierenden Nica-Witze, die vergleichbar mit bundesdeutschen Ossi-Witzen sind, legen von dieser Haltung ein beredtes Zeugnis ab.

Die nicaraguanische Regierung hat sich sogar veranlasst gesehen, eine Beschwerde wegen Fremdenfeindlichkeit und Diskriminierung der nicaraguanischen Migranten in Costa Rica vor der Inter-Amerikanischen Kommission für Menschenrechte (IAKMR) der Organisation Amerikanischer Staaten (OAS) zu erheben. Ein vergleichbar negatives Image wie Nicaraguaner haben in Costa Rica zudem Kolumbianer, denen der Ruf anhaftet, im Drogengeschäft tätig zu sein.

Sprachbarrieren gibt es keine innerhalb des Landes, sieht man von der Provinz Limón ab, wo die Nachfahren der meist jamaikanischen Einwanderer ein englisches Kreol sprechen, in aller Regel jedoch auch des Spanischen mächtig sind.

Während in Gesprächen nicht selten über den Verfall der Familie im Vergleich zur guten, alten Zeit lamentiert wird, hat der Wert der „Familie an sich" einen relativ hohen Rang bewahren können. Die Familie von heute unterscheidet sich aber er-

Fest zum 8. März, dem internationalen Frauentag, in San Isidro de El General – mit Männern

heblich vom typischen Familienverband voriger Jahrhunderte. Der stetig fallende Anteil der Agrarproduktion machte eine Großfamilie zunehmend überflüssig: In kaum einem anderen Land Lateinamerikas fiel die Geburtenrate so drastisch wie in Costa Rica, wo Verhütungsmethoden sowie – trotz offiziellen Verbots – Abtreibungen weit verbreitet sind. *Fallende Geburtenrate*

Wer sich bei einem Besuch des Landes auf bunte Trachten freut, der wird sicher enttäuscht werden. Anders als etwa in Guatemala findet sich solche Kleidung im Alltag praktisch nicht. An Festtagen oder bei diversen Volksfesten kann es sein, dass man Mitglieder von Volkstanzgruppen oder Teilnehmer an Straßenparaden mit traditioneller Kleidung sieht.

Die indianische Urbevölkerung: vergessen und vernachlässigt

info

Anders als z. B. in Guatemala sind in Costa Rica die Nachkommen der Urbevölkerung fast nicht mehr präsent. Sie leben auch heute noch in relativ unzugänglichen und wenig entwickelten Teilen des Landes und fast allen Indikatoren zufolge sind sie diejenigen, an denen die sozialen Errungenschaften des Landes mehr oder weniger vorbeigegangen sind. In Costa Rica leben momentan ca. 65.000 Indianer, fast 50 % davon sind noch minderjährig. Sie gehören acht ethnischen Hauptgruppen an und wohnen hauptsächlich in den ärmsten Kantonen des Landes. 73 % von ihnen leben in Reservaten, von denen es insgesamt 24 gibt.

Während nach den Kriterien von UNICEF die durchschnittliche Armutsrate in Costa Rica 21 % beträgt, leben 90 % der indianischstämmigen Bevölkerung unterhalb der Armutsgrenze.

Auch deren gesundheitliche Versorgung bleibt weit hinter dem zurück, was als „landestypisch" gelten kann. Gemessen an der Kindersterblichkeit befindet sich die medizinische Versorgung auf einem Stand, den Costa Rica als Ganzes seit über einem Vierteljahrhundert hinter sich gelassen hat. Während die Kindersterblichkeit in Costa Rica bei durchschnittlich 9,5 pro Tausend liegt, liegt sie in der Talamancaregion bei den indianischen Kindern mit 18,4 auf Tausend doppelt so hoch. Nach dieser Untersuchung wären, adäquate hygienische Bedingungen und eine bessere medizinische Versorgung vorausgesetzt, 85 % der Sterbefälle der letzten Jahre im Talamancagebiet bei Indianerkindern vermeidbar gewesen.

Wandmalerei in Cartago

Nicht einmal ein Drittel der indianischen Haushalte verfügt über eine reguläre Wasserversorgung und gerade zwei Drittel haben überhaupt Toiletten, wobei die Mehrzahl dieser Plumpsklos sich problematischerweise in unmittelbarer Nähe der Hütten bzw. der von ihren Bewohnern genutzten Wasserstellen befindet.

Religion

Religiös fundierte Konfliktlinien sind in Costa Rica nicht zu erkennen. Zwar hat die katholische Kirche zweifellos in der letzten Zeit Einfluss und Anhänger eingebüßt, doch hat dies zu keinem grundsätzlichen Bruch mit der christlich-abendländischen Tradition geführt. Die überwältigende Mehrheit der Bevölkerung ist weiterhin christlich geprägt. Knapp 60 % sind dabei Anhänger des römisch-katholischen Kults. (Die Presseabteilung des Papstes behauptet allerdings, mehr als 90 % der Bevölkerung hinter sich zu haben.) Unter den „Heiden und Ketzern" (aus katholischer Sicht) finden sich zum einen Anhänger synkretistischer Religionen, Muslime, Hindus, Satanisten, Buddhisten, Rastafari, Juden etc., zum anderen „sonstige" Christen. Anhänger protestantischer Kirchen machen so gut 10 %, anderer christlicher Gruppen zwischen 5 und 10 % aus. Etwa 20 % der Costa Ricaner verstehen sich als Atheisten.

Überwiegend katholisch

Die protestantischen Organisationen haben traditionell an der Karibikküste ihre Anhänger. Schon Minor C. Keith (s. S. 17) subventionierte im Herzen seines Bananenimperiums ihre Kultstätten. Seitdem eine fundamentalistische Großoffensive aus den USA im Kampf gegen linke Tendenzen bei katholischen Basisgemeinden den lateinamerikanischen Raum überzog, haben vor allem die **Pentacostalkirchen** der über lange Jahrhunderte als Staatskirche geförderten katholischen Konkurrenz etliche Schäfchen abgenommen. Die Evangelikalen begnügen sich mittlerweile auch nicht mehr nur mit der Vorbereitung der Eroberung des Paradieses, sondern versuchen, ihren religiösen Einfluss in politisches Gewicht umzumünzen. So gab es sogar den Fall, dass zwei den Pentacostalkirchen nahestehende Parteien um den Einzug ins Nationalparlament konkurrierten, wobei allerdings nur eine derselben letztendlich erfolgreich war. Trotzdem hat die katholische Kirche ihren maßgeblichen Einfluss in Costa Rica weitgehend behalten. Anders als in den meisten anderen Ländern der Region ist in Costa Rica der Religionsunterricht auch an staatlichen Schulen grundsätzlich ein Pflichtfach. Die Lehrer werden staatlich besoldet und die Versorgung der Gemeinden mit katholischen Geistlichen ist im internationalen Vergleich überdurchschnittlich gut.

Religiöse Lieder werden auch im Kostüm der US-amerikanischen Prärieindianer gesungen (Ciudad Quesada)

Bildung

Costa Rica ist das Land Mittelamerikas mit der bestgebildeten Bevölkerung. Nicht erst seit der 1949 erfolgten Abschaffung des Militärs steht es in dem Ruf, über mehr Lehrer als Soldaten und mehr Schulen als Kasernen zu verfügen. Dabei ist zu betonen, dass die Anstrengungen, die Volksbildung zu fördern, lange Zeit stets auf den Primarbereich beschränkt blieben. Erst 1941 wurde die Universidad de Costa Rica durch Präsident Calderón Guardia gegründet.

1973 wurde die **Schulpflicht** von sechs auf neun Jahre erhöht. Heute besuchen über 1 Mio. Menschen eine der 9.250 Schulen des Landes – mithin sind also aktuell ca. 25 % aller Costa Ricaner Nutznießer des gut ausgebauten (nichtuniversitären) Bildungswesens. Die **Analphabetenquote** liegt bei sensationell niedrigen 4 %. *Gut ausgebautes Schulsystem*

Die Gründe für diese positive Bildungssituation sind vielfältig, u. a. die relative Homogenität der Bevölkerung und damit nur eine Amtssprache, keine Armee und damit mehr Mittel des Staatshaushaltes für Bildung. Nicht zu unterschätzen ist auch, dass sich Costa Rica seit der kubanischen Revolution als „Musterländle" im US-amerikanischen „Hinterhof" präsentiert, weshalb seine Politiker in Washington besonders erfolgreich im Akquirieren von (Entwicklungs-)Hilfeleistungen waren.

An die sechs Jahre dauernde **Primarschule** (*Educación General Básica*) schließen sich nacheinander zwei Sekundarstufen an, die erste läuft über drei Jahre, die zweite über zwei Jahre. Hier kann man wählen zwischen einem auf die Universität orientierten Zweig und verschiedenen anderen, die auf einen Berufsabschluss vorbereiten. Wer letztlich nach elf Schuljahren das (nationale) Abitur – sprich seinen *bachillerato* – bestanden hat, darf sich um die Aufnahme an einer der Universitäten des Landes bewerben. Die meisten schulischen und vorschulischen Einrichtungen *Die meisten* sind in staatlicher Regie, etwas unter 10 % sind rein privat und kostenpflichtig. Ne-
Schulen sind ben etlichen privaten **Universitäten** leistet sich das Land vier staatliche Universi-
staatlich täten, die nicht nur in der Hauptstadtregion präsent sind, sondern sogar über diverse Ableger in den Provinzen verfügen. Allein an der Universidad de Costa Rica (UCR) sind mehr als 35.000 Studierende immatrikuliert, die in ihrer Mehrzahl über ein Stipendium verfügen. Selbst diejenigen, die nicht mit einem solchen gesegnet sind, zahlen für gewöhnlich weniger als 200 US$ pro Semester Studiengebühren.

Doch auch in Costa Rica ist natürlich nicht alles Gold, was glänzt. Besonders auf dem Lande sind die Bildungschancen bei weitem nicht so gut wie in den Städten. Den Provinzen außerhalb des Valle Central stehen traditionell weniger Ressourcen zur Verfügung.

Kunst und Kultur

Costa Rica kann sich traditionell kaum als ein Land rühmen, welches Kunst- oder Kulturgeschichte geschrieben hat. Etwas anderes gilt allenfalls für die **präkolumbianische Kunst**, von welcher aber nur ein geringer Prozentsatz die Goldgier bzw. den gegen „Heidenkunst" gerichteten Zerstörungseifer der Untertanen der „Katholischen Majestäten" in Madrid unbeschadet überlebt hat.

Bildende Kunst

Soweit in nachkolumbianischer Zeit Künstler im Bereich der **Malerei** aktiv waren, so orientierten sie sich nahezu ausschließlich an den jeweils aktuellen Strömungen in Europa bzw. später in den USA. Diese Orientierung nahm allerdings jeweils etwas Zeit in Anspruch, sodass man in Costa Rica für gewöhnlich immer ein paar Jahre dem aktuellen Trend hinterherhinkte.

Europäische So zog es etwa den 1866 geborenen Enrique Echandi zum Studium nach Leipzig und
Einflüsse München, von wo er 1891 nicht nur eine dort geheiratete Konzertpianistin in seine Heimat mitbrachte, sondern auch den deutschen **Akademiestil**, den er zusammen mit dem aus Reutlingen stammenden Emilio Span pflegte. In die Fußstapfen dieser beiden trat dann der 1905 geborene Gonzalo Morales.

Die vom **französischen Impressionismus** inspirierte Bauern- und Landschaftsmalerei der **Generación Nacionalista** machte erst ab den 1920er-Jahren mit dem Kreis um Teodorico Quirós Alvarado und Fausto Pacheco Furore. Zu ihr kann man auch die 1975 verstorbene Margarita Bertheau rechnen, die sich nebenbei um die Förderung des Balletts im Lande verdient gemacht hat.

Die **abstrakte Kunst** hielt mit der **Grupo Ocho** zu Beginn der 1960er-Jahre ebenfalls verspätet Einzug im Land. Maler wie Guillermo Jiménez gehörten zu dieser Gruppe. Ähnliche Tendenzen vertraten als eine der Ersten in Costa Rica Lola Fernández sowie etwas später dann Carlos Moya und der Grupo Taller.

In den 1970er-Jahren reüssierte der Autodidakt Carlos Salazar mit einem **realistisch-surrealistischen Stil**. Momentan ist der 1931 geborene Isidro Con Wong, der mit seinen Bildern einer magischen Welt huldigt, einer der wenigen jenseits der Grenzen des Landes ausstellenden Maler. Aber auch Joaquín Rodríguez del Paso soll nicht unerwähnt bleiben, der mit „The pure life o La Pura Vida" 2007 versuchte, die touristische Vermarktung des Landes kritisch zu kommentieren. *Wenige bekannte Künstler*

Auch in der **Plastischen Kunst** hat es niemanden gegeben, der über die Grenzen des Landes hinaus weitbekannt geworden wäre. Zu den Zeiten des Kaffeebooms gehörte zwar eine Art *Grand Tour*, die meist nach Europa führte, für die Kaffeebarone zum guten Ton und auch der eine oder andere künstlerisch sich betätigende Bohème fand so seinen Weg nach Paris – doch kaum zu Hammer und Meißel. Standbilder und Statuen kaufte man wie andere (Luxus-)Artikel im Ausland ein um sie dann zuhause aufzustellen. Ein öffentlich aufgestelltes einheimisches Werk verdankt man Francisco Zuñiga, dessen Plastik *„Monumento a la Madre"* vor dem Hospital de las Mujeres Adolfo Carit in San José zu bewundern ist (neben dem alten pazifischen Bahnhof). Er selbst gilt inzwischen aber eher als mexikanischer Künstler, da er kurz nach Vollendung des „Monuments für die Mutter" Costa Rica verließ.

Literatur

Die Literatur steht im Vergleich dazu etwas besser da. Der Gewerkschafter und Kommunist **Carlos Luis Fallas** (1909–66), der 1948 nur knapp den Kugeln des Exekutionskommandos entging, wurde mit seinem, die Praktiken der US-amerikanischen Bananengesellschaft United Fruit Company an den Pranger stellenden Roman „Mamita Yunai" weit über Costa Ricas Grenzen hinaus berühmt. **Julieta Pinto** (geb. 1922) schrieb mit „El Eco de los Pasos" ein Bürgerkriegsepos. **José León Sánchez** (geb. 1929), der Autor von „La Isla de los Hombres Solos", wurde zunächst dadurch bekannt, dass er zusammen mit anderen 1950 die Kathedrale von Cartago, quasi den Petersdom Costa Ricas, der wertvollsten Schätze zu berauben versuchte. Der nicht alphabetisierte Huerta-Indianer und Sohn einer Prostituierten wurde zu 45 Jahren Gefängnis verurteilt, von denen er knapp die Hälfte zwar nicht auf der Teufelsinsel, wohl aber auf San Lucas, einer wohl wenig gemütlicheren Gefängnisinsel (s. S. 376) verbüßte. Gleichwohl gelang die Resozialisierung und er wurde nicht nur Professor, sondern erhielt mehrfach den costa-ricanischen Nationalpreis für Literatur. Sein Buch „Tenochtitlan" ist übersetzt im Unionsverlag erschienen, dessen Werbeabteilung den Domraub zu Cartago als eine Aktion vermarktet, „bei der von den Spaniern geraubte Schätze zugunsten der Ureinwohner entwendet werden sollten". *Vom Häftling zum Autor*

Wer sich costa-ricanische Geschichte in belletristischer Form aneignen will, der sei auf **Alberto Cañas** und die 1939 in Chile geborene **Tatiana Lobo Wiehoff** verwiesen, die beide Romane publiziert haben, die diesem Bedürfnis gerecht werden.

Auch der Tourismus und dessen mitunter schädlichen Auswirkungen auf die Natur werden inzwischen literarisch verarbeitet. Ein Beispiel hierfür ist „La Loca de Gandoca" von **Anacristina Rossi**, ein Buch, in welchem der Kampf um den Erhalt eines Naturschutzgebiets zum zentralen Thema gemacht wird. Eine Vorläuferin hatte Rossi in der ebenfalls kämpferischen **Carmen Lyra**. Diese 1887 geborene Autorin von „En una Silla de Ruedas" organisierte die Lehrerinnen, die im Protest gegen die Tinoco-Diktatur (1917–1919) das Gebäude der Regierungszeitung in Brand steckten. Später trat sie der Kommunistischen Partei bei, gründete die erste Montessori-Schule in ganz Lateinamerika und reiste mit einem revolutionären Puppentheater durchs Land. Nach dem Bürgerkrieg wurde sie ins mexikanische Exil gezwungen, wo sie dann 1949 starb. Inzwischen politisch rehabilitiert, hat es ihr Porträt – allerdings unter ihrem bürgerlichen Namen María Isabel Carvajal – auf den aktuell sich im Umlauf befindlichen 20.000-Colones-Schein geschafft.

Autorinnen mit einer Botschaft

Kulinarisches

Speisen

Eigens aus kulinarischen Gründen nach Costa Rica zu fahren, ist nicht unbedingt lohnend. Auf dem costa-ricanischen Speiseplan stehen meist schwarze Bohnen, Reis und/oder (Mais-)Tortillas. Je nach Geldbeutel kommen dann noch Fleisch, Hühnchen oder – insbesondere an der Küste – Fisch hinzu. Die gängigen Gerichte an der Atlantikküste unterscheiden sich nicht wesentlich von denen des Hochlandes und der Pazifikküste, wohl aber ist ihnen ein Kokosgeschmack eigen, da hier mit Kokosmilch/-öl gekocht wird.

Obwohl Lukullus sicherlich nicht aus Costa Rica stammt, so gibt es doch einiges, was man als **Landesspezialität** einstufen könnte. Hierzu gehören mit Maismehl zubereitete *bizcochos*, mit Kutteln (*mondongo*) oder Fleischklößchen (*albondigas*) angereicherte Suppen, Fleisch(ein)töpfe (*ollas de carne*), der aus Stachelgurken bestehende *picadillo de chayote* oder eine aus dem Knollengewächs *arracache* zubereitete Speise ebenso wie die zu Mus verarbeiteten Schwarzen Bohnen (*frijoles molidos*). *Gall(it)os* wiederum werden u. a. mit eben diesem Schwarze-Bohnen-Mus, mit Würstchen (*chorizos*) oder mit *chicharrón de cerdo* (frittierte Schweineschwarte) gefüllt angeboten.

Regionale Spezialitäten

info

Ceviche

Eine National(vor)speise der Costa-Ricaner ist ceviche (auch cebiche geschrieben). Dabei handelt es sich um eine Art Fischsalat – mitunter nebst Beimischung anderer Meeresfrüchte – in (meist pikanter) Marinade. Sofern man es selbst zubereiten will, so greift man am besten zu einem Kilo frischen Fischfilets, dies sollte von Fischen mit festem weißen Fleisch (z.B. Barsch, Heilbutt o. Ä.) geliefert werden. Dazu presst man etwa ein halbes Dutzend Limetten aus. Dazu kommen noch eine ganz fein gehackte scharfe Zwiebel, zwei Knoblauchzehen sowie – je nach Gusto – 250–500 Gramm gewürfelte Tomaten, zwei Avocados, mehrere frische (grüne) Chilis, Koriander und Tortillas.

Das Fischfilet wird in kleine Stücke geschnitten und diese zusammen mit den Chilis und dem Saft der Limetten mehrere Stunden lang mariniert (im Kühlschrank und mit abgedecktem Topf). Sobald man dem Filet so zu einer einigermaßen festen Konsistenz verholfen hat, werden die Tomatenwürfel, die gehackten Zwiebel, die zerdrückten Knoblauchzehen und der zerkleinerte Koriander hinzugefügt. Sollte es noch etwas an Schärfe fehlen, so kann man mit weiteren Chilis nachhelfen. Salz wird vor dem Servieren nach Bedarf beigefügt. Das ceviche wird dann auf Maistortillas – ersatzweise auf Toastbrotscheiben – serviert und fertig ist die Vorspeise, die noch mit separat verabreichten Avocados angereichert werden kann.

Weihnachtszeit ist Zeit für *tamales*: Die aus Maismehl zubereiteten Klöße werden in ihrem Innern mit Hühnchen, Schweineschwarte oder auch Gemüse gefüllt. In der (aus religiösen Gründen traditionell fleischlosen) **Karwoche** wiederum tröstet man sich mit *tamalitos*, die aus Kartoffelpüree, aus Bohnen oder aus Palmensprösslingen (*palmitos*) zubereitet werden. Ferner gibt es in diesen Tagen häufig auch eine Stockfischsuppe (*sopa de bacalao*).

Als **Nachtisch** und für süße Momente stehen dann unter Umständen *flanes de caramelo* oder *flanes de coco* (Karamel- bzw. Kokospudding), *empanaditas de piña* (Teigtaschen mit Ananas), *chiverre* (Süßspeise aus Kürbis), *arroz con leche* (Milchreis) und *cajetas de coco* (Kokosbällchen) auf dem Speiseplan.

 Kulinarisch angetraut

Auf eine Kuriosität sei hingewiesen: **casado** (wörtlich: „verheiratet" oder auch „Ehemann") bedeutet – wenn man dieses Wort auf einer Speisekarte erblickt – nichts anderes als *plato del día* im spanischen Spanisch, also Tagesgericht. Es besteht zumeist aus einer Kombination von Reis, Yucca oder (frittierte) Kochbananen, (weißem) Käse, Kartoffeln, schwarzen Bohnen, Spiegelei bzw. Rind- oder Schweinefleisch (bzw. vor allem an der Küste auch Fisch) nebst Avocado – sofern es die Saison hergibt – und Salat. Dazu gibt es oft noch ein nichtalkoholisches Getränk gratis dazu.

Inzwischen hat sich neben den traditionellen kleinen **Kneipen** (*sodas*), die meist nur zwei oder drei Gerichte anbieten, eine ganze Reihe **internationaler Restaurants** etabliert, sodass man nun auch in Costa Rica in den Genuss von Pizza oder Burger kommt. In San José findet man traditionelles Essen am ehesten und am einfachsten im **Mercado Central**, ansonsten vor allem in der Innenstadt.

Exotische Früchte

Neben bekannten Früchten wie Ananas und Papaya hat man auf vielen Märkten in Costa Rica Gelegenheit, ausgefallene Obstsorten probieren. Dies gilt z. B. für **Cas**, eine etwa zitronengroße, grüne und vitaminreiche Guavenfrucht, die allerdings nicht pur genossen werden kann, sondern nur als Saft konsumierbar ist. Oder für **Tamarinden** (*tamarindo*), welche zur Saftbereitung in kleinen Päckchen (mit braunen, entfernt an eine Kreuzung aus Datteln und Bohnen erinnernden Früchte) angeboten

info

Marktstand in Cartago

werden. Auch die süße **Schuppenannone** mit zunächst grüner, später braunschwarzer, schuppiger Schale und vielen Kernen wird selten frisch, sondern meist in verarbeiteter Form genossen. Die **Cherimoya** mit einer grüngräulichen Schale, die ebensowenig wie die Kerne derselben gegessen werden kann, wird bis zu 20 cm groß und ist sehr aromatisch, allerdings wenig transportresistent. Ferner gibt es die bis zu 3 kg schwere, nierenförmige **Guanábana**, eine etwa ananas- bis wassermelonengroße Frucht, die grünlich ist und schwarze Punkte bzw. Schuppen oder Stacheln aufweist (und wegen ihrer Empfindlichkeit beim Transport in aller Regel noch nicht in den Supermärkten außerhalb ihres eigentlichen Anbaugebietes zu haben ist). Sie firmiert manchmal auch unter der Bezeichnung Sauersack, Stachelannone oder Guyabano. Ihren Kernen wird nicht nur u. a. eine tumorheilende Wirkung zugeschrieben, sondern wegen des in ihnen enthaltenen Nervengifts Annonacin auch eine Erkrankungen des Nervensystems verursachende Wirkung nachgesagt. Weder Kerne noch Fruchtschale sind essbar, das weiße, süßliche – allerdings mit einem leicht säuerlichen Beigeschmack versehene – Fruchtfleisch ist sehr aromatisch. In der Saison wird auch die kirschenähnliche Steinfrucht **Acerola** angeboten, die vitaminreichste Frucht der Welt, deren Vitamingehalt bis zu 100-mal höher ist als der einer Orange. Da bislang noch keine transportfähig machende Genmanipulation gelungen ist, wird sie üblicherweise außerhalb ihres Herkunftsbereich nur in verarbeiteter Form, z. B. als Pulver, verkauft.

Getränke

Kann die Küche des Lands nur in Grenzen Begeisterung hervorrufen, so entschädigen hierfür seine **(Erfrischungs-)Getränke**. Damit sind nicht die gängigen internationalen Marken gemeint, die unter dem Begriff *refrescos* oder *gaseosas* subsumiert werden, sondern die landeseigenen *refrescos naturales*. Sie werden im ganzen Land entweder mit Wasser (*en agua*) oder aber mit Milch (*en leche*) angeboten.

Normalerweise werden diese Getränke gezuckert. Wer sie ohne Zucker haben möchte, muss dies extra sagen (*sin azúcar*). **Typische Sorten** sind: *crema* (schmeckt ungefähr wie sehr dünne Vanillesoße), *mate* (kein Tee wie z. B. in Argentinien, sondern entfernt an *crema* erinnernd, jedoch mit Zimtzusatz), *linaza* (auf der Basis von gekochten Leinsamen, etwas gallertartig), *tamarindo* (aus der Frucht des Tamarindenbaumes), *cas* (schmeckt leicht säuerlich, erinnert entfernt an Zitrone), *chan* (erinnert im Glas optisch zwar entfernt an Froschlaich, schmeckt nichtsdestotrotz vorzüglich), *horchata* (wird auf der Basis von Reismehl zubereitet), *leche agria* (Buttermilch), *fresa* (Erdbeere), *piña* (Ananas), *maracuyá* oder *granadillo* (Passionsfrucht), *mora* (Brombeere), *guanábana/guyabano* (leicht säuerlicher Saft aus der Stachelannone) *carambola* (Sternfrucht), *zanahoria* (Möhre), *papaya* (Papaya – schmeckt meist mit Zitrone [*limón*] und/oder Zucker besser als pur), *resbaladera* (auf der Basis von Milch und Reis zubereitet, sehr gehaltvoll mit leichtem Zimtgeschmack), *cocomal* (auf Kakaobasis zubereitetes Getränk) und *naranja* (Orange).

Säfte aus frischen Früchten

Manche Getränke sind seit dem Sieg der internationalen Softdrinks nur noch selten erhältlich, so die *chicha*, ein **Mais(most)getränk**, welches wie Trauben- und Apfelmost je nach Gärungsgrad auch noch einen gewissen Alkoholgehalt hat, ferner der frischgepresste **Zuckerrohrsaft** *jugo de caña* (ohne Alkohol), den es noch bei Kirchweihfesten und manchmal auch in San José auf der Avenida Central gibt. Zumindest im häuslichen Umfeld noch relativ weit verbreitet ist das entfernt an **Eierlikör** erinnernde Getränk *rompope*, welches hauptsächlich aus Milch, Eiern, Vanille und Zuckerrohrschnaps besteht. Vor allem an der Küste sind hin und wieder **Trinkkokosnüsse** im Angebot. Die Milch wird dabei meist mit einem Strohhalm aus der noch grünen, *pipa* genannten Nuss gesogen. (In anderen Zusammenhängen bedeutet *pipa* aber Pfeife, Flöte oder auch Kitzler.) Sofern sie mit einem Schuss Rum kredenzt wird, avanciert das Gemisch zum *coco loco*, d. h. zur „verrückten Kokosnuss".

Weitere Getränke, die man meist nur lokal oder zeitweise bekommen kann und die ebenso **Alkohol** enthalten, sind der (guanacastekische) *vino de coyol*, der der Coyolpalme zu verdanken ist, der weinähnliche *chinchivi* – allerdings nicht aus Trauben, sondern aus Zuckerrohr bereitet – und der den Indianern abgeschaute *chicheme*, der durch Fermentierung eines Gemischs aus Mais, Ingwer und Zucker entsteht. Es gibt auch noch eine leicht alkoholische Version der *horchata*, die nicht nur auf der Basis von Reismehl, sondern auch noch unter Zugabe gemahlener und gerösteter Erdnüsse sowie Milch und (mit Zimt, Zucker, Kakao, Vanille und Rum vermischtem) Wasser zubereitet wird.

Nicht im Supermarkt erhältlich

2. COSTA RICA ALS REISEZIEL

Allgemeine Reisetipps A–Z

  Hinweis

In den **Allgemeinen Reisetipps** finden Sie – alphabetisch geordnet – reisepraktische Hinweise für die Vorbereitung Ihrer Reise und für Ihren Aufenthalt in Costa Rica. **Regionale Reisetipps** – Infostellen, Sehenswürdigkeiten, Adressen und Öffnungszeiten, Unterkünfte, Restaurants, Verkehrsmittel, Einkaufs- und Sportmöglichkeiten etc. – finden Sie in den Kapiteln 3–7 bei den jeweiligen Orten und Routenbeschreibungen. Alle Angaben über Preise, Telefonnummern, Websites, Öffnungszeiten etc. waren zum Zeitpunkt der Drucklegung gültig, sind aber konstant Änderungen unterworfen.

👉 Orientierung und Adressangaben in costa-ricanischen Städten

Es ist recht einfach, sich in costa-ricanischen Orten zurechtzufinden. Die Straßen sind in aller Regel jeweils im rechten Winkel zueinander angelegt und ihre Benennung folgt normalerweise einer festen Regel: Alle Straßen, die in West-Ost-Richtung verlaufen, heißen *avenida(s)* (sprich: awenida[s]), die Straßen, die von Süden nach Norden gehen, dagegen *calle(s)* (sprich: kaje[s]). Am Kreuzungspunkt von Avenida Central und Calle Central findet man den *Parque Central* (sprich: parke sentral). Alle östlich der Calle Central verlaufenden Calles sind aufsteigend mit ungeraden Zahlen, also Calle 1, Calle 3, Calle 5 usw. benannt, die Parallelstraßen westlich der Calle Central heißen dann Calle 2, Calle 4, Calle 6 usw. Nach dem gleichen Muster erfolgte die Nummerierung der Avenidas: Nördlich der Avenida Central tragen sie ungerade Zahlen, südlich der Avenida Central gerade. Ein Haus mit der Anschrift: Av. 6, C. 3 y C. 5 (*y* = und) steht also in der 6. Avenida zwischen den Kreuzungen mit der Calle 3 und der Calle 5.

Allerdings gibt es von dieser Regel auch **Ausnahmen**, wie z.B. in Limón, wo die C. 4 durchaus vor der C. 5 liegen kann. In vielen Orten ist zudem keine durchgehende Namensgebung für Straßen üblich. Häufig werden deshalb auch markante Gebäude als **Orientierungspunkt** genannt. Von diesen aus erfolgt meist eine Art Entfernungsangabe in eine oder mehrere der vier Himmelsrichtungen. So könnte eine typische costa-ricanische Adresse z.B. lauten
del Pali en Santa Ana, 100 metros Norte y 150 metros Oeste (vom Supermarkt Pali in Santa Ana, 100 m nördlich und 150 m westlich).
Eine Angabe von z.B. 150 m oder anderthalb Blocks (*una quadra* bzw. *una manzana y medio*) ist jedoch nicht unbedingt wörtlich zu nehmen. Sie bedeutet nicht viel mehr, als dass sich der Zielort anderthalb Blocks (und nicht exakt 150 m!) nördlich, südlich, westlich oder östlich vom angegebenen Bezugspunkt entfernt befindet. Bei den „Landmarken" kann es sich auch durchaus um ein Restaurant oder Geschäft handeln, das es inzwischen gar nicht mehr gibt. Dann können nur Ortskundige weiterhelfen. Viele Siedlungen sind auch einfach so klein, dass es überhaupt keiner Straßenbenennungen bedarf. Jeder weiß sowieso, wo der andere wohnt, und in solchen Fällen hilft dem Ortsunkundigen nur noch die Frage: „Dónde está …?" (Wo ist …?).

Eine jüngst über das Land geschwappte Beschilderungswelle ist von der EU in wohl guter Absicht finanziert worden. Eine Änderung der lokalen Gewohnheiten hat diese Aktion allerdings nicht bewirkt. Die Einwohner blieben bislang (wie in Liberia) ihrem alten Orientierungspunktesystem treu.

Anreise

■ mit dem Flugzeug

Die **Flugzeit** nach San José beträgt bei einer Direktverbindung von Frankfurt a. M. aus etwa 11 Std., man muss zwischen 700 und 1.200 € für ein Ticket rechnen. Meist sind Flüge mit Umsteigestopps günstiger zu haben. Die **Tarife** schwanken übers Jahr sehr stark, als Faustregel kann gelten, dass sie zwischen November und Mai am teuersten sind. Ein Preisvergleich lohnt sich auf alle Fälle (z. B. mit Hilfe von Suchmaschinen im Internet wie www.billigflieger.de, www.momondo.de oder www.swoodoo.de).
Wer um Weihnachten oder Ostern herum fliegen möchte, der sollte sich möglichst **frühzeitig** um eine Buchung bemühen und mit höheren Flugpreisen rechnen. So man in einiger Entfernung von einem Flughafen wohnt, sollte man auch berücksichtigen, ob zusammen mit dem Ticket auch eine günstige **Zubringerkombination** (Rail-and-Fly-Ticket

bzw. Fly-and-Drive-Ticket) angeboten wird. Auch **Pauschalreisen** sind buchbar, so haben etwa Miller Reisen, Meiers Weltreisen oder Jahn Reisen Angebote im Programm, die für 8–11 Tage 1.000 € p. P. kosten. Wer sich nicht stundenlang mit Internetrecherchen beschäftigen möchte, gleichwohl aber an einem günstigen Angebot interessiert ist, das auf seine Bedürfnisse zugeschnitten ist, dem sei das **Reisebüro** Durchblickreisen (Metzer Str. 20, 10405 Berlin, ☎ 030-2828602, info@durchblickreisen.de bzw. www.durchblick reisen.de) empfohlen.

Verbindungen: Momentan gibt es **zwei internationale Flughäfen**: San José im Zentrum des Landes bei Alajuela und Liberia im Norden. Zwischen Sierpe und Palmar Sur ist die Errichtung eines dritten internationalen Flughafens geplant, der den Zugang zu den im Süden gelegenen Zielen erleichtern soll.

✈ Kontaktdaten Fluggesellschaften

- **Air Canada**, C. 5, Av. 7 und 9, ☎ 2430 7695 oder 2243 1860, www.aircanada.com.
- **Air France**, Curridabat C. 4 und 6, Av. 1, San José, ☎ 2280 0069, www.airfrance.com.
- **American Airlines**, Edificio Centro Cars Sabana Este, C. 40 und 42, Av. 5 Bis, San José, ☎ 2248 9010, 2442 8800 oder 2257 1266, www.aa.com,
- **Condor**, C. 5, Av. 7 und 9, San José, ☎ 2243 1818 und 2243 1822, www.condor.com.
- **Continental Airlines**, C. 19 und 21, Av. 2, San José, ☎ 2296 4911, 2442 1904, 2233 0266, 2233 7146 oder 0800 0440005, www.continental.com.
- **Copa**, Paseo Colón, Edificio Torre Mercedes, C. 1, Av. 5, San José, ☎ 2222 6640 oder 2441 4742, www.copaair.com.
- **Delta Airlines**, Paseo Colón, 100 m östl. u. 50 m südl. von Toyota, Edificio Elizabeth, 1. Stock, San José, ☎ 0800 0562002, 0800 0562005, 2440 4805 oder 2256 7909, www.delta.com.
- **Grupo TACA**, Curridabat, 100 m östl. vom Colegio de Ingenieros, Plaza Freses, und im Rohrmoser Comercentro Mall, 100 m westl. des Nationalstadions, ☎ 2299 8222, www.taca.com.
- **Iberia**, Edif. San Jorge, C. 40 und Paseo Colón, San José, ☎ 2257 8266, 2431 5633, 2221 3311 oder 2221 3411, www.iberia.com.
- **Lufthansa**, C. 5, Av. 7 und 9, San José, ☎ 2243 1818 oder 2221 7444, www.lufthansa.com.
- **Mexicana de Aviación**, C. 1, Av. 2 und 4, San José, ☎ 2295 6969 oder 2441 9377, www.mexicana.com.
- **SAM/Avianca**, Av. 5, C. 1 und 3, San José, ☎ 2233 3066, www.avianca.com.
- **United Airlines**, Centro Comercial La Lomita (2nd. Piso Oficina 3), San Pedro, ☎ 0800 044 0005, www.united.com.
- **US Airways**, Ticketcounter am Flughafen, ☎ 0800 0114114 oder 2430 6690, www.usairways.com.

Vertretungen am **Flughafen Juan Santamaría**:
- **Air Canada**, ☎ 2442 6997
- **American Airlines**, ☎ 2442 8800
- **Condor**, ☎ 2430 4787
- **Continental Airlines**, ☎ 2440 0580
- **Delta Airlines**, ☎ 2440 48 05
- **Grupo TACA**, ☎ 2443 3555
- **Iberia**, ☎ 2441 2591
- **United Airlines**, ☎ 2441 8025
- **US Airways**, ☎ 2430 6690

Allgemeine Fluginformation, ☎ 2437 2626, www.fly2sanjose.com.

Air Canada, US Airways, American Airlines und Delta fliegen sowohl den Daniel Oduber Quiros International Airport in **Liberia** als auch den Juan Santamaría International Airport zwischen **San José** und Alajuela an. Liberia, das auch noch von Xtra Airways und Continental angesteuert wird, wird nur über die USA und Kanada direkt angeflogen.

Der **Juan Santamaría International Airport**, der weitaus größte Flughafen des Landes bei San José, wird auch noch von COPA, SANSA, TACA Air Panama, Air France, Avianca, Aviateca, United Airlines, InterJet, Aeromexico, JetBlue Airways und Spirit mit Flügen zu Zielen auf dem amerikanischen Kontinent bedient. Eine neue Airline, Ticos Air (www.ticosair.com), soll zudem im Laufe des Jahres 2014 ihren Betrieb aufnehmen und Flüge nach Miami, Mexiko und New York anbieten.

 Anreise über die USA

Wer über die USA nach Costa Rica reist, muss sich, auch wenn er sich nur im Transit aufhalten wird, spätestens 72 Stunden vor der Abreise beim **Electronic System for Travel Authorization (ESTA)** online unter https://esta.cbp.dhs.gov/esta/ registrieren (Name, Geburtsdatum, Adresse, Nationalität, Geschlecht, Passdaten). Dafür wird eine Bearbeitungsgebühr von $ 14 fällig (mit Kreditkarte bezahlbar). Das kann bereits im Reisebüro oder im Internet erfolgen. Wer einmal registriert ist, kann **innerhalb von zwei Jahren beliebig** oft einreisen, sofern der Pass solange gültig ist. Nach der Registrierung erfolgt im Allgemeinen sofort eine Mitteilung, ob die Einreise genehmigt wird („Authorization Approved"). Aktuelle Infos unter http://german.germany.usembassy.gov/visa/vwp/.

Condor, British Airways, KLM und **Iberia** sind momentan als europäische Gesellschaften im Geschäft, wobei Iberia und British Airways Direktflüge von Madrid aus im Programm haben und Condor von Frankfurt a. M. aus mit einem Zwischenstopp in der Karibik operiert, während KLM – wie alle anderen Fluggesellschaften auch – San José mit diversen Zwischenstopps bzw. unter Einsatz von Zubringerflügen von Europa aus ansteuert.

Der **zentrale Flughafen**, **Juan Santamaría International Airport** wirkt eher beschaulich. Nachdem man bei der Einreisekontrolle seinen Visumsstempel erhalten hat, kommt man zur Gepäckausgabe. Neben der Gepäckausgabe befinden sich auch ein Geldautomat (ATM) und ein Bankschalter, wo man sein Geld in die lokale Währung wechseln kann (das sollte man nach Möglichkeit aber vermeiden, da der Kurs schlecht ist). Anschließend passiert man die Zollkontrolle, wo man eine Zollerklärung abgeben muss. Das Hauptgepäck durchläuft dann noch mal eine Röntgenstation.

Auch der zweite internationale Flughafen des Landes, bei Liberia, hat seine Rolle als Provinzflughafen nicht abgelegt (s. S. 298).

■ auf dem Landweg

Die Ein- bzw. Ausreise auf dem Landweg ist an folgenden Grenzübergängen möglich:

- **von Nicaragua**: Sapoa/Peñas Blancas und San Carlos (via Río San Juan)/Los Chiles (geöffnet 8–18 Uhr mit 1 Std. Siesta);
- **von Panama**: David/Paso Canoas auf der pazifischen und Guabito/Sixaola auf der atlantischen Seite (geöffnet 7–17 Uhr mit 1 Std. Siesta).

Die Situation kann sich ändern, bitte rechtzeitig vor Reiseantritt aktuelle Informationen einholen!

Ausreise/Weiterreise

■ mit dem Flugzeug

Wer weiter- oder in die Heimat zurückfliegt, sollte seinen Flug, auch wenn es nicht zwingend erforderlich ist, nochmals bestätigen lassen *(confirmación)* oder im Internet nach evtl. Flugzeitenänderungen schauen. Dies sollte ca. 72 Std. vor Abflug erfolgen.

Da Flüge überbucht sein können empfiehlt es sich, rechtzeitig am Flughafen zu erscheinen (mind. 2 Stunden vorher). Bei der Ausreise ist eine **Flughafensteuer** in Höhe von 29 US$ zu entrichten, die man entweder in US$ oder Colones bezahlen kann. Man sollte also nicht den letzten Cent ausgegeben haben, wenn man sich zum Rückflug an den Flughafen begibt. So man nach der Bezahlung der Flughafensteuer noch über Colones verfügt, muss man diese einwechseln, bevor man durch die Passkontrolle geht. In der Wartehalle hinter der Pass- und Gepäckkontrolle gibt es weder eine Wechselstube noch einen Bankschalter.

Wer mit Chartergesellschaften oder organisierten Reisegruppen unterwegs ist, muss unter Umständen nichts bezahlen, weil diese die Ausreisegebühren bereits bei der Preiskalkulation berücksichtigt haben und zentral abführen. Im Zweifelsfall sollte man sich beim Veranstalter erkundigen.

■ mit dem Bus

Von San José aus besteht die Möglichkeit, mit diversen Buslinien die anderen Länder der Region zu erreichen. Die kostengünstigste Variante ist es, die internationalen Busse zu meiden und mit einem nationalen Bus bis unmittelbar an die Grenze zu fahren, diese zu Fuß zu überschreiten und dann mit einem weiteren nationalen Bus die Reise fortzusetzen. Wer es etwas bequemer und schneller haben will, ersteht dagegen einen internationalen Fahrschein.

- **Tica-Bus**: Die Gesellschaft mit dem besten Ruf auf grenzüberschreitendem Gebiet ist Tica-Bus (☎ 2221 0006, www.ticabus.com, Büroöffnungszeiten 8–18 Uhr). Ihr Terminal befindet sich in einiger Entfernung westlich vom historischen Zentrum San Josés (200 m nördl. u. 100 m westl. der Torre Mercedes, Paseo Colón, gegenüber der Funeraria del Magisterio), die „offizielle" Adresse ist: Av. 3, C. 26. Folgende Ziele werden angesteuert (in Klammern jeweils der Preis für das günstigste Ticket/Reisedauer in Stunden): **Panama** (42 US$/18 h), **Nicaragua** (28 US$/8 h), **El Salvador** (60 US$/mind. 28 Std. wg. Übernachtung in Managua), **Guatemala** (78 US$/mind. 47 Std. wg. Übernachtung in Managua und El Salvador), **Honduras** (49 US$/mind. 24 Std. wg. Übernachtung in Managua), **Mexiko** (98 US$/mind. 53 Std. wg. Übernachtung in Managua und San Salvador). Nach Panama geht es über Paso Canoas täglich um 12 und 23 Uhr, während die Busse nach Nicaragua, El Salvador, Guatemala, Honduras und Mexiko um jeweils 3, 6, 7.30 und 12.30 Uhr von San José aus losfahren. Will man in nördliche Richtung, so empfiehlt es sich, bereits eine Woche vor Reiseantritt einen Sitzplatz **reservieren zu lassen**, da die Busse oft überfüllt sind. Nach Panama reichen normalerweise (also außerhalb der Weihnachtszeit und der Karwoche) drei Tage.
- **Transporte Bocatoreños**: Av. 5, C. 14 y 16, gegenüber dem Hotel Cocorí, ☎ 2227 9523, Abfahrt um 9 Uhr nach Changuinola im karibischen Teil **Panamas** (6 Std.)

- **Tracopa:** C. 5, Av. 18 y 20, ☎ 2221 4214, www.tracopacr.com, Abfahrt um 7.30 und 12 Uhr in 9 Std. nach David im pazifischen Teil Panamas.
- **Firma Expreso Panamá:** C. 16, Av.12, Terminal de Empresarios Unidos de Puntarenas, ☎ 2221 7694, www.expresopanama.com, Abfahrt nach Panama City 12 Uhr mittags, ca. 16-stündige Reise (ca. 900 km), 40 US$.
- **King Quality**: C. 12, Av. 3 und 5, Terminal de Transporte de Upala, ☎ 2258 8834, Abfahrt nach **El Salvador**, **Guatemala** und **Honduras** frühmorgens um 3 Uhr von San José.

Die Route nach **Nicaragua** ist aufgrund der vielen in Costa Rica lebenden Nicaraguaner, die ihre Heimat vor allem an langen Wochenenden und Feiertagen besuchen, heißer umkämpft. Auf jeweils eine Verbindung täglich bringen es **Nica Expreso** (C. 16, Av. 3 y 5, ☎ 2256 3191, www.nicaexpreso.com, Mo–Sa 6 und So 11 Uhr), **Central Line** (C. 12, Av. 7 y 9, ☎ 2221 9115, www.transportescentralline.com, 4.30 und 10 Uhr) und **King Quality** (C. 12, Av. 3 y 5, Terminal de Transporte de Upala, ☎ 2221 9022 oder 2221 3318, 3 Uhr) während **Transnica** (C. 22, Av. 3 y 5, neben der Sede de la Conferencia Episcopal und 400 m nördl. der Torre Médica del hospital de El Niño, ☎ 2223 4242, www.transnica.com) mit vier täglichen Bussen (4, 5, 9 und 12 Uhr) in das nördliche Nachbarland sowie nach **Honduras** aufwarten kann.
Wer nicht über Peñas Blancas nach **Nicaragua** will, der kann nach Los Chiles (s. S. 323) fahren und von dort aus ein Boot nach San Carlos in Nicaragua nehmen. Wer von Sixaola aus über Guabito nach **Panama** einreisen will, der kann den Grenzfluss auf einer Brücke zu Fuß überqueren und dann mit einem Minibus nach Changuinola weiterreisen.

☞ **Tipp**
Unter www.visitcostarica.com/ict/paginas/LEYES/pdf/ItinerarioBuses_es.pdf kann man den aktuellen Busfahrplan herunterladen. Dieser wird auch in den Touristenbüros verteilt.

Auto fahren/Mietwagen

Wer unabhängig von öffentlichen Verkehrsmitteln reisen und auch entlegenere Gebiete auf eigene Faust bereisen möchte, sollte sich ein Auto mieten. Die Hauptverkehrsstraßen sind asphaltiert und in einem Zustand, der es theoretisch auch Kleinwagen erlaubt, ohne Probleme durchzukommen. Insgesamt ist das Straßennetz unterschiedlich gut ausgebaut, gleichwohl ist für all diejenigen, die kein „exotisches" Ziel ansteuern möchten, das Anmieten eines Allradwagen nicht unbedingt erforderlich. Zu empfehlen ist aber eines mit mehr Bodenfreiheit, vor allem in der Regenzeit. Es ist sicherer und auf schlechten Straßen wie rund um Monteverde, am Nationalpark Rincón de la Vieja oder entlang der Pazifikküste deutlich komfortabler zu fahren. Im Zweifel sollte man sich vor Ort nach dem Zustand der Straße erkundigen.

Ein Problem kann die **Beschilderung** bzw. deren Mangel oder auch einfach ein falsches Schild darstellen: viele Hotels und Sehenswürdigkeiten sind nicht ganz einfach zu finden. Da hilft nur noch fragen, zur Not mit Händen und Füßen. Restaurant- und Supermarktbetreiber kennen sich auf dem Land meist gut aus. Wer sich das Leben leichter machen will, kann sich ein **Navigationssystem** mieten, auf denen z.T. viele Sehenswürdigkeiten schon gespeichert sind. Die meisten Autovermietungen bieten dieses für ca. 10 US$/Tag an. Allerdings ist selbst damit nicht garantiert, dass das Gerät alles kennt und findet. Alternativ kann man eine SIM-Karte für sein Smartphone kaufen und dieses als Navi benutzen. Viele Unterkünfte geben auf ihrer Homepage genaue Wegbeschreibungen mit Kartenskizzen und GPS-Daten an. Hat man diese bereits vorgebucht ist es hilfreich, sich diese auszudrucken und mitzunehmen.

„Straße in schlechtem Zustand" – auf dem Weg von Monteverde nach La Fortuna

s. auch S. 86 zur **Orientierung in Costa Rica**

Auf einigen größeren Straßen wird eine geringe Maut von bis zu 3 US$ erhoben. Am besten hat man immer etwas Kleingeld parat. Den Beleg sollte man aufbewahren.

Innerhalb der Hauptstadt sollte man Autofahren nach Möglichkeit vermeiden. Abgesehen von der Tatsache, dass die Straßen meistens verstopft sind und auch das Parken sich nicht ganz einfach gestaltet, fahren die Ticos doch eher rasant und mit viel Einsatz der Hupe. Um das Verkehrschaos im Zentrum von San José ein bisschen zu mildern, ist man auf die Idee verfallen, an jedem Werktag Autos, deren Kennzeichen auf bestimmte Zahlen enden, die Zufahrt zu versagen. Anzeigetafeln verkünden am Cityeingang, für welche Autokennzeichen der Stadtkern jeweils tabu ist. Mietwagen sollen davon ausgenommen sein, am besten an der Anmietstation erkundigen.

Wer ein **Auto mieten** möchte, sollte in seinem Heimatland einen **internationalen** Führerschein besorgen, der drei Jahre gültig ist. Bitte beachten: dieser ist bei Verkehrskontrollen nur in Verbindung mit dem nationalen Führerschein gültig. Diesen gibt es beim Straßenverkehrsamt. Einige Autovermieter fordern ein bestimmtes **Mindestalter** – manchmal sogar bis zu 25 Jahre, häufiger ist der 21. Geburtstag die Schallgrenze bzw. mit einem Aufpreis verbunden. Wenn mehrere sich am Steuer abwechseln wollen, sind alle Namen im Mietvertrag aufzuführen.

Beim Abschluss eines Mietvertrags muss man für die Kaution eine **Kreditkarte** vorlegen. Trotz (Pflicht-)**Versicherung** ist es üblich, dass der Fahrer – sofern er nicht die teurere Vollkaskovariante ohne Selbstbeteiligung gewählt hat – im Schadensfall einen bestimmten **Eigenanteil** trägt. Bei der **Übernahme** des Wagens empfiehlt es sich, eine genaue Kontrolle vorzunehmen und sichtbare Schäden auch kleineren Umfangs zu protokollieren, sodass man nicht für diese haftbar gemacht wird. Dieses **Protokoll** sollte dann vom Vermieter auch unterschrieben werden. Zudem sollte man prüfen, ob die vorgeschriebene Ausstattung an Erste-Hilfe-Kasten, Pannendreieck, Wagenheber und reflektierender Weste vorhanden ist.

☞ **Hinweis**
Wer nicht nur ein Auto mieten möchte, sondern auch Hilfe und Tipps für die Tourenplanung sucht, dem seien die Reiseagenturen auf s. S. 116 empfohlen.

■ **Autovermietungen**
- **in San José** (die Firmen haben alle auch eine Niederlassung am Flughafen bzw. man kann das Auto ggf. gegen eine recht hohe Gebühr von 12 % dort entgegennehmen). Zudem sind die Firmen in allen größeren und touristisch bedeutenden Orten vertreten.
  - **Adobe Rent a car**, Centro Comercial Plaza Ventura, C. 7, Av. 8 y 10, ☎ 2258 4242, www.adobecar.com.
  - **Alamo Rent a car**, Paseo Colón, ☎ 2242 7700 oder 2242 7733, www.alamocostarica.com
  - **Avis**, C. 42, Av. Las Americas, ☎ 2293 2222 oder 2232 9922, www.avis.co.cr.
  - **Budget Rent a car**, C. 30, Paseo Colón, ☎ 2223 3284, www.budget.co.cr.
  - **Dollar Rent a car**, Paseo Colón, ☎ 2443 2950, www.dollarcostarica.com.
  - **Europcar**, C. 32 y 34, Av. Central, ☎ 2257 1158, www.europcar.co.cr.
  - **Hertz Rent a car**, Paseo Colón / C. 38, an der östl. Seite des Centro Colón, ☎ 2221 1818, www.hertzcostarica.com.
  - **Hola Rent a car**, Best Western Irazú Hotel, Km 3 Autopista General Canas, La Uruca, ☎ 2520 0100 oder 2231 5666, www.hola.net.
  - **Toyota Rent a car**, C. 30 y 32, Paseo Colón, ☎ 2258 5797, www.toyotarent.com.
  - **Vamos Rent a car**, ☎ 2432 5258, vamos4x4.com, Büro am Flughafen, Liberia und Dominical.

- **in Alajuela:**
  - **Pura Vida Rent a car**, 100 m nördl. des Hotels Hampton Inn, Alajuela, ☎ 2442 8000, www.puravidarentacar.com.

Die **Tarife** der Autovermietungen sind unterschiedlich, sodass sich Vergleiche lohnen. Man wird kaum ein Auto unter 250 US$ pro Woche bekommen wird (das zahlt man z. B. außerhalb der Hochsaison bei Dollar Rent A Car für einen Suzuki Celerio, 1.000 cc). Die Tarife internationaler Firmen liegen höher, wie auch die Preise für ein geländegängiges Fahrzeug (ab 500 US$). Je nach Saison ist bei etwas Geschick allerdings mitunter eine Reduzierung dieser Tarife erreichbar. Am Flughafen sollte man, wenn man keine Reservierung hat, kein Auto mieten, da die Preise dort nicht unerheblich über den regulären liegen.

■ **Versicherungen**
Auch wenn die Vollkaskoversicherung fast genauso viel kostet wie die Automiete selber, sollte man diese abschließen.

■ **Tanken**
Das Tankstellennetz ist in Costa Rica recht gut ausgebaut, aufgrund der verhältnismäßig kurzen Distanzen ist die Mitnahme eines Kanisters nicht erforderlich. Trotzdem sollte man wenn möglich tanken. Falls man in einer abgelegenen Gegend liegenbleiben sollte,

kann man im *soda* oder der *pulperia* nachfragen, wo man einen Kanister Benzin erstehen kann. Ein Liter Super kostet umgerechnet ca. 1,10 Euro, ein Liter Diesel ca. 1 Euro. Die Preise werden von der Regierung festgelegt und unterscheiden sich daher im Land nicht.

■ Autokauf
Wer dem **Autokauf** den Vorzug gibt, kann sich z. B. bei www.quierouncarro.com über Angebote informieren (Santa Ana, San José, ☎ 8835 0471).

■ Verkehrsvorschriften
In Costa Rica gilt **Rechtsverkehr**. Die **Geschwindigkeitsbegrenzungen** liegen bei 40 km/h in geschlossenen Ortschaften (vor Kliniken und Schulen 25 km/h) 60 km/h auf Landstraßen und 100 km/h auf (den wenigen) Autobahnen. Unter Drogen- und Alkoholeinfluss darf man ebenso wenig am Steuer sitzen wie ohne Sicherheitsgurt oder mit einem Handy am Ohr. Strände dürfen generell nicht befahren werden. Radarkontrollen sind in Costa Rica keine Seltenheit und die Preise gesalzen. Für ein ggf. fälliges Bußgeld sollte man in jedem Fall einen Beleg verlangen und nicht den Polizisten direkt bezahlen.

Wichtige Begriffe auf Straßenschildern:
Alto: Stopp
Calle/Carretera en mal estado: Straße in schlechtem Zustand
Ceda el paso: Vorfahrt achten
Cuidado: Vorsicht
Despacio: Langsam
Desvío: Umleitung
Hombres trabajando: Bauarbeiten
No hay paso: Einfahrt verboten
Peligro: Gefahr
Reduzca velocidad: Geschwindigkeit verringern
Salida de camiones: Baustellen-/Lastwagenausfahrt

■ Gefahren und Notfall
Außerhalb der Hauptstadtregion gibt es einige Punkte zu beachten: In ländlichen Gebieten muss mit dem Auftauchen von kreuzendem Wild bzw. von Vieh und Pferden auf den Straßen gerechnet werden. Fahrräder bzw. landwirtschaftliche Fahrzeuge sind trotz Dunkelheit nicht immer ausreichend beleuchtet. Auch auf **Schlaglöcher** oder andere Gefahrenquellen wie fehlende Kanaldeckel, liegengebliebene Fahrzeuge etc. sollte man gefasst sein. Diese sind mitunter nicht mit einem entsprechenden Schild, sondern mit Ästen oder Ähnlichem gekennzeichnet. In den Bergen ist – besonders nach Regenfällen – auch mit Erdrutschen zu rechnen. Zudem sollte man daran denken, dass nicht alle Autofahrer sich immer an die Verkehrsregeln halten – also lieber langsam und defensiv fahren.

Im Fall eines Unfalls muss immer die Polizei gerufen werden (☎ 911).

Behinderte

Das Land kann – obwohl nicht alles barrierefrei ist – sicherlich auch von Behinderten bereist werden. Zwar dürfte eine Tour durch den Corcovado Nationalpark etwa mit einem Rollstuhl kaum zu bewältigen sein, doch auf der anderen Seite sind sogar die Gipfelregionen der Vulkane Poás und Irazú, die zu Nationalparks erhoben worden sind, barrierefrei zugänglich. In den letzten Jahren sind die Bauvorschriften entsprechend geändert worden, sodass neue Gebäude barrierefrei errichtet werden müssen und etliche ältere Hotels auch entsprechende Umbauten vorgenommen haben.

Bettler

In Costa Rica wird traditionellerweise kaum gebettelt. Lediglich vor einigen Kirchen bitten Bedürftige die Gläubigen um eine kleine *limosna*. Mit der Zunahme des Tourismus hat sich dies allerdings etwas geändert. Hin und wieder werden so die reichen *gringos* auch jenseits der Kirchenvorplätze um Dollars angegangen.

Camping

Anders als in Ländern, die eher von der angelsächsischen Kultur beeinflusst worden sind, ist Camping in Costa Rica – wie in den meisten anderen hispanoamerikanischen Ländern auch – nicht flächendeckend verbreitet, wohl aber vereinzelt zu finden. In manchen Nationalparks ist Camping erlaubt, in anderen ist es strikt untersagt. Eine kleine Liste von Plätzen ist zu finden unter: www.scribd.com/doc/33924204/GUIA-DE-CAMPING.

Diplomatische Vertretungen

■ **in der BRD**

Botschaft der Republik Costa Rica, Dessauer Str. 28–29, 2. Etage, D-10963 Berlin, ☎ 030-26398990, Fax 030-26557210, www.botschaft-costarica.de, Mo–Do 9–16, Fr 9–15 Uhr

■ **in Österreich**

Botschaft der Republik Costa Rica, Wagramer Str. 23/1/1/Top2 und 3, A-1220 Wien, ☎ 01-2633824, Fax 01-26338245, embajadaaustria_costa.rica@chello.at, Mo–Fr 9–16 Uhr

■ **in der Schweiz**

Botschaft der Republik Costa Rica, Schwarztorstr. 11, CH-3007 Bern, ☎ 031-3727887, Fax 031-3727834, embajada.costa.rica@thenet.ch, Sprechstunden (am Telefon) Mo–Fr 9–16 Uhr, Publikumsverkehr Mo–Fr 9–13 Uhr

■ **in Costa Rica**

• **Botschaft der Bundesrepublik Deutschland**, Edificio Torre Sabana (zwei Blocks westl. des ICE), Sabana Norte, 8. Etage, San José, ☎ 2290 9091, Fax 2231 6403, info@san-jose.diplo.de, www.san-jose.diplo.de, Mo–Fr 9–11.30 Uhr

• **Österreichisches Honorargeneralkonsulat**, Edificio Centro Cooperativo La Nunciatura, Boulevard Rohrmoser, (200 m westl. u. 100 m südl. des Hauses von Oscar Arías), San José, ☎ 2291 6142, Fax 2291 6146, consulado.austria@cr4a.com. (für Costa Rica ist die **Österreichische Botschaft in Mexiko** zuständig: ☎ +52-55-5251 0806, Fax +52-55-5245 0198, www.embajadadeaustria.com.mx)

- **Schweizer Botschaft**, Edificio Colón, 10. Etage, Paseo Colón, C. 38 y 40, ☎ 2221 4829, Fax 2255 2831, sjc.vertretung@eda.admin.ch, www.eda.admin.ch/sanjose, Sprechstunden (am Telefon) Mo–Do 7.30–16.30, Fr 7.30–13 Uhr, Publikumsverkehr Mo–Fr 9–12 Uhr

Wer in andere amerikanische Länder weiterreisen will und Informationen oder ein Visum benötigt, dem mögen die folgenden Adressen nützlich sein (alle in San José):
- **Argentinien**, Curridabat (700 m südl. u. 25 m östl. der Mc-Donalds-Filiale)
- **Bolivien**, Sabana Sur (500 m südl. u. 75 m östl. der Contraloría General de la República)
- **Brasilien**, Paseo Colón, Edificio Torre Mercedes, 6. Etage
- **Chile**, C. 39, Av. 10 y 12, Casa 225 (225 m südl. des Supermarkts Automercado de Los Yoses), Los Yoses
- **Ecuador**, Barrio Rohrmoser (100 m nördl. des grün-weißen Eckhauses von Oscar Arias)
- **El Salvador**, Paseo Colón (500 m nördl. u. 25 m westl. der Toyota-Filiale Purdy Motors, gegenüber dem Parque República de El Salvador)
- **Guatemala**, Sabana Sur (100 m südl. u. 50 m westl. des Sportclubs Fitsimons)
- **Honduras**, Boulevard Rohrmoser (50 m südl. u. 100 m östl. des Parque La Amistad, neben dem Parque los Leones)
- **Kolumbien**, Barrio Dent (175 m westl. des Taco Bell San Pedro, orangefarbenes Haus auf der rechten Seite)
- **Mexiko**, Av. 7a. N° 1371 (75 m östl. der Casa Amarilla)
- **Nicaragua**, Av. Central, C. 25 bis, Barrio la California
- **Panama**, Barrio La Granja (200 m südl. u. 25 m östl. des Antiguo Higuerón de San Pedro), San Pedro
- **Paraguay**, Curridabat (600 m südl. u. 50 m östl. des Kentucky an der Plaza del Sol, weißes Haus auf der linken Seite, No. 12)
- **Peru**, Freses (100 m östl. u. 325 m nördl. des Eiscafé Pops), Curridabat
- **Uruguay**, Av. 14, C. 35 y 37 (400 m südl. u. 110 m westl. der 3. Einfahrt nach Los Yoses)
- **USA**, Pavas (gegenüber dem Centro Comercial del Oeste)
- **Venezuela**, Barrio Escalante (300 m östl. u. 50 m nördl. der Kirche Santa Teresita)

Weitere Informationen zu Botschaften bzw. Konsulaten in Costa Rica mit entsprechenden Links findet man auf **www.rree.go.cr**, den Netzseiten der costa-ricanischen Regierung bzw. des Außenministeriums (Ministerio de Relaciones Exteriores y Culto de la República de Costa Rica).

Drogen

Obwohl die Präsidentin Laura Chinchilla im April 2012 eine Diskussion über die Legalisierung von Drogen in Zentralamerika gefordert hat, ist es nicht ratsam, mit illegalen Drogen erwischt zu werden. Costa Rica ist nicht nur ein bedeutendes Transitland, sondern verfügt auch über nicht unbedeutende Anbauflächen für Marihuana. Die Freiheitsstrafen für Drogenschmuggler bewegen sich zwischen acht und 20 Jahren. Drogen sind im karibischen Landesteil und in etlichen Touristenorten an der Pazifikküste nicht selten, der Umfang der „Beute" der Polizei bei sporadisch durchgeführten (Massen-)Kontrollen legt davon Zeugnis ab.

Einreisebestimmungen/Reisedokumente

Wer weniger als drei Monate in Costa Rica bleiben will, erhält – sofern er einen bei der Einreise noch mindestens sechs Monate gültigen **Reisepass**, ein **Ausreiseticket** und ausreichende **Geldmittel** vorweisen kann – als Staatsbürger der meisten europäischen Länder beim Grenzübertritt einen entsprechenden **Visumsvermerk** – typischerweise für 90 Tage – in den Pass gestempelt. Kinder brauchen einen mit einem Lichtbild versehenen Kinderreisepass, der Eintrag im Pass eines Elternteils reicht nicht aus. Für das Visum braucht man keine Gebühr zu entrichten, bei der Ausreise mit dem Flugzeug müssen 29 US$ bzw. der aktuellen Gegenwert in Colones bezahlt werden.

Bereits im Flugzeug erhält man zwei Formulare, die auszufüllen sind. Das eine ist eine Zollerklärung, die üblicherweise aber von den zuständigen Beamten von Ausländern gar nicht eingefordert wird. Das andere Formular ist für die Grenz- und Ausländerpolizei (*migración*) bestimmt, die es bei der Passkontrolle an sich nimmt. Ausreiseticket und Geld werden in aller Regel nur „nach Bedarf" kontrolliert, sodass insbesondere diejenigen, denen es daran mangelt, ihre äußere Erscheinung am besten so ausgestalten, dass ein Grenzbeamter erst gar nicht auf den Gedanken kommt, man habe nicht ausreichend Mittel zur Verfügung.

Wer – aus welchen Gründen auch immer – kein Rückflugticket kaufen möchte, kann sich mit einem international gültigen Flugticketgutschein (sogenannte MCO) ausrüsten, sodass er nachweisen kann, dass eine Weiterreise geplant ist.

 ## Kopie des Reisepasses

Man sollte mindestens eine Kopie des Reisepasses bei sich führen und diese getrennt vom Pass aufbewahren. Bei einem Verlust des Passes kann man durch Vorlage einer Kopie die Ersatzbeschaffung durch die zuständige Botschaft grundsätzlich beschleunigen.

Aufenthaltsverlängerung

Rechtzeitig vor Ablauf des Dreimonatsvisums hat man sich um eine **Verlängerung** zu bemühen, was bei der **Ausländerpolizei** (Dirección General de Migración y Extranjería, kurz: Migración) möglich ist (C. 21, Av. 6 y 8, neben der Dirección General de Aviación Civil, La Uruca, San José, ☎ 2299 8100 oder 900 1234567, www.migracion.go.cr/con tactenos/index.html, Postadresse: Dirección General de Migración y Extranjería, Apartado Postal 762 1150 – Uruca, San José). Wer persönlich vorsprechen muss oder will, der wird bemerken, dass der Behördensitz etwas dezentral gelegen ist – aber immerhin an einer Haltestelle des (Bummel-)Busses von San José nach Alajuela.

Da die Visumsverlängerung unter Umständen jedoch eine recht umständliche Prozedur darstellt, sollte man überlegen, ob man nicht besser einen mehrtägigen Ausflug nach Panama oder nach Nicaragua unternimmt und sich bei der Rückreise erneut mit einem Drei-Monats-Visum versorgt. An den Grenzübergängen kann ebenfalls eine Kontrolle der Finanzkraft des Reisenden erfolgen. Wird man **ohne gültiges Visum** ertappt, so zieht dies Geldbußen (100 US$ pro angefangenem Monat) nach sich. Das Land ist dann innerhalb von 30 Tagen zu verlassen.

 ## Das Bruderland als potenzieller Seuchenherd

Wer von Nicaragua aus nach Costa Rica einreist, muss unter Umständen den Beamten des Gesundheitspostens an der Grenze davon überzeugen, dass er eine regelmäßige Malariaprophylaxe betreibt, da Nicaragua in Costa Rica traditionell als Seuchenherd gilt. So gab es bereits in den 1930er-Jahren während einer Choleraepidemie ein Dekret, das die Errichtung eines *Cordon sanitaire* an der Nordgrenze des Landes anordnete. Auch als Ende des 20. Jh. einige Cholerafälle in Costa Rica auftraten, war man mit Schuldzuweisungen schnell zur Hand: LKW-Fahrer sollten die Krankheit aus dem Norden mitgebracht haben. Dies hatte zur Konsequenz, dass man die chemische Reinigung aller Fahrzeuge, welche die Grenze von Nicaragua aus passierten, umso eifriger betrieb.

Eintrittspreise

In Costa Rica ist es nicht unüblich, dass Menschen, die nicht ständig im Lande wohnen, höhere Eintrittspreise für Museumsbesuche etc. bezahlen als Einheimische. Bedenkt man, dass das Bruttoinlandsprodukt pro Kopf in der BRD etwa siebenmal so hoch ist wie in Costa Rica, so erscheint dies nicht völlig ungerechtfertigt. Man muss selten mehr als 5–12 US$ für den Zutritt zu einem staatlichen Park oder Museum entrichten. Diese Feststellung gilt nicht unbedingt für Betreiber privater Museen oder Reservate. Die von diesen geforderten Gebühren sind mitunter nur als unverschämt zu charakterisieren angesichts eines manchmal mehr als bescheidenen Preis-Leistungs-Verhältnisses.

Elektrizität

Wer elektrische Geräte mitnehmen will, sollte beachten, dass diese auf 110 Volt/60 Hertz umschaltbar sein müssen. Ferner sind die in den meisten Ländern üblichen Steckdosen in Costa Rica nicht überall vorhanden. Deshalb sollte man sich mit einem entsprechenden Adapter ausstatten.

Erdbeben

Costa Rica weist – bedingt durch seine geografische Lage – eine überdurchschnittliche Erdbebenhäufigkeit auf. Von der BRD-Botschaft wird jenseits des klassischen Aufrufs „Ruhe bewahren!" folgendes Verhalten empfohlen: Wer sich in Gebäuden aufhält, sollte offenes Feuer löschen, Gashähne abstellen, sofort Schutz unter einem schweren stabilen Möbelstück (z.B. Tisch oder Bett) suchen und sich fest halten, solange die Erschütterung dauert (auch wenn sich das Möbelstück bewegt). Ist das nicht möglich, so sollte man sich unter einen stabilen Türrahmen flüchten oder sich nahe einer tragenden Innenwand und – weg von Fenstern – auf den Boden legen, wobei Kopf und Gesicht mit verschränkten Armen zu schützen sind. Grundsätzlich sollte man im Haus bleiben, solange die Erdbebenerschütterungen anhalten, da man ansonsten durch fallende Gegenstände oder Glassplitter verletzt werden kann.

Lediglich für den Fall, dass man bei Beginn der Erschütterungen im Erdgeschoss eines Hauses in der Nähe einer Außentür, die direkt ins wirklich Freie (und nicht auf eine enge Straße oder ähnliches!) führt, sein sollte, ist eine Hausflucht angeraten. Treppenhäuser und Fahrstühle dürfen keinesfalls benutzt werden. Auf offener Straße sind freiliegende oder -hängende sowie zerrissene Stromleitungen, Tunnel, Brücken, Straßenunter- und Straßenüberführungen zu meiden. Den Kopf sollte man gegen möglicherweise herabfallende Gegenstände durch eine Tasche, Rucksack oder Ähnliches schützen und zu allen Mauern und Masten einen gebührenden Abstand halten. Schutz bieten Freiflächen und in Ermangelung solcher Hauseingänge.

Diejenigen, die gerade im Auto unterwegs sind, mögen an den Straßenrand fahren, anhalten und (auch nach dem Ende der Erdstöße) etwaigen Rettungsfahrzeugen den Weg freihalten. Wer Spanisch versteht und ein Radio in seiner Nähe hat, sollte dieses einschalten und sich so über die allgemeine Lage informieren und sein Verhalten entsprechend einrichten.

Essen und Trinken

Essen und Trinken in Costa Rica ist teurer als man erwarten würde. Das gilt insbesondere für die etwas besseren Restaurants in touristisch frequentierten Gegenden, die nicht nur Reis mit Bohnen servieren, und wo man mind. 10 US$ für ein Hauptgericht rechnen muss. Am günstigsten kommt man in einem der zahlreichen *sodas* (einfache Gaststätte) weg, wo man für ein *Menu del día* um die 5 US$ rechnen muss.
Beim Blick auf die Karte sollte man darauf achten, ob 10 % Service und 13 % MwSt. schon im Preis eingerechnet sind – ansonsten werden diese 23 % am Ende auf die Rechnung addiert.

Zu traditionellen Gerichten s. S. 80

Feiertage & Feste

Nationale Feiertage

- **1. Januar**: Neujahr
- **11. April**: *Día de Juan Santamaría* – nationaler Heldengedenktag
- **Gründonnerstag**, **Karfreitag**: *pascua*, der Ostermontag zählt nicht dazu, dafür ebbt bereits in der ersten Hälfte der Osterwoche die geschäftliche Aktivität deutlich ab, am Gründonnerstag und Karfreitag steht sogar der öffentliche Verkehr still und Mittwoch ist der letzte Tag der „Heiligen Woche", *Semana Santa*, an welchem man noch alkoholische Getränke kaufen kann
- **1. Mai**: Internationaler Kampftag der Arbeiterklasse
- **29. Juni**: Peter & Paul

Umzug in der Karwoche in Cartago

- **25. Juli**: *Día de Guanacaste* – Gedenktag an die Einverleibung der ehemaligen nicaraguanischen Provinz im Jahre 1824
- **2. August**: *Día de la Virgen de los Angeles* – Tag der Nationalheiligen, auch *La Negrita* genannt, mit Prozessionen zur Basilika Nuestra Señora de los Ángeles in Cartago
- **15. August**: Mariä Himmelfahrt und costa-ricanischer Muttertag
- **15. September**: *Día de la Independecia* – Gedenktag an die Unabhängigkeitserklärung des Landes im Jahre 1821
- **12. Oktober**: *Día del Descubrimiento y de la Raza*, seit 1994 um der Forderung nach *political correctness* gerecht zu werden in *Día de las Culturas* umbenannt – Tag der Entdeckung Amerikas durch *Kolumbus*
- **8. Dezember**: *Día de la Inmaculada Concepción de la Virgen María*
- **25. Dezember**: Weihnachten – oft ist auch schon der 24. frei, de facto wird das Fest zwischen dem 24.12. und Neujahr insbesondere an den Stränden des Landes gefeiert

Daneben gibt es **eine Reihe von lokalen Festtagen**, so etwa in **San José** der **19. März** (*Día de San José* – Seppitag oder Tag des heiligen Josephs).

	Kalender der lokalen Feste des Landes			
Monat	**Ort**	**Zeit**	**Anlass/ Bezeichnung**	**Aktivitäten**
Januar	Palmares	1. Monatshälfte	*Palmares Fiestas*	(unblutige) Stierkämpfe, (Pferde-)Paraden, Umzüge, Konzerte (Folk, Rock, Reggaeton), Tänze und Feuerwerke
Januar	Alajuelita	Mitte des Monats	*Día de Santo Cristo de Esquipulas*	Prozessionen mit Ochsenkarren-parade
Januar	Santa Cruz	2. Woche des Monats	*Fiesta Santa Cruz*	(unblutige) Stierkämpfe, (Pferde-)Paraden, Umzüge
Februar	Rey Curré	Aschermittwoch	*Fiesta de los Diablitos*	Maskenfest der Boruca-Indianer, bei welchem der Kampf zwischen Stier (Spanier) und Teufelchen (Indianer) im Mittelpunkt steht
Februar	Quepos	Faschingswoche	*Festival del Mar*	Straßenmärkte und -feste
März	San Antonio de Escazú	2. Sonntag des Monats	*Día de los Boyeros*	Umzug (und Wettkämpfe) mit bunt bemalten traditionellen Ochsenkarren
Juli	Puntarenas	Mitte des Monats	*Fiesta de La Virgen del Mar* (in Gedenken an eine wundersame Rettung Schiffbrü-chiger im Jahre 1913	Umzug mit landestypischen Ochsenkarren, Fischmarkt, Tänze, Feuerwerk, Messen, Prozessionen (auch auf dem Meer)
Oktober	San Isidro de El General	9. Oktober	Stadtgründungstag	Stadtfest
Oktober	Tres Ríos de la Unión	12. Oktober	*Día de La Virgen del Pilar*	Kirmes und Umzüge
Oktober	San José	letzte Woche des Monats	*Desfile de Caretas*	Umzug mit landestypischen Ochsenkarren
Dezember	Boruca	2. Woche des Monats	*Fiesta de los Negritos*	Indianerfest mit Bezug auf die *Virgen de la Inmaculada Concepción*
Dezember	Nicoya	Mitte des Monats	*Fiesta de la Yegüita*	Prozessionen, (unblutige) Stierkämpfe, Konzerte
Dezember	Zapote	Weihnachten		Stierkämpfe und Corridas
Dezember	San José	27. Dezember	*Carnaval*	Kostümumzug

Fotografieren/Filmen

In der Regel gibt es keine grundsätzlichen Vorbehalte der Costa-Ricaner gegen das Fotografiertwerden. Man sollte aber **höflicherweise stets vorher fragen** und gegebenenfalls natürlich eine Ablehnung auch respektieren. Wer dem Fotografierten einen Abzug des Bildes bzw. Zusendung einer Kopie per Mail verspricht, der sollte sich nach der Rückkehr auch noch an sein Versprechen erinnern!

Bei religiösen Zeremonien ist Zurückhaltung angebracht – insbesondere beim Fotografieren mit Blitzlicht. In **Museen** gibt es für gewöhnlich keine Restriktionen, gleichwohl sollte man auf das Blitzen verzichten, da dies nicht nur oft zu unerwünschten Reflexen führt, sondern unter Umständen auch den Farben der abgelichteten Objekte schaden kann. Da in Costa Rica seit Mitte des 20. Jh. glücklicherweise das Militär abgeschafft wurde, gibt es auch keine Objekte, die aus militärischen Gründen nicht fotografiert werden dürfen.

Frauen allein unterwegs

Die costa-ricanische Gesellschaft ist sicherlich nicht als frei von Machismo zu charakterisieren. Mit permanenten Aufdringlichkeiten muss aber nicht gerechnet werden. Laut dem Instituto Nacional de las Mujeres stellen allerdings Vergewaltigungen im Land ein ernstes Problem dar. Dies sollte alleinreisende Frauen nicht generell von einem Besuch abhalten, wohl aber dazu veranlassen, nicht allzu sorglos zu jeder Tages- und Nachtzeit sich überall sehen zu lassen.

Geldangelegenheiten

Die **Landeswährung** ist der Costa-Rica-Colón (Plural: Colones), das gebräuchlichste ausländische Zahlungsmittel der **US-Dollar**. Deshalb sollte man sich bereits vor Reiseantritt zumindest einige US-Dollar besorgen. Schon in der BRD Colones zu kaufen, ist kaum möglich und auch nicht notwendig. Dollarnoten werden von den Banken in Costa Rica ohne Probleme getauscht, in den meisten Fällen gilt das auch für Euroscheine.

☞ **Hinweis**
Nicht alle, vor allem günstige, Unterkünfte akzeptieren Kreditkarten, andere schlagen ein paar Prozent auf die Rechnung als Gebühr auf. Gerade in abgelegeneren Gegenden, wo kein Bankautomat in der Nähe ist, ist es daher ratsam, ausreichend Bargeld dabei zu haben.

Am **Flughafen** gibt es einen Geldautomat (ATM) sowie einen Bankschalter und eine Wechselstube. Man sollte hier aber keinesfalls viel tauschen, da der Flughafenkurs in der Regel schlecht ist. Für den Fall, dass Wechselstube und Bank in der Ankunftshalle geschlossen sind, kann man einen Versuch in der Abflughalle starten, da sich dort neben einem Postamt auch eine Filiale der Banco de Costa Rica befindet.

Im Notfall kann man auch bei fliegenden Wechslern oder hilfreichen Menschen vor dem Flughafen ein paar Dollar tauschen. Da diese Geschäfte de facto geduldet werden, bedeuten sie kein übermäßiges Risiko. Trotzdem sollte man lediglich kleinere Beträge wechseln und, da die Straße nun mal kein sicherer Ort für Geldgeschäfte ist, seine Geldvorräte nicht offen zur Schau stellen. Eine **Wechselstube** (*casa de cambio*) im Zentrum von San José, die auch am Wochenende geöffnet ist, befindet sich in der Av. Central zwischen C. 2 und 4 in einem Kiosk (Mo–Fr 10.45–18, Sa/So 8.30–16 Uhr).

Geld wechseln kann man in der staatlichen Banco de Costa Rica, was allerdings mit etwas Schlange stehen verbunden sein kann. Schneller, aber mit deutlich höherer Kommission tauschen die privaten Banken.

Aus Sicherheitsgründen empfiehlt es sich, auch **Travellerschecks** auf Dollarbasis mitzunehmen, da sie bei einem Verlust wiederbeschaffbar sind. Das Mitführen einer Kopie der **Kaufquittung** erleichtert die Wiederbeschaffung. Am gebräuchlichsten und praktisch überall in Costa Rica einzuwechseln sind die American-Express-Travellerschecks. Die Gebühren bei den einzelnen Banken sind allerdings unterschiedlich. Wer zusätzlich einen Notgroschen mitnehmen will und einen Wechselverlust beim Dollar fürchtet, der kann auch €-Travellerschecks (American Express) mitnehmen. Das **Einwechseln von Travellerschecks** in der Wechselstube oder Bank ist normalerweise mit längeren Wartezeiten verbunden. Zieht man die Gebühren in Betracht, so entspricht der Kurs in der Wechselstube ungefähr dem der Bank. Unter Umständen kann es sogar bei kleineren Beträgen geringfügig günstiger sein, in Wechselstuben (fast nur in San José vorhanden) zu tauschen, da manche Banken Mindestgebühren erheben.

Die **Banco de Costa Rica** (im Gebäude an der Ecke Av. 2 und C. 6) wechselt im zweiten Stock in der Abteilung für ausländische Geschäfte, verlangt aber eine 1 % Kommission für Travellerschecks (Minimum: 1 US$). Wenn der Kurs beispielsweise 500 Colones für 1 US$ beträgt und vom Wechselbetrag noch die Kommission abgeht, so ist – zumal man in der Bank auch mit einiger Wartezeit rechnen muss – das Wechseln in der Wechselstube zum Kurs von vielleicht 470 Colones pro Dollar vorzuziehen. Eine Wechselstube (CIA Fina Ciera – LTDA) ist in der C. Central zwischen Av. Central und Av. 1 im dritten Stock zu finden. Die Scotiabank (C. 2, Av. 1 y Av. Central, 8–15 Uhr) wechselt ebenfalls Dollar-Travellerschecks und ist nicht so überfüllt wie andere Banken. Die Kommission beträgt hier 1 % des Travellerscheckbetrags. Andere Banken verlangen zwischen 1 % und 1,5 % vom Scheckwert. Die Bedingungen ändern sich recht oft und sind sehr uneinheitlich. Will man kleinere Beträge wechseln, so empfiehlt es sich, eine Bank zu nehmen, die keine oder nur eine geringe Mindestgebühr erhebt.

Geldautomaten bzw. **ATM**s sind weit verbreitet. Wer über eine Karte von Visa, Visa Plus, Visa Elektron, eine Mastercard oder eine Maestro Card verfügt, kann an diesen sowohl Colones als auch Dollars ziehen. (Die Höchstsumme beträgt bei Colones an Automaten allerdings gerade einmal den Gegenwert von gut 130 Euro.) Auch mit der Postbank-Sparcard kann man hier seine Geldgeschäfte tätigen. Pro Jahr sind pro Sparcard zehn Auslandsabhebungen gebührenfrei. Man sollte sich aber keinesfalls ausschließlich auf die Automaten verlassen. Mitunter, insbesondere an Tagen, an welchen die Banken geschlossen haben, sind die Geldvorräte vieler ATM-Automaten erschöpft oder es kann manchmal keine Verbindung zum Server der Heimatbank hergestellt werden, sodass jegliche Kartenabhebung unmöglich ist.

Überweisungen aus dem Ausland von Bank zu Bank dauern manchmal lange, werden zudem über SWIFT an den US-amerikanischen Nachrichtendienst CIA gemeldet und sind in der Regel mit relativ hohen Gebühren verbunden. Außerdem werden aus dem Ausland überwiesene Beträge unter Umständen lediglich in der Landeswährung ausgezahlt, was für Weiterreisende äußerst ungünstig ist, auch wenn man mittlerweile Colones fast unbegrenzt gegen Dollars tauschen kann.

Man kann sich auch der Dienste von Unternehmen wie **Western Union** bedienen, die nicht zuletzt wegen der vielen *remesas* (Rücküberweisungen) der in Costa Rica lebenden und arbeitenden Nicaraguaner nahezu flächendeckend vorzufinden sind (s. zum Thema Einwanderung S. 74). Eine Liste der **Auszahlungsstellen** findet sich unter www.westernunion.com. Hier kann man sich zudem über die Bedingungen informieren, die für eine Auszahlung zu erfüllen sind. Wer sich auf diese Weise von daheim Geld beschaffen will oder muss, der bittet seinen Einzahler entweder bei einer Niederlassung der Reise-BankAG oder einem Postamt mit integriertem Postbankservice den Geldtransfer einzuleiten. Nähere Auskünfte sind für die Reisebank über ☎ +49-69-24278591 (Hotline für den Einzahler in der BRD: ☎ 01805-225822) bzw. über die Hotline der Postbank Saarbrücken/Western Union Service unter ☎ 0180-3030330 zu erhalten. Was die Gebühren anbelangt, so berechnet die ReiseBank AG für die Überweisung von 100 € fast 15 €, für 1.000 € werden gut 40 € fällig. Günstiger fährt, wer direkt über die Website von Western Union überweist – bei 1.000 € werden bspw. nur 16 € Gebühren fällig.

Im Verkehr sind üblicherweise **Colones-Scheine** zu 1.000, 2.000, 5.000, 10.000 und 20.000. Der 50.000-Colones-Schein ist bislang im täglichen Leben eher selten.

Es gibt zwar noch weitere, beispielsweise den 5-Colones-Schein, der auch sehr schön gestaltet ist, doch in der Praxis wurden sie aufgrund der hohen Inflation von Münzen abgelöst. Münzen gibt es zur Zeit zu 1, 2, 5, 10, 20, 25, 50, 100 und 500 Colones, die Münzen zu 1 bzw. 2 Colones sind aufgrund der hohen Inflation inzwischen nahezu „ausgerottet". Beim Tauschen sollte man darauf achten, dass man in ausreichender Zahl Scheine zu 2.000 und 5.000 Colones erhält, da größere Scheine in nicht wenigen Läden, insbesondere auf dem Lande, und in den Stadtbussen Schwierigkeiten in punkto Wechselgeld bereiten.

Banken sind in der Regel Mo–Fr 8.15–12 Uhr sowie 13–16 Uhr geöffnet. Manche arbeiten auch durchgehend (8–15 Uhr).

Wer Kredit-, EC-, Handykarten etc. sperren lassen will, kann dies in vielen Fällen über die zentrale **SOS-Rufnummer** +49-116116 tun.
Diners Club ☎ 257 2351 und 257 7878 (in die BRD ☎ +49-69-97971000 oder +49-203-3477905), Mastercard ☎ 0800-0110184 (in die BRD ☎ +16367227111 bzw. von der BRD aus ☎ 0800-819 1040), Visa ☎ 0800-0110030 (in die BRD ☎ +14105813836), American Express ☎ 0800-0110826 (in die BRD ☎ +49-69-97971000).

💲 **Wechselkurs** *(Stand Januar 2014)*

1 €____ 642 Colones	1.000 Colones ____1.49 €
1 US$ __ 489 Colones	1.000 Colones ____1.96 US$
1 SFr__ 523 Colones	1.000 Colones ____1.83 SFr

Gesundheitsvorsorge

Eine Reise nach Costa Rica bringt keine besonderen gesundheitlichen Gefahren mit sich. Aber auch hier gilt: Ausnahmen bestätigen die Regel. Besonders in den ersten Tagen des Urlaubs ist der Verzicht auf eine extreme Lebensweise angezeigt, da sich der Körper noch den veränderten Bedingungen anpassen muss. Dies gilt sowohl für üppiges Essen als auch für exzessives Trinken alkoholhaltiger Flüssigkeiten. Wer für Magen- und Darmkrankheiten anfällig ist, lässt auch noch nach dieser Gewöhnungsphase bezüglich Eis, Salat und ungeschältem Obst einige Vorsicht walten.

 Ressourcenschonend!

Wie die Frankfurter Rundschau vom 17.07.08 vermeldete, haben Reisemediziner festgestellt, dass Reisende, die in tropischen Ländern in Luxushotels- und Restaurants verkehren, einem höheren Gesundheitsrisiko ausgesetzt sind als die Traveller, die sich mit dem lokal Üblichen begnügen. Dies hat mehrere Gründe: Transport und Lagerung von „exotischen" Lebensmitteln lassen die Chance für eine Lebensmittelverunreinigung zunehmen. Zudem bieten Wasservorratstanks auf dem Dach optimale Bedingungen für Legionellen. Das intensive Wässern von Gärten in trockenen Gebieten bietet ideale Brutbedingungen für Insekten. Nicht zuletzt erkälten sich viele in mit Klimaanlagen gekühlten Zimmern. Mithin dient es nicht nur der Allgemeinheit, wenn man sich ressourcenschonend verhält, sondern insbesondere der Aufrechterhaltung des persönlichen Wohlbefindens. Wer auf Nummer sicher gehen will, sollte kein Leitungswasser trinken (s.a. S. 129) und auch auf Eiswürfel verzichten. Obst schälen, waschen oder kochen!

Wen eine **Durchfallerkrankung** erwischt hat, muss vor allem darauf achten, dass sein Körper nicht austrocknet. Meist sind die Erkrankungen allerdings relativ harmlos, und ein Einsatz verschreibungspflichtiger Medikamente ist unnötig. Eine Therapie, die aus Cola, Salzstangen und zerdrückten Bananen besteht, dürfte in den allermeisten Fällen ausreichend sein. Ansonsten kann man sich in einer Apotheke Elektrolytlösung (*suero oral*) besorgen und damit eine drohende Dehydrierung bekämpfen.

Wichtig ist geeignetes **Schuhwerk**. Die Schuhe sollten möglichst über die Knöchel gehen (*boots*), was sowohl vor unerwünschtem Umknicken als auch gegen vereinzelt herumkriechende Schlangen schützt. Zur Vorbeugung bzw. zur Behandlung von **Schlangenbissen** siehe die Mitteilungen des Instituto Clodomiro Picado im Internet: Dulce Nombre de Coronado (in der Nähe des Sportplatzes), San José, ☎ 2511 4934 oder 2229 0344, http://icp. ucr.ac.cr (s. a. S. 501). Klar ist, dass man nicht ungestraft mit neuen Schuhen losziehen kann. **Blasen an den Füßen** sind in aller Regel vermeidbar, wenn diese vor Nässe (Schweiß und Regen) geschützt sind. Bei Wanderungen empfiehlt es sich gleichwohl, leicht gepolstertes Pflaster mitzunehmen. Auch eine elastische Binde, Verbandmull, normales Pflaster und eine Packung Aspirin können im Fall des Falles ganz nützlich sein. Wer zu schweißigen Füßen neigt oder viel in feuchten Regionen unterwegs ist, kann sich mit entsprechendem Fußpulver versorgen. Babypuder mit aufsaugendem Effekt gibt es auch in den entlegeneren Landesteilen. Als Prophylaxe geeignet ist ferner eine Doppelstrategie: Dünne Nylonsöckchen unter schweißsaugenden dicken Strümpfen verhindern ein schnelles Wundlaufen. Wenn trotz Befolgen dieser Ratschläge Wundmale auftreten, hilft es, an diesen Stellen die Haut mit Benzointinktur zu betupfen.

Da die Sonne nie zu unterschätzen ist, vor allem nicht in großen Höhen und am Strand, wo sich ihre Wirkung für gewöhnlich vervielfacht, ist es ratsam, neben den üblichen Mitteln mit **hohem Sonnenschutzfaktor** eine Salbe für danach im Gepäck zu haben, sodass man reagieren kann, wenn der Sonnenschutz versagt hat. Bei einem **Hitzschlag** (Symptome: schnell steigendes Fieber bis über 40 °C, heiße Haut, unter Umständen Verwirrtheit bis hin zur Bewusstlosigkeit) muss der Körper unbedingt abkühlen. Auch danach ist es für eine Zeitlang besser, körperliche Anstrengungen zu meiden. Als Vorbeugung gegen Hitzschlag ist insbesondere in Trockenregionen ein hoher Flüssigkeitskonsum – auch über den Durst hinaus – zu empfehlen. Eine Extra-Portion Salz bei den Mahlzeiten schadet in diesem Zusammenhang sicherlich ebenfalls nicht.

Sogar einer nur ganz kleinen Wunde sollte angesichts der in den Tropen und Subtropen erhöhten **Infektionsgefahr** gebührende Aufmerksamkeit geschenkt werden. Selbst kleinere Kratzer sind stets zu desinfizieren (hierzu eignet sich u. a. Kaliumpermanganat) und bis zum Verschorfen von möglichen Infektionsherden so weit als möglich fernzuhalten. Hosen, insbesondere mit dicker Innennaht, sind, falls sie ziemlich eng geschnitten sind, verantwortlich für den auch Reitern bekannten „Wolf" an den Oberschenkeln. Bei allen schweißtreibenden Tätigkeiten verzichtet man besser auf sie. Manche Haut reagiert allergisch auf Metall, und zwar dann, wenn sie von ständiger Feuchtigkeit benetzt ist. Hier helfen Lederflicken und Zweikomponentenkleber, da man damit die diversen Metallgegenstände unterfüttern kann.

Für Touristen, die aus Europa einreisen, sind grundsätzlich keine **Schutzimpfungen** vorgeschrieben. Dennoch sollte man sicherstellen, ob man (noch) gegen **Tetanus** und **Kinderlähmung** geschützt ist, und die Impfungen gegebenenfalls auffrischen. Wer besonders vorsichtig sein will, kann sich auch einer Diphtherie- und einer Gelbfieberimpfung unterziehen. Typhus- bzw. Choleraimpfungen sind nicht dringend erforderlich. Zu empfehlen ist eine Impfung gegen **Hepatitis A** und **B**. Wer eine ausgedehnte Impfaktion plant, der sollte früh genug damit beginnen (etwa zwei Monate vor Reiseantritt), da manche Medikamente nicht parallel eingenommen werden können.

Wer Probleme mit dem Herz oder der Lunge hat, kontaktiert möglichst vor Antritt der Reise seinen Hausarzt, insbesondere dann, wenn er auf die hohen Berge Costa Ricas klettern möchte. Probleme mit der **Höhenkrankheit** können eigentlich nur bei einer Tour auf den Chirripó auftreten. Die Anfälligkeit hierfür ist rein individuell und hängt nicht vom gesundheitlichen Allgemeinzustand ab. Das Problem der Höhenkrankheit ist zudem, dass ihre ersten Symptome sich kaum von den üblichen Auswirkungen ungewohnter Anstrengung unterscheiden, wie beispielsweise Mattigkeit, Stolpern, Atemlosigkeit und erhöhter Puls. Gegen leichte Anfälle von Höhenkrankheit hilft meist ein längeres Pausieren. Wer mit diesem Problem zu kämpfen hat, sollte sich unbedingt ausreichend Zeit zur Akklimatisierung nehmen und auf keinen Fall innerhalb von 24 Std. von 0 auf 3.800 m aufsteigen! Treten auf der Tour schwere Anzeichen von Höhenkrankheit (starke Übelkeit, Appetitlosigkeit, rötliches Sputum, blaue Lippen) auf, so muss man unbedingt absteigen – und zwar so schnell wie möglich.

Malariaprophylaxe ist, abgesehen von den tiefliegenden costa-ricanischen Grenzgebieten, in medikamentöser Form grundsätzlich nicht notwendig. Wer sicher gehen will, versorgt sich mit Resochin. Am besten informiert man sich diesbezüglich bei einem Tropeninstitut (beispielsweise in Hamburg: Bernhard-Nocht-Str. 74, 20359 Hamburg, ☎ 040-428180, www.bni-hamburg.de; Berlin: Spandauer Damm 130, Haus 10, 14050 Berlin, ☎ 030-30116-6, www.tropeninstitut.charite.de oder Tübingen: Wilhelmstraße 27, 72074 Tübingen, ☎ 07071-29 82365, www.medizin.uni-tuebingen.de/Zuweiser/Kliniken/Medizi nische+Klinik/Tropenmedizin.html), das über die aktuellen Situationsberichte verfügt; beim Hausarzt kann man da nicht immer sicher sein.

 Reisemedizin im WorldWideWeb

Für aktuelle gesundheitsrelevante Informationen ist das vom Thieme-Verlag gesponserte „Centrum für Reisemedizin" mit www.crm.de eine mitunter brauchbare Adresse mit einer Unterseite, www.travelmed.de, die die Anschriften von Ärzten und Apothekern vorhält, die sich besonders für Reisemedizin interessieren. Ebenso empfohlen sei die Seite www.fit-for-travel.de.

In einigen Regionen des Landes ist das periodisch auftretende **Denguefieber** ein Problem. Diese typische Tropenkrankheit kann insbesondere für Kleinkinder einen lebensgefährlichen Verlauf nehmen. Dengue wird wie Malaria von Moskitos übertragen, die Symptome ähneln denen einer sehr schweren Grippe (hinzu treten mitunter auch Durchfall und sogar Hautausschläge auf). Ähnlich wie bei der Malaria tertiana ist beim Fieberverlauf ein Jo-Jo-Effekt zu beobachten. Das Denguefieber ist weitaus hartnäckiger als eine gewöhnliche Grippe und vermag den Erkrankten für mehrere Wochen außer Gefecht zu setzen. Ein erhöhtes Risiko besteht insbesondere während der Regenzeit, also in etwa zwischen Mai und November, sowie in den tiefer liegenden, eher feuchten Gegenden.

Ein Impfschutz existiert bislang noch nicht, sodass man darauf angewiesen ist, die üblichen Vorkehrungen des Mückenschutzes zu treffen. Sollte bei der Gesundheitsvorsorge trotz allem etwas schiefgegangen sein, so kann man darauf vertrauen, in den **Apotheken** qualifizierte Beratung und Hilfe zu erhalten. Dies ist auch insofern von Vorteil, als die Öffnungszeiten einer Apotheke *(farmacia)* meistens länger sind als die Sprechzeiten der Ärzte. Medikamente sind in der Regel viel billiger als in Deutschland.

Rund um die Uhr geöffnete Apotheken in San José sind:
- **Farmacia Clínica Bíblica**, Centro, C. 3 y 5, Av. 14, ☎ 2257 5252
- **Farmacia Clínica Católica**, Guadalupe (gegenüber den Tribunales de Justicia), ☎ 2283 6616

 Versicherung

Unbedingt zu empfehlen ist der Abschluss einer **Reisekrankenversicherung (incl. Rücktransport)**, da die meisten Krankenkassen (vorher erkundigen!) in fast allen Ländern außerhalb Europas die Behandlungskosten nicht (mehr) bzw. nicht mehr voll übernehmen (dürfen). Wer eine solche Versicherung hat, sollte sich die Medikamenten- und Arztrechnung auf Dollarbasis ausstellen lassen, da der Colón eine gewisse Inflationsrate aufweist und die Versicherungsgesellschaft zu Hause den Umrechnungskurs zum Zeitpunkt der Rechnungseinreichung als Grundlage nimmt.

Folgende **Krankenhäuser** in San José gehören zu den Häusern, die eine Rundumversorgung anbieten:

- **Hospital Rafael Ángel Calderón Guardia**, Av. 7 y 9, C. 15 y 17, ☎ 2212 1000
- **Hospital México**, gegenüber der Autobahn General Cañas, in der Nähe der Brücke Puente Juan
- **Hospital Cima**, Carretera Sta. Ana, ☎ 2208 1000
- **Hospital Clínica Bíblica**, Av. 12 y 14, C. Central y 1, ☎ 2522 1000
- **Hospital Clínica Santa Rita**, Av. 8, C. 15 y 17, ☎ 2256 0624
- **Hospital Nacional de Niños**, C. 20, Av. Central, ☎ 2523 3600
- **Hospital San Juan de Dios**, Av. Central, in der Nähe des Hospital Nacional de Niños, ☎ 2547 8000

Die meisten **Ärzte** des Landes sprechen Englisch. Wem das nicht ausreicht, dem seien zwei deutschsprachige Ärzte empfohlen:

- Dr. Gerald Schmitz, **Allgemeinmediziner** im Hospital San Juan de Dios, Notfälle, ☎ 8390 0418)
- Dr. Jorge Quesada Vargas, **Internist** beim Centro Médico Internacional (Av. 14, C. 3 y 5, San José, ☎ 2257 2890 oder mobil 8384 0756)

Wer einer **Augenärztin** bedarf, kann sich an Dr. Isabel Niehaus wenden: Clinica Visualase, Rohrmoser (300 m östl. der Embajada Americana, gegenüber der Plaza Rohrmoser), San José, ☎ 2296 5387 oder in Notfällen ☎ 6004 4904. Den **Gynäkologen** Dr. Andreas Rauff C. erreicht man unter ☎ 2208 1214 oder 8821 1362 (Notruf: ☎ 2225 2500). Seine Sprechstunde hält er Mo, Mi–Fr 8–12 Uhr und Di/Mi 14–18.30 Uhr im Escazú Hospital CIMA, Torre 1, 2. Etage, Consultorio No. 10). Die **Hautärztin** Dr. Tania Soria, die gut Englisch spricht, arbeitet im Hospital CIMA (s. o.) im 3. Stock, Consultorio No. 2 und ist unter ☎ 2208 1302 oder 8384 6319 zu erreichen.

Der **Kinderarzt** Dr. Mario Sancho Torres kann gut Deutsch und hat seinen Sitz in der C. 22, Av. 4 y 6, Clínica San Augustín, San José und ist über ☎ 2255 4655 oder 8371 9350 (Notruf: ☎ 2283 2626) zu kontaktieren.

Zahnärzte: Wer unverhofft mit seinen Zähnen Probleme bekommt, kann sich an Dr. Ricardo Kriebel wenden (Sabana Norte, Edificio Torres del Parque, 3. Etage, 100 m westl. des ICE, San José, ☎ 2222 5522), der allerdings nur Spanisch spricht. Auf Mund- und Kieferchirurgie sowie auf Kinderzähne ist Dra. María del Carmen Navas Aparicio spezialisiert, die Deutsch spricht (Centro Médico Navas, Sabana oeste, gegenüber dem Cemaco Pavas, ☎ 2232 9489 oder 8865 2821).

 ## Notfall und Ambulanzen

Die in Costa Rica allgemein gültige **Notfall-Nummer** lautet ☎ **911**.
Ambulanzen sind in San José unter folgenden Nummern zu erreichen:
Emergencias Medicas, Pavas, ☎ 2290 4444
Trasmedic Ambulancia, Patalillo V de Cor, ☎ 2245 3757

Informationen

 ... im Internet: *Die Website des* **Instituto Costarricense de Turismo** *(ICT) bietet touristische Informationen: www.visitcostarica.com.*

■ in Deutschland, Österreich und der Schweiz

Ein costa-ricanisches Fremdenverkehrsbüro existiert in keinem dieser Länder. Lediglich die Botschaften von Costa Rica sind offiziell autorisiert, touristische Auskünfte zu erteilen (s. S. 94). Costa Rica ist zudem auf der alljährlich jeweils im März in Berlin stattfindenden ITB mit einem Stand vertreten.

■ in Costa Rica

Fremdenverkehrsbüro von San José (ICT), Av. Central, C. 1 y 3, Mo–Fr 9–17, Sa 9–13 Uhr (mitunter kurzfristige Schließung um die Mittagszeit). Wer ausführlichere Informationen haben möchte, als es das innerstädtische Tourismusbüro des ICT bieten kann, kann sich an die **Zentrale des ICT** an der Ausfallstraße von San Josés in Richtung des Flughafens Juan Santamaría wenden: La Uruca (östl. Seite der Brücke Puente Pablo II), San José, ☎ 2299 5800.

In einzelnen Städten (wie etwa in Puntarenas) existieren auch lokale Dependancen des ICT (die Adressen finden sie jeweils in den Reisekapiteln). Diese sind jedoch zu einem Großteil eher mit der Verwaltung des regionalen Tourismus beschäftigt denn darauf eingestellt, dass sich real existierende Touristen zu ihnen verirren, sodass die Nützlichkeit eines solchen Besuchs sehr stark von den jeweils anwesenden Mitarbeitern abhängt. Zudem kann man Informationen touristischer Art gebührenfrei unter ☎ 800 868 7476 oder 800 887 4766 erhalten, nicht gebührenfrei, mitunter aber ganz nützlich ist das ICT-Beschwerdetelefon: ☎ 2299 5811.

Internetadressen

■ auf Deutsch:

- **www.costaricaweb.de**: Gibt einen groben, nicht immer aktuellen Überblick über wichtige Basisinformationen.
- **www.costarica-online.com**: Jede Menge an Informationen über Land und Leute einschließlich vieler Fotos.
- **www.auswaertiges-amt.de**: Basisinformationen, Sicherheitshinweise, Visa- und Einreisebestimmungen sowie Gesundheitsempfehlungen.
- **www.botschaft-costarica.de**: Website der costa-ricanischen Botschaft einschließlich (spärlicher) touristischer Hinweise.
- **www.ticopedia.de**: Costa Rica Portal im Stil von Wikipedia mit Link zu deutschsprachigem Nachrichtenarchiv (ab 2007).
- **www.visitcostarica.com**: Website des costa-ricanischen Touristenministeriums.

■ auf Englisch:

- **www.1-costaricalink.com**: Ausführliche Informationen zu vielen Stichworten sowie viele nützliche Links – die deutschsprachige Version ist vorhanden, aber sehr limitiert und sprachlich nicht optimal.

- **web.ku.edu/~hoopes/balls/index.htm**: Website mit Informationen zu den mysteriösen Steinkugeln im Südwesten Costa Ricas.
- **www.cocosisland.org/actividades-recaudacion.html**: Website der „Freunde der Isla de Coco".
- **www.vivatravelguides.com/central-america/costa-rica**: Mischung aus reisepraktischen Informationen sowie Beschreibungen einzelner Reiseziele.

 ## Tourismus und Entwicklung

Für Backgroundinformationen aus dem touristischen Bereich zu empfehlen ist der Studienkreis für Tourismus und Entwicklung, dessen Webadresse lautet: www.studienkreis.org bzw. www.sympathiemagazin.de.

Internetcafés

Die billigste und schnellste Möglichkeit, mit daheim Kontakt aufzunehmen, ist eine Mail. Internetcafés sind landesweit nahezu flächendeckend vorhanden, sodass keine ausführlichen Hinweise notwendig sind, wo solche zu finden sind. Man bezahlt für eine Stunde in aller Regel weniger als 1 US$, wobei die Untergrenze aktuell bei etwa 0,6 US$ liegt. Lediglich in Landstrichen, in welchen Internetcafés relativ selten sind, werden mitunter etwas höhere Preise verlangt. In manchen Unterkünften darf man auch umsonst im Netz surfen.

Kartenmaterial

Diesem Reisehandbuch ist eine Reisekarte zur Übersicht beigelegt. Wer mit dem Auto unterwegs ist, sollte sich mit weiterem Kartenmaterial eindecken. Gutes Kartenmaterial hat das Geografische Institut des Ministerio de Obras Públicas y Transporte (Av. 20 y 22, C. 9 y 11, San José). Eine **touristische Übersichtskarte** ist ansonsten bei den Touristeninformationen kostenlos erhältlich. Wem dies nicht ausreicht, der kann sich mit **„Costa Rica de Punta a Punta"** versorgen, zwölf, das ganze Land abdeckenden Kartenblättern im Maßstab 1:175.000 (Grupo Nación, ISBN 978-9968-920-92-6). Wer sich für Nationalparks interessiert, dem sei **„Costa Rica verde – Parques Nacionales"** (Grupo Nación, ISBN 978-9968-553-16-2) empfohlen.
Ansonsten ist in San José die Buchhandlung Lehmann (s. S. 168) zu empfehlen, die über eine breite Angebotspalette verfügt.

Kinder

Das Reisen mit Kindern ist in Costa Rica prinzipiell ohne größere Schwierigkeiten möglich. Die Leute sind in der Regel kinderfreundlich eingestellt, sodass man nicht befürchten muss, wegen eines zeitweise quengelnden Kindes unangenehm aufzufallen. Die **sanitären Bedingungen** liegen im internationalen Vergleich landesweit deutlich über dem Standard, den man in Trikontländern ansonsten vorfindet. Man muss allerdings damit rechnen, dass das Reisen mit Kleinkindern etwas kostenintensiver ist, auch wenn man für Übernachtungen normalerweise einen 100-Prozent-Rabatt für ein (Klein-)Kind erhält. Deutlich teurer als hierzulande ist z. B. eine Pampers-Windel. **Babynahrung** wird unter anderem aus Holland importiert, sodass man keine großen Umstellungsschwierigkeiten hat. Sofern man auf Touren geht, ist die Mitnahme eines Kochgerätes zum Sterilisieren von Saugern, Schnullern etc. anzuraten.

Gehwege sind oft nur mit geländegängigen **Kinderwagen** zu meistern. Wenn man Busse benutzt, sollte man darauf achten, dass zusammenklappbare Buggys nicht mit in den Stauraum gegeben werden, da sie dort verbiegen können. Tragegestelle sind zwar eine Alternative zu den Buggys, erweisen sich aber in den öffentlichen Bussen als recht sperrig. Besonders in Kurzstrecken- oder Stadtbussen, die oft überfüllt sind, kann dies hinderlich sein. Anzuraten wäre unter Umständen ein Tragerucksack (bspw. von La Fuma).

Die **Apotheken** sind für den Sonderbedarf von Kindern und Kleinkindern größtenteils gut ausgestattet, auch wenn sie ihre Produkte nicht immer unter dem gleichen Namen wie in Europa anbieten. Da die Ausbildung der Apotheker auf einem relativ hohen Stand ist, ist nicht bei jeder Erkrankung gleich ein Arztbesuch notwendig. Ansonsten ist darauf zu achten, dass die Kinder adäquat vor zu intensiver Sonnenbestrahlung geschützt sind und ein effektiver Mückenschutz gewährleistet ist.

Kleidung und Ausrüstung

Costa Rica macht es einem relativ leicht, mit wenig Gepäck zu reisen. Zumindest in San José kann man so ziemlich alles erwerben, was man auf der Reise braucht. Eine Einschränkung ist allerdings zu machen: Schuhe ab den Größen 43/44 sind wahrlich schwer zu finden. Generell empfiehlt sich **legere Freizeit- oder Straßenbekleidung**. Absolut unangemessen ist **schmutzige oder zerrissene Kleidung.** Badekleidung hat jenseits des Strandes nichts zu suchen – und sei es auch noch so heiß. Traditionell gilt dies ebenso für **kurze Hosen bei Männern** – seit einiger Zeit wagen es gleichwohl mitunter insbesondere jüngere Männer, mehr Bein zu zeigen.

Technische Geräte sowie Film- und **Fotoausrüstungen** sind sehr teuer. Wer sich allerdings sowieso eine neue Ausrüstung anschaffen will und den Besuch der Duty-Free-Zone in Golfito bzw. in Panama auf dem Reiseprogramm stehen hat, kann sich dort preisgünstiger eindecken. Hat man sich überpackt, so kann man in den meisten Hotels und Pensionen einen Teil seines Gepäcks **deponieren**. Da man bei den meisten Reisen fast unvermeidlich über San José kommt, bietet sich dann jeweils die Möglichkeit, Kleidung und Ausrüstung für den weiteren Bedarf aus dem Vorrat im Depot umzutauschen oder bei dieser Gelegenheit eventuell Fehlendes nachzukaufen.

Wer **auf Tour in die Nationalparks** gehen möchte, für den empfiehlt sich möglichst schmutzunempfindliche und robuste Kleidung. Besonders geeignet für diesen Zweck – aber auch nur für diesen –: die käuflich zu erwerbenden Ehrenkleider der Bundeswehr, die somit zu einem weiteren ihrer internationalen Einsätze kommen. Mitnehmen sollte man eine möglichst wasserdichte – und folglich auch staubdichte – Taschenlampe und eine ausreichend große Feldflasche sowie möglichst leichte wadenhohe Stiefel. Moskitonetze erwirbt man dagegen billiger im Lande selber.

Rucksackreisende sollten selbstklebende Flicken mitnehmen, sodass man im Falle eines Zusammentreffens mit Rucksackaufschlitzern wenigstens anschließend die Sachschäden beheben kann. **Rucksäcke**, wie sie in Europa üblich sind, kennt man zwar in Costa Rica, doch sind entsprechende Fachgeschäfte mit einem ausreichenden Ersatzteilangebot eher selten. Flickmaterial, Verschlüsse und andere Ersatzteile sind dementsprechend schwer erhältlich.

Reisewecker, einige kleinere Schlösser sowie ein großes Schloss können hin und wieder auch ganz angebracht sein. Sicherheitsnadeln und eine unter der Kleidung zu tragende Geldgürteltasche helfen neben den erwähnten Schlössern, Diebstählen vorzubeugen. Ein Schlafsack ist, so man weder wild campen noch den Chirripó besteigen möchte, grundsätzlich nicht notwendig.

Wer an Wäsche sparen will, sollte flüssige Reisewaschmittel einpacken, denn diese sind in Costa Rica eher eine Seltenheit. Wer in der Regenzeit fährt bzw. niederschlagsreiche Gebiete besuchen will, mag sich lieber mit einem Regenschirm anstatt mit einem Gummiponcho ausrüsten, da auch bei Regen die Temperaturen noch relativ hoch sind. Für Leute mit großen Schuhnummern kann die Mitnahme von Gummistiefeln ganz nützlich sein. Wer auf kleinerem Fuße lebt, erwirbt solche relativ billig vor Ort. Für die Berge braucht man mindestens einen warmen Pullover, wenn man dort übernachten will.

Kulturelle Veranstaltungen

Außerhalb von San José ist das kulturelle Angebot, sieht man von den (örtlichen) Festtagen ab, ziemlich limitiert. Selbst Kinos gibt es nicht in jeder Stadt. Die Theater, Museen, Kinos, Galerien und andere Veranstaltungsorte der Hauptstadt bieten aber immerhin eine Programmvielfalt, die San José eine Spitzenstellung unter den zentralamerikanischen Städten sichert.

Märkte

Die Märkte sind nicht nur für denjenigen interessant, der sich mit Essbarem versorgen möchte. Sie sind bunt, vielfältig und lebendig – insbesondere dann, wenn sie wie in Alajuela oder San José nicht unter freiem Himmel, sondern in Markthallen abgehalten werden.

Maßeinheiten

Für Maße und Gewichte ist seit Ende des 19. Jh. das **metrische System** maßgeblich. Es gibt nur wenige Ausnahmen, die für Touristen allerdings nicht von Bedeutung sind. Temperaturen werden in Grad Celsius angegeben.

Medien

■ Funk und Fernsehen
Man kann praktisch im ganzen Land sowohl diverse Rundfunkstationen (insgesamt um die 120) als auch Fernsehkanäle empfangen. **„Tele Tica"** („Canal 7", „Canal 33" sowie über

Kabel) befindet sich in den Händen der im Lande beheimateten Familie Picado und ist konservativ ausgerichtet und gut katholisch. Die konkurrierende Gesellschaft **„Repretel"** gehört dem Mexikaner Ángel Gonzáles, der in Lateinamerika zunehmend die Rolle übernimmt, die Murdoch im angelsächsischen Raum innehat. Repretel bestimmt die Inhalte von „Canal 4", „6" und „11". Lediglich „Canal 13" (Sinart) ist – ebenso wie „Radio Nacional" unter den Rundfunksendern – als einzige Station nicht in privater Hand. Die Universidad de Costa Rica ist mit „Canal 15" auf Sendung.

■ Presse

Wer **Spanisch** beherrscht, kann unter verschiedenen Tageszeitungen, die auch an Sonn- und Feiertagen erscheinen, wählen: z. B. die führende Zeitung „La Nación", die eher kapitalfreundliche „La República", die Sportsfreunden unentbehrliche „Al Día" oder der bildzeitungsähnliche „Diario Extra", ferner die Abendzeitung „La Prensa Libre". Im wöchentlichen bzw. zweiwöchentlichen Abstand erscheinen der „Seminario Universidad", „Voces Nuestras" bzw. „Ojo", die eher dem kritischen Journalismus verpflichtet sind, was man vom wirtschaftsnahen „El Financiero" nicht sagen kann.

Englisch sprechende Touristen können auf die „Tico Times", die freitags erscheint (www.ticotimes.net), oder auf „Costa Rica Today" (donnerstags; mehr ein Werbe- denn ein Informationsblatt) zurückgreifen. Im Netz ist „Costa Rica Hoy" (www.crhoy.com) präsent. Eher regional ausgerichtete, reichlich mit Werbung versehene Blättchen, die in wöchentlichem bis vierteljährlichem Abstand erscheinen, in der Regel kostenlos erhältlich und partiell zweisprachig sind, sind „The Howler" (Guanacaste), „Quepolandia" (Quepos und Umgebung), „Tamarindo News" (Tamarindo), „Península de Nicoya" (Nicoya), „Beach Times" (Pazifikküste), „Caribbean Way" (Karibikküste) und „Pacific Way" (Pazifikküste).
Ein Monatsmagazin namens „Mesoamérica" (www.mesoamericaonline.net) liefert dagegen weitaus informativere Beiträge, die allerdings nicht nur auf Costa Rica fokussiert sind, sondern den gesamten mittelamerikanischen Raum abdecken.

Motorradfahren

Motorräder sind in Costa Rica nicht sehr verbreitet. Aber in San José kann man sie bei der Firma **Wild Rider Motorcycles** (mit deutschstämmigen Inhabern) ausleihen (Paseo Colón, C. 30 y 32, 50 m östl. des KFC, neben der Bäckerei La Select), ☎ 2258 4604 oder 8844 6568, www.wild-rider.com. Die Preise liegen je nach Modell, Mietdauer und Jahreszeit zwischen 45 und 75 US$ pro Tag.

National- und Naturparks

Wie in vielen Ländern existieren auch in Costa Rica verschiedene Arten von Schutzgebieten, darunter Nationalparks, Wasser- und Naturschutzgebiete, *Reservas Biológicas* usw. Daneben haben auch private Landbesitzer den Naturschutz zu ihrem Anliegen gemacht und auch ohne staatliche oder gesetzliche Auflage ihr Territorium ökologischer gestaltet. Die Motive hierfür sind unterschiedlich, z. T. steht echtes Interesse, z. T. auch eine etwas spleenige Idee dahinter, und manchmal handelt es sich schlicht um handfeste ökonomische Überlegungen, weil man sich von der Vermarktung eines Ökologieprojekts größere Pro-

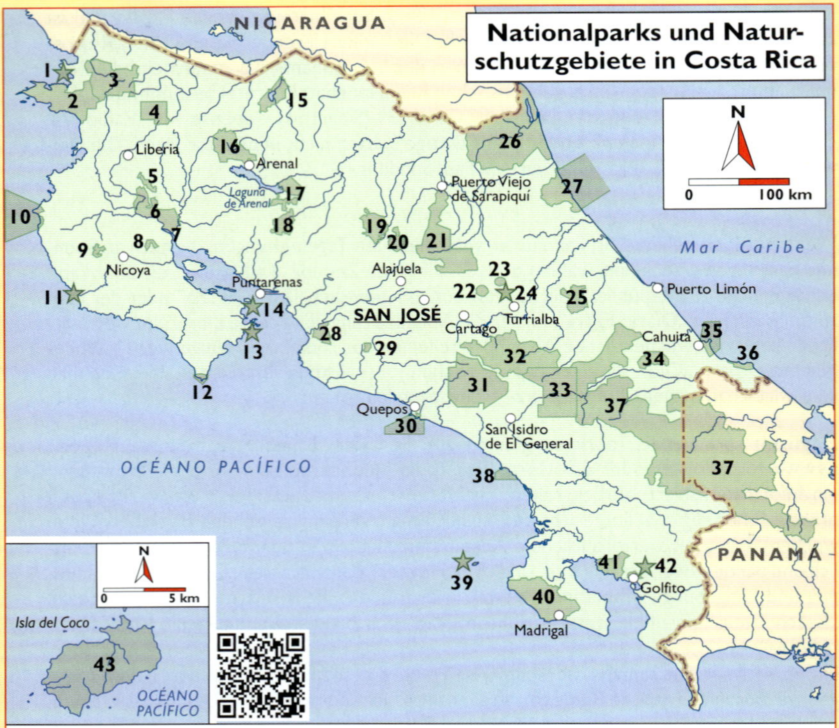

Nationalparks und Natur-schutzgebiete in Costa Rica

NICARAGUA

Liberia
Arenal
Puerto Viejo de Sarapiquí
Laguna de Arenal
Nicoya
Puntarenas
Alajuela
SAN JOSÉ
Cartago
Turrialba
Quepos
San Isidro de El General
OCÉANO PACÍFICO
Mar Caribe
Puerto Limón
Cahuita
PANAMÁ
Golfito
Madrigal

N
0   100 km

N
0   5 km

Isla del Coco
OCÉANO PACÍFICO

Nationalparks und Naturschutzgebiete

1 Reserva Nacional de Vida Silvestre Bahía Junquillal
2 Parque Nacional Santa Rosa
3 Parque Nacional Guanacaste
4 Parque Nacional Rincón de la Vieja
5 Reserva Biológica Lomas Barbudal
6 Parque Nacional Palo Verde
7 Reserva Nacional de Vida Silvestre Cipancí
8 Parque Nacional Barra Honda
9 Parque Nacional Diriá
10 Parque Nacional Marino Las Baulas
11 Reserva Nacional de Vida Silvestre Ostional
12 Reserva Nacional de Vida Silvestre Cabo Blanco
13 Refugio Nacional de Vida Silvestre Curú
14 Reserva Nacional de Vida Silvestre Isla San Lucas
15 Reserva Nacional de Vida Silvestre Caño Negro
16 Parque Nacional Volcán Tenorio
17 Parque Nacional Volcán Arenal
18 Reserva Biológica Bosque Nuboso Monteverde
19 Parque Nacional del Aqua Juan Castro Blanco
20 Parque Nacional Volcán Poás
21 Parque Nacional Braulio Carrillo
22 Parque Nacional Volcán Irazú
23 Parque Nacional Volcán Turrialba
24 Monumento Nacional Guayabo

25 Parque Nacional Barbilla
26 Reserva Nacional de Vida Silvestre Barra Colorado
27 Parque Nacional Tortuguero
28 Parque Nacional Carara
29 Parque Nacional La Cangreja
30 Parque Nacional Manuel Antonio
31 Parque Nacional Los Quetzales
32 Parque Nacional Tapantí-Macizo de la Muerte
33 Parque Nacional Chirripó
34 Reserva Biológica Hitoy Cerere
35 Parque Nacional Cahuita
36 Reserva Nacional de Vida Silvestre Gandoca-Manzanillo
37 Parque Internacional La Amistad (Costa Rica und Panamá)
38 Parque Nacional Marino Ballena
39 Reserva Biológica Isla del Caño
40 Parque Nacional Corcovado
41 Parque Nacional Piedras Blancas
42 Reserva Nacional de Vida Silvestre Golfito
43 Parque Nacional Marino Isla de Coco

© graphic

fite erhofft. Inzwischen gibt es schon recht viele solcher Privatparks, die vor ihrem Namen die Bezeichnung *Reserva* oder *Reserva Biológica* führen. Da es sich um keine geschützten Begriffe handelt, heißt das häufig nicht viel, obwohl einige inzwischen offiziell anerkannt sind.

Aktuell verfügt Costa Rica jedenfalls über **27 Nationalparks, 58 Refugios de Vida Silvestre, 11 Forstreservate und acht Biologische Reservate** sowie 80 weitere Zonen, die über einen Schutzstatus verfügen. Mithin sind ungefähr 25 bis 30 % des Landes in der einen oder anderen Form geschützt. Die Nationalparkstiftung FPN (Fundación de Parques Nacionales) in San José hat die Aufgabe, für das Wohlergehen der anerkannten Schutzgebiete Sorge zu tragen.

 Sicherheit

Wer größere Touren in oder außerhalb von Nationalparks auf eigene Faust und querfeldein unternehmen möchte, sollte – selbst wenn er dies in Begleitung von Costa-Ricanern tut – die Tour bei einem Polizeiposten, einem Posten des Roten Kreuzes oder einer anderen offiziellen Stelle anmelden. Gleichzeitig wird ein Termin für die Rückmeldung verabredet, den man auch einhalten sollte. Dieser Rat erfolgt, weil Jahr für Jahr einzelne Touristen und Ausflugsgruppen Touren unternehmen, auf denen sie sich verlaufen. Oft tauchen die Urlauber erst nach langen Suchexpeditionen mal mehr, mal weniger beschädigt wieder auf, da sie entweder ihre Kräfte vollkommen über- oder aber die Anforderungen, die das Gelände an ihren Orientierungssinn stellt, leichtsinnig unterschätzt haben.

■ Eintritt und Öffnungszeiten

Prinzipiell gibt es für jeden Nationalpark einen offiziellen Eingang und eine von Rangern besetzte Hütte. Aufgrund Geldmangels kann es aber passieren, dass in den abgelegeneren und weniger besuchten Parks wie Parque Nacional Juan Castro Blanco oder Turrialba niemand da ist. Normalerweise wird als Eintritt 10 US$ pro Tag fällig. Für 2014 ist eine Preiserhöhung avisiert. Zu den Eintrittspreisen kommen bei Übernachtungen in den Parks in der Regel noch 2 bis 3 US$ hinzu, für Mahlzeiten bei den Rangern – so dies im Angebot ist – fallen jeweils weitere Kosten an.

Die Parks sind für gewöhnlich täglich geöffnet (Achtung: in den Nationalparks Santa Rosa, Rincón de la Vieja und Manuel Antonio ist montags Ruhetag). Parks, in welchen nicht übernachtet werden kann, gewähren Besuchern, die erst am späten Nachmittag ankommen, möglicherweise keinen Zutritt mehr. Die Angaben von **Öffnungszeiten** beziehen sich mit Ausnahme der kleinen bzw. überlaufenen Nationalparks wie etwa Manuel Antonio, Volcán Poás oder Volcán Irazú auf die Zeiten, zu welchen die Ranger den Besuchern grundsätzlich zur Verfügung stehen bzw. zu welchen sie Eintrittskarten verkaufen. In der Regel ist davon auszugehen, dass die Parks zwischen 7 und 8 Uhr morgens öffnen und zwischen 16 und 17 Uhr schließen.

☞ Hinweis

Zu beachten ist, dass für die Nationalparks Manuel Antonio, Rincón de la Vieja, Chirripó und Corcovado Besucherbegrenzungen und/oder **Reservierungsverpflichtungen** *bestehen.*

■ **Information**

Für genauere Auskünfte kann man sich an das **Informationsbüro des SINAC** (Sistema Nacional de Areas de Conservación) wenden (C. 1, Av. 9 y 11, 150 m nördl. von Busetas de Heredia, 300 m nördl. des Numar-Gebäudes auf der rechten Seite, San José, ☎ 2522 6500, www.sinac.go.cr, Mo–Fr 8.30– 15 Uhr). Die Adresse des Hauptsitzes des SINAC ist Av. 8, C. 23 y C. 25.

Eine weitere Vereinigung, die sich um die Nationalparks kümmert, ist die **ASVO** (Asociación de Voluntarios para el Servicio de las Areas Protegidas de Costa Rica, Apdo 11384– 1000, San José, www.asvocr.org) Bei der ASVO können sich Freiwillige melden, die sich entweder im Rahmen eines Arbeitseinsatzes an Naturschutzvorhaben in den Parks beteiligen (und dort auch wohnen) wollen oder selbst ein Projekt verwirklichen möchten. So kann man beispielsweise den Rangern bei den anfallenden Arbeiten helfen. Nähere Informationen zur Tätigkeit als Volontär in den Nationalparks bietet auch die Website des Umwelt- und Energieministerium MINAE (C. 23, Av. 8 y 10, www.minae.go.cr). Die Bibliothek des MINAE mit einer großen Zahl von Dokumentationen und einschlägiger Literatur, die allerdings nicht ausgeliehen, sondern höchstens kopiert werden kann, befindet sich an der Ecke C. 9 und Av. 18 (an der nördlichen Seite des Liceo de Costa Rica).

 Als Freiwilliger in Costa Rica

In Costa Rica bestehen viele Möglichkeiten, als Volontär tätig zu sein. Nicht wenige Organisationen haben dies inzwischen als Finanzierungsquelle entdeckt, d. h. man darf bei ihnen nicht nur umsonst und unversichert arbeiten, sondern muss z. T. auch noch einen Beitrag leisten, der mitunter weit über den Kosten liegt, die einer Organisation – oder einem Betrieb – durch die Unterbringung und Verpflegung des Volontärs entstehen. Insofern ist Vorsicht geboten, wem man sich anvertraut – grundsätzlich sollte man nicht von daheim aus buchen, sondern sich mit der Situation vor Ort zuerst vertraut machen.

Notruf

Die in Costa Rica allgemein gültige Notfall-Nummer lautet ☎ 911, darüber sind alle für Notfälle Zuständigen (Polizei, Rotes Kreuz, Feuerwehr etc.) erreichbar.

 Wichtige Telefonnummern

☎ **911**: für Notfälle aller Art (Polizei, Feuerwehr, medizinischer Notfalldienst)
☎ **124**: Auskunft und Hilfe bei Auslandstelefongesprächen
☎ **113**: Inlandsauskunft

Öffnungszeiten *(→ s. a. Post)*

Einheitliche Öffnungszeiten existieren nicht. **Behörden** und behördenähnliche Institutionen haben Mo–Fr 8–16 Uhr geöffnet, die meisten **Banken** Mo–Fr 9–15 Uhr. Ausnahmen gelten für einige wenige Privatbanken sowie für Niederlassungen in den großen Shopping Malls, wo man mitunter sogar Filialen findet, die Sa und So geöffnet haben. Als **Kern-**

geschäftszeit gilt Mo–Fr 8–18 und Sa 8–12 Uhr – mitunter ist auch am Sonntag geöffnet. Einige mehr oder weniger große Supermärkte haben insbesondere im Großraum von San José sogar rund um die Uhr geöffnet.

Polizei

Die seit einigen Jahren bestehende **Touristenpolizei** soll in Not geratenen Touristen helfen. Oft ist sie nicht nur im Zentrum von San José im Einsatz, sondern auch in den großen Touristenzentren wie Jacó oder Tamarindo. Sie ist jederzeit über die kostenlose Rufnummer ☎ 911 (auch englischsprachig) erreichbar. Die **Verkehrspolizei** (*Policía de Tránsito*) ist unter ☎ 2222 7150 zu erreichen.

In einer Umfrage erklärten fast 10 % der befragten Costa-Ricaner, dass sie der Polizei (☎ 911) überhaupt nicht, und fast 63 %, dass sie ihr nur wenig trauen würden. Über 10 % der Befragten begründeten dies damit, dass die Polizeibeamten ihre Autorität missbrauchten, und fast ebenso viele bezogen sich bei ihrer Begründung auf die herrschende Korruption. Was die Korruption betrifft, so muss man wissen, dass das unterste Basisgehalt eines Polizisten gerade einmal 419 US$ im Monat beträgt. Zunehmend werden geringfügige Verkehrsverstöße zum Anlass genommen, dieses Gehalt – das nach Aussagen von Polizeibeamten zudem vom Staat oft nur mit großer Zeitverzögerung ausgezahlt wird – aufzubessern. Will man sich diesem Spiel nicht unterwerfen und hat auch genügend Zeit und Geduld, um etwaige Schikanen ruhig ertragen zu können, so lohnt es, vor dem Bezahlen auf Übergabe einer ordentlichen Quittung (*recibo*) zu bestehen.

 ## Rechtsbeistand

Wer juristische Hilfe benötigt, der sei auf folgende Rechtsanwälte bzw. Kanzleien hingewiesen:
Bufete Niehaus (Zivil-, Arbeits-, Verwaltungs-, Verfassungs-, Steuer- u. Handelsrecht, Einreiseangelegenheiten, Investitionsberatung, Immobilien), Los Yoses (200 m nördl. der Hyundai-Vertretung), San José, ☎ 2224 8282, Fax 2225 0606, www.ninclaw.com. Dirk Niehaus spricht Deutsch.
Bufete Serrano Mattey (Notariat, Einwanderungs- u. Internationales Recht), Miraflores 412, Guadalupe, San José, ☎ 2280 6131, Fax 2225 5337, www.costaricalegaladvisor.com. Die Kanzlei verfügt über Kenntnisse im Recht der BRD.
Zürcher, Odio & Raven (Zivil-, Familien-, Einwanderungs-, Arbeits- u. Verfassungsrecht), Plaza Roble, Edificio Los Balcones, Escazú, San José, ☎ 2201 3804, Fax 2201 7150, www.zurcherodioraven.com. Korrespondenzsprachen sind neben der spanischen auch die deutsche und die englische Sprache.

Post

Die **Hauptpost** in San José ist Mo–Fr 8–18 und Sa 8–12 Uhr geöffnet. Sie befindet sich in der C. 2 zwischen Av. 1 und 3. Momentan kosten eine **Postkarte nach Europa** 0,70 US$ und ein **Brief (Luftpost)** mindestens 0,90 US$. Mit einer **Laufzeit** von ein bis zwei Wochen muss gerechnet werden.

■ Postlagernd

Wer **postlagernde Sendungen** (*lista de correos*) abholen möchte, wendet sich an einen der Schalter in der Haupthalle. Der Empfänger muss sich mit dem Pass (zumindest einer Kopie) ausweisen. Für den Service wird bei Abholung eine geringe Gebühr (0,5 US$) erhoben. Werden die Sendungen nicht innerhalb eines Monat abgeholt, so gehen sie an den Absender zurück. Man sollte die Absender darauf hinweisen, den Nachnamen des Empfängers deutlich zu kennzeichnen, damit der Brief nicht unter dem Vornamen abgelegt wird:

Andreas MUSTERFRAU
lista de correos
Central de Correos
San José
Costa Rica

Andere Möglichkeiten, Post entgegenzunehmen, sind für American-Express-Kunden das zentral gelegene Büro dieser Firma (C. 1, Av. Central y Av. 1) sowie für deutsche Staatsangehörige die – sehr dezentral gelegene – BRD-Botschaft (s. S. 94).

Rauchen

Inzwischen ist das Rauchen in praktisch jedem Gebäude untersagt. Sogar an Bushaltestellen im Freien (!) und auf einigen Plätzen wie etwa der Plaza de la Cultura im Herzen von San José gilt dieses Verbot. Es gibt keine einzige Raucherecke mehr, da das Parlament nicht nur Restaurants und Kneipen, sondern auch alle Arten von Terminals zu rauchfreien Zonen erklärt hat.

In den trockenen Teilen des Landes ist strikt darauf zu achten, dass Zigarettenstummel bzw. -asche nicht unachtsam entsorgt werden. Die (Wald-)Brandgefahr liegt weit über dem in Mitteleuropa üblichen Maß.

Reiseapotheke

Man sollte für den Notfall folgende Utensilien dabei haben: steriles Verbandspäckchen, Heftpflaster, Dreieckstuch, Schmerzmittel, Mittel gegen Durchfall und Übelkeit, (Wund-) Desinfektionsmittel, elastische Binde, Allround-Heilsalbe wie z.B. Bepanthen sowie ein Schweizer Messer und eine Folienrettungsdecke.

Reise- und Tourveranstalter

Wer sich nicht auf eigene Faust durchs Land und/oder den Dschungel schlagen will, kann sich auch an costa-ricanische Reiseveranstalter wenden. In der folgenden Liste sind lediglich solche Unternehmen aufgeführt, die selber Touren/Reisen durchführen, sodass man bei „hauseigenen" Angeboten den Vermittlungsanteil des Reisebüros einspart. Die zentral gelegenen Büros und insbesondere die Hotelagenturen sind relativ teuer. Die kleineren Veranstalter außerhalb des Zentrums bieten in der Regel zwar weniger Touren an, können dafür aber flexibler auf Wünsche der Teilnehmer eingehen als die Großanbieter. Wer

Rafting, hier auf dem Río Pacuare, ist eine der beliebtesten Aktivitäten des Landes

sparen möchte, sollte sich zuerst telefonisch nach den Angeboten erkundigen, da die Preisunterschiede oft erheblich sind.

Die Preise der Reisebüros liegen für einen Tagesausflug ungefähr bei 100 US$, für eine Dreitagestour mit zwei Übernachtungen insgesamt bei ca. 250–450 US$. Je länger man mit einem Veranstalter unterwegs ist, desto geringer sind die anteiligen Kosten pro Reisetag. In aller Regel findet sich in diesen Reisebüros wenigstens ein Angestellter, der Englisch spricht.

- **alautentico**, info@alautentico.com, www.alautentico.com. Spezialist für individuelles Reisen in Costa Rica, auch in Verbindung mit Panamá und Nicaragua. Rundreisen, Hotels, Mietwagen, Reisebausteine und viele Geheimtipps. Persönliche Beratung mit über 20 Jahren Erfahrung.
- **Actuar**, Rohrmoser, Pavas, 250 m nördl. vom Parque La Amistad, ☎ 2290 7514, www.actuarcostarica.com
- **Camino Travel**, San Pedro, San José, ☎ 2257 0107 oder 2234 2530, www.caminotravel.com. Helena Chavarria spricht ausgezeichnet Deutsch.
- **Costa Rica Expeditions**, C. Central/Av. 3, ☎ 2257 0766, www.costaricaexpeditions.com
- **Expediciones Tropicales**, C. 3 bis, Av. 11 y 13, ☎ 2257 4171, www.expediciones tropicales.com
- **Horizontes Nature Tours**, C. 28, Av. 1 y 3, ☎ 2222 2022, www.horizontes.com

- **Ticotrotter**, ☎ +506 2249 5934 oder 05652 5273 599 (Skype-Weiterleitung), office@ticotrotter.com, www.ticotrotter.com. Deutschsprachiger Reisespezialist für Costa Rica mit Sitz im Land. Angeboten werden individuelle Rundreisen, auf Wunsch mit Mietwagen, Privatguide oder Shuttletransfers, Kleingruppenreisen und Familienreisen. Spezialreisen wie Fotoreisen, Mittelamerika-Reisen oder Touren für Botaniker können ebenfalls organisiert werden.
- **Traveldesign**, ☎ 0861-165906, info@traveldesign.de, www.traveldesign.de. Seit 15 Jahren Spezialist für Individualreisende nach Costa Rica. Persönliche Beratung, zuverlässige Mietwagen, kleine, persönlich geführte Hotels und Lodges mit Preisgarantie.
- **Valle Dorado**, Paseo de los Estudiantes, ☎ 2228 9932, www.valledoradotours.com

■ **Rafting, Kajak etc.:**
- **Aventuras Naturales**, Av. 5, C. 33 y 35, San José, ☎ 2225 3939, www.costarica natureadventures.com
- **Costa Sol Rafting**, ☎ 2431 1183 oder 2431 1184, www.costasolrafting.com
- **Ríos Tropicales**, Av. 2/C. 32, San José, ☎ 2233 6455, www.riostropicales.com

Für **Ornithologen** bietet die Firma Bird Watching Costa Rica maßgeschneiderte Touren an (☎ 2771 4582, www.birdwatchingcostarica.com).

 ## Geführte Abenteuertouren

All das, was zum Abenteuertourismus gehört (Rafting, Rappel, Canopy und ähnliche Aktivitäten), wird in aller Regel unter Anleitung von sogenannten *guides* ausgeführt. Ein Teil dieser Führer sind allerdings überhaupt nicht registriert, was darauf hinweist, dass sie keinerlei adäquate Schulung erhalten haben. Viele unter ihnen dürften ihre „Ausbildung" quasi im Do-it-yourself-Verfahren durchlaufen haben, möglicherweise auf der Basis von *trial-and-error* – mit Kunden als Versuchskaninchen.

Landesweit sind bei der Tourismusbehörde ICT knapp 700 *guides* gemeldet. Von diesen haben 637 lediglich eine provisorische Zulassung, was bedeutet, dass sie nicht alle Anforderungen erfüllen, die die Vorschriften für die Ausübung einer solchen Tätigkeit eigentlich als unerlässlich ansehen. Hierfür sind allerdings nicht nur die Reise- und Veranstaltungsagenturen bzw. die Guides selbst verantwortlich zu machen, sondern in gewisser Weise auch das *Instituto Nacional de Aprendizaje*, da es dieser Ausbildungseinrichtung an einer ausreichenden Zahl von qualifizierten Ausbildern mangelt.

Da es nicht nur um bloße Informationsvermittlung geht, sondern der Guide Experte dafür sein muss, was beispielsweise im Moment geht oder was als zu riskant abgebrochen werden muss, sind diese Mängel im Ausbildungssystem schwerwiegend. Derjenige, der erstmals einen Fluss befährt, muss sich darauf verlassen können, dass sein Guide ausreichend informiert ist über mögliche Tücken im Zusammenhang mit plötzlichen Starkregenereignissen etc. Blind auf seinen Guide vertrauen sollte man deshalb in Costa Rica nicht, sondern immer seinen gesunden Menschenverstand befragen und sich nicht scheuen, gegebenenfalls auszusteigen, sprich: auf den Abbruch einer Unternehmung zu bestehen, wenn die Lage nicht mehr geheuer erscheint.

Es soll hier wahrhaftig keine Panikstimmung verbreitet werden, sondern nur darauf hingewiesen werden, dass in bestimmten Situation einfach eine Risikoanalyse angebracht ist und man sich momentan nicht darauf verlassen darf, dass einem eine solche von seinem Guide in adäquater Form abgenommen wird.

Reisezeit

Die klassische Besuchszeit für dieses tropische Land ist die **Trockenzeit** zwischen Dezember und April. In Anbetracht des Umstands, dass es auch in der Regenzeit nicht jeden Tag am Stück regnet und die Klimazonen zwischen Pazifik- und Atlantikküste und dem zentralen Hochland sich wesentlich unterscheiden, kann das Land ganzjährig bereist werden. Dabei kommt es allerdings darauf an, was man schwerpunktmäßig machen möchte. Wer etwa optimale Bedingungen zum Surfen sucht, der wird gerade während der Regenzeit an der Pazifikküste fündig. Auch derjenige, der das Anlanden der Schildkröten beobachten möchte, ist darauf angewiesen, außerhalb der Trockenzeit zu kommen. Wem es während der Regenzeit an der Karibikküste dann doch zu feucht wird, dem steht die Möglichkeit offen, sich an die Strände des sonnenreichen und regenarmen Nordwestens zu flüchten.

Während der Monate Juni bis November kann es in Folge von Hurrikanen zu **Überschwemmungen** und Sturmschäden kommen, die Einschränkungen im Reiseverkehr nach sich ziehen können.

Reservierungen

Zwischen Weihnachten und Neujahr sowie in der gesamten Karwoche sind Reservierungen anzuraten. Außerhalb dieser Zeiten müssen dies nur diejenigen tun, die absolute Sicherheit haben möchten. Für Besuche des **Chirripó** und des **Nationalparks Corcovado** (s. S. 456 u. S. 497) sind Vorab-Reservierungen stets vonnöten.

Sicherheit *(→ s. a. National- und Naturparks S. 111)*

■ Kriminalität

Die Frage, wie sicher man sich denn in einem fremden Land fühlen darf, lässt sich nur mit „das kommt darauf an" beantworten. Delikte mit Todesfolge sind eher selten. Anders sieht es aus, wenn man danach fragt, wie sicher sich mitgeführte Wertsachen fühlen können. Hier ist der Reisende in ländlichen Gebieten eher auf der sicheren Seite. **Kriminalitätsschwerpunkte** sind zunächst der Großraum San José sowie die Hafenstädte Limón und Puntarenas, in zweiter Linie auch Cartago, Heredia und Alajuela. Doch es gibt auch Brennpunkte in den Brennpunkten. In San José sind das z. B. die Umgebung des Parque Central und die des Parque Braulio Carrillo vor der Kirche La Merced – also gegenüber des Terminals, an dem die Busse nach Alajuela bzw. zum Flughafen fahren. Was die **bedrohlichen Zeiten** betrifft, so spricht hier die Statistik eine deutliche Sprache: In absoluten Zahlen gesehen passieren die meisten Überfälle zwischen 15 und 22 Uhr. Beim **Auswärtigen Amt** können über www.auswaertiges-amt.de unter „Costa Rica – Sicherheitshinweise" stets aktualisierte Ratschläge abgerufen werden.

Anzuraten ist generell, sich nicht als ein leichtes Opfer zu präsentieren. Alle wichtigen Dinge führt man möglichst **verdeckt am Körper**, indem man etwa Bauchgürtel oder Ähnliches unter der Kleidung benutzt. Wertsachen sind möglichst dezentral und unsichtbar zu verstauen, Geldbeutel an die Kette zu legen und eine Geldbörse mit ausschließlich

Kleingeld mitzuführen, deren Herausgabe im Fall des Falles nicht allzu sehr schmerzt. Für gewöhnlich versuchen die Täter, Aufsehen zu vermeiden, sodass sie sich oft darauf beschränken, die üblichen **Standardtricks** zur Anwendung zu bringen, die darin bestehen, das Opfer abzulenken – z. B. durch herabfallende Brillen, koordiniertes Vorgehen (einer aus der Gruppe spricht das Opfer an) etc. (s. auch S. 548).

■ **Strände**
Vor allem an Stränden des Pazifiks – vereinzelt aber auch an solchen auf der karibischen Seite – stellen mitunter sogenannte **Unterströmungen** ein ernstes Problem dar, sodass man die Regel beherzigen sollte, nur dort zu schwimmen, wo es die Einheimischen auch tun. Bei einer Untersuchung der Universidad de Costa Rica stellten sich in dieser Hinsicht Playa Junquillal, Playa Grande, Playa Tamarindo, Playa Langosta und Playa Carate als die gefährlichsten Strände des Landes heraus.

Souvenirs

 ## Handeln

Wer Souvenirs einkauft, kann oft ein bisschen handeln. Bei Gegenständen, die eindeutig dem täglichen Bedarf zuzurechnen sind (und dazu zählen natürlich auch Lassos, Macheten und ähnliches), sind die Preise allerdings auch auf dem Markt fest. Generell ist Feilschen über die Preise nicht landesüblich, wer allerdings größere Einkäufe tätigt, der mag u. U. den einen oder anderen Mengenrabatt erhalten können, sollte aber nicht enttäuscht sein, wenn sein Begehren abschlägig beschieden wird.

Zu San José s. S. 168

Mit dem Touristenboom haben sich in Costa Rica inzwischen zahlreiche **Souvenirshops** etabliert, die sich vor allem im Zentrum von San José und natürlich den touristischen „Hotspots" wie Monteverde finden. Berühmt für sein Kunsthandwerk ist Sarchí (s. S. 193). Ansonsten sind Malls nach US-amerikanischem Vorbild inzwischen recht verbreitet, in denen das Angebot ziemlich teuer ist und es eher international zugeht. Allein in San José und Umgebung existieren über zwei Dutzend dieser Etablissements.

Diejenigen, die aus dem Land des Kaffees eben diesen mit nach Hause bringen wollen, sind gut beraten, ihn entweder in der Umgebung des *Mercado Central* frisch geröstet einzukaufen oder aber in irgendeinem Supermarkt, da sie in den Andenkenläden ansonsten nahezu astronomische Preise für Produkte gleicher Qualität (aber mitunter mit reichlich Schnickschnack verpackt) berappen müssen. Dies gilt auch für die **aus Zuckerrohr gewonnenen flüssigen Produkte** wie etwa Ron Rico, Ron Abdele oder Cacique. Die nationalen Kaffeeliköre sind im täglichen Leben wenig verbreitet und werden vorwiegend für Touristen hergestellt.

Beim Kunsthandwerk hat Costa Rica nicht sehr viel Typisches zu bieten – sieht man von seinen bunt bemalten **Ochsenkarren** in allen Farben und Größen einmal ab, sodass Produkte aus anderen Ländern Mittel- und auch Südamerikas als Ergänzung ins Angebot aufgenommen werden. Besonders viel kommt aus Guatemala, so z. B. bemalte Kästchen,

Kreuze und Krippen. Auch viele **folkloristische Textilien** stammen von dort. Die bekannten Hängematten werden nur recht selten in Costa Rica selber hergestellt, viele importiert man aus Mexiko oder aus Nicaragua. Einheimische Produkte sind vor allem **Lederwaren** – von generell gut verarbeiteten Taschen in allen Größen bis hin zu Schuhen in den unterschiedlichsten Ausführungen. Wer auf großem Fuß lebt und mit Cowboystiefeln oder Ähnlichem liebäugelt, der sollte sich nicht zu spät auf die Suche begeben, da er dann Schiffbruch erleiden könnte. Ab Größe 42/43 wird die Auswahl recht gering: Man sollte sich gegebenenfalls um eine Einzelanfertigung bemühen, die natürlich etwas Zeit in Anspruch nimmt (s. dazu Turrialba S. 216).

 ### Mehrwertsteuererstattung

Als Tourist kann man um die costa-ricanische Mehrwertsteuer herumkommen, sprich: sie sich bei der Ausreise am Flughafen zurückerstatten lassen, was sich aber nur bei wirklich großen Shoppinggängen lohnt und zudem das Problem mit sich bringt, dass Läden, die entsprechende Bescheinigungen ausstellen können (sie werben dann gerne mit einem Hinweis auf „Duty-free"), mitunter um vieles teurer sind als reguläre Shops, die über diese Fähigkeit nicht verfügen.

Sport / Outdoor

Mit dem Touristenboom einher ging die Einführung einer Vielzahl von neueren sportlichen Aktivitäten wie Rafting, Rappel, Abseiling etc., die sich neben den Klassikern wie Golf und Tennis etabliert haben (Adressen dazu im Reiseteil, s. auch Reise- und Tourveranstalter S. 116). Will man sich mit Costa-Ricanern über Sport unterhalten, so wird man eher früher als später beim Thema Fußball landen, dem konkurrenzlosen Nationalsport des Landes. Da nahezu jedes Dorf über einen Bolzplatz verfügt, sind solchen Konversationen folgenden Freundschaftsspielen kaum Grenzen gesetzt.

■ Canopy
Canopy ist mittlerweile zu einer der am weitesten verbreiteten Aktivitäten im Land geworden, begonnen hatte einst alles in Monteverde. Beim Canopy „fliegt" man an einem Metallkabel (*zip-line*) von Baum zu Baum, an denen Plattformen angebracht wurden. Dabei kann die Streckenlänge bis zu mehreren Kilometern lang sein, die Geschwindigkeit variiert von 5–50 km/h. Das Ganze bietet nicht nur tolle Ausblicke, sondern je nach Geschwindigkeit auch einen Adrenalin-Kick. Mittlerweile gibt es Canopy-Angebote im ganzen Land. Mehr Tiere sieht man allerdings, wenn man über eine der zahlreichen „Hängenden Brücken" in Monteverde oder Arenal geht, oder sich mit einer der „Aerial Trams" durch den Wald fahren lässt.

■ Golf
Costa Rica ist eher kein klassisches Ziel für Golfer, aber es gibt einige schöne Golfplätze u. a. den Valle del Sol-Golfplatz zwischen Santa Ana und Alajuela (☎ 2282 9222-3, www.vallesol.com).

■ Radfahren

Fahrradfahren wird als Sport mittlerweile zunehmend betrieben. Laut dem Instituto Costarricense de Turismo (ICT) gibt es über 80 Routen, die von Mountain Bikern bezwungen werden können. Informationen zu Routen finden sich unter www.bikecostarica.com, ein empfehlenswerter Anbieter ist **Bike Arenal** in La Fortuna, der neben Fahrradverleih auch 5- bis 7-tägige Touren anbietet (7 km südlich von La Fortuna de San Carlos, ☎ 2479 7150 www.bikearenal.com).

■ Rafting und Kajak/Kanu

Rafting ist mit die beliebteste Aktivität von Touristen in Costa Rica. In einigen Orten wie Turrialba und La Virgen sind regelrechte Rafting-Zentren entstanden.

Dabei unterscheidet man von Schwierigkeitsgrad 1 (sehr leicht) bis 5 (sehr anspruchsvoll, nur für erfahrene Rafter). Einige Flüsse sind besser in der Regenzeit zu befahren.

- **Río Chirripó**: Klasse 5, eine der anspruchsvollsten Touren, von August bis Anfang November befahrbar
- **Río Reventazón**: Klasse 3–5, der Fluss kommt aus dem Cachí-Damm bei Orosí, ganzjährig befahrbar, am besten von Juni bis Oktober in der Regenzeit (Touren ab Turrialba), auch Kajak.
- **Río Pacuare**: Klasse 3–4, einer der bekanntesten Rafting-Spots, zwischen Cartago in Limón gelegen. Auch Kajak. ganzjährig befahrbar (Touren ab Turrialba).
- **Río El General**: Klasse 3–4, von Juni bis November
- **Río Tenorio**: Klasse 3–5, ab Guanacaste, eher anspruchsvoll
- **Río Naranjo**:, Klasse 3–4, Touren ab Quepos, Juni bis November, auch Kajak
- **Río Savegre**: Klasse 2–4, nahe Quepos, Juni bis November
- **Río Sarapiquí**: Klasse 2–3, Mitte September bis Dezember, auch Kajak
- **Río Corobicí**: Klasse 1–2, nahe Cañas, das ganze Jahr über zugänglich

Für die etwas weniger Abenteuerlustigen werden auf den ruhigeren Flüssen wie dem Río Sarapiquí auch Kajaktouren angeboten (s. S. 234), zudem Tubing und Stand-up-Paddling (SUP).
Anbieter s. S. 116

■ Rappelling

In und um Arenal sowie an der Pazifikküste werden Touren durch **Canyons** angeboten, wobei das Highlight das Abseilen entlang eines Wasserfalls ist (*rappelling*), die bis zu 70 m hoch sein können. Diese Touren werden u.a. im Lost Canyon angeboten von Desafío (www.desafiocostarica.com), ein weiterer spezialisierter Anbieter ist **Pure Trek Canyoning** (http://puretrekcanyoning.com).

■ Reiten

Für Liebhaber von Reittouren empfiehlt sich vor allem die Umgebung der Strände von Conchal, Avellanas, Playa Negra, San Juanillo, Junquillal und Dominical. Wer lieber im Umkreis eines Naturparks das größte Glück auf Erden erleben will, der sollte zum Parque Nacional Rincón de la Vieja, zum Refugio Nacional de Vida Silvestre Gandoca-Manzanillo oder nach Monteverde fahren. Ansonsten sind auch in der Region des Arenal und bei San Gerardo de Dota Unternehmen beheimatet, die auf Reittouren spezialisiert sind. Auch Reiterferien werden inzwischen angeboten.

Surfer an der Karibikküste (Punta Cocles)

Mietpferde werden von einigen Veranstaltern schon ab 15–25 US$ pro Stunde feilgeboten – weitaus günstiger reitet man, wenn man sich das Pferd bei einem Bauern besorgt, der keinen Mietstall betreibt. Es gibt auch Pauschalangebote für Reiter wie z. B. das 10-tägige Paket „**Wanderreiten**" für 1.300–1.500 € bei **Paradise Riding**. Das am Playa Junquillal ansässige Unternehmen wirbt mit deutschsprachigen Berittführern (www.paradiseriding. com, ☎ 2658 8162).

■ Surfen

Costa Rica bietet mit seinen fast 1.500 km Küstenlinie mehrere Hot-Spots für Surfer. An der Pazifikküste finden sich fast ganzjährig gute Bedingungen, beliebt sind die Strände im Norden von Guanacaste und der Halbinsel Nicoya, v.a. Playa Naranjo im Santa Rosa Nationalpark (nur Camping und mit Allradwagen zu erreichen) und Tamarindo. An der zentralen Pazifikküste ist Jacó bekannt, die Stadt und Umgebung wie Hermosa Beach oder Boca Barranca bieten zahlreiche Surfshops- und schulen. Auch an der Karibikküste kann man surfen, v.a. zwischen dem Cahuita Nationalpark und Manzanillo sowie Puerto Viejo de Talamanca.

■ Tauchen

Fans des Scuba Diving sind an der Karibikküste insbesondere in Cahuita und im Refugio Nacional de Vida Silvestre Gandoca-Manzanillo gut aufgehoben, an der Pazifikküste kann man diesem Sport nicht nur in der Umgebung der diversen Inseln, sondern besonders auch an der Playa Hermosa, den Playas del Coco, bei Curú, in der Bahía Drake und im Parque Nacional Manuel Antonio huldigen. Nicht vergessen werden darf in diesem Zusammenhang die Isla del Coco, die allerdings nur teuer zu erreichen ist.

■ Wandern

Neben Schwimmen und Surfen ist dies die Sportart, der in Costa Rica das größte Areal von allen zur Verfügung steht. Ob durch den Nebelwald, am Strand entlang oder auf den

DIE SCHÖNSTEN WANDERUNGEN IN NATIONALPARKS

Schwierig-keitsgrad	Nationalpark	Sehenswürdigkeiten	Anmerkungen	Anfahrt sowie nähere Informationen auf S.
leicht	Volcán Poás	Aktiver Vulkan mit Kratersee und Lagune Botos, Ausstellung, subtropischer Bergregenwald, Aussichtspunkte	Die grundsätzlich gut ausgebauten Wege erlauben eine bequeme Fortbewegung. Man kann sich diesen Park in gut einer Stunde erlaufen.	S. 186
leicht	Volcán Irazú	Größter aktiver Vulkan des Landes (3.430 m), Hauptkrater mit Kratersee, gute Aussichtsmöglichkeiten, eher spärliche Flora und Fauna	Vom Parkplatz aus ist die Gipfelregion in etwa einer Stunde zu Fuß zu erkunden.	S. 210
leicht	Cahuita	Vorgelagertes Korallenriff, Strände, karibisches Ambiente, reiche Flora und Fauna, Tierbeobachtung	Der ebene Weg verläuft parallel zum Strand zumeist unter Bäumen, so dass man selbst in den schwülheißen Perioden des Jahres den Park in weniger als zwei Stunden durchwandern kann.	S. 546
mittel	Rincón de la Vieja – Sector Las Pailas	Schlammgeysire, Ausblick auf Vulkan, Wasserfälle mit Natur-Pool, Thermalquellen	Die Wege in diesem Sektor weisen zwar hin und wieder mittelgroße Steigungen auf, sind jedoch gut begehbar und hinreichend beschildert, wobei die Attraktionen im Laufe eines Tages bequem erreicht werden können.	S. 299
mittel	Tortuguero	Kanäle und Lagunen, Strand, Schildkröten (saisonabhängig), Waldlehrpfad	Wer den Park terrestrisch erkunden will, kann zwischen Strandspaziergang und einem kleineren Dschungelpfad wählen, der mitunter jedoch recht morastig ist. Vor Ort können Boote gemietet werden, mit welchen man als Wasserwanderer die fünf „senderos acuáticos" des Parks erkunden kann, die zwischen einem und gut vier Kilometer lang sind.	S. 520

mittel	Barra Honda	Von Höhlen (z.T. mit Stalaktiten und Stalagmiten) durchsetztes altes Korallenriff, Trockenurwald	Die (Rund-)Wege des Parks, die an den zentralen Höhlen vorbeiführen, weisen keine größeren Schwierigkeiten auf, der Zugang zu den Höhlen erfordert dagegen etwas Geschick.	S. 365
mittel bis überdurchschnittlich	Santa Rosa	Historische Stätten, Trockenurwald, Savanne, Strände	Wer sich auf die Erkundung der Umgebung von „La Casona" beschränkt, trifft auf gute Wege nebst ausreichender Beschilderung. Der (Halb-)Tagesmarsch zu den Stränden dagegen ist nicht ohne Anstrengung zu bewältigen, insbesondere weil man seinen gesamten Tagesvorrat an Wasser oder Getränken bei sich tragen muss.	S. 305
überdurchschnittlich	Chirripó	Höchster Gipfel Mittelamerikas, hohe Diversität von Flora und Fauna (u.a. Páramo, tropischer Nebelwald); gute Aussicht	Für den Aufstieg zum Basislager, der keinerlei alpinistische Kenntnisse erfordert, gleichwohl aber aufgrund der Steigungen und der Höhendifferenz anstrengend ist, sollte man einen Tag veranschlagen. Einen bis zwei Tage braucht es für die Erkundung der Gegend in der Umgebung des Lagers sowie das Erklimmen des Gipfels und ½ Tag kann man für einen gemütlichen Abstieg vorsehen.	S. 456
überdurchschnittlich	Corcovado	Großer Tierreichtum (einschließlich Schlangen), hoher Primärwaldanteil (Urwald), Strand	Unabhängig davon, über welchen Eingang man den Park betritt, sollte man den ersten Tag für die Anreise zur zentralen Rangerstation „La Sirena" reservieren und mindestens einen weiteren Tag in deren Umgebung verbringen. Für die Ausreise benötigt man einen weiteren Tag. Die Wege sind in unterschiedlich gutem Zustand, die Hauptbelastung rührt in der Regel nicht von einigen Steigungen her, sondern von den klimatischen Rahmenbedingungen.	S. 497
überdurchschnittlich	Guanacaste	Vulkane Orosí und Cacao, Quellgebiet des Río Tempisque, große Savannengebiete. Offiziell ist er für Touristen eigentlich nicht zugänglich, wenn man spezielles Interesse bekundet, können die Ranger vom Parque Nacional Santa Rosa eine Erlaubnis ausstellen.	Der Park ist noch relativ jungfräulich nicht überlaufen. Von Rangerstation zu Rangerstation kommt man zwar jeweils an einem Tag, das Wegenetz ist aber eher an den lokalen Bedürfnissen ausgerichtet und erschließt sich dem Ortsunkundigen nicht immer. Abgesehen von den Vulkanen und deren unmittelbaren Umgebung verlaufen die Wege meist eben.	S. 309

Vulkan, leicht oder anspruchsvoll – Costa Rica bietet verschiedene Optionen. In jedem Nationalpark gibt es mehr oder weniger gut ausgeschilderte Wanderwege. Oftmals lohnt es sich, einen Guide mitzunehmen, der mehr über Flora und Fauna erzählen kann. Wichtig ist, je nach Saison Regenkleidung, Hut, Wasser und Sonnencreme dabei zu haben. Abenteuerlustige können auch mehrtägige Wanderungen mit dem Zelt unternehmen. Die mit anstrengendste Tour geht auf den **Chirripó** und ist reservierungspflichtig, daher sollte man sich rechtzeitig darum kümmern. Dasselbe gilt für Wanderungen im **Corcovado Nationalpark**. Wer nicht auf seinen Orientierungssinn vertraut (s. auch S. 111 zu Gefahren), der sollte eine Tour buchen, z.B. bei Selva Mar and Costa Rica Trekking Adventures (☎ 2771 4582, www.chirripo.com), die mehrtägige Touren auf den Chirripó, durch den Corcovado Nationalpark und zum Cerro de La Muerte im Tapantí Macizo de la Muerte Nationalpark anbieten.

Zum richtigen Schuhwerk → *S. 103*

Sprache

Die Sprache des Landes ist **Spanisch**. An der Karibikküste werden auch Englisch bzw. ein Kreol gesprochen, das demjenigen auf Jamaika ähnelt. Zudem gibt es verschiedene indigene Sprachen, die jedoch größtenteils vom Aussterben bedroht sind. Wer auf eigene Faust unterwegs ist, wird außerhalb der touristischen Zentren kaum allein mit Englischkenntnissen durchkommen. Über einige **Grundkenntnisse** des Spanischen sollte man schon verfügen – oder aber wenigstens über einen kleinen Sprachführer bzw. Übersetzungscomputer, der einem bei der Basiskommunikation weiterhelfen kann (s. auch S. 561).

Für diejenigen, die des Spanischen mächtig sind, sei gesagt, dass der Costa-Ricaner ein Verehrer des **Diminutivs** ist und ihn deshalb auch häufig anwendet. Etliche Wörter haben eine andere Bedeutung als im „spanischen Spanisch". So heißt etwa Auto nicht *coche*, sondern *carro*, und wer gerne eine Cola hat, der bestellt nicht wie in Madrid *una coca*, sondern bleibt beim vertrauten *cola* (*cola* hat daneben allerdings noch viele andere Bedeutungen: Leim, Schwanz, Sterz, Schlange, Schleppe, Frackschoß, Hintern und nicht zuletzt auch Penis). Insofern mag man zur Vertiefung derartiger Spezialkenntnisse das in San José verlegte Buch von Miguel A. Quesada Pacheco mit dem Titel „Nuevo Diccionario de Costarriqueñismos" zu Rate ziehen.

 ## Höflichkeit

Wenn man Kontakt zu Costa-Ricanern aufnimmt, so braucht man zwar kein ausgiebiges Zeremoniell zu beherrschen, doch sollte – bevor man zu seinem eigentlichen Anliegen kommt – ausreichend Zeit für eine angemessene **Begrüßung** sein (siehe S. 561). Gleiches gilt für die Verabschiedung.

Auf die Abstattung von **Dank** (*muchas gracias*) wird man nicht selten ein *con mucho gusto* (mit viel Vergnügen) zu hören bekommen. Wer dies nicht auf sich sitzen lassen möchte, der kann dann gerne formvollendet die Konversation mit einem *el gusto es mio* (ganz meinerseits) enden lassen.

Sprachkurse

Costa Rica ist nicht unbedingt ein Land, in welches man kommt, um einen Spanischkurs zu absolvieren. Hierzu sind die Kosten einfach zu hoch. Gleichwohl werden hier Sprachkurse angeboten und zwar sowohl in der Hauptstadt als auch in landschaftlich attraktiven Gegenden.

Eine der Sprachschulen ist die **Academia Costarricana de Lengüaje** (Barrio Dent, Calle Ronda, 300 m nördl. und 50 m westl. von Autos Subaru, San José, ☎ 2280 1685, www.spanishandmore.com). Untergebracht wird man bei costa-ricanischen Familien, die für Frühstück und Abendessen sorgen. Man kann ganze Pakete buchen, die neben dem Sprachunterricht auch Tanzkurse und Ausflüge beinhalten. Die Kurse kosten für einen Monat zwischen 1.000 und 1.500 US$. Je nach Paket beträgt die Unterrichtsdauer zwischen drei und sechs Stunden pro Tag. Unterricht ist regelmäßig an fünf Tagen die Woche.

Weitere Sprachschulen in San José mit teilweise ähnlichen Angeboten sind:
- **Academia Latinoamericana de Español**, Av. 8, C. 31 y 33, # 3113 (125 m östl. der Casa Italia) Barrio Francisco Peralta, Los Yoses, ☎ 2224 9917, www.alespanish.com
- **Costa Rica Spanish Institute**, Zapote (50 m westl. u. 300 m südl. von Radio Columbia), ☎ 2234 1001, www.cosi.co.cr
- **Intensa**, C. 33, Av. 1 y 3, Apdo. 8110 1000, Los Yoses, ☎ 2225 5009, www.intensa.com
- **Berlitz**, ☎ 2204 7555 oder 2253 9191, www.berlitzca.com

Außerhalb von San José bieten entsprechende Dienste an z. B.:
- **Language Institute (ILERI)**, Escazú, ☎ 2289 4396 oder 2228 1687, www.ileri spanishschool.com
- **Centro Lingüístico Latinoamericano**, Apdo. 425, 4005 San Antonio de Belén, Heredia, ☎ 2239 1869

Im Orosí-Tal wäre ferner die **Sprachschule Montaña Linda** mit angegliedertem Hostel (10 Zimmer) zu nennen (☎ 2533 3640, www.montanalinda.com). Wem die Kombination Bade- und Sprachlernurlaub mehr zusagt, mag sich vor allem in Manuel Antonio umschauen, wo z. B. das **Costa Rica Spanish Institute (COSI)** nebenbei auch noch Koch- und Tanzkurse offeriert (☎ 2777 0021, www.cosi.co.cr). Teilweise ähnlich ist das Angebot der **Escuela de Idiomas D'Amore** (☎ 2777 1143, www.escueladamore.com). Die Schule **Centro Panamericano de Idiomas** (www.cpi-edu.com) unterhält Zweigstellen im Bereich der Hauptstadt (San Joaquín de Flores, ☎ 265 6306), in den Bergen (bei Monteverde, ☎ 2645 5448) und an der Pazifikküste (Flamingo, ☎ 2654 5002).

Telefonieren

Wer innerhalb Costa Ricas telefonieren will, kann dies von jedem **öffentlichen Fernsprecher** aus tun. Hierfür braucht man entweder Münzen zu 5, 10, 20 oder 50 Colones oder aber eine Telefonkarte mit Chip zu 500 oder 3.000 Colones. Die gebräuchlichste Form des Telefonierens ist allerdings ein wenig komplizierter. Man kauft sich eine **Telefonkarte**, auf deren Rückseite ein verdeckter Code angebracht ist. Der Vorteil dieser

Telefonkarten ist, dass man praktisch von jedem Telefon – also auch von einem x-beliebigen **Privatanschluss** – aus auf eigene Rechnung telefonieren kann. Man gibt zunächst eine drei- oder vierstellige Zahl ein, die dem Apparat mitteilt, mit welcher Art von Karte man telefoniert. Danach wird man aufgefordert, den Kartencode einzugeben. Dies ist die Zahl, die man freirubbeln muss. Nun muss diese mit der #-Taste bestätigt werden (evtl. muss zuvor noch eine weitere Codezahl, die ebenfalls frei zu rubbeln ist, eingegeben werden). Nach einer ganz kleinen Wartezeit gibt man dann die Telefonnummer ein und beendet das Ganze mit der #-Taste. Bevor die Verbindung hergestellt wird, teilt einem eine Stimme mit, wie viel Colones noch vertelefoniert werden können. Diese Telefonkarten gibt es – je nach Anbieter – zu 500, 1.000, 2.000 oder auch 5.000 Colones.

Auslandsgespräche tätigt man in der Regel entweder in den großen Hotels, die sich aber – wie international üblich – hierüber einen kräftigen Extraprofit verschaffen, oder man geht – wenn einem die Kartentelefone auf der Straße nicht behagen – zum Hauptgebäude der costa-ricanischen Telecom in der C. 2 zwischen Av. 1 und 3. Eine Minute Gesprächszeit wird als Minimum vorausgesetzt. Die Gebühren für ein Gespräch nach Europa betragen ca. 3 US$. Eine weitere Möglichkeit besteht darin, übers Internet z. B. via Skype eine Telefonverbindung herzustellen.

Handelt es sich um ein Gespräch nach Costa Rica oder innerhalb des Landes, so muss man keine **Ortsvorwahlen** beachten, denn diese sind in den jeweiligen Telefonnummern enthalten. Die **Landesvorwahl für Costa Rica** vom Ausland aus lautet + 506. Die **Vorwahl für Deutschland** von Costa Rica aus ist 00 49 (für **Österreich** 00 43 und für die **Schweiz** 00 41), darauf folgt die Ortsvorwahl, allerdings ohne die Eingangsnull. Abschließend wählt man die Apparatnummer.

Wer mit einem **Mobiltelefon** unterwegs ist, der sollte sich eine costa-ricanische Prepaid-SIM-Card besorgen, da Roaming extrem teuer ist. Voraussetzung hierfür ist, dass man über ein entsperrtes Handy verfügt, das zudem mit der costa-ricanischen Frequenz (GSM 1800 und UMTS 3G 850) zurechtkommt. Man kann SIM-Cards für 2.500, 5.000 oder 10.000 Colones kaufen, die erste Gelegenheit dafür bietet sich am ICE-Kiosk in der Ankunftshalle des Flughafens, ansonsten aber auch z. B. in den Supermärkten der Mas x Menos-Kette. Die Gültigkeitsdauer der SIM-Cards ist unterschiedlich, die 10.000er-Variante bietet den günstigsten Tarif und ist zwei Monate gültig. Über sie kann man ca. 5 Std. innerhalb von Costa Rica telefonieren.

Toiletten

In Costa Rica sind Sitztoiletten üblich. Außerhalb von Siedlungen finden sich auch Plumpsklos ohne Wasserspülung. Das Mitführen einer Reserve an Toilettenpapier ist anzuraten. Sofern sich auf der Toilette ein Papierkorb befindet, wirft man das Toilettenpapier in diesen – da im Lande Abwasserleitungen mit relativ geringem Durchmesser weitverbreitet sind, vermeidet man so eine unweigerliche Verstopfung derselben.

Trinkgeld

Trinkgeld (*propina*) ist in Costa Rica eher unüblich, da eine Servicepauschale bereits in den Rechnungen der Restaurants enthalten ist. Es wird aber nicht als Beleidigung aufgefasst, wenn man sich in diesem Punkt nicht an die landesüblichen Gepflogenheiten hält. Insofern spricht nichts dagegen, *guides* oder anderen praktisch ausschließlich im Tourismusbereich Tätigen eine finanzielle Anerkennung zukommen zu lassen.

Trinkwasser

Das Trinkwasser ist in Costa Rica **weitgehend sicher**; in vielen Nationalparks kann man selbst aus Flüssen gefahrlos trinken. Wer sich in der freien Natur mit Wasser versorgt, sollte allerdings darauf achten, nicht aus stehenden Gewässern zu trinken, da hier die Ansteckungsgefahr weitaus größer ist als beim Trinken aus Flüssen oder Bächen. Wer nicht jeden Schluck vor der Einnahme extra abkochen will, dem Wasser aber trotz obiger Unbedenklichkeitsbescheinigung nicht recht traut, kann **Desinfektionstabletten** wie z. B. Micropur verwenden. Sie sind allerdings relativ teuer. Zudem muss man eine gewisse Zeit warten, bis sie ihre Wirkung entfaltet haben. Billiger ist eine Desinfektion mit **Kaliumpermanganat**, dafür ist das Wasser dann leicht rötlich und auch der dezente (Neben-) Geschmack ist nicht jedermanns Sache. **Mineralwasserflaschen** sind landesweit ohne Schwierigkeiten zu kaufen.

Übernachten

In Costa Rica, finden sich Übernachtungsgelegenheiten für nahezu jeden Geldbeutel. Waren bis vor wenigen Jahren die Luxusherbergen außerhalb der Hauptstadt eher rar, so hat sich dies mit dem wachsenden Tourismusboom verändert. Es sind nicht mehr nur von einer Familie geführte strandnahe Pensionen in einfachem Stil im Angebot, sondern man kann sich nunmehr auch in Etablissements aus dem internationalen Hochpreissegment verwöhnen lassen – oder aber in einer der Backpacker-Herbergen, die meist frei von einheimischen Gästen sind, sich mit den anderen Rucksackreisenden über das Erlebte austauschen. Hostels vermieten in ihren Schlafsälen zum Teil auch einzelne Betten.

Informationen über Unterkunftsmöglichkeiten finden sich in diesem Reiseführer im **Reiseteil** immer im Zusammenhang mit der jeweils beschriebenen Stadt bzw. dem Gebiet. Da in vielen Orten keine durchgehende Namensgebung für Straßen üblich ist, muten die angegebenen Adressen zum Teil etwas ungewohnt an, s. dazu Infokasten „**Orientierung in Costa Rica**".

Reservierungen sind normalerweise nicht erforderlich, sofern man nicht in einem bestimmten Hotel unterkommen möchte. Eine Ausnahme gilt für die Hauptferienzeiten der Costa-Ricaner: Über Weihnachten und während der *Semana Santa*, also der Karwoche vor Ostern, ist fast das ganze Volk an den Stränden, sodass dann unter Umständen Engpässe sowohl bei der Unterbringung als auch bei Bus- und Flugbuchungen entstehen können. Wer hier auf Nummer Sicher gehen will, sollte entweder während dieser Zeit die Strände meiden oder aber doch reservieren.

Die Palette an Unterkunftsangeboten ist reich, von günstigen Backpacker-Unterkünften bis zu edlen Dschungel-Lodges ist alles vorhanden

Die Unterkünfte sind zur besseren Orientierung in fünf Kategorien eingeteilt, die sich nach den Preisen richten. Dabei ist anzumerken, dass die Preisunterschiede zwar meist, aber eben nicht immer Qualitätsunterschiede ausdrücken. Manche Hotels etwa der teuren Preisklasse haben zudem einige Zimmer, die mit etwas weniger Komfort ausgestattet sind und günstiger angeboten werden. Zudem werden zum Teil auch Saisonzu- und Nebensaisonabschläge erhoben bzw. gewährt oder ein mehrtägiges Einlogieren mit einem Rabatt honoriert. An manchen (Strand-)Orten können sich z. B. über Weihnachten oder Ostern die Preise durchaus verdoppeln. Es steht einem natürlich immer frei zu versuchen, die Preise wenigstens etwas herunterzuhandeln, indem man z. B. fragt, ob es nicht ein etwas billigeres Zimmer gibt (*¿Hay una habitación mas barata?*). Der Übersichtlichkeit halber werden diese Regelungen hier nicht extra berücksichtigt.

🛏 Kategorisierung der Unterkünfte

(Preise jeweils für ein DZ ohne Frühstück):
  **$$$$$** Super Luxus, ab 250 US$
  **$$$$** Luxus, 150–250 US$
  **$$$** teuer, 50–150 US$
  **$$** mittlere Preisklasse, 15–50 US$
  **$** preiswert, weniger als 15 US$
Grundsätzlich kann davon ausgegangen werden, dass Unterkünfte der Kategorie „mittlere Preisklasse" in allen Orten anzutreffen sind, was für die anderen Kategorien nicht generell zutrifft. zutrifft. Man sollte bei der Buchung danach fragen, ob in dem angegebenen Preis der Unterkünfte die Steuer von 13 % bereits inklusive ist – das ist nicht immer der Fall. Ebenfalls werden nicht durchgängig Kreditkarten akzeptiert (z.T. mit Aufpreis).

🛏 Unterkunftssuche im Internet

Eine Untersuchung der Stiftung Warentest im Jahre 2012 kam zu dem Ergebnis, dass etliche der **Suchmaschinen** für Hotels etc. nur suboptimal funktionierten Von den getesteten Anbietern schnitten www.booking.com und www.holidaycheck.com noch mit am besten ab. Für Unterkünfte, die nicht der Kategorie Hotel zuzuordnen sind, dienen z.B. www.hostelbookers.com und www.hostelworld.com als Äquivalente. Für Costa Rica findet man auf www.puravidaguide.com Informationen u. a. über Hotels, wobei Direktbuchungen allerdings nicht möglich sind.

Wem es nicht genügt, als bloßer Tourist das Land kennen zu lernen und gerne nähere Erfahrungen sammeln bzw. in Tuchfühlung mit Menschen außerhalb des Tourismussektors treten möchte, dem seien folgende Internetadressen empfohlen: www.hospitalityclub.org, www.bewelcome.org, www.bevolunteer.org und www.couchsurfing.org.

Verkehrsmittel

■ Busse

Der Bus ist das allgemein übliche Verkehrsmittel in Costa Rica. Mit ihm kommt man praktisch in jede an das Straßennetz angeschlossene Ortschaft des Landes. Von jeder größeren Stadt aus starten regionale Buslinien. Bei den Fernbussen unterscheidet man Direktbusse und Expressbusse. Die **Direktbusse** sind etwas teurer und fahren ohne Zwischenstopp zum Zielort. Fährt also ein solcher Bus an einer Haltestelle vorbei, ohne einen aufzunehmen, so ist dies kein Zeichen für Ausländerfeindlichkeit, sondern entspricht dem Fahrplan. **Expressbusse** hingegen halten in größeren Abständen, sodass man unterwegs zu- bzw. aussteigen kann. Für Direkt- sowie Expressbusse werden meist nur so viele Tickets verkauft wie Sitzplätze vorhanden sind. Daneben gibt es noch **Bummelbusse** (*colectivo*), die zwar am billigsten sind, aber aufgrund häufiger Stopps – sie können teilweise auch außerhalb der regulären Haltestellen durch Winken angehalten werden – äußerst langsam vorankommen und mitunter überfüllt sind. Da die Buslinien in der Regel privat betrieben werden, haben sie – vor allem in San José – auch ihre privaten **Busbahnhöfe**. Es gibt jedoch Bestrebungen, jeweils einen zentralen Busbahnhof einzurichten, und in einigen Provinzstädten wie etwa Turrialba ist dies auch schon geschehen. Die Preise sind günstig, die Bustickets kosten maximal 15 US$.

Zu beliebten Zielen (wie Golfito, Monteverde, Quepos) und in der Hauptreisezeit ist es ratsam, sein Ticket ein paar Tage im Voraus zu kaufen.

In den Bussen hängen für gewöhnlich die aktuellen **Tarife** aus. Das gilt auch für die **Stadtbusse**, die zwischen 0,50 und 1 US$ kosten. Nicht alle Fahrpreise sind in einem logischen System unterzubringen. Manchmal kostet eine Fahrt mit Bummelbussen, die lange auf schlechten Straßen unterwegs sind und zudem schon etliche Jahre auf dem Buckel haben, mehr als eine Express-Fahrt mit neuen und bequemen Bussen auf einer in etwa vergleichbar langen Strecke. Der jeweilige Preis scheint sich aus einer Kombination von Streckenlänge, Fahrzeit und nicht zuletzt Durchsetzungsfähigkeit einer Busgesellschaft gegenüber der Genehmigungsbehörde zu bilden.

Aushängende **Fahrpläne** sind im innerstädtischen und oft auch im überregionalen Verkehr außerhalb von Busterminals unbekannt. Über **www.horariodebuses.com** sind allerdings viele interurbane Verbindungen recherchierbar.

Wer aus Bussen, die keine Direktbusse sind, **aussteigen** will, hat verschiedene Möglichkeiten, dies kundzutun: Klingeln durch Knopfdruck oder in manchen Bussen auch per Reißleine, die meist nahe der Busdecke verläuft; ist nichts dergleichen vorhanden, so hilft der Ausruf *parada* oder ein Pfiff bzw. ein energisches Klopfen an das Busdach.

Wer es liebt, feudaler zu reisen, der kann – so er zwischen den touristischen Hauptorten unterwegs ist – den **Door-to-Door-Shuttle-Service** der **Firma Interbus** oder ähnlicher Firmen wie etwa **Gray Line** (www.graylinecostarica.com) oder **Montezuma Expeditions** (www.montezumaexpeditions.com) in Anspruch nehmen, die ihn gegen entsprechend hohe Vergütung in klimatisierten Minibussen befördern, siehe dazu www.interbusonline.com.

🚌 Die optimierte Busfahrt

Wer kein Freund extremer Schaukelbewegungen ist, versucht einen Sitzplatz im vorderen Bereich des Busses zu ergattern (die Tickets sind meist nummeriert). Da das Gepäck während der Reise im Stauraum (der allerdings u. U. nicht staubdicht ist) mitfährt, sollte man vor Beginn der Reise das Nötigste ins Handgepäck packen und mit in den Fahrgastraum nehmen.

Besonders bei (Nacht-)Fahrten über die Berge leistet ein Schlafsack oder eine **Decke** gute Dienste. Dies gilt ebenso für den Fall, dass der Fahrer eines klimatisierten Busses seinen Ehrgeiz darein setzt, das Innere desselben in eine Tiefkühltruhe zu verwandeln. Manche Busse verfügen über keinen speziellen **Stauraum** – sperriges Gepäck bringt man dann im hinteren Bereich des Gefährts unter. Wer es auf einen Sitz stellt, der wird mitunter aufgefordert, ein zweites Ticket zu kaufen.

■ Inlandsflüge

Zu den internationalen Flughäfen → S. 86

Wer wenig Zeit hat, der kann auf die beiden Inlandsfluggesellschaften zurückgreifen. Damit kann man sich so manche Stunde auf schlechter Piste ersparen. Die Flüge dauern höchstens 50 Min, die Preise liegen für ein Hin- und Rückflugticket bei 75–120 US$. Kinder bezahlen etwas über die Hälfte des Preises. Kleinkinder unter zwei Jahren fliegen gratis. Die Gepäckfreimengen liegen z. T. unter 20 kg.

Sansa (Edificio TACA im Viertel La Uruca, ☎ 2290 4400, Reservierungen ☎ 2290 4100, www.flysansa.com). Mit Sansa kann man vom inländischen Teil des Flughafens Juan Santamaría aus in der Hochsaison folgende Ziele erreichen: **Drake Bay** (2 x tgl.), **Golfito** (3 x), **Liberia** (2 x), **Palmar Sur** (1 x), **Puerto Jimenez** (2 x), **Quepos** (5 x), **Tamarindo** (2 x), **Tambor** (4 x).

Nature Air (☎ 2220 3054, www.natureair.com) hebt meistens vom kleinen Flughafen **Tobis Bolaños** in Pavas (San José) ab. Seit August 2013 werden einige Destinationen wie Quepos und Tambor vom Flughafen Santamaría bedient, evtl. sollen weitere folgen. Beim Ticketkauf daher unbedingt darauf achten, zu welchem Flughafen man muss! Wer plant mehrmals zu fliegen sollte sich die Anschaffung des **Nature Air Pass** überlegen. Mit diesem kann man für 7 (309 US$) oder 15 Tage (529 US$) so oft fliegen wie man möchte.

Man kann auch per **Lufttaxi** reisen. Vom Juan Santamaría Airport bieten sich die folgenden Firmen an: **Taxi Aereo Costa Sol** (☎ 2440 1444) und **Aviones Taxi Aéreo** (☎ 2431 0160) und von dem in Pavas gelegenen Inlandsflughafen fliegen **Taxi Aéreo Centroamericano** (☎ 2232 1438) sowie **Aero Bell** (☎ 2290 0000). Die Flugkosten liegen grundsätzlich weitaus höher. So man in einer Gruppe unterwegs ist, kann es im Einzelfall gleichwohl interessant sein, sich z. B. mit einer Cessna in die Lüfte zu schwingen. Über die Tarife kann man sich exemplarisch unter www.aerobell.com informieren. Wer schon immer mal gerne mit einem **Hubschrauber** geflogen wäre, der mag sich entweder an **Aero Bell** (s.o.) oder an **Agro Servicios Helicópteros de Costa Rica** (☎ 2296 8089) wenden.

■ Taxis
Taxis sind an ihrer roten Lackierung erkennbar und verfügen über einen **Taxameter**. Um unnötige Streitigkeiten zu vermeiden, ist darauf zu achten, dass dieser bei Fahrtbeginn eingestellt wird (sofern dies nicht der Fall ist, kann man seinen Wunsch mit einem *prenda la María, por favor* zum Ausdruck bringen). Behauptungen, das Gerät sei gerade kaputt, sollte man zum Anlass nehmen, Anstalten zum Aussteigen zu treffen, was in der Regel zu einer wundersamen Heilung des Geräts führt. Für lange Strecken bzw. Tagestouren empfiehlt es sich, einen **festen Tarif** auszuhandeln.

Für San José gilt die Regel, dass man 1,15 US$ für den ersten Kilometer zahlt. Nach 22 Uhr gilt ein um ca. 20 % höherer Nachttarif. In San José operieren u. a. Coopetico (☎ 2224 7979), Coopetaxi (☎ 2235 9966), Coopeirazu (☎ 2254 3211, www.taxisirazu.com) und Taxi Alfaro (☎ 2221 8466, www.taxialfaro.com). Die (orangefarbenen) Taxis von **Taxis Unidos del Aeropuerto** (☎ 2222 6865, www.taxiaeropuerto.com) dürfen nur Fahrgäste vom oder zum Flughafen transportieren und sind teurer als ihre Konkurrenz. Das Unternehmen Cinco Estrellas Taxi (Escazú, ☎ 2228 3159) wirbt damit, dass die Angestellten über englische Sprachkenntnisse verfügen. Taxis, die vor den Hotels warten, tendieren dazu, einen höheren Preis zu fordern. Ein inoffizielles „Piratentaxi" zu nutzen, welches über keinen offiziellen Anstrich verfügt – und auch über keinen Taxameter – sollten Sprach- und Ortsunkundige eher meiden.

■ Eisenbahn
Der Zug spielt im Moment eine geringe Rolle für die Personenbeförderung. Doch da in den zusammenwachsenden Städten im Hochland – insbesondere während der Rushhour – auf den Straßen nicht selten der Verkehrsinfarkt droht, wird schon seit Jahren über eine Lösung diskutiert. Zunächst ist während der Stoßzeiten die Zugverbindung vom Atlantischen Bahnhof nach **Heredia** reaktiviert worden. Der Wiederinbetriebnahme der Strecke nach **Cartago**, die im ersten Halbjahr 2013 umgesetzt wurde, soll als nächstes die Reaktivierung des Schienenstrangs nach **Alajuela** folgen (nicht aber der Strecke nach Limón). Hin und wieder gibt es am Wochenende die Möglichkeit, mit Zug und Bus nach **Puntarenas** zu fahren. Man bemüht sich auch, den Zug als die saubere Alternative ins rechte Licht zu rücken, und nicht nur der Wagenpark ist bunt, sondern auch die Waggons – und sogar die Tickets!

Im Vergleich zur Busfahrt bietet der Zug sicherlich die bequemere Alternative, einige Wagen verfügen sogar über Klimaanlage. Auch wenn das Fahrgefühl reichlich altbacken ist – die Lok pfeift, die Wagen ruckeln und es gibt auf der meist eingleisigen Strecke öfter

Stopps, um den Gegenzug vorbeizulassen –, ist gleichwohl zu hoffen, dass das Konzept Erfolg hat.

Historische Bahnfahrten vom Pazifischen Bahnhof in San José aus werden sporadisch am Wochenende durchgeführt. Dabei wird mit einen gewissen Eventcharakter die Situation nachgestellt, die man bis vor wenigen Jahren noch gratis erhielt: Verkäufer von Esswaren entern den Zug und manchmal hält dieser auch, um den Passagieren die Gelegenheit zu geben, ihr Gefährt zu fotografieren. Nähere Informationen hierüber sind über Aushänge an den Bahnhöfen zu erhalten.

■ Autos
→ *Autofahren/Mietwagen S. 90*

■ Fahrrad
In den letzten Jahren hat das Fahrradfahren in Costa Rica zunehmend Fans gefunden. Das Rad ist jedoch eher ein Sportartikel der Mittelklasse als ein Verkehrsmittel der armen Leute. Wer mit seinem eigenen *bike* das Land erkunden will, braucht zwar nicht gleich für alles Ersatzteile mitzubringen, doch außerhalb von San José sind Fachwerkstätten eher rar.

■ Pferd
Wer auf dem Rücken eines Pferdes durchs Land ziehen will, hat damit keine Schwierigkeiten. Auf dem Land ist das Pferd ein gängiges Transportmittel, und Pferd und Zubehör sind günstig zu erwerben. Ein Pferd gibt es schon ab etwa 300 US$ zu kaufen. Die in Costa Rica gezüchteten Pferde sind trittsicher und etwas kleiner als ihre in Mitteleuropa gehaltenen Vettern, außerdem ziemlich genügsam und pflegeleicht. Nach Abschluss einer Tour lässt sich ein Pferd relativ leicht weiterverkaufen, auch wenn damit zu rechnen ist, dass man den selbst zuvor gezahlten Preis nicht wieder erzielt. Denn als Urlauber ist man über die Marktpreise nicht so gut informiert und muss deshalb oft einen Gringo-Zuschlag zahlen.

■ Trampen
Das Trampen gehört nicht zu den üblichen Fortbewegungsarten der Ticos. Wenn man es versucht, kann man indes auf den Exoten-Bonus hoffen. Auf dem Land, wo kein oder wenig Busverkehr herrscht, stehen auch die Chancen nicht schlecht, ein paar Kilometer mitgenommen zu werden, wenn man als Wanderer auf der Straße gesichtet wird.

■ Schiff
Auf Boote trifft man dann, wenn Buchten zu überqueren sind oder man im karibischen Teil des Landes die Flüsse und Kanäle anstelle von Teerstraßen zur Fortbewegung nutzt. Üblicherweise verkehren Linienboote, die aber nicht immer feste Abfahrtszeiten haben. Daneben existieren natürlich auch diverse Touristenboote bzw. Ausflugsboote mit speziellen Angeboten.

Zeit

Regulär beträgt der Zeitunterschied zwischen San José und Berlin 7 Std., während der Sommerzeitperiode sogar 8 Std., da es in Costa Rica keine Umstellung der Uhren auf Sommerzeit gibt.

Zollbestimmungen

Fleisch- und Wurstwaren, Milchprodukte, Obst sowie Gemüse dürfen nicht nach Costa Rica eingeführt werden. Ansonsten darf das, was zum individuellen Reisebedarf zählt, importiert werden. Insbesondere bei elektronischen Geräten, die nagelneu sind und womöglich noch in der Originalverpackung stecken, können aber dem einen oder anderen Zollbeamten Zweifel kommen, ob es sich bei ihnen tatsächlich um Reisebedarf handelt. Zollfrei sind ferner 400 Zigaretten ODER 50 Zigarren ODER 500 g Tabak sowie 3 l alkoholischer Getränke bei Personen über 18 Jahren. Angesichts des Umstands, dass sich die Zollvorschriften nicht selten ändern, sollte man in Zweifelsfällen Rat bei der costa-ricanischen Botschaft (s. S. 94) einholen.

Die BRD-Bestimmungen finden sich unter www.zoll.de. Sofern man aus einem Nicht-EU-Land einreist, darf man 200 Zigaretten ODER 100 Zigarillos oder 50 Zigarren oder 250 g Tabak mit nach Hause bringen, ferner 1 l Spirituosen mit mehr als 22 % ODER 2 l mit maximal 22 % UND 4 l Wein UND 16 l Bier. Andere Waren, sofern sie für den persönlichen Bedarf bzw. als Reisemitbringsel bestimmt sind und auf dem Luft- oder Seeweg mitgebracht werden, dürfen maximal einen Wert von 430 € haben. Sofern der Reisende jünger als 15 Jahre ist, beträgt der Wert nur 175 €. Verboten sind alle Produkte, die zumindest in Teilen von Tieren stammen, die von dem Washingtoner Artenschutzabkommen erfasst sind.

 ## Geschützte Arten

Schildkröten fallen grundsätzlich unter die Bestimmungen des Washingtoner Artenschutzabkommens. Wird man bei dem Versuch, Schildpattprodukte zu ex- oder zu importieren, vom Zoll erwischt, so werden nicht nur die entsprechenden Produkte beschlagnahmt, sondern man kann mit einer harten Strafe rechnen. Die Berufung auf Unkenntnis nützt in einem solchen Fall nichts. Dies gilt auch für diejenigen, die andere Produkte, die von geschützten Tieren stammen (wie etwa Gürtel oder Schuhe aus Reptilienleder, ausgestopfte Kaimane, Korallen, diverse Muscheln etc.) mit nach Hause zu nehmen versuchen (vgl. dazu www.zoll.de bzw. www.artenschutz-online.de).

Das kostet Sie das Reisen in Costa Rica

Stand: Januar 2014

Die „Grünen Seiten" bieten eine Preisübersicht, um eine ungefähre Vorstellung über die Kosten einer Reise nach Costa Rica zu geben. Die Preisbeispiele sind nur als Richtlinie für die Planungen gedacht. Bedenken Sie bitte, dass es saisonale Preisunterschiede geben kann, die vor allem bei Unterkünften in einigen Orten beträchtlich sein können. Da die Inflation in Costa Rica wesentlich höher ist als in Westeuropa, kommt es zu Wechselkursanpassungen, die sich auch auf die Preise auswirken können.

Wechselkurs (Stand Januar 2014):

100 Colones (CRC) = 0,15 €	100 Colones (CRC) = 0,20 US$
1 € = 1,36 US$	1 € = 650 Colones
1 US$= 490 Colones	1 US$ = 0,74 €

Dollar-Preise
Wegen des Kursverfalls des Colón – die Inflationsrate bewegte sich in einzelnen Jahren zwischen 6 und 15 % – wurde in diesem Buch bewusst darauf verzichtet, costa-ricanische Preise in der Landeswährung anzugeben. Da der US-Dollar ohnehin als zweite Währung fungiert, bieten entsprechende Angaben eher eine gewisse Orientierung. Trotzdem ist natürlich nicht ausgeschlossen, dass einige Preise von den im Buch genannten inzwischen abweichen.

Beförderungskosten

Flug
Die Hauptstadt San José wird von zahlreichen Fluglinien angeflogen, vor allem aus den USA. Einen nonstop-Flug aus Deutschland, Österreich oder der Schweiz gibt es zzt. nicht. In der Regel muss man (mindestens) einmal umsteigen. Verbindungen gibt es u.a. mit **Condor** über Santo Domingo (Dom. Rep.) oder Panama Stadt (www.condor.com), **Iberia** über Madrid (www.iberia.com), mit **Lufthansa/United** über die USA (meist New York oder Houston, www.lufthansa.com), **American Airlines** (www.aa.com). Je nach Saison muss man zwischen **700 und 1.200 €** rechnen. Wer um Weihnachten oder um Ostern herum fliegen möchte, der sollte sich möglichst frühzeitig um eine Buchung bemühen. Günstigere Flüge sind oft mit mehrmaligen Umsteigen und langen Reisezeiten verbinden, darauf sollte man bei der Buchung achten. Bei der Ausreise ist eine **Flughafensteuer** in Höhe von 29 US$ zu entrichten, die man entweder in US$ oder Colones bezahlen kann.

Den zweiten internationalen Flughafen des Landes in **Liberia** kann man zzt. über die USA (Delta, American Airlines, United) und San Salvador (Avianca/Taca, www. avianca.com) erreichen, sowie von San José.

Laut einer Studie der Stiftung Warentest vom Februar 2012 sind die besten Suchmaschinen billigflieger.de, momondo.de und swoodoo.de. Zu berücksichtigen ist auch, ob zusammen mit dem Ticket auch eine günstige Zubringerkombination (Rail-and-Fly-Ticket bzw. Fly-and-Drive-Ticket) angeboten wird.

☞ **Hinweis**
Wer über die USA nach Costa Rica reist, muss, auch wenn man sich nur im Transit aufhält, vorab die **ESTA-Genehmigung** *für die Einreise in die USA einholen (s. S. 88).*

Inlandsflüge
Wer wenig Zeit hat kann auch entlegenere Orte mit den beiden Inlandsfluggesellschaften Sansa (www.flysansa.com) und Nature Air (www.natureair.com) erreichen. Die Flüge dauern höchstens 50 Min., die Kosten für ein Hin- und Rückflugticket lieben bei 75–120 US$. Wer plant viel zu fliegen kann die Anschaffung des **Nature Air Pass** in Erwägung ziehen. Mit diesem kann man für 7 (309 US$) oder 15 Tage (529 US$) so oft fliegen wie man möchte. Buchung vorab erforderlich (reservations@natureair.com, ☎ 2299 6000).

Mietwagen
Ein normales Auto kostet ca. 250 US$ pro Woche (z. B. außerhalb der Hochsaison bei Dollar Rent A Car für einen Suzuki Celerio, 1.000 cc oder Hyundai Accent). Die Tarife internationaler Firmen liegen höher, wie auch die Preise für ein geländegängiges Fahrzeug (ab 500 US$ pro Woche). Wichtig ist darauf zu achten, welche Versicherungen eingeschlossen sind. Ein GPS kostet ca. 10 US$/Tag und ist eine durchaus lohnende Investition.
An den wichtigen Autobahnen sind **Mautstationen** eingerichtet, die Preise liegen bei 1–4 US$. Es empfiehlt sich, immer etwas Kleingeld dabeizuhaben und die Quittung aufzubewahren. Ein Liter Superbenzin kostet umgerechnet ca. 1,10 Euro, ein Liter Diesel ca. 1 Euro.

Bus
Der Bus ist das gängigste und bei weitem günstigste Verkehrsmittel im Land. Lokale Busse kosten selten mehr als 1 US$, die normalen Fernstreckenbusse nicht mehr als 15 US$. Wer es etwas komfortabler haben möchte und mit den klimatisierten Minibussen von Hotel zu Hotel gefahren werden möchte, zahlt z.B. für die Strecke San José – Santa Teresa oder Monteverde 50 US$.

Taxi
Offizielle Taxis sind rot und haben ein orangenes Dreieck auf der Tür. Für kurze Strecken sollte der Taxameter eingeschaltet werden. Für den ersten Kilometer zahlt man 1,15 US$. Für lange Strecken oder Tagesausflüge sollte ein Festpreis vereinbart werden. Eine Fahrt nach Alajuela kostet z.B. ca. 20 US$, nach Heredia 15 US$.

Aufenthaltskosten

Pauschalangebote
Sowohl Mietwagen- als auch Gruppenrundreisen kann man in Deutschland buchen. Eine 17-tägige Tour von Küste zu Küste als Selbstfahrer mit dem Mietwagen und komfortablen Unterkünften kostet ca. 1.300 € p.P. (ohne Flug), eine Gruppenreise

für den gleichen Zeitraum ca. 3.000 € (inkl. Flug), eine „Highlights"-Tour in 9 Tagen ca. 2.200 € (inkl. Flug), eine Kleingruppentour mit deutschsprachiger Reiseleitung in 11 Tagen ca. 1.200 € (ohne Flug). Bei einem Preisvergleich sollte man immer die eingeschlossenen Leistungen (Mahlzeiten, Ausflüge) vergleichen.

Unterkunft

Costa Rica ist im Vergleich zu den zentralamerikanischen Nachbarstaaten ein eher teures Reiseland, im Vergleich zu Europa aber doch günstiger. Die Auswahl an Unterkünften ist groß und hat für jeden Geldbeutel etwas im Angebot. Wer keinen Wert auf Komfort, warmes Wasser zum Duschen oder ein eigenes Bad legt, kann in einfachen Cabinas bereits für ca. 15 US$ nächtigen. Ein Bett in Mehrbettzimmern ist z.T. schon für 9 US$ zu haben. Gästehäuser, Bed & Breakfast oder ein ordentliches kleines Hotel liegen bei 50–90 US$. Auch die amerikanischen Ketten wie Hilton oder Four Seasons sind an den Stränden vertreten (ab 150 US$). Am oberen Ende der Skala rangieren Luxuslodges im Regenwald, die (mit Vollpension und Aktivitäten) ab 180 US$ p.P. pro Nacht kosten.

Grundsätzlich kann davon ausgegangen werden, dass Unterkünfte der Kategorie „mittlere bis teure Preisklasse" in allen Orten anzutreffen sind, was für die anderen Kategorien nicht generell zutrifft.

$$$$$ Super Luxus, ab 250 US$ $$ mittlere Preisklasse, 15–50 US$
$$$$ Luxus, 150–250 US$ $ preiswert, weniger als 15 US$
$$$ teuer, 50–150 US$

Wichtiger Hinweis

*Bei den ausgezeichneten Preisen bei Hotels und Restaurants sollte man darauf achten, ob die **Steuer von 13 %** (und bei Restaurants der Service, meist 10 %) schon im Preis eingeschlossen sind. Ansonsten kann sich der Preis auf der Rechnung deutlich erhöhen. Zudem werden von einigen Unterkünften bei **Zahlung mit Kreditkarte** Zuschläge von bis zu 10 % fällig – auch danach sollte man sich vorher erkundigen. Während in den touristischen Orten die Zahlung mit Karte mittlerweile recht verbreitet ist, gibt es auch noch viele Unterkünfte (v.a. die günstigeren), die **keine Kreditkarten** akzeptieren. Daher sollte man im Zweifelsfall immer ausreichend Bargeld dabeihaben.*

Essen und Trinken

Überall im Land findet man die kleinen Restaurants, die lokale Küche servieren. In diesen *sodas* kann man ein Gericht für 4–6 US$ bekommen. In den größeren Städten und den beliebten Strandorten bekommt man von Sushi und Fisch über Pizza, Pasta und Steak alles, die Preise liegen für ein Hauptgericht bei 10–20 US$.

Eintritt/Touren

Der Eintritt zu den **Nationalparks** beträgt zzt. je 10 US$, soll 2014 aber angehoben werden. Die Eintritte zu privaten Schutzgebieten variieren, je nachdem ob eine geführte Tour inklusive ist muss man mind. 15–20 US$ rechnen. Für Aktivitäten wie Canopy, Rafting oder Kajak muss man mit 40–70 US$ veranschlagen, ein Tauchausflug liegt bei 150–200 US$. Die Eintrittspreise zu **Museen**, die nennenswert nur in San José zu finden sind, liegen bei 5–10 US$.

Routenvorschläge

Costa Rica ist zwar flächenmäßig klein, aber enorm vielfältig. Trotz der geringen Entfernungen sollte man die Reisezeit nicht unterschätzen – die Straßen sind oftmals nicht die besten, und auch mit GPS wird man sich das eine oder andere Mal verfahren.

Die im Folgenden vorgestellten Routen richten sich an Leute mit eher weniger Zeit – an jedem Ort lohnt es sich, mehrere Tage zu verbringen und Strand und Nationalparks zu genießen. Auf der anderen Seite kann man natürlich durch Auslassen bestimmter Orte die Reisezeit deutlich verkürzen.
Als Alternative zur Rundreise kann man sich auch 2–3 strategisch günstig gelegene Unterkünfte suchen und von dort aus Ausflüge in die Umgebung unternehmen. Das kann zwar mit längeren Anfahrtswegen verbunden sein, dafür muss man nicht so oft umziehen.

Route 1: Von San José an die Karibikküste
Dauer: 12 Tage
Routenverlauf: San José, Nationalpark Braulio Carrillo, Guápiles, Siquirres, Nationalpark Tortuguero, Parismina, Limón, Nationalpark Cahuita, Puerto Viejo (de Talamanca), Refugio Nacional de Vida Silvestre Gandoca-Manzanillo, Sixaola, retour über Bribrí und Siquirres nach Turrialba, Archäologiepark Monumento Nacional Guayabo, Nationalpark Volcán Turrialba, Orosí, Cartago, San José

Tag	Etappe / Übernachtung	Sehenswertes	Ausflüge zu außerhalb gelegenen Sehenswürdigkeiten	Infos ab S.
1	San José	Stadtrundgang u. a. über Nationaltheater, Plaza de la Cultura, Parque España, Zoo, Chinatown. Gold-, Jade-, Kunst-, Kinder- u. Nationalmuseum, Friedhöfe	Parque Diversiones/ Pueblo Antiguo	S. 145
2	Nationalpark Braulio Carrillo, Guápiles, Siquirres	Wanderungen im Park, Rainforest Adventures	Río Reventazón, Nationalpark Barbilla	S. 227
3–4	Nationalpark Tortuguero	Strand, Ausstellungen, Parkbesuch, Wasserwanderwege, Schildkrötenbeobachtung		S. 526
5	Parismina, Limón	Schildkrötenbeobachtung, Parque Vargas, Markthalle, Karneval	Uvita (Kolumbusinsel)	S. 532
6	Nationalpark Cahuita	Parkbesuch, Strand	Kakaomuseum, Buttercup Center (Faultierstation), Reserva Biológica Hitoy Cerere	S. 546

7	Puerto Viejo (de Talamanca)	Strände	Refugio Nacional de Vida Silvestre Gandoca-Manzanillo, Sixaola, Reserva Indígena Kékoldi, Fahrt durch Bananenplantagen, Bribrí, Ausflug nach Bambú und/oder Shiroles	S. 549
8–9	über Siquirres nach Turrialba	Stadtrundgang, Markthalle, Freimaurerloge, Botanischer Garten	Amphibian Research Center, Archäologiepark Monumento Nacional Guayabo, Raftingtour, Nationalpark Volcán Turrialba	S. 213
10	Orosí	Kolonialkirche, Museum kirchlicher Kunst, Thermalschwimmbad	Ujarrás, Kaffeeplantagen	S. 205
11	Cartago	Basilika, Kirchenruine	Nationalpark Volcán Irazú	S. 199
12	San José			

Route 2: Von San José in den Südwesten zur Peninsula de Osa und zur Pazifikküste

Dauer: 17 Tage

Routenverlauf: San José, Cartago, Nationalpark Los Quetzales, San Isidro de El General, Nationalpark Chirripo, San Vito, Ciudad Neily, Golfito, Puerto Jiménez, Nationalpark Corcovado, Bahía Drake, Sierpe, Palmar, Uvita, Nationalpark Marino Ballena, Dominical, Quepos, Jacó, Alajuela, Heredia, San José

Tag	Etappe / Übernachtung	Sehenswertes	Ausflüge zu außerhalb gelegenen Sehenswürdigkeiten	Infos ab S.
1	San José	s. Route 1		S. 145
2	Cartago	Basilika, Kirchenruine, Museum, Markt, Friedhof	Nationalpark Volcán Irazú, Ausflug nach Orosí	S. 199
3	über Nationalpark Los Quetzales und San Isidro de El General nach San Gerardo de Rivas	Parque Central, Thermalquellen	Boruca (Fiesta de los Diabolos)	S. 454
4–6	Nationalpark Chirripo	Aufstieg von San Gerardo aus		S. 456
7	über San Vito und Ciudad Neily nach Golfito	italienische Kolonie, Relikte der United-Fruit-Company-Zeit, Strandausflüge	Jardín Botánico Wilson, Höhlen, Ölpalmenplantagen, Refugio Nacional de Vida Silvestre Golfito	S. 470 S. 480
8	über Puerto Jiménez, Cabo Matapalo und Carate zum Nationalpark Corcovado	Strände	Bootsfahrt nach Puerto Jiménez	S. 497
9–11	Nationalpark Corcovado	Wanderungen ab/bis Sirena		S. 497
12	Bahía Drake	Strand		S. 504

13	über Sierpe nach Palmar		Bootsfahrt nach Sierpe, Bananenplantagen, Museum Finca 6 (Steinkugelmuseum) Humedal Nacional Térraba Sierpe	S. 462
14–15	über Uvita, den (Meeres-) Nationalpark Ballena, Dominical und Quepos nach Jacó		Reserva Biológica Isla del Caño, Strände, Refugio Nacional de Vida Silvestre Hacienda Barú, Nationalpark Manuel Antonio, Afrikanische Ölpalmenplantagen, Nationalpark Carara	S. 410
16	Alajuela und Heredia	Zoo Ave, Kathedrale, Museum, Parque Central, El Fortín, Adobe-Häuser	Nationalpark Volcán Poás Barva	S. 180 S. 171
17	San José			

Route 3: Von San José nach Guanacaste

Dauer: 19 Tage

Routenverlauf: San José, Alajuela, Grecia, Naranjo, San Ramón, Zarcero, San Carlos (Ciudad Quesada), La Fortuna, Nationalpark Volcán Arenal, Nuevo Arenal, Tilarán, Monteverde, Cañas, Liberia, Nationalpark Rincón de la Vieja, Nationalpark Santa Rosa, über Puntarenas zurück nach San José

Tag	Etappe / Übernachtung	Sehenswertes	Ausflüge zu außerhalb gelegenen Sehenswürdigkeiten	Infos ab S.
1	Anreise			
2	San José	s. Route 1		S. 145
3	Alajuela	Zoo Ave, Kathedrale, Museum, Parque Central	Nationalpark Volcán Poás Barva	S. 180
4–6	über Grecia, Naranjo, San Ramón, Zarcero und San Carlos (Ciudad Quesada) nach La Fortuna	Schlangenfarm, Basilika mit Grotte, Kaffeetour, Centro Cultural e Histórico José Figueres, Wandmalereien	Nationalpark Juan Castro Blanco, Kunsthandwerkerdorf Sarchí, Kaffeeplantagen, Nationalpark Volcán Arenal, Wasserfall Cascada La Fortuna	S. 180 S. 194 S. 269
7–8	über Nuevo Arenal, Tilarán	Kirche, Parque Central, Calle Central	Arenalsee	S. 265
9–11	Von Tilarán nach Monteverde / St. Elena	Nebelwald		S. 252
12–13	Von St. Elena über Cañas und Bagaces nach Liberia (evtl. Übernachtung in Bijagua)		Nationalpark Volcán Tenorio/Río Celeste	S. 280 S. 294
14–15	Nationalpark Rincón de la Vieja	Wanderungen		S. 299

16–17	Nationalpark Santa Rosa	Wanderungen, Strand		S. 305
18	Puntarenas	Strandpromenade, Meeresmuseum, historische Holzhäuser	ehemalige Gefängnisinsel Isla de San Lucas	S. 374
19	San José			

Route 4: Von San José auf die Halbinsel Nicoya und nach Norden

Dauer: 22 Tage
Routenverlauf: San José, Puntarenas, Paquera, Tambor, Cóbano, Montezuma, Reserva Natural Absoluta Cabo Blanco, Mal País/Santa Teresa und retour nach Paquera, Nicoya nebst Abstecher zu den Stränden um Nosara und Sámara, Santa Cruz nebst Abstecher zu den Stränden um Tamarindo, Flamingo und Coco, Liberia, Cañas, Las Juntas de Abangares, Santa Elena/Monteverde, Tilarán, Upala, Refugio de Vida Silvestre Caño Negro, Los Chiles und über San Carlos (Ciudad Quesada) zurück nach San José

Tag	Etappe / Übernachtung	Sehenswertes	Ausflüge zu außerhalb gelegenen Sehenswürdigkeiten	Infos ab S.
1	San José	s. Route 1		S. 145
2	Puntarenas	Strandpromenade, Meeresmuseum, historische Holzhäuser	ehemalige Gefängnisinsel Isla de San Lucas	S. 374
3–5	über Paquera, Tambor, Cóbano, Montezuma, zur Reserva Natural Absoluta Cabo Blanco sowie nach Mal País/Santa Teresa und retour nach Paquera/ Puntarenas	Fährfahrt Puntarenas-Paquera, Strände, Fiestas Cívicas, Filmfestival, Wasserfälle, Surfstrände	Refugio Nacional de Vida Silvestre Curú	S. 381
6–8	Strände um Nosara und Sámara, Nicoya	Kirche, Strand	Nationalpark Barra Honda mit Höhlen	S. 364
9–11	Strände um Tamarindo, Flamingo und Coco nebst dem (Meeres-) Nationalpark Las Baulas	Strände, Surfen, Schildkrötenanlandungen	Nationalpark Diriá, Guaitíl	S. 340
12	Liberia	Kirche, Parque Central, Calle Central	Nationalpark Rincón de la Vieja – Sector Las Pailas	S. 294
13	über Cañas und Las Juntas de Abangares nach Santa Elena/ Monteverde	Thermalquelle	Nationalpark Palo Verde, Ecomuseo Las Minas de Abangares	S. 248

14–16	Santa Elena/ Monteverde	Museen, Schmetterlings-farm, Käsefabrik	Canopy- und Reittouren, Reserva Biológica del Bosque Nuboso Monteverde, Reserva Bosque Nuboso Santa Elena	S. 252
17–19	über Tilarán und Upala nach Los Chiles		Arenalsee, Refugio de Vida Silvestre Caño Negro	S. 319
20–22	über San Carlos (Ciudad Quesada) zurück nach San José		Nationalpark Volcán Arenal, Wasserfall Cascada La Fortuna	S. 269 S. 325

Route 5: „Kaffeetour" durch das Zentrale Hochland
Dauer: 12 Tage
Routenverlauf: San José, San José, Ojo de Agua, San Ramón, Naranjo, Sarchí, Grecia, Alajuela, Nationalpark Volcán Poás, Heredia, Cartago, Nationalpark Volcán Irazú, Jardines Lankester, Orosí, Ujarrás

Tag	Etappe / Übernachtung	Sehenswertes	Ausflüge zu außerhalb gelegenen Sehenswürdigkeiten	Infos ab S.
1	San José	s. Route 1		S. 145
2–4	über San Ramón, Naranjo, Sarchí und Grecia nach Alajuela	Schlangenfarm, Basilika mit Grotte, Kaffeetour, Centro Cultural e Histórico José Figueres, Wandmalereien, Kunsthandwerker	Nationalpark Juan Castro Blanco, Kaffeeplantagen, Ojo de Agua	S. 194
5–6	Alajuela	Zoo Ave, Kathedrale, Museum, Parque Central	Nationalpark Volcán Poás	S. 180
7	Heredia	Parque Central, El Fortín, Adobe-Häuser	Barva, Kaffeetour	S. 171
8–9	Cartago	Basilika, Kirchenruine, Museum, Markt, Friedhof	Nationalpark Volcán Irazú, Nationalpark Tapantí-Macizo Cerro de la Muerte	S. 199
10–12	Orosí, Rückfahrt nach San José	Kolonialkirche, Museum kirchlicher Kunst, Thermalschwimmbad	Ujarrás, Kaffeeplantagen	S. 205

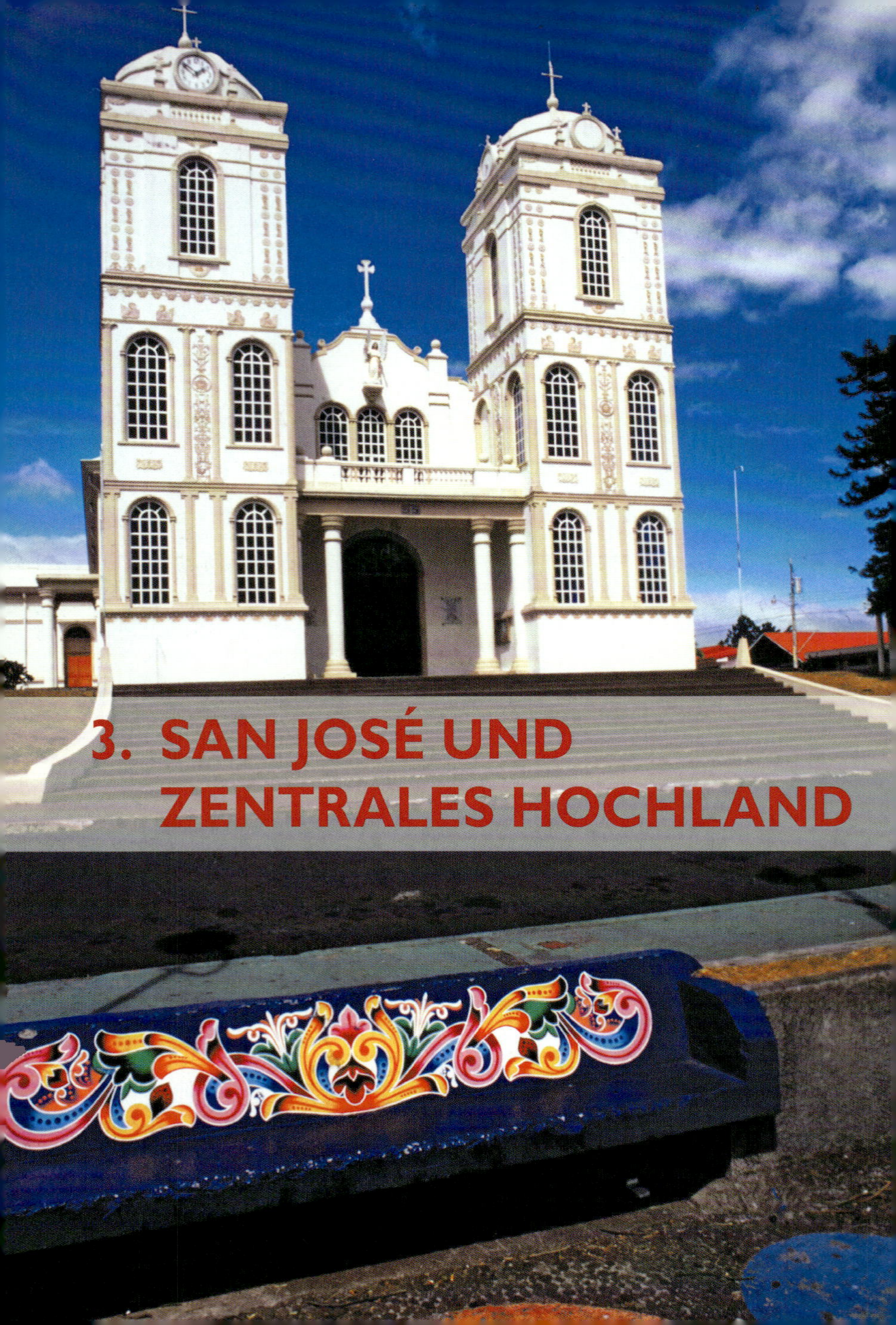

3. SAN JOSÉ UND ZENTRALES HOCHLAND

San José

San José ist die **Hauptstadt** Costa Ricas. Diesen Status errang die Stadt erst nach der Unabhängigkeitserklärung des Landes von Spanien im Jahre 1821 und musste hierfür mehrmals mit Cartago, der alten kolonialzeitlichen Provinzhauptstadt, im wahrsten Sinne des Wortes die Klingen kreuzen.

Die Stadt liegt im zentralen Hochland in über 1.100 m Höhe und hat so nahezu das ganze Jahr über ein gemäßigtes Klima. Fast alle größeren Straßen des Landes führen in oder über die Stadt. Offiziell weist die Hauptstadt weniger als 400.000 Einwohner auf (1950 lebte gerade einmal ein Viertel dieser Zahl dort). Dies ist auf den ersten Blick aus dem Fenster des anfliegenden Flugzeugs kaum zu glauben, liegt aber daran, dass umliegende Gemeinden wie etwa Curridabat oder Moravia inzwischen de facto mit dem Hauptstadtkanton zusammengewachsen sind, sodass man eigentlich von einem **Groß-San José** sprechen müsste, welches fast schon als eine Millionenstadt figurieren könnte. Touristisch hat San José nicht allzuviel zu bieten. Vor allem fungiert die costa-ricanische Hauptstadt als **zentraler Ausgangsort** vieler größerer und kleinerer Exkursionen in das Land.

Geschichte

San José wurde erst Anfang des 18. Jh. gegründet. Anlass war eine Anordnung des Cabildo de León in Nicaragua, eine Einsiedelei in der Gegend von La Boca del Monte zu errichten, welche sich den Heiligen Josef zum Schutzpatron erwählte. Hiervon leitet sich der Name San José her. Man wollte durch dieses Kirchlein den verstreut siedelnden Einwohnern des

Redaktionstipps

➤ Ein Besuch im **Mercado Central** gehört zu einem Besuch San Josés dazu (s. S. 155).
➤ Das **Goldmuseum** unter der Plaza de la Cultura ist sicher eines der beeindruckendsten des Landes (s. S. 157), auch das **Jademuseum** (s. S. 152) lohnt einen Besuch.
➤ Das **Teatro Nacional** wurde einst von den Kaffeebaronen erbaut, um die „europäische Kultur" nach Costa Rica zu bringen (s. S. 156).
➤ Wer nicht unbedingt im Zentrum von San José übernachten möchte, dem bieten sich im nahe dem Flughafen gelegenen **Alajuela** und Umgebung schöne Unterkünfte an (s. S. 182).

Blick auf die Hauptstadt

Valle de Aserrí ein Zentrum bieten. In den ersten Jahren stand der Wassermangel dem Entstehen einer richtigen Siedlung entgegen. Erst das Errichten einfacher Kanäle führte zu einem Ende der Stagnation. Im letzten Viertel des 18. Jh. mit Übertragung des zentralamerikanischen Tabakmonopols an Costa Rica errichtete man in San José die die Tabakökonomie verwaltende *Factoría de Tabacos.*

Dieser Schritt stellte die Initialzündung für den Aufstieg der Stadt dar. Schon 1813 wurde der Ort dann in den Rang einer mit einem „Rat" versehenen Stadt erhoben. Damit befand man sich mit Cartago, Heredia und Alajuela auf einer Stufe. Das prosperierende San José entwickelte sich zur Heimstatt der liberalen Kräfte, die in Opposition zu den konservativen Gruppierungen standen. Nach der Unabhängigkeitserklärung des Landes sah ein *ley de la ambulancia* genanntes Gesetz vor, dass die vier Städte reihum die Funktion der Hauptstadt ausüben sollten.

Heimat der Liberalen

Schon wenig später brach ein **Bürgerkrieg** zwischen den Liberalen und den Konservativen aus, in welchem letztere 1823 bei Ochomogo besiegt wurden. San José nutzte diesen Sieg dazu aus, sich als permanente Hauptstadt zu etablieren. Zwar verlor man diesen Status in den 30er-Jahren vorübergehend, doch mit der Machtergreifung von Braulio Carrillo konnte man sich diese Vorrangstellung gegenüber den anderen Städten dann endgültig sichern.

Sehenswertes

👉 **Hinweis**
Die Öffnungszeiten diverser Museen wechseln in San José nicht eben selten. Da die Telefonnummern dieser Institutionen für gewöhnlich eine längere Halbwertszeit aufweisen, wurden sie jeweils mit angegeben.
Das Zentrum von San José lässt sich gut zu Fuß erkunden. Vom Autofahren wird wegen des dichten Verkehrs in der Innenstadt eher abgeraten.

Museo Nacional de Costa Rica (1)

Das Nationalmuseum befindet sich in der alten Bellavista-Kaserne. Mit dem Verbot der Armee als ein Resultat des vorausgegangenen Bürgerkrieges 1948 verlor das Gebäude seine Funktion. Die mehr oder weniger kunstfertig konservierten Einschusslöcher an den Außenwänden des Museumsgebäudes sind ein historisches Relikt jener Zeit.

Die Ausstellung beginnt mit der Besiedelung der Region in den Jahren 10000 bis 8000 v. Chr. und der Darstellung der unterschiedlichen Kulturregionen des Landes. Interessant sind die aus dem ersten Jahrtausend v. Chr. stammenden „Knochenpakete". Sie sind das Ergebnis einer Sekundärbestattung, die erst dann in die *Grab-* Wege geleitet wurde, nachdem alles Fleischliche von den Knochen abgefallen war. *traditionen* Die ab dem 3. Jh. n. Chr. einsetzenden Hierarchisierungsprozesse finden ihren Niederschlag in unterschiedlichen Arten von Bestattungen, die man im Museum dokumentiert. Seit dem 8. Jh. bis zum Auftauchen der Spanier im Laufe des 16. Jh. wandelten sich einzelne zuvor lediglich lokal bedeutsame Zentren zu Machtzentren,

Das Nationalmuseum befindet sich in einer ehemaligen Kaserne

San José Innenstadt

(map of San José city center with numbered points of interest and labels including: Tournon, Río Torres, Parque Zoológico Simón Bolívar, Otoya, Avenida 9, Avenida 11, Avenida 7, Amon, Museo TEORIéTica, Museo del Jade, Casa Amarilla, Banco Nacional, Museo Filatélico, Iglesia del Carmen, Escuela Metálica, Parque España, Centro Nac. de la Cultura, Avenida 5, Avenida 3, Parque Morazán, Paseo de Las Damas, Bibl. Nac., Mercado Central, Los Presentes, Correo Central, Rogelio Fernández Güell, Eladio Prado Sáenz, Monumento Nac., Parque Nac., Tribunal de Elecciones, Teatro Melico Salazar, Museo de Oro, Pl. de la Cultura, Castillo Azul, Avenida 2, Avenida Central, Teatro Nacional, Plaza de la Democracia, Museo Nacional, Parque Central, Catedral Metropolitana, Volcán Irazú, Centenario, Iglesia La Soledad, Chinatown, Avenida 4, Avenida 6, Pl. de las Garantías Sociales, Plaza de las Artes, Transtusa (Turrialba), Castro, Madriz)

★ Sehenswürdigkeiten

1 Museo Nacional
2 Asamblea Legislativa und Castillo Azul
3 Monumento Nacional
4 Parque Nacional
5 Antigua Estación al Atlántico
6 Museo Dr. Rafael Angel Calderón Guardia
7 Centro Nacional de la Cultura / Museo de Arte y Diseño Contemporáneo
8 Museo del Jade
9 Casa Amarilla
10 Zoológico Simón Bolívar
11 Museo de los Niños y Galería Nacional
12 Escuela Metálica
13 TEOR/éTica
14 Correo Central / Museo Filatélico
15 Mercado Central
16 Teatro Melico Salazar
17 Catedral Metropolitana
18 Teatro Nacional
19 Plaza de la Cultura / Museo del Oro/Museo de Numismática
20 Museo del Colegio Superior de Señoritas
21 Chinatown

🔟 Essen & Trinken*

6 Vishnu
7 Café del Teatro
8 Kalú
9 Café (und Galerie) Lado
10 Del Mar Restaurant
12 Café de la Posada

🔟 Unterkünfte*

6 Garden Court Express
7 Pensión Bani
8 Cocoon Hotel
9 Hotel Galaad
10 Pension Otoya
11 Gran Hotel Costa Rica
12 Aurola Holiday Inn
13 Hotel Don Carlos
15 Hotel Casa León
16 Posada del Museo

N

0   200 m

- - - - Rundgang, mit Alternative

© graphic

* weitere Restaurants und Unterkünfte siehe Umschlagklappe hinten

Rätselhafte Granitkugeln

die eine ganze Region unter ihre Herrschaft bringen konnten. Dieser Prozess findet seinen Ausdruck in dem Beginn der Goldverarbeitung und in der Anlage größerer Ortschaften, die mit einer vollständigen Infrastruktur wie zentralen Plätzen, Straßen, Schutzmauern und Aquädukten versehen waren. In jener Zeit wurden auch bis zu mannshohe Statuen geschaffen und nicht zuletzt auch jene rätselhaften großen Granitkugeln hergestellt, die vor allem im Diquís-Delta gefunden wurden. Die Bedeutung der Steinkugeln, die bis zu 15 t schwer sind, ist noch nicht geklärt. Einige Forscher nehmen an, dass sie bei Begräbnisstätten oder auf öffentlichen Plätzen aufgestellt worden waren. Andere Theorien sehen sie als bloße Statussymbole, wieder andere gehen davon aus, dass sie Hilfsmittel bei der Himmelsbeobachtung waren. Aber in jener Zeit wurden nicht nur diese Steinkugeln hergestellt, deren Exaktheit bemerkenswert ist, sondern auch Steinscheiben mit bis zu 2,5 Metern Durchmesser, von denen eine im Museum ausgestellt ist.

Weitere Säle beherbergen die Goldschätze des Museums und stellen die Lebensverhältnisse des kolonialen Costa Ricas dar. Auf dem ehemaligen Schießplatze wurde ein Schmetterlingsgarten eingerichtet.
Museo Nacional, *C. 17 zw. Av. 2 und Av. Central, Di–Sa 8.30–16.30, So 9.30–16.30 Uhr, ☎ 2257 1433, www.museocostarica.go.cr, 8 US$.*

Schmetterlingsgarten

Die **Plaza de la Democracia** erstreckt sich zwischen der C. 13 und der C. 15, unterhalb des Nationalmuseums. Hier befindet sich ein Handwerksmarkt (*Mercado de Artesanía*).

Rund um den Parque Nacional

Das nächste bedeutendere Gebäude, das man in der C. 17 linkerhand passiert, ist der **Sitz des Parlaments (Asamblea Legislativa)**. Während das eigentliche Parlamentsgebäude erst Ende der 1950er-Jahre entstand, wurde das in Blau und Weiß gehaltene **Castillo Azul (2)** bereits ein halbes Jahrhundert früher erbaut. Hier residierte zeitweilig der Präsident des Landes und zu anderen Zeiten ein de facto mit vergleichbarer oder sogar größerer Macht ausgestatteter Mann: der Botschafter der USA. Heute wird dieser historische Bau hauptsächlich von der Regierung in Beschlag genommen (*Mo–Fr 8–16 Uhr, ☎ 2243 2000, Führungen über ☎ 2243 2545*). Dem Castillo Azul gegenüber hat ein Projekt des Goethe-Instituts die Außenmauern in Beschlag genommen und mit **Sprayerkunst** verschönert.

Mächtige USA

Straßenkunst in San José

Das Monument im Parque Nacional erinnert an die Schlacht von Rivas

Im Parlamentsgarten kann man das **Monumento Nacional (3)** bewundern, die nahezu unvermeidliche Statue des Nationalhelden Juan Santamaría in stürmischer Pose. Zwei über dem Eingangsportal befindliche Steinkugeln stellen eine Reminiszenz an die präkolumbianische Kultur des Landes dar. Nördlich daran schließt sich der **Parque Nacional (4)** an. In dem Park hat man Gelegenheit, lateinamerikanischen Unabhängigkeitskämpfen und deren Helden zu gedenken. Zentrales Monument ist das an die Gefechte von Rivas am 11. April 1856 – bei dem bzw. in dessen Folge Juan Santamaría sein Leben verlor – und an das Gefecht von Santa Rosa am 20. März 1856 erinnernde Schlachtendenkmal, bei dem allerdings kräftig übertrieben wird. In Wahrheit war es wenig mehr als eine Schießerei von 10- bis maximal 15-minütiger Dauer.

Westlich des Parks liegt das Oberste Wahlgericht (*Tribunal Supremo de Elecciones*). Nordöstlich findet man die 1908 fertig gestellte Bahnstation **Antigua Estación de Ferrocarril al Atlántico (5)**. Von hier fuhren ursprünglich die Züge nach Limón. Der Zugverkehr in die Karibik wurde in den 1990er-Jahren eingestellt, da ein Teil der Strecke bei Erdbeben zerstört und durch einen Erdrutsch begraben wurde. Seit 2005 arbeitet man an einer Reaktivierung des Eisenbahnverkehrs. Vom Atlantischen Bahnhof kann man momentan nach Heredia und Cartago gelangen, ein weiterer Ausbau soll in Planung sein. Im ehemaligen Bahnhof ist heute der **Espacio Cultural Carmen Naranjo** untergebracht, in dem Literaturseminare angeboten werden. Das einstige Eisenbahnmuseum ist bis auf weiteres geschlossen.

Präsidenten-Museum

Am östlichen Ende der Station – kurz vor der C. 23 – steht man vor der Büste des 1831 in der Provinz Guanacaste geborenen Generals Tomás Guardia Gutiérrez. Dieser putschte einst am 27. April 1870 gegen den Präsidenten Jiménez. Kurz nach seiner Machtübernahme hatte er begonnen, auf die Eröffnung einer Eisenbahnlinie zur Atlantikküste hinzuarbeiten. Wer sich für die ehemalige Stadtresidenz dieses Präsidenten interessiert, kann diese in der C. 7 in Augenschein nehmen. Heute ist das Hotel Don Carlos in diesen Räumlichkeiten untergebracht. Zudem wurde in seinem ehemaligen Wohnhaus das **Museo Dr. Rafael Angel Calderón Guardia (6)** im Barrio Escalante in der Nähe der Iglesia Santa Teresita (ca. 150 m entfernt) eingerichtet, das sich seinem Leben widmet. Daneben finden Wechselausstellungen statt.
Museo Calderón Guardia, *Av. 11, C. 25 und 27,* ☎ *2222 6392, Mo–Sa 9–17 Uhr, frei.*

Zurück auf der Av. 3 gelangt man zum Gebäude der **Nationalbibliothek** (*Biblioteca Nacional*), die sich gegenüber einer ehemaligen Schnapsfabrik befindet, in dem heute das **Centro Nacional de la Cultura (7)** untergebracht ist. Dieses beherbergt im Block zwischen Av. 3 und 5 sowie C. 13 und 15 nicht nur Abteilungen des Kulturministeriums (www.mcj.go.cr), sondern auch Theater, eine Freilichtbühne und das **Museo de Arte y Diseño Contemporáneo** bzw. Galería Nacional de Arte Contemporáneo, die der aktuellen Kunst verpflichtet ist.

Museen-komplex

Die Schnapsfabrik wurde als staatliche Monopolfabrik Mitte des 19. Jh. erschaffen. Offizielles Ziel war, durch die Verhinderung des unkontrollierten Schnapsbrennens der Volksgesundheit Gutes zu tun. Ein erfreulicher Nebeneffekt dieser Maßnahme bestand in der Aufbesserung der nahezu chronisch maroden Staatsfinanzen. Mitte der 1970er-Jahre wurde die Produktion von Alkoholika in einer neuen Fabrik in Grecia aufgenommen, 1994 eröffnete das Kulturzentrum.

Museo de Arte y Diseño Contemporáneo, *Av. 3, C. 15,* ☎ *2257 9370, www.madc.cr, Mo–Sa 9.30–17 Uhr, 3 US$ (Mo frei).*

Eingang zur in ein kulturelles Zentrum umgewandelten ehemaligen Schnapsfabrik

Wer von dem Gebäude aus etwas in der Umgebung herumschlendert, speziell in Richtung Av. 7 und 9, findet hin und wieder unter den Gebäuden einige architektonische Kleinode aus den Zeiten des alten San José.

Rund um den Parque España und Parque Morazán

Westlich des zur ehemaligen Schnapsfabrik zählenden Gebäudeensembles schließt sich der kleine **Parque España** an, in dem sich – gegenüber dem Haupteingang zum Centro Nacional de la Cultura – eine Büste der spanischen **Königin Isabella**

Statue des Eroberers von Costa Rica

befindet, auch „die Katholische" genannt und Auftraggeberin von Kolumbus. Im Park finden sich weitere Denkmäler, darunter das des **Juan Vazquez de Coronado**. Die Monumentalstatue ist rund viermal so groß wie die Büste der Königin und soll den eigentlichen Eroberer Costa Ricas ehren. Dieser 1525 geborene Adlige hat die spanische Herrschaft in Costa Rica u.a. durch die Gründung Cartagos 1564 nebst etlicher Expeditionen und Raubzüge maßgeblich begründet.

Nördlich des Parks liegt an der Av. 7 das sehenswerte **Museo del Jade (8)**. Durch die Gestaltung des Gebäudes sollte man sich nicht abschrecken lassen: Es ist tatsächlich ein Museum. Ansonsten beherbergt das Gebäude das Nationale Versicherungsinstitut INS.

Das Museum enthält bei weitem nicht nur Schmuckstücke aus Jade, sondern gibt auch einen Überblick über die **Besiedelung Amerikas** mit einem speziellen Schwerpunkt auf Zentralamerika und insbesondere auf Costa Rica. Es sind Keramiken, einzelne Goldfunde, Mahlsteine und natürlich auch Waffen – einzelne davon aus Jade – im Museum ausgestellt. Es wird ansonsten ein Überblick über das tägliche Leben als auch über die religiösen Vorstellungen der indigenen Völker der Region gegeben. Eine Abteilung ist dem Schamanismus und der Rolle, die die Jade für die Schamanen gespielt hat, gewidmet. Besonders bemerkenswert unter den Ausstellungsstücken ist eine in La Fortuna (San Carlos) gefundene Scheibe, die mit 16 Hieroglyphen der Mayas – die Hieroglyphen stellen zum Teil Logogramme, zum Teil auch reine Silbenzeichen dar – versehen ist. Dies gilt als ein eindeutiger Beweis für die Existenz des Fernhandels in Mittelamerika.

Steinplatte der Mayas

Museo del Jade, im INS-Gebäudes, Ecke Av. 7/C. 9, ☎ 2287 6034, www.portal.ins-cr.com, Mo–Fr 8.30–15.30, Sa 9–14 Uhr, 9 US$.

Sitz des Außenministeriums

Auf der anderen Seite der C. 11 liegt im angrenzenden Gebäudekomplex das Außenministerium, welches in der **Casa Amarilla (9)**, dem Gelben Haus, seinen Sitz hat. Im Hof des costa-ricanischen Auswärtigen Amtes befindet sich übrigens ein Stück der ehemaligen Grenzanlage der DDR. Das Gelbe Haus wurde ursprünglich von dem „geläuterten" Spekulanten und Stahlmagnaten Andrew Carnegie finanziert, damit der Zentralamerikanische Gerichtshof ein adäquates Domizil sein eigen nennen konnte. Da dieses Gericht schon nach wenigen Jahren aufgelöst wurde, fiel es dem costa-ricanischen Staat anheim, der es für seine Repräsentanten bzw. Institutionen in Beschlag nahm. (Einmal wöchentlich wird eine Führung angeboten, zu welcher man sich allerdings vorher anzumelden hat: ☎ *2223 7555.*) Gegenüber dem Haupteingang der Casa Amarilla zieren Kacheln, auf denen die Ansichten alter costa-ricanischer Kirchen verewigt sind, eine kleine Brunnenanlage.

Wo das Ende des costa-ricanischen Militärs besiegelt wurde

info

Von dem Brunnenhäuschen aus bietet sich eine kleine Exkursion an: Steht man vor der Casa Amarilla auf der Av. 7, so geht man diese ca. 200 Meter in östliche Richtung – also weg von dem Museo del Jade – hügelaufwärts. Links liegt nun die mexikanische Botschaft. Sie ist in einem in den 1920er-Jahren entstandenen Gebäude untergebracht, das für costa-ricanische Verhältnisse relativ prachtvoll geraten ist. In seinen Mauern wurde Geschichte geschrieben, als 1948 am Ende des blutigen Bürgerkriegs das Waffenstillstandsabkommen ausgehandelt wurde. Teil dieses Abkommens war zum einen die Übergabe der Macht an die Revolutionskoalition unter José Figueres, zum anderen die Abschaffung der Armee und die grundsätzliche Erhaltung der unter der Koalitionsregierung von Kommunisten und Christdemokraten eingeführten Säulen eines sozialstaatlichen Systems.

Vom Parque España, übrigens dem Ort der öffentlichen Uraufführung der Nationalhymne (1903) des Landes, Richtung Parque Morazán kommt man an der **Escuela Buenaventura Corrales** vorbei. Diese von einem französischen Architekten entworfene, in Belgien gegossene und Ende des 19. Jh. in Costa Rica zusammengeschweißte Schule wird auch **Escuela Metálica (12)** oder Edificio Metálico genannt. Gegenüber dieser „eisernen" Schule liegt der **Parque Morazán**, benannt nach einem ehemaligen Präsidenten Costa Ricas. Sein Monument steht gegenüber dem Aurola Holiday Inn. An exponierter Stelle segenüber dem Eingang grüßt zudem die Statue des „Befreiers Südamerikas", Simon Bolívar, herüber. Der in der Mitte des Parks befindliche Pavillon (**Templo de la Música**) diente früher häufig den musikalischen Darbietungen diverser Kapellen, heute jedoch meist nur noch als Stützpunkt für Vögel. *Mit Büsten bestückter Park*

Abstecher in das Barrio Otoya und Barrio Amon

Vom Parque España geht es die C. 9 (oder C. 11) hinauf, hier kann man einige restaurierte Häuser aus alter Zeit bewundern sowie im naiven Stil bemalte Kacheln mit Motiven aus dem abenteuerlichen Leben Don Quichottes. Vorbei an diversen Verkaufsständchen gelangt man zum Eingang des **Zoológico Simón Bolívar (10)**. Die Büste des Namensgebers steht gleich links neben dem Eingang. Der Zoo ist relativ klein und auf einheimische Tierarten spezialisiert. Wer also in der freien Natur kein Glück hatte, kann sich hier kundig machen (und vielleicht versäumte Fotos nachholen). *Einheimische Tiere*

Zoológico Simón Bolívar, *Ende der Diagonal 11, gleich hinter der Kreuzung der Av. 11 mit der C. 7, http://fundazoo.org/, tgl. 9–14.30, Sa/So bis 15.30, 5 US$.*

Nördlich des Zoos und des Rio Torres liegt das **Centro Comercial El Pueblo** (*www.centrocomercialelpueblo.com*) mit vielen Lokalen und Bars (vor allem abends sollte man sicherheitshalber ein Taxi nehmen). Ein paar Hundert Meter weiter liegt

Brennholzverkauf in der guten alten Zeit

der kleine Schmetterlingsgarten **Spirogyra Jardín de Mariposas** (*tgl. 8–16 Uhr, www.facebook.com/spirogyra.jardindemariposas, 8 US$*).

Restaurierte Wer dem Museo de los Niños einen Besuch abstatten möchte, geht die Av. 9 ent-
Häuser lang Richtung Westen. Auf dem Weg passiert man einige Pensionen und Hotels sowie schön restaurierte alte Häuser (v.a. in der Gegend der Calles 3 bis 7), die mit
im naiven Stil bemalten Kacheln verziert sind und hauptsächlich Motive aus der sogenannten „guten alten Zeit" des ländlichen Costa Rica wiedergeben. An der Ecke
Av. 9 und C. 7 liegt z.B. die **Casa Morazán**. Dies war einst die Residenz des berüchtigten „Bananenbarons" und Eisenbahnmagnaten Keith. Das **Wohnhaus von
Acosta Garcia**, der von 1920–1924 costa-ricanischer Präsident war, befindet sich
in der Av. 11 zwischen C. 7 und 9. Interessanter als das Haus selbst ist vielleicht die

gegenüberliegende Wand mit bemalten Kacheln.
Diese Arbeit hat – nach den Entwürfen des Künst-
lers Echeverria – der Costa-Ricaner Fernando Ma-
tamoros im Jahre 1996 ausgeführt. In unmittelbarer Nähe liegt das Kunstzentrum **Lado V TEOR /
éTica (13)**, das sich als Labor moderner und expe-
rimenteller Kunst sieht (*C. 7. Av. 9 und 11, ☎ 2233
4881, Mo–Fr 9–17, Sa 10–16 Uhr, www.teoretica.org*).

Auf der Av. 9 geht es zum jenseits des Flüsschens
Río Torres gelegenen **Museo de los Niños** und
Galería Nacional (11). Das ehemalige Gefängnis

*Das Kindermuseum befindet sich in einem
ehemaligen Gefängnis*

(erbaut 1908) beherbergt das (nicht nur) für Kinder sehenswerte Museum. Auf dem Platz davor grüßt nicht nur eine Kanone, sondern auch ein Denkmal an den „unbekannten Lehrer". Im Gebäude befindet sich ein restaurierter ehemaliger Zellentrakt, der etwas hochtrabend als **Museo Histórico Penitenciaría** bezeichnet wird, zudem die **Galería Nacional**, in der sehenswerte Wechselausstellungen zu sehen sind (*Mo–Fr 8.30–16.30, Sa/So 9.30–17 Uhr, frei*).

Das eigentliche Kindermuseum enthält nicht nur eine geschichtliche und naturwissenschaftliche Abteilung, in welcher man mitunter selbst aktiv werden und Experimente durchführen kann, sondern auch eine der Kinderrechtskonvention gewidmete Präsentation sowie im Garten eine Kombination aus alten Feuerwehrautos und Teilen eines früher auf der Eisenbahnstrecke nach Puntarenas verkehrenden Zugs. **Museo de los Niños y Galería Nacional**, ☎ 2258 4929, www.museocr.org, Di–Fr 8–16.30, Sa/So 9.30–17 Uhr, 5 US$.

Interaktives Museum

Rund um die Calle Central und Mercado Central

Verlässt man den Parque Morazán auf der Av. 3 Richtung Westen, stößt man an der Kreuzung mit der C. Central auf den „Platz des Zahnziehers", wie der Name **Plaza Tiradentes** zu übersetzen ist. Namensgeber war ein brasilianischer Unabhängigkeitskämpfer, der einige Zeit das Dentistenhandwerk ausgeübt hatte. Seinem Denkmal gegenüber liegt die **Iglesia El Carmen** aus der ersten Hälfte des 19. Jh., deren bunter Stilmischmasch einen kurzen Abstecher empfiehlt.

Geradeaus weiter gelangt man zum **Hauptpostamt** (*correo central*), ein für costaricanische Verhältnisse prunkvoll geschmücktes Gebäude, in welchem im Obergeschoss das **Museo Postal, Telegráfico y Filatélico (14)** beheimatet ist. Es informiert über die Entwicklung des Post- und Fernmeldewesens von Costa Rica. Allzu Spektakuläres darf man allerdings nicht erwarten. **Museo Filatélico**, ☎ 2223 6918, C. 2, Av. 1 und 3, Mo–Fr 8–17 Uhr, 1,5 US$.

Prunkvolles Gebäude

Ebenfalls zwischen der Av. 1 und der Av. 3 an der C. 4 befindet sich die **Banco Nacional de Costa Rica**.

Abstecher zum Mercado Central

Weiter die Av. 3 geht es bis zur C. 8, in die man links hineingeht. In der C. 8 findet werktags ein Obst- und Gemüsemarkt statt. Kommt man auf der C. 8 an die Av. 1, so liegt gleich gegenüber das sich zwischen der C. 8 und der C. 6 und der Av. 1 und der Av. Central erstreckende Gebäude des 1880 gegründeten **Mercado Central (15)**, dessen bunte Stände einen Abstecher lohnen. Diesen durchquerend kommt man dann auf die **Av. Central**, die „Mutter aller costa-ricanischen Fußgängerzonen". Sofern man auf dieser nach links (Osten) geht, kann man sich nun ausgiebig mit Shoppen beschäftigen. Auf der Ecke der C. 1 und der Av. Central befindet sich ein 1914 errichtetes Gebäude, in welchem der deutschstämmige **Großkaufmann Knöhr** sein Geschäft betrieb. Das im neoklassizistischen Stil errichtete Haus steht in gewissem Sinne Pate für etliche Bausünden, die das heutige Costa Rica zieren: Es handelt sich um den ersten unter Einsatz von Zement errichteten Bau des Landes.

Einkaufen auf dem Mercado

In Richtung Osten passiert man zwischen der Av. 1 und der Av. Central (C. 2 und 4) eine Gruppe von Figuren, die ein „**Denkmal an die Leute von heute**" („Los Presentes" von Fernando Calvo aus dem Jahre 1979) bilden. In gewisser Weise stellt diese Gruppe den in Metall gegossenen Mythos von Costa Rica als dem Land der einfachen Bauern dar. Geht man in Richtung auf die Av. 2 passiert man einen Teil der „**Wallstreet**" San Josés, in der sich die Zentralen diverser Bankgesellschaften ballen, was aber die Ansiedlung einiger Souvenirshops nicht verhindert hat.

Große Skulptur

Schräg gegenüber der Kathedrale an der C. Central residiert das **Teatro Melico Salazar (16)**, welches 1979 nach dem 1896 geborenen, in den 1930er-Jahren weltberühmten Tenor Manuel María Daniel Francisco de Paula Salazar Zúñiga benannt worden ist, dem – als er im August 1950 starb – wenig von seinem Ruhm und Geld geblieben war.

Gegenüber der Kirche liegt der **Parque Central**, ein weniger gemütlicher Treffpunkt, da er inmitten des recht regen Auto- und Autobusverkehrs liegt. Zudem wird er von einem tempelartigen „Kiosk" geziert, den in den 1940er-Jahren der ehemalige nicaraguanische Diktator Anastasio Somoza der Stadt San José stiftete. So man diesen Ort besuchen möchte und es zeitlich einrichten kann, sollte die Visite etwa gegen 17 oder 17.30 Uhr erfolgen, da sich um diese Zeit für gewöhnlich ein ganzer Schwarm von Papageien im Geäst der Bäume niederlässt.

Erdbebensichere Kirche

Die **Catedral Metropolitana (17)** wurde anstelle eines kurz vor der Unabhängigkeit des Landes durch ein Erdbeben zerstörten Vorgängermodells Anfang der 1870er-Jahre errichtet. Hier ruhen die Gebeine des langjährigen Präsidenten Tomás Guardia sowie die des Bischofs Thiel. Verwöhnten Kunstliebhabern hat sie nicht übermäßig viel zu bieten, sieht man davon ab, dass man sich bei ihrer Konstruktion bemüht hat, ihr das Schicksal ihrer Vorgängerin zu ersparen, was zu einem insgesamt eher klobigen Gesamteindruck beiträgt. Verlässt man die Kathedrale durch einen Nebenausgang, so steht man vor dem Sendegebäude des Radio Fides, welches unter dem Motto „ein Signal von Gott" auf UKW 93,1 sendet. Gegenüber der Kathedrale zwischen der C. 1 und der C. Central hat im Casa Arzobispal der Erzbischof seinen Sitz.

Rund um die Plaza de la Cultura (19)

Die Av. 2 entlang gelangt man zum einstigen „Ersten Haus am Platze", dem Gran Hotel Costa Rica einerseits und dem Nationaltheater andererseits.

Aus Kaffee-Exporten finanziert

Das **Teatro Nacional (18)** wurde 1897 mit der Aufführung von Goethes Faust eingeweiht und stellte den Stolz der Kaffeebarone dar. Man wollte zur Hebung des kulturellen Niveaus und des allgemeinen Renommees einen an französischen Vorbildern orientierten Prunkbau errichten. Die Finanzierung des ehrgeizigen Projekts erfolgte über eine auf jeden exportierten Sack Kaffee erhobene „Kulturabgabe". Die Art der Finanzierung mag vielleicht dafür verantwortlich gewesen sein, dass im Inneren des Theaters ein enorm großes Kunstwerk mit den Reichtümern des Landes protzt, wobei natürlich der Kaffee die führende Rolle einnahm. Der Künstler nahm sich dabei allerlei Freiheiten heraus – ehrlicherweise sollte man wohl eher von Fehlern reden. So kann der geneigte Besucher beispielsweise „verkehrt herum" wachsende Bananenstauden bewundern oder aber die bildliche Verlagerung der Kaffeeernte an die Küste und somit auf Meereshöhe, was – wenn dies den Realitäten entsprochen hätte – zu einer extrem niedrigen Qualität des Kaffees geführt hätte. Rechts des Theaterfoyers kann man Souvenirs erwerben, links einen Kaffee in (semi-)kolonialer Atmosphäre genießen, die leider durch einen Großbildschirm vor dem Büffet gestört wird.

Teatro Nacional *Av. 2 zwischen C. 3 (wo sich der Haupteingang befindet) und C. 5, ☎ 2221 3756, www. teatronacional.go.cr, Di–Sa von 9 bis 16 Uhr, 7 US$ (geführte Touren starten stündlich).*

Teatro Nacional

Links neben dem Teatro Nacional erstreckt sich die **Plaza de la Cultura**, unter der sich das Goldmuseum (**Museo del Oro** (19)) und das Münzkabinett (**Museo de Numismática**) befinden. Der etwas versteckte Eingang zu diesen Einrichtungen befindet sich in der Straße, die hinter dem Haupteingang des Teatro Nacional die Plaza de la Cultura begrenzt.

Der Besuch beider Museen ist uneingeschränkt zu empfehlen. Man darf sich keine langweilige Aneinanderreihung von Münzen und Goldobjekten aus präkolumbianischer Zeit vorstellen, sondern eine Kombination aus hervorragender Präsentation der Objekte mit einer Vielzahl von Hintergrundinformationen. So wird in der numismatischen Abteilung bspw. auf die Funktion von Kakaobohnen als Zahlungsmittel während der Kolonialzeit – in Ermangelung von kleinen Münzen – eingegangen und die Praxis der Kaffeebarone angeprangert, ihre Arbeiter in einer Art Privatwährung auszuzahlen, die ihnen nur den Einkauf im Laden des jeweiligen Kaffeebarons ermöglichte und so die Abhängigkeit zementierte.

Sehenswerte Museen

Beim **Goldmuseum** wird eine Vielzahl von ethnologischen und historischen Informationen gegeben, die verstehen lassen, warum die präkolumbianischen Bewohner Costa Ricas nicht nur „eintönige" Goldplatten produzierten, sondern in ausgefeilt künstlerischer Manier die sie umgebende Fauna in Gestalt von Jaguaren,

Skorpionen, ja sogar bis hin zu Fledermäusen in Gold reproduzierten. Von Zeit zu Zeit werden Sonderausstellungen präsentiert, die ebenfalls in den unterirdischen Räumlichkeiten Platz finden.

Museo del Oro/ Museo de Numismática, ☎ 2143 4202, www.museosdelbanco central.org, tgl. 9.15–17 Uhr, 11 US$ (für beide zusammen).

Auf der Plaza de la Cultura finden hin und wieder Musik-, Theater- und sonstige Aktionsgruppen sowie diverse Prediger und Hare-Krishna-Propheten ihr Forum.

Fein gearbeitete Kunst im Goldmuseum

An Ständchen oder von fliegenden Händlern wird allerlei zum Verkauf angeboten, meist Kunstgewerbeerzeugnisse aus allen Ecken des ehemaligen spanischen Imperiums, kaum jedoch einheimische Produkte. Die gesamte Szenerie wird von Polizisten auf einem kleinen Wachturm aus überwacht.

☞ **Tipp**
Wer mal eine Pause braucht: Die an der Ecke Av. 1/C. 5 liegende Kneipe **Soda y Restaurante La Vasconia** *zeigt eine Reihe von alten Fotografien, wobei die Motive sehr breit gestreut sind: von Bildern aus den Zeiten des Bürgerkriegs von 1948 bis hin zu Abbildungen diverser Fußballmannschaften ist alles vertreten.*

Zwei Blocks südlich der Plaza de la Cultura liegt das Schulmuseum **Museo Colegio Superior de Señoritas (20)**, das sich in dem Gebäude der altehrwürdigen Bildungsinstitution gleichen Namens befindet. (Av. 4 und 6, C. 3 und 5, Eingang in der C. 3, ☎ 2221 4246). Prinzipiell kann es in der „schulferienfreien" Zeit Mo–Fr 9–14 Uhr betreten werden, doch dürften sich nur wenige die Mühe machen, sich vorab um eine spezielle Erlaubnis bei der Schuldirektion zu bemühen.

Schicksal ehemaliger Präsidenten Gegenüber liegt die **Plaza de las Garantías Sociales** mit einer Statue von Rafael Ángel Calderón Guardia. Der Christdemokrat wurde 1939 zum Präsidenten gewählt und sorgte in einem Bündnis mit dem Führer der kommunistischen Partei Manuel Mora Valverde für die Errichtung des costa-ricanischen Sozialstaatsmodells. Nach dem Bürgerkrieg musste er 1948 nach Mexiko ins Exil gehen. An seinen Gegenspieler, den Sozialdemokrat José Figueres Ferrer, wird auf der Plaza de la Democracia (s. S. 149) gedacht.

Chinatown

Die C. 9 (zwischen Av. 2 und Av. 10) ist jüngst zur Fußgängerzone umgewandelt worden. Sie führt über den wegen der Installation etlicher Kunstwerke in **Plaza de las Artes** umgetauften Platz vor der **Iglesia La Soledad** (eine Besichtigung lohnt nur für Unentwegte), die Mitte des 19. Jh. im (neo-)barocken Stil erbaut wurde. Am nördlichen Ende der Fußgängerzone (Ecke Av. 2) hat man Ende 2012 ein **Chinesentor** errichtet. Damit wollte man dem Umstand Rechnung tragen, dass die Fußgängerzone in einigen Sektoren von chinesischen Läden, Restaurants und Banken dominiert wird. Das sich in diesem kleinen Chinatown inzwischen angesiedelte **Centro Cultural e Educativo Costarricense Chino** bietet nicht nur eine Einführung in die chinesische Kochkunst in Seminarform an, sondern auch Tai-Chi, Mandarin- und Spanischkurse (*www.centroculturalchinocr.com*). Weniger für Touristen interessant, aber weithin als Landmarke bekannt ist die **Casa de los Tornillos**, das „Schraubenhaus", dessen Fassade eine riesige Schraube ziert. Unweit kann man sich sozusagen als Kontrastprogramm einen französischen Crêpe gönnen (s. S. 167). Am südlichen Ende der Straße befinden sich einige Sex-Kinos.

Chinesische Spuren

Rund um den Parque de la Sabana
(→ *Karte in der hinteren Umschlagklappe*)

Der Abstecher in das Gebiet westlich der Innenstadt beginnt an einer etwas versteckten Stelle. An der C. 36 zwischen Av. 2 und 4 liegt ein kleiner Park (**Parque María Auxiliadora**). In einer der Ecken dieser Grünfläche stößt man auf die **Büste des Kaziken Garabito** – oder auch Garavito, der Führer der *huetares* (oder auch *güetares*). Dieses Monument ist das einzige in der Hauptstadt, das an einen der zum Zeitpunkt des Eintreffens der Spanier im Lande lebenden 300.000 bis 400.000 Indianer erinnert. Die indigene Bevölkerung wurde in der Folgezeit nahezu völlig ausgerottet.

Wenn man nun die Av. 2 in Richtung C. 42 (Westen) hinunter geht, so steht man vor dem rechterhand gelegenen ehemaligen Flughafengebäude, welches das **Museo de Arte Costarricense** (Kunstmuseum) beherbergt. Die ständige Ausstellung gibt einen Überblick über das künstlerische Schaffen auch in der Vergangenheit des Landes. Große Schätze der internationalen Kunstwelt darf man allerdings nicht erwarten.

Büste des Kaziken Garabito

Museo de Arte Costarricense

Wechselnde Ausstellungen geben einzelnen Künstlern die Gelegenheit, ihr Werk zu präsentieren.

Museo de Arte Costarricense, ☎ 2256 1281, www.musarco.go.cr, Di–So 9–16 Uhr, US$ 5, So frei.

Der Platz vor dem Museumsgebäude wurde anlässlich des Besuches des spanischen Königs Juan Carlos 1991 in **Plaza V. Centenario** umgetauft und in Erinnerung an die 500 Jahre zurückliegende sogenannte „Entdeckung" Amerikas durch Christoph Kolumbus mit einer kleinen Büste desselben versehen. Die monumentalste Statue an der Plaza ist vom costa-ricanischen Volk für den 1936 zum Präsidenten gewählten **León Cortés** errichtet worden.

Das Museum liegt am Anfang des **Parque Metropolitano La Sabana**. Bis Mitte der 1950er-Jahre befand sich hier der Hauptflugplatz des Landes. Benannt wurde der Park nach einem im Lande tätigen Priester. Heutzutage stellt er ein kleines Naherholungsgebiet dar, das insbesondere am Wochenende von den gestressten

Am Wochenende beliebt Hauptstädtern genutzt wird. Ein See mit Springbrunnen und Spazierwege bieten sich für eine kurze Verschnaufpause an. Dabei können sie sich nicht nur an Produkten moderner Bildhauerarbeit ergötzen, sondern sich auch durch ein Kreuz erbauen lassen, welches an den Aufenthalt des Reisepapstes Wojtyla im Jahre 1983 erinnert. Am westlichen Ende des Parks liegt im Gebäude des Colegio La Salle das **Mu-**

info

Der Präsident und die costa-ricanische Stunde

Mit Hinweis auf Peru, dessen Präsident neulich eine Kampagne für eine höhere Pünktlichkeit seiner Landeskinder gestartet hat, fühlt man sich auch in Costa Rica bemüßigt, gegen die „Unsitte" der sogenannten *hora tica*, will heißen „costa-ricanische Stunde", anzugehen. In diesem Zusammenhang wird rühmend auf das beispielhafte Verhalten des einstigen Präsidenten León Cortés Castro (1936–1940) verwiesen, der – will man den betreffenden Anekdoten Glauben schenken – angeblich mit der Uhr in der Hand auf der Hauptpost erschien war und in dem Falle, dass ein Beamter auch nur fünf Minuten zu spät gekommen war, diesen sofort entließ. Auch bei Straßenbauarbeiten in der Gegend von Vara Blanca soll er einmal zum offiziellen Arbeitsbeginn erschienen sein und, als er nur einen einzigen Arbeiter anstelle von vielen antraf, ebendiesen daraufhin zum *Capo* ernannt haben, während er allen anderen fristlos kündigte. Die erste Aufgabe des neuernannten Baustellenleiters bestand dann darin, Ersatz für die eben Gefeuerten zu finden.

seo de Ciencias Naturales La Salle, das Naturkundemuseum, das einen Besuch aber nicht wirklich lohnt (*Edif. M.A.G.,* ☎ *2232 1306, http://lasalle.ed.cr/museo. php, Mo–Sa 8–15 Uhr, So 9–17 Uhr, 5 US$*).

Vom Park geht es die C. 42 in südlicher Richtung hinunter und nach links in die Av. 10. Vorbei an dem Rathaus – Municipalidad de San José, leider ein Paradebeispiel für hässliche Betonarchitektur, auf deren Vorplatz einige Kunstwerke platziert wurden – und dem Früchte- und Gemüsegroßmarkt kommt man zu dem zwischen der C. 28 und der C. 24 gelegenen Friedhof.

Nicht einmal im Tod sind alle gleich, zumindest nicht in San José, wo es einen vom *Arbeiter-* **Cementerio General** abgesonderten Arbeiterfriedhof, den **Cementerio Obrero**, gibt. Der Besuch sollte keinesfalls versäumt werden, stellt sich doch hier eine gänzlich andere Gedenkkultur dar als man sie ansonsten gewohnt ist. Nicht verpassen sollte man das Gemeinschaftsgrab der *Societá Italiania di Mutuo Soccorso*. Durchaus bemerkenswert ist, dass einige Gräber jeder christlichen Symbolik entbehren. Sehenswert ist eine unter anderem von einer Sphinx bewachte Pyramide ca. 200 Meter rechts vom Haupteingang. Gleich neben diesem überrascht eine Büste Johannes Gutenbergs, die ein Kollektivgrab der in einer mutualistischen Gesellschaft vereinigten Drucker ziert.

☞ **Tipp**

Geht man zunächst nicht auf der Av. 10 weiter, sondern biegt rechts in die C. 28 ein (südwestliche Richtung), so stößt man nach knapp 5 Min. auf die Transversal 24. Diese überquert man und geht auf der gegenüberliegenden Straße, die nun als Av. 16 firmiert, vorbei an dem Cementerio Calvo weiter, bis man auf die von rechts einmündende Av. 16 A stößt, die auf einigen Stadtplänen auch als Av. 24 bezeichnet wird.
*Man geht nun diese entlang und kommt so nach etwa 200 m auf die C. 26, die auf manchen Stadtplänen mitunter auch unter C. 36 zu finden ist. Hier wendet man sich nach rechts und steht nach knappen 100 m vor dem auf der rechten Seite gelegenen jüdischen Friedhof, dem **Cementerio Israelita**. Dessen zentrales Monument ist von dem Comité Yad Vashem errichtet worden und trägt die Parole „Erinnern sei unsere Verpflichtung, »Niemals wieder« unser Schrei." In einem Teil dieses Friedhofs wurden Menschen bestattet, die einst im Vorkriegspolen geboren worden waren und die es dann nach Costa Rica verschlagen hatte.*

Hinter dem Cementerio Obrero liegt der Friedhof der „Oberen Zehntausend", der **Cementerio General**. Im besseren Friedhof finden sich in partiell drangvoller Enge übermannshohe Engelsstatuen, protzige Familiengrüfte, die schon fast kleine Kirchlein abgeben könnten, und die mehr oder weniger idealisierten Büsten längst Verblichener. Anhand der Namen lässt sich erschließen, dass die Mitglieder der deutschen Kolonie in ihrer Mehrzahl sicherlich nicht zu den armen Schluckern gezählt haben. Als Beispiel sei hier auf die Grablege der Familie Rohrmoser, die einem ganzen Viertel von San José ihren Namen gegeben hat, verwiesen.

Zwischen C. 18 und C. 20 liegt – ebenfalls an der Av. 10 – der Friedhof für Ausländer, der allerdings etwas spartanischer gestaltet, dafür aber in englischer Sprache *deutscher* (**Foreign Cementary**) beschriftet ist.

Arbeiter-
friedhof

Gräber
deutscher
Einwanderer

Weiter entlang der Av. 10 bis ins Zentrum

Die Av. 10 hat sich insgesamt neueren Modernisierungsbestrebungen gegenüber relativ resistent gezeigt. Die Bebauung wird dominiert von ein- bis max. dreistöckigen Häusern, in denen sich die Niederlassungen von Handwerkern, sonstigen Kleingewerbetreibenden bzw. Restaurants befinden. Hin und wieder stößt man als Einsprengsel auf Geschäfte von aus Asien stammenden Einwanderern. Spektakuläres hat diese Avenida über eine längere Wegstrecke hinweg nicht zu bieten. Die C. 2 hinunter kann man das Gebäude des **Pazifischen Bahnhofs** mit Relikten aus der Eisenbahngeschichte Costa Ricas erreichen, die sich im Vorhof und Garten des Endbahnhofs der ehemals bis nach Puntarenas führenden Eisenbahnlinie befinden. Nach der C. 17 werden die die Av. 10 säumenden Gebäude etwas ansehnlicher, was sicherlich dem Umstand zu verdanken ist, dass sich viele Anwälte mit ihren Kanzleien hier – in bequemer Entfernung zu den costa-ricanischen Palästen des Rechts – niedergelassen haben. Vor den **Justizpalästen** Costa Ricas (**Organismo de Investigación Judicial**) steht ein im neoklassischen Stil erbautes Tempelchen, das an die 1941 erfolgte Gründung der (staatlichen) Universidad de Costa Rica erinnert.

Einstmals Bahnverbindung nach Puntarenas

Von hier ist es nicht mehr weit bis zum Nationalmuseum (s. S. 147).

Außerhalb des Stadtzentrums

San Pedro (Universitätsviertel)

Die Universitätsgebäude befinden sich im Stadtteil San Pedro. Nach dem Muster von US-amerikanischen Campus-Universitäten sind die Gebäude der einzelnen Fakultäten in diesem eher am Stadtrand gelegenen Viertel konzentriert. Wer studentisches Leben kennenlernen will – die meisten jungen Akademiker wohnen allerdings noch zu Hause – sollte sich in diesen Stadtteil, in welchem auch einige billigere Restaurants sowie eine Reihe von Buchhandlungen zu finden sind, begeben. Der Bus nach San Pedro fährt auf der Av. 2 etwas unterhalb des Nationaltheaters ab. Die Haltestelle ist auf der dem Nationaltheater gegenüberliegenden Straßenseite.

Parque Diversiones und Pueblo Antiguo

Der Park verfügt über diverse Attraktionen wie Riesenräder, Achterbahnen, Fischfütterstationen, Tretbootverleih, Oldtimerrundfahrt etc. Der Eintritt ist frei, lediglich wenn man von einem der Angebot Gebrauch machen will, muss man hierfür seinen Obolus entrichten. Im hinteren Teil des Parks

Besucher im Parque Diversiones

geht es etwas ruhiger zu, da man hier eine Art Freilichtmuseum errichtet hat, welches dem Besucher einen Einblick in das Leben des alten Costa Ricas bietet. So findet sich hier beispielsweise eine aus Atenas stammende *trapiche*. Diese Zuckermühle, besser sollte man sie als Zuckerpresse bezeichnen, wurde im 19. Jh. gebaut und schuf nicht zuletzt die Voraussetzung zum Genuss von vielen Litern Rum. Eine alte Schmiede, natürlich die unvermeidlichen bemalten Karren und einige Tiere vervollständigen das Bild. Man hat sogar die indianischen *palenque* nicht vergessen. Insgesamt ist der „Pueblo Antiguo" als ein gelungener Ansatz zu bezeichnen, das nationale Erbe zu bewahren.

Einblick in das „alte" Costa Rica

Parque Diversiones *und* **Pueblo Antiguo**, *La Uruca, 2 km östliche des Hospital México,* ☎ *2242 9200, www.puebloantiguo.co.cr, www.parquediversiones.com, Fr–So 9–17/19 Uhr. Anreise mit öffentlichen Verkehrsmitteln: Bus von der Av. 2, Ruta 10. Die Haltestelle befindet sich zwischen der Kirche La Merced und dem Terminal der Autobusse nach Alajuela, direkt vor der Statue von Braulio Carrillo (0,70 US$),*

Reisepraktische Informationen San José

ℹ Information

ICT bzw. Instituto Costarricense de Turismo, *Av. Central zwischen C. 1 und C. 3 (nur durch ein kleines Schild ausgewiesen), Mo–Fr 9–17 Uhr und Sa 9–13 (mittags mitunter geschlossen),* ☎ *2299 5800, www.visitcostarica.com, info@visitcostarica.com. Der Gang lohnt sich für diejenigen, die auf eigene Faust unterwegs sind, da (auf Nachfrage) eine Karte des Landes und ein Stadtplan erhältlich sind. Wer ausführlichere Informationen haben möchte, als es das innerstädtische Tourismusbüro bieten kann, kann sich an die Zentrale des ICT an der Ausfallstraße San Josés (in Richtung des Flughafens Juan Santamaría) wenden: Costado este del Puente Pablo II, San José – La Uruca,* ☎ *2299 5800, Mo–Fr 8–16 Uhr.*
Für Auskünfte über **Nationalparks** *und Informationen über etwaige Reservierungspflichten wählt man die Telefonnummer 192.*

Touranbieter *ab San José in verschiedene Ecken des Landes, Tages- und Mehrtagestouren s. S. 116.*

☞ Tipp: Stadtführungen

Interessante Touren durch die Stadt mit thematischen Schwerpunkten (Essen, Architektur o.ä.) bietet **Barrio Bird Walking Tours**, ☎ 6050 1952, BarrioBird@gmail.com, www.toursanjosecostarica.com.

Unterkunft (→ *Karte in der hinteren Umschlagklappe*)

Eine erwägenswerte Alternative für frisch im Lande eingetroffene Menschen auf der Suche nach einer Bleibe für die Nacht ist, abgesehen von der Innenstadt von San José, das nahegelegene **Alajuela**, **Santa Ana** *oder der Vorort* **Escazú***. Dies gilt nicht zuletzt angesichts der geringeren Taxi- und Übernachtungskosten für diejenigen, die zur nächtlichen Stunde am Flughafen eintreffen. Die Orientierung in den kleinen Städtchen fällt jedenfalls leichter als in der Hauptstadt. Auch ist die Sicherheitslage deutlich besser* *als die im Zentrum San Josés, wohin man sich dann am nächsten Morgen in gut aus-geschlafenem Zustand begeben kann. Vgl. zu Hostels auch costarica.backpackers.com oder costaricanet.net/hotels.html bzw. costaricanhotels.com zu den etwas teureren Unterkünften.*

Pensión Bani (7) $, Av. 7, C. 4 und 6 (casa No. 438), ☎ 2223 9846. 15 um einen Innenhof gruppierte einfache Zimmer, lokale Atmosphäre, Vermietung auch auf Monatsbasis (180 US$).

Galileo Hostel (1) $–$$, C. 40, Av. 2 und 4, ☎ 2248 2094, www.hostelgalileo.com. 8 (kleine) DZ und Mehrbettzimmer für 4–12 Personen, sehr bunte Backpacker-Unterkunft die sich rühmt, die günstigsten Schlafplätze in San José zu haben. Mit Gemeinschaftsküche und Bar, Buch- und Reiseführer-Exchange.

Pension Otoya (10) $–$$, Av. 5, C. 1 und 3, ☎ 2221 3925. 12 mittelgroße, einfach möblierte Zimmer im 1. Stock eines älteren, zentral gelegenen Hauses. Küchenecke, familiäre Atmosphäre, etwas laut (Straße).

Costa Rica Backpackers (17) $–$$, Av. 6, C. 21 und 23, ☎ 2221 6191, www.costa ricabackpackers.com. 17 DZ und Dorms, letztere mit 8–10 Schlafstätten, Pool, insgesamt ordentlich, aber recht laut, eher für junge und Junggebliebene, Touren werden organisiert.

Hostel Posada del Sol (18) $–$$, Av. 6, C. 21 und 23, ☎ 2221 9895, buchbar u.a. über www.airbnb.de. 10 eher kleine Zimmer, Gemeinschaftsküche, netter Garten.

Hostel Toruma (20) $–$$, Av. Central, C. 29 und 31, ☎ 2234 8186, www.costarica hostelnetwork.com. Das Gebäude mit 20 Zimmern beherbergte einst die italienische Botschaft und war auch einmal Wohnsitz von „Don Pepe" Figueres, mehrmals Präsident Costa Ricas. Man kann zwischen der Unterbringung im Schlafsaal oder in 2-Bett-Zimmern wählen. Park und Pool stehen allen offen. Es wird oft von Gruppen frequentiert und die Eisenbahnlinie befindet sich in der Nähe, daher eher laut.

Hotel Galaad (9) $–$$, Av. 9, C. Central und 1, ☎ 2222 6395. Familienhotel (20 Zimmer) mit angeschlossener soda für den kleinen Hunger, gutes Preis-Leistungs-Verhältnis, Reservierung empfohlen.

Hotel Casa León (15) $$, Av. 6, C. 13 und 15, ☎ 2221 1651, www.hotelcasaleon. com. In der Nähe des Nationalmuseums gelegene Unterkunft unter Schweizer Leitung. Einfache, saubere Zimmer mit eigenem Bad. Auch Hilfe bei der Planung von Touren und Autovermietung.

Hotel Musoc (4) $$–$$$, C. 16, Av. 3 und 5, ☎ 8464 6853. 50 Zimmer, besser als die Umgebung erwarten lässt, insbesondere bequem für diejenigen, die spät am Coca-Cola-Terminal ankommen (def. keine Nebennutzung als Stundenhotel). TV im zentralen Gemeinschaftsraum wird um 22 Uhr abgestellt. Aufgrund der nachts unsicheren Gegend für mehr als eine Nacht nicht zu empfehlen.

Cocoon Hotel (8) $$–$$$, Av. 9, C. Central und 2, ☎ 2256 6426, www.cocoonhotel. cr. 44 Zimmer mit moderner Einrichtung, Preis verhandelbar, sofern man nicht nur eine Nacht bleibt.

Posada del Museo (16) $$–$$$, Ecke Av. 2/C. 17, ☎ 2258 1027, www.hotelposada delmuseo. 8 nette Zimmer im Kolonialstil, gepflegtes Holzhaus aus dem Jahre 1928, durch die nahe Eisenbahn kann es ab morgens etwas laut sein.

Costa Rica Guesthouse (19) $$–$$$, Av. 6, C. 21 und 23, ☎ 2223 7034, www. costa-rica-guesthouse.com. Haus aus dem Jahr 1904, 25 große, etwas spartanisch eingerichtete Zimmer mit und ohne eigenes Bad (ein Teil davon befindet sich in einem Neubau, der von außen weniger einladend aussieht), Patio, Gemeinschaftsraum und Bar.

Hotel Aranjuez (5) $$$, C.19, Av.11 und 13 (nahe der Iglesia Santa Teresita), ☎ 2256 1825, www.hotelaranjuez.com. Das etwas verschachtelte Hotel besteht aus mehreren Häusern aus den 1930er-Jahren, die sauberen Zimmer (mit und ohne Bad) sind eher zweckmäßig eingerichtet. Das bekannt reichhaltige Frühstücksbüffet wird im Garten serviert. Ausflüge und Touren werden organisiert.

Garden Court Express San Jose Downtown (6) $$$, Av. 7, C. 6 und 8, ☎ 4031 0055, http://gardencourtcostarica.com. Die 61 Zimmer entsprechen dem 3-Sterne-Standard, in etwas problematischer Gegend gelegen, netter Talblick, Pool und Innenhof.

Hotel Don Carlos (13) $$$, Av. 9, C. 7 und 9, ☎ 2221 6707, www.doncarloshotel. com. Haus von Ende des 19. Jh., 1946 vom ehemaligen Chef des Gran Hotels zum Hotel mit 33 Zimmern umgebaut. Um „grünes" Image bemüht, ruhige Lage, im Erdgeschoss gibt es einen Andenkenladen und Touranbieter (auch Autovermietung). Ordentliche Zimmer, allerdings etwas dunkel, viel naive Kunst.

Hotel Park Inn (3) $$$–$$$$, Av. 6, C. 28 und 30, ☎ 2257 1011, www.parkinn.com. Neu eröffnetes Hotel mit 125 hellen, modernen Zimmern, Pool, Restaurant, ruhiges Viertel.

Gran Hotel Costa Rica (11) $$$–$$$$, Av. 2, C. 1 und 3, ☎ 2221 4000, www. grandhotelcostarica.com. Traditionsreiches Hotel von 1930 (mit Casino) mit 107 Zimmern, besticht eher mit dem Charme vergangener Tage: gediegene Einrichtung, originell die Badewannen, die noch aus den „Gründerjahren" stammen. Mitten in der Stadt gelegen, sodass alles gut fußläufig zu erreichen ist.

Grano de Oro (2) $$$$, C. 30, Av. 2 und 4, ☎ 2255 3322, www.hotelgranodeoro. com. Luxuriöses Hotel in einem Haus von 1910, im Kolonialstil eingerichtet. Sehr gutes Restaurant mit einer zauberhaften Innenhof-Terrasse, das zu den besten des Landes zählt.

Aurola Holiday Inn (12) $$$, Av. 5, C. 5 und 7, ☎ 2523 1000, www.aurolahotels. com. 5-Sterne-Hotel in etwas seelenlosem Hochhaus mit 200 Zimmern, dessen verspiegelte Fassade seit 1986 die Altstadt überragt, standardgemäße Zimmer mit relativ dunklem Mobiliar, schöne Aussicht, Pool und Fitnessraum.

AUSSERHALB DES ZENTRUMS (s. auch Alajuela S. 182)

Außerhalb des Zentrums gibt es Unterkunftsmöglichkeiten in **San Pedro**, vor allem Hostels. Hier seien z.B. das nette **Hostel Urbano (14)** direkt um die Ecke vom Uni-Viertel ($–$$, gegenüber dem Parque San Pedro (ehem. Parque Kennedy), ☎ 2281 0707, www.hostelurbano.com) oder das in einer ruhigen Wohngegend gelegene, mit viel Kunst bunt dekorierte **Hotel Milvia** empfohlen ($$–$$$, 100 m nördl. und 100 m östl. des Centro Comercial Muñoz y Nanne, ☎ 2225 4543, www.novanet.co.cr/milvia). Ein Taxi vom Flughafen nach San Pedro kostet ca. 26–30 US$.

Weitere schöne (und teure) Unterkünfte gibt es im Vorort **Escazú**, in dem viele wohlhabende Costa-Ricaner und Ausländer wohnen, z. B. die Kettenhotels Marriott und Wyndham. Auch entsprechend hochpreisige Restaurants finden sich hier. Nicht mehr zu San José gehörend, aber auch nur 20 Min. von der Innenstadt und 15 Min. vom Flughafen entfernt, liegt der ruhige Ort Santa Ana, in dem Volker und Minerva das Boutiquehotel **Posada Nena** betreiben ($$$, inkl. Frühstück, Santa Ana, vom Pali Supermarkt 100 m nach Norden, 150 m nach Westen, ☎ 2282-1173, www.posadanena.com). In dem kleinen Hotel mit 9 freundlichen Zimmern kann man mithilfe der gut informierten Betreiber den Rest seiner Costa-Rica-Reise planen, Autovermietung und Touren durch das ganze Land werden organisiert. Auch GPS-Vermietung. Bar und Restaurant. Das leckere Frühstück wird im tropischen Garten serviert.

🍴 Essen & Trinken (→ *Karte in der hinteren Umschlagklappe*)

Gastro Bar en la 38 (1), *Av. 5, C. 38 und 40, (gehört zum Tryp-Sabana Hotelkomplex)*, ☎ *2547 2325 www.gastrobar38.com. In dem im 70er-Jahre Stil gehaltenen Restaurant steht eine eher kleine, aber gute Auswahl von Salaten, Risotto und Pasta, Fisch und Fleisch auf der Karte. Auch Tapas. Neben der Hotellobby.*

Aqui Es! Parrilla & Restaurante (2), *Av. 2 und C. 38, ☎ 2221 5727, www.facebook.com/acasecomebien. Gemütliches argentinisches Restaurant, dessen Spezialität das Fleisch vom Grill ist. Häufig Livemusik.*

Cafeteria Rincón Pastelero (3), *C. 38, Av. 2 und 4, ☎ 2221 8164. Nette Cafeteria mit begrenztem Kuchen- und Imbissangebot, schmackhafter Möhrenkuchen; gegenüber einem kleinen Park.*

Soda D'Tyo (4), *Ecke C. 14, Av. 5. Eine gute Gelegenheit sich costa-ricanische Hausmannskost einzuverleiben – und den Köchinnen bei der Arbeit zuzusehen, günstig.*

El Tostador (5), *Ecke Av. 4, C. 10. Kaffee mit spanischen churros, leckeren Duft gewährleistet das 2. Standbein des Cafés: Kaffee wird frisch geröstet.*

Vishnu (6), *Av. 3, C. 1 und 3. Bekanntes vegetarisches Restaurant, besonders die Tagesessen sind empfehlenswert und günstig.*

Café del Teatro (7), *C. 3, Av. Central und 2, ☎ 2221 1329. „Klassiker" unter den Cafés, gediegenes Ambiente mit ehrwürdiger Ausstattung im Teatro Nacional. Diverse lokale Kaffeespezialitäten wie etwa „Café Isla del Coco" oder aber Eiskaffee „Bribrí".*

Restaurant (und Café) Gran Hotel Costa Rica, *Av. 2, C. 1 und 3. Hotelrestaurant mit internationalen und einheimischen Gerichten, nicht billig. Die Terrasse ist ein guter „Ausguck".*

Hauptpostamt

Restaurante Kalú (8), *C. 7, Av. 11 (300 m nördlich des Parque Morazán),* ☎ *2221 2081, http://kalu.co.cr. Gemütliches Lokal mit solider Küche, deren Repertoire von Salaten über Burger und verschiedene Fischgerichte, Tapas, Sandwiches bis hin zu Pizza reicht. Auf jeden Fall Platz lassen für den guten Nachtisch! Samstags gibt es ab 8 bis 11.30 Uhr eine Frühstückskarte (hausgemachtes Brot, Schokoladenpfannkuchen, Lachs, Ei und vieles mehr). Sonst ab 12 Uhr geöffnet, So geschl.*

Café (und Galerie) Lado (9), *C. 7, Av. 9 und 11. Stilvolles Haus aus den 1930er-Jahren mit hübschem Innenhof. Es wird von der durch die Künstlerin Virginia Pérez-Ratton gegründeten Stiftung ARSTEOR/éTica betrieben, zum Kaffee kann man sich an wechselnden Ausstellungen junger Künstlerinnen und Künstler erfreuen.*

Del Mar Restaurant (10), *C. 9, Av. 1 und 3,* ☎ *2257 7800. Internationale Küche, Speisen ab 15 US$ aufwärts, allein das historische Gebäude lohnt einen Besuch.*

Un Toque Francés (11), *Paseo de los Estudiantes in Chinatown (125 m südlich der Casa de los Tornillos), www.untoquefrances.com. Mo–Sa 11–18 Uhr. Kleines, gemütliches Lokal mit französischer Dekoration, in dem eine Auswahl original französischer Crêpes angeboten wird – süß und salzig – zudem Sandwiches und Salat. Günstig.*

Café de la Posada (12), *Ecke Av. 2/C. 17 (am Museo Nacional), geschmackvoll eingerichtet, gut geeignet für eine Pause während einer Museumstour.*

Il Ritorno (13), *C. 29, Av. 6 und 8. Italienisches Restaurant in der „Casa Italia", gediegene Atmosphäre, Filetto all'Amaretto (20 US$) empfehlenswert.*

Nachtleben

Zentren des Nachtlebens von San José sind der eher studentisch geprägte Stadtteil **San Pedro** *oder auch das sogenannte Centro Comercial El Pueblo im Barrio Tournón an der Straße nach Moravia (s. S. 153). Viele Bars im Zentrum rund um die Av. Central zwischen C. 3 und 11 sind in erster Linie von Prostituierten bevölkert, wie die berühmt-berüchtigte Blue Marlin Bar im Hotel del Rey. Wer sich durch die Discotheken und Clubs der Hauptstadt tanzen will, kann vielleicht mit folgenden beginnen:*

El Cuartel de la Boca del Monte Restaurante & Galeria, *Av. 1, C. 21 und 23 im Barrio California, www.facebook.com/elcuartelcr. Alteingesessene Bar und beliebter Treffpunkt von Studenten, die zu DJ oder Livemusik tanzen. Auch Essen und Kulturveranstaltungen.*

El Observatorio, *C. 23/Av. Central, gegenüber dem Cine Magaly, www.elobservatorio. tv. Bar mit viel Livemusik und Veranstaltungen wie Standup-Comedy. Auch Essen (z. B. Pizza). Programm auf der Homepage.*

Castro's Bar & Discoteque, *Av. 13, C. 22. Dreistöckige Disco, in der Salsa und Reaggaton gespielt wird, oben gibt es eine Karaoke-Bar.*

Bar Morazán, *an der Ostseite des Parque Morazán, www.facebook.com/barmorazan. Kleines Pub mit DJ, auch Restaurant und Café. Entspannte Atmosphäre.*

Insbesondere für nicht strikt heterosexuelle Menschen dürften sich auch der **Club OH** *bzw.* **Deja Vú** *in der C. 2 zwischen Av. 14 und 16, ferner das* **La Avispa** *in der C. 1, Av. 8 und 10 und das* **La Castilla** *(C.3, Av. 7 und 9) eignen.*

Kino

Die meisten Filme werden nicht synchronisiert, sodass man sie in Originalfassung und -sprache – mit spanischen Untertiteln – ansehen kann. Außerhalb des Zentrums befinden sich Kinos meist in einer der großen Shopping-Malls.

IM ZENTRUM
Sala Garbo: Av. 2, C. 26 und 28 (Paseo Colón), ☎ 2222 1034, www.salagarbocr.com. Sehr empfehlenswertes Programmkino, das oft mit internationalen Kulturinstituten zusammenarbeitet.
Cinema Variedades: C. 5, Av. Central und 1, ☎ 2222 6108, www.facebook.com/TeatroVariedades

SAN PEDRO
Magaly: C. 23, Av. Central und 1, ☎ 223 0085
CCM San Pedro: Planet Mall San Pedro, ☎ 2283 5716
Cine Universitario: Auditório de la Facultad de Derecho, UCR (sporadisch: nur außerhalb der Semesterferien)

Einkaufen

Souvenirs: *Dem Besucher werden als erstes die Verkaufsstände und die fliegenden Händler vor dem* **Nationaltheater** *in San José ins Auge fallen. Weitere Geschäfte haben sich ganz in der Nähe angesiedelt: in der Av. Central, der Av. 1 und dem Paseo Colón sowie in der Umgebung des Parque Morazán. Viele Angebote findet man auch im* **Mercado Central** *zwischen der Av. Central und der Av. 1 sowie der C. 6 und 8. Wie überall, wo es Gedränge gibt, gilt auch im Zentralmarkt: Möglichst nichts Wertvolles „griffbereit" tragen. Auch Umhängetaschen bzw. Handtaschen fallen leicht einem schnellen Ruck zum Opfer.*
Wer es etwas ruhiger haben möchte, kann auch in das Viertel **Moravia** *fahren, wo es etliche – allerdings nicht unbedingt sehr billige – Souvenirshops gibt. Um dorthin zu gelangen, nimmt man im Zentrum San Josés an der Ecke Av. 3, C. 3 den Bus nach San Rafael/Moravia–Barrio Corazon de Jesús und steigt aus, sobald die Einkaufsstraße erreicht ist, in welcher u. a.* **Artesanias Zurqui** *beheimatet ist (Av. 61, C. 69, 100 m südl. u. 100 m östl. des Rathauses von Moravia, ☎ 2240 5302).*

Bücher: Moderne Antiquariate *findet man in der Av. 6 zwischen der C. 9 und 11. Diese Lädchen bieten auch Bücher in deutscher und englischer Sprache an. Ein teureres Antiquariat mit Tausch- und Kaufmöglichkeiten für englische, deutsche und französische Literatur ist in der Av. 1, zwischen C. 3 und 5 (im 1. Stock), angesiedelt. Neue und auch gebrauchte ausländische – vor allem englische – Bücher findet man bei* **7th Street Books** *in der C. 7 zwischen Av. 1 und Av. Central sowie an der Plaza San Rafael in Escazú bei* **Bookman's Book**. *Nur druckfrische Exemplare führen die* **Librería Francesa** *(Av. 1, C. 5 y 7) und die* **Librería Internacional** *in der Multiplaza Mall in Escazú. Ansonsten stehen für den Erwerb ausländischer Literatur auch die (Groß-)Buchhandlung* **Lehmann** *(Av. Central, C. 1 y 3) sowie diverse kleinere Buchhandlungen im Viertel San Pedro in* **Universitätsnähe** *zur Verfügung. Seinen Bedarf an internationaler Presse kann man u. a. in San José in der C. Central zwischen Av. 4 und 6 sowie in der C. 5 zwischen Av. 1 und 3 stillen.*

Verkehrsverbindungen

Vom Flughafen (s. auch „Anreise" in den Gelben Seiten S. 86)
Die meisten Besucher des Landes reisen über den internationalen Flughafen Juan Santamaría ein, der zwischen Alajuela und San José liegt. Wer aus einem der Nachbarländer mit einem der internationalen Busse ankommt, findet Informationen zum Ankunftsort auf S. 89.

Taxi: *Vor dem Flughafen warten Taxifahrer, Touranbieter und für ihre jeweilige Herberge werbende Menschen. Die Taxifahrt kostet ca. 30 US$. Man sollte nur die offiziellen orangefarbenen oder roten Taxis mit dem orangenen Dreieck benutzen und auf die Nutzung des Taxameters achten. Viele Taxifahrer bekommen von Hotels Provision, man sollte sich nicht darauf einlassen, zu einer anderen als der geplanten Unterkunft zu fahren.*

Bus: *Um zur öffentlichen Bushaltestelle zu gelangen umrundet man das gegenüber dem Haupteingang des Flughafens gelegene Gebäudeteil und begibt sich – sich zunächst links haltend – die Auffahrt hinunter zur Hauptstraße, rechterhand sieht man dann schon in ca. 30 Metern Entfernung die Bushaltestelle. Etwa alle 15 Min. (zwischen Mitternacht und 6 Uhr morgens jede Stunde) wird der Flughafen von einem der zwischen Alajuela und San José (Zentrum) verkehrenden Busse angesteuert (1 US$, ca. 35 Min.). Da es keine getrennten Wartestellen für die Busse von und nach San José gibt, sollte man den Fahrer vor dem Einsteigen fragen, ob er nach San José/Alajuela fährt. (¿Usted va a San José / Alajuela>? – in phonetischer Wiedergabe: Usted wa a San Chose / Alachuela?).*
Der Bus nach San José fährt zum Terminal in der Avenida 2 zwischen der Calle 12 und der Calle 14 (calle = Straße, sprich: Kaje). Wer sich von dort auf die Suche nach einem Hotel/einer Unterkunft macht, kann sich entweder durchfragen (Wo ist…? = Donde está …?) oder vom Busterminal aus ein Taxi nehmen.

INNERHALB SAN JOSÉS
*Die **Bahn** dient zzt. dazu, den Berufsverkehr von den total verstopften Straßen weg zu bekommen. Die Strecken sollen zwar ausgebaut werden, aber für Touristen sind die Verbindungen bislang weniger relevant.*
*Die Innenstadt kann man gut zu Fuß erkunden, ansonsten kann man den Bus benutzen. Einen einheitlichen **Stadtbustarif** gibt es nicht. Sobald man einen neuen Bus besteigt, ist der Fahrpreis an den Fahrer zu entrichten. In jedem Bus wird der aktuell gültige Tarif per Aushang den Fahrgästen bekannt gegeben.*

VON SAN JOSÉ IN DEN REST DES LANDES

 Tipp

Den sehr nützlichen, (meist) aktuellen Busfahrplan inkl. kleiner Karte kann man sich unter http://www.visitcostarica.com/ict/paginas/LEYES/pdf/Itinerario Buses_es.pdf herunterladen oder bei der Touristeninformation in San José besorgen.

Im Folgenden ein Überblick der wichtigsten Gesellschaften/Busbahnhöfe und ihrer Ziele. Die Zeiten und Preise ändern sich häufig. Weitere Infos finden sich bei den jeweiligen Orten.
Coca-Cola-Busstation, *C. 16, Av. 1 und 3. Von hier fahren Busse nach Jacó, Puriscal, Atenas und Orotina. In der Umgebung liegen eine Reihe weiterer Terminals, deren Gesellschaften vor allem den Süden und Westen des Landes bedienen. Diese Gegend hat nicht den besten Ruf, sodass eine gewisse Vorsicht geboten ist.*
Terminal de Tracopa, *C. 5, Av. 18 und 20,* ☎ *2221 4214, http://tracopacr.com, Golfito, Palmar Norte, San Vito, Paso Canoas, Quepos, Manuel Antonio, Parrita, Dominical, Uvita.*

Taxischlange am Parque Central

Terminal del Caribe *(Transporte Caribeños), C. Central, Av. 15,* ☎ *2222 0610, Limón, Puerto Viejo, Guápiles etc.*
Terminal MUSOC, *C. Central, Av. 22 und 24,* ☎ *2222 2422, 2772 0414, San Isidro de el General und Los Santos*
Terminal de Tuasa, *Av. 2, C. 12 und 14,* ☎ *2442 6900, 2222 5325, Aeropuerto Internacional Juan Santamaria, Alajuela, Volcán Poás, Fraijanes.*
Alfaro*: Av. 5, C. 14,* ☎ *2222 2666, Nicoya, Tamarindo, Nosara, Sámara*
Tralapa*: C. 20, Av. 3 und 5,* ☎ *2221 7202, Santa Cruz, Brasilito, Flamingo, Potrero.*
Auto Transportes San José – San Carlos, *C. 12, Av. 7 und 9,* ☎ *2460 5032, 2255 4318, San Carlos, La Fortuna (Volcán Arenal), Los Chiles, Naranjo, Zarcero, Ciudad Quesada, Monteverde*
Transporte Grecia, *C. 20 und 18, Av. 5 und 7,* ☎ *2258 2004: Grecia – Sarchí*
Pulmitan de Liberia, *C. 24, Av. 5 und 7,* ☎ *2222 1650, 2666 0458, Liberia, Playas del Coco*
Transtusa, *C. 13, Av. 6,* ☎ *2222 4464, 2557 5050, Turrialba*
Lumaca, *C. 5, Av. 10,* ☎ *2537 2320, Cartago*

Nach **Heredia** *fahren die Busse alle 10 Min. von C. 1, Av. 7 und 9, C. 6, Av. 4 und 6 sowie C. 4, Av. 5 und 7.*

(→ Karte in der hinteren Umschlagklappe)

Internationale Verbindungen*: s. S. 89*

Zentrales Hochland

Heredia und Umgebung

Die Fahrt von San José in das gut 10 km nordwestlich gelegene Heredia ist eher unspektakulär, da die Vorstädte der beiden Städte fast schon zusammengewachsen sind. Die meisten Touristen kommen nach Heredia, um die Gegend des Vulkans Barva (s. S. 178) oder die Britt-Kaffee-Show (s. S. 177) zu besuchen.

Heredia, Hauptstadt des gleichnamigen Kantons mit ca. 130.000 Einwohnern, ist traditionell eine der **bedeutendsten Städte** Costa Ricas, obwohl sie erst Mitte des 18. Jh. das Stadtrecht verliehen bekam. Einst war der Ort als sog. Reduktion für

Redaktionstipps

➤ Der **Zoo Ave** nimmt nicht nur verletzte Tiere auf und bemüht sich um die Auswilderung, sondern engagiert sich mit den Eintrittsgeldern auch aktiv für den Umweltschutz (s. S. 184).
➤ Eine Kaffeetour bei der Kooperative **Espíritu Santo** (s. S. 195).
➤ Kein Geheimtipp, aber ein Muss jedes Costa-Rica-Reisenden ist der Besuch des **Volcán Poás**. Für einen guten Blick sollte man möglichst frühmorgens dort eintreffen (s. S. 186).
➤ Im einzigen Archäologiepark des Landes, dem **Monumento Nacional Guayabo**, kann man den Ureinwohnern auf die Spur kommen (s. S. 218).

die Indianer vom Stamme der Huetares angelegt worden. Zu Beginn des 18. Jh., als das Gebiet zunehmend von Spaniern und Mestizen bevölkert wurde, verfügte deren Ansiedelung lediglich über den Status einer *población* und erst 1755 rückte diese zur *villa* auf. Aus diesem Anlass wurde der Ort auf den Namen *Heredia(s)* getauft, nach dem Generalkapitän Don Alonso Fernandez de Heredia, dessen mit einem Schild vor der Kirche gedacht wird.

Sehenswertes

Im Vergleich zu anderen Städten hat Heredia im Kern des Zentrums seinen ursprünglichen Charakter bewahrt, sodass man u.a. auch immer noch der Tradition huldigt, den Musikpavillon im Zentrum des Parque Central zu einem sonntäglichen Platzkonzert zu nutzen. Trotz der großen Hochschulen gibt es verhältnismäßig wenig „studentisches Leben", da die meisten Studierenden noch bei den Eltern wohnen. Rund um den Campus im Osten der Stadt gibt es aber einige Bars und Restaurants.

Ursprünglicher Charakter

Um den **Parque Central** der Stadt herum gruppieren sich eine wuchtige Kirche aus dem 18. Jh. (Iglesia de la Inmaculada Concepción), der Palacio Municipal, das Post- und Telegrafenamt und – was in Costa Rica selten ist – noch einige **Adobe-Häuser**. Seit 1910 ist die Errichtung von Häusern aus luftgetrockneten Lehmziegeln in Costa Rica wegen der Erdbebengefahr untersagt, obwohl dieser Baustoff angesichts der klimatischen Bedingungen nahezu ideal wäre. Die Kirche Heredias ist übrigens zum Schutz gegen Erdbeben so wuchtig gebaut. Die Stützpfeiler an den Seiten zeugen von diesem Konstruktionsgedanken.

Häuser aus Lehmziegeln

Sowohl der Palacio Municipal als auch die **Casa de la Cultura** (Haus der Kultur) auf der gegenüberliegenden Seite des Platzes sind noch mit überdachten Wandel-

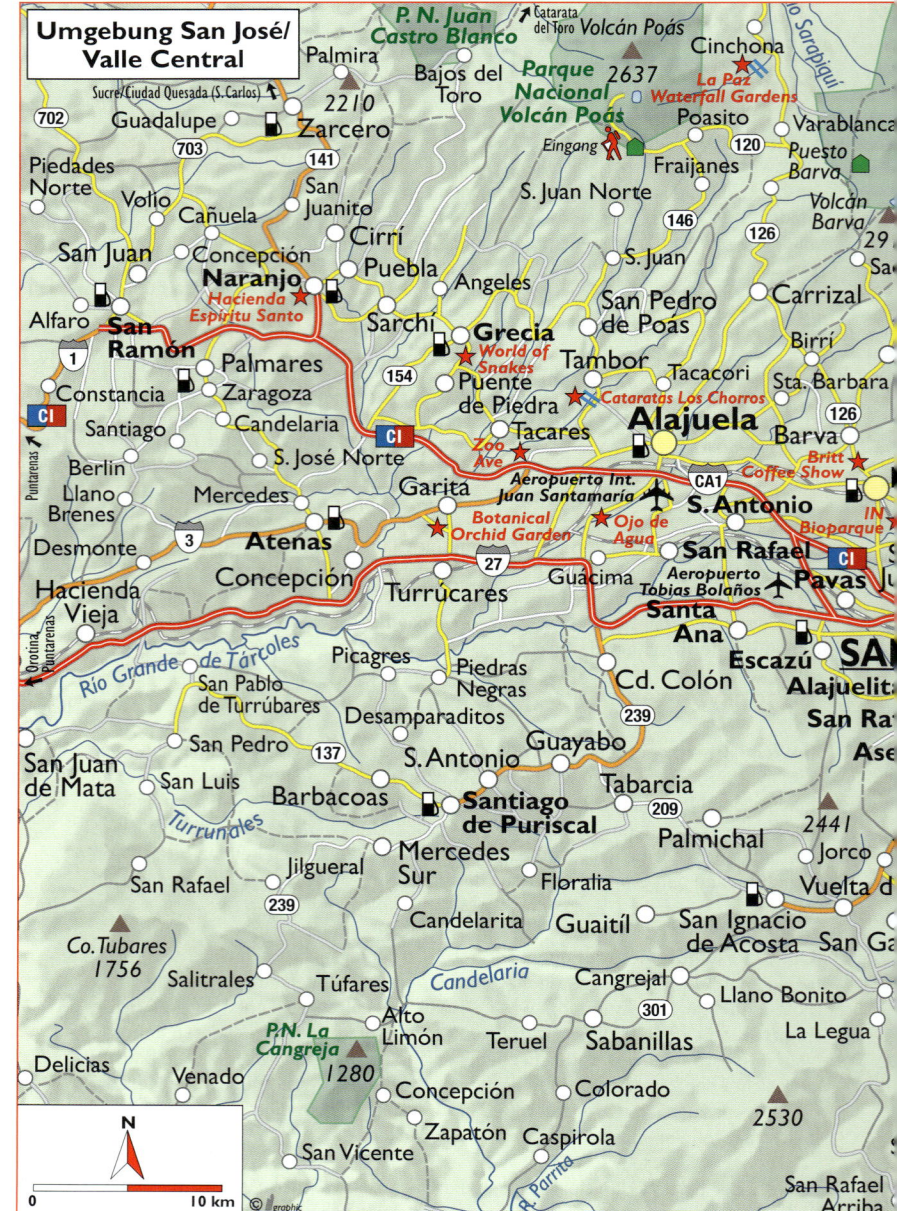

Umgebung San José/ Valle Central

P. N. Juan Castro Blanco

Catarata del Toro

Volcán Poás

Palmira

Cinchona

Sucre/Ciudad Quesada (S. Carlos)

Bajos del Toro

Parque Nacional Volcán Poás

2637

La Paz Waterfall Gardens

702

Guadalupe

2210

Poasito

Varablanca

703

Zarcero

Eingang

Fraijanes

120

Puesto Barva

141

San Juanito

S. Juan Norte

146

Volcán Barva

Piedades Norte

Volio

Cañuela

Cirrí

S. Juan

126

29

San Juan

Concepción

Puebla

Angeles

San Pedro de Poás

Carrizal

Sa

Naranjo

Hacienda Espíritu Santo

Sarchí

Grecia

Birri

Alfaro

San Ramón

World of Snakes

Tambor

Tacacori

Sta. Barbara

Palmares

154

Puente de Piedra

Cataratas Los Chorros

Alajuela

126

1

Zaragoza

Tacares

Barva

Constancia

Candelaria

Zoo Ave

Britt Coffee Show

Santiago

S. José Norte

CI

Berlin

Mercedes

Garita

Aeropuerto Int. Juan Santamaría

CA1

S. Antonio

IN Bioparque

Llano Brenes

3

Atenas

Botanical Orchid Garden

Ojo de Agua

San Rafael

CI

Desmonte

Concepción

27

Guacima

Aeropuerto Tobías Bolaños

Pavas

Hacienda Vieja

Turrúcares

Santa Ana

Río Grande de Tárcoles

Picagres

Piedras Negras

Cd. Colón

Escazú

SA

San Pablo de Turrúbares

Desamparaditos

239

Alajuelita

San Juan de Mata

137

S. Antonio

Guayabo

San Ra

San Pedro

San Luis

Barbacoas

Santiago de Puriscal

Tabarcia

209

Ase

Turrunales

Mercedes Sur

Floralia

Palmichal

2441

Jorco

San Rafael

Jilgueral

Vuelta d

239

Candelarita

Guaitíl

San Ignacio de Acosta

San Ga

Co. Tubares 1756

Salitrales

Túfares

Candelaria

Cangrejal

Llano Bonito

La Legua

P.N. La Cangreja

Alto Limón

Teruel

Sabanillas

301

Delicias

Venado

1280

Concepción

Colorado

2530

Zapatón

Caspirola

San Vicente

R. Parrito

San Rafael Arriba

N

0   10 km

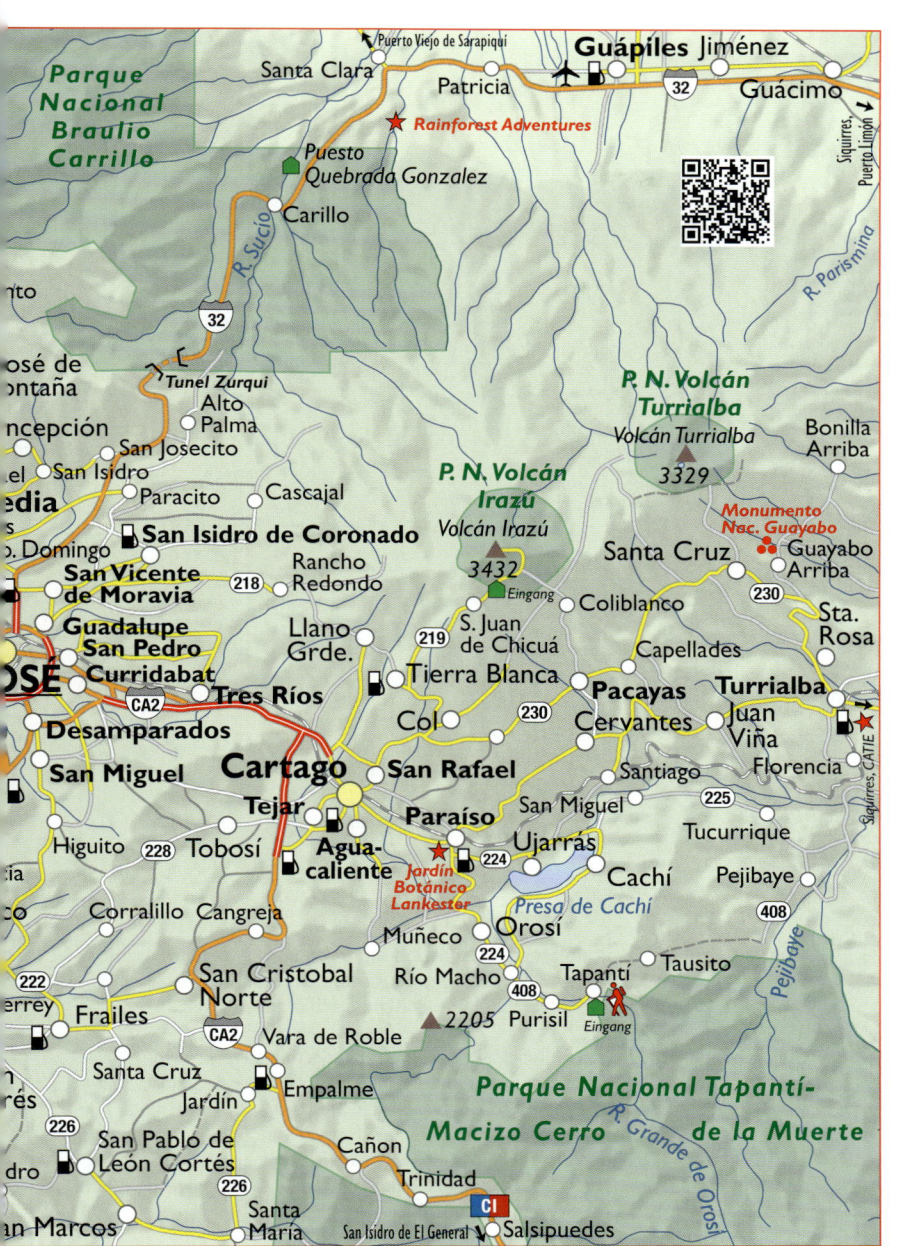

Parque Nacional Braulio Carrillo

Puerto Viejo de Sarapiquí

Santa Clara

Patricia

Guápiles Jiménez

32

Guácimo

Siquirres, Puerto Limón

Rainforest Adventures

Puesto Quebrada Gonzalez

Carillo

R. Sucio

R. Parismina

32

osé de ontaña

Tunel Zurquí

ncepción

Alto Palma

San Josecito

el

San Isidro

Paracito

dia

Cascajal

Domingo

San Isidro de Coronado

P. N. Volcán Irazú

Volcán Irazú

3432

P. N. Volcán Turrialba

Volcán Turrialba

3329

Bonilla Arriba

Monumento Nac. Guayabo

Guayabo Arriba

San Vicente de Moravia

218

Rancho Redondo

Eingang

Santa Cruz

230

Sta. Rosa

Guadalupe

San Pedro

Curridabat

Llano Grde.

219

S. Juan de Chicuá

Coliblanco

Capellades

OSÉ

Tres Ríos

CA2

Desamparados

Tierra Blanca

Col

230

Pacayas

Cervantes

Santiago

Turrialba

Juan Viña

Florencia

Siquirres, CATIE

San Miguel

Cartago

San Rafael

Paraíso

San Miguel

225

Tejar

Ujarrás

Tucurrique

Higuito

228

Tobosí

Agua-caliente

Jardín Botánico Lankester

224

Cachí

Pejibaye

Corralillo

Cangreja

Muñeco

Orosí

Presa de Cachí

408

222

San Cristobal Norte

224

errey

Fraíles

CA2

Vara de Roble

Río Macho

408

2205

Tapantí

Purisil

Tausito

Eingang

Pejibaye

Santa Cruz

226

Jardín

San Pablo de León Cortés

dro

226

Empalme

Cañon

Parque Nacional Tapantí-Macizo Cerro de la Muerte

R. Grande de Orosí

Trinidad

an Marcos

Santa María

San Isidro de El General

CI

Salsipuedes

Unterkünfte
1 Tony´s Hostel Boutique
2 Hotel La India
3 Hotel Valladolid
4 Hostel Dreamplace
5 Hotel América
6 Hotel Colonial

Essen & Trinken
1 L´Antica Roma
2 Vishnu
3 El Principe
4 Café Scarlett
5 Cafeteria Espigas

N

0   200 m

gängen und zum Teil mit holzgeschnitzten Umzäunungen umgeben. Die Casa de la Cultura war einst die Residenz des Präsidenten Alfredo González Flores. Darin finden heute Wechselausstellungen und musikalische Darbietungen statt.

Nie militärisch genutzte Festung

Gleich neben dem Palacio Municipal fällt ein Gebäude mit äußerst eigenwilliger Turmform ins Auge. Die aus der Zeit des Semidiktators General Guardia stammende und zum Wahrzeichen Heredias avancierte „Festung" **El Fortín** war wie so viele Investitionen des Militärs eine glatte Geldverschwendung, da sie bis zum Zeitpunkt des gänzlichen Verbots der Armee in Costa Rica nie ihre Qualitäten hatte beweisen müssen. Der Palacio Municipal kann zum Teil besichtigt werden. Von seinem Garten aus bietet sich ein schöner Blick auf El Fortín.

In Heredia kann man auch dem *mercado* einen Besuch abstatten. Er ist weniger überfüllt als sein Pendant in San José und eignet sich so mehr zum Herumschlendern und Probieren. Interessant sind die Heilkräuterstände (*plantas medicinales*), einige Stände mit souvenirfähigen Dingen des täglichen Gebrauchs, z.B. die costa-ricanische Kaffee„maschine" sowie die Essständchen, wo bspw. süße Tamales bereitet werden.

El Fortín

Reisepraktische Informationen Heredia

Unterkunft

In der Innenstadt von Heredia gibt es eine Reihe Hotels, wer mit dem eigenen Wagen unterwegs ist, dem seien die etwas außerhalb gelegenen Unterkünfte empfohlen.

Hotel Colonial (6) $, Av. 4, C. 4 und 6, ☎ 2237 5258. 14 einfache Zimmer mit Ventilator, z.T. mit eigenem Bad, bunt dekoriert und familiäre Atmosphäre.

Tony´s Hostel (1) $$, Ecke C. 32/Av. 2A, vom Walmart Heredia 100 m nach Westen, dann 400 m nach Norden, ☎ 8922 1033, www.tonyshostel.com. Etwas außerhalb des Zentrums gelegen (ca. 15 Min. vom Flughafen entfernt), sauberes Hostel mit hilfsbereiten Gastgebern.

Hostel Dreamplace (4) $–$$, C. 5, Av. Central und 1, ☎ 2560 1111 bzw. 8382 5468, www.costaricatravel.ch. 5 nett eingerichtete Zimmer in einem traditionellen Holzhaus, auch (etwas enges) Dorm., Waschmaschine, Gemeinschaftsküche und -bäder, kleiner Garten.

Hotel Valladolid (3) $$$, Av. 7, C. 7 und 9, ☎ 2260 2905, www.hotelvalladolid.net. Alle 12 Zimmer mit eigenem Bad, ac, Eisschrank und Mikrowelle, Frühstück inkl., Zimmer zur Straße hin recht laut. Ansonsten eher unpersönlicher Betonklotz.

Hotel América (5) $$$, C. Central, Av. 2 und 4, ☎ 2260 9292, www.hotelamericacr. com. Ehemaliges Kino, das zum Hotel umgebaut wurde (hat allerdings schon bessere Tage gesehen), originell eingerichtet, alle 40 Zimmer mit Bad und Ventilator, Warmwassererzeugung mit Solarkraft.

Hotel La India (2) $$$, Ecke C. 7/ Av. 11, ☎ 2560 7161, www.hotellaindia.com. 19 Zimmer mit Bad und Ventilator, etwas unpersönlicher Neubau, Frühstück inkl.

UMGEBUNG VON HEREDIA

Chalet El Tirol $$$–$$$$, Los Angeles de San Rafael, 9 km nördlich von Heredia, ☎ 2267 6222, www.hotelchaleteltirol.com. Schöne Anlage mit bunten, gemütlich eingerichteten Chalets, einige mit Kamin und Whirlpool. Bar und tirolerisch inspiriertes (teures!) Restaurant. Tourangebote.

Finca Rosa Blanca Coffee Plantation & Inn $$$$$, ca. 2 km nördlich von Santa Bárbara (15 min. vom Flughafen entfernt), ☎ 2269 9392, www.fincarosablanca.com. Zauberhafte Anlage auf einer Kaffeeplantage mit mehreren liebevoll dekorierten Villen und Suites. Zum Frühstück wird der eigene, ökologisch angebaute Kaffee serviert. Gourmet-Restaurant *El Tigre Vestido*, Pool und Spa. Zahlreiche Tourangebote: Kaffeetour, Vulkan Barva oder Poás, Rafting, Canopy etc.

Hotel Bougainvillea $$$, *Santo Domingo de Heredia (ca. 20 min. zum Flughafen, nicht ganz leicht zu finden – Selbstfahrer sollten das Navi einschalten)*, ☎ 2244 1414, www.hb.co.cr. 81 geräumige Zimmer, schöner tropischer Garten, Pool, Fitness. Ideal für eine erste bzw. letzte Nacht im Land.

🍴 Essen & Trinken

L' Antica Roma (1), *Av. 7, C. 5 und 7.* Gemütliches italienisches Lokal mit Steinofenpizza und guter Pasta.

Vishnu (2), *C. 7, Av. Central und 1.* Vegetarische Küche, sehr günstig ist der plato del dia mit 3 Gängen für nur 7 US$.

El Príncipe (3), *C. 5, Av. Central und 2.* Japanische Gerichte – dafür recht günstig.

Café Scarlett (4), *Av. 2, C. 3 und 5.* Stilvoll eingerichtetes Café mit kleiner Speisekarte, gut ist z.B. die vegetarische Lasagne für 5 US$.

Cafeteria Espigas (5), *Ecke C. 2 und Av. 2.* Auf antik gestyltes Café mit kleiner Speisekarte.

🎁 Einkaufen

An der nach San José bzw. La Uruca führenden Straße wurde gegenüber der Inter-American University im Südosten der Stadt die **Mall Paseo de las Flores** (☎ 2237 6263, www.whereincostarica.com) errichtet, die in ihr Erscheinungsbild „El Fortín" als Architekturzitat integriert hat. In diesem Komplex ist das Kino CCM Heredia beheimatet.

🚌 Verkehrsverbindungen

Taxi: ab San José ca. 20 US$

Bus: Busse nach Heredia fahren in San José in der C. 6 zwischen Av. 4 und 6 nach Heredia (30 Minuten, 1 US$), zwischen 5 und Mitternacht alle 10 bis 15 Min. (auch ab C. 1 zwischen Av. 7 und 9). In Heredia ist eine der Haltestellen von Bussen nach San José und Alajuela südlich des Mercado Municipal (Av. 8, C. 2 und 4) zu finden.

Bahn: Interessanter zumindest für Eisenbahnfans dürfte die Fahrt mit der reaktivierten Bahn sein. Vom **Atlantischen Bahnhof** (Av. 3, C. 19 und 21) geht es zwischen 5.30 und 8 sowie von 3.30–19.30 nach Heredia (30 Min., 1 US$), in umgekehrter Richtung fährt der Zug zwischen 6 und 8.30 sowie zwischen 16 und 20 Uhr in halbstündlicher Folge.

INBioparque

Einblick in costa-ricanische Flora und Fauna

Auf dem Weg von San José nach Heredia kann man das zum **INBioparque** avancierte ehemalige Regenwaldmuseum besuchen, das auf einer einstigen Kaffeefinca errichtet worden ist. Es wird vom Instituto Nacional de Biodiversidad (**INBio**) betrieben. Hier wird u.a. in einem Labyrinth, einem Garten mit medizinischen Kräutern und Wäldern die Bandbreite der costa-ricanischen Flora und Fauna präsentiert. Man kann eine Schlangenausstellung ebenso wie ein *mariposario* (Schmetterlingsgarten) besuchen und auf den *senderos* (Naturlehrpfaden) durch die verschiedenen Lebensräume wandeln. Führungen um 9, 11 und 14 Uhr.

Das glänzende Blau des „morpho azul" wird nicht durch Farbpigmente erzeugt, sondern durch Lichtreflektion

INBioparque, zwischen Tibas und Santo Domingo an der Straße nach Heredia gelegen (ca. 4 km entfernt von Heredia), ca. 300 m hinter der Brücke über den Río Virilla. Wer mit dem Bus fährt, der in San José in der C. 1 zwischen Av. 7 und 9 startet, muss beim Edificio Numar aussteigen und von dort noch etwa 100 m nordwärts laufen. Von Heredia muss man den Bus Richtung Santo Domingo nehmen. ☎ 2507 8107, www.inbioparque. com, Fr–So 9–16 Uhr, 25 US$ (Schlangenausstellung 3 US$ extra).

Britt-Kaffeeshow

Wer eine groß angelegte **Kaffee-Show** präsentiert bekommen möchte, der ist bei Café Britt gut aufgehoben. Die Finca liegt im Stadtteil Mercedes nordwestlich des Zentrums von Heredia. Hier findet ein umfassendes Programm (ca. 1,5 Stunden) rund um den Kaffee statt inkl. Probetassen. Hierzu kann man sich per Shuttle-Service aus San José abholen lassen. Hauptsächlich an Wochenenden sind auf dem Gelände der Firma zudem Thespisjüngerinnen und -jünger aktiv (Teatro Dionisio Echeverría). **Britt-Kaffeeshow**, ☎ 2277 1600, www.coffeetour.com, Mitte Dez.–April tgl. 11 und 15 (ansonsten nur vormittags), ab 22 US$ (normale Tour) bis 54 US$ (inkl. Abholung und Lunch). Es werden auch ganztätige Touren inkl. Besuch des INBioparque (s.o.) angeboten (68 US$). *Von der Bohne bis in die Tasse*

Alternativ kann man auch auf der kleineren Finca Rosa Blanca (s. S. 175) eine Kaffeetour unternehmen.

Barva

Das Städtchen **Barva** lohnt auch für diejenigen einen Ausflug, die nicht zum Sektor Barva des Parque Nacional Braulio Carrillo wollen. Bei Barva handelt es sich um eine der ältesten Ansiedlungen des Landes, die schon in der zweiten Hälfte des 17. Jh. gegründet worden ist. Der Name soll auf einen die Region vor Ankunft der Spanier beherrschenden Kaziken zurückgehen. Auf eigene Faust erreicht man den Ort mit dem Bus für 1 US$ von Heredia aus (Abfahrt: C. Central, Av. 1 und 3, ca. 3 Busse pro Stunde).

Nettes
Örtchen

Das mit dem Titel eines *monumento nacional* ausgezeichnete Barva selbst und dort insbesondere der **Zentralplatz** mit seinen kleinen, ziegelgedeckten Häuschen aus dem 17. und 18. Jh. und einer in dieser Umgebung umso monumentaler erscheinenden, im 16. Jh. erstmals errichteten Kirche (**Iglesia de San Bartolomé**) lohnt durchaus einen zweiten Blick. Mit etwas Glück kommt man zudem noch in den Genuss einer der für ein solch kleines Örtchen relativ zahlreichen kulturellen Aktivitäten. Ansonsten kann man sich die **Skulpturen** anschauen, die Künstler der Stadt zum Aufstellen überlassen haben. Wer sich am 24. August in Barva befindet, der kann den Tag des Schutzpatrons San Bartolomé mitfeiern und dürfte sich dabei an die oberschwäbische Fasnet erinnert fühlen.

In der Nähe bietet sich ein Besuch des zur Universidad Nacional gehörenden **Museo de Cultura Popular** an (nur sonntags geöffnet). In einem Gebäude aus der Kolonialzeit sind Zimmer im Stil jener Zeit eingerichtet. Im Gartencafé wird man um die Mittagszeit mit landes- und zeittypischen Gerichten versorgt. **Museo de Cultura Popular**, *Santa Lucia (1,5 km von Barva entfernt),* ☎ *2260 1619, www.museo.una.ac.cr, So 10–15 Uhr, 2 US$. An allen anderen Tagen sind Führungen inkl. Kochkurs für Gruppen möglich, vorherige Anmeldung erforderlich.*

Unterkunft

Cabañas Las Ardillas/ La Montaña de Milena $$–$$$, ☎ *2260 2172 oder 2266 0015, http://lasardillascostarica.com. Nahe Birri, fast schon am Fuße des Vulkans Barva gelegen, rustikale, von Wald umgebene Hütten mit ausgestatteter Küche und Bad. Restaurant. Whirlpool und Sauna gegen Aufpreis.*
Casa de Flores $$$$, *Carretera San José de la Montaña,* ☎ *2560 4982, www.casadefloreshotel.com. Außerhalb des Städtchens in Richtung San José de la Montaña in einem großen Landschaftsgarten gelegenes kleines Luxushotel mit nur 4 Zimmern, die äußerst geschmackvoll eingerichtet sind.*

Parque Nacional Braulio Carrillo – Sector Barva

Hinweis
Zum östlichen Teil des Nationalparks, den man über die Straße San José-Limón erreichen kann, s. S. 227.

Endstation
Sacramento

Die meisten Besucher dieses Gebiets möchten den Volcán Barva (2.900 m hoch) besteigen. Weitere landschaftliche Hauptattraktionen sind die drei **Lagunen Barva, Copey** und **Danta**. Der nächstgelegene Ort, um den Sector Barva zu besuchen, ist Sacramento. Von hier sind es rund 3 km bis zur Rangerstation. Alternativ bietet sich eine Tour ab San José oder einer der Unterkünfte der Umgebung an.

Auf dem Weg zum Vulkan Barva

Ab Sacramento geht es vorbei am Häuschen der Guardia de Asistencia Rural. Der zunächst noch geteerte Weg führt von der Endhaltestelle des Busses (in Fahrtrichtung) zum (montags übrigens geschlossenen) Park. Man überquert den Río Ciruelas und das Bächlein Quebrada Honda. Die Verschiedenartigkeit der Flora ist beeindruckend. Neben Zitrusfrüchten in den Vorgärten der vereinzelten *Fincas* wachsen hier riesige Nadelbäume und in der Umgebung feuchter Stellen Bambus. *Auf dem* Vorbei am Restaurant La Campesina und immer bergauf stößt man links auf die *Weg zum* Schule und rechts auf die *pulpería* von Sacramento, ein mit einer Kneipe kombinier- *Park* ter Gemischtwarenladen. Dahinter geht die asphaltierte Straße in einen Feldweg über. Von baumfreien Stellen aus hat man einen herrlichen Blick hinunter in das Valle Central. Vorbei an der einfachen Sacramento Lodge (*$$, 8 Zimmer*) und Palo Alto (*$$, 3 Zimmer*, ☎ *8383 1137*) erreicht man den Eingang des Parks.

Von hier bis zum **Hauptkrater** muss man noch einmal gut eine Stunde zu Fuß einplanen. Dabei geht es auf Pfaden durch den dichten, oft nebelverhangenen und dadurch mystisch anmutenden Wald.

☞ Hinweis

Die Temperaturen im Park können im Mai, dem kältesten Monat des Jahres in dieser Gegend, durchaus unterhalb des Gefrierpunktes liegen. Je nach Tages- und Jahreszeit wabern einem mehr oder weniger Wolkenfetzen entgegen. Wie auf fast allen anderen Bergen des Landes setzt am späten Vormittag auch am Barva eine Tendenz zur Eintrübung, schlimmstenfalls zum Verschwinden jeglicher Sicht, ein. Insofern bietet es sich an, wenn man nicht in der näheren Umgebung übernachtet, an einem Tag bis zum Rangerstützpunkt zu wandern, dort zu zelten und dann möglichst früh am Morgen aufzubrechen, um den Park weiter zu erkunden.

Reisepraktische Informationen Parque Nacional Braulio Carrillo

i **Information**

Parkverwaltung ☎ 2266 1883, 2266 1892, 2261 2619, *www.sinac.go.cr*, 10 US$. *Hinter dem Eingang befinden sich das Hauptquartier der Ranger und ein Campingplatz für die Besucher. Das Campieren ist außerhalb dieses Platzes nicht zulässig. Trinkwasser und Sanitäranlagen sind vorhanden.*

Anreise

Auto: *Mit dem normalen Wagen kann man bis Sacramento fahren, für die Strecke bis zum Parkeingang ist ein Allradwagen erforderlich.*

Bus: *von Heredia über Barva nach Sacramento, tgl. dreimal ab Haltestelle Costado sur Mercado Nuevo (Av. 8, C. 2 und 4). Die Busse fahren dort zwischen 6.25 und 6.45, 11 und 11.45, 15.55 und 16 Uhr ab, zurück geht es zwischen 7.30 und 8.30, zwischen 12.30 und 13 Uhr bzw. gegen 17 Uhr. Wenn man in Barva ist, so kann man dort auch an der Haltestelle vor der Kirche zusteigen. Die Busse tragen für gewöhnlich als Richtungsbezeichnung San José de la Montaña (oder auch Paso Llano), was aber nicht heißt, dass alle, die diese Zielbezeichnungen tragen, auch bis Sacramento fahren. Deshalb am besten beim Fahrer nachfragen.*

Über Alajuela nach Grecia und Sarchí

Alajuela

Alajuela, die Hauptstadt der gleichnamigen Provinz, hat neben dem Museum für den costa-ricanischen Nationalhelden Juan Santamaría eine nette Innenstadt zu bieten. Der **Parque Central**, nach Tomás Guardia benannt, der etwas über 900 m hoch gelegenen und von knapp 150.000 Einwohnern bevölkerten Stadt hat noch viel von seiner Ursprünglichkeit behalten, obwohl auch hier Versicherungen, Banken und ähnliche Einrichtungen gebaut wurden. Auch heute noch bildet er als Schnittpunkt von Av. Central und C. Central das Treff- und Vergnügungszentrum der Stadt.

Zentraler Park Dieser Ort bietet eine gute Gelegenheit, die Flaneure des Städtchens zu bewundern – oder als solcher bewundert zu werden. Unmittelbar am Parque Central – und insofern an äußerst prominenter Stelle in einem traditionell katholischen Land wie Costa Rica – steht eine Methodistenkirche aus dem Jahre 1928 schräg gegenüber der katholischen Kultstätte.

Die durch ein Erdbeben im Jahre 1990 trotz ihrer massiven Bauweise etwas ramponierte **Kathedrale im neoklassizistischen Stil** ist nach jahrelangen Renovierungsbemühungen wieder in Stand gesetzt worden. Als Kathedrale ist diese dreischiffige Kirche, deren Bau 1863 fertig gestellt worden war, im Jahre 1921 geweiht worden. Ihre Ausstattung ist nicht unbedingt beeindruckend, dafür besticht sie aber durch die mit rotem Wellblech gekleidete Kuppel, die ihresgleichen sucht.

Juan Santamaría

info

Der 1831 in Alajuela geborene Juan Santamaría kämpfte 1856/57 im Krieg gegen die US-amerikanischen Filibuster. Ihm gelang es, in Rivas (Nicaragua) das Haus in Brand zu setzen, in dem sich die Gefolgsleute von Filibuster Walker verschanzt hatten, die in Costa Rica einmarschieren und das Land für die USA annektieren wollten. Diese mutige Tat – manche behaupten: in ziemlich betrunkenem Zustand – soll Juan Santamaría das Leben gekostet haben. Nach den Aufzeichnungen eines Heeresschreibers starb er allerdings weniger heroisch: Auf dem Rückweg von Rivas nach Costa Rica erlag er der Cholera. Neben einer Dokumentation, die über das Leben des costa-ricanischen Nationalhelden informiert, präsentiert das Museum eine Sammlung aus der Zeit des Filibusterkriegs. Jedes Jahr am 11. April wird mit entsprechendem Brimborium an diesen Heroen erinnert. Wo? Natürlich im **Parque Juan Santamaría**.

Nationalheld Juan Santamaría

Das Gebäude des **Museo Histórico Cultural Juan Santamaría** wurde unter Präsident Guardia 1874 als Kaserne erbaut, nach Abschaffung der Armee diente es als Stadtgefängnis. Das Museum kann mit einer Reihe von Kuriositäten aufwarten: Zu seinen Exponaten zählt ein Stück des Baumes, unter welchem Ex-Präsident Mora nach einem gescheiterten Invasionsversuch exekutiert worden ist, zudem eine der tödlichen Kugeln. Ansonsten ist der ehemalige Kasernenhof zu einem Skulpturengarten umgewandelt worden und einige Räume werden für temporäre Ausstellungen und andere kulturelle Aktivitäten genutzt.

Museo Histórico Cultural Juan Santamaría, *Av. 1, C. Central und C. 2,* ☎ *2441 4775 bzw. 2442 1838, Di–So 10–17.30 Uhr.*

Gegenüber seiner Kaserne wird Guardia seit 2010 durch ein monumentales Denkmal geehrt – u. a. als derjenige Präsident, der in Costa Rica der Todesstrafe ein Ende bereitete – und das vor fast 150 Jahren.

Die Verantwortlichen der Stadt haben seit einigen Jahren ein Projekt unter dem Motto „Kunst im öffentlichen Raum" initiiert, das dazu geführt hat, dass man nun **etliche bunte Wandbilder** bewundern kann. Besuchenswert ist ansonsten auch noch der überdachte Zentralmarkt Alajuelas (Av. Central, C. 4 und 6), das Denkmal des Stadtheroen im Parque Juan Santamaría (C. 1, Av. 2 und 4) sowie zumindest für Architekturinteressierte die **Ermita de la Concepción de El Llano** (C. 13, Av. 3 und 5) von 1889, die als eine der letzten (und diverse Erdbeben überlebenden) Strukturen in Adobebauweise ausgeführt worden ist.

Kunst im öffentlichen Raum

Reisepraktische Informationen Alajuela

Information
www.ciudaddelosmangos.com

Unterkunft
Alajuela und Umgebung bietet sich für eine erste oder letzte Nacht im Land an, da der Flughafen nur wenige Minuten entfernt ist.

Hotel Central (6) $–$$, C. Central, Av. 6 und 8, ☎ 2440 4208. *Traditionelle hospedaje, 36 einfache und ordentliche Zimmer, z.T. mit eigenem Bad.*

Hostel Corte Azul (5) $–$$, Av. 5, C. 2 und 4, ☎ 2443 6145, www.hotelcorteazul. com. *9 Zimmer (auch Dorms.) unterschiedlicher Ausstattung, künstlerisch nett ausgestaltetes traditionelles Haus, allerdings extrem hellhörig und z.T. renovierungsbedürftig. Einige Zimmer ohne Fenster.*

Hotel Charly's Place (1) $–$$$, Av. 5, C. Central und 2, ☎ 2440 6853, www. charlysplacehotel.com. *Netter Innenhof, 15 Zimmer sauber, allerdings etwas dunkel.*

Hotel Los Volcanes (2) $$–$$$, Av. 3, C. Central und 2, ☎ 2441 0525, www.hotel losvolcanes.com. *16 hohe, luftige Zimmer in einem 1950 im Kolonialstil errichteten Gebäude, je nach Kategorie mit eigenem Bad und Ventilator oder ac, (Frühstück inkl.) freier Shuttleservice vom/zum Flughafen, einladender Innenhof mit Bananenstauden.*

Hotel Catedral Casa Cornejo (3) $$–$$$, Av. 1, C. 1, *schräg gegenüber der Kirche,* ☎ 2443 9180, www.hotelcatedralcasacornejo.com. *Kleines familiäres Hotel in einem gelben Haus mitten im Zentrum, saubere Zimmer (nach hinten raus ist es ruhiger), ac.*

Hotel Eskalima (4) $$$, Av. 3, C. 8 und 10, ☎ 2440 2342, www.hoteleskalima.com. *Modernes Gebäude mit 17 Zimmern, mit dem Taxi sind es nur knapp 10 Minuten zum Flughafen.*

UMGEBUNG VON ALAJUELA
Die Unterkünfte in der Umgebung von Alajuela eignen sich eher für Reisende mit dem Mietwagen, da sie mit dem Bus schwieriger zu erreichen sind. Auch gibt es fußläufig meist wenige Restaurants. Alle bieten (meist gegen Aufpreis) einen Shuttleservice zum Flughafen an, viele auch Autovermietung und Reiseplanung.

Vista Linda Montaña $$$, Tuetal Norte, 1,5 km östlich der Kirche, ☎ 2430 2029, http://vistalindamontana.jimdo.com (bei Kartenzahlung 10 % Aufschlag). *8 große, einladende Zimmer (darunter 1 Apartment für bis zu 4 P.), inkl. Frühstück, gut gelegen zur Erkundung des Volcán Poás, in einem Vorort von Alajuela. Sehr hilfsbereite Gastgeberin, auch Autovermietung.*

Bern Tica, $$$, Rincón de Cacao de Alajuela (9 km westlich von Alajuela, auf der alten Straße 118 Richtung Grecia), ☎ 2434 2060, www.bernatica.com (Zahlung im Voraus, keine Kreditkarten). *8 eher zweckmäßige Zimmer mit eigenem Bad und heißem Wasser, unter Schweizer Leitung, Pool. Ausflüge auf den Vulkan Poás und Barva können organisiert werden.*

Pura Vida Hotel $$$–$$$$, Tuetal de Alajuela, ☎ 2430 2929, www.puravidahotel. com. *Kleines, familiär geführtes Hotel mit einem Zimmer im Haupthaus und mehreren casitas (Häuschen für 2–4 P.) im Garten. Frühstück inkl., Abendessen (empfehlenswert!) nur nach Vorbestellung. 4 km vom Flughafen entfernt.*

Tacacori Eco Lodge $$$–$$$$, Tacacori (5 km nördlich von Alajuela), C. Burios (500 m nordöstlich vom Xandari Resort & Spa s.u.), ☎ 2430 5846, www.tacacori.com.

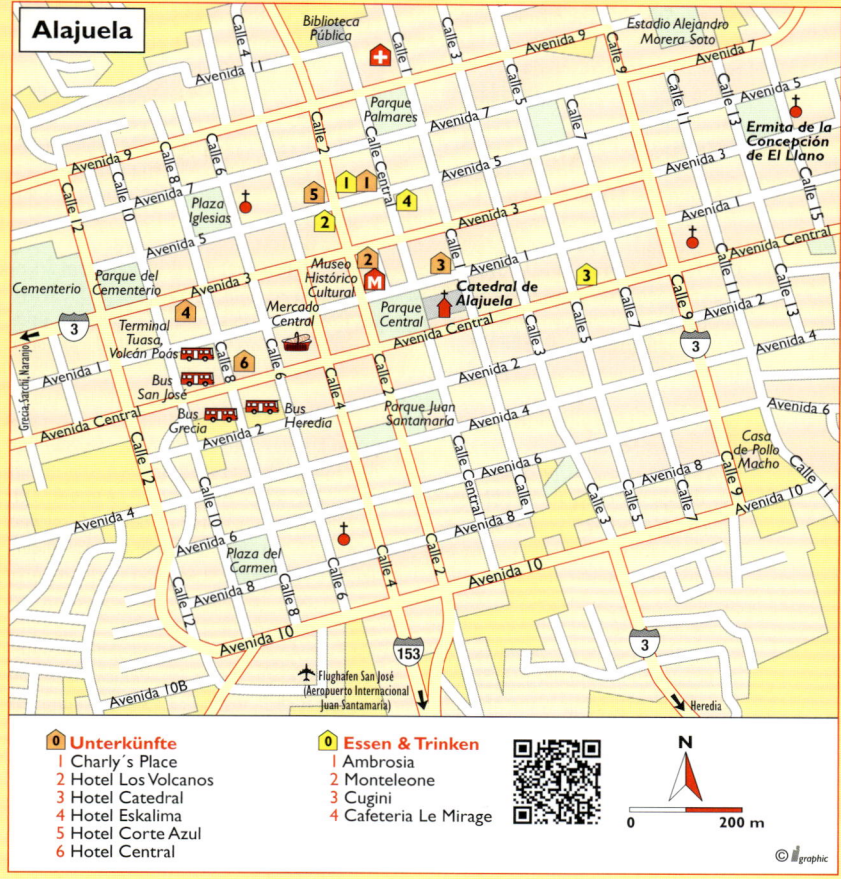

Alajuela

Unterkünfte	**Essen & Trinken**
1 Charly´s Place	1 Ambrosia
2 Hotel Los Volcanos	2 Monteleone
3 Hotel Catedral	3 Cugini
4 Hotel Eskalima	4 Cafeteria Le Mirage
5 Hotel Corte Azul	
6 Hotel Central	

N

0   200 m

Nur vier Bungalows in einem zauberhaften tropischen Garten, jeder mit Terrasse und großem Bad, gutes Frühstück (kein Abendessen). Auch Autovermietung, Ausflüge und Hilfe
bei der Reiseplanung.

Xandari Resort & Spa $$$$$, 5 km nördlich von Alajuela Richtung Volcán Poás
(dann ausgeschildert), ☎ 2443 2020, www.xandari.com. Luxuriöse Anlage mit 24 geräumigen Villen eingebettet in einen tropischen Garten. Schöne Poollandschaft mit Blick ins
Tal, zahlreiche Wellnessanwendungen im Angebot. Auf dem Gelände sind Spaziergänge
durch den Garten, zu Wasserfällen und einem Orchideenhaus möglich. Gutes Restaurant.

Essen & Trinken
Puntalítos de Manuela – Café del Museo, Av. 1, C. Central und C. 2. Im
Museum gelegen, nette Atmosphäre und sogar barrierefrei. Auf der Karte stehen tradi-

tionelle Gerichte, vor allem Kuchen, auch Mittagstisch. Kulturveranstaltungen und Ausstellungen. Der Name erinnert übrigens an die Mutter des Nationalhelden Santamaría.

Restaurant Ambrosia (1), Av. 5, C. Central und 2 (200 m nördlich vom Museum). Restaurant mit schöner Terrasse sowie Gerichten der internationalen (Pasta) und einheimischen Küche.

Restaurant Monteleone (2), Av. 5, C. 2 und 4. Kleines, gemütliches Restaurant, Fleischgerichte um die 20 US$, spezielle Biersorte und Cocktails, sehr empfehlenswert.

Ristorante Cugini (3), Av. Central und C. 5. Kleine italienische Trattoria mit Standardangebot an Pasta und Pizza sowie Burger und Steak.

Cafeteria Le Mirage (4), C. Central, Av. 3 und 5. Gutes Kuchenangebot

C-Vichito y Mas, Urb. La Trinidad, außerhalb der Innenstadt gelegen, nahe dem Pricesmart-Supermarkt Alajuela (4 Blocks westlich und 75 m südlich), ☎ 2442 9157, www.facebook.com/cvichitoymas. Kleines, originelles Restaurant, dessen Chef innovative, asiatisch angehauchte Gerichte auf hohem Niveau zaubert. Karte gibt es nicht, der Inhaber stellt die Gerichte am Tisch vor. Eher teuer, aber einen Abstecher wert.

🚈🚌 Verkehrsverbindungen

San José: Alajuela erreicht man von San José (17 km, ca. 30 Min., 1 US$.) aus zwischen 4 und 22 Uhr nahezu alle 5–10 Min. (anschließend halbstündlich) mit einem Bus der Gesellschaft Tuasa (☎ 2442 6900 und 2222 5325, Av. 2 zw. C. 12 und C. 14). Weitere Haltestellen sind – sofern es sich um keinen Direktbus handelt, der vor Erreichen Alajuelas nur am Flughafen einen Stopp einlegt – u.a. vor dem Gebäude der Ausländerbehörde (migración) und vor dem Internationalen Flughafen. Von Alajuela nach San José fahren die Busse im gleichen Takt und zwar von dem Terminal in der C. 8 zwischen Av. Central und Av. 1 aus (dort gibt es eine Gepäckaufbewahrung und WC).

Heredia und Poás: Die Haltestelle der Busse von Alajuela nach Heredia, die alle 10–15 Min. fahren, befindet sich gegenüber der Haltestelle der Busse von Alajuela nach San José. In unmittelbarer Nähe hält auch der Bus, der täglich gegen 8.30 zum Vulkan Poás fährt.

San Pedro de Poás: C. 10, Av. Central und 2
Atenas über Zoo Ave: C. 10, Av. Central und 2
Sarchí und Grecia: C. 8, Av. Central und 1

Von Alajuela Richtung La Garita

Zoo Ave

Der **Zoo Ave**, dem ein kleiner botanischer Garten angeschlossen ist, ist spezialisiert auf einheimische Tiere. Er gehört der nichtprofitorientierten privaten Stiftung „Fundación para la Restauración de la Naturaleza", die mit dem relativ hohen Eintrittsgeld verschiedene Projekte finanziert. Viele der Tiere im Park wurden staatlicherseits bei illegalen Tierfängern und -händlern beschlagnahmt. Der Zoo bemüht sich auch um Züchtungen von Tieren, die zum Teil später ausgewildert werden. Insbesondere Vögel profitieren von derartigen Programmen. 2013 konnte der Zoo nach 20 Jahren vergeblichen Bemühens erstmals das Schlüpfen eines *cóndor real*, also eines **Königsgeiers**, vermelden.

Erfolgreiche Auswilderungsprojekte

Normalerweise sieht man ihn nur hoch oben am Himmel seine Kreise ziehen: der Königsgeier

Im Zoo Ave widmet man sich zudem intensiv der Umwelterziehung der lokalen Bevölkerung, vor allem Schülern. Es werden in diesem Zusammenhang anschauliche Beispiele dafür gegeben, wie sich trotz der vielfältigen Bemühungen des Landes um den Naturschutz in den letzten Jahrzehnten die Zahl und das Verbreitungsgebiet etlicher Tierarten drastisch verringert haben. Als Beispiel sei hier auf den Ara (*lapa roja*), einen der größeren Papageien, verwiesen, welcher noch 1945 in über 80 % des costa-ricanischen Territoriums vorzufinden war. Inzwischen sind die Verbreitungsgebiete dieser Vogelart auf nur noch ca. 5 % des Landes beschränkt. Die Beschriftung und Erklärungen sind – soweit sie nicht allein der lokalen Umwelterziehung dienen – auch in englischer Sprache vorhanden.

Bedrohte Tierarten

Zoo Ave, *La Garita*, ☎ *2433 8989, www.zooavecostarica.org, tgl. 9–17.30 Uhr, 20 US$.*

Botanical Orchid Garden

Der kurz hinter dem Ort La Garita gelegene Orchideengarten bietet sich vor allem von Januar bis Mai für einen Spaziergang an, da dann die Blumen in voller Blüte stehen. Café und Souvenirshop gibt es auch. Der Garten liegt ca. 800 m vom Highway entfernt, Abzweig ist am Restaurant **La Fiesta del Maíz** (hier kann man sich auch vom Bus Alajuela nach Atenas absetzen lassen). Das bei costa-ricanischen Familien äußerst beliebte Lokal, in dem die meisten Gerichte aus Mais hergestellt werden, lohnt einen Stopp.

Orchideen und Maisgerichte

Botanical Orchid Garden, ☎ *2487 8095, www.orchidgardencr.com, Di–So 8.30– 16.30 Uhr, 12 US$.*

☞ **Tropical Bungee**
Einen der höchsten Bungee-Sprünge des Landes kann man unweit von La Garita über dem Río Colorado machen (75 US$). Dabei geht es 80 m in die Tiefe. Die Agentur bietet auch andere Aktivitäten im Paket an. Infos unter ☎ 2248 2212, www.bungee.co.cr.

Ojo de Agua

Öffentliches Schwimmbad

Das auf halber Strecke zwischen Alajuela und Guácima liegende **Ojo de Agua** zählt zu den wenigen öffentlichen Schwimmbädern des Landes. Es wird durch eine auf seinem Gelände befindliche Quelle gespeist. Diese Quelle ist so gefasst, dass das stark sprudelnde Wasser bei einiger Fantasie als ein „Wasserauge", denn das bedeutet *ojo de agua*, angesehen werden kann. Die Temperatur des Quellwassers ist recht erfrischend. Ein Besuch empfiehlt sich besonders, wenn man sich während der Trockenzeit im costa-ricanischen Hochland aufhält.
Ojo de Agua, ☎ 2441 0655, www.balnearioojodeagua.com, 8–17 Uhr, 2,50 US$.

Parque Nacional Volcán Poás

Weg zum Park von touristischen Angeboten gesäumt

Der Park liegt 26 km nördlich von Alajuela. Die Straße führt durch Kaffeeanbaugebiet, viele Fincas machen Werbung für ihre jeweilige Kaffeetour. Empfehlenswert ist **Doka Estate** (www.dokaestate.com, ☎ 2449 5152), 10 km nördlich von Alajuela, eine der historischen Farmen des Landes. Auf der weiteren Fahrt passiert man die Laguna de Fraijanes mit Picknickplätzen.

Je höher man auf dem inzwischen ansteigenden Weg kommt, desto mehr ist die landwirtschaftliche Struktur geprägt durch den Anbau von nichttraditionellen Produkten. Blumen, Obst (wie zum Beispiel Erdbeeren) und Gemüse, das ursprünglich nicht in Costa Rica beheimatet war, werden seit einigen Jahren verstärkt angepflanzt und sind überwiegend für den Export bestimmt. Auch Milchwirtschaft wird hier betrieben. Der zum Teil frisch „ab Finca" entlang der Straße verkaufte Käse ist ebenso wie die *natilla* (eine Art Schmand) sehr zu empfehlen und lohnt eine Kostprobe. Auf den letzten Kilometern vor dem Nationalpark sind links und rechts der Straße eine Reihe von Restaurants und auch kleine *pulperías* – eine Mischung aus Tante-Emma-Lädchen und (Steh-)Imbissen – eingerichtet.

Überblick

55 km von San José entfernt, zählt dieser Nationalpark zu den attraktivsten Besucherzielen. Trotz teilweise ungünstiger Witterungsverhältnisse – speziell während der Regenzeit – hat er praktisch ganzjährig Saison. Der Vulkan Poás ist einer der wenigen aktiven Vulkane Mittelamerikas, die für Besucher so gut erschlossen sind: diese können prinzipiell auf einer asphaltierten Straße bis zum Kraterrand fahren.

☞ **Tipp**

Nur früh am Morgen ist etwas zu sehen

Wie beim Vulkan Irazú stellt sich auch beim Poás das Problem, dass relativ frühzeitig Wolken aufziehen können. Deshalb ist auf alle Fälle ein früher Besuch empfehlenswert. Ideal ist es, bereits einen Tag vorher anzureisen und in der Nähe des Nationalparks zu übernachten (s. S. 189), sodass man dann in aller Frühe oben auf dem Vulkan sein kann.

Wie für den Irazú, so ist auch für den mit gut 2.700 m nicht ganz so hohen Poás etwas wärmere Kleidung und unter Umständen ein Regenschirm empfehlenswert, selbst wenn „unten" strahlendes Wetter herrscht. Die jährliche Durchschnittstemperatur liegt nämlich gerade bei 12 °C und die Niederschlagsmenge (die Regenzeit dauert vom Mai bis zum November) bei 3.500 mm.

Der 1971 als vierter Nationalpark des Landes gegründet Park schützt nur ca. 5.500 ha Fläche, da das umliegende Land mit seiner fruchtbaren Erde schon vor Beginn des 20. Jh. relativ intensiv genutzt wurde. Das Gebiet ist insgesamt sehr luxuriös aufgemacht. Auf dem Gipfel befindet sich sogar ein Restaurant – kein anderer Nationalpark hat derartiges vorzuweisen. Ferner verfügt der Park über ein Informationszentrum, welches einen Großteil seiner Ausstellungsfläche dem Vulkanismus (im Obergeschoss findet sich eine Insektensammlung, für deren Besichtigung man einen US$ extra verlangt) widmet.

Leicht zu erreichen und touristisch gut erschlossen

Geschichte und Geologie

Der Vulkan weist anders als der Arenal keine konische Form in „Reinkultur" auf. Seine Spitze fehlt gewissermaßen und ist durch drei Calderas ersetzt worden. Eine Caldera (Kessel) ist der Ort, wo der Dachbereich einer Magmakammer dem Druck nicht mehr standgehalten hat, reißt und schließlich nach einem Ausbruch einstürzt. Sowohl 1834 als auch 1910 kam es zu Eruptionen, die einen erheblichen

Schon am frühen Vormittag ziehen am Vulkan Wolken auf.
Ein Kratersee existiert nicht immer.

Letzte
Ausbrüche in
den 1990er-
Jahren
Ascheregen verursachten. Nach etwa zwei äußerst aktiven Jahren um die Mitte des 20. Jh. döste und grummelte der Poás lediglich vor sich hin, bis er sich 1994 erneut wieder mit einem etwas dramatischeren Ausstoß zurückmeldete. Aktuell beschränkt er sich auf die Produktion von Gasen und das Blubbern einiger Schlammlöcher, im Dezember 2013 traten wieder verstärkt Gase aus.

Das älteste Eruptionszentrum stellt der nach dem Naturforscher und Mediziner von Frantzius benannte Gipfel nördlich des noch aktiven **Hauptkraters** dar. Dieses Ereignis dürfte vor 20.000 bis 25.000 Jahren stattgefunden haben. Der Hauptkrater, der dem auf dem *mirador* stehenden Besucher quasi zu Füßen liegt, hat einen Durchmesser von 1,5 km und ist 300 m tief. Das im Hauptkrater enthaltene Wasser bietet allerdings aufgrund seines hohen Gehalts an Schwefel und Säure nicht vielen Lebewesen einen Lebensraum. Der Grund hierfür ist darin zu sehen, dass in solchen Zeiten die Schwefelemissionen in die Atmosphäre rapide anwachsen, was eine Steigerung des Phänomens des „Sauren Regens" nach sich zieht. Die-

Manchmal ist
die blaue
Lagune aus-
getrocknet
ser wiederum schädigt die Kulturpflanzen in der Umgebung des Vulkans. Ausgangspunkte dieser Emissionen waren kleine, blubbernde Schwefelseen, die sich am Boden der trockengefallenen Lagune gebildet hatten und Temperaturen von etwa 140 °C, also jenseits des Schmelzpunktes von Schwefel, aufwiesen. In der Folgezeit bildeten sich äußerst selten zu beobachtende Schwefelvulkane, die allerdings relativ klein und instabil waren.

Ebenso instabil wie der See selbst ist die Temperatur desselben, manchmal beträgt sie nur 35 °C, mitunter steigt sie aber auf 95 °C an. In der Aktivitätsphase von 1987 stieg die Durchschnittstemperatur bspw. von 58 auf 70 °C. In jenen Jahren gab es auch Eruptionen, die denen der isländischen Geysire ähnelten: Aus Wasser, Wasserdampf und Schlamm bestehende Säulen schossen – wie etwa am 09.04.1989 –

Wechselnde
Wasser-
stände
ungefähr einen Kilometer hoch in den Himmel. In der zweiten Hälfte der 1990er-Jahre füllte sich der See dann wieder und übertraf mit etwa 50 m Tiefe den vor seinem Austrocknen bestehenden Zustand. Zzt. ist allerdings wieder relativ wenig Wasser zu sehen.

Daneben ist noch auf die **Lagune Botos** hinzuweisen, die in einiger Entfernung vom Hauptkrater an der Stelle eines kollabierten Kraters durch das Auffangen von Regenwasser entstanden ist. Dort lag bis vor etwa 7.500 Jahren das Zentrum vulkanischer Aktivität des Poás. Die Lagune ist wesentlich kleiner, sie hat einen Durchmesser von unter 500 Metern. Dieser See ist nicht immer zu sehen.

Flora und Fauna

Die **Vegetation** des Nationalparks ist charakteristisch für einen subtropischen Bergregenwald. In der Umgebung der Lagune Botos kann man sogar von einem Nebelwald sprechen und die von Moosen und Aufsitzerpflanzen wie Bromelien und Epiphyten bewachsenen Bäume erreichen immerhin um die 20 m Höhe. Auf der karibischen Seite des Poás, die weitaus feuchter ist als ihr pazifisches Pendant, ragt der Wald mit seinen zahlreichen Palmen und Baumfarnen höher in den Himmel, während in der unmittelbaren Umgebung des Kraters sich sehr wenige Pflanzen als resistent angesichts der ungünstigen Umweltbedingungen erweisen.

Um die 80 verschiedene Vogelarten – darunter natürlich der Quetzal – sind in diesem Parque Nacional bislang gesehen worden, so etwa Mohrenguane, Rußdrosseln, Lauch-Assaris, Morgenammer, Großfuß-Buschammer und die Gelbschenkel-Buschammer. Bei den **Säugern** muss man sich hauptsächlich mit kleineren Nagetieren wie Eichhörnchen, Kaninchen, Spitzmäusen, Langschwanzwiesel oder hin und wieder mal einem Coyoten begnügen.

Die grundsätzlich gut ausgebauten Wege zum Krater erlauben eine bequeme Fortbewegung. Man kann sich diesen Park in gut einer Stunde erlaufen.

Reisepraktische Informationen Parque Nacional Volcán Poás

Information
Parkverwaltung ☎ 2482 2424, Informationszentrum tgl. ab 9 Uhr, letzter Einlass 15.30 Uhr, Park: Mai–Nov. 8–15.30, sonst bis 17 Uhr, 10 US$.

Unterkunft
Campen im Park selbst ist nicht möglich. Entlang der Zufahrtsstraße gibt es eine ganze Reihe naturnaher Unterkünfte, z.B.:
Lagunillas Lodge $$, ☎ 8606 0329, http://lagunillaslodge.com. *10 rustikale, einfache Zimmer mit Bad, auch einige Cabañas mit Küche, in einer schönen Umgebung, nur 2 km vom Park entfernt. Für die 1,5 km von der Hauptstraße zur Lodge ist ein Allradwagen nötig, da der Weg recht abenteuerlich ist. Ausritte, Angeln und Wandertouren können organisiert werden, auch Abholung vom Flughafen (www.costaricantransport.com).*
Poás Volcano Lodge $$$$, ☎ 2482 2194, www.poasvolcanolodge.com. *Wunderschöne, mit viel Liebe zum Detail angelegt Lodge mit 11 Zimmern, sehr geschmackvoll eingerichtet. Einige haben einen tollen Ausblick ins Tal. Das neu errichtete Hauptgebäude verbindet gekonnt moderne Elemente mit rustikalen Materialien wie Holz und Stein.*

Touren
So gut wie jede Agentur in San José bietet Touren auf den Vulkan an, s. S. 116 in den Gelben Seiten.

Anreise
Auto: *Ab Alajuela ist der 26 km entfernte Vulkan schnell und auf guter Asphaltstraße zu erreichen.*
San José: *Direktbusse starten in San José beim Park La Merced, Av. 2 zwischen C. 12 und C. 14. Der Fahrdienst wird von der Firma **Tuasa** (☎ 2222 5325 bzw. 2442 6900) organisiert, die auch die reguläre Busverbindung nach Alajuela betreibt. Sofern man den Poás-Bus (bei geringem Besucherandrang lediglich ein Minibus) nicht gleich identifiziert, kann man beim Terminal der Tuasa-Busse nachfragen. Die Busse fahren zumindest in der Hauptsaison tgl. um 8.30 Uhr, 6 US$.*
Alajuela: *Abfahrt gegenüber dem Terminal der Autobusse nach San José (Abfahrt zwischen 9 und 9.15 Uhr). Die Rückfahrt vom Parkplatz des Nationalparks aus über Alajuela nach San José beginnt gegen 14.30 Uhr, die Fahrzeit bis Alajuela beträgt eine Stunde, nach ca. 1 ¾ Std. ist man in San José. Ansonsten ist eine Exkursion zum Poás ohne Auto mit Umsteigen und Laufen verbunden.*

Grecia

Grecia, span. für Griechenland, verdankt seinen Namen wie das nahegelegene **Atenas** der während des beginnenden Kaffeebooms herrschenden Begeisterung für Griechenland, das damals für seine Unabhängigkeit gegen die Osmanen kämpfte.

Iglesia de las Mercedes

Geht man vom Markt in unmittelbarer Nähe der Haltestelle des Busses aus San José in Richtung der Hauptstraße weiter, so passiert man dabei die in roten und weißen Farben gehaltene **Iglesia de las Mercedes**, die mit ihrem neugotischen Stil eher an England denn an Lateinamerika erinnert. Ihr Inneres gibt nicht viel her, sieht man davon ab, dass hier recht luftig gebaut worden ist. Die Kirche ist ebenso wie die ehemalige Mädchenschule in San José aus Eisenplatten zusammengefügt, die aus Belgien importiert worden waren. Im Ort ist zudem ein (Heimat-)Museum angesiedelt, das gleich neben dem Rathaus liegt (☎ 2494 6767). Es ist allerdings für gewöhnlich leider geschlossen.

World of Snakes

Etwas außerhalb liegt die **World of Snakes** (*Mundo de las Serpientes*). Der Besuch beinhaltet eine Führung (auf Wunsch in englischer oder nach Voranmeldung in deutscher Sprache) und man kann über 50 verschiedene Schlangenarten sehen. Sofern sie nicht giftig sind, darf man sie hin und wieder auch streicheln. Zudem gibt es noch weitere Reptilien wie bspw. Kaimane und Krokodile zu sehen und außerdem noch einen Stirnlappenbasilisk.

Der Zoobetrieb ist nur ein Standbein der „Schlangenwelt", das 2. Standbein ist die Zucht von Schlangen.

World of Snakes, ☎ 2494 3700, www.theworldofsnakes.com, tgl. 8–17 Uhr, 12 US$. Anfahrt: Vom Zentrum aus leicht hügelan gehend drei Blocks, dann nach rechts abbiegen und – vorbei an einer Tankstelle – den Hügel wieder hinunter. 400 Meter später kreuzt man den Río Poro. Danach hält man sich rechts und wandert wieder hügelauf. Nach weniger als einem Kilometer ist der Eingang erreicht.

info

Spitzname *Jesucristo*

Der Stirnlappenbasilisk ist ein Tier, das unter Ausnutzung der Oberflächenspannung in der Lage ist, übers Wasser zu wandeln, besser gesagt: zu flitzen, da eine zu geringe Geschwindigkeit der Wiederholung des „Wunders" vom See Genezareth entgegensteht. Diese wunderbare Fähigkeit hat dem Tier den Spitznamen (*lagarto*) **Jesucristo** eingebracht. Sobald der Basilisk nicht mehr in der Lage ist, weiterzuspurten, so versinkt er ähnlich wie der ungläubige Petrus in den Fluten – vgl. Matthäus 14: 22–33 – und da dann üblicherweise die helfende Hand des Herrn fehlt, muss er wie alle anderen gewöhnlichen Echsen weiterpaddeln.

Stirnlappenbasilisk

Routenhinweis

Da die Schlangenwelt auf einem Hügel liegt, bietet sich von diesem Ort ein netter Ausblick über das Tal. Wer es sich ersparen will, zu Fuß die Schlangenwelt anzusteuern, reist am besten entweder von Alajuela oder aber von Sarchí aus an, weil die zwischen diesen beiden Orten verkehrenden Busse direkt dort vorbeifahren. Wer sich nach der Hauptstadt sehnt, kann unmittelbar von der Schlangenfarm aus – über Alajuela – die Rückkehr in Angriff nehmen.

Hacienda Los Trapiches

In der eher auf touristische Massenbesuche ausgerichteten **Hacienda Los Trapiches** in Santa Gertrudis Sur kann man an Sonntagvormittagen ab 8 eine traditionelle „Zuckersiederei" in Betrieb sehen, die aus Zuckerrohr (*caña de azucar*) Zuckerhüte *(tapas)* herstellt. Auch Restaurant. (*8–15 Uhr, 8 US$,* ☎ *2444 6656, www. haciendalostrapiches.com*)

Cataratas und Parque Recreativo Los Chorros

Wem der Sinn nach einem kühlen Bad steht, der fährt zunächst nach Tacares und von dort aus in Richtung San Pedro de Poás weiter. Nach knapp 2 km ist dann der Parque

Recreativo Los Chorros erreicht. Man kann dort nicht nur einen der vielen Wasserfälle des Landes bestaunen und sich in einem **Naturpool** entspannen, sondern den Wasserfall im Rahmen einer Tour per „Rappel" (durch Abseilen) bezwingen.

Los Chorros, ☎ *2444 5958, 7 US$, 8–17 Uhr. Mo–Sa um 9.45 und um 14.15 Uhr fährt von Grecia aus jeweils ein Bus der Fa. Autotransportes Sta. Gertrudis (☎ 2494 4231) dorthin (retour: 10.25 und 14.55 Uhr).*

Reisepraktische Informationen Grecia

Unterkunft
In der Stadt selbst gibt es nur wenige Unterkünfte.

Hostel Mangífera $–$$, ☎ *2494 6065, www.mangiferahostel.com. Mitten im Zentrum gelegen, Frühstück inkl., Doppel- und Mehrbettzimmer mit und ohne eigenes Bad, Gemeinschaftsküche, Waschmaschine, netter Garten mit Palmen und Hängematten, Parkplatz.*

Hotel Aeromundo $$–$$$, *100 m östlich der Banco de Costa Rica, ☎ 2494 0094, www.hotelaeromundo.com. 6 ordentliche Zimmer mit Bad und ac, Parkmöglichkeit vorhanden, Frühstück inkl. Auch Reisebüro.*

AUSSERHALB VON GRECIA
Posada Mimosa $$$, *10 km außerhalb, ☎ 2494 5868, www.mimosa.co.cr. Bunte B&B-Unterkunft mit nur vier Zimmern in netter Umgebung. Sehr freundliche Gastgeber. Pool.*

Finca Vibran B&B $$$, *San Isidro de Grecia (10 km von Grecia entfernt), ☎ 2494 4706, www.fincavibranbb.com. Gemütliches B&B mit einem schönen Blick ins Tal, das auf dem Gelände einer ehemaligen Kaffee-Farm gelegen ist. Abendessen auf Vorbestellung.*

Essen & Trinken
*In und um die **Markthalle** gibt es einige sodas, zudem:*

El Maguey de Licho, *gegenüber dem Busterminal. Ordentliche Hausmannskost wie casados und Churrasco, etwas karges Ambiente.*

Galeria Steakhouse, *gegenüber der Feuerwehr. Gute Steaks in eher gehobenem Ambiente, daher nicht billig.*

Taurire, *ein Block nördlich der Kirche. Ordentliches Restaurant, nett eingerichtet, einheimische Gerichte. Abends mit Disco.*

La Casita de Polón, *ein Block südlich der Kirche. Stets frisch zubereitetes Essen, vor allem Fisch (ca. 10 US$).*

Verkehrsverbindungen
San José: *Die Busse der Fa. Transportes Grecia (☎ 2258 2004) fahren an ihrem Terminal in San José zwischen 5.40 und 22.20 halbstündlich an der Ecke C. 18 und Av. 5 ab (2 US$) ab. Von Grecia aus fahren zwischen 4.25 und 20.30 Uhr alle 30 Min. Busse nach San José (1 Std., 2 US$).*

*Von diesem Terminal fahren auch die Busse nach **Alajuela** in vergleichbarem Takt. In etwas längeren Intervallen verbinden Busse Grecia auch mit **Sarchí** (0,7 US$) und **Naranjo** (1 US$), wobei diese aber von einer Straßenhaltestelle aus starten. Von Grecia aus erreicht man mit dem täglich um 15 Uhr nach Río Cuarto fahrenden Bus den **Parque Nacional del Agua Juan Castro Blanco**, indem man in Bajos del Toro aussteigt.*

Sarchí

Von Grecia ins knapp sechs Kilometer entfernt liegende Sarchí geht es auf kurvigen Straßen durch das **Herzland des Kaffees**. In den tiefergelegenen Zonen findet die Kaffeeernte von Oktober bis November statt, in mittleren Höhen von November bis Dezember und in den Hochlagen im Dezember und im Januar, sodass die Chance nicht schlecht ist, diese Erntearbeiten, die mittlerweile hauptsächlich von nicaraguanischen Arbeitsmigranten ausgeführt werden, zu Gesicht zu bekommen.

Kaffee-Ernte je nach Höhenlage

Sarchí, das sich an der Straße von Grecia nach Naranjo entlangzieht und vom Río Trojas in Sarchí Sur (Geschäfte) und Sarchí Norte (Wohngebiet) geteilt wird, ist das **Kunsthandwerker- und Möbelproduktionszentrum** des Landes und wirbt vor allem mit seiner Spezialität, den bemalten Ochsenkarren in jeder Größe und Farbe. Doch auch Hängematten und Schaukelstühle gibt es neben vielem anderen Nützlichen und Unnützen zu erwerben. Wer gerade Möbel oder Ochsenkarren erwerben will, dürfte beim Erstehen von Souvenirs im Mercado Central in San José günstiger einkaufen. Zwischen Sarchí-Süd und Sarchí-Nord befinden sich einige Produzenten kleinteiliger Souvenirs, bei denen man im Vergleich zu den Läden beim Tour-Stopp nur ungefähr die Hälfte bezahlt. Aufgrund des Umstands, dass bei diesen Produzenten Arbeit und Leben praktisch untrennbar miteinander verknüpft sind, erfolgt der Verkauf quasi vom Küchenherd aus.

Hauptstadt des Kunsthandwerks

Eine nette Kleinigkeit am Rande gilt es beim Umherstreifen nicht zu übersehen: Um den Status Sarchís als Kunsthandwerkerhauptstadt des Landes zu unterstreichen, wurden die meisten Strom- und Telefonmasten im Städtchen bunt bemalt und den Zentralplatz vor der Kirche ziert ein Ochsenkarren gigantischen Ausmaßes. Selbst die Abfalleimer sind voll mit typischer Bemalung. Auf dem Weg von Sar-

In Sarchi allgegenwärtig: bunt bemalte Ochsenkarren in allen Größen

chí-Süd nach Sarchí-Nord kann man nach rechts abbiegen und sich an einem **Wasserfall**, der in 30 bis 35 Gehminuten Entfernung sein Wasser verspritzt, erfreuen. Im nördlichen Teil des Städtchens (800 m nördlich des Estadio Innovaplant) gibt es für botanisch Interessierte oder Ruhesuchende den schönen **Botanical Garden Else Kientzler** (☎ 2454 2070 bzw. *www.elsegarden.com, 8–16 Uhr, 13 US$*).

Wer mit Auto unterwegs ist, kann die in Richtung Río Cuarto, nahe Bajos del Toro, gelegene **Catarata del Toro** besichtigen (s. S. 241).

Reisepraktische Informationen Sarchí

Unterkunft

Hospedaje Xallachi $$, entlang der Ruta 118, am Fußballplatz vorbei, auf der rechten Straßenseite, ☎ 2454 5281, *xallachi@yahoo.es. 6 Zimmer mit Ventilator und Kühlschrank sowie Küchenzeile.*
Hotel Daniel Zamora $$–$$$, nördlich des Fußballplatzes, ☎ 2454 4596. *7 einfache Zimmer mit Bad und Ventilator oder ac.*
Hotel Paraíso Río Verde $$$, 2454 3003. *www.hotelparaisorioverde.com, wenige km nördlich von Sarchí Sur Richtung San Pedro. Als Unterkunft stehen nicht ganz taufrische, aber saubere Bungalows für bis zu 4 Pers. (mit Kühlschrank) oder einfache Zimmer mit Bad zur Verfügung. Pool und Garten.*

Essen & Trinken

Restaurant Zamora, *im o.g. Hotel. Einfache und günstige Hausmannskost.*
Restaurant El Río, *(mit Souvenirladen) auf Bustouren spezialisiertes Großrestaurant mit einheimischen und internationalen Gerichten und Fast Food (8–16 US$).*
La Casona Típica, *über Holzfeuer zubereitete Gerichte, etwas teurer.*

Verkehrsverbindungen

Da es praktisch nur eine Straße durch die Ortschaft gibt, ist ein Terminal nicht unbedingt erforderlich. Man wählt einfach die Straßenseite und wartet auf den nächsten durchfahrenden Bus. Zwischen 5 und 22 Uhr fährt ungefähr alle 30 Min. ein Bus nach **Alajuela** *und* **Grecia** *bzw. Naranjo. (☎ 2494 2139). Um zwischen San José und Sarchí hin und her zu reisen, muss man i.d.R. in Alajuela oder Grecia umsteigen.*

Abstecher über Naranjo, San Ramón und Zarcero nach Ciudad Quesada/San Carlos

Naranjo

Das knapp 10 km von Sarchí und etwa 45 km von San José entfernte Naranjo kann mit einer basilikaartigen Kirche (1928) aufwarten. Den gegenüberliegenden **Stadtpark** ziert, wie es sich für das Herzland des Kaffees gehört, eine Statue eines „Anonymen Kaffeepflückers". Schach- und Damefans können sich vor dem nett bepflanzten Park zu einer Partie niederlassen.

Kaffeetour Espíritu Santo

Ca. 10 Minuten vom Stadtzentrum entfernt (der Weg ist gut ausgeschildert) liegt die Kaffeefarm Espíritu Santo. Sie wird von einer Kooperative betrieben, die von über 2.000 kleinen Kaffeebauern aus der Region gebildet wird. Diese Kooperative hat vor einigen Jahren eine größere Finca gekauft. Hier werden nun alle Schritte präsentiert, die von der Pflanzung bis zum Endprodukt notwendig sind. Die Familie des Kaffeebarons befand sich einstmals üblicherweise in San José und hatte nur ihre für die Verwaltung der Finca und die Organisation der Arbeit zuständigen *capataces* vor Ort. Nur während der Ernte kamen sie in das in den 1920er-Jahren erbaute Herrenhaus.

Statue des „Anonymen Kaffeepflückers"

Im Gegensatz zur Tour der Firma Britt in Heredia (s. S. 177) wird hier nur der Basisprozess dargestellt. Der Name der Tour leitet sich von einem nahegelegenen Hügel ab, Kaffee dieser Marke kann nicht anderswo erworben werden. Nach einem Ausflug in die Historie des Kaffees und der Demonstration einiger Instrumente, die bei dem Kaffeebereitungsprozess eingesetzt werden, führt die Tour zu einem Röstereibetrieb. Nur ein kleiner Teil der Kooperativenmitglieder arbeitet allerdings nach biologisch-organischen Methoden, die Mehrzahl produziert traditionell, das heißt also unter Einsatz von Chemikalien.

Espíritu Santo Coffee Tours, ☎ 2450 3838, www.espiritusantocoffeetour.com, tgl. 8–17 Uhr (am Wochenende sollte man sich sicherheitshalber anmelden), 20 US$ für eine 2stündige Tour.

Reisepraktische Informationen Naranjo

Unterkunft
Hotel La Bambú $, *250 m nördlich des Mercado Municipal / gegenüber dem Stadion*, ☎ 2450 2019 bzw. 8506 4024. *Sehr einfache Unterkunft mit 9 Zimmern, Gemeinschafts-WC, Riesenbambus im Hintergarten.*
Hotel Vista del Valle Plantation Inn $$$, *außerhalb (in Rosario de Naranjo),* ☎ 2451 1165, www.vistadelvalle.com. *18 helle und moderne Zimmer, z.T. rustikal gestylt (Bungalows und „Villas"). Pool und kleine Wanderung zum Wasserfall auf dem Gelände. Restaurant und Tourangebot.*

Essen & Trinken
Im **Mercado Municipal** *findet man etliche kleine Restaurants.*
Cafetería Campos, *gegenüber der Kirche. Reichhaltiges Angebot an schreiend bunten Sahnetorten, auch Kekse und anderes Gebäck.*

Verkehrsverbindungen

*Naranjo verfügt zwar über einen Terminal (neben der Markthalle), dort fahren u.a. die Busse nach **San José** zwischen 5 und 22 Uhr in 25minütigen Intervallen ab, doch es gibt auch weitere Haltestellen. Nach **San Ramón** geht alle 40 Min. ein Bus hinter der Kirche ab, während die etwa ½-stündlich verkehrenden Lokalbusse die Ortschaft mit **Sarchí**, Grecia etc. von einem (Firmen-)Terminal einen Block westlich des großen Terminals aus verbinden.*

San Ramón

In das 1840 gegründete, auf etwa 1.050 m Höhe liegende San Ramón kommt man von Naranjo aus per Bus über die costa-ricanische Autobahn in etwa 20 Minuten. Wer etwas mehr als den Highway sehen möchte, nimmt die Strecke über **Palmares**, auf der man allerdings über eine Stunde unterwegs ist, dafür aber durch das durchaus sehenswerte Hinterland kurvt. Palmares lohnt einen Besuch eigentlich nur während seines jährlichen zehntägigen Festes Mitte Januar, dem Leute aus Nah und Fern beiwohnen.

Den **Stadtpark** von San Ramón ziert nicht nur ein Pavillon, sondern auch etliche schön gewachsene Königspalmen. Die für diese Stadt überdimensionierte **Iglesia de San Ramón** präsentiert einen ähnlichen Stilmischmasch wie ihr Pendant in Naranjo, wobei hier romanische Stilanklänge überwiegen. Im Vorgarten der Kirche findet sich ein Denkmal an den „Unbekannten Boyero", welcher einst mit seinen *Cafés für* Ochsenkarren den Kaffee aus dem Hochland zur Verschiffung nach Puntarenas *eine Pause* transportierte. San Ramón weist einige nette Cafés auf, in denen man die Produkte der Region verkosten kann.

In dem von der Universität von Costa Rica betriebenen **Museo de San Ramón** wird eine Mixtur aus Kunst und Stadtgeschichte sowie Lobeshymnen auf die „großen Söhne" der Stadt präsentiert (*Av. 1, C. 0 und 2, Di–Sa 9–17 Uhr*). Ein zweites Museum im **Centro Cultural e Histórico José Figueres** gegenüber der Kirche ist dem dreimaligen Präsidenten Costa Ricas gewidmet und befindet sich an der Stelle seines Geburtshauses. In ihm wird das Leben und Wirken desselben nebst der von ihm geführten Revolution dargestellt (*www.centrojosefigueres.org, Di–Sa 9–19 Uhr*).

Laden wie in Wer sich für den Herstellungsprozess von Zigarren interessiert bzw. solche er-
der „guten werben will, der kann u.a. im **La Casa de los Hidalgos** (C. 1, Av. 0 und 2) vorbei-
alten Zeit" schauen. Hier wird zudem versucht, mit alten Möbelstücken und Accessoires den Eindruck der alten Zeit heraufzubeschwören. Samstags ist (Haupt-)**Markttag**, doch offerieren die Bauern der Gegend wenn auch in kleinerem Umfang ihre Produkte jeden Mittwoch und Sonntag.

Von San Ramón aus Richtung San Rafael gelangt man zum **Mirador Berlín**, von wo man einen guten Rundblick über die Region hat.

Reisepraktische Informationen San Ramón

i **Information**
Club de Amigos, ☎ 2445 5463, *info@costaricapm, www.sanramon-costa rica.com*

Unterkunft
Hotel La Posada *$$–$$$, Av. 9, C. 0 und I,* ☎ 2447 3131, *www.posadahotel. net. Das moderne Hotel verfügt über einen mit vielen Pflanzen versehenen Innenhof. Die 35 Zimmer mit Bad (einige sogar mit Jacuzzi) sind originell eingerichtet, manche mögen sie für kitschig halten. Die Außenwände sind mit gefälligen murales verziert.*
Hotel San Ramón *$$, C. 8, Av. 0 und I,* ☎ 2447 2042. *35 Zimmer mit Bad, Parkplatz, sehr ordentlich, aber altväterlicher Stil.*
Casa Amanecer B&B *$$$, 4 km nördlich von San Ramón Richtung Concepción,* ☎ 2445 2100, *http://casa-amanecer-cr.com. Ruhiges B&B mit fünf hellen Zimmern, verschiedene Ausflüge und Aktivitäten werden organisiert (Ausritte, Canopy, Coffee Tour etc.).*
Angel Valley B&B *$$$ (keine Kreditkarten), 6 km nördlich von San Ramón Richtung Arenal,* ☎ 2456 4084, *www.angelvalleybnb.com. Fünf kürzlich renovierte, gemütliche Zimmer, die in einem alten Farmhaus mit schönem Ausblick untergebracht sind. Zum Frühstück wird der gute, ökologisch angebaute Kaffee serviert. Restaurant.*
UMGEBUNG VON SAN RAMÓN
Reserva Bosque Nuboso Los Angeles/Villa Blanca Hotel *$$$$,* ☎ 2461 0300 *www.villablanca-costarica.com. Rund 20 km nördlich von San Ramón (über Angeles Norte, dann ausgeschildert) liegt dieser Nebelwald in einem privaten Schutzgebiet, der zwar nicht so groß ist wie der von Monteverde, dafür aber auch nicht so voll (tgl. 8–16 Uhr, 20 US$). Das Gebiet gehörte einst einem Präsidenten von Costa Rica. Im Park liegt das luxuriöse Villa Blanca Hotel, öko-technisch auf dem letzten Stand der Dinge, dessen Zimmern in 35 kleinen casitas untergebracht sind (mit Kamin). Spa, Restaurant und eine Hochzeitskapelle stehen zur Verfügung. Diverse Aktivitäten werden angeboten, u.a. Wanderungen durch den Nebelwald (ca. 26 US$ p.P.), man kann die 2–4 km Wanderwege aber auch alleine gehen. Ausritte und Canopy stehen ebenfalls auf dem Programm.*

Essen & Trinken
Pizzeria Capricchio, *C. I, Av. 7 und 9. Kleines und günstiges Lokal.*
Soda Minita's, *C. I, Av. 5 und 7. Kleine Auswahl von lokalen Gerichten sowie Eiscreme, günstig.*
El Rincón Poeta, *2 Blocks südlich der Kirche. Lokale Gerichte, eher gehobenes Ambiente, schöne Terrasse.*
Restaurant Nazca, *C. 8, Av. 2 und 4. Peruanische und einheimische Küche, nett gestaltet.*
Casa Colombia, *Av. 0, C. 6 und 8. Kolumbianisches Essen*
Café Delicias, *Ecke Av. 2, C. 6. Großes Angebot an Gebäck.*

Verkehrsverbindungen
San José: *Von San José (C. 16, Av. 10 und 12) nach San Ramón zw. 5.45 und 23 Uhr alle ¾ Std., (I ¼ Std., 3 US$), Empresarios Unidos (☎ 2222 0064). Im ident. Takt geht es zw. 5 und 20.30 Uhr zurück. Es gibt Direktbusse sowie Busse, die über Alajuela fahren.*

Puntarenas *wird zwischen 6 und 22.30 im Stundentakt angefahren (1 Std., 2,5 US$).
Nach* **Upala** *fahren Busse um 5.30, 9, 13 und 16 Uhr, zurück geht es von dort jeweils
um 5.30 Uhr, 9 Uhr, 12.30 und um 16 Uhr. Nach* **Fortuna** *(über Ciudad Quesada/San
Carlos fährt Empresa Cabachez (☎ 2451 0495) um 5.30, 9, 13 und 16 Uhr (3 Std.,
4,5 US$).
Das 22 km entfernt liegende* **Zarcero** *wird um 5.50, 7, 8.30, 9.45, 12, 14.30, 16 und
17.30 Uhr angesteuert (1 Std., 1,5 US$)*

Zarcero

*Skurril geschnittene Hecken zieren den Platz vor
der Kirche von Zarcero*

Die 22 km zwischen San Ramón und Zarcero werden auf kurviger und hügelig bis
steil ansteigender Strecke zurückgelegt.
Man fährt vorbei an Zuckerrohrfeldern
und kann schöne Ausblicke auf mit Kaffee
bepflanzte Hänge werfen. In dem Maße,
wie der Bus an Höhe gewinnt, wird das
Klima frischer.

Zarcero, das auf gut 1.730 m liegt, zeichnet sich sowohl durch die etwas aus dem
Rahmen fallende Iglesia San Rafael als auch
den in der Umgebung derselben angelegten Parque Francisco Alvarado aus, dessen hervorstechendstes Kennzeichen
künstlich gestylte Hecken sind, die
Löwen, Torbögen, aber auch ganze Figu-
rengruppen – seit kurzem sogar einen
Saurier – darstellen. Ob man diese Werke
des lokalen Stadtgärtners Evangelisto
Blancos als originell oder als kitschig be-
werten will, bleibt jedem selber überlassen. Unstreitig dürfte dagegen die Qualität der hier in der Gegend wachsenden
Erdbeeren als auch des hier produzierten
Käses sein. Verkaufsständchen, die zum
„Probeessen" einladen, finden sich im gesamten Zentrum. Eine Reihe von Bauern
verzichtet auf den Einsatz von Agrochemikalien.

Reisepraktische Informationen Zarcero

🛏 Unterkunft
Hotel Don Beto $$, *im Zentrum an der nördl. Seite der Kirche,* ☎ 2463 3137,
www.hoteldonbeto.com. 8 freundliche Zimmer z.T. m. Bad, standardgemäß eingerichtet.
Hotel Zarcero $$, ☎ 2463 4141. *Alle 17 Zimmer mit Bad, z.T. etwas dunkel, aber
funktional eingerichtet.*

Cabinas La Pradera $$–$$$, etwa 3 km außerhalb in Richtung San Carlos: 100 m nördlich, 300 m östlich der Schule Escuela de Laguna, ☎ 2463 3959, www.cabinasla pradera.com. Einfache, saubere Cabinas mit Bad, auch Familienhütten für bis zu 4 Personen mit kleiner Küchenzeile.

Essen & Trinken
Restaurant El Jardín, einheimisches Essen, günstig.
Restaurant Hereford, 2 km außerhalb an der Straße Richtung San Ramón (Ruta 141), Spezialität sind Steaks.

Verkehrsverbindungen
Mindestens alle 1–2 Std. passieren die Autobusse, die zwischen Ciudad Quesada/San Carlos und San José unterwegs sind, das Städtchen, sodass man zw. 6 und 19 Uhr ohne längere Wartezeiten in etwa 2 Std. über San Ramón und Naranjo nach San José (4 US$) kommt. Alajuela wird nicht direkt angefahren, wer dorthin will, muss in Naranjo umsteigen. Nach Ciudad Quesada/San Carlos gilt dies zw. 7 und 20 Uhr gleichfalls (1,5 Std., 3 US$).

Weiterfahrt zum Parque Nacional del Agua Juan Castro Blanco und nach Ciudad Quesada/San Carlos

Die Straße ist zwar ausgebaut, allerdings recht schmal und kurvig und führt nahezu permanent bergab. Die Besiedlungsdichte ist bis kurz vor Ciudad Quesada/San Carlos (s. S. 244), welches man nach knapp 1 Std. erreicht, recht begrenzt. Mit Annäherung an die Stadt steigt die Temperatur im Vergleich zum recht kühlen Zarcero stetig an. Etwa 8 km vor der Stadtgrenze, nahe Sucre, geht es nach rechts zum 7 km entfernten Zugang zum **Parque Nacional del Agua Juan Castro Blanco** ab (s. S. 246).

Abstecher zum Nationalpark

Cartago und Umgebung

Das erstmals 1563 mit einer Kirche versehene Cartago (130.000 Einwohner), welches von dem Anführer der spanischen Konquistadoren Vásquez de Coronado gegründet worden ist, war Costa Ricas Hauptstadt während der Kolonialzeit.

Cartago wurde durch Erdbeben bisher ein halbes Dutzend Mal schwer getroffen, 1841 und 1910 sogar fast völlig zerstört. Hiervon zeugen noch die Ruinen der – zum Zeitpunkt ihrer Zerstörung noch gar nicht fertiggestellten – **alten Kathedrale** in der Stadtmitte, die in einem hübschen kleinen Park gelegen sind. Das Bauwerk fiel dem Beben von 1910 zum Opfer. Das dazu passende Gerücht besagt, dass dies die Strafe für eine verbotene Liebschaft eines der für die Kirche bestallten Priester darstellte. Die wissenschaftliche Erklärung lautet, dass der Ort aufgrund seiner ihn prägenden tektonischen Struktur extrem ungeeignet ist, Gebäude auf Dauer unbeschädigt zu tragen. Vor der Ruine blieb noch ein Stück Straße aus der Kolonialzeit (mit dem Rinnstein in der Mitte) erhalten.

Mehrmals durch Erdbeben zerstört

Sehenswürdigkeiten

Die wichtigste Kirche von Cartago, die **Basílica de Nuestra Señora de Los Ángeles**, befindet sich am Ende der Hauptstraße (C.14, Av. 2 und 4). Sie wurde Anfang der 1920er-Jahre errichtet und beherbergt eine Statue der Landesheiligen, die auf den Kosenamen *La Negrita* hört. Das Fest zu Ehren der Mutter Gottes, die Cartago schon im Jahre des Herrn 1635 unter Zurücklassen der kleinen *Negrita* besucht haben soll, wird am 2. August vor allem in Cartago, aber auch in anderen Städten des Landes, gefeiert. Doch nicht nur dieses Fest in Cartago ist sehenswert,

ebenso die **Prozession am Karfreitag**, wo alljährlich diese biblische Geschichte von kostümierten Gläubigen nachgespielt wird.

Das Äußere der Basilika trifft sicherlich nicht jedermanns Geschmack, doch eine Besichtigung des Kircheninneren lohnt sich. Der Altar ist, wie es sich für den Altar einer Landesheiligen gehört, mit der Nationalfahne geschmückt. Da *La Negrita*, wie diese Jungfrau wegen ihres gebräunten Äußeren genannt wird, heilende Kräfte zugeschrieben werden, ist die Basilika ein **Pilgerziel** von zahlreichen kranken und gebrechlichen Gläubigen. Hiervon – und von sonstigen Wundertaten wie Errettung aus Schiffbruch und Bergnot – zeugen die in einem Raum links neben dem Altar untergebrachten Nachbildungen geheilter Glieder sowie diverse Hilfsmittel, derer sich die Señora bei ihren Wundertaten bedient haben soll: etwa aus einer Felswand herausragende Äste (zu verwenden bei plötzlichen Stürzen aus großer Höhe) oder Treibholz (besonders geeignet bei Schiffbruch). Da die Zahl der Wunder groß ist, werden die Ausstellungsstücke gelegentlich gewechselt. Steigt man die Treppen in diesem Raum hinab, so landet man nicht in einer Krypta, sondern vor dem Stein, über dem im 17. Jh. die jungfräuliche Mulattin – andere behaupten, es sei eine Indianerin gewesen – *Juana Pereira* am 2. August 1635 geschwebt haben soll.

Die Prozession am Karfreitag wirkt wie eine Szene aus einem Monumentalfilm à la Ben Hur

Cartago ist so stolz auf seine *Virgen*, dass es die aus San José kommenden Besucher der Stadt schon an der Stadtgrenze mit einer riesigen Marmorfigur der Jungfrau begrüßt. Diverse **Devotionalien** – vom Schlüsselanhänger an aufwärts – können

in der wenige Meter von der Basilika entfernt gelegenen katholischen Buchhand-　*Andenken an*
lung erworben werden. Direkt hinter der Basilika kann man solche Devotionalien　*die Jungfrau*
auch in dem *El Santuario* genannten christlichen Supermarkt erwerben (*tgl. 8.30–
17 Uhr*).

Zwischen dieser Kaufhalle und der Basilika selbst sprudelt ferner ein angeblich mit
magischen Kräften ausgestatteter Quell, der mit einer Mischung von rustikalen
Installationen und naiver Kunst, die entfernt an die byzantinische Klassik erinnern,
umgeben ist. Eine nette Mischung an Verkaufbarem bietet auch **La Guarida** in der
Hauptstraße – ein Laden, in dem sich neben den üblichen kunsthandwerklichen
Produkten des Landes sowie Herz-Jesu-Figuren auch eine bunte Palette von Na-
turkost-Waren finden lässt.

Neben diesen beiden eher skurrilen Läden gibt es in den Straßen des Zentrums　*Sehenswerte*
noch einige beachtliche **Häuser** zu sehen. Hierzu zählt vor allem der im neoklas-　*Häuser im*
sizistischen Stil errichtete **Club Social** (*Av. 2, C. 1 und 3*), in welchem sich einst die　*Zentrum*
(männliche) Elite der Stadt vergnügte. Das aus dem Beginn des 20. Jh. stammende
Haus der Apothekerfamilie Pirie (*Ecke C. 5, Av. 2*), welches einen identischen
Stil aufweist, ist übrigens eines der wenigen, die das große Erdbeben von 1910 einigermaßen unbeschadet überstanden hat. Auch das **Geburtshaus von Jesús Jiménez**, eines der Präsidenten des Landes (*Ecke Av. 3, C. 4*), lohnt einen kurzen
Blick. Die nebendran gelegenen **Ruinen der alten Kathedrale** nebst der davor
liegenden Plaza Mayor (*Av. 1 und 2, C. 1 und 4*) lässt sich kaum ein Besucher entgehen. Der **Markt** (*Av. 4, C. 3 und 1*), der in ei-
ner Halle untergebracht und nicht ganz so
groß wie sein Vetter in der Hauptstadt ist,
aber dafür etwas farbenprächtiger, lohnt
ebenfalls einen Besuch.

Wer ein Fan von Sepulkralkultur ist, kommt
in Cartago auf seine Kosten. Der 1813 eingerichtete **Gottesacker** besticht durch die
Vielfalt seiner Grabstätten. Auf dem Weg
zum Friedhof, der am westlichen Ende der
Av. 1 liegt, kann man noch das **alte Bahn-
hofsgebäude** (*Av. 6, C. 3 und 5*), das in die
2013 errichtete Struktur für den neuen
Bahnhof integriert worden ist, sowie die an
der Av. 2, C. 3 und 5 in den 1950er-Jahren
erbaute Art-Déco-Kathedrale (**Catedral
de Santiago Apóstol**) besuchen.

Das **Museo de Cartago** (*Av. 6, C. 2 und 4*)
ist in dem Gebäude beherbergt, das einst
als Kaserne eine Schlüsselrolle im Bürger-

Wandmalerei im Museum von Cartago

krieg spielte. Architektonisch ist es als gelungen zu betrachten, es fehlt allein etwas an Substanz. Im Obergeschoss steht das Thema „Erdbeben 1910" im Mittelpunkt. Keinesfalls sollte man sich die großen *murales* im hinteren Teil des Museums entgehen lassen. Diese stellen auf eine durchaus ironische und kritische Art wichtige Ereignisse in der Historie des Landes dar.

Nur der Unermüdliche dürfte sich noch zum an der Peripherie gelegenen **Cruz de Caravaca** begeben, welches weniger sehens- als bemerkenswert ist. Das im Original erhaltene Kreuz markierte nämlich seit 1635 die Grenze zum „Mulattenghetto", in welchem die *pardos* sich grundsätzlich aufzuhalten hatten.

Reisepraktische Informationen Cartago

Unterkunft

Cartago bietet sich nicht unbedingt zur Übernachtung an, wer aber hier strandet, dem bieten sich folgende Möglichkeiten:

Hotel Dinastía (1) *$$, C. 3, Av. 6 und 8, ☎ 2551 7057. 25 kleine, einfache Zimmer, z.T. mit Bad, Zimmer zur Straße etwas laut.*

Hotel San Francisco Lodge (2) *$$, C. 3, Av. 6 und 8, ☎ 2551 4804. 7 moderne und große Zimmer mit Bad und kleiner Küchenzeile*

Los Angeles Lodge (3) *$$, Av. 4, C. 14 und 16, ☎ 2551 0615, 2591 4169. 6 gut eingerichtete Zimmer mit Bad, ruhig, gutes Preis-Leistungs-Verhältnis.*

UMGEBUNG

Hotel Grandpas *$$–$$$, Cot, 7 km außerhalb Cartagos an der Straße zum Vulkan Irazú, ☎ 2536 7418, www.grandpashotel.com. 7 einfache Zimmer mit ordentlicher Ausstattung, die Junior Suite hat einen Kamin. Zudem stehen noch rustikale Cabinas zur Verfügung. Inkl. Frühstück. Gute Lage zur Erkundung der Umgebung (30 Min. z.B. zum Irazú, Valle Orosí oder Tapantí-Nationalpark).*

Essen & Trinken

An der Plaza Mayor finden sich sämtliche Filialen der amerikanischen Fastfood-Ketten. Gleichwohl gibt es noch Alternativen:

Puerta del Sol (1), *Av. 4, C. 14 und 16, ☎ 2551 0615, http://restaurantelapuertadelsol.com. An der Plaza de Los Angeles. Gute Hausmannskost, große Speisekarte, auf der sogar mondongo (Kutteln) stehen, ansonsten casado für 10 US$. Einfache Einrichtung, manchmal Live-Musik.*

Parrillita Huasteca (2), *Av. 4, C. 12 und 14, gutes Tex-Mex-Lokal, T-Bone-Steak 11 US$.*

Cartago Grill (3), *Av. 1, C. 8 und 10. Von außen eher abschreckend, innen aber nett eingerichtet mit Tischen, die aus dem Querschnitt eines Baumes bestehen. Viele Fleischgerichten (sogar persisch), Kebab 15 US$.*

Cafetería Tiama (4), *Av. 1, C. 10 und 12. Originell eingerichtet, aber begrenztes Angebot an Essen, eher für eine Kleinigkeit zwischendurch.*

Wing Shun (5), *Av. 3, C. 10 und 12. Besseres chinesisches Lokal, auch vegetarisches Essen.*

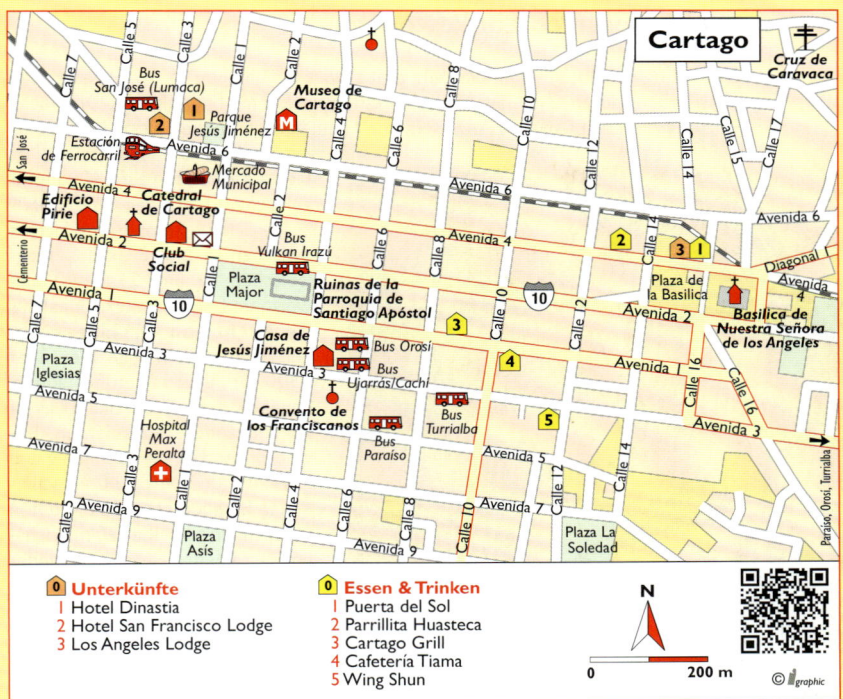

Unterkünfte
1 Hotel Dinastia
2 Hotel San Francisco Lodge
3 Los Angeles Lodge

Essen & Trinken
1 Puerta del Sol
2 Parrillita Huasteca
3 Cartago Grill
4 Cafetería Tiama
5 Wing Shun

N

0   200 m

© *ilgraphic*

Verkehrsverbindungen

San José: *Die gut 20 km lange Fahrt (1 US$) mit dem Autobus (Empresa Lumaca, ☎ 2537 2320) von San José dauert auf dem meist 4-spurigen Highway etwa 30 Min. Der Bus fährt täglich zwischen 5 und 24 Uhr alle 5–10 Min. ab (Rückfahrt zwischen 4.45 und 23 Uhr).*

Der **Terminal** *der Busse in die Hauptstadt befindet sich in Cartago in der C. 5 zw. Av. 6 und 8. Zudem gibt es zwei weitere zentrale Bushaltestellen: die eine zwischen der Av. 4 und 6 bzw. C. 2 und 4 nördlich der Ruinen der Kathedrale und die andere zwischen der Av. 1 und 3 sowie der C. 4 und 6 südlich derselben. Von Cartago aus sind die Nationalparks Vulkan Turrialba, Vulkan Irazú und Tapantí zu erreichen.*

Orosí, Ujarrás und Cachí: *C. 6, Av. 1 und 3*
Paraíso über Jardines Lankester: *Av. 5, C. 6 und 8*
Vulkan Irazú: *Av. 2, C. 2 und 4*
Turrialba: *Av. 3, C. 8 und 10*

Von der Av. 6, C. 3 und 5 fährt seit dem Frühjahr 2013 auch ein **Zug** *nach San José.*

Jardín Botánico Lankester

Der Name des Botanischen Gartens geht zurück auf eine vor ca. 75 Jahren erfolgte Gründung durch einen Engländer, der ein Botaniker mit Spezialgebiet Orchideen war und diesen auf seinem Anwesen eine Heimstatt geschaffen hatte. 1973 über

nahm dann die Universidad de Costa Rica diesen auf 1.400 Meter gelegenen Ort, der eine relativ ausgeglichene Temperatur (nachts zwischen 15 und 18 Grad und tags zwischen 18 und 24 Grad) aufweist und sich insofern ideal für die **Zucht von Orchideen** eignet. Daher kann man hier über 1.100 Orchideenarten bestaunen, daneben noch Bromelien, Kakteen und andere Sukkulenten. Beeindruckend ist die Sammlung und Präsentation von ca. 40 verschiedenen Bambusarten – die größten unter ihnen sind über 20 m hoch – und fast ebenso vieler verschiedener Helikonien mit ihren äußerst dekorativen Blütenständen. Der Besuch der Jardínes lohnt vor allem im ersten Jahresdrittel, da dann die Chance, auf viele blühende Orchideen zu stoßen, überdurchschnittlich hoch ist.

Ein Fest für das Auge: Helikonien

Jardínes Lankester, *4 km von Cartago in Paraíso, ☎ 2511 3247, www.jbl.ucr.ac.cr, tgl. 9–16.30 Uhr 7,50 US$. Anfahrt: Mit dem zwischen 4.30 und 22 Uhr ca. alle fünf Min. verkehrenden Bus nach Paraíso (Haltestelle: Av. 5, C. 8 und 10, Fa. Coopepar, ☎ 2574 6609) kommt man in 15 Min. zu den Jardínes Lankester. Aussteigen vor der Baustofffirma „Decomar" und dann knapp 500 m nach rechts gehen. Bei dem dann erreichten Umspannwerk geht es erneut nach rechts.*

 Routenhinweis

Um vom Jardín Botánico Lankester weiter nach Orosí zu kommen, braucht man nicht nach Cartago zurückzufahren, sondern kann den entsprechenden Bus – er fährt ungefähr alle 15–30 Min. die Strecke entlang – an der Haltestelle anhalten. Dies gilt auch für die Busse nach Ujarrás.

Orosí

Nach ca. 30–45 Min. Fahrt erreicht man das im Tal des Reventazón gelegene Orosí. Auf dem Weg nach Orosí kommt man durch Paraíso, wo die Route vor dem dortigen Parque Central rechts ab geht und von wo aus auch Busse nach Ujarrás fahren. Hat man auf dem sehr schöne Ausblicke bietenden Weg von Paraíso nach Orosí dann die Talsohle mit dem Río Reventazón erreicht, so befindet man sich im Herzen des Kaffeelandes: rechts und links der Straße und teilweise bis zu den Käm- *Herz des* men der Hänge hinauf bietet sich dem Auge ein Meer von Kaffeesträuchern dar. *Kaffeelandes*

Der Name des Ortes leitet sich von einem Kaziken ab, der sich 1562 dem Konquis-tador Juan Vásquez unterworfen hatte. Die Kirche wurde von den Franziskanern erbaut. Mönche dieses Ordens hatten zunächst versucht, die Indianer des Tala-mancagebietes für ihren Gott zu gewinnen, was bei jenen aber nicht auf Gegenlie-be stieß. Die Talamancabewohner brannten die franziskanische Agitationszentrale nieder. Die Franziskaner suchten ihr Heil in der Flucht in das Tal des Reventazón. Eine reiche Witwe, der das gesamte Tal damals gehörte, überließ ihnen das Gebiet des heutigen Orosí, wo die Mönche sich erneut dem Kirchenbau widmeten.

Nachdem zwei Vorgängerbauten dem Reventazón im Wege gestanden hatten, er- *Koloniale* richteten sie in der ersten Hälfte des 18. Jh. die auch heute noch existierende **Kir-** *Kirche* **che im Kolonialstil**, Orosís traditionelle Attraktion. Das sich im ehemaligen Konvent befindliche **Museo de Arte Religiosa** stellt etliche Objekte aus der Ko-lonialzeit aus (☎ *2533 38521, Di–Fr 13–17, Sa/So ab 9 Uhr, I US$*).

In den letzten Jahren hat man im Ort, in welchem selbst und in seiner Umgebung ca. 11.000 Menschen wohnen, eine touristische Infrastruktur aufgebaut. Dafür ver-

Die Kolonialkirche von Orosí wurde im 18. Jh. von den Franziskanern erbaut

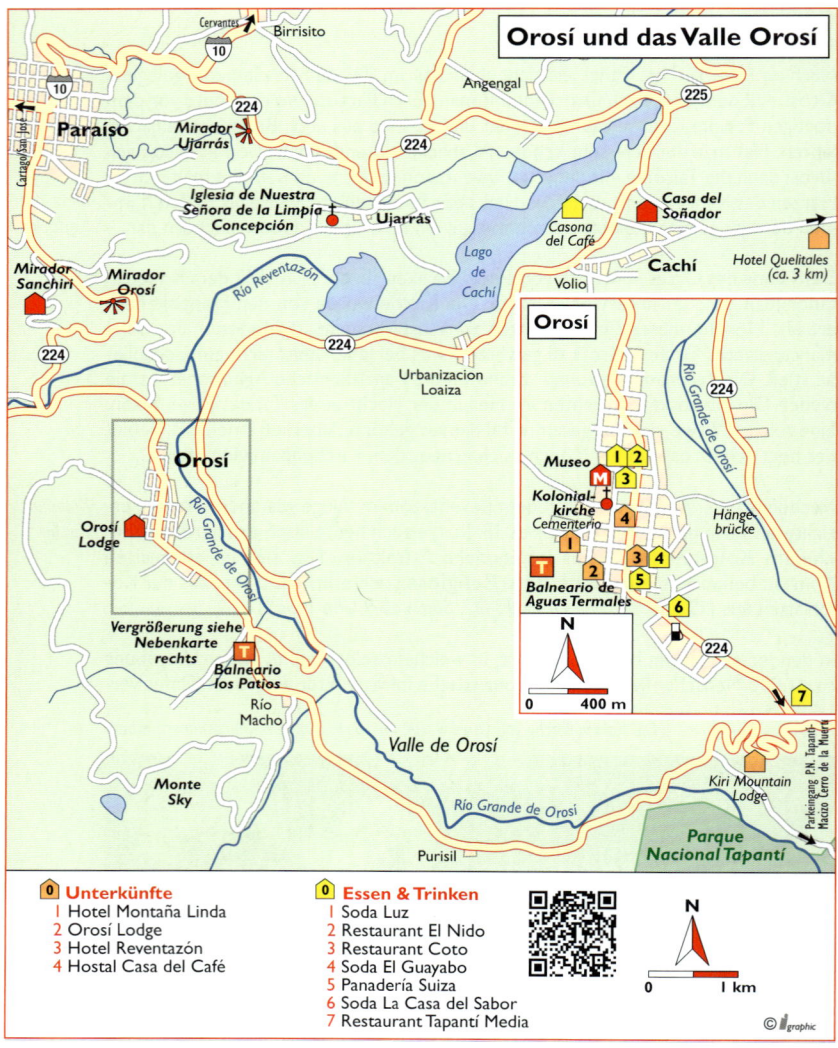

Orosí und das Valle Orosí

Unterkünfte
1 Hotel Montaña Linda
2 Orosí Lodge
3 Hotel Reventazón
4 Hostal Casa del Café

Essen & Trinken
1 Soda Luz
2 Restaurant El Nido
3 Restaurant Coto
4 Soda El Guayabo
5 Panadería Suiza
6 Soda La Casa del Sabor
7 Restaurant Tapantí Media

antwortlich dürften neben der landschaftlichen Schönheit der Gegend auch die zwei Thermalschwimmbäder **Balneario de Aguas Termales** (*Mi–Mo 7.30–16 Uhr, ☎ 2533 2156, www.balnearioaguastermalesorosi.com, 4 US$*) sowie die etwas außerhalb gelegene **Balnearios Los Patios** (*Di–So 8–16, ☎ 2533 3009, 3 US$*) gewesen sein. Insbesondere am Wochenende finden viele Ausflügler ihren Weg nach Orosí.

Reisepraktische Informationen Orosí

🛏 Übernachtung

Die meisten Unterkünfte sind gerne bei der Planung von Aktivitäten wie Rafting oder Ausritte behilflich.

Montaña Linda (1) $$, ☎ 2533 3640, www.montanalinda.com. *Freundliche Backpacker-Unterkunft, 10 einfache Zimmer, auch Dorm.*

Hostel Casa del Café (4) $$, 1 km außerhalb, ☎ 2533 1896, www.hosteldelcafe.com. *3 einfache, aber nette Zimmer mit Hängematten auf der Terrasse, schön gelegen, unter holländisch/kubanischer Leitung.*

Hotel Orosi Lodge (2) $$$–$$$$, ☎ 3533 3578, www.orosilodge.com. *Große und moderne Zimmer mit Bad und Küchenecke, nett gestalteter Neubau im kolonialen Stil unter dt. Leitung. Auch Fahrradverleih.*

Hotel Reventazón (3) $$$, ☎ 2533 3838. *7 modern eingerichtete Zimmer mit Bad, etwas fantasielos, Wäscheservice.*

UMGEBUNG VON OROSÍ

Hotel Quelitales $$$$–$$$$$, Peñas Blancas de Cachí, 3 km vom See Richtung Osten, ☎ 2577 2222, www.hotelquelitales.com. *Die Zimmer sind in 6 geschmackvoll eingerichteten, großen Bungalows untergebracht, die z.T. mit Outdoor-Duschen ausgestattet sind. Einige haben Blick auf einen Wasserfall. Die Unterkunft ist eher auf das Naturerlebnis ausgelegt, daher gibt es kein TV oder ac. Koch und Eigentümer José steht nicht nur mit Rat und Tat zur Seite, sondern zaubert auch weithin bekannt gute Gerichte in seinem Restaurant auf den Tisch. Die Zutaten dazu kommen wenn möglich aus dem eigenen Garten. Allein die Zufahrtsstraße ist schlecht, lohnt aber die Mühe. Inkl. Frühstück.*

🍴 Essen & Trinken

Soda Luz (1), *200 m nördlich der Kirche. Einheimisches Essen, gut und günstig.*

Restaurante El Nido (2), *Hausmannskost und Fisch (casado 6 US$).*

Restaurante Coto (3), *am Nordende des Fußballplatzes. Vorwiegend einheimische Gerichte (sopa negra 7 US$), große Fleischportionen und frische Forelle. Gehobenes Ambiente, großes Weinangebot.*

Soda El Guayabo (4), *neben dem Supermarkt. Fast Food und einheimische Gerichte, günstig.*

Panadería Suiza (5), *100 m südl. der Banco Nacional. Cafeteria und Bäckerei mit Kuchen und Vollkornbrot, die, wir der Name erahnen lässt, von einer Auswanderin aus der Schweiz geführt wird.*

Soda La Casa del Sabor (6), *einheimische Gerichte, nett gelegen.*

Restaurante Tapantí Media (7), *im gleichnamigen Hotel etwas außerhalb gelegen (www.hoteltapantimedia.com), einheimische und italienisch angehauchte Küche mit schöner Aussicht. Nicht billig, aber gut.*

Café Orosí Lodge, *s. o., kleine Speisekarte, empfehlenswert: selbstgebackener (Apfel-)Kuchen.*

👉 Aktivitäten

xplore Orosí, *von Cartago kommend kurz vor der Stadt, ☎ 2574 3504, www.xplore-orosi.com, hier kann man sich u.a. mit Canopy- und Canyontouren bzw. Bungeesprüngen die Zeit vertreiben.*

☞ **Sprachschule**
OTIAC, 300 m südl. der Plaza, ☎ 2533 3640 www.montanalinda.com. Die Sprachschule ist eng mit dem Hostel Montaña Linda verbandelt. Ein Unterrichtsmonat (bei 3 Stunden pro Tag) inkl. Unterbringung im Hostel kostet 750 US$, wer eine Familienunterbringung – da ist dann die Verpflegung dabei – bevorzugt, muss etwas tiefer in die Tasche greifen (ca. 1.300 US$).

🚌 **Verkehrsverbindungen**
In Cartago fahren Busse von Autotransportes Mata, ☎ 2533 1916 in der C. 6, Av. 1 und 3, zwischen 5.30 und 19 Uhr halbstündig, zwischen 19 und 22 stündlich nach Orosí, zurück geht es zw. 5.15 und 21 Uhr im gleichen Takt.

Lago Cachí und Ujarrás

Rund um den See   Einen schönen Ausflug stellt eine Tour um den Lago Cachí dar, am einfachsten mit dem Auto oder, wer fit genug ist, mit dem Rad zu bewältigen. Wer mit dem Bus unterwegs ist: Von Orosí aus besteht zwar prinzipiell die Möglichkeit, über Cachí am naheliegenden gleichnamigen Staudamm einen Bogen nach Ujarrás zu schlagen, doch dürfte der schnellere Weg sein, von Orosí aus wieder nach Paraíso zu fahren und von dort aus einen Bus nach Ujarrás zu nehmen. Die Kosten für die Busse auf diesen Strecken bewegen sich jeweils um einen US$.

Missionsstation und Künstlerhaus   Nördlich von Orosí gibt es ein paar Aussichtspunkte (Mirador Orosí und Mirador Ujarrás), von denen man einen schönen Blick ins Tal genießen kann. Im nahegelegenen **Ujarrás** kann man die Ruinen der zu einer Missionsstation gehörenden Kirche, der Iglesia de Nuestra Señora de la Limpia Concepción, besuchen, deren Gründung im 16. Jh. erfolgte. Das Bild dieser Muttergottes soll dafür verantwortlich gewesen sein, dass einst der Korsar Henry Morgan auf seinem Beutezug Ujarrás verschonte und stattdessen den Rückzug antrat. Über den Cachí Damm und in Richtung des gleichnamigen Ort bietet sich ein Abstecher zur **Casa del Soñador** an („Haus des Träumers", tgl. 9–18 Uhr, auf der rechten Seite). Hier arbeitete und lebte der Kunsthandwerker Macedonio Quesada, der sich mit fein gearbeiteten Holzskulpturen einen Namen gemacht hat. Heute nutzen es seine Söhne als Werkstatt und Laden. Unweit liegt direkt am See das Restaurant La Casona del Cafetal (vom Staudamm kommend 1,5 km, www.lacasonadelcafetal.com), in dem man in ländlicher Umgebung typische Küche genießen kann (nicht ganz billig). Sonntags gibt es Buffet.

Parque Nacional Tapantí-Macizo Cerro de la Muerte

Der rund 13 km südöstlich von Orosí gelegene Park hat eine Ausdehnung von 58.323 ha. Der Kern um den **Sektor Tapantí im Orosí-Tal** ist der eigentliche Besuchermagnet, da hier diverse Einrichtungen wie **Wanderpfade**, Toiletten und Rastplätze vorhanden sind. Angesichts der Gesamtfläche kann aber maximal von einer punktuellen Erschließung die Rede sein. Besonders an arbeitsfreien Tagen zwischen Januar und April ist mit einem relativ regen Betrieb zu rechnen. Der Teil des Cerro de la Muerte kann von der Interamericana besucht werden (s. S. 450).

Der Park dient dem Schutz eines bedeutenden Teils der **Wasserversorgung** für San José – etwa 60 % der in der Hauptstadt und ihrer Umgebung lebenden Menschen erhalten Trinkwasser, das aus diesem Park kommt. Er ist ferner Teil der sogenannten **Área de Conservación La Amistad-Pacífico**, mit welcher versucht wird, die verschiedenen Schutzgebiete miteinander zu vernetzen. Der im Zentrum des Parks fließende Río Grande de Orosí dient als Sammelabfluss für all die anderen Flüssen und Bäche der Gegend und speist anschließend den Stausee, an dessen Ende 1966 bei Cachí ein hydroelektrisches Kraftwerk für die Stromgewinnung gebaut worden ist. Zwei weitere Wasserkraftwerke (Río Macho und Angostura) arbeiten mit Wasser aus Tapantí, sodass etwa ein Viertel aller hydroelektrischen Energie Costa Ricas aus diesem Park stammt.

Zusammenfluss mehrerer Flüsse

Flora und Fauna

Der Park liegt zwischen 700 m und fast 3.500 m Höhe (Cerro de la Muerte) über dem Meeresspiegel und ist einer der mit Regen gesegnetsten Orte des Landes (durchschnittliche jährliche Niederschlagsmenge: 3.000 mm mit einem Spitzenwert von 8.000 mm). Der meiste Regen fällt dabei zwischen Mai und Oktober. Insofern verwundert es nicht, dass unterschiedliche Abstufungen des (Berg-)Regenwaldes das Bild des Parks über weite Teile beherrschen. Zu den **Vegetationszonen** gehören der (prämontane) Feuchtwald, zwei verschiedene Typen des Regenwaldes (prämontaner und Bergregenwald in mittlerer Höhenlage), Bergregenwald in Hochlage sowie subalpiner Regenparamo, letztere am Cerro de la Muerte und am Cerro Vueltas.

Unter anderem den Quetzal kann man mit ein wenig Glück im Nationalpark entdecken

Was die **Tierwelt** anbelangt, so halten sich im Park etwa ein Fünftel aller Tierarten auf, die es in dem Land überhaupt gibt. Es sind etwa 45 von insgesamt etwa 200 im Land vorkommenden Säuger registriert worden. Zu diesen zählen einige von der Ausrottung bedrohte bzw. im Schwinden begriffene Arten wie etwa der Tapir, der Yaguarundi sowie der Graufuchs. Eher zu Gesicht bekommen dürfte man den Nasenbär, ein Kapuzineräffchen und/oder ein Bergkaninchen. In den Lüften bewegen sich über **300 Arten** (von insgesamt 850), unter ihnen Quetzal- und Stirnvögel, Tropfen(wald)wachteln, Weißkehlkolibris und eine Zaunkönigart.

Aufgrund der Feuchtigkeit von weiten Teilen des geschützten Gebietes sind auch **Amphibien** wie Salamander, Frösche und Kröten nicht selten. Etwa 16 % aller in

Endemische
Salamander-
art

Costa Rica bislang festgestellten Arten sind hier präsent. Eine Salamanderart, deren wissenschaftliche Bezeichnung *Nototriton tapanti* lautet, gibt es nur hier, wobei die so selten ist, dass nicht einmal ein „nichtwissenschaftlicher" Name für diese Tiere existiert. Häufig anzutreffen sind sehr farbenprächtige Schmetterlinge. Weniger durch seine Farbe denn durch seine schiere Größe beeindruckt die **Agrippinaeule**, ein mottenartiges Insekt mit einer Flügelspannweite, die durchaus über 25 cm betragen kann.

Den Park kann man auf mehreren kurzen Trails erkunden (1,2–2 km), die vom *Camino Principal* abzweigen und zu Wasserfällen und durch den Dschungel führen. Da die Pfade z.T. matschig und auch steil sein könnten, sollte man feste Schuhe anziehen und ausreichend Zeit einplanen.

Reisepraktische Informationen Parque Nacional Tapantí

i **Information**
Parkverwaltung, ☎ 2200 0090, guarco@minae.go.cr, tgl. 8–16 Uhr, 10 US$. Die Station am Eingang des Parks verfügt über Toiletten und Trinkwasser sowie eine Bildergalerie von Schmetterlingen nebst einer kleinen Schmetterlingssammlung in einer Vitrine.

Unterkunft
Übernachtungsmöglichkeiten bietet der Park (zzt.) selber nicht (mehr). Die nächsten Möglichkeiten sind
Hotel de Montaña Kiri Tapantí $$, ☎ 2533 2272, www.kirilodge.net, 1 km vom Parkeingang. 6 einfache Zimmer und ein auf Forellen spezialisiertes Restaurant.
Finca Los Maestros $, ☎ 2206 5615. In dem einfachen Haus (B) kann man unterkommen oder auch campen und – nach Voranmeldung – auch einen Lunch serviert bekommen. Sollte niemand anwesend sein, so trifft man die diese Finca nebenbei betreibenden maestros (Grundschullehrer) mit hoher Wahrscheinlichkeit während der Schulzeiten in der Schule von Purisil.

Anreise
Auto: Wer mit dem eigenen Gefährt unterwegs ist, hat – unabhängig vom Wagentyp – das ganze Jahr über keine Schwierigkeiten, den Nationalpark direkt anzusteuern (Parkplatz am Eingang vorhanden).
Bus/Taxi: Von Orosí gibt es keinen Bus, sodass man für die 12 km bis zum Parkeingang am besten für gut 18 US$ pro Strecke ein Taxi nimmt. Kurz hinter Orosí hört die asphaltierte Straße auf. Im Örtchen Purisil gibt es die (begrenzte) Möglichkeit, sich mit Lebensmitteln zu versorgen.

Parque Nacional Volcán Irazú

Der rund 30 km nördlich von Cartago liegende, bereits 1955 eingerichtete Irazú-Nationalpark ist zwar der älteste des Landes, mit gerade 2.000 ha allerdings einer der kleineren. Da der vulkanische Boden sehr fruchtbar ist, wird Landwirtschaft noch bis in große Höhen betrieben. Die serpentinenreiche Straße auf den Vulkan erlaubt bei entsprechender Fernsicht einen hervorragenden Überblick über das Valle Central.

Der Name soll ableitbar sein von der Kombination der Bezeichnungen *i* für Erdbeben und *ara* für Donnermacher zu dem indianischen Wort *iztarú* (also etwa „Berg des Donners und des Zitterns"), was aber nicht unbedingt als gesichert gelten kann. Zwischen **Dezember und März** ist die Sicht für gewöhnlich am besten. Wie bei den meisten Vulkanen ziehen am späten Vormittag Wolken auf. Es empfiehlt sich, möglichst früh da zu sein und warme und evtl. auch wetterfeste Kleidung mitzunehmen. Der Gipfel des Vulkans liegt immerhin über **3.430 m** hoch.

Bei Wolken wenig zu sehen

Wer auf eine reiche Flora und Fauna hofft, wird hier enttäuscht. Es ist eher erstaunlich, dass selbst in dieser Höhe und in der relativ lebensfeindlichen Umgebung des Gipfels Pflanzen und Tiere überhaupt noch existieren können. An wilden Tieren sind am ehesten noch Kojoten, Brasilien-Waldkaninchen, Neunbinden-Gürteltiere und Tigerkatzen gesehen worden.

Geologische Entwicklung

Der größte, höchste und zudem noch aktive Vulkan Costa Ricas besitzt im Gipfelbereich insgesamt fünf gut erkennbare Kraterlöcher. Der **Hauptkrater** mit einem Durchmesser von über einem Kilometer und einer Tiefe von bis zu 300 m weist momentan keine Aktivitäten mehr auf. Auf seinem Grund hat sich inzwischen eine Lagune gebildet, die mit schwefelhaltigem Wasser gefüllt ist, sodass sie bei Sonnenschein eine recht intensive grünliche Färbung aufweist. In der ersten Hälfte der sechziger Jahre hatte der Irazú seine letzte hyperaktive Phase, während der er den Staatsbesuch des US-Präsidenten Kennedy dazu nutzte, sich wirkungsvoll ins Bild der Weltöffentlichkeit zu setzen und das halbe Valle Central mit einem Ascheregen

Mehrere Kraterlöcher

Das schwefelhaltige Wasser des Kraters schimmert bei Sonnenlicht grün

überzog. Von den Ausläufern war man selbst noch im Bereich des Nicaraguasees betroffen. Inzwischen begnügt der Irazú sich mit gelegentlichen Wasserdampf- und Gasausbrüchen.

Aktiver Krater
Am besten kann man die aktuellen Aktivitäten im etwas östlich des Hauptkraters gelegenen Krater **Diego de la Haya** beobachten. Für gewöhnlich bildet sich an seinem Grund während der Regenzeit ein kleiner See, der aber nach Beginn der *estación seca* wieder verschwindet. Südlich dieser beiden Krater kann man dann über den Krater mit dem Namen „Hübscher Strand" (**Playa Hermosa**) wandeln, der die anderen beiden an schierer Größe leicht in den Schatten stellt und eine Caldera bildet. Östlich dieser Kratergruppe sind dann noch der *Cono piroclástico* und der *Cráter de La Laguna* zu erkennen. Die anderen – kleineren – Ausbruchsstellen befinden sich an den Flanken des Irazú und sind nicht alle auf den ersten Blick zu identifizieren. Vom Parkplatz aus ist die Gipfelregion in etwa einer Stunde zu Fuß zu erkunden.

Reisepraktische Informationen Parque Nacional Volcán Irazú

i **Information**
Parkverwaltung ☎ 551 9398, tgl. 8–15.30 Uhr, 10 US$. In der Nähe des Parkplatzes finden sich zahlreiche Picknicktische und eine (manchmal auch geöffnete) Snackbar mit begrenztem Angebot. Übernachtungsmöglichkeiten im Park gibt es nicht.

Anreise
Auto: Der ca. 31 km nordöstlich von Cartago gelegene Parkeingang ist mit dem Auto ohne Probleme zu erreichen. Zwölf Kilometer vor dem Gipfel liegt bei Chicuá das 1920 errichtete bonbonfarbene Hotel Montaña Irazú, das momentan allerdings geschlossen ist. Weiter oben liegt das Restaurant **Linda Vista** („schöner Blick"), das, Wolkenfreiheit vorausgesetzt, seinen Namen mit Recht trägt. Die weitere Attraktion des – im Übrigen ziemlich überteuerten – Lokals bildet eine immense Sammlung von ausländischen Geldscheinen und Visitenkarten an den Wänden. Im nächsten Ort befindet sich ein privates **Museo Vulcanológico**, das allerdings nicht immer geöffnet ist. Neben Informationen über Vulkanismus im Allgemeinen und den Irazú im Besonderen enthält dieses Museum eine Darstellung der großen Eruptionen des Irazú von 1963 und ihrer Folgen. Zudem wird über das Leben und die Menschen der Gegend berichtet (8.30–16 Uhr, 5 US$).

Öffentliche Verkehrsmittel
Cartago: In Cartago fährt ein Bus (von San José kommend) zum Gipfel des Irazú täglich gegen 8.30 Uhr ab. Die Haltestelle befindet sich bei den Ruinen der alten Kathedrale und ist durch ein Schild gekennzeichnet. Einen weiteren Stopp legt der Bus hinter der Basilika (vor einem Devotionaliengeschäft) ein.
San José: Von San José aus fährt der Autobus täglich um 8 Uhr morgens in der Av. 2 zwischen der C. 1 und 3 gegenüber dem Gran Hotel ab – Fa. SACASA, ☎ 2536 7003. Der Fahrpreis beträgt 11 US$ für Hin- und Rückfahrt. Mit diesem Bus, der vom Nationalpark Irazú gegen 12.30 Uhr zurück fährt, ist man dann gegen 15 Uhr wieder in San José (54 km, 1,5–2 Std.). Ansonsten bietet fast jede Touragentur in San José Halbtagestouren an (s. S. 116).

Turrialba

Hinter Cartago schraubt sich die Straße nach oben. Es geht entlang der Hügel-
oder Bergkämme, deren Hänge nicht selten von Kaffeeplantagen und Zuckerrohrfeldern bedeckt sind. Gegen Ende der Reise senkt sich die gut ausgebaute Straße,
auf der allerdings die vielen Kurven einem schnelleren Vorankommen nicht selten
im Wege stehen, in das Tal des in den Río Reventazón mündenden Río Turrialba hinab, in welchem die gleichnamige Stadt liegt. Dieser Umstand ermöglicht des Öfteren **beeindruckende Ausblicke** auf die Landschaft.

Über die Hügel hinun-ter nach Turrialba

Das in seinem Kern knapp 35.000 Einwohner zählende Städtchen ist nett gelegen,
hat aber an sich nichts Besonderes zu bieten. Die Stadt bildet einen **Treffpunkt
von Wildwasser- und Raftingfans**, die auf den Flüssen in der Umgebung ihr Paradies gefunden haben. Auch **Mountainbiking** wird neben dem traditionellen
Wandern zunehmend populär. Ferner eignet es sich als Zwischenstation auf dem
Weg zu oder von dem **Vulkan Turrialba** bzw. dem Herzstück costa-ricanischer
Archäologie, der präkolumbianischen Stadt **Guayabo**.

Dorado für Rafting-Fans

Das Gebiet, in welchem heute die Stadt liegt, war bis ins 18. Jh. hinein Indianerland.
Lebten im Jahrhundert der spanischen *Conquista* noch fast 2.000 Menschen hier, so
war es dem Wirken der Eroberer zu verdanken, dass zu Beginn des 18. Jh. weniger
als 100 Menschen übriggeblieben waren.

Eine zentrale Stelle bei einer möglichen Stadtbesichtigung dürfte das an der Avenida Central gelegene **ehemalige Bahnhofsgelände** einnehmen. Mit der Einstellung des Zugverkehrs erfuhr Turrialba einen bislang nicht wieder gutzumachenden
Einbruch in seiner Entwicklung. Das Gelände, das von einer beeindruckenden Pal-
menallee gesäumt wird, kann gewissermaßen als Open-Air-Museum zur Eisenbahngeschichte betrachtet werden. Sehenswert ist im Städtchen ferner der an der
Av. 2 zwischen der C. 1 und der C. 3 gelegene Tempel einer **Freimaurerloge** aus
dem Jahre 1913. Der **Zentralplatz** der Stadt liegt ausnahmsweise nicht am
Schnittpunkt von Av. Central und C. Central (solche gibt es übrigens überhaupt
nicht, aus welchen Gründen auch immer spricht man in Turrialba von der Av. 0
bzw. von der C. 0), sondern zwischen der Av. 4 und der Av. 6 an der C. 1. Er kann
mit einem bunten Sammelsurium von Statuen aufwarten.

Alte Bahn-station

Auf einen Besuch der **Markthalle** (Av. 2, C. 0 und 2) sollte man nicht verzichten.
Es finden sich dort nicht nur etliche Sodas, die ein *casado* für 3–5 US$ anbieten und
dazu leckere frische Fruchtsäfte servieren, sondern auch einige Ständchen mit sou-
venirtauglichen Produkten wie Lederfutteralen für Macheten und Tonkeramiken
für den Hausgebrauch.

Reisepraktische Informationen Turrialba

Unterkunft
*Das Angebot an Übernachtungsmöglichkeiten ist reichlich, was wohl noch einer auf
die Eisenbahnzeit zurückzuführenden Tradition entspricht.*

Turrialba

Unterkünfte	Essen & Trinken
1 Hotel Wagelia	1 Restaurant Nazca
2 Hospedaje La Esmeralda	2 Club Café
3 Hotel Kardey	3 Café Azul
4 Hotel Herza	4 Restaurant Soda Lisboa
5 Hostel Casa de Liz	
6 Turrialba B&B	
7 Hotel Turrialtico	

N

0   200 m

Hospedaje La Esmeralda (2) $, Av. 2 A, C. 2 und 4, ☎ 2556 5312. Sehr traditionelle und einfache Pension mit 7 Zimmern, Ventilator, allerdings kein warmes Wasser.

Hostel Casa de Liz (5) $–$$, Av. 0, C. 2 und 4, ☎ 2556 4933, www.hostelcasadelis.com. Die beste Option ist dieses sehr geschmackvoll eingerichtete Hostel, das alles anbietet, was das Herz eines Reisenden erfreuen kann: sowohl Gemeinschafts- als auch Doppel- und Einzelzimmer (insg. 6), Gemeinschaftsküche, Waschmaschine und Trockner, Terrasse mit Blick auf kleinen Tropengarten, Büchertausch und heiße Gratisgetränke. Alles sehr durchdacht und liebevoll ausgeführt. Sehr empfehlenswert.

Hotel Herza (4) $$, Av. 2/C. 4, ☎ 2556 1097, hotelherza@gmail.com, www.facebook.com/hotelherzaturrialba. Ruhig, sofern Zimmer nicht zur Straße hin liegt, Ventilator, Gemeinschaftsküche, ordentlich, aber ohne Flair.

Hotel Kardey (3) $$, C. 2, Av. 2 und 4 (200 m östl. und 50 m südl. vom Transtusa-Terminal), ☎ 2556 0050. Vergleichbar mit Hotel Herza, 20 Zimmer, Parkplatz.

Hotel Turrialba B&B (6) *$$–$$$, 50 m nördl. vom Rathaus, http://turribb.com/, www.facebook.com/TurrialbaBedBreakfast,* ☎ *2556 6651. Nettes, zentral gelegenes B&B mit 11 gemütlichen Zimmern für 2–5 Personen und ac. Im kleinen Garten gibt es eine Bar, Jacuzzi und Hängematten zum Entspannen. Hilfsbereite Eigentümer, auch bei Planung und Buchung von Touren. Inkl. Frühstück.*

Hotel Wagelia (1) *$$$, Av. 4, C. 2 und 4,* ☎ *2556 1566 und 2556 1596, www.hotel wageliaturrialba.com. Erstes Haus am Platze (barrierefrei), 18 Zimmer, mit Restaurant (int. Küche und Tagesgericht für 10–30 US$). Liegt allerdings an einer viel befahrenen Straße.*

UMGEBUNG VON TURRIALBA

Hotel Turrialtico (7) *$$$, 8 km außerhalb an der Straße nach Siquirres in traumhaft schöner Umgebung gelegen,* ☎ *2538 1111, www.turrialtico.com. Das Hotel (mit angeschlossenem Restaurant) wird von der aus Magdeburg stammenden Susanne Göllnitz geleitet und bietet u.a. auch Pakete mit Rafting- bzw. Kajaktouren für ca. 135 US$ sowie Spatypische Anwendungen an. In der Umgebung kann man schön wandern. 17 große Zimmer.*

Guayabo Lodge *$$$, ca. 30 Min. von Turrialba in* **Santa Cruz***, Finca Blanco und Negro,* ☎ *2538 8492, www.guayabolodge.co.cr. In der auf 1.500 m gelegenen Lodge kann man die Aussicht genießen und in einem guten Restaurant, welchem eine auch für Touristen zugängliche Kochschule angeschlossen ist, dinieren. 28 einfache Zimmer.*

Volcán Turrialba Lodge *$$$,* ☎ *2273 4335, www.volcanturrialbalodge.com. Diese parknahe Lodge liegt auf einer Viehfarm und verfügt über 18 einfache, eher spartanisch ausgestattete Zimmer. In dem Restaurant der Lodge kann man die Produkte derselben verkosten (Fleisch und Käse).*

Pacuare Lodge *$$$$$,* ☎ *2225 3939, www.pacuarelodge.com. Wer es richtig luxuriös mag oder sich was Besonderes gönnen will, der ist hier an der richtigen Adresse: die geräumigen, mitten im Dschungel gelegenen Bungalows mit Himmelbett haben z.T. ihre eigene Hängebrücke und kleinen Pool. Gutes Restaurant und viele Ausflugsoptionen. Anreisen kann man per Land im Jeep oder mit einem Rafting-Boot – eine Anreise auf eigene Faust wird nicht empfohlen.*

🍴 Essen & Trinken

Club Café (2) *Av. 8, C. 0 und 2. Anders als es der Name erwarten lässt, verbirgt sich hinter diesem ein kleines Restaurant mit italienischem Einschlag.*

Café Azul (3) *Av. 0, C. 2 und 4. Etwas versteckt am Ende einer Passage. Das junge Restaurant bietet gehobene italienische Küche in modern gestalteter Umgebung, 10–15 US$.*

Restaurant Soda Lisboa (4) *C. 1, Av. 0 und 2. Wer Gegensätze liebt, sollte nach dem Café Azul diese in der Nähe des ehemaligen Bahnhofs gelegene alte Wirtschaft aufsuchen, die auch noch ein bisschen als pulpería fungiert, und sich ein Tagesgericht für etwa 4 US$ gönnen.*

Restaurant Nazca (1) *C. 2, Av. 16 und 18 etwas außerhalb des Zentrums. Ab etwa 10 US$ erhält man in diesem unstreitig zu den ersten Häusern am Platz zählenden Lokal ein schmackhaftes Essen sowohl mit intern. als auch lokalem Einschlag.*

👁 Touranbieter / Aktivitäten

Explornatura, *Av. 4, 100 m westl. der C. 2, www.explornatura.com,* ☎ *2556 0111. Diese Agentur hat diverse Rafting-, Kajak-, Canopy- und Reittouren im Angebot, de-*

ren Preise sich zwischen 35 und knapp 300 US$ bewegen. Sie liegt in der Nähe des Terminals.

Adrenalina Rafting, ☎ 2556 4579, www.adrenalinarafting.com. Die am Ortsausgang in Richtung Siquirres gelegene Agentur hat sich auf Raftingtouren spezialisiert. Bei ihr können jedoch auch andere Unternehmungen bzw. Kombinationen von diversen Aktivitäten gebucht werden.

☞ Tipp: JB (Schuhmacher), Av. 4, C. 0 und 2

Wer sich immer schon gerne mal maßgeschneiderte (Cowboy-)Stiefel gönnen wollte, der ist bei Juan Batista Solano gut bedient. Hier kann man insbesondere das Problem lösen, dass für große Größen das Angebot in den Läden nicht sonderlich gut ist. Der Meister bedingt sich allerdings 1–2 Wochen Bearbeitungszeit für seine Stiefel (Kostenpunkt: ab 95 US$ aufwärts) aus. Hier kann man sich auch Ledertaschen und -rucksäcke nach Wunsch schneidern lassen.

 Verkehrsverbindungen

Der **Busterminal** von Turrialba, von welchem Busse in alle Richtungen abfahren, liegt an der Av. 4 vom Zentrum aus gesehen etwas hügelauf und verfügt über eine Gepäckaufbewahrung, etliche Imbissbuden und ATM.

Siquirres: Transtusa zwischen 5.15 und 18.15 Uhr i.d.R. stündlich (2,5 US$). Die Busse in Gegenrichtung fahren zwischen 5.30 und 18 in einem vergleichbaren Takt. **San José**: Transtusa-Gesellschaft zwischen 5 und 21 Uhr mind. stündlich, (☎ 2557 5050, 2222 4464 bzw. 2591 4145)

Vom Busterminal aus gehen Busse in Richtung Parque Nacional Turrialba (s.u.) sowie zur Ausgrabungsstätte Monumento Nacional Guayabo (s. S. 218) ab.

Santa Cruz

Die Strecke von Turrialba in das auf 1.400 Metern gelegene **Santa Cruz** führt durch relativ dicht besiedeltes Gebiet, wobei aufgrund der partiell extremen Hanglage die Häuser entlang der Straße wie auf einer Perlenschnur aufgereiht sind. Viehzucht herrscht hier vor. In Santa Cruz kann man den weißen Käse „turrialbaischer Prägung" erwerben.

Parque Nacional Volcán Turrialba

Wie der nahegelegene Irazú ist dieser mit 3.340 m fast ebenso hohe **Stratovulkan** Teil des *ring of fire*, welcher sich die Zentralkordillere entlang zieht. Die beiden hängen sogar am gleichen Magmakanal. Der Vulkan verfügt in seinem Gipfelbereich über einen etwa 55 m tiefen Hauptkrater nebst zweier Nebenschlünde, dem Tiendillo (2.800 m) sowie dem Cerro Armando (2.750 m). Der Vulkan ist zwar weiterhin aktiv, seine letztere größere Ausbruchsphase liegt jedoch schon 150 Jahre Jahre zurück. Gleichwohl kommt es auch heute noch zu einem verstärkten Ausstoß von *Kürzlich* Gasen und Dämpfen aus dem Hauptkrater, was mitunter mehrere Wochen lang *noch aktiv* anhält. Zuletzt spuckte der Vulkan Ende Januar 2012 eine ca. 6.000 m hohe Aschewolke in die Atmosphäre. Der Zugang zum Krater ist dann gesperrt.

Gelegentlich spuckt der Vulkan Turrialba Dampf,
zum Unmut der an seinen Hängen lebenden Landwirte

Im Vergleich zum mitunter sehr überlaufenen Irazú kann man sich beim Parque Nacional Turrialba sicher sein, nicht viele Mitbesucher zu haben, da er über praktisch **keine Infrastruktur** verfügt. Wer diesen Park zur **Tierbeobachtung** besucht, dürfte eher enttäuscht sein, da die Fläche des Parks mit gerade 1.250 ha zum einen relativ klein ist und kein wirklicher biologischer Korridor vorhanden ist, zum anderen die Bedingungen im Krater selbst für die Tierwelt nicht wirklich lebensfreundlich sind. Allerdings ist es durchaus möglich, dass ornithologisch Interessierte auf ihre Kosten kommen und die eine oder andere Guatemalawachtel mit ihrem typischen gezackten Schnabel, einen gerade 5 g wiegenden metallisch bunt glänzenden Zwergveilchenohrkolibri oder aber einen der aufgrund ihres braunen Federkleids eher unauffälligen Gebirgsstreifenbaumhacker vorbeiflattern sehen.

Keine Infrastruktur

👉 **Hinweis**
Zu beachten ist, dass die Durchschnittstemperatur im Gipfelbereich 15 °C nicht überschreitet, sodass es mitunter empfindlich kühl werden kann und dies auch dann, wenn man sich im Tal subtropischer Verhältnisse erfreuen kann, sodass man entsprechende Kleidung mitführen sollte.

Reisepraktische Informationen Parque Nacional Volcán Turrialba

ℹ️ **Information**
Parkverwaltung: ☎ *2551 9398, 8–16 Uhr, 10 US$ (nicht immer ist jemand da, um den Eintritt zu kassieren).*

🛏️ **Übernachtung**
Wer den Aufstieg auf den Vulkan möglichst früh beginnen möchte und keinen Wert auf eine gehobene Unterbringung legt, kann in La Pastora übernachten. In etwa einem Ki-

lometer Entfernung von der Hauptstraße in Richtung Zentrum befinden sich etwas versteckt rechterhand die **Cabinas Javier Gamboa** *($–$$, 3 Zi., ☎ 2538 8447). Um zu den Cabinas zu kommen, geht man an der Schule des Ortes vorbei ins Tal hinunter und anschließend wieder etwas bergan. Die Cabinas liegen gegenüber dem Abzweig zur Kirche auf der rechten Seite der Straße. Weitere Unterkünfte s. Turrialba.*

🚌 Anreise

Aufgrund der mangelnden Infrastruktur wird empfohlen, bei einer Agentur in Turrialba eine Tour zu buchen. Wer sich auf eigene Faust auf den Weg machen will:
Auto*: Von La Pastora aus, bei Santa Cruz gelegen, sind es etwa 18 km zum Eingang, von denen die ersten 10 km asphaltiert sind. Für die restliche Strecke braucht man einen Allradwagen.*
Bus*: Die Anreise mit öffentlichen Verkehrsmitteln bedeutet, dass man die 18 km zum Parkeingang zu Fuß zurücklegen muss. Santa Cruz ist die letzte Ortschaft vor der Parkgrenze, die mit öffentlichen Verkehrsmitteln erreichbar ist. Busse fahren 6x tgl. (1 US$) bis zu den letzten Häusern von Santa Cruz, von hier sind es 3 km bis La Pastora.*

Archäologiepark Monumento Nacional Guayabo

Dieser knapp 220 ha große Park ist bislang der einzige archäologische Park des Landes, die Ausgrabungen wurden erst 1973 unter Schutz gestellt. Sein Charakter als Nationalheiligtum wird schon daran deutlich, dass rund 80 % der Besucher Costa-Ricaner sind, ein in anderen Parks eher selten erreichter Anteil. Entdeckt wurde der in knapp 20 km Entfernung von Turrialba liegende geschichtsträchtige Ort bereits gegen Ende des 19. Jh. von dem costa-ricanischen Universalgelehrten und Direktor des Nationalmuseums Prof. Anastasio Alfaro, der hier 1882 die ersten Ausgrabungen leitete.

Der Platz, an dem der Park liegt, weist Siedlungsspuren auf, die bis in die Zeit zwischen 1000 und 500 v. Chr. zurückreichen. Nach der Meinung einiger Archäologen erlebte die hiesige Ansiedlung ihre Blütezeit als **ökonomisches und politisches Zentrum** eines ausgedehnten Gebietes zwischen dem 9. und dem 15. Jh. Andere Wissenschaftler datieren diese auf das 4. bis 8. Jh. Es wird geschätzt, dass einst bis zu 2.000 Menschen – einige Historiker spekulieren sogar darüber, ob es nicht um die 10.000 gewesen seien – hier wohnten. Warum diese letztendlich Guayabo noch vor dem Beginn der spanischen *Conquista* aufgegeben haben, harrt bislang noch einer eindeutigen Erklärung. Von der hohen Entwicklungsstufe der damaligen Kultur zeugen jedenfalls deren Überreste, auch wenn sie im Vergleich zu den berühmten Maya- oder Inkastädten vergleichsweise wenig Spektakuläres bieten. Dabei ist allerdings zu berücksichtigen, dass das „alte" Guayabo ungefähr 20 ha groß war und nur ein kleiner Teil bislang untersucht worden ist.

Hochentwickelte Gesellschaft

Die **Rundhäuser**, aus denen die Ansiedlung ursprünglich gebildet wurde, standen auf einer Erdanhäufung mit steinernem Fundament, was besonders bei Regenfällen günstig war. Die einstige große Bedeutung dieses Ortes wird davon abgeleitet, dass diese indianische Stadt über **gepflasterte Straßen** sowie über gemauerte Zisternen verfügte. Bislang hat man mehrere Dutzend **Petroglyphen** gefunden, von denen 17 ganz in der Nähe des zentralen Hügels lagen, die restlichen dagegen über das gesamte Gebiet verstreut waren.

Nach den bisherigen Erkenntnissen lebten die Menschen einstmals in einer arbeitsteilig organisierten Gesellschaft, in welcher z. B. spezialisierte Handwerker von den Mühen der Jagd und des Fischfangs freigestellt waren, sodass sie sich der Ausübung und Verfeinerung ihrer Künste widmen konnten. An der Spitze der sozialen Hierarchie stand ein **Kazike**. Die wichtigsten kultischen Handlungen oblagen einer rangmäßig über dem Durchschnittsbewohner stehenden geistlichen Elite.

Vor Ort sind in einem der Ausstellungsgebäude nur eher unbedeutende Kleinfunde zu betrachten; wer sich für eine reichere Auswahl interessiert, sollte das Nationalmuseum und das „Museo de Oro" in San José besuchen. Dennoch stellt die Anlage insgesamt eine gelungene Kombination von Archäologiepark und Naturlehrpfad dar. Im **Informationszentrum** versucht man, den Besuchern die Einordnung

Im Nationalpark Guayabo kann man die bislang einzige nennenswerte Ausgrabungsstätte Costa Ricas besichtigen

sowohl der Funde und Befunde in und zu Guayabo zu ermöglichen als auch die ökologische Seite nicht völlig zu vernachlässigen.

In der ersten der gegenüber dem Parkeingang befindlichen Hütten, die in ihrer Form den vermuteten Formen der ursprünglichen Behausungen in Guayabo nachempfunden ist, befinden sich Fotos zu Flora und Fauna und die dazugehörigen Erklärungen – allerdings nur in spanischer Sprache. Ferner werden Hypothesen über die Funktion des Ortes in vorkolumbianischer Zeit vorgestellt. Eine dieser Hypothesen geht davon aus, dass es sich um ein spirituelles Zentrum gehandelt hat. Eine andere Hypothese stützt sich auf den Umstand, dass dieser Ort zum einen gut zu verteidigen war, zum anderen auch an einer für den Handel strategisch günstiger Stelle lag, sodass es sich nach Ansicht dieser Wissenschaftler um eine veritable Stadt gehandelt hat.

Spirituelles Zentrum oder Handelsstützpunkt

In einer dahinter liegenden zweiten Hütte, die etwas hochtrabend „Sala de Proyecciones" genannt wird, befindet sich eine Rekonstruktion der Gegebenheiten in dem bereits ausgegrabenen Teil einschließlich der gefundenen offenen und verdeckten Kanalsysteme und der Wohnbehausungen.

Da von dem Schutz der archäologischen Funde auch Flora und Fauna profitierten, hat sich im Umkreis ein Stück äußerst vielfältiger Natur wieder entwickelt, nachdem die gesamte Gegend zuvor entwaldet worden war.

Reisepraktische Informationen Monumento Nacional Guayabo

Information
Parkverwaltung ☎ 2559 1220, *accvc@minae.go.cr, 8–15.30 Uhr, 6 US$*.

Unterkunft/Essen & Trinken
Picknickplatz, Campingplatz, Wasser und Duschen sind vorhanden (2 US$ p.P.). Dieser Campingplatz ist auch bei costa-ricanischen Schüler- und Jugendgruppen beliebt. Wenige Meter vom Eingang des Parks entfernt in Richtung des Dorfes namens **Colonia Guayabo** *befindet sich rechterhand eine soda, wo man mit Getränken und einfachen Speisen sowie Souvenirs versorgt wird. In etwa fünf Gehminuten Entfernung ist hügelabwärts die* **Albergue La Calzada Lodge** *zu finden, die ebenfalls Speisen und Getränke vorhält. Übernachtungen sind zzt. nicht möglich. Dies mag sich in absehbarer Zeit ändern, da man für diese Gegend den Aufbau eines ruralen Tourismus, also eine Art „Ferien auf dem Bauernhof", plant.*

Anreise
Ab Turrialba*: Die Straße ist bis zu einer Kreuzung etwa 4 km vor dem Parkeingang asphaltiert, aber auch ohne Allradwagen gut zu bewältigen. Auf dem Weg wechseln sich Kaffeeplantagen im Tal mit Zuckerrohrfeldern ab. Es geht in vielen Kurven den Berg hinauf. Bei schönem Wetter hat man eine blendende Aussicht auf die tief eingeschnittenen Täler.*
Eine **Busverbindung** *(2,5 US$, Fahrzeit ca. 1 h) von Turrialba (Busterminal) nach Guayabo besteht an Werktagen um 6.20, 11.15, 15.10 und um 17.20 Uhr (Rückfahrt: 5.15, 7, 12.30 und 16 Uhr). Am Sonntag fahren die Busse der Firma Transtusa (☎ 2557 5050 bzw. Reservierungszentrum ☎ 900 505050) um 9 und um 15 Uhr nach Guayabo. Die Rückfahrten nach Turrialba erfolgen um 7, 12.30 und um 16 Uhr.*
Der Bus hält direkt am Eingang zum Monumento Nacional Guayabo.

info

Costa Ricas Raketenabschussrampen im Blick des US-Militärs

Wenn man entsprechenden Gerüchten Glauben schenken darf, geriet Costa Rica in der Zeit der Kubakrise bei hypernervösen Analysten der US-Airforce in den Verdacht, über unterirdische Raketensilos zu verfügen. Schuld daran waren die Überreste der Fundamente des präkolumbianischen Guayabo.

Auf aus großer Höhe gemachten Fotos, die die US-Luftüberwachung auswertete, waren diese aus Steinen bestehenden, ringförmigen Fundamente zu erkennen gewesen und zunächst als nur ungenügend getarnte, im Boden verborgene Abschussvorrichtungen interpretiert worden, sodass das sowohl armee- als auch raketenfreie zentralamerikanische Land von Glück sagen kann, dass es nicht Opfer eines präventiven Militärschlags geworden ist.

Von Turrialba nach Siquirres

CATIE-Institut

Verlässt man Turrialba Richtung Siquirres (an der Straße liegen einige eher höher-preisige Übernachtungsmöglichkeiten), steigt die Straße nach der Überquerung des Río Reventazón bald an. Zu besichtigen gibt es auf dieser Route den noch vor der Brücke über den Río Reventazón am Rande der Stadt gelegenen **Botanischen** *Botanischer* **Garten** des **CATIE**-Instituts. Das **C**entro **A**gronómico **T**ropical de **I**nvestigación *Garten* y **E**nseñanza führt diverse Forschungs- und Ausbildungsprojekte im Agrarsektor durch und bietet auf Anfrage auch Übernachtungsmöglichkeiten für Interessierte an. Wer den etwa 800 ha großen botanischen Garten, der um die 5.000 verschie-dene Pflanzen aufzubieten hat, besucht, kann auch eine mehrstündige geführte Tour (30–55 US$) bestellen.
CATIE, ☎ 2556 2700, www.catie.ac.cr, Mo–Fr 7–16 Uhr, 10 US$.

Nach etwa sieben bis acht Kilometern passiert man die höchste Stelle auf dem Weg zur Küste, wo auch das **Hotel Turrialtico** (s. S. 215) angesiedelt ist. In des-sen Nähe geht eine Stichstraße ab, von etwa 4,5 km entfernt gelegenen Wasser-kraftwerk (**Planta Hidroeléctrico Angostura**) führt, das den Río Reventazón nutzt. Dieses zu Beginn des neuen Jahrtausends eingeweihte Werk ist bislang das größte seiner Art im Lande. Jenseits des Passes passiert man bei Pavones die **Schlangenfarm Parque Viborana**. Im Gegensatz zu CATIE handelt es sich da-bei nicht um eine Einrichtung, die primär dem Allgemeinwohl verpflichtet ist (☎ 2538 1510, tgl. 9–16 Uhr, 15 US$).

Eine knappe halbe Stunde nach Verlassen Turrialbas fährt man durch **Pavones**, die letzte größere Ortschaft vor Siquirres. Von nun ab ist die wunderschöne Gegend *Panorama-* nahezu frei von Hotels oder Restaurants. Wenig später spannt sich eine Brücke *blick* über den kleinen Río Chitaría. Kleine inmitten von Weiden liegende Fincas wech-seln sich mit Weilern ab, beeindruckend ist wie schon bisher der weite Panorama-blick.

Refugio Privado de Vida Silvestre La Marta

Nach etwa einer Stunde passiert der Bus das **Refugio Privado de Vida Silves-tre La Marta** (8–17 Uhr), mit seiner Schmetterlingsfarm, seiner Schlangengrube und seinem Orchideengarten ein attraktiver Zwischenstopp für Ecotour-Veran-stalter. Es werden zudem verschiedene Touren angeboten und ein barrierefreier Pfad ist im Bau.

Nach knapp 1,5 Stunden Fahrzeit ist Siquirres erreicht.

 Hinweis
Informationen zu Siquirres und der Weiterfahrt Richtung Karibik und Limón s. S. 528 (Kapitel Osten).

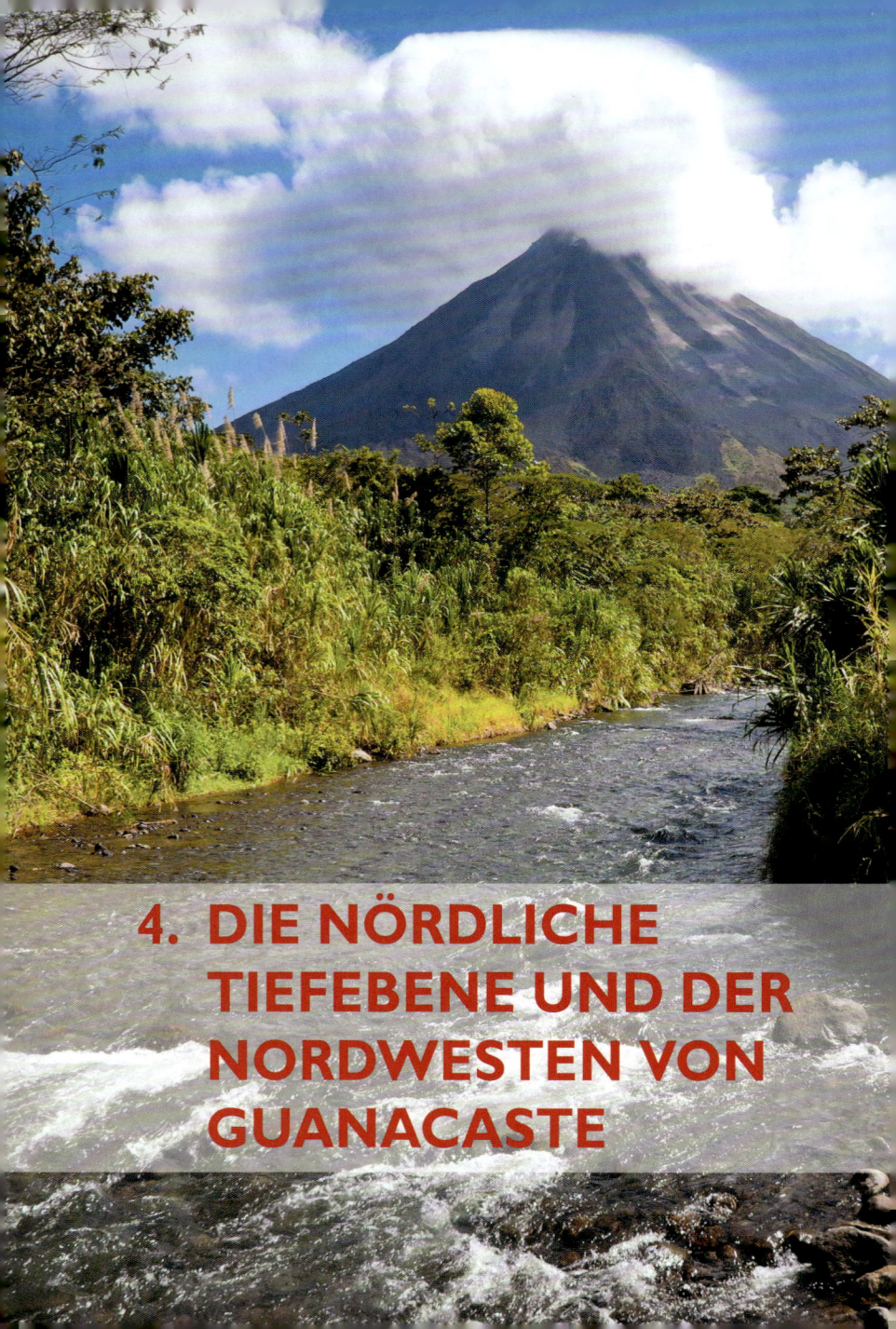

4. DIE NÖRDLICHE TIEFEBENE UND DER NORDWESTEN VON GUANACASTE

Die nördliche Tiefebene

Auf der Tour durch die *Llanuras del Norte* geht es von San José durch den Parque Nacional Braulio Carrillo über Santa Clara nach Puerto Viejo de Sarapiquí, das zusammen mit dem nahegelegenen La Virgen ein Dorado für **Rafting-Fans** darstellt und zahlreiche naturnahe Unterkünfte bietet.

Zurück nach San José geht es über San Miguel de Sarapiquí. Hier hat man nicht nur die Wahl zwischen einer relativ gut ausgebauten Strecke durch nicht sehr abwechslungsreiche Umgebung und einer kurvenreichen, dafür schöne Ausblicke gewährenden Landstraße, sondern auch die Wahl zwischen zwei Vulkanen: Gerade-

aus geht es (kurvenreich) Richtung Parque Nacional Volcán Poás, rechts geht es über San Carlos (Ciudad Quesada) zum Parque Nacional Volcán Arenal bzw. – so man vorher in Río Cuarto links abbiegt – zum Parque Nacional del Agua Juan Castro Blanco, wo es ebenfalls Vulkane zu sehen gibt, die allerdings weniger spektakulär sind als die obengenannten.

☞ Routenhinweis / Öffentliche Verkehrsmittel

Beginnt man diese Rundtour von San José aus, so besteht zum einen die Möglichkeit, einen Stopp entlang des den Parque Nacional Braulio Carrillo durchquerenden Highway in Richtung Limón einzulegen (s. S. 227). Zum anderen kann man aber dies auch im Zusammenhang mit einer Fahrt Richtung Karibik tun (s. Route ab S. 515) und für diesen Fall bietet es sich an, Puerto Viejo de Sarapiquí direkt anzusteuern. Dann startet man am Terminal del Caribe in San José (C. Central, Av. 13 und 15), von wo aus man um 6.30, 7.30, 10, 11.30, 13.30, 14.30, 15.30, 16.30, 17.30 und 18.30 Uhr die knapp 100 km lange Fahrt (2 Std., 4 US$) antreten kann (☎ 2222 0610).

Wer diese Tour nicht von San José aus, sondern etwa anlässlich der Rückfahrt von der Karibik aus antreten möchte, der tauscht seinen Sitz in **Guápiles**, von wo um 5.30, 8, 9, 10.30, 12, 14.30, 16, 17 und 18.30 Uhr der Transportes Guapileños-Bus nach Puerto Viejo de Sarapiquí fährt.

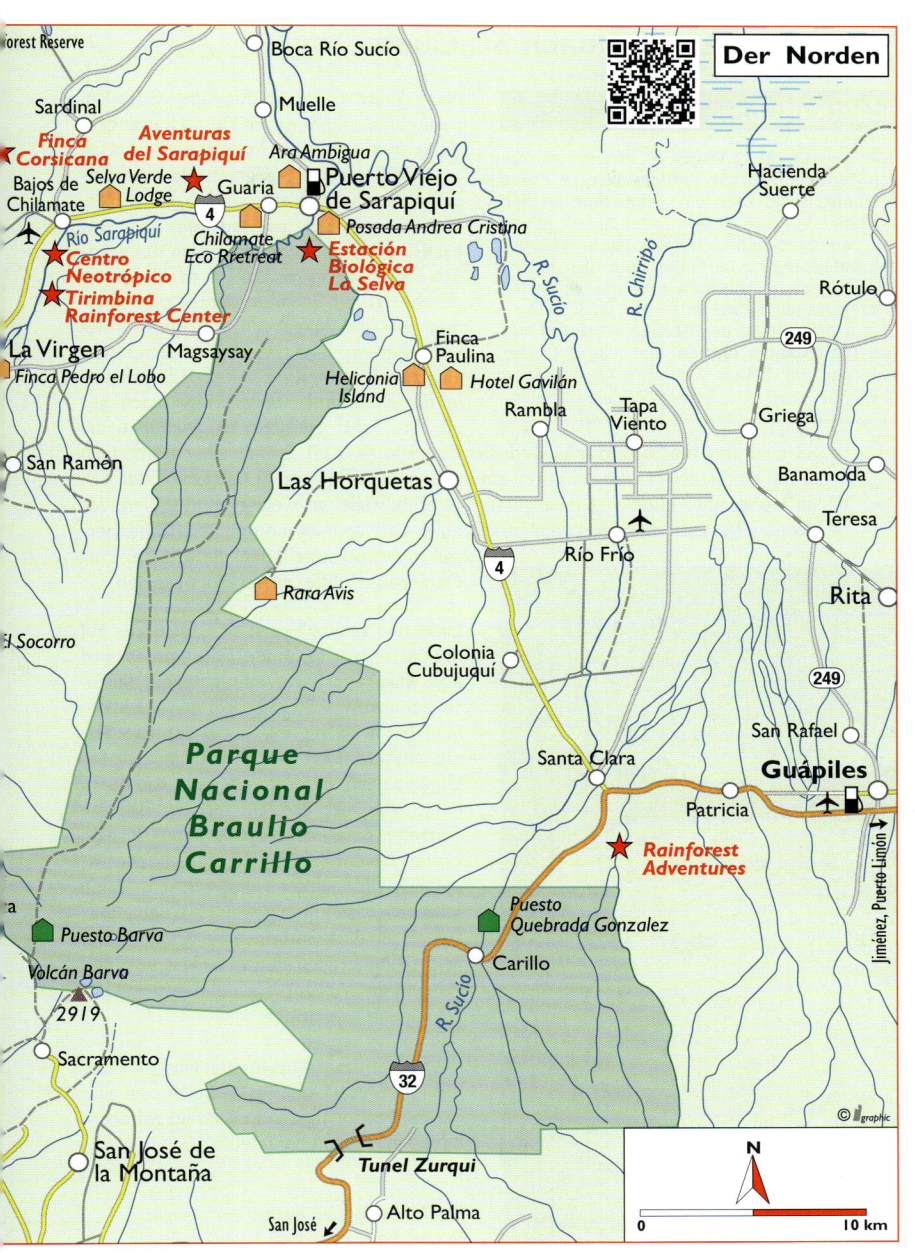

Der Norden

Forest Reserve
Boca Río Sucío
Sardinal
Muelle
Finca Corsicana
Aventuras del Sarapiquí
Ara Ambigua
Selva Verde Lodge
Bajos de Chilamate
Guaria
Puerto Viejo de Sarapiquí
Hacienda Suerte
Río Sarapiquí
Chilamate Eco Rretreat
Posada Andrea Cristina
Centro Neotrópico
Estación Biológica La Selva
Rótulo
Tirimbina Rainforest Center
La Virgen
Magsaysay
Finca Pedro el Lobo
Finca Paulina
Heliconia Island
Hotel Gavilán
249
San Ramón
Rambla
Tapa Viento
Griega
Las Horquetas
Banamoda
Teresa
4
Río Frío
Rita
Rara Avis
El Socorro
Colonia Cubujuquí
249
San Rafael
Guápiles
Santa Clara
Patricia
Rainforest Adventures
Parque Nacional Braulio Carrillo
Puesto Quebrada Gonzalez
Puesto Barva
Carillo
Volcán Barva
R. Sucío
▲ 2919
Sacramento
32
Tunel Zurquí
San José de la Montaña
San José
Alto Palma

Jiménez, Puerto Limón

© il graphic

N

0   10 km

Von San José nach St. Clara

Redaktionstipps

➤ Die Gegend um La Virgen ist bekannt für die guten Bedingungen für Rafting. Wer es etwas gemütlicher mag, kann eine **Kanutour** buchen (s. S. 236).

➤ In verschiedenen Schutzgebieten wie der **Estación Biológica La Selva** kann man mitten im Dschungel übernachten und auf geführten Touren Flora und Fauna entdecken (s. S. 231).

➤ Kaum besucht ist der **Parque Nacional del Agua Juan Castro Blanco**, den man auf einer Wanderung zur Blauen Lagune erkunden kann (S. 246).

Nach Santa Clara (in Richtung Guápiles) gelangt man auf der nach Limón führenden, zunächst vierspurigen Straße, deren Trasse erst 1985 durch das Gebiet des Nationalparks Braulio Carrillo geschlagen wurde. Verlässt man San José, so fährt man zunächst durch eine vor allem dem Kaffeeanbau dienende Region. Ein Teil der Felder ist durchsetzt mit Bananenstauden oder Bäumen, die die Aufgabe haben, die Kaffeesträucher vor zu extremer Sonnenbestrahlung zu schützen. Kurz hinter der Mautstelle bei Kilometer 18, die man nach gut 20 Min. Fahrt erreicht, passiert man die Grenze des **Nationalparks Braulio Carrillo** (S. 227). Unmittelbar bevor man 3 km hinter der Mautstelle durch einen Tunnel (Tunel Zurquí) fährt, befindet sich in Höhe einer ehemaligen Rangerstation eine Stelle, an welcher hin und wieder Kontrollen nach illegal aus dem Park Braulio Carrillo mitgenommenen Palmenherzen (*palmitos*) stattfinden, die vor allem zur Osterzeit traditionell verzehrt werden.

Links und rechts bieten sich Ausblicke auf die tief eingeschnittenen Täler und es wird klar, warum gerade in dieser Region der Eisenbahnbau ins Stocken geriet. Nachdem man 19 km nach dem Tunnel den **Río Sucio** passiert hat, geht 800 m danach ein Weg links ab, der zum Ufer des Río Sucio führt. Von hier erreicht man zu Fuß das Flussufer nach ca. 20 Min. Dort ist eine kleine Raststelle eingerichtet. Baden ist möglich, obwohl der Fluss, wie sein Name schon sagt, schmutzig (gelb) aussieht. Der Grund für diese intensive Farbgebung sind gelöste Mineralien, die der Fluss von den Hängen des Vulkans Irazú und dessen Umgebung mit sich bringt.

3 km hinter dem Abzweig passiert man den Río Quebrada Gonzáles, wo sich eine zum Parque Nacional Braulio Carrillo gehörende Rangerstation befindet.

Die Gelbfärbung des Wassers des „schmutzigen Flusses" Río Sucio ist durch Mineralien bedingt

info

Costa-ricanische Osterspezialitäten

Das **Palmito**-Essen ist insbesondere in der Osterzeit costa-ricanische Tradition, so-dass die Verlockung groß ist, sich auf illegalem Wege gerade in der *Semana Santa*, also der Heiligen (Oster-)Woche mit diesen Leckerbissen zu versorgen. *Palmitos* ge-winnt man aus dem Mark der Vegetationskegel einer Palme, was nicht möglich ist, ohne diese zu zerstören. Eine etwa 15-jährige Palme liefert dabei nur um die 2 ½ kg Palmenherzen.

Derartige Probleme tauchen beim **Chiverre**-Verzehr nicht auf. Die *Chiverre*-Frucht kann mit einem Kürbis verglichen werden, wobei sie äußerlich eher einer Wasserme-lone ähnelt. Die Früchte werden um die sechs Kilo schwer und zu Ostern geerntet. Man stellt aus ihnen traditionellerweise nach einem komplizierten Zubereitungspro-zess das typische Osterdessert her.

Parque Nacional Braulio Carrillo

Der Nationalpark Braulio Carrillo entstand 1978 und ist mit fast 48.000 ha einer der größten des Landes. Seine Einrichtung war mehr oder weniger das Ergebnis ei-nes Deals zwischen Umweltschützern und den Interessen derjenigen, die eine as-phaltierte Straßenverbindung von San José zur Karibikküste bauen wollten. Erstere fürchteten, dass durch die mit dem Straßenbau einhergehende Öffnung der gesam-ten Zone das Ökosystem des früher nur sehr schwer zugänglichen Gebiets nach-haltig geschädigt würde, da sich entlang dieser Schneise Neusiedler beiderseits der Straße niederlassen würden. Mit der Errichtung eines Nationalparks in dem von der Straße geteilten Areal versprach man sich Schutz vor derartigen Entwicklun-gen. Benannt ist er nach einem früheren Präsidenten.

Kompromiss zwischen Umwelt-schutz und wirtschaft-lichen Interessen

Der Park erstreckt sich von knapp 40 m bis fast 3.000 m Höhe über dem Meeres-spiegel und überwindet damit eine der größten **Höhendifferenzen** unter den costa-ricanischen Nationalparks. Die Eigenschaft des Waldes, immergrün zu sein, korrespondiert mit einem relativ hohen Niederschlag (etwa 4.500 mm p.a.), der wiederum der Grund für oft sehr **schlammige Wege** ist.

Die Parkgrenzen umschließen die (inaktiven) **Vulkane Barva**, **Zurquí** und **Cacho Negro**, wovon letzterer über eine klassische konische Form verfügt. Er wird von einer Unzahl von Wasserläufen unterschiedlicher Größe durchzogen, die eine fast noch größere Zahl von Katarakten bilden. Die größten Flüsse unter ihnen sind der Río General, der Río Patria, der Río Hondura, der Río Sucio und der Río Corinto, der die östliche Parkgrenze markiert.

Vulkane und Flüsse

Flora und Fauna

Der größte Teil des Parks ist durch einen **immergrünen Primärwald** bedeckt, der sehr dicht steht und eine große Zahl verschiedenster Pflanzen aufweist. Man geht davon aus, dass sich in ihm um die 6.000 Pflanzenarten befinden. Da der Park durch einen relativ abrupten Wechsel von Berg und Tal gekennzeichnet ist, richtet sich die Erscheinungsform der Flora stark nach den jeweiligen Höhenbereichen. In

Im Nationalpark wird der dichte, immergrüne Primärwald geschützt

Immergrüner Primärwald

Richtung der Grenze zum karibischen Tiefland wachsen die kapitalsten Vertreter der Flora wie etwa der Olivenbaum, dessen Wurzelrinde bei Magenproblemen zum Einsatz kommt, oder der Botarromabaum mit rostroten Zweigen und gelben Blütenkerzen, dessen Holz früher gerne beim Kanubau Verwendung fand. Der aufgrund der hervorragenden Eigenschaften seines Holzes in weiten Teilen des Landes nahezu verschwundene Mahagonibaum hat im Nationalpark Braulio Carrillo eine bislang noch gesicherte Heimstatt.

Artenvielfalt

An **Tieren** (insg. 140 Arten) finden sich bis auf die Totenkopfäffchen alle im Land vorhandenen Affenarten, Tapire, Rehwild und – allerdings sehr selten – Jaguare und Pumas. Im Park kommt mit der Buschmeister auch eine der **giftigsten Schlangen** des amerikanischen Kontinents vor. An **Vögeln** sind bisher über 500 Arten identifiziert worden, neben dem Quetzal der an seinem roten Kehlsack leicht erkennbare Schirmvogel, der Einsiedleradler, der Hämmerling und der im Gegensatz zu diesem nicht eben hübsche Tuberkelhokkos. Von den **Insekten** dürfte der auffallendste, auch noch aus einer Entfernung von mehreren hundert Metern sichtbare, Vertreter ein Schmetterling namens **Blauer Morphofalter** sein, dessen fast handtellergroßen Flügel sich durch ein glänzendes Blau auszeichnen. Diese wird nicht durch Farbpigmente erzeugt, sondern durch eine optische Täuschung, sprich durch die selektive Reflexion von Licht einer bestimmten Wellenlänge.

🚶 Wanderungen

*Der unter der Bezeichnung **Entrada Quebrada Gonzáles** bekannte Parkabschnitt ist das Haupteinfallstor zum Parque Nacional Braulio Carrillo. Er liegt an der Straße San José–Limón nach dem Tunnel. Er ist mit einem Informationszentrum ausgestattet. Zudem gibt es drei **Naturlehrpfade**: Sendero Natural Las Palmas (2 km, mittelschwer), Sendero El Ceibo (1 km, leicht) mit einem Aussichtspunkt auf den Río Sucio und* den Sendero Botarrama (3 km, mittel). Da es oft matschig ist, sollte man am besten geschlossene Schuhe tragen.

Im Park gibt es eine Reihe von (**Wander-)Wegen**, abgesehen von den ausgeschilderten Naturpfaden um die Station. Die Parkranger (guardias del parque oder auch guardaparques) raten von einer Tour ohne Guide grundsätzlich ab. Will man sie trotzdem erkunden, so sollte man sicherheitshalber vorher mit den Rangern die Tour besprechen und sich bei ihnen abmelden. In einem solchen Fall darf allerdings bei Rückkehr das Zurückmelden keinesfalls vergessen werden, da man ansonsten riskiert, als vermisst zu gelten, was zu unter Umständen kostspieligen Suchaktionen Anlass geben kann.

Bei längeren Wanderungen den Rangern Bescheid geben

Reisepraktische Informationen Parque Nacional Braulio Carrillo

Information
Parkverwaltung ☎ 2268 1038, www.sinac.go.cr, tgl. 8–15.30 Uhr, 10 US$.
Am besten besucht man den Park zwischen **Januar und April**, also in Monaten mit wenig bzw. keinem Niederschlag. Vor allem im Dezember, dem Monat mit den höchsten Wassermengen von oben, versucht man ihn besser zu meiden. Der Park hat – wohl nicht zuletzt wegen seiner Nähe zu San José – immense Steigerungsraten, was die Besucherzahlen angeht.

Unterkunft
Im Sector Quebrada Gonzáles gibt es offiziell keine Camping- oder Übernachtungsmöglichkeiten, wer jedoch besonderes Interesse zeigt, kann unter Umständen auf Verständnis eines der Ranger stoßen und dieser lässt einen hier auch übernachten. Verpflegungsmöglichkeiten gibt es allerdings nicht.

Hinweis
Zum **Sektor Barva** des Parks, der nicht von der Straße San José – Limón zu erreichen ist, s. S. 178.

Rainforest Adventure

2–3 km nach dem Eingang zum Nationalpark steht rechts der Straße ein Restaurant mit angeschlossenem kleinem Laden. Beim Restaurant geht es rechts ab zum privaten Naturschutzpark mit angeschlossener **Dschungelseilbahn**, die unter dem Namen Rain Forest Aerial Tram firmiert und quasi „die Mutter aller Canopy-Touren" ist. Wer diese besuchen will, muss nicht sehr wanderfreudig, dafür aber umso zahlungsfähiger sein. Man wird mit safarimäßig gestylten Pick-ups etwa 500 m weit zu einer Hängebrücke gefahren (auf der Rückfahrt geht's dann mit dem Kleinlaster durch den Fluss). Im Anschluss gibt es eine Videovorführung und einen gut einstündigen Spaziergang am Boden unter Leitung eines meist Spanisch, manchmal Englisch, Französisch oder Deutsch sprechenden Führers. Dann geht es in die Lüfte: ein knapp eineinhalbstündiges „Schweben" über und unter dem Dach des Dschungels ebenfalls in Begleitung eines Guides, der – mit Bestimmungsbuch, Walky-Talky und Fernglas ausgestattet – auf die Sehenswürdigkeiten der Strecke aufmerksam macht. Fotobegeisterte seien darauf hingewiesen, dass sich die Seilbahn

Hoch oben durch die Baumkronen schweben

in einem relativ regen- und nebelreichen Gebiet befindet. Selbst wenn an der Küste oder in San José die Sonne strahlt, so kann es dort wolkenverhangen und regnerisch sein.

Restaurant und Unterkünfte

An der Seilbahnstation finden sich auch eine Cafeteria und eine Gaststätte. Der Zutritt zu einem Schmetterlings- bzw. zu einem Froschgehege und einer Schlangensammlung ist ebenfalls – gegen Aufgeld (10 US$) – möglich. Wer es etwas abenteuerlicher haben will, kann zusätzlich auch am Seil für 50 US$ durch das Blätterdach schweben, auf der *AdrenaLine* sogar mit über 50 km/h. Wer mag, kann hier sogar in einem der 10 komfortablen Bungalows der **Rainforest Lodge** übernachten (*Reservierung* ☎ *2759 8726, infos@rainforestadventure.com*).
Rainforest Adventure, ☎ *2257 5961 (Reservierung angeraten, da auch Ziel von Tagesausflügen von Kreuzfahrtschiffen), tgl. 6.30–16 Uhr, Aerial Tram 60 US$, Canopy 50 US$, Birding Tour 128 US$ (verschiedene Pakete inkl. Zubringerdienst ab/bis San José und Mittagessen buchbar).*

Von St. Clara nach Puerto Viejo de Sarapiquí

Knapp 60 Kilometer nach San José und ungefähr 10–15 Min., bevor man Guápiles erreicht, zweigt von der Straße San José–Limón unmittelbar dem kleinen Örtchen Corinto die Landstraße Nr. 4 nach Puerto Viejo de Sarapiquí in nördliche Richtung ab. Vom Abzweig aus ist der Ort gut 30 km entfernt. Bei der Überfahrt über die Brücke, die kurz nach der Abzweigung erfolgt und hinter der **Santa Clara** liegt, lohnt sich ein Blick auf den Zusammenfluss der „dreckigen" Wasser des Río Sucio mit den klaren Wassern des Río General. Der neue Fluss rechts der Brücke heißt von nun an Río Chirripó. Dieser vereinigt sich einige Kilometer flussab mit einem anderen Río Sucio und bildet dann einen der Quellflüsse des Río Sarapiquí.

Zusammenfluss

Die Strecke nach Puerto Viejo de Sarapiquí ist grundsätzlich gut ausgebaut. Da man sich nun seit einigen Kilometern bereits im Tiefland befindet, passiert man neben den für das Tiefland typischen Weideflächen Ananasplantagen, Teakholzanpflanzungen und Anpflanzungen von Afrikanischen (Öl-)Palmen. In einzelnen Gärten ist auch der sog. **Baum der Reisenden** zu sehen, der auch auf den karibischen Inseln häufig vorkommt (s. Infokasten). Seit die Straße ausgebaut ist, floriert das **Tourismusgeschäft**: Lodges, Ökogärten sowie einfache Cabinas sind entlang der Straße zu finden. Man durchfährt ein kleineres Dörfchen namens **Las Horquetas**. Zwischen hier und Puerto Viejo gibt es mehrere private Reservate mit Unterkünften.

Reserva Rara Avis

Lodge mitten im Urwald

Nichts für die ganz zarten Gemüter ist ein Besuch der abgelegenen Lodge der Reserva Rara Avis. Taschenlampe, Wasser, wetterfeste Kleidung und Gummistiefel (werden auch ausgeliehen bis Größe 43) sollte man auf jeden Fall dabei haben. Das Büro des Reservats befindet sich in Las Horquetas. Hier kann bzw. muss man das Auto stehen lassen und wird dann mit dem Traktor zur Lodge gefahren. Die Fahrt startet um 9 Uhr morgens, der Traktor braucht für die 15 km 3 Stunden. Abenteuerlustige können auch für 35 US$ ein Pferd mieten, die letzten 3 km müssen aber

Wie der Baum der Reisenden zu seinem Namen kam

Die ursprünglich aus Madagaskar stammende, bis zu 15 m hohe Pflanze ist nicht mit den Palmen, sondern mit den Bananen verwandt. Die Bezeichnung „Baum der Reisenden" wird oft darauf zurückgeführt, dass man an der Ausrichtung der Wedel die Himmelsrichtung bestimmen könnte, zum anderen, dass die am Ende der Stiele angesammelte Flüssigkeit Wanderer vorm Verdursten gerettet hätte und deshalb diesen „Ehrennamen" erhalten habe. Beides sind eher Mythen, da man zum einen an der Wedelausrichtung maximal die Hauptwindrichtung ablesen kann und zum anderen die Flüssigkeit in aller Regel nicht trinkbar ist und – da diese Pflanze praktisch nicht in ariden Gebieten vorkommt – auch nicht von durstigen Menschen gebraucht wird.

Baum der Reisenden

zu Fuß zurückgelegt werden. Die Lodge selbst besteht aus neun rustikalen Zimmern mit eigenem Bad (*160 US$/DZ pro Nacht*) und 3 *casitas* (*70 US$ p.P.*). Die Natur ist das Haupterlebnis, Elektrizität gibt es nur wenige Stunden am Tag an der Rezeption. Im Preise inklusive sind tgl. 2 Wanderungen mit Führung, zudem gibt es nahe der Lodge Wasserfälle zum Schwimmen. *Kontakt:* ☎ *2764 1111 und 2200 4238, www.rara-avis.com.*

Heliconia Island

Wenig später (5 km hinter Las Horquetas, 25 m östl. und 500 m nördl. des Eingangs zur Finca Chaves) zweigt links der Weg zur Heliconia Island Lodge ab, ein Privatparadies mit angeschlossener „Finanzierungsquelle" in Form eines B&B und Restaurant. Zudem gibt es einen kleinen Botanischen Garten. Die 5 Zimmer sind geschmackvoll eingerichtet, haben ein Bad und entweder Ventilator (*77 US$*) oder ac (*90 US$, je inkl. Frühstück*). Man bietet seinen Gästen Wanderungen und Bootsausflüge an (die allerdings günstiger sind, wenn man direkt beim Veranstalter bucht). Tagesbesucher können an Führungen teilnehmen oder sich das auf einem Inselchen gelegene Gelände selber erwandern (*12 US$, mit Guide 18 US$, 2,5 Std.*). *Kontakt:* ☎ *2764 5220, www. heliconiaisland.com.*

Estación Biológica La Selva

Wenige Minuten später geht es dann links ab zur **Estación Biológica La Selva**, die sich in etwa 1,5 km Entfernung von der Straße befindet. Diese 1.600 ha tropi-

Der Montezumastirnvogel gehört zur Familie der Stärlinge und stößt äußerst markante Schreie aus

schen Regenwaldes umfassende Station wird seit 1968 von der *Organización para Estudios Tropicales* (OTS) betrieben, die auch in Palo Verde und beim Jardín Botánico Wilson Stationen unterhält. Ungefähr 75 % der Fläche, die an den Parque Nacional Braulio Carrillo angrenzt, sind mit Primärwald bedeckt. Einen Teil der Einnahmen erwirtschaftet die im Gegensatz zu einigen anderen Einrichtungen wirklich der Wissenschaft verpflichtete Station dadurch, dass sie auch nichtwissenschaftlichen Besuchern offen steht, die hier übernachten und sich von Guides durch das Gelände führen lassen können (je nach Tour ca. 30–50 US$, ab 2 Pers. auch Privattouren möglich, Wanderungen starten um 8 und 13.30 Uhr, Dauer 3,5 oder 6 Std., nach Voranmeldung sind auch Nachtwanderungen und frühmorgendliche Vogeltouren möglich). Die 16 Zimmer kosten je nach Saison 75–93 US$ p.P. im DZ und verstehen sich inklusive Vollpension und einer Wanderung. *Kontakt:* ☎ *2524 0607, www.ots.ac.cr.*

Puerto Viejo de Sarapiquí

Kurz darauf wird der Río Sarapiquí überquert und ca. 45 Min., nachdem man von der Straße San José – Limón abgebogen ist, befindet man sich im Zentrum von Puerto Viejo de Sarapiquí. Einst war dieses Gebiet Heimat der **Votosindianer**. Während der Kolonialzeit war dieser Ort, wie es bereits aus einem Dokument des Jahres 1640 hervorgeht, als Hafen und als Verbindung zum Río San Juan von Wichtigkeit. Nach der Auflösung der Zentralamerikanischen Föderation etablierte man in der Nähe von Puerto Viejo (dt. Alter Hafen) die Zollstation. Strategische Bedeutung erlangte Puerto Viejo im Krieg gegen den Filibuster William Walker (s. S. 16), dem man die Nachschublinie aus Nicaragua über den Río San Juan abschnitt.

Einst wichtiger Hafenort

In den 1970er-Jahren beschloss die costa-ricanische Regierung ein Entwicklungsprogramm für diese Zone, als dessen Resultat nicht zuletzt die gut ausgebaute Nationalstraße 4 zu betrachten ist. Dies nutzten zunächst die Bananenkonzerne und ließen sich hier nieder, nachdem die Gegend von Golfito von ihnen aufgegeben werden musste. Im Gefolge dieser Firmen zogen Ausländer in die Gegend und

gründeten dort ihre auf das Anwachsen des Tourismus ausgerichteten Unterneh-   *Wachsender*
men. Nach langen Jahrzehnten der Agonie, die mit der Einstellung der Eisenbahn-   *Tourismus*
verbindung Limón–San José und dem einhergehenden Bedeutungsverlust des Ortes einsetzte, scheint Puerto Viejo mit etwa 8.000 Einwohnern nun nicht nur auf
eine Diversifizierung der landwirtschaftlichen Produktion, sondern auch auf den
(Boots-)Tourismus zu setzen, da der Ort hierfür strategisch günstig am Zusammenfluss des Río Sarapiquí und des Río Puerto Viejo liegt. Der Ort verfügt über
eine Post und eine Bank mit Geldautomat. Bootstouren buchen und weitere Informationen erhalten kann man bei Souvenirs Río Sarapiquí gegenüber der Bank.

Reisepraktische Informationen Puerto Viejo de Sarapiquí

 **Unterkunft**
Hospedaje Gonar *$, über der Ferretería Almacén Gonar, ☎ 2766 6055 bzw. 2844 4677. 13 sehr einfache Zimmer mit Ventilator.*
Hotel Mi Lindo Sarapiquí *$–$$, östlich der Plaza Central, ☎ 2766 6281, milindo_ sarapiqui@hotmail.com.15 einfache Zimmer mit eigenem Bad und Ventilator.*
Cabinas Laura *$$–$$$, hinter der Banco Nacional, ☎ 2766 6316. 18 eher sparta- nisch eingerichtete, aber saubere Zimmer mit Bad, Ventilator und TV.*
Hotel El Bambú *$$$, gegenüber der Plaza Deportes, ☎ 2766 6005, www.elbambu. com. 40 moderne, aber etwas fantasielos eingerichtete Zimmer mit Bad und ac, 2 Pools, um ökologisches Image bemüht – verfügt z.B. über eine Biogasanlage.*

UMGEBUNG VON PUERTO VIEJO (s. auch S. 230f)
Posada Andrea Cristina *$$–$$$, 800 m westlich der Stadt im Barrio El Jardin, ☎ 27 66 62 65, www.andreacristina.com. 6 einfache Zimmer auf B&B-Basis, z.T. origi- nell angelegt (Tree-House), organisiert maßgeschneiderte Touren und Spanisch-Kurse, Fa- milienunternehmen.*
Ara Ambigua Lodge *$$$, etwas außerhalb in westlicher Richtung, 400 m nördlich der Iglesia de La Guaria, ☎ 2766 7101, www.hotelaraambigua.com. 40 große, bunt ge- staltete Zimmer mit Bad und ac, Pool und Froschgarten. Zudem Tourangeboten mit Ka- jak, Rafting, Canopy, Reiten und Vogelbeobachtung.*
Hotel Gavilán *$$$, 1 km Richtung Horquetas (östliche Richtung), nach der Brücke links, ☎ 2766 6743, www.gavilanlodge.com. Das Hotel verfügt über 20 etwas spartani- sche, aber nett eingerichtete Zimmer mit Bad und Ventilator. Birdwatching und Touren bis hinauf zum Río San Juan.*
Selva Verde Lodge *$$$$, ☎ 2766 6800, www.selvaverde.com. Die 45 modernen Zimmer sind mit Bad und Ventilator oder ac ausgestattet, das schöne Gelände wartet mit Trails, Pools und einer Konferenzstätte auf.*
Chilamate Rainforest Eco Retreat *$$–$$$ (keine Kartenzahlung), ca. 5 km westlich von Puerto Viejo, 100 m vor der Brücke über den Río Sarapiquí, ☎ 2766 6949, www.chilamaterainforest.com. Die Unterkunft besteht aus rustikalen Cabinas mit Terras- se, Hängematte und Blick in den Regenwald, einem Family House und einem Hostel mit Mehrbettzimmer. Frühstück ist inkl., Abendessen nach Absprache möglich. In der Umge- bung gibt es mehrere Wege, die man alleine oder mit Führung erkunden kann, Baden im Fluss ist mit Sprung von einer Brücke ebenso möglich.*

🍴 Essen und Trinken

Restaurante Bambú, *im gleichnamigen Hotel (s.o.). einheimische und internationale Küche, von Fast Food über Fleisch und Fisch bis hin zu chinesischem Essen, gehobenes Niveau.*

Soda Judith, *Centro, kleine Speisekarte, die empanadas sind empfehlenswert.*

Restaurante Real Sarapiquí, *150 m östlich vom Hotel Bambú. Chinesisches Restaurant mit dem üblichen Angebot, originell eingerichtet, günstig.*

La Casona, *etwas außerhalb in westlicher Richtung, 400 m nördlich der Iglesia de La Guaria. Lokale und internationale Küche inkl. Pizza, nette Lage, nicht billig, aber gut.*

👉 Aktivitäten/Touranbieter

Viele Touren kann man an den entsprechenden Hotelrezeptionen buchen (z.T. mit Aufpreis). Dazu gehören u.a. eine „Schwarze-Pfeffer-Tour" (☎ 2761 0024), auf welcher es Pfefferreis zu kosten gibt, ferner eine Schokoladentour (26 US$) und die üblichen Rafting-, Canopy- und Reitausflüge (45–90 US$), welche man auch im kostengünstigeren Kombi-Pack buchen kann (85–125 US$).

Im Hafen liegen zahlreiche lanchas rapidas (Schnellboote). Was die Touren auf dem **Río Sarapiquí** *anbelangt, so führen diese mit max. 12 Personen nach* **Tortuguero** *(4–5 Stunden, 600 US$) und unter Umständen auch zurück), nach Moín bei Limón (950 US$) oder aber zum Río San Juan bzw. nach Nicaragua. Verhandlungssache ist, wie viele Tage man für den Aufenthalt in Tortuguero nutzen kann und ob zu diesen Preise unter Umständen noch Aufpreise hinzukommen. Der Trip zum Río San Juán mit der Mög-*

Auf dem Río Sarapiquí werden Bootstouren angeboten

lichkeit, nach Nicaragua einzureisen bzw. wieder von dort zurück zu kommen, kostet 290 US$. Es handelt sich um eine 1- bis 2-tägige Tour. Bis zur Grenze dauert es mit den Booten 1,5–2 Stunden. Für diejenigen, die eine kürzere Tour machen wollen, gibt es auch das Angebot, in ungefähr einer Stunde zu einer nahegelegenen Hacienda mit den üblichen touristischen Einrichtungen vorzudringen: für bis zu 5 Personen kostet diese Tour dann etwa 120 US$. Wer nicht selber eine solche große Gruppe zusammenbringt, kann sich bei den Bootsführern erkundigen, ob sich in absehbarer Zeit eine Gruppe auf den Weg macht und ob man sich ihr anschließen kann. In einem solchen Fall zahlt man dem Bootsführer für die großen Touren um die 95 US$.

Aventuras del Sarapiquí, ☎ 2766 6768, aventuras@sarapiqui.com, www.sara piqui.com, westlich von Puerto Viejo. Bietet neben Ausritten Raftingtouren verschiedener Schwierigkeitsgrade an, ferner Floß- und Kajakfahrten und „tubing" mit Autoschläuchen.
Aventuras Challenger y Speed, ☎ 2766 5928 bzw. 8894 0095.
Aguas Bravas, ☎ 2766 6524, http://costaricaraftingvacation.com, spezialisiert auf Rafting-Touren.
Finca Corsicana, ☎ 8820 6489, in Llano Grande. Tour über eine Ananas-Farm mit Verköstigung und ohne detaillierte Informationen über die Gifte, die bei der Produktion dieser Frucht üblicherweise eingesetzt werden. Die Finca Corsicana rühmt sich zwar des Umstands, dass sie auch eine Bio-Abteilung hat, produziert aber auch konventionell. Entschädigt wird man für diese „Unterlassungssünde" mit einer Piña Colada.
Touren werden zudem angeboten in der **Estación Biológica La Selva** (Wanderungen S. 231) und im **Tirimbina Rainforest Center** (s. S. 236). Ein weiterer privater Adventure Park liegt auf dem Gebiet der Finca Pangola und heißt **Cinco Ceibas Rainforest Reserve.** Hier bemüht man sich um eine Wiederaufforstung. Beeindruckend ist der 500 Jahre alte Ceiba-Baum. An Aktivitäten werden angeboten (Mittagessen ist immer inkl.): 1,4 km auf erhöhten Holzwegen durch den Regenwald laufen (barrierefrei, 45 US$), Kajaktour auf dem ruhig dahinfließenden Río Cuarto (1,5 Std., 67 US$), Ausritte (1,5 Std.) und eine Ausfahrt in einem traditionellen Ochsenwagen (v.a. für Kinder geeignet, je 52 US$). Zu erreichen ist Cinco Ceibas von Puerto Viejo (48 km) oder Río Cuarto (18 km). Ab 2 Personen auch Zubringerdienst ab/bis San José (130 km) buchbar, die Anreise, Naturpfad und eine Aktivität nach Wahl inkl. Lunch kosten 130 US$, sonst 88 US$. Kontakt und Reservierung ☎ 4000 0606, 4000 0688. www.cincoceibas.com.

Verkehrsverbindungen
Carlos (Ciudad Quesada) über San Miguel: Abfahrt um 5.30, 8.30, 10.30, 12.15, 14.30, 16, 18, 18.30 und 19 Uhr, Dauer etwa 3 Std. Zurück geht es um 4.40, 6, 9.15, 10, 12, 14, 15, 16.30, 17.15, 17.30, 18.30 und um 20 Uhr.
San José: Abfahrt um 5, 5.30, 7, 8, 11, 13.30, 15 und 17.30 Uhr in ca 2 Std. für 3,5 US$.
Guápiles: Abfahrt um 5.30, 6.45, 7, 9.40, 10.30, 12, 14.30, 15.45, 16.45 und 17 Uhr (1 Std., 1,5 US$).
Der Ort wird von Interbus (siehe S. 132) auch mit La Fortuna und der Karibikküste verbunden.

Hinweis: Inwieweit Busse über La Virgen, San Miguel, Vara Blanca und Heredia wieder nach San José fahren, muss vor Ort eruiert werden, da nach einem großen Erdrutsch und Einsturz einer Brücke auf dieser landschaftlich schönen Strecke der durchgehende Busverkehr eingestellt worden ist.

Nach San Miguel/Sarapiquí über La Virgen

Nachdem man Puerto Viejo Richtung Westen verlassen hat, kommt man nach etwa 6 km in das Örtchen Chilamate. Man passiert die Niederlassung von **Aventuras de Sarapiquí** sowie kurz darauf die **Selva Verde Lodge** (s. S. 233). Entlang der Straße sind Weideflächen, Teakholz- und einzelne Bananenplantagen angesiedelt. In der Region wird mit dem Siegel des sogenannten *Corredor Biológico San Juán – La Selva* geworben. Angesichts der Tatsache, dass bis auf wenige Restbestände an Waldfläche – und bei dieser handelt es sich zumeist um Sekundärwald – hier kaum etwas der Machete entronnen ist, ist diesem Korridor nicht allzuviel Vertrauen entgegenzubringen.

Biologischer Korridor

La Virgen

La Virgen – die Jungfrau – diente ursprünglich als Subzentrum für die Bananenplantagen der Gegend. In den letzten Jahren wurde es zunehmend zu einer touristischen Basis verwandelt.

Die Gegend um La Virgen ist bekannt für Raftingtouren

La Virgen dient dabei primär dem „Abenteuertourismus" und profitiert von den nahegelegenen Möglichkeiten, dem **Rafting** und vergleichbaren Wassersportarten zu frönen. In dem Ort selbst findet man ebenso wie in dessen Umgebung nicht nur Hotels und Lodges, sondern auch etliche Firmen, die diese Touren im Angebot haben. In La Virgen befindet sich auch ein *serpentario* namens **Snake World**, wo man sich die dort gehaltenen, allerdings nicht immer einheimischen Schlangen ansehen kann (☎ *2761 1059, 9–17 Uhr, 8 US$*).

Tirimbina Rainforest Center

Privates Reservat

Das Rainforest Center, auch unter der Bezeichnung **Tirimbina Biological Reserve** geführt, bietet Interessierten neben einer Lodge Hängebrücken, diverse Touren (u.a. eine Schokoladentour), einen Botanischen Garten, ein Indianer- bzw. Kulturmuseum und einen Archäologiepark namens Alma Ata für 15–30 US$ an. Die eher einfache Lodge ($$$) besteht aus 25 Zimmern, die mitten im Grün gelegen sind (☎ *2761 0333, www.tirimbina.org*).

Reisepraktische Informationen La Virgen

Unterkünfte

Rancho Leona $, *von Puerto Viejo kommen links an der Straße gelegen,* ☎ *2761 1019, www.rancholeona.com. Sehr einfache Unterkunft mit 5 Zimmern auf B&B-Basis.*
Hotel Cabinas Claribel $–$$, *nahe der Schule,* ☎ *2761 1190. 12 einfache Zimmer mit Bad und Ventilator.*
Hacienda Pozo Azul $$$, ☎ *2761 1360, www.pozoazul.com. Unterbringung in 30 „Tent Suites" für Anspruchsvollere, eine Mischung von Exotik und originellem Luxus, wo auch Canopy-, Rafting- und Reitabenteuer angeboten werden.*

UMGEBUNG VON LA VIRGEN

Finca Pedro y el Lobo $–$$, ☎ *2761 1406, www.fincapedro.com. Etwa drei Kilometer außerhalb, 5 einfache Zimmer z.T. mit Bad (unter dt. Leitung). Auch Camping möglich. Zudem werden* **Kajaktouren** *(2–3 Std. 50 US$, mehrtägige Touren 100 US$ pro Tag) angeboten.*
Centro Neotrópico SarapiquíS $$$, ☎ *2761 1004, www.sarapiquis.org. Die von Gebäuden im Palenque-Stil dominierte Unterkunft mit 36 Zimmern (Bad und Ventilator) gehört zu dem Komplex, auf dem sich außerdem ein Botanischer Garten und ein Museum befinden. Dieses beschäftigt sich erster Linie mit der indigenen Bevölkerung und ökologischen Aspekten. Restaurant und Souvenirshop vorhanden. Auch Tourorganisation.*
Tirimbina Rainforest Center, *s.o.*

Essen und Trinken

Sansi Seafood, *internationale Küche mit Schwerpunkt Fischgerichte.*
Joe's Pizza, *Zentrum. Günstige Pizzeria.*
La Quinta, *Abzweig 5 km vor La Virgen (1,2 km von der Hauptstraße entfernt), im gleichnamigen Hotel (www.laquintasarapiqui.com). Open-Air Restaurant, v.a. einheimische Küche, etwas teuer.*

Rafting / Touren

Tirimbina Rainforest Center, ☎ *2761 0333, www.tirimbina.org. das Center führt eine* **Fledermaustour** *durch (20 US$ bzw. 23 US$ bei einer Agentur), wem diese zu sehr stinken, der kann alternativ dazu eine* **Schokoladentour** *buchen (22 US$ bzw. 26 US$ bei einer Agentur).*
Die **Hacienda Pozo Azul** *(zahlreiche Tourangebote wie Wandern, Ausritte, Canopy etc., www.pozoazul.com) und die* **Finca Pedro y el Lobo** *(Kajak, s.o.) organisieren Touren.*
Sarapiquí Outdoor Center, *nahe der Kirche,* ☎ *2761 1123, www.costaricaraft. com. Rafting- und Kajaktouren.*
Aguas Bravas, ☎ *2766 6524, reservations@aguas-bravas.co.cr, http://costarica raftingvacation.com/. Diverse Abenteuertouren.*

Verkehrsverbindungen

Die zwischen San Miguel und Puerto Viejo de Sarapiquí verkehrenden Busse fahren über La Virgen.

San Miguel/Sarapiquí

Hinter La Virgen wird die Landschaft etwas abwechslungsreicher, sprich hügeliger und es geht auf einer kurvigen, weiterhin gut ausgebauten Straße voran. Verstärkt tauchen hier auch Zierpflanzenschulen auf, wo die später einmal in europäischen und US-amerikanischen Wohnzimmern stehenden Yuccas und Drachenbäume aufgezogen werden. Die Straße gewinnt nun etwas an Höhe.

San Miguel/Sarapiquí ist eine Ansammlung von zwischen den Hügeln verteilten kleineren Vierteln ohne wirkliches Zentrum. Hier scheiden sich die Straßen nach San Carlos (Ciudad Quesada) und die (Land-)Straße „über die Berge", konkret: über Vara Blanca, Barva und Heredia nach San José.

Reisepraktische Informationen San Miguel

Unterkunft

Hotel Los Gallitos *$-$$,* ☎ *2476 0405, http://hotellosgallitos.com. 8 etwas spartanisch eingerichtete Zimmer mit eigenem Bad, Pool.*
Albergue el Socorro *$$$, 10 km außerhalb (Abholservice) auf einer Viehfarm gelegen,* ☎ *8820 2160, www.albergueelsocorrosarapiqui. 4 moderne Holzhütten mit Bad und Ventilator, schön gelegen, Mithilfe auf Farm möglich. Auf dem angeschlossenen Reservat kann man wandern. Restaurant mit costa-ricanischer Küche, auch vegetarisches Essen.*

Essen und Trinken

Soda las Delicias *und* **Soda San Miguel** *im Zentrum bieten landestypisches Essen.*

Verkehrsverbindungen

Die zwischen Vara Blanca und Puerto Viejo de Sarapiquí verkehrenden Busse fahren 3x tgl. über San Miguel.

Routenvarianten ab San Miguel nach San José

Route 1: über Vara Blanca

Von dem ungefähr auf 500 m über dem Meer liegenden San Miguel geht es auf kurviger Strecke hoch in die Berge. Linkerhand bieten sich bei klarem Wetter schöne Ausblicke über das sich bis zur karibischen Küste erstreckende Tiefland. Das dünn besiedelte Gebiet liegt zwischen den Nationalparks Braulio Carrillo und Volcán Poás sowie der Reserva Vida Silvestre Bosque Alegre. Die landwirtschaftlichen Aktivitäten in diesem schmalen Korridor beschränken sich zumeist auf Viehzucht.

Abstecher zum See Nach etwa gut 10 Minuten geht rechts bei der *gasolinera de Cariblanco* ein Abzweig zur 8 km entfernten **Laguna Hule** ab, aus welcher der Río Hule entspringt (in der Regenzeit nur mit Allradwagen zu befahren). Diese Lagune bildet mit etwa 55 ha Größe einen der größten natürlichen Seen des Landes und entstand an dieser Stel-

---

☞ **Wichtiger Hinweis: Route 126 San Miguel – Vara Blanca**

Bei dem Erdbeben 2009 wurden große Teile der Straße verschüttet, diese war bis 2012 nur inoffiziell geöffnet und mit einem Allradwagen befahrbar. Dann stürzte bei starkem Regen im Oktober 2013 eine Brücke bei dem Wasserfall La Paz ein, die zzt. wieder aufgebaut wird. Die Straße war bei Drucklegung (Nov. 2013) nur eine Stunde pro Tag in jede Richtung über eine provisorische Brücke befahrbar, das sollte sich aber bald ändern. Aktuelle Infos (auf Spanisch) unter www.conavi.go. cr, „Estado de Rutas Nacionales" und www.transito.go.cr/estadorutas/. Man sollte sich zudem sicherheitshalber vor Ort nach dem Zustand erkundigen.

---

le – zusammen mit den weitaus kleineren Seen Laguna Congo und Laguna Bosque Alegre in ihrer unmittelbaren Nachbarschaft – aufgrund einer vulkanischen Explosion. Durch zwei später stattfindende Explosionen und das Austreten von Lava separierten sich diese Seen dann voneinander. Alle drei *lagunas* befindet sich im **Refugio Nacional de Vida Silvestre Bosque Alegre**, der wiederum einen Teil der Área de Conservación Cordillera Volcánica Central darstellt. Man kann hier einen Schmetterlingsgarten anschauen sowie medizinische Pflanzen und natürliche Shampoos erwerben.

Durch Explosion entstandene Seen

Es geht weiter am Hang eines tief eingeschnittenen Flusstals entlang. Von der Höhe bieten sich beeindruckende Blicke ins Tal und die bewaldeten Hänge des gegenüberliegenden Parque Nacional Braulio Carrillo.

Von verschiedenen Plattformen hat man einen schönen Blick auf den Wasserfall

Man kommt anschließend durch **Cinchona**, einen Ort, an welchem Chinarinden-bäume gepflanzt wurden. Diese dienten als Quelle für den Wirkstoff Chinin, der die Basis für ein Malariamedikament bildet. Etwa 5 Min. später passiert man vor Vara Blanca einen Wasserfall: die **Catarata la Paz**. Dieser befindet sich unmittelbar ne-ben der Straße. Man kann hier eine kleine Aussichtsplattform hinaufsteigen und sich dem Wasserfall quasi auf Augenhöhe nähern.

Blick auf den „Wasserfall des Friedens"

Dies geht auch von den wenigen Min. später erreichten **La Paz Waterfall Gar-dens** (☎ 2225 0643, www.waterfallgardens.com, tgl. 8–17 Uhr, 36 US$), einem beliebten Tourziel, das etwas überteuert und reichlich überlaufen ist. Man kann ca. 3,5 km durch den Regenwald laufen und dabei 5 Wasserfälle besuchen. Etwas ober-halb desselben befindet sich das Resort **The Peace Lodge**, welches sich redlich bemüht, die Natur auf Disneyland-Niveau zu präsentieren und sich als „Honey-moon Destination" empfiehlt (*$$$$, 20 Zi., ☎ 2482 2720, große, originell gestaltete Zimmer mit Bad und Jacuzzi, Pool*).

Bis zu den Waterfall Gardens geht es nahezu ständig bergauf und dies auf einer ziemlich kurvigen Strecke, was dem einen oder anderen durchaus einmal auf den Magen schlagen kann, sodass man seinen Sitzplatz im Bus entsprechend wählen sollte.

Kurz darauf ist **Vara Blanca** erreicht, wo nicht nur Kühe weiden, sondern unter anderem auch Erdbeeren angepflanzt werden. In dieser Zone gedeihen auch die von Juni bis August ihre bis zu 30 cm langen Blüten nächtens zur Geltung bringen-den Kakteen namens **Königin der Nacht**, für deren Befruchtung Fledermäuse die Verantwortung tragen. Neben Erdbeeren sind hier ansonsten auch noch Käse und andere Milchprodukte im Angebot. Obwohl die Straße grundsätzlich gut ausgebaut ist, tauchen immer einmal wieder Schlaglöcher auf, deren Reparatur mitunter län-gere Zeit auf sich warten lässt. Von hier ist schnell der **Vulkan Poás** erreicht. Je tiefer man kommt, desto dichter liegen die Kaffeeplantagen und ab dem ersten größeren Ort (Carrizal) hat der Kaffee eindeutig das Regiment übernommen. Über Barva und Heredia (s. S. 177 u. S. 171) wird schließlich nach etwa 2,5 Stunden San José erreicht.

Route 2: über Río Cuarto und Bajos del Toro

So man den Vulkan Poás, den Sector Barva des Parque Nacional Braulio Carrillo und auch Heredia schon besucht hat, bietet sich diese Alternativroute zur Rück-kehr nach San José an. Es geht durch eine hügelige Landschaft, in der hauptsächlich Viehzucht betrieben wird.

Costa-ricanisches Provinz-städtchen

Bei **Río Cuarto** handelt es sich um ein kleines Provinzstädtchen. Touristische Highlights gibt es nicht, aber wer abseits des touristischen Trubels das Provinzle-ben kennenlernen will, der kann hier Station machen und – die verkehrsgünstige Lage nutzend – Ausflüge in die Umgebung unternehmen. Den Kratersee der in un-mittelbarer Nähe von Río Cuarto gelegenen **Laguna Kooper**, die nach einem der deutschstämmigen Kaffeebarone Costa Ricas benannt ist, kann man zu einem Bad nutzen. Neben dem üblichen *soda* mit einfacher Hausmannskost gibt es die **Cabi-**

nas Orozco *($–$$,* ☎ *2465 5238)* gegenüber der Kirche mit 12 einfachen Zimmern.

🚌 Verkehrsverbindungen

Grecia*: Von Río Cuarto fährt morgens um 5 ein Bus nach Grecia (ca. 3 Std.), der Gegenbus, der um 15 in Grecia abfährt, trifft gegen 18 in Río Cuarto ein, sodass man üblicherweise noch einen letzten den Ort passierenden Bus nach Puerto Viejo de Sarapiquí erreicht.*

San Carlos/Ciudad Quesada*: Die von Puerto Viejo aus nach San Carlos/Ciudad Quesada fahrenden Busse gehen um 5.30, 8.30, 10.30, 12.30, 14.30, 15.30, 16, 18, 18.30 und 19 Uhr ab und passieren so knapp 2 Std. später Río Cuarto. Die ab San Carlos nach Puerto Viejo de Sarapiquí fahrenden Busse (6, 9, 10, 12, 14, 15, 16, 17, 18.30 und 20 Uhr) kommen ca. eine knappe Stunde später durch den Ort.*

Bajos del Toro/Toro Amarillo

Kurz nach dem Ortsausgang von Río Cuarto geht es dann links ab zum Catarata del Toro sowie dem Parque Nacional del Agua Juan Castro Blanco. Den Wasserfall **Catarata del Toro** erreicht man nach knapp einer halben Stunde. Ob das Eintrittsgeld, das für den höchsten Wassersturz Costa Ricas eingefordert wird, gerechtfertigt ist, mag bezweifelt werden. *Höchster Wasserfall des Landes*

Catarata del Toro, *Mo–Sa 8–17 Uhr, 10 US$,* ☎ *2248 2258, www.catarata-del-toro.com.*

Als nächstes Ziel auf dem Weg ins Hochland bietet sich das knapp 10 km entfernte Örtchen **Bajos del Toro/Toro Amarillo** an, von wo aus der Parque Nacional del Agua Juan Castro Blanco zu Fuß erreichbar ist. Bajos del Toro ist auch ein beliebtes Ziel für Hobbyangler und hat zudem einen **Schmetterlingsgarten** *(El Remanso de las Mariposas, 8 US$, tgl. 9–16 Uhr,* ☎ *2241 5840, angeschlossen ist ein kleines Restaurant mit Fast Food)* aufzuweisen. Petrijünger können am Lago Cimarrón neben dem Restaurant Nené *(*☎ *2761 1933)* auf **Forellenfang** gehen und sich diese dann frisch zubereiten lassen.

Reisepraktische Informationen Bajos del Toro

🛏 Unterkunft

Cabinas Toro Amarillo *$$,* ☎ *2761 1918. 7 einfache Zimmer mit Bad, Angel- und Grillmöglichkeit.*

Bosque de Paz Lodge *$$$$ (inkl. Vollpension), ca. 2 km hinter Bajos del Toro,* ☎ *2234 6676, www.bosquedepaz.com. Etwas außerhalb in einem Privatreservat gelegen, das über einen Orchideengarten, Wanderwege (2–7 km) und eine Schmetterlingsvoliere verfügt, zudem Yoga und Touren im Angebot hat. Besonders für Vogelbeobachter geeignet. 12 geräumige Zimmer, leckeres Essen und freundliches Personal.*

El Silencio Lodge & Spa *$$$$$, nahe Bajos del Toro an der Straße Richtung Sarchí, 2231 6122, 2476 0303, www.elsiluciolodge.com. Für die besondere Gelegenheit: sehr luxuriöse Lodge mit 16 Bungalows, jeder mit Terrasse mit Whirlpool und Panoramafenstern mit Blick in den Dschungel. Zu empfehlen ist eine geführte Wanderung auf dem Gelände der Lodge zu mehreren Wasserfällen, zudem gibt es ein Spa, Yoga, Ausritte u.a. Im Res-*

taurant werden nach Möglichkeit lokale Produkte aus dem eigenen Garten verwendet. 2 Tage Mindestaufenthalt.

🍴 Essen und Trinken

Restaurant Nené, einheimische (Fisch-)Gerichte, Spezialität: (selbstgefangene) Forellen, auch 2 Cabinas. Ähnliches gibt es im Restaurant **Los Lagos.**

🚌 Verkehrsverbindungen

Gegen 16.45 Uhr fährt ein Bus nach Río Cuarto, nach Grecia geht es zwischen 6 und 6.30 Uhr.

👉 Routenhinweis: Anfahrt zum Parque Nacional del Agua Juan Castro Blanco von Bajos del Toro

Der Haupteingang des Parks befindet sich südlich von Ciudad Quesada (s. S. 199), der Zutritt ist aber auch von Bajos del Toro möglich (ca. 8 km, nur zu Fuß oder mit dem Auto). Bei den Unterkünften und Restaurants im Ort kann man nach einem **Guide** fragen, da dieser wenig besuchte Park kaum Infrastruktur aufweist. Am Ortsausgang von Bajos del Toro – zwischen den Anwesen Villa Yolly und Villa Nelly – führt ein Schotterweg von der geteerten Straße nach links ab. Wenige Meter später kreuzt man den Fluss. Gut 200 Meter lang läuft der Schotterweg parallel zum Fluss und wendet sich dann nach links. Hier steht man vor einer Gabelung, deren rechte Alternative ein Tor aufweist. Diesen Weg missachtet man und wählt den linken Weg, welcher vom Bach wegführt, zunächst geradeaus geht und dann leicht ansteigt. An der Kreuzung geht es wieder links den Hügel hinunter. Nach wenigen Minuten passiert man einige verfallene Hütten und gleich darauf steht man vor der Rangerstation namens **Estación Biológica Volcán Viejo**. Der Park wird nicht eben häufig besucht. Offiziell existiert kein Besucherservice, aber wer ein Zelt mithat, dem wird üblicherweise erlaubt, dies neben dem Rangerposten aufzustellen. Hier ist Wasser zu bekommen und neben den üblichen sanitären Einrichtungen gibt es Koch- und Grillgelegenheiten.

Weiter nach San José

Nach Bajos del Toro geht die schmale und kurvenreiche, allerdings gut ausgebaute Straße den Pass hinauf. Während sich die Straße immer höher schraubt und so an den meisten Tagen des Jahres im wahrsten Sinne des Wortes durch die Wolken führt, verschwinden die Weiden und die Zone

Kaffeeplantagen säumen den Weg

des Nebelwaldes beginnt. Nachdem man die Höhe erreicht hat und es abwärts geht, wird der Nebelwald zunehmend von Kaffeeplantagen verdrängt. Die Fahrt geht bis Sarchí (s. S. 193) dann hauptsächlich an Kaffeeanbauflächen vorbei, die an den Hügeln – ähnlich wie bei uns Weinberge – angelegt sind. In den Kaffeeplantagen wachsen öfter schattenspendende Bäume oder es sind auch zu diesem Zweck Bananenstauden dazwischen gepflanzt. Dies ist ein Zeichen dafür, dass es sich um Anpflanzungen von hochwertigem Exportkaffee handelt. In Grecia kann man dann in einen der häufigen nach San José fahrenden Busse umsteigen.

Bananen spenden Kaffeepflanzen Schutz

Route 3: von Río Cuarto über San Carlos/ Ciudad Quesada nach San José

San Carlos (Ciudad Quesada) liegt etwa 30 km von Río Cuarto entfernt. Der erste Ort auf dieser Strecke ist das sich an der Straße entlangziehende Kleinstädtchen **Venecia**, welches sogar mit einem richtigen Zentralplatz/Fußballfeld und einer Kirche aufwarten kann.

Reisepraktische Informationen Venecia

🛏 Unterkunft
Hotel Torre Fuerte $$, *50 m nördl. des Templo Católico,* ☎ *2472 2424, www.hoteltorrefuertecr.com. 16 einfache, saubere Zimmer mit Bad und ac, auch barrierefreie Zimmer.*
Hotel Recreo Verde $$–$$$ *und* **Camping** $, *vor dem Ortseingang von Venecia geht es links ab, 3 km außerhalb,* ☎ *2472 1020, www.recreoverde.com. Zimmer in 9 gut ausgestatteten Holzhütten mit Bad (4–8 Personen). Pool, Canopy, Wellness und Touren im Angebot. Die Pools stehen auch Tagesbesuchern zur Verfügung.*

🚌 Verkehrsverbindungen
Venecia liegt an der Strecke der Busse von Ciudad Quesada/San Carlos nach Aguas Zarcas.

Aguas Zarcas

Ab Venecia ist die Strecke weniger kurvig und hügelig, dafür grüßt von links der über 2.100 Meter hohe Volcán Platanar aus dem Parque Nacional del Agua Juan Castro Blanco herüber. Nächstes Etappenziel ist Aguas Zarcas, ein kleines, noch in der touristischen Entwicklung begriffenes Städtchen mit **heißen Quellen** in der näheren Umgebung, so z.B. den schön angelegten **Bio Thermales Hot Springs** (9–18 Uhr, 6 US$, ☎ 8397 8259, www.biothermales.com), auf deren Gelände man auch in netten Hütten (mit ausgestatteter Küche, $$$) übernachten kann. Zudem stehen Picknickplätze zur Verfügung. Die heißen Pools sind aus Naturstein erbaut und liegen verstreut in grüner Umgebung. Die Thermen liegen ca. 20 Minuten vom Ort entfernt, man fährt 1,5 km nördlich nach Los Chiles, biegt dann links Richtung Muelle und La Fortuna ab. Nach 4,4 km geht es für 2 km links bis zum Dorf Corea, nach 2 weiteren km ist man da (ausgeschildert).

Entspannen in heißen Quellen

5 Kilometer nach Aguas Zarcas in Richtung San Carlos kann das auf Tierrettung spezialisierte, private **La Marina Wildlife Center** besucht werden (10 US$, 8–16 Uhr geöffnet, ☎ 2474 2202, www.zoocostarica.com).

Zwei Kilometer weiter geht es von der Straße ab zu den **Termales del Bosque** mit Hotel ($$$, ☎ 2460 1356, www.termalesdelbosque.com). Die 30 Zimmer und Bungalows sind mit Bad und ac, z.T. mit Küche ausgestattet. (Reit-)Touren werden angeboten. Reine Badegäste berappen 12 US$. Hier kann man sich in der schönen Anlage im Wald mit Naturpools oder im Fluss im heißen Mineralwasser entspannen. Beliebt bei der einheimischen Bevölkerung und Reisegruppen und daher oft voll.

Nun sind es nicht einmal mehr 10 km bis **San Carlos/Ciudad Quesada**.

Reisepraktische Informationen Aguas Zarcas

🛏 Unterkunft

In Aguas Zarcas muss man nicht übernachten, wenn man es aber möchte, ist es neben den o.g. Thermen z.B. im **Hotel Sueño de Luna** *($$) möglich, hinter dem Soda Rubio, ☎ 2474 2446, www.suenodeluna.com. 27 helle und saubere, allerdings etwas karge Zimmer mit Bad und ac.*
Laguna del Lagarto Lodge *$$$, Pital de San Carlos, Boca Tapada, ca. 2 Autostunden hinter dem nördlich von Aguas Zarcas gelegenen Pital, 7 km nördlich von Boca Tapada, ☎ 2289 8163, www.lagarto-lodge-costa-rica.com. Die Lodge liegt nur wenige km von der Grenze zu Nicaragua entfernt mitten im Urwald, für die Anreise von San José muss man 5 Std. einrechnen (nur Allradwagen, auch Transfer möglich (San José: 170 US$ p.P. hin und zurück). Bootstouren, Wanderungen, Paddeln und Ausritte werden angeboten, Restaurant (Frühstück 7, Mittag 9, Abendessen ca. 18 US$). Die Lodge mit 18 geräumigen Bungalows mit Bad, Terrasse und Ventilator bietet sich vor allem für Ornithologen an. Vorherige Reservierung erforderlich, genaue Anfahrtsbeschreibung auf der Homepage.*

🍴 Essen und Trinken

Es gibt mehrere einfache Restaurants in der Stadt, z.B. die an der Hauptstraße nach Norden gelegenen **Pollo Baquero** *(Grillrestaurant mit Schwerpunkt Hähnchen) und das* **Soda Rubio** *mit einheimischer Küche.*

🚌 Verkehrsverbindungen

Ciudad Quesada: *6–22 Uhr alle 30 Min., (Linaco-Busse,☎ 2222 0610, 25 Min.)* **Puerto Viejo**: *5–19 Uhr ca. alle 1–2 Std. (knapp 2 Std.).*

San Carlos/Ciudad Quesada

San Carlos (30.000 Einwohner) liegt in der Provinz Alajuela und ist als Kantonshauptstadt Zentrum einer landwirtschaftlich rege genutzten Zone. Es ist bekannt für die hier hergestellten Pferdesättel und sein im April abgehaltenes **Stadtfest**. Der neu errichtete Busterminal, der einer Mall zugeordnet ist, liegt etwas außerhalb. Eine Busverbindung zum Zentrum existiert jedoch. Die Stadt war ursprünglich kein sehr ansprechender Ort, hat in den letzten Jahren aber etwas gewonnen. Zudem kann sie mit **Thermalbädern** in der Umgebung glänzen (s.o.).

Nicht glänzen kann man dagegen mit der Beschilderung der Straßen. Abgesehen davon, dass das Calle-Avenida-System sich im Alltag nicht durchgesetzt hat, hat man es noch nicht einmal geschafft, eine widerspruchsfreie Beschilderung anzubringen.

Reisepraktische Informationen Ciudad Quesada/San Carlos

i Information

Die Niederlassung der **Touristeninformation** *ist etwas außerhalb gelegen (75 m nördl. der Universidad Católica im Barrio Hogar de Ancianos,* ☎ *2461 9102) und dient eher der regionalen Tourismusförderung als der Auskunft für vorbeikommende Touristen. Am Rande des Parque Central befindet sich eine Filiale der* **Banco de Costa Rica***, das* **Hospital de San Carlos** *(*☎ *2401 1200), eines der besseren des Nordens, befindet sich 2 km nördlich der Kirche.*

Unterkunft

Hospedaje María Fernanda *$, Av. 7, C. 0 und 1. Traditionelle hospedaje mit 15 Zimmern, karg, aber günstig.*
Hotel Don Goyo *$$, Ecke C. 2 und Av. 2,* ☎ *2460 1780. 21 Zimmer alle mit Bad, meistens Ventilator, schnörkellos eingerichtet*
Hotel La Central *$$, C. 2, Av. 0 und 1,* ☎ *2460 0301, www.hotellacentral.com. 3-Sterne-Hotel, 48 helle Zimmer, alle mit Bad und Ventilator. Das Gebäude selbst ist ein Betonkasten mit Casino im EG.*
Zu den **Thermen** *inkl. Unterkünfte s. S. 243, zudem bei Muelle de San Carlos S. 325.*

Essen und Trinken

Cafetería Mi Deleite*, C. 1, Av. 5 und 7. Nett gemacht, originelles Stilgemisch, u.a. leckerer Eiskaffee und heiße Schokolade (3 US$), sehr zu empfehlen.*
Pizzeria Vicky*, Av. 3 C. 0 und 1. Modern gestylt, Pizza zwischen 7 und 13 US$, Fruchtsäfte 2 US$.*
Restaurante Cristal*, Av. 1, C. 0 und 2. Lokales Essen, günstig.*
Restaurante Don Goyo*, Ecke C. 2 und Av. 2, Fleisch- u. Fischgerichte, freundlich gestaltet.*
Restaurante Coca Loca*, C. 2, Av. 0 und 1. 1. Haus am Platz, allerdings etwas nüchterne Atmosphäre, einheimische Gerichte einschließlich Fisch (z.B. ceviche 10 US$).*

Verkehrsverbindungen

San Carlos ist ein **Verkehrsknotenpunkt***, von wo aus man Busse in alle Richtungen nehmen kann.*
San José*: Direktbus alle 40 Min. zwischen 4.30 und 18.15 Uhr (110 km, 2,5 Std., 5 US$).*
Upala*: über La Fortuna (1 ½ Std., 2 US$) Busse von Empresarios Unidos del Norte (*☎ *2222 0610), knapp 3 Std. (5 US$) um 4.30, 5.30, 10, 13.30, 16.30 und 17 Uhr.*
Peñas Blancas*: 6 und 14 Uhr über Upala.*

Puerto Viejo de Sarapiquí: *4.40, 6, 10, 12, 15, 16.30, 17.30 und 18.30 Uhr (Empresarios Guapileños, ☎ 2223 7011).*
Los Chiles: *Zwischen 4.30 und 22.15 Uhr ca. alle 1–2 Stunden, (2–3 Std., 5 US$), Chilsaca-Busse (☎ 2460 1886)*
Tilarán: *über La Fortuna um 5.30, 6.30, 10.30, und 16 Uhr (3 Std., 4,5 US$).*
Venecia und Río Frío: *6, 9.15, 10, 15 und um 17.30 Uhr*
Aguas Zarcas *zwischen 5.15 u. 21.15 Uhr praktisch stdl., (45 Min., 1 US$).*

Parque Nacional del Agua Juan Castro Blanco

Wenig besuchter Park

Diesem wenig besuchten Nationalpark mit seinen fast 14.500 ha kommt eine wichtige Funktion als **Wasserschutzgebiet** zu, da hier fünf Flüsse (Aguas Zarcas, Platanar, Tora, Tres Amigos und La Vieja) ihr Quellgebiet haben. Im Park ist erst im Jahre 2008 ein Berg namens El Porvenir (2.267 m) eindeutig als Vulkan identifiziert worden. Im Krater mit etwa 200 m Durchmesser und 60 m Tiefe befindet sich ein kleiner See. Außerdem sind mit dem Cerro Viejo (2.122 m) und dem noch höheren Cerro Pelón (2.320 m) zwei inaktive Vulkane vorzufinden. An der Flanke des 2.183 m hohen Volcán Platanar (auch Volcán Congo) entspringen Thermalquellen. Dieser am nördlichen Ende der Cordillera Central gelegene Vulkan befindet sich am Rande des Parks in lediglich 7 km Entfernung von San Carlos.

Flora und Fauna

Knapp die Hälfte bis zu zwei Drittel der Parkfläche sind mit **Primärwald** bewachsen, im restlichen Teil bemüht man sich um eine Wiederaufforstung. Was die **fliegende Tierwelt** anbelangt, so haben hier nicht nur der Quetzal, sondern auch u.a. der Tuberkelhokko, der Weißbussard, der wie die meisten Steißhühner eher

aufs Laufen kaprizierte Großtinamu oder Großtao ebenso wie weitere 220 Vogelarten ihre Heimat.

Insgesamt 44, also ein gutes Viertel aller im Lande registrierten **Amphibienarten**, sind bislang den Biologen zur Bestimmung ins Netz gegangen, darunter der in den bundesdeutschen Nationalfarben „gekleidete" giftige **Harlekin- oder Stummelfußfrosch**. Dieser ist trotz seines Namens kein Frosch, sondern eine Kröte, da die männlichen Exemplare dieser Art mit dem Bidderschen Organ – einer Art rudimentärem Eierstock – ausgestattet sind. Der Zentralamerikanische Glasfrosch kann dagegen als Attraktion „nur" seine relative Durchschaubarkeit vorweisen, wenn er einem über den Weg hüpft. Neben

Auch der Quetzal ist im Nationalpark beheimatet

den 22 Fledermausarten wurden zudem noch gut 30 weitere **Säugetierarten** festgestellt, unter ihnen das Gürteltier, der Tapir, der Ameisenbär, der Kojote, der Großmazama oder Rote Spießhirsch und die Tayra, ein kleines, marderartiges Raubtierchen.

Archäologie-interessierte Besucher seien darauf hingewiesen, dass im Gebiet des Parks bereits vor der *Conquista* die **Botosindianer** gelebt hatten und man etliche von diesen stammende Artefakte hatte auffinden können – eine mit Guayabo auch nur im entferntesten vergleichbare Präsentation der Funde ist bislang nicht vorhanden.

Zurück nach San José geht es über Zarcero (s. S. 198) und Naranjo (s. S. 194). Zu La Fortuna und dem Arenal-Gebiet s. S. 269.

Bewegt sich nur im Umkreis von wenigen Metern: das Faultier

Reisepraktische Informationen Parque Nacional del Agua Juan Castro Blanco

ℹ Information
Parkverwaltung ☎ 2460 5462 bzw. achn@minae.go.cr, 8–14 Uhr, 10 US$, www.parquenacionaldelagua.com. Da der Park über keinerlei Infrastruktur verfügt, sollte eine Wanderung, z.B. zur Blauen Lagune, nur mit einem Guide durchgeführt werden. Infos bei der Parkverwaltung oder der Albergue Monterreal (s.u.).

🛏 Unterkunft
Albergue Ecológica Monterreal/Pozo Verde $$, *San José de la Montaña, ☎ 2460 8452, www.alberguemonterreal.com. Die kleine, freundliche Unterkunft direkt am Eingang zum Nationalpark besteht aus rustikalen Cabinas, das Restaurant bietet einfache einheimische Küche. Wer eine Forelle gefangen hat kann sich diese zubereiten lassen. Inkl. Frühstück, auch Vollpension buchbar. Es werden verschiedene Wanderungen im Nationalpark (zur Blauen Lagune, zum Vulkan Porvenir) angeboten und nach Voranmeldung auch Ausritte.*

🚗 Anreise
Der Eingang zum Park liegt 9 km östlich der Hauptstraße, man biegt auf der Höhe von Sucre links ab (von Ciudad Quesada kommend) Richtung San José de la Montaña. Das Auto kann man am Rangerposten oder der Albergue parken. Alternativ muss man sich ein Taxi nehmen, einen Bus gibt es nicht.

Der Nordwesten: von den Nebelwäldern an die Pazifikküste

*Regionale
Kultur des
Nordens*

Auf diejenigen, die sich den Nordwesten zu ihrem Ziel erkoren haben, warten eine vom Leben rund um die Viehzucht geprägte **guanakastekische Regionalkultur**, deren Zentrum Liberia darstellt, historische Schlachtfelder im Bereich des Nationalparks Santa Rosa und ein teilweise schon recht weit entwickelter **Bade- und Ökotourismus**, dessen Brennpunkte einerseits an den Küsten der Halbinsel Nicoya (s. S. 363), andererseits rund um den Arenal und Santa Elena bzw. Monteverde zu finden sind. Wer eher an Ruhe interessiert ist, dem stehen eine Vielzahl von Nationalparks (Parque Nacional Guanacaste, Parque Nacional Palo Verde oder Parque Nacional Rincón de la Vieja) offen, in welchen man mitunter Stunden unterwegs sein kann, ohne dass man auf andere Besucher stößt. Wer ein Faible für noch in der Entwicklung begriffene Regionen hat, kann die Grenzregion zu Nicaragua bereisen und Landstädtchen wie Upala oder Los Chiles aufsuchen.

🚌 Busverbindungen von San José zur nicaraguanischen Grenze/Peñas Blancas

Wer entweder direkt bis zur nicaraguanischen Grenze oder zu den Nationalparks nördlich von Liberia wie etwa Santa Rosa möchte, nimmt von San José aus die Dienste der Autobusgesellschaft **Transportes Deldú** (*C. 14, Av. 3 und 5,* ☎ *2256 9072, www.transportesdeldu.com*) in Anspruch, da deren Busse direkt bis zur Grenze bei Peñas Blancas durchfahren (300 km, 5,5 Std, ca. 11 US$). Zwischen 3.20 und 19 Uhr fährt praktisch stündlich ein Bus (zurück nach San José von Peñas Blancas aus geht es zwischen 3.30 und 17.30 Uhr im gleichen Takt). Sollten diese Busse ausgebucht sein, so muss man entweder nach Liberia und von dort aus mit dem Lokalbus weiter, oder aber man kauft sich bei den internationalen Gesellschaften ein Ticket bis Managua und lässt sich an den Abzweigungen zu den Parks absetzen. Man muss aber den vollen Preis bezahlen. Die Verbindungen zu den Städten des Nordens sind bei den jeweiligen Orten genannt.

Über Las Juntas de Abangares nach Monteverde / St. Elena

*Mautpflich-
tige Straße*

Die grundsätzlich gut ausgebaute und nicht selten sogar vierspurige Nationalstraße (mautpflichtig) führt zunächst am Flughafen von San José vorbei und in Richtung Alajuela. Weiter geht es durch die leicht hügelige Landschaft des zentralen Hochlands (*Meseta Central*). Rechts und links tauchen immer wieder Kaffeeplantagen auf. Zudem wird in dieser Region auch **Zuckerrohr** angepflanzt, das u.a. für die Rum- und Ethanolherstellung genutzt wird. Während der Saison werden die verarbeitenden Fabriken der Gegend von einer Unzahl von mit diesem Produkt beladenen Lastwagen angefahren. Wer mit dem Auto fährt, erreicht ca. eine halbe Stunde nach dem Verlassen San Josés eine Mautstelle und muss für die Weiterfahrt 1 US$ Wegezoll entrichten, was sich im weiteren Verlauf wiederholt.

Wenige Kilometer hinter der letzten größeren Ansiedlung der *Meseta Central*, **Palmares**, die mit Ausnahme ihrer *fiestas* Mitte Januar, die bis zu 10 Tage dauern, nicht viel zu bieten hat (*www.facebook.com/fiestaspalmaresoficial*), fällt die kurvenreiche Straße langsam ab. Kaffee- und Zuckerrohranbau werden zunehmend von Viehhaltung verdrängt. Die sich in die Ebene windende Straße bietet **gute Ausblicke** auf die auslaufenden Berg- und Hügelketten. Zugleich ist die vor allem durch die Kultivierung des Landes in Verbindung mit der Viehwirtschaft hervorgerufene Erosion nicht zu übersehen. Nach gut einer Stunde wird man bei Caldera des Meers ansichtig, rechts geht ein Sträßchen ab zum Aussichtspunkt (*mirador*) **Nemaclys**, wo es auch ein Restaurant gibt. Nach ein paar Kilometern biegt die Straße dann von der Küste ab und schwenkt ab ins Hinterland.

Von nun an – praktisch bis zur nicaraguanischen Grenze – wird überwiegend **Viehzucht** betrieben. Die Straße nach Liberia verläuft etwa auf mittlerer Höhe zwischen der Küstenlinie und den Höhenzügen der Cordillera de Guanacaste. Die Nationalstraße ist nun nur noch zweispurig ausgebaut, was das Fortkommen wegen des starken Schwerlastverkehrs nicht immer einfach macht. Weit ausladende Bäume spenden den Rindern Schatten. Hin und wieder trifft man in diesem Teil des Landes **berittene Cowboys**, hier *sabaneros* genannt.

In der Umgebung einer Brücke über den Río Aranjuez zweigt bei Rancho Grande eine teilweise geschotterte Straße – über Acapulco/ Sardinal und

Redaktionstipps

➤ Kein Geheimtipp, aber doch ein Muss jeder Costa-Rica-Reise ist ein Besuch des **Nebelwaldes von Monteverde** (s. S. 256) oder der umliegenden Schutzgebiete.

➤ Glühende Lava hat der **Vulkan Arenal** schon seit ein paar Jahren nicht mehr gespuckt, trotzdem lohnen die familienfreundlichen Angebote in der Umgebung, die von Reit- und Fahrradausflügen über Canopy, Hängebrücken, heiße Quellen bis hin zu Rappelling und Rafting reichen (s. S. 276).

➤ Weniger besucht und gerade deshalb empfehlenswert ist der **Parque Nacional Volcan Tenorio**, der mit einem beeindruckenden himmelblauen Fluss und schönen Unterkünften in der Umgebung aufwarten kann (s. S. 283).

➤ Nicht verpassen sollte man den Besuch des **Parque Nacional Rincón de la Vieja**, der mit seinen blubbernden Schlammgeysiren und dampfenden Fumarolen echtes Vulkan-feeling bietet (s. S. 299).

➤ Die meisten Besucher statten **Caño Negro** einen Tagesausflug von La Fortuna aus ab. Vor allem für Ornithologen lohnt es sich aber durchaus, ein paar Tage dort auf einer Lodge zu verbringen (s. S. 319).

Guanacaste ist Cowboy-Land

Guácimal – rechts ab nach Santa Elena und Monteverde (s. S. 252). An der Strecke wird Werbung für Attraktionen wie Orchideentouren, Saurierparks etc. gemacht, die aber eher nicht lohnen.

Folgt man der Interamericana weiter nach Nordwesten, kommt man nach etwa 25 km an einen weiteren Abzweig nach Osten, über den man Las Juntas de Abangares (5 km vom Abzweig) und ebenfalls Monteverde erreichen kann. Hierfür biegt man ca. 2 km hinter dem Río Congo (Brüllaffenfluss) nach rechts ab.

(Las) Juntas (de Abangares)

Dieser Ort erlebte seine Blütezeit mit dem gegen Ende des 19. Jh. einsetzenden **Goldrausch**. Heute ist es ein eher beschauliches Örtchen am Río Abangares, das nun mit **heißen Quellen** und der Präsentation seiner glorreichen Vergangenheit ein Stück vom großen Tourismuskuchen abbekommen will. Im Parque Central sind die Überbleibsel einer Schmalspureisenbahn für die Minen mit einer Lok aus dem Jahre 1905 ausgestellt. Post und Bank sind vorhanden.

Ecomuseo Las Minas de Abangares

Das 5 km außerhalb gelegene Museum enthält, anders als der Name auf den ersten Blick vermuten lässt, keine ökologische Ausstellung, sondern eine **Präsentation der Geschichte des Minenwesens** der Region. Diese begann 1884 mit der Entdeckung von Gold. Bis zum Ende des Jahrhunderts wurden die Minen von Costa-Ricanern ausgebeutet, doch 1899 übernahm eine US-amerikanische Gesellschaft diese Aufgabe. Vorsitzender derselben war der berühmt-berüchtigte Minor C. Keith, der Gründer der United Fruit Company. 1930, während der Weltwirtschaftskrise, wurden die Arbeiten weitgehend eingestellt. Verschiedentlich erhielten ausländische Gesellschaften seit den 1950er-Jahren Schürfkonzessionen, erst 1988 bekamen einheimische Goldsucher im nahegelegenen Boston ebenfalls eine Konzession. Sie betreiben noch heute das Goldschürfen auf „handwerklicher" Basis. Dem Museum ist ein kleiner Park angeschlossen, und im daneben gelegenen Fluss, über den eine alte Hängebrücke führt, kann man ein **erfrischendes Bad** nehmen.

Goldfunde

Man erreicht man das Museum, indem man am Minenarbeiterdenkmal in Las Juntas rechts abbiegt (Richtung Monteverde). Nach einem Stückchen auf geteerter Straße – der Fluss liegt rechterhand – geht es an der Gabelung rechts auf eine Schotterstraße für 1,8 km. Diese folgt dem Fluss stromaufwärts, es geht immer geradeaus über 3 Brücken, vorbei am Fußballfeld (linkerhand) des Weilers Sierra. Auf der Anhöhe wählt man die rechte Alternative. In mehreren Kehren windet sich nun der Weg ins Tal hinab. Wenig später stößt man, dem Weg flussaufwärts folgend (der Fluss liegt rechterhand), auf das Museum (links der Straße). Ansonsten nimmt man von Las Juntas einen der nach Monteverde fahrenden Busse und lässt sich an der Abzweigung zum Ecomuseo absetzen oder vertraut sich den Mitarbeitern von **Mina Tours** (s.u.) an.
Ecomuseo, ☎ *2662 0129, Di–Fr 7–15, Sa/So 7–17 Uhr, Mo geschl., 4 US$.*

Pogrom in Las Juntas

In Las Juntas de Abangares war in den 1880er-Jahren ein kleiner Goldrausch in Gang gesetzt worden, der Menschen aus aller Herren Länder anzog. Nachdem es 1884 zu ersten Funden gekommen war, erwarb Minor C. Keith (s. S. 17) die Minenkonzession und gründete die *Abangares Gold's Fields Company*. Um die Minen ausbeuten zu können, warb er aus verschiedenen Gegenden Arbeiter an, u. a. auch aus Jamaika. Von dort stammten auch viele Eisenbahn- und Bananenplantagenarbeiter. Dies führte zunächst zu einer Reihe von rassistischen Hetztiraden in einem Teil der Presse. Man warnte vor einer schwarzen Überflutung des Landes, forderte Gesetze, die es *„den Schwarzen verbieten, die Frauen des Landes zu erobern"*, und schürte den Konkurrenzneid der einheimischen Arbeitskräfte. All dies gipfelte Ende 1911 in Las Juntas in einem Pogrom, dem sämtliche 90 schwarze (Vor-)Arbeiter zum Opfer fielen. Nach dem Motto *divide et impera* hatte Keith sie, nicht zuletzt um Diebstähle bei den ca. 2.500 weißen Beschäftigten zu unterbinden, als Vorarbeiter und Kontrolleure nach Las Juntas geschickt. Unmittelbarer Auslöser des Pogroms war die Weigerung eines der weißen Arbeiter, sich von einem der schwarzen Vorarbeiter kontrollieren zu lassen. Es bedurfte des Einsatzes der Armee, um die Ruhe in Las Juntas wieder herzustellen, doch waren zum Zeitpunkt ihres Eintreffens schon alle Jamaikaner tot.

Reisepraktische Informationen (Las) Juntas (de Abangares)

Unterkunft
Cabinas Las Juntas $–$$, ☎ 2662 0153. *Im Zentrum, 30 einfache Zimmer mit Bad und Ventilator oder ac.*
Cabinas Cayuco $$, ☎ 2662 0868, *am nördl. Ortsrand (am Denkmal links abbiegen). Großer Pool, 17 große Zimmer z.T. mit ac, ordentlich ausgestattet.*
Pueblo Antiguo Lodge $$–$$$, *4 km in Richtung Ecomuseo vom Minenarbeiterdenkmal aus,* ☎ 2662 1913, www.puebloantiguo.com. *10 Zimmer in Cabinas, die auf dem großen Gelände verstreut sind, Pool, Hot Springs und Türkisches Bad.* **Los Mazos Restaurante** *mit Fisch und einheimischen Gerichten.*

Essen und Trinken
Im Zentrum finden sich die üblichen sodas, z.B. das Restaurant **Los Mangos** *schräg gegenüber der Kirche mit einheimischer Küche und Fast Food.*

Touren
Mina Tours, ☎ 2662 0753, www.minatours.com, *neben der Kirche. Die kleine Agentur bietet Touren zum Ecomuseum und weiteren Zielen in der Umgebung an, allerdings eher auf Schülergruppen ausgerichtet.*

Verkehrsverbindungen
San José: *Transportes Las Juntas (*☎ *2258 5792, 2 Blocks nördl. vom Parque Central) um 6.30 und 10.45 Uhr (3,5 Std., 3 US$), zurück geht es vom Pulmitan-Terminal in der C. 24, Av. 5 und 7 um 10.45 und 17.30 Uhr.*
Liberia (über Cañas): *5.30 Uhr (2 Std., 3,5 US$), nach Cañas kann man um 6.30, 9.15, 12.30 und 16.10 Uhr fahren (1 Std., 1,2 US$).*
Puntarenas: *6 und 16.30 Uhr*
Monteverde/Santa Elena: *(1,5 Std., 2,5 US$) 9.30 und 15.30 Uhr*

Monteverde / St. Elena

 Routenhinweis: Anfahrt von San José nach Monteverde bzw. Santa Elena

Zwischen Rancho Grande und Cañas gibt es mehrere Möglichkeiten, von der Interamericana nach Santa Elena / Monteverde zu gelangen:
- Es besteht die Möglichkeit, bereits nach einer guten halben Stunde – gerechnet ab der Einmündung der Stichstraße nach Puntarenas auf die Interamericana – hinter einer Brücke über den Río Aranjuez auf die teilweise lediglich geschotterte Straße Richtung Sardinal und Guácimal rechts abzubiegen und über diese Orte nach Santa Elena und Monteverde zu kommen. Wegen des Ausbaus dieser Straße 2014 kann es kurzfristig zu Sperrungen kommen.
- Wählt man die mittlere Alternative, die ungefähr zwischen Kilometer 149 und 150 zu finden ist, so kommt man über **Las Juntas de Abangares** zum Ziel. Von Las Juntas sind es 32 Kilometer bis Monteverde. Diese Strecke ist im Folgenden beschrieben.
- Wer von Norden kommt, kann bei **Cañas** die Straße Richtung Tilarán verlassen und über Quebrada Grande und Dos de Tilarán ebenfalls St. Elena erreichen. Um das gut 40 km entfernte Ziel zu erreichen, ist eine – je nach Wetter- und Straßenbedingungen – 2- bis 2 ½-stündige, partiell recht holprige Fahrt erforderlich, da die Straße nur bis Quebrada Grande ausgebaut ist. 17 km vor St. Elena führt ein Abzweig nach links ins 5 km entfernte Las Nubes, von wo man ebenfalls nach St. Elena gelangen kann.

Egal, welchen der Zugänge man wählt, sicher ist jedenfalls, dass keine der Straßenverbindungen besonders gut ausgebaut bzw. asphaltiert ist, sodass insbesondere während der **Regenzeit ein Allradwagen** dringend anzuraten ist.

Hinweis: Im Oktober 2013 wurde mit dem Bau einer **asphaltierten Straße** für insg. 16 Mio. US$ begonnen, die über Guácimal laufen soll. Eröffnung soll Anfang 2015 sein. Lange war dieses Projekt am Widerstand der in Monteverde ansässigen Quäker gescheitert, die einen noch größeren Touristenansturm fürchteten. Letztendlich haben sich aber die Anwohner der Region für eine neue Straße zu einem der meistbesuchten Ziele des Landes entschieden.

Von Las Juntas nach St. Elena

Holprige Straße mit schöner Aussicht

Hinter Las Juntas führt die Straße relativ steil und kurvenreich hinauf in die Berge. Busreisende sollten sich um einen Sitzplatz auf der rechten Seite bemühen, damit man die schönen Ausblicke ins Tal besser genießen kann. Man sieht leider auch, wie wenig Wald außerhalb der Reservate übrig geblieben ist. Es geht durch enge Kurven den Berg hinauf. Nur zu Beginn ist die Straße noch asphaltiert. Die Vegetation beginnt sich merklich zu ändern und bald grüßt auch das erste Werbeschild für eine „Eco Coffeetour". Für das Gerüttel auf der holprigen Strecke entschädigen den Reisenden beeindruckende Ausblicke. Einige Kilometer weiter tauchen zum ersten Mal Nadelbäume auf. Die Temperatur ist merklich gefallen und auch außerhalb der Regenzeit kann man hier nicht mit einem ständig blauen Himmel rechnen.

Bevor man schließlich nach Santa Elena kommt, passiert man mit **San Rafael de Abangares** einen Ort, in dessen Umgebung Bananenstauden neben Nadelbäumen, Yucca, Kaffeesträuchern und Zuckerrohr blühen und gedeihen.

Landschaft auf dem Weg nach Monteverde –
hier kann man die Anspielung auf die „Schweiz Lateinamerikas" nachvollziehen

Santa Elena

Santa Elena ist eine Gründung aus der Zeit der „Wilden" 1940er-Jahren, als einige Pioniere hierher zogen um Vieh zu züchten. Inzwischen ist von dieser Idylle wenig zu spüren: Nahezu in jedem dritten Haus an der Straße wird der eine oder andere touristische Service angeboten. Grund ist der nahegelegene, weltberühmte Nebelwald von Monteverde. Santa Elena verfügt über ein **Tourismusbüro** mit sehr qualifiziertem Personal. Wenn man den „Schleppern" an der Bushaltestelle entkommen möchte, so kann man die Hilfe dieses Fremdenverkehrsbüros bei der Suche nach einer Unterkunft in Anspruch nehmen. Es befindet sich etwas unterhalb der Bushaltestelle. In Santa Elena und Monteverde kann man inzwischen alles finden, was das Travellerherz begehrt: von Buchhandlungen, Internetcafés und Banken über Sportangebote und Wanderexkursionen bis hin zu Kunstgalerien, Andenkenläden, Canopytourveranstaltern etc.

Touristisch gut erschlossen

Zudem gibt es eine Reihe naturkundlicher Ausstellungen, deren oft hohe Eintrittspreise z.T. nicht unbedingt gerechtfertigt sind. Trotzdem stellen sie für speziell Interessierte, für Kinder oder auch bei Regen eine Alternative dar. Zudem kann man einige der Tiere wie Frösche, Schmetterlinge und Schlangen aus der Nähe sehen, wie es in Natur oft schwierig ist, und bei den meist geführten Touren kann man zudem eine Menge spannender Infos über die Tiere und Pflanzen erfahren. Man sollte die Erwartungen nur nicht zu hoch schrauben.

Schlangen, Frösche und Schmetterlinge

Santa Elena und das Naturschutzgebiet Monteverde

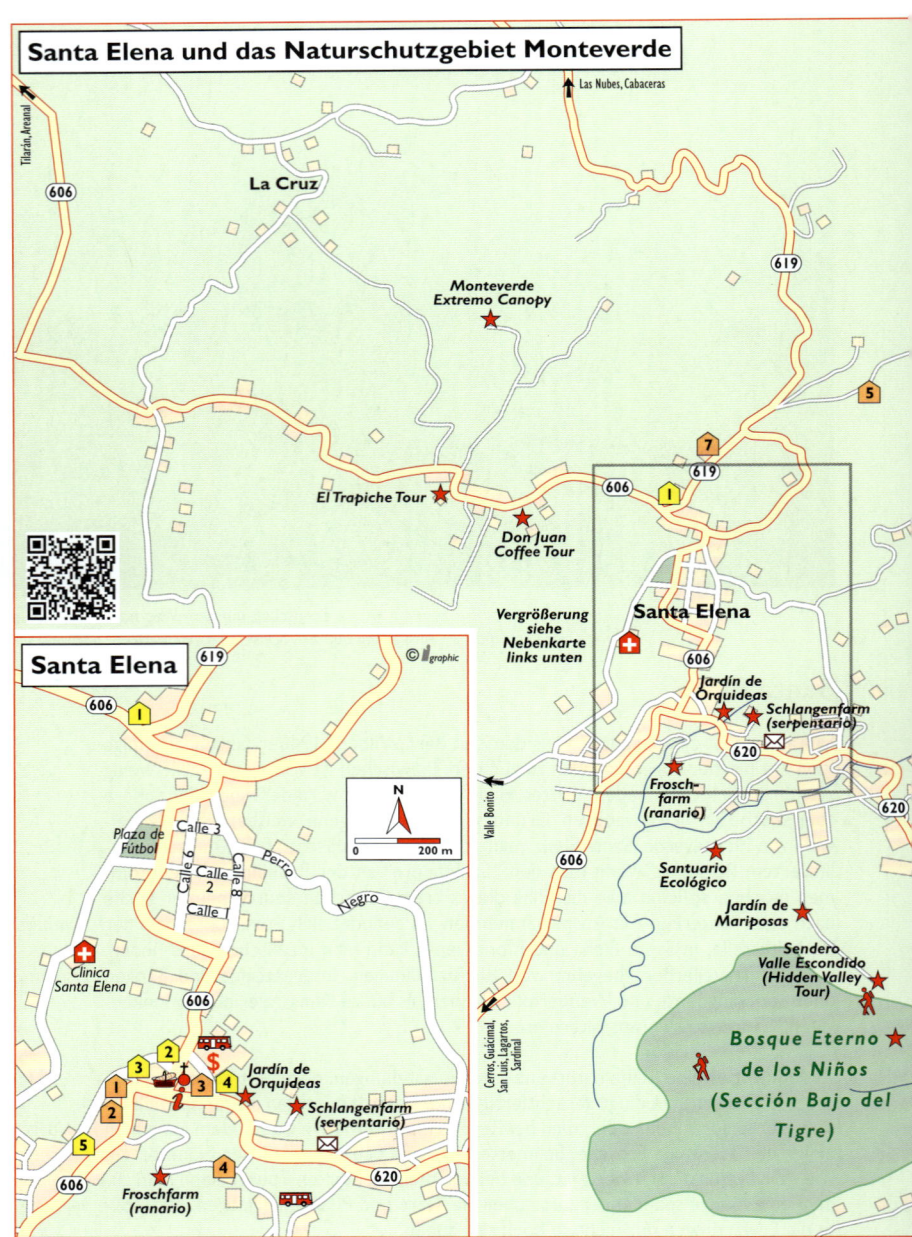

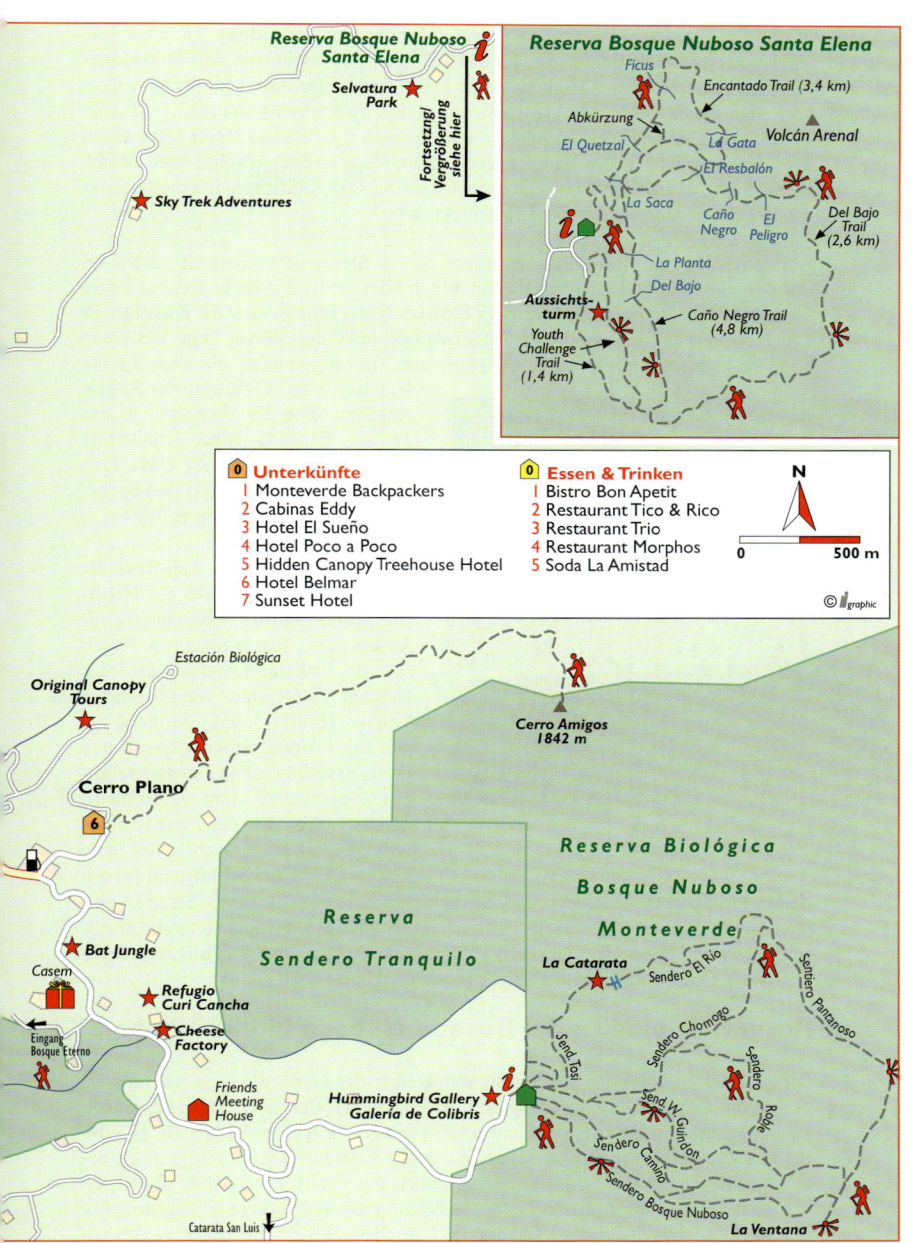

Reserva Bosque Nuboso
Santa Elena

Selvatura
Park

Sky Trek Adventures

Fortsetzung/
Vergrößerung
siehe hier

Reserva Bosque Nuboso Santa Elena

Ficus

Encantado Trail (3,4 km)

Abkürzung

El Quetzal

La Gata

Volcán Arenal

El Resbalón

La Saca

Caño
Negro

El
Peligro

Del Bajo
Trail
(2,6 km)

La Planta

Del Bajo

Aussichts-
turm

Caño Negro Trail
(4,8 km)

Youth
Challenge
Trail
(1,4 km)

0 **Unterkünfte**	0 **Essen & Trinken**
1 Monteverde Backpackers	1 Bistro Bon Apetit
2 Cabinas Eddy	2 Restaurant Tico & Rico
3 Hotel El Sueño	3 Restaurant Trio
4 Hotel Poco a Poco	4 Restaurant Morphos
5 Hidden Canopy Treehouse Hotel	5 Soda La Amistad
6 Hotel Belmar	
7 Sunset Hotel	

N

0   500 m

© graphic

Estación Biológica

Original Canopy
Tours

Cerro Amigos
1842 m

Cerro Plano

6

Reserva Biológica

Bosque Nuboso

Monteverde

Reserva

Sendero Tranquilo

La Catarata

Sendero El Río

Sendero Pantanoso

Bat Jungle

Casem

Refugio
Curi Cancha

Eingang
Bosque Eterno

Cheese
Factory

Sendero Chomogo

Sendero
Roble

Send. Tosi

Send. W. Guindon

Friends
Meeting
House

Hummingbird Gallery
Galería de Colibris

Sendero Camino

Sendero Bosque Nuboso

Catarata San Luis

La Ventana

Orchideen, Kolibris und Fledermäuse In und um Santa Elena wartet ein kleiner **Jardín de Qrquideas** (*tgl. 8–17 Uhr, www.monteverdeorchidgarden.net, 15 US$ mit Tour*) mit hunderten von Orchideenarten auf den Besucher, zudem eine eher kleine **Schlangenfarm** (*serpentario, Richtung Monteverde, 9–20 Uhr, 12 US$*) und eine **Froschfarm** (*ranario, 9–20 Uhr, 13 US$, auch im Dunkeln sehenswert*), bei der man die Frösche hinter Glas sehen kann. Weiterhin kann man eine Fledermaussammlung im **Bat Jungle** (*Paseo de Stella, 9–19 Uhr, ☎ 2645 7701, www.batjungle.com, 12 US$*) besuchen, die die faszinierende Lebensweise von Fledermäusen erläutert.

Auf dem Weg zum Reservat kommt man an der Siedlung Monteverde vorbei, an der sich einst die Quäker niederließen. Noch heute trifft sich diese äußerst aktive Gemeinde hier im **Friends Meeting House**. Ihnen gehört auch die **Käsefabrik** von Monteverde, die hinter den Fledermäusen links des Weges liegt und einen Shop (in dem es auch leckeres Eis gibt!) und Touren anbietet, die auch auf die

Geschichte der Quäker in der Region eingehen (*Mo–Sa Tour um 9 und 14 Uhr, ☎ 2645 7090, http://monte verdecheesefactory.com, 12 US$*). Den Käse kann man zudem in den Supermärkten im ganzen Land erstehen.

Kurz vor dem Eingang zum Reservat liegt auf der linken Seite die **Hummingbird Gallery**, eine Galerie mit Schwerpunkt Naturfotos (v.a. Kolibris) und dank der aufgehängten Tränken ein „Treffpunkt" verschiedener Kolibris (*Eintritt 5 US$*). Im Schlepptau der Galerie haben sich diverse Verkaufsstellen für kunsthandwerkliche Gegenstände und Kunstwerke etabliert. Wer sich näher mit Schmetterlingen befassen möchte, der kann sich im Dorf **Cerro Plano** im **Jardín**

An den Tränken hat man gute Chancen, einen Kolibri zu Gesicht zu bekommen

de las Mariposas verschiedene Arten erklären lassen (*an der Straße Santa Elena – Monteverde, gegenüber dem Hotel Heliconia rechts abbiegen, www.monteverdebutterfly garden.com, 9.30–16 Uhr, 12 US$*). Zudem gibt es jede Menge **Tourangebote** (s. S. 261). Das Tourismusbüro erteilt gerne Auskünfte dazu.

Reserva Biológica del Bosque Nuboso Monteverde

Privates Schutzgebiet Dieses Schutzgebiet untersteht nicht unmittelbar der Nationalparkverwaltung, da es sich um ein privates Projekt handelt. Anfang der 1950er-Jahre zogen US-amerikanische **Quäker**, die sich hier Land gekauft hatten, nach Monteverde und gründeten eine Molkerei, von der sie nahezu das ganze Land mit Käse versorgten. Inzwischen schlagen sie auch aus dem (Öko-)Tourismus Profit. Parallel hierzu werden natürlich auch Schutzmaßnahmen für die Natur getroffen und Forschungsprojekte durchgeführt. Die Reserva ist Teil der 1991 geschaffenen Zona Protectora Arenal-

Tipps für den Besuch

- Die insgesamt 13 km langen Wege im Park sind leicht zu begehen und gut ausgeschildert, zudem erhält man am Eingang eine Karte. Wegen des feuchten Wetters ist es angeraten, feste Schuhe anzuziehen und Regenkleidung mitzunehmen, zudem Fernglas und Insektenschutz. Die Wege jenseits des inneren und äußeren „Zirkels" sind v.a. in der Regenzeit oft ziemlich verschlammt, sodass man dann möglicherweise gut daran tut, von der örtlichen Gummistiefelausleihe am Eingang Gebrauch zu machen.
- Auch wenn es teuer ist: es lohnt sich, zumindest eine geführte Tour durch die Nebelwälder zu machen. Ansonsten läuft man Gefahr, die Tiere und Besonderheiten der Fauna nicht zu sehen oder zu erkennen.
- Es gibt eine maximale Besucherzahl, die auf einmal im Park sein darf (230 Personen). Wer zur Hochsaison (Weihnachten, Ostern) in der Gegend ist, sollte möglichst früh da sein. Ansonsten muss man warten, bis jemand das Gelände verlassen hat. Generelle Limitierungen der Besucherzahl pro Tag gibt es zurzeit nicht.

Monteverde, die insg. knapp 300 km² umfasst, 140 km² davon werden als Reserva Biológica del Bosque Nuboso Monteverde von dem Tropical Science Center verwaltet.

Durch die Reserva, deren tiefster Punkt auf 660 m und deren höchster Punkt auf 1.860 m liegt, verläuft die Wasserscheide zwischen Atlantik und Pazifik. In den höher gelegenen Teilen des Reservats hat sich ein dichter **Nebelwald** gehalten, dessen Flora durch eine bunte Artenvielfalt besticht. Von den mehr als 2.500 Pflanzen des Reservats sind etwa **350 Orchideen** und 200 Farne. Zwei Fünftel der etwa 100 Säugetierarten sind Fledermäuse, darunter der Jamaikanische Fruchtvampir. Ferner sind Brüllaffen, Gürteltiere, (schwarze) Deppe's Eichhörnchen und Felsenmäuse gut zu beobachten. Das Reservat ist vor allem auch eine bevorzugte Heimstätte des **Quetzals**, eines farbenprächtigen Vogels, den man allerdings nicht leicht zu Gesicht bekommt. Die Chancen hierfür sind in den Monaten März bis Mai am besten. Berühmt ist Monteverde auch für seine **Glasfrösche** sowie die inzwischen möglicherweise ausgestorbene Goldkröte (*sapo dorado de Monteverde*).

Den Park durchziehen 13 km Wege, die man auf 9 verschiedenen Pfaden erkunden kann. Einer der beliebtesten ist der knapp 2 km

Das Schutzgebiet von Monteverde ist durch gut begehbare Pfade erschlossen, die mitten durch den Nebelwald führen

*Dichter Wald und wenig Licht
sind kennzeichnend für das Gebiet*

lange Sendero Bosque Nuboso, der durch dichten Nebelwald bis zu dem Aussichtspunkt La Ventana führt. Dieser liegt direkt an der Wasserscheide von Atlantik und Pazifik. Etwas offener und mit mehr Licht ist El Camino und daher gut zur Beobachtung von Schmetterlingen. Auch der Wasserfall (Catarata) bietet ein schönes Ziel. Zudem findet man im Park eine 100 m hohe Hängebrücke auf dem Sendero Wilford Guindon.

Reserva Biológica Monteverde, ☎ 2645 5122, montever@cct.or.cr bzw. acmcr@acm cr.org, www.reservamonteverde. com, tgl. 7–16 Uhr, 19 US$. Vor der Banco Nacional in Santa Elena fährt ein Bus zum Reservat um 6.15, 7.30, 13.20 und 14.30 Uhr, zurück 11.30, 14 und 16 Uhr (1 US$), ein Taxi kostet ca. 10 US$. Im Park selbst bieten einfache Hütten Quartier (ca. 15 US$), die aber oft belegt und primär für Gruppen vorgesehen sind, zudem ist für deren Nutzung eine Reservierung erforderlich. Empfehlenswerte 2- bis 3-stündige geführte Touren (19 US$ + Eintritt) werden um 7.30, 12 und 13.30 Uhr angeboten, zudem mehrstündige Birdwatching-Touren (6 Uhr, 67 US$) und Nachtwanderungen (6.15 Uhr, 2 Std., 19 US$, Taschenlampe mitnehmen). Die Touren sollten vor allem in der Hochsaison in jedem Fall vorreserviert werden (☎ 2645 5122, reservaciones@cct.or.cr).

Reserva Bosque Nuboso Santa Elena

Die Reserva Bosque Nuboso Santa Elena (3,1 km²), die eine ähnliche Struktur wie die Reserva Monteverde aufweist, ist ca. 5 km vom Zentrum Santa Elenas entfernt. Im Eingangsbereich, an dem man sich hohe Gummistiefel gegen eine Gebühr ausleihen kann, befinden sich wie Lampen aussehende Fütterungsstationen für Kolibris, sodass die Chance, einen solchen Vogel hier zu sehen, etwas gesteigert ist. Das auf 1.600 m gelegene Schutzgebiet kann man auf angelegten Wegen erkunden, ein 500 m langer Weg ist sogar barrierefrei.

Wanderwege durch den Regenwald

Der Weg zum Nebelwaldreservat Santa Elena führt vom Ort aus hügelauf zunächst in Richtung Tilarán. Die Straße ist anfangs nicht asphaltiert. Man hält sich auf dem Hauptfahrweg, der leicht zu identifizieren ist. In einer Rechtskurve gibt es einen Abzweig zum Sunset Hotel. Weiter nach oben ist die Straße dann asphaltiert, es geht auf und ab. Wer von der Straße einen schönen Blick haben will, der muss großes Glück haben: meistens liegt sie im mehr oder weniger dichten Dunst bzw. Nebel. **Reserva Santa Elena,** ☎ 2645 5390, 7–16 Uhr, *www.reservasantaelena.org, 14 $, Touren um 7.30, 9, 11.30 und 13 Uhr (15 US$). Am Eingang gibt es ein Café. Einen Shuttle (4 US$ hin und zurück) fährt um 6.30, 8.30, 10.30, 12.30 und um 15.30 Uhr zum Reserve. Zurück geht es um 11, 13 und um 16 Uhr, Buchung erforderlich unter ☎ 2645 6332. Ein Taxi kostet ca. 8 US$.*

Bosque Eterno de los Niños

Ebenfalls zur Zona Protectora Monteverde Arenal gehörend, untersteht der „Children's Everlasting Forest" der Monteverde Conservation League. Der Name rührt daher, dass Spenden von Kindern bzw. deren Eltern aus Nordamerika, England, Japan und Schweden den Ankauf dieses Territoriums ermöglicht haben (*Infos unter http://friendsoftherainforest.org*). Das riesige Gebiet ist auf mehreren Wegen zugänglich. Von Monteverde am einfachsten ist der Sektor **Bajo del Tigre** zu erreichen (29 ha), der Eingang liegt auf dem Weg nach Monteverde auf der rechten Seite, nahe der Käsefabrik. Die meisten Besucher sind Studenten, aber auch als Tourist lohnt der Besuch. Auf den 4,4 km langen Wanderwegen können Flora und Fauna erkundet werden.

Aus Spenden entstandenes Projekt

In den beiden entfernter gelegenen Stationen sind auch Übernachtungen (je 53 US$ p.P. inkl. Mahlzeiten) möglich. Die **Estación Biológica San Gerardo** bietet in 6 Zimmern mit je 2 Hochbetten und Bad Unterkunft. Die Umgebung besteht aus Primär- und Sekundärwald sowie Gebieten mit Wiederaufforstung. Beste Zeit für die Vogelbeobachtung ist von April bis Juni. Die Station erreicht man ab der Reserva St. Elena (s.o.) in 3,5 km zu Fuß. Weiter entfernt liegt die **Estación Biológica Pocosol**, am östlichen Rand des Schutzgebietes. In der Umgebung gibt es neben verschiedenen Waldarten 10 km Pfade, eine Lagune und Wasserfall. Mit dem Auto erreicht man diese von der Straße von San Ramón nach La Fortuna (Abzweig in La Tigra de San Carlos, dann noch 13 km). Wanderfreudige können die Station in der Trockenzeit (Feb.–Mai) auch in einer mind. zweitägigen Wanderung erreichen. Dabei ist die Begleitung von 2 Rangern Pflicht, die Radio, 1. Hilfe etc. dabei haben (*pro Tag/Guide 80 US$*). Übernachtet wird in Hütten bzw. der Station. Die Ausstattung (Essen, Schlafsack etc.) muss jeder selber mitnehmen. **Bosque Eterno de los Niños,** *Infos und Reservierungen bei der* **Monteverde Conservations League** *unter ☎ 2645 5851, www.acmcr.org, 8–16 Uhr, 12 US$. Touren im Sektor Tigres (je 2 Std.) um 5.30, 8 und 14 Uhr (28 US$), Nachttour 20 US$. Das Infocenter befindet sich in Cerro Plano wenige Meter vom Butterfly Garden entfernt.*

Wanderung zu Forschungsstationen

Weitere private Schutzgebiete

Wem der Nebelwald von Monteverde zu voll ist, dem seien eine Reihe privater Schutzgebiete empfohlen.

Neben dem Schmetterlingsgarten liegt ein privates **Santuario Ecológico**, in dem man Wanderungen mit und ohne Guide durch den Wald unternehmen kann (*auch*

Bei Touren im Dunkeln kann man nachtaktive Tiere entdecken

Nachttouren und Birdwatching, 50 m nordöstlich der Escuela Rafael Arguedas, ☎ 2645 5869, 12 US\$ Eintritt + Tour). Mit etwas Glück kann man hier Säugetiere wie Affen, Nasenbären und Faultiere sehen sowie eine Vielzahl von Vögeln. Zudem kann man an einem idyllischen Wasserfall pausieren. Die nebenan gelegene **Hidden Valley Tour** (Valle Escondido) bietet ebenfalls nächtliche Erkundungstouren durch das kleine private Schutzgebiet an, das früher Farmland war (7–16 Uhr, Nachttour ab 17.30 Uhr, 25 US\$, ☎ 2645 6601, www.monteverdenighttour.com).

Ein weiteres privates Schutzgebiet ist das westlich an den Nebelwald angrenzende **Sendero Tranquilo** (3 km nördlich vom Eingang zum Nebelwald), das zum Hotel Sapo Dorado gehört und ebenfalls geführte Touren anbietet (7.30 und 13 Uhr, Anmeldung erforderlich, ☎ 2645 501035, US\$, www.sapodorado.com).

Zuletzt sei noch das **Refugio Curi Cancha** genannt, dessen Eingang 300 m nordöstlich von der Käsefabrik liegt (7–15 Uhr, Touren rund 3 Std. um 7.30, 11 und 13.30 sowie Nachttour um 17.30 Uhr, ☎ 2645 6915, http://reservacuricancha.com, viele Bilder auf www.facebook.com/curicancha).

Reisepraktische Informationen St. Elena und Monteverde

i Information
Tourist Information, etwas unterhalb der Bushaltestelle, ☎ 2645 6565. Hilfe bei der Suche nach/Buchung von Unterkünften, Touren etc.

Unterkunft
Man kann entweder in Santa Elena (eher günstiger) oder entlang der nach Monteverde führenden Straße unterkommen (eher teurer). Die Angebote sind inzwischen kaum noch überschaubar, insofern soll hier nur eine ganz kleine Auswahl präsentiert werden.
Monteverde Backpackers (1) \$–\$\$, 2 Blocks von der Bushaltestelle, 1 Block westl. vom Supermarkt, ☎ 2645 5844, www.monteverdebackpackers.com. 6 einfache Zimmer, z.T. Dorm., z.T. mit Bad, etwas nüchtern, aber ordentlich und günstig.
Cabinas Eddy (2) \$\$, 150 m südwestlich vom Zentrum, ☎ 2645 6635, www.cabinaseddy.com. 14 Zimmer (DZ und Mehrbett) mit oder ohne eigenes Bad, sauber. Küchennutzung und Waschservice, Parkplatz und Tourinfo. Freundliche Atmosphäre.
Sunset Hotel (7) \$\$, ☎ 2645 5048, www.sunsethotelmonteverde.com 12 rustikal mit Holz eingerichtete Zimmer, nicht mehr ganz neu, aber sauber und mit schönem Ausblick zum Sonnenuntergang über dem Golf von Nicoya. Freundlicher und hilfsbereiter Besitzer. Inkl. Frühstück.
Hotel El Sueño (3) \$\$–\$\$\$, ☎ 2645 5021, www.hotelelsuenocr.com. 21 mit Holz verkleidete Zimmer mit Bad, mit Frühstück, Parkplatz, etwas fantasielos, aber funktional.
Hotel Poco a Poco (4) \$\$\$\$, ☎ 2645 6000, www.hotelpocoapoco.com. Modernes Hotel mit 32 Zimmern, Wellnessangebote, um Nachhaltig bemüht, Pool, schöner Ausblick. Empfehlenswertes Restaurant.
Hidden Canopy Treehouse Hotel (5) \$\$\$\$, 300 m östlich von Skywalk (3 km von Zentrum von St. Elena), ☎ 2645 5447, www.hiddencanopy.com. Eine der originellsten (und teuersten) Unterkünfte der Umgebung: die 7 luxuriösen und liebevoll mit viel Holz eingerichteten Zimmer (die meisten zweistöckig) wurden auf Stelzen errichtet, sodass

man das Gefühl hat sich mitten zwischen den Bäumen zu befinden. Jedes hat eine Terrasse und Wasserfall-inspirierte Duschen.

Hotel Belmar (6) $$$$, etwas abseits vom Zentrum am Rande des Monteverde Reserve, ☎ 2645 5201, www.hotelbelmar.net. Schöne Zimmer mit viel Holz und Blick auf die Wälder der Umgebung, inkl. gutem Frühstück. Jacuzzi.

🍴 Essen und Trinken

Bistro Bon Apetit (1), an der Straße von Monteverde nach Tilarán, trotz des Namens eher italienische Küche mit guter Pizza, Pasta und Tiramisu.

Tico & Rico (2), an der Hauptstraße von St. Elena. Gute einheimische Küche, besonders das Mittagsmenü ist günstig.

Trio (3), internationale Küche und leckere Cocktails (7 US$) die man auf der schönen Veranda genießen kann. Innen elegant eingerichtet, eher hochpreisig.

Morphos (4), 50 m vor der Banco Nacional. www.morphosrestaurant.com. Gemütliches, mit Kerzenlicht beleuchtetes Restaurant, das im Stile des blauen Schmetterlings dekoriert ist. Große Auswahl, von Salat über Suppe, Sandwich, Fleisch und Fisch.

Soda La Amistad (5), neben den Cabinas Vista al Golfo. Gute einheimische Küche, Fleisch und Fisch sowie Burger.

Otocuma Bar & Restaurant, im Hotel Poco a Poco, kleine, aber breit gefächerte Speisekarte, z. T. ausgefallene Kreationen wie z.B. Fisch mit Ingwer und Rum (18 US$).

☞ Aktivitäten und Touren
NACHTTOUREN

Wer den nächtlichen Urwald auf der Suche nach seltenen Fröschen und Insekten entdecken will, hat dazu die Möglichkeit im **Bosque Eterno de los Niños** (17.30–19.30 Uhr, 23 US$, ☎ 2645 5305, 12 US$) oder Monteverde (s.o.).

CANOPY/ZIPLINING

Mehrere Anbieter haben Canopy im Angebot, das „Original" ist **The Original Canopy Tour** (Büro neben der Bank, ☎ 2291 4465, www.canopytour.com, Touren um 7.30, 10.30 und 14.30, 45 US$), bei der man auf insg. rund 3 km langen Seilen unterwegs ist (die längste Strecke 800 m). Mittlerweile gibt es zahlreiche weitere Anbieter, u.a. **Monteverde Extremo Canopy**, (5 km nördlich von St. Elena, ☎ 2645 6058, http://monteverdeextremo.com). Hier kann man zwischen Extremo Bungee (60 US$), Extremo Canopy (45 US$) und Extremo Swing (35 US$) seinen ganz persönlichen Adrenalinkick auswählen. Empfehlenswert ist zudem **Selvatura Park** (Büro in St. Elena, Park 6 km nördlich, 8.30, 11, 13, 14.30 Uhr, 45 US$, www.selvatura.com), in dem es in knapp 3 Stunden über 18 Plattformen geht. Bekannt ist auch **Sky Adventures** (☎ 2479 4100, http://skyadventures.travel), wo man mit einer Gondel langsam dem Berg hinaufgeschaukelt wird (42 US$), an der Zipline wieder hinuntersausen kann (66 US$ inkl. Gondel, 7.30, 9.30, 11.30 13.30 Uhr) oder einen Wanderweg mit Hängebrücken begehen kann (33 US$ inkl. Guide, 7.30, 9.30, 11.30, 13.30, Nachttour 17.30 Uhr).

TRAPICHE TOUR

Das familiengeführte Unternehmen El Trapiche, 3 km von Santa Elena entfernt, bietet eine 2-stündige Tour über das Gelände und erläutert den Zuckerrohranbau, inkl. einer eine Zuckermühle, die mit Ochsen betrieben wurde, mit Kostproben (Touren Mo–Sa 10 und 15, So nur 15 Uhr, 32 US$, ☎ 2645 7650, www.eltrapichetour.com).

Berühmt ist Monteverde u.a. für die Hängebrücken, über die man auf dem „Dach" des Nebelwaldes laufen kann

KAFFEE-, ZUCKER- UND KAKAOTOUREN

*Auch zu den kulinarischen Themen gibt es mehrere Anbieter, z.B. bei **Don Juan** (Touren um 8, 10, 13, 15 Uhr, 30 US$, Nachttour 18 Uhr (35 US$), ☎ 2645 7100, www.don juancoffeetour.com). Die Tour geht über eine kleine, familiengeführte Kaffeefarm, dabei wird der Herstellungsprozess erläutert.*

AUSRITTE

Meg's Riding Stable, ☎ 2645 5052, *Ausritte mit Guide. Der Preis beträgt um die 15 US$ pro Stunde und es werden manchmal auch Touren angeboten, auf denen es Richtung Vulkan Arenal geht.*

*Auch viele Touranbieter im Ort bieten Touren an, u.a. **Desafío Adventure** (50 m westl. der Banco Popular, unter dem Common Cup Café, ☎ 2645 5874, www.monteverde tours.com) hat 2- bis 6-stündige Touren im Angebot, z.B. zum schönen San Luis Waterfall oder dem Vulkan Arenal (zurück per Boot). Auch mehrtägige Touren.*

🚗 Verkehrsverbindungen

San José: *tgl. 2 Expressbusse (6.30 u. 14.30 Uhr) von Transmonteverde (☎ 2645 5159) in der C. 12, Av. 7 und 9 (3,5 Std.), zurück 6.30 und 14.30 Uhr vom Terminal in Santa Elena.*

Puntarenas: *Nach Monteverde bzw. Santa Elena fahren in 3,5 bis 4 Stunden Busse von Transmonteverde (4 US$, ☎ 2645 5159). Die Haltestelle befindet sich in Puntarenas gegenüber dem am Strand gelegenen Terminal der Busse nach San José am Paseo de los Turistas zwischen C. 2 und 4.*

Tilarán: *tgl. 12.30 Uhr, der für die 40 km allerdings ca. 2,5 Std. braucht. Diese Busse nutzen nicht den Terminal, sondern halten etwas nördlich vom Tourismusbüro. Von hier kann man in den Bus nach La Fortuna umsteigen.*

La Fortuna: *die beliebteste (und deutlich schnellste) Art nach La Fortuna zu gelangen nennt sich „Jeep-Boat-Jeep" und dauert ca. 3 Stunden. Dabei wird man von seinem Hotel in Monteverde zum See gefahren (ca. 1,5 Std.), welchen man dann in einem kleinen Passagierboot durchfährt (ca. 40 Min.). Auf der anderen Seite sind es noch ca. 30 Min. bis La Fortuna. Kosten ca. 25 US$, die Tour startet um 8 und 14 Uhr und kann bei den Agenturen in St. Elena gebucht werden, oder unter ☎ 2479 8811, www.monteverdeinfo.com.*

Von Monteverde über Tilarán nach La Fortuna: rund um die Laguna de Arenal

☞ Routenhinweis

Es gibt keinen Weg, der direkt von St. Elena nach La Fortuna führt, man muss den Umweg über Tilarán machen und den Arenal-Stausee umrunden. Von Monteverde ist Tilarán auf schlechter Straße in ca. 40 km zu erreichen, dafür muss man mind. 2 Stunden einplanen. Für die gesamte ca. 135 km lange Strecke muss man mit dem Auto ca. 4 Std., mit dem Bus ca. 8 Std. einplanen. Wer mag, kann La Fortuna mit der Kombination Taxi/Boot/Taxi in 3 Std. erreichen (s. S. 262).

Der westlich des Vulkans gelegene 80 km² große Stausee Laguna de Arenal ist ein Produkt jüngerer Zeit und dient seit dem Abschluss seiner Flutung im Jahre 1978 primär sowohl der Elektrizitätsgewinnung als auch der Bewässerung der Umgebung. **Surfer** und andere Wassersportler schätzen die stetigen, oft recht starken Winde aus dem Nordosten. Inzwischen ist die unmittelbare Umgebung des Sees jedenfalls in das Blickfeld ausländischer Interessenten geraten, die sich dort gerne niederlassen. Steigende Grundstückspreise und englischsprachige Schilder, die auf die Verkaufsabsichten der bisherigen Eigentümer hinweisen, zeugen hiervon.

1978 gefluteter Stausee

Attraktiv ist diese Region wohl hauptsächlich aufgrund ihres **voralpenähnlichen Erscheinungsbildes** und des vielen Europäern und US-Amerikanern moderat erscheinenden Klimas. Während sich die Vulkanologen unter den Besuchern meist auf eine Fahrt von San José zu der Ortschaft La Fortuna beschränken, fahren Besucher, die außerdem an den eher ländlichen Regionen Costa Ricas Interesse haben, auch noch gerne am Arenalsee entlang.

Alternative: über Cañas nach Tilarán

Wer über die Interamericana fährt, erreicht das von San José 190 km entfernt liegende Cañas in ca. 3 Stunden. Der Ort (ca. 30.000 Einwohner) selbst ist fast nur als Verkehrsknotenpunkt erwähnenswert. Eine gewisse Ausnahme stellt vielleicht lediglich die am Parque Central von Cañas befindliche **moderne Kirche** dar, die mit einigen religiösen (Kunst-)Werken von Otto Apuy aufwarten kann. Dieses architektonische Highlight, dessen Turm und insbesondere dessen Mosaikarbeiten Instandsetzungsarbeiten nicht schaden würden, wird durch eine Art Weihnachtsstern gekrönt und passt sich farblich gesehen gut dem während eines Großteils des Jahres blauen Himmel an.

Verkehrsknotenpunkt

Von hier aus kann man eine Tour zum **Arenalsee**, zum **Vulkan Arenal** (S. 276), zum **Vulkan Tenorio**, zum **Vulkan Miravalles** und/oder zum **Nationalpark Palo Verde** sowie zur **Reserva Biológica Lomas de Barbudal** unternehmen. Wer an der Bushaltestelle an der Interamericana aussteigt, der kann auch noch den nahebei gelegenen **Friedhof** besuchen, der für sich allein zwar keinen Zwischenstopp rechtfertigt, allerdings ein gutes Beispiel für die provinzielle Sepulkralkultur, die weitaus bescheidener ist als die San Josés, abgibt.

Vom Patriot zum Vaterlandsverräter – Cañas' Namenspatron General José María Cañas

Diesem costa-ricanischen Helden ist es maßgeblich zu verdanken, dass der Plan des US-Südstaatlers Walker, Costa Rica gewaltsam zu unterjochen und letztlich den USA anzugliedern, scheiterte. Dies heißt allerdings nicht, dass Cañas ein strikter Anti-amerikaner gewesen ist. Jedenfalls teilte der US-Gesandte Mirabeau B. Lamar dem US-Außenministerium in einem vertraulichen Bericht vom 26.12.1858 mit, dass General Cañas, der inzwischen zum Kriegsminister avanciert war, auf einem Bankett im Dezember 1858 im Beisein seines Präsidenten Juan R. Mora einen Trinkspruch *„to the speedy and peaceful annexation of Costa Rica to the United States"* ausgebracht hatte, was von dem Botschafter als *„the circumstance most notable on the occasion"* einge-stuft wurde.

Weniger als ein Jahr nach diesem Umtrunk fand sich Cañas nach dem Sturz von Juan R. Mora zusammen mit seinem „Herrn und Meister" allerdings als Exilant im Ausland wieder. Als die beiden im September 1861 mit bewaffneten Gefolgsleuten in Punt-arenas landeten und versuchten, dem neuen Präsidenten Montealegre seinen Staats-streich gegen Mora in gleicher Münze zu vergelten, wurden sie gefangen genommen und wenig später füsiliert. (Siehe auch Museum Alajuela S. 181)

In der Umgebung des Hotels **Hacienda La Pacífica** (Richtung Bagaces) existiert ein von einer Stiftung betriebener Ökobetrieb namens **Centro de Rescate Las Pumas** *(4,5 km von Cañas an der Interamericana,* ☎ *2669 6044, www.centrorescate laspumas.com, 10 US$)*, der sich die Großkatzenrettung auf seine Fahnen geschrie-ben hat und nun solche und andere Tiere hier aufnimmt und nach Möglichkeit eines Tages wieder auswildert. So man anschließend Lust auf ein **Raftingabenteuer** verspürt, kann man diese wenige Meter weiter vor der Brücke über den Río Coro-bicí befriedigen (s.u.).

Von **Cañas nach Tilarán** geht es durch eine Landschaft, wie sie für Guanacaste typisch ist. Rinderfarm folgt hier auf Rinderfarm. Unterbrochen wird diese Eintö-nigkeit nur durch kleine Marktflecken, die hin und wieder entlang der Strecke auf-tauchen. Die Straße ist ausgebaut, gleichwohl kurvig, was das Vorankommen ver-langsamt. Das von Cañas gerade 22 km entfernte Tilarán erreicht man dann nach ungefähr 40 Minuten.

Zur Strecke weiter Richtung Liberia und Grenze s. S. 287.

Reisepraktische Informationen Cañas

 Unterkunft

Cabinas Corobicí *$$, Av. 2, C. 3 und 5,* ☎ *2669 0241. Etwas außerhalb, 13 Zimmer mit Bad und Ventilator, sehr einfach gestaltet.*
Hotel & Restaurante Cañas *$$, Av. 3, C. 0 und 2,* ☎ *2669 0070, www.hotel canascr.com. 40 Zimmer mit Bad und ac, einige mit Veranda. Kein Schnickschnack, aber sehr ordentlich eingerichtet, Parkplatz. Im Restaurant gibt es einen plato del día (7 US$), zudem ist die olla de carne (6,5 US$) zu empfehlen.*

Hotel Hacienda La Pacífica *$$$, 5 km außerhalb Richtung Liberia auf der Inter-americana,* ☎ *2669 6050 und 2669 0050, www.pacificacr.com, als „Centro Ecólogico Pacífico" ausgeschildert. Die Hacienda, erbaut Ende des 19. Jh., gehörte einst dem dama-ligen Präsidenten Bernardo Soto und ist nach seiner Frau benannt. Die Zimmer und Lob-by spiegeln mit ihrer rustikalen Einrichtung dieses Erbe wieder. Die 25 Zimmer sind mo-dern, aber etwas spartanisch eingerichtet und verfügen alle über Bad und ac, z.T. auch über eine Küche. Großer Pool. Ausflüge wie Rafting oder Ausritte werden organisiert. Gu-tes Restaurant.*

🍴 Essen und Trinken

Rund um den **Parque Central** *gibt es ein paar sodas mit lokalen Gerichten, zu empfehlen ist das* **Restaurant El Parque** *(C. 2, Av. 0 und 1), ein nettes Café mit Flan und cheesecake sowie der lokalen Spezialität „leche dormida" (Milchmixgetränk).*

🛶 Rafting

Corobicí River Float / Río Tropicales, *ca. 5 km nördlich von Cañas an der Panamericana an der Brücke über den gleichnamigen Fluss,* ☎ *2669 6262, http://rincon corobici.com, www.riostropicales.com. Eine Fahrt auf dem Corobicí River ist eine eher ent-spannte Angelegenheit, bei der man die Chance auf Tierbeobachtungen am Flussufer hat. Start ist am* **Rincon Corobici Restaurant** *(in dem man im Übrigen mit schönem Fluss-blick essen kann), 2 Std. Fahrt kosten 55 US$.*

🚗 Verkehrsverbindungen

San José*: Cañas ist mit San José, Liberia etc. primär durch die die Interamerica-na entlang fahrenden Fernbusse verbunden. Empresa La Cañera steuert den örtlichen Busbahnhof (☎ 2258 5792, C. Central und 1/Av. 11 und 13) an, Abfahrt in San José Ter-minal in der C. 14, Av. 1 und 3. Von Cañas nach San José fahren die colectivos täglich um 4, 4.50, 6.30, 8.50, 12.30 und 17 Uhr (3,5 Std., 6 US$).*
Tilarán*: zwischen 6 und 20.40 Uhr praktisch stündlich, sonntags ist der Busverkehr al-lerdings ausgedünnt (1,5 Std., 2 US$).*
Liberia*: (knapp 2 Std., 3,5 US$), zwischen 4.30 und 20.30 Uhr fast jede Stunde.*
Puntarenas*: (2 Std., 3,5 US$) zwischen 6–19 Uhr praktisch stündlich.*
Upala*: (2,5 Std., 2,5 US$), Busse, die zwischen den Vulkanen Miravalles und Tenorio entlang fahren, fahren um 4.30 (So nicht), 6, 8.30, 11.15, 13, 15.30, 16.30 und 17.30 Uhr ab.*

Tilarán

Der gesamte Kanton, von welchem Tilarán die Hauptstadt (10.000 Einw.) ist, hat nicht einmal 25.000 Einwohner. Der zwischen 500 und 600 m hoch gelegene Ort ist – sieht man von dem letzten Aprilwochenende bzw. vom 13. Juni eines jeden Jahres ab, an dem das Stadtfest bzw. das des Patrons Sankt Antonius gefeiert wird – eher ruhig und hat es inzwischen sowohl zu einem Makrobiotikladen als auch zu einem Antiquitätenshop und etlichen Unterkunftsmöglichkeiten gebracht. Dies dürfte das Städtchen wohl hauptsächlich dem gut 5 km entfernten **Lago de Are-nal** verdanken, auf welchem sich seit einigen Jahren immer mehr Wassersportler tummeln.

Aufgrund des starken Windes ist der Arenal-See bei Windsurfern beliebt

Die Landwirtschaft ist weiterhin der wichtigste Wirtschaftszweig in der Region. Neben der omnipräsenten Rinderhaltung werden partiell auch Kaffee, Mais, Bohnen, Gemüse und Obst angebaut, in den letzten Jahren kam die Produktion von nichttraditionellen Produkten wie Kardamom und Macadamianüssen hinzu.

Reisepraktische Informationen Tilarán

Unterkunft

Hotel Tilarán $–$$, C. 2, Av. 0 und 1, ☎ 2695 5043. 36 Zimmer in jeder erdenklichen Kombination von Ventilator, ac, Bad und TV. Einfach und ordentlich.
Hotel Mary's $$–$$$, Av. 0, C. 0 und 2, ☎ 2695 5479, http://hotelmarytilaran.com. 18 Zimmer mit ac oder Ventilator und Bad, Parkplatz, Gemeinschaftsküche mit Gratiskaffee. Der Hof ist mit vielen Pflanzen verschönt, auf den Schaukelstühlen auf der Terrasse kann man entspannen. Insg. guter Standard. Restaurant mit Nudelgerichten, Fast Food und Fisch für ca. 8 US$.
Hotel Naralit $$, Av. 0, C. 0 und 1, ☎ 2695 5393, www.hotelnaralit.com. 25 große Zimmer mit Bad, etwas spartanisch ausgestattet, mit ac oder Ventilator.

UMGEBUNG VON TILARÁN / AM SÜDUFER DES SEES
Puerto San Luis Hotel $$$, 5 km nach der Ortsgrenze Tiláráns zweigt eine Stichstraße nach rechts ab, die zum 2 km entfernt gelegenen Hotel führt, ☎ 2695 5750, www.hotelpuertosanluiscr.com. 20 etwas in die Jahre gekommene Zimmer mit Bad, Kühlschrank und Ventilator, z.T. m. Küche. Pool und Restaurant vorhanden. Direkt am See gelegen. Für Wassersportler geeignet.
Cabinas Arelago $$, kurz hinter dem o.g. Hotel links (6 km von Tilarán), ☎ 2695 8573, www.cabinas-arelago-costarica.com. 5 rustikale Cabinas für 2–4 Pers. in einem schönen Garten gelegen, unter schweiz. Leitung
Oasis de Tucán $$, ☎ 2695 3154, www.arenalbotanicalgarden.com, kurz hinter dem o.g. Hotel rechts. Einfache Cabinas für 20 US$ und ein botanischer Garten, für den 7 US$ Eintritt verlangt werden.

Essen und Trinken

Café con Aroma de Mujer, *C. 2, Av. 1 und 3. Kleine Speisekarte mit gemischtem Angebot, günstig und nett eingerichtet, familiäre Atmosphäre.*

Catalá, *C. 0, Av. 0 und 2. Umfangreiche Speisekarte für jeden Geschmack, empfehlenswert.*

Brisas del Lago, *ca. 8 km hinter Tilarán in San Luis,* ☎ *2695 3363. Toller Seeblick und gute Küche wie Carpaccio mit Mandelöl und Parmesan, Hühnchen in Orangensoße oder Salat nach Thai-Art.*

Windsurfen

Ticowind, ☎ *2692 2002 www.ticowind.com, geöffnet von Ende Nov. bis Ende April. Vermietung von Windsurf- sowie Kitesurf-Equipment und Unterricht. Es werden auch Ferienhäuser in der Umgebung von Sabalitos vermietet.*

Verkehrsverbindungen

San José: *(4 Std., 8 US$) um 5, 7, 9.30, 14 und 17 Uhr, von San José nach Tilarán um 7.30, 9.30, 12.45, 15.45 und um 18.30 Uhr.*

Cañas: *(¾ Std., 1,2 US$) tgl. bis zu 14 Verbindungen zwischen 5 und 19 Uhr.*

Puntarenas: *tgl. 2 Busse, 6 und 13 Uhr, ca. 2 Std.*

Monteverde/Santa Elena: *Nur ein Bus (in 2,5 Stunden) um 12.30 Uhr, zurück geht es um 7 Uhr. Ein Taxi kostet ungefähr 50 US$.*

(Nuevo) Arenal / Fortuna (de San Carlos): *In das auf der Strecke nach La Fortuna gelegene (Nuevo) Arenal geht es in 1 Std. (2 US$) um 5, 7, 10, 12.30, 15 und 16.30 Uhr. Die um 7 und 12.30 Uhr abfahrenden Busse fahren durch bis Fortuna (3,5 Std., ca. 100 km), Gegenbus: 8 und 16.30 Uhr.*

Von Tilarán nach (Nuevo) Arenal

Routenhinweis

Von Tilarán aus besteht keine Busverbindung entlang der Südseite des Stausees nach La Fortuna, man muss vielmehr über die am nördlichen Ufer gelegene Ortschaft (Nuevo) Arenal fahren. Wer jedoch mit einem geländegängigen Fahrzeug unterwegs ist und die Südseite vollständig kennen lernen will, der kann es versuchen. Der Straßenzustand lässt allerdings zu wünschen übrig, die Route ist nur mit einem Allradwagen machbar und in der Regenzeit dürften angesichts der anstehenden Kreuzungen von Wasserläufen diese Fahrt wohl nur hardcorerallyebegeisterte Fahrer wirklich genießen. Im Zweifel sollte man sich vor Ort nach dem Zustand der Straße erkundigen.

Von Tilarán nach (Nuevo) Arenal sind es 30 km. Die Straße gewährt abschnittsweise **schöne Ausblicke** auf den See und die hügelige Landschaft. Zwischen Tilarán und (Nuevo) Arenal haben sich in den letzten Jahren einige Hotels und touristische Einrichtungen niedergelassen. Kurz nach Verlassen Tiláns auf ausgebauter, aber kurviger Landstraße taucht rechts das **Restaurant Pradera** auf, welches an eine den Fleischnachschub des Lokals sicherstellende Hacienda angeschlossen ist. Nicht zu übersehen ist entlang der gesamten Strecke die Werbung der German Bakery in (Nuevo) Arenal, die mit jedem neuen Plakat auf andere Produkte ihres Wirkens hinweist. Nach etwa einer halben Stunde Fahrt passiert man linkerhand das **Café de Macadamia**, das über einen schönen Seeblick verfügt, sich diesen aber mit ihren Preisen auch gut bezahlen lässt. Nuevo Arenal dient etlichen Tourunternehmen als Zwischenstopp. Wem dies alles zu profan ist, dem steht kurz darauf der Himmel offen, besser gesagt „**El Cielo**", ein spirituelles Zentrum.

(Nuevo) Arenal

Ersatz für geflutetes Dorf — Dieses Örtchen ist als Ersatz für seinen Vorgänger entstanden, der beim Fluten des Arenalsees in demselben versunken ist. Es mangelt insofern an jeglicher kolonialer Atmosphäre, dafür genießt es einen guten Ruf bei Anglern und der Windsurfer-Gemeinde. Etliche Einwanderer haben sich in ihm niedergelassen. Die ungewöhnlich große Plaza de Toros wird für die *fiestas* im Ort genutzt. Ansonsten ist (Nuevo) Arenal ein ruhiges Örtchen und keinesfalls mit einer derartigen Dichte von touristischen Angeboten überfrachtet wie etwa Fortuna.

Reisepraktische Informationen (Nuevo) Arenal und Umgebung

 Übernachtung
IM ORT
Cabinas Jireh $$, 100 m nördl. von der Sporthalle, ☎ 2694 4129. 6 noch recht neue, z.T. große Zimmer mit Bad, eines auch mit Küchenzeile. Beste Option im Ort.
Cabinas Catalina $$, ☎ 8819 6793, 8 Zimmer mit Ventilator und Bad, einfallslos gestaltet, aber sauber.
Wer eine Low-Budget-Tour unternimmt, kann auf den kommunalen **Campingplatz** am Seeufer gratis zurückgreifen.

AM NORDUFER (WEST NACH OST)
La Rana de Arenal $$, kurz vor (Nuevo) Arenal, Ruta 142, km 4, ☎ 2694 4031, www.hotel-larana-arenal.com. 8 Zimmer in einem eher unspektakulären, aber ordentlichen Restaurant und Hotel unter dt. Leitung, das insbesondere Bird-watcher anspricht. Schöner Seeblick, gutes Preis-Leistungs-Verhältnis.
Hotel Los Héroes $$$, etwa 14 km nach (Nuevo) Arenal, ☎ 2692 8012, www.pequenahelvecia.com. Der Eigentümer ließ sich anscheinend von der „Schweiz Mittelamerikas" dazu animieren, ein Stück Alpenrepublik in die Tropen zu transferieren, wo man nicht nur eine Schmalspureisenbahn, sondern auch eine Bergbahn nutzen kann, um an Rösti im Drehrestaurant **Rondorama** und Fast Food im Basement desselben zu kommen. 13 unspektakuläre, saubere Zimmer.
La Mansion Inn Arenal $$$$, ☎ 2692 8018, www.lamansionarenal.com. Originell und bunt gestaltete 17 Zimmer in Cottages mit Terrasse, die in einem tropischen Garten gelegen sind. Schöner Pool mit Seeblick. Kanutouren und Angeln werden organisiert. Restaurant.

 Essen und Trinken
Soda El Ranchito, im Zentrum. Lokale Kleinigkeiten.
Pizzeria Bambú, gegenüber der Bank. Gute Pizza, Burger und Sandwiches, freundliche Atmosphäre.

Moya's Place, *Pizzas, Salate und Wraps auch veget. Essen, etwas alternativ auf gehobenem Niveau, geschmackvoll eingerichtet, Desserts empfehlenswert.*
German Bakery, *etwas außerhalb, gut ausgeschildert. Neben Backwaren dt. Machart (Apfelstrudel 4,5 US$) auch „heimisches" Essen von Schnitzel über Sauerkraut und Bratwürste bis hin zu Müsli (6 US$).*

🚃🚗 Verkehrsverbindungen
Nach Tilarán fahren Busse um 6, 9, 11, 16 und 17.30 Uhr (1 Std., 2 US$). Nach Fortuna geht es nur um 8 und 13.30 Uhr.

La Fortuna de San Carlos

Hinter (Nuevo) Arenal führt die Straße weiter am See entlang. Etwa 20 km vor (La) Fortuna gerät der **Vulkan Arenal** erstmals voll ins Blickfeld, 3–4 km später passiert man dann die Dammkrone am Ende des Arenal(stau)sees.

Das ungefähr 250 m hoch gelegene und inzwischen über etwa 9.000 (ständige) Einwohner verfügende La Fortuna de San Carlos, kurz Fortuna, hat sich dank des nahegelegenen Arenal in den letzten Jahren zu einem der **bedeutendsten Touristenzentren** des Landes entwickelt. Viele Tourveranstalter haben La Fortuna zum Ausgangspunkt ihrer Exkursionen in die nähere und weitere Umgebung gemacht. Inzwischen ist fast jedes dritte Haus Fortunas zu einem Hotel, einer Gaststätte oder zu einem Souvenirshop umgewandelt worden. Leider ist im Zuge dieser Entwicklung auch die **Kriminalitätsrate** gestiegen, sodass man Wertsachen und Gepäck, auch im Auto, nicht aus den Augen lassen sollte.

Ausgangspunkt für fast alle Ziele im Land

Inzwischen gibt es neben **traditionellen Vergnügungszentren**, wie einer nur saisonal bespielten Stierkampfarena (*Plaza de Toros*) und diversen Kneipen (*bares*), Abenteuer- und Spaßparks, Thermen, Canopyangebote und Hängebrücken, ergänzt um Restaurants und Herbergen jeder Preis- und Geschmacksklasse. Eine Attraktion ist inzwischen allerdings aus dem Angebot gestrichen worden: die Besteigung des Vulkans Arenal wurde, nachdem es zu mehreren, zum Teil auch tödlichen Unfällen gekommen war, verboten (s. S. 277).

Eines der berühmtesten Bilder des „feuerspeienden" Arenal ist allerdings nicht so einfach zu sehen: Erstens verhält sich der Vulkan seit 2010 ruhig, zweitens muss es eine klare Nacht sein (der Berg liegt sehr häufig in den Wolken), drittens muss man sich auf der richtigen Seite befinden, um die Lava zu sehen, so sie denn fließt. Trotzdem bietet sich die Umgebung von Arenal durch die zahlreichen auch kindertauglichen Tourangebote vor allem für Familien an.

Seit 2010 keine Ausbrüche mehr

Catarata de La Fortuna

5,5 km südwestlich von Fortuna ist ein etwa 30 m hoher Wasserfall zu besichtigen. Man kann zu seinen Füßen baden. Die Straße dorthin ist gut ausgebaut und mit dem Auto zu befahren. Der Abstieg vom Kassierhäuschen zum Fuß des Wasserfalls dauert ungefähr 10–15 Min. Nach Regenfällen ist der Kletterpfad ziemlich schlüpfrig.

La Fortuna und der Volcán Arenal

Puentes Colgantes del Arenal (Hanging Bridges)

Río Arenal

Aguas Termales Tabacón

Laguna Palma

El Silencio Ecological Reserve

Nuevo Arenal, Tilarán

Staumauer

Taxi-Boot

Laguna Verde

17.6.1975

1998 - 2004

1993 - 1995

1968

2005 - 2006

1995 - 1997

Monteverde

Río Chiquito

Park Headquarters

Eingang

Observatorio

1968

Ranger Station

Lookout Point Trail

2007 - 2008

Laguna de Arenal

1968

La Colada 92 Trail

Tucanes Trail

Río Agua Caliente

Parque

Nacional

Volcán

Arenal

El Castillo

Butterfly Conservatory

Sky Trek and Tram

Río Caño Negro

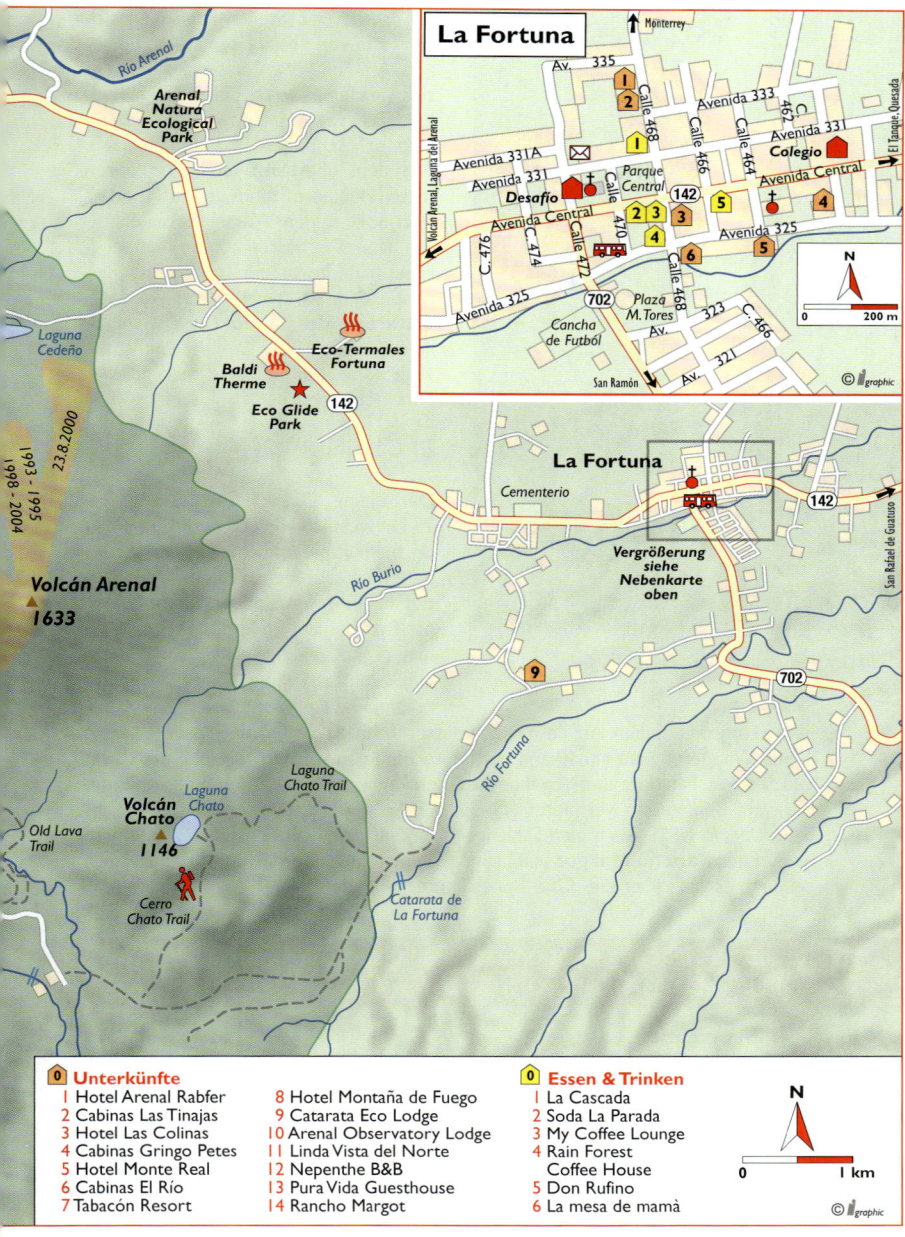

La Fortuna

Río Arenal

Arenal
Natura
Ecological
Park

Laguna
Cedeño

Eco-Termales
Fortuna

Baldi
Therme

Eco Glide
Park

142

1993 - 1995
1998 - 2004
23.8.2000

Volcán Arenal
1633

La Fortuna

Cementerio

142

Vergrößerung
siehe
Nebenkarte
oben

702

Río Burio

9

Río Fortuna

San Rafael de Guatuso

Laguna
Chato Trail

Volcán
Chato
1146

Laguna
Chato

Old Lava
Trail

Cerro
Chato Trail

Catarata de
La Fortuna

La Fortuna (inset map)

↑ Monterrey

Av. 335

Calle 468
Calle 466
Calle 464
Calle 462

Avenida 333

Avenida 331

Colegio

El Tanque, Quesada

Avenida 331A

Avenida 331

Volcán Arenal, Laguna del Arenal

Avenida Central

Parque
Central

Desafio

Avenida Central

Avenida 325

C. 476
C. 474
Calle 474
Calle 472

Avenida 325

Calle 468

702

Plaza
M. Tores

Cancha
de Fútbol

323
Av. 321
C. 466

San Ramón

Av.

N

0   200 m

© ilgraphic

Unterkünfte
1 Hotel Arenal Rabfer
2 Cabinas Las Tinajas
3 Hotel Las Colinas
4 Cabinas Gringo Petes
5 Hotel Monte Real
6 Cabinas El Río
7 Tabacón Resort
8 Hotel Montaña de Fuego
9 Catarata Eco Lodge
10 Arenal Observatory Lodge
11 Linda Vista del Norte
12 Nepenthe B&B
13 Pura Vida Guesthouse
14 Rancho Margot

Essen & Trinken
1 La Cascada
2 Soda La Parada
3 My Coffee Lounge
4 Rain Forest
   Coffee House
5 Don Rufino
6 La mesa de mamà

N

0   1 km

© ilgraphic

Der Wasserfall La Fortuna lädt zu einem Bad ein

An schwierigen Stellen kann man sich der Hilfe von gespannten Seilen bedienen. Am Fuße des Wasserfalls befindet sich ein kleiner Teich, den man – falls einem das Wasser nicht zu kalt ist – zu einem erfrischenden Bad nutzen kann. Aus dem überhängenden Basaltfelsen treten kleinere Rinnsale aus, sodass man dort seinen Wasservorrat ergänzen kann. Am besten kommt man möglichst früh, bevor die Tourgruppen anreisen, dann kann es sehr voll werden. **Catarata de La Fortuna**, *www.arenaladifort.com, 8–17 Uhr, der Eintritt von 10 US$ fließt in die Kasse des ländlichen Entwicklungsvereins.*

El Castillo

Der kleine Ort El Castillo liegt ca. 25 km westlich von La Fortuna und bietet mehr Ruhe und einen ebenso schönen Blick auf den Vulkan. Der Weg dorthin führt am Eingang zum Nationalpark vorbei, am Ende des Weges biegt man rechts ab. Hier gibt es einige nette Unterkünfte, zudem ein paar Einrichtungen wie das große **Butterfly Conservatory** mit sieben Atrien mit Schmetterlingen, Fröschen und Insekten. Eine kleine Wanderung am Fluss kann auch unternommen werden, wo man mit etwas Glück Affen, Faultiere und Vögel beobachten kann. Zudem werden Bungalows mit Blick auf den Vulkan vermietet (☎ 2479 1149, *www.butterflyconservatory.org, tgl. 8–16 Uhr, 15 US$*). Auch eine Schlangenfarm und einen Eco-Zoo (kein Muss) gibt es. Auf der **Rancho Margot** (s.u.) kann man nicht nur übernachten, sondern auch geführte Touren über die „Öko-Ranch" unternehmen.

Reisepraktische Informationen La Fortuna de San Carlos und Umgebung (→ *Karte S. 271*)

ℹ️ Information

Eine offizielle **Touristeninformation** *gibt es nicht, einen Überblick verschaffen die Seiten von Reiseagenturen wie www.arenalonline.com, www.arenal-online.com, www.fortunawelcome.com.*
Am Parque Central gibt es eine **Banco Nacional.** *Die kleine* **Clínica La Fortuna** *befindet sich 2 Blocks vom Parque Central entfernt (☎ 2479 9101).* **Taxis** *erreicht man unter ☎ 2479 8522, 24799605.* **Autovermietung:** *mehrere Firmen haben Büros im Zentrum des Ortes, u.a. Adobe (www.adobecar.com), Mapache (800 m westlich der Kir-*

che Richtung Vulkan, ☎ 2586 6363, www.mapache.com) und Alamo (www.alamocosta rica.com).

🛏 Unterkunft

Die etwas teureren Übernachtungen finden sich grundsätzlich entlang der die Ortschaft durchziehenden Hauptstraße und die sehr teuren außerhalb derselben. Ohne Auto sollte man auf Unterkünfte in der Stadt zurückgreifen.

Cabinas Gringo Petes (4) $–$$, ☎ 2479 8521, www.gringopetes.com. 8 Zimmer mit Ventilator, Doppel- und Mehrbettzimmer, z.T. mit eigenem Bad. Einfach, aber bunt und originell gestaltet. Bei dieser Backpackerunterkunft können auch Touren gebucht werden, die für gewöhnlich etwas billiger sind als die von den offiziellen Agenturen angebotenen Ausflügen. Insgesamt sehr gutes Preis-Leistungsverhältnis (DZ mit Bad 14 US$).

Cabinas Las Tinajas (2), $$, 100 m nördl. der Banco Nacional, ☎ 2479 9308, cbtinajas@gmail.com. Familiäre Atmosphäre, alle 4 Cabinas mit Ventilator und Bad, Veranda mit Schaukelstühlen.

Cabinas El Río (6) $$, ☎ 2479 9341, 3 Zimmer mit ac und Ventilator, ordentliche Möbel aus schönem Tropenholz.

Hotel Arenal Rabfer (1) $$$, 150 nördl. der Banco Nacional, ☎ 2479 9187, www.arenalrabfer.com. 20 große Zimmer, alle mit ac und Bad. Geschmackvoll-nüchtern eingerichtet, behindertengerecht. Kleiner Pool. Inkl. Frühstück.

Hotel Las Colinas (3) $$$, nahe der Bushaltestelle im Zentrum, ☎ 2479 9305, www.lascolinasarenal.com. Alle 20 Zimmer mit ac, Bad u. Eisschrank, einige mit Jacuzzi. Das kürzlich renovierte und modern eingerichtete Hotel wird seit über 25 Jahren von der Familie Fernández betrieben und hat einen Dachgarten, von welchem man eine gute Aussicht auf den Vulkan hat. Man unterstützt eine Grundschule und Gäste haben die Möglichkeit, sich als Volontäre beim Schulausbau zu betätigen.

Hotel Monte Real (5) $$$, ☎ 2479 9357, www.monterealhotel.com. Sehr ruhig am Fluss gelegen mit großem Garten. 15 einfache Zimmer, aber sauber und mit ac und Bad. Kleiner Pool. Frühstück gibt es im Café um die Ecke.

Catarata Eco-Lodge (9) $$$, etwas außerhalb Richtung Wasserfall, ☎ 2479 9612, www.cataratalodge.com. 21 einfache, aber komfortable Zimmer mit Ventilator, Pool und Restaurant. Inkl. Frühstück.

Hotel Montaña de Fuego (8) $$$–$$$$, ca. 8 km außerhalb an der Straße zum Vulkan, ☎ 2479 1220, www.montanadefuego.com. Resortartiges, etwas in die Jahre gekommenes Hotel mit 66 Zimmern, Pool. Nett angelegt, mit eher teurem Restaurant.

Arenal Observatory Lodge (10) $$$–$$$$, außerhalb, dafür in der Nähe des Vulkans (die einzige Lodge die innerhalb der Parkgrenzen liegt, zu erreichen über die Straße vorbei am Parkeingang), ☎ 2479 1070, www.arenalobservatorylodge.com. 48 großzügige und modern eingerichtete Zimmer, auf einer großen Finca gelegen, mit Restaurant. Die Lodge bietet einen tollen Blick auf den Vulkan. Von hier starten mehrere Wanderungen, u.a. der Cerro Chato Hike.

EL CASTILLO

Pura Vida Guesthouse Tours & Hostel (13) $–$$, buchbar u.a. über www.airbnb.com. Das grün gestrichene, einfache Hostel mitten im Dorf gegenüber der Kirche bietet nur 2 Zimmer mit (komfortablen) Matratzen auf dem Boden und geteiltem Bad und einen sehr freundlichen und hilfsbereiten Eigentümer, der sich in der Gegend ausgezeichnet auskennt und bei der Planung von Touren hilft. Küchennutzung möglich.

Nepenthe B&B (12) $$$, *hinter dem Linda Vista Steakhouse, ausgeschildert,* ☎ *8892 5501, www.nepenthe-costarica.com. 4 freundliche Zimmer mit kleinem Kühlschrank und Kaffeemaschine und 3 Cabañas (bis 4 Pers.) mit Bad, Küchenecke und Terrasse mit Hängematten. Vom Pool hat man einen schönen Blick auf den See und Vulkan. Inkl. Frühstück.*

Hotel Vista Linda del Norte (11) $$$–$$$, *kurz vor dem Ort geht es über eine kleine Straße links ab,* ☎ *2479 1551, www.hotellindavista.com. Hier ist der Name „schöner Ausblick" Programm, den man vom Pool und den teureren Zimmern wie der „Honeymoon Suite" hat. Aber auch in den einfachen Standardzimmern mit Bad und Terrasse lässt es sich gut schlafen. Parkplatz, Restaurant.*

Rancho Margot (14) $$$$, *hinter El Castillo, ausgeschildert,* ☎ *8302 7318, http:// ranchomargot.com. Diese ungewöhnliche, leider sehr teure Unterkunft bezeichnet sich selbst als „sustainable organic holistic Yoga eco-lodge". Neben Übernachtungen in 17 schönen Bungalows mitten im Regenwald (mit Bad) oder im Haus (mit Hochbetten und geteiltem Bad) kann man auch Touren über die Ranch machen und viel über nachhaltiges Wirtschaften erfahren, Yoga im Open-Air Studio absolvieren (2 Kurse tgl. sind im Preis inbegriffen) oder auf dem Gelände wandern. Inkl. Vollpension, 2 Nächte Mindestaufenthalt. Verschiedene Pakete sind buchbar.*

⚠ Camping

Sein Zelt kann man gut 1,5 Kilometer vom Ortszentrum entfernt aufschlagen. Man geht dazu die Straße an der Stierkampfarena vorbei und biegt, bevor es auf der Straße über den Río Fortuna geht, nach rechts ab. Es handelt sich hierbei allerdings nicht um einen organisierten Campground, sondern um eine semioffizielle Stelle, an welcher man Camper duldet.

🍴 Essen und Trinken

La Cascada (1), *gegenüber der nordöstl. Ecke vom Parque Central. Internationale Küche (Tintenfisch 15 US$), auch Burger, Hühnchen, Salat. Großer Saal im nachempfundenen Palenque-Stil. Gut für die Mittagspause.*

Soda La Parada (2), ☎ *2479 9547, gegenüber dem Parque Central. Einfaches Restaurant mit Pizzas und lokalen Gerichten. 24 Stunden geöffnet.*

My Coffee Lounge (3), *an der Südseite des Parque Central, auf den man von der hölzernen Veranda einen guten Blick hat. Guter Kaffee und Snacks wie Panini, Rührei.*

Rain Forest Coffee House (4), *125 m südl. des Parque Central. Neben dem guten Kaffee gibt es eine Auswahl internationaler und lokaler Gerichte sowie Frühstück. Nett eingerichtet und eher günstig. Auch Kuchen.*

Don Rufino (5), *an der Hauptstraße,* ☎ *2479 9997, www.donrufino.com. International gehobene Küche ansprechend präsentiert, Gerichte 20–45 US$, auch veget. Essen. Das Restaurant befindet sich in einem kleinen Holzhaus mit rustikalen Möbeln. Störend allerdings der Fernsehbildschirm.*

La mesa de mamá (6), *an der Hauptstraße in El Castillo. Freundliches kleines Restaurant mit Gerichten „wie bei Muttern". Gut und günstig.*

👉 Aktivitäten / Touranbieter

An **Touren** *wird in Fortuna eigentlich alles und dies in den unterschiedlichsten Kombinationen angeboten. Darunter sind neben den klassischen Arenaltouren bspw. Ausflüge zum* **Caño Negro** *– Kanufahrt inklusive –, Rafting auf dem Río Sarapiquí, Son-*

nenuntergangsfahrten auf dem Arenal-See, der Besuch der Venado-Höhlen sowie Ritte nach Monteverde zu finden. Sogar der bloße Besuch der heißen Quellen im Tabacón Resort kann als Tour gebucht werden. Um eine ungefähre Orientierung zu ermöglichen, seien hier die **Preise** für einige dieser Unternehmungen genannt: Rafting 65–85 US$, Reittour zum Wasserfall 45–55 US$, Ausflug zu den Venado-Höhlen 65 US$, Caño Negro 65 US$, Canopy-Tour mit Hängebrücken (Puentes Colgantes) 55 US$, Ritt nach Monteverde 85 US$, Mountain Bike Tour $ 70 US$, Kayaktour auf dem Lago Arenal 55 US$ bzw. auf dem Río Sarapiquí 110 US$ und Besuch des Río Celeste 100 US$.

Dies alles sind nur Richtwerte, Abweichungen nach oben und unten ergeben sich aus unterschiedlicher Tourdauer, unterschiedlichen Leistungen wie etwa mit bzw. ohne Verpflegung und unterschiedlichen Standards. Generell gilt, dass man vor Buchung und Bezahlung einer Tour sich eine möglichst exakte Auflistung der Zeiten und Leistungen schriftlich aushändigen lassen sollte, damit Missverständnisse möglichst vermieden werden. Da diverse Agenturen miteinander konkurrieren, ist es möglich, Rabatte auszuhandeln.

In und um La Fortuna tummelt sich eine unüberschaubare Menge von Touranbietern. Daher hier nur eine kleine Auswahl.

Desafio Adventure Company, hinter der Kirche, ☎ 2479 9464, www.desafio costarica.com. Renommierte Agentur mit großem Tourangebot, u.a. Canyoneering im Lost Canyon (abseilen durch Canyons), Stand-Up-Paddling auf dem Arenal-See, Rafting, Reiten, Canopy etc.

Pure Trek, ☎ 2479 1313, http://puretrekcanyoning.com. Spezialisiert auf das „rappelling", das Abseilen entlang von Wasserfällen.

Bike Arenal, 7 km südlich von La Fortuna, ☎ 2479 7150, www.bikearenal.com. Einbis mehrtägige Fahrradtouren verschiedener Schwierigkeitsgrade, auf Wunsch kann man am Ende in die heißen Quellen springen.

Arenal Hanging Bridges, ☎ 2290 0469, www.hangingbridges.com, nur Eintritt 24 US$, verschiedene Touren ab 36 US$, tgl. 7.30–16.30 Uhr.

Eco Glide Park (Canopy Tour), ca. 4 km vom Zentrum, ☎ 2479 7120, http://arenal ecoglide.com/. In dem Park kann man auf insg. 13 Kabeln durch die Baumkronen gleiten und dabei den schönen Ausblick genießen, inkl. „Tarzan-Sprung".

Sky Trek and Tram, nahe El Castillo, ☎ 2479 4100, www.skyadventures.travel. Ebenfalls ein privates Schutzgebiet, in dem man Wandern, Canopy und hängende Brücken erleben sowie mit einer Gondel fahren kann.

Aguas Bravas Rafting Company, an der Südseite der Kirche, ☎ 2479 7645, http:// costaricaraftingvacation.com.

☞ **Thermen**

Gelegenheit, nicht nur, aber auch in heißem Wasser zu baden – das darum herum gestaltete Angebot variiert –, bieten die außerhalb von Fortuna gelegenen Thermen, u.a.:

Eco-Termales, ☎ 2479 8787, www.ecotermalesfortuna.cr, reservierungspflichtig (max. 100 Personen), 35 US$, auf Wunsch mit Abendessen 51 US$. Schöne, von Natur umgebene Anlage mit kleinen Wasserfällen und 5 Pools aus Naturstein, deren Wasser unterschiedliche Temperaturen hat.

Baldi Therme, ☎ 2479 5691, www.baldihotsprings.cr, 31 US$, mit Essen 52 US$. Großes Resort mit Hotel, Restaurant und mind. 25 Pools, manche mit Wasserfall und variierenden Wassertemperaturen, Bar und Rutschen. Schöner Blick auf den Vulkan. Leider oft sehr voll.

Aguas Termales Tabacón, ☎ 2519 1999, www.tabacon.com, 65 US$. Ein Teil dieses stolzen Preises stellt womöglich eine Art Risikozuschlag dar, da das Tabacón in einer „vulkanisch bedenklichen" Gefahrenzone liegt. Der Komplex besteht aus Schwimmbad, Therme, Hotel und Restaurant. Die Thermenanlage ist sehr gepflegt und liegt in einem schönen Garten.

Verkehrsverbindungen

San José: (4 Std.) 12.45 und 14.45 Uhr am Terminal.

San Ramón: um 5.30, 9, 13 und 16 Uhr (2 Std.), hier findet man gegebenenfalls problemlos einen Anschluss in Richtung Hauptstadt.

Ciudad Quesada (1,5 Std.) gibt es Verbindungen ab 5 bis ca. 19 Uhr jede 1–2 Stunden

Tilarán über (Nuevo) Arenal: (2,5 Std.) 8, 12.15 und 17.30 Uhr.

Santa Elena/Monteverde: den ersten Bus nach Tilarán nehmen, dort in den um 12.30 Uhr abfahrenden Bus nach Santa Elena/Monteverde umsteigen. Alternativ hierzu fährt um 8.30 und 14.30 Uhr in 3 Std. ein kombinierter **Bus-Boot-Bus-Shuttle** nach Monteverde (30 US$), welcher die zeitintensive Umrundung des Sees durch den Einsatz eines Bootes, das einen über den See bringt, überflüssig macht.

Upala: 6.30, 11.30, 14.30 und 18.30 Uhr.

La Fortuna ist auch an das Netz von **Interbus** (www.interbusonline.com) und **Montezuma** (www.montezumaexpeditions.com) angeschlossen. Noch schnelleres Reisen ermöglicht Nature Air (s. S. 132).

Parque Nacional Volcán Arenal

Dieser Nationalpark ist 1994 geschaffen worden und zählte damals mit knapp 3.000 ha eher zu den Winzlingen des Parksystems. Inzwischen wurde er allerdings erheblich vergrößert. Er ist Teil der Área de Conservación Arenal-Huetar Norte, welcher weitere Schutzgebiete der Region wie u.a. der Parque Nacional Juan Castro Blanco angehören.

Unter den insgesamt etwa 200 Vulkanen des Landes nimmt der 1.633 m hohe Arenal eine gewisse Sonderstellung ein. Er entspricht nicht nur mit seiner nahezu perfekten konischen Form dem klassischen **Idealtypus eines Vulkans**, sondern gab bis vor kurzem auch noch entsprechende „Lebensäußerungen" in Form von Rauch und Asche von sich. Dabei wurde der Vulkan Arenal bis vor wenigen Jahrzehnten praktisch als erloschen eingestuft. Dies galt nicht nur für Farmer, die ihre Aktivitäten völlig sorglos an den Flanken des Berges betrieben, sondern auch für die (Fach-)Öffentlichkeit, die es für unproblematisch hielt, in seiner Reichweite den größten *Plötzliche* Stausee des Landes mittels einer entsprechenden Staumauer zu planen. Dies än*Explosion des* derte sich im wahrsten Sinne des Wortes mit einem Schlag, als nämlich am Morgen *erloschen* des 29. Juli 1968 der Berg explodierte. Felsbrocken, die bis zu 10 m Durchmesser *geglaubten* hatten, flogen kilometerweit durch die Luft und verursachten über 50 m breite Ein*Vulkans* schlagskrater. Der Explosion folgten glühende Magmaflüsse praktisch auf dem Fuße und verschluckten einige Farmen und die Dörfchen Tabacón und Pueblo Nuevo einschließlich der dort lebenden Menschen, die sich nicht mehr in Sicherheit hatten bringen können. In den Folgejahren floss Lava an der Westflanke herunter und erst Mitte 1975 fanden die nächsten Ausbrüche statt. Der Lavafluss hielt – mit Un-

Vor wenigen Jahren konnte man den schon erloschen geglaubten Vulkan beim Ausbruch beobachten – seit 2010 ist der Arenal aber ruhig

terbrechungen – zur Freude der Besucher weiterhin an, die Zungenspitzen erstarrten üblicherweise aber in etwa 1.000 m Höhe.

1993 brach allerdings im „Krater C" eine der Seitenwände des Lavasees und drei Lavaströme liefen talwärts. Das Tabacón Resort entging dabei nur knapp einer Katastrophe. 1995, 1998 und 2000 wiederholten sich Ereignisse dieser Art. Am 23.08.2008 war dabei der Tod eines Guides zu beklagen, der Touristen am Berg geführt hatte.

Vulkantouren – einst und heute

info

Touren auf den Arenal wurden zwar einmal durchgeführt, aber wegen der Unfälle für Normaltouristen untersagt. Für den Aufstieg zu dem nun als Krater D bezeichneten schlafenden Altkrater musste man mit ca. 5 Std. rechnen. Der Abstieg ging naturgemäß etwas schneller. Unter Umständen geht es zukünftig wieder hinauf – dies hängt aber von der weiteren Entwicklung im Berg ab. Einige Agenturen bieten Vulkantouren auch heute an, meist in Verbindung mit Werbeträgern, die mit spektakulären Bildern von oben gespickt sind. So wird bei den Kunden der Eindruck erweckt, man könne eine Tour mit derartigen Highlights buchen. Die Touren finden natürlich am Arenal, allerdings außerhalb der „Verbotenen Zone" statt.

Die gesamte Vulkanregion zeichnet sich durch große Diversität aus. Ihr Klima ist sowohl von den Einflüssen des Wetters der Karibik- als auch der Atlantikseite geprägt. Die Oberflächenstruktur resultiert einerseits aus den vulkanischen Aktivitäten, andererseits haben sich Bäche und Flüsse z.T. tief in die Landschaft eingeschnitten. Auch die Höhenlage weist Extreme auf: während der tiefste Punkt bei etwa 50 m über NN liegt, ist der Arenal selbst mehr als 1.600 m hoch. In seiner unmittelbaren Nachbarschaft findet sich südöstlich von ihm noch der 1.100 m hohe Volcán Chato, in dessen Hauptkrater sich eine blaugrüne Lagune befindet.

Flora und Fauna

An **Vegetation** findet man hier die (Berg-)Guave, den Kautschukbaum, den Modellflugzeugbauern wohlbekannten Balsabaum und den Nambar. Was die Tierwelt anbetrifft, so ist es Aufgabe des Parks, insbesondere den bedrohten Arten wie dem Jaguar und dem Tapir ein Rückzugsgebiet zu offerieren. Besucher dürften allerdings eher die dort ebenfalls vorkommenden Faultiere, Nasenbären oder Rehwild sichten. Auch der Quetzal, Papageien und Boas leben hier. An Vögeln finden sich u.a. die Rostbauchguane, die Sonnenralle, der Schirmvogel und ein Kolibri, der als „Kupferköpfchen" bezeichnet wird.

Wanderweg im Nationalpark

🚶 Wanderungen

Es gibt eine Reihe ausgeschilderter Wege im Park, die recht leicht zu begehen sind und zu den getrockneten Lavaflüssen der Ausbrüche von 1968 und 1993 führen. Die Touren kann man ohne Probleme ohne Guide machen, mit lernt man natürlich mehr über den Vulkan und die Geologie der Umgebung. Der **La Colada Trail** *(ca. 2 km, eher flach) führt zu den Lavaflüssen von 1992. Von hier kann man noch den Toucans Trail (4 km) durch dichteren Wald gehen, der die Möglichkeit zur Tierbeobachtung bietet. Der Lookout Trail startet am Eingang und bietet Aussichten auf die Lavaflüsse und den Cerro Chato. Wer eine längere Wanderung plant, sollte Wasser und Picknick mitnehmen. Ebenfalls empfehlenswert und deutlich anspruchsvoller ist der Cerro Chato Hike (ca. 4 Std.), der vom Arenal Observatory Hotel startet (s. S. 273).*

Reisepraktische Informationen Parque Nacional Volcán Arenal

ℹ️ Information
Parkverwaltung ☎ 2461 8499, acati@minae.go.cr, tgl. 8–15 Uhr (letzter Einlass), 10 US$. In der Rangerstation am Parkeingang gibt es Wasser. Die ausgeschilderten Wanderwege dürfen nicht verlassen werden.

🚗 Anreise
Der Park ist leicht mit dem eigenen Auto zu erreichen, man fährt Richtung Tabacón, ca. 5 Minuten später zweigt links der Weg zum Eingang ab (ausgeschildert, auch Richtung

*Castillo). Alle zwei Stunden fährt auch zwischen Fortuna und dem Parque Nacional Volcán Arenal ein Shuttle-Service (5,50 US$). Man kann auch mit einem der selteneren Busse in Richtung Tilarán (s.o.) fahren und sich knapp 3 km nach dem **Tabacón Resort** am Abzweig zum Nationalpark absetzen lassen. Vom Eingang zu diesem Resort sind es noch weitere 2,8 km bis zur linkerhand abgehenden Abzweigung, die zum Eingang des NP führt.*

Cavernas de Venado

Diese in der Nähe (2,5 km) der Ortschaft Venado gelegene Höhle – von Höhlen (*cuevas*) zu sprechen wäre etwas übertrieben, es sei denn, man zählt jeden Gang extra – wurde vor etwa einem halben Jahrhundert entdeckt und ist seit einigen Jahren Teil des costa-ricanischen Tourismusangebots, Unterabteilung Abenteuertourismus. In der Realität darf man sich von dieser Höhle nicht zu viel erwarten, wenn man bereits andere Tropfsteinhöhlen gesehen hat. Wer Spaß daran hat, auf den Knien im Untergrund herumkriechen zu dürfen (nichts für Klaustrophobiker), dem kann diese Tour empfohlen werden – Dusche inklusive. *Enge Gänge zur Tropfsteinhöhle*

Cavernas de Venado, www.cavernasdevenado.com, 24 US$, die Tour dauert knapp 2 Std. Geöffnet ab 7.30, die letzte Tour startet um 13.30 Uhr. Man muss ca. 1 Stunde Fahrt von La Fortuna einplanen. 7 km nach La Fortuna nimmt man den Abzweig nach Monterrey, von dort geht es ins Dorf Venado, die Höhlen liegen ca. 2 km hinter dem Dorf.

San Rafael de Guatuso

Dieses von nicht einmal ganz 10.000 Menschen bewohnte Örtchen am Río Frío selbst ist nicht eben mit touristisch interessanten Highlights gesegnet. Es handelt sich um ein lokales Subzentrum für Farmer und Landarbeiter. Es werden in dieser Gegend inzwischen viel **Ananas**, weniger Bananen und Zuckerrohr angepflanzt. Bei dem plantagenmäßigen Anbau von Ananas erfolgt übrigens grundsätzlich ein sehr hoher Gift- und Chemikalieneinsatz, jedermann gut erkenntlich an Warnschildern am Rande von einschlägig bebauten Feldern mit Aufschriften wie *tóxico* (= toxisch) oder *venenoso* (= giftig). Lediglich ein kleiner Teil der Farmer betreibt bislang seinen Ananasanbau auf organisch-biologischer Basis. *Ananas-Anbau*

Von Guatuso aus ist der bei Río Celeste gelegene Parque Nacional Volcán Tenorio zu besuchen (s. S. 283), ferner das gleichnamige **Indianerreservat** (entsprechende Touren bieten Angel Silva, ☎ 8306 5666, und Oscar Quiros, ☎ 8845 6432 an) sowie das etwa 2 km entfernte **Katira**, welches mit einem Buchsbaumheckenfigurenpark (3 US$) aufwarten kann.

Reisepraktische Informationen San Rafael de Guatuso

🛏 Unterkunft/Essen und Trinken
Cabinas Doña Chenta $, *gegenüber dem Supermercado Sinai*, ☎ 2464 0023. 10 einfache Zimmer mit Bad und Ventilator, Parkmöglichkeit.
Cabinas Milagro $–$$, 50 m nördl. und 25 m östl. der Kirche, ☎ 2464 0037. 10 ruhige Zimmer mit Bad und Ventilator oder ac.
Verpflegen kann man sich in einfachen sodas wie dem **Sol y Luna**.

Verkehrsverbindungen

In Guatuso machen nicht nur die zwischen Upala und La Fortuna de San Carlos, San Carlos (Ciudad Quesada) und dem zentralen Hochland verkehrenden Busse Station am örtlichen Terminal, sondern von hier starten auch die Lokalbusse in die Umgebung. Zu letzteren gehört auch der täglich jeweils um 11 und um 16 Uhr in das Örtchen **Río Celeste** *verkehrende Bus, der dieses in etwa einer Stunde Fahrt erreicht (Fahrpreis: 2 US$).*

Upala: *6, 7.30, 12.30, 15.30, 18 und 19 Uhr*
Fortuna *(de San Carlos) um 4.10, 5, 7, 9, 13.15 und 17.15 Uhr*
San Carlos *(Ciudad Quesada) um 8, 11.30 und um 15 Uhr.*
San José *(über San Carlos): um 10.15 und 16.45 Uhr.*

Zum Parque Nacional Volcán Tenorio

Von La Fortuna bis Bijagua sind es über **Cañas** (s. S. 263) knapp 100 km. Mit einem Allradwagen kann man die nördlich Route über Katira nehmen, die allerdings über eine private Finca führt (s. S. 284). Bei **Corobicí** (zwischen Cañas und Bagaces) geht es entlang der von der Interamericana abgehende Nationalstraße Nr. 6 über Bijagua zwischen den **Vulkanen Miravalles** und **Tenorio** hindurch nach Norden. Wie große Teile der Landschaft der Halbinsel Nicoya, die vorwiegend von Hügeln und Hügelketten dominiert werden, so ist dies auch zwischen Cañas und

Upala über etliche Kilometer der Fall. Es finden sich hier eine Vielzahl von kleineren Fincas, von denen viele lediglich Subsistenzwirtschaft betreiben.

Gut 10 km nach dem Abzweig von der Interamericana steigt die Straße nach Upala an und führt in die Senke zwischen den beiden Vulkanen hinauf. Der **Vulkan Miravalles** ist im eigentlichen Sinne nicht mehr aktiv – aus historischen Zeiten (1946) ist lediglich bekannt, dass ein winziger Ausbruch in der Nähe des Gipfels einen Minikrater hervorrief, der es nicht einmal auf 20 m im Durchmesser bringt. Kurz bevor Río Naranjo erreicht ist, biegt nach etwa weiteren 15 km von der Hauptstraße eine Nebenstraße zum Örtchen Río Chiquitito ab, über welchen man die Zona Protectora Volcán Miravalles erreicht. Das Gebiet ist eine Schutzzone, aber (noch) kein Na-

Blick auf den Vulkan Miravalles

tionalpark, sodass es wenig Infrastruktur gibt. Die Unterkünfte der Umgebung sowie diese in der Nähe des Parque Nacional Rincón de la Vieja bieten Wanderungen und Ausflüge zu heißen Quellen in dem Gebiet an.

Bijagua

5 km später, die auf einem etwas kurvenreicheren Abschnitt der prinzipiell gut ausgebauten Straße zurückgelegt werden, passiert man hinter Río Naranjo, wo es keine Unterkunftsmöglichkeiten gibt, die Tenorio Lodge. In dieser Zone wird Viehwirtschaft betrieben, wovon die rege (Weiß-)Käseproduktion zeugt. Knapp drei Kilometer weiter ist **Bijagua** erreicht, ein kleiner Ort mit begrenztem touristischem Angebot. In dessen Umgebung haben sich einige Lodges angesiedelt, die Touren in die umliegenden Schutzgebiete anbieten (s.u.). In Bijagua betreibt das u. a. für Nationalparks zuständige Ministerium MINAE eine Zweigstelle (☎ 2466 8283 bzw. 2466 8318).

Ausgangspunkt zum Nationalparkbesuch

 ## Routenhinweis: Weiterfahrt nach Upala

Nach nicht einmal 20 km, die meistenteils durch das karibische Tiefland führen, ist dann Canaleté erreicht, wo man ebenfalls, so man nicht in das nur noch ungefähr 8 Kilometer entfernte Upala weiterfahren möchte, ein schmales Angebot an Unterkunftsmöglichkeiten finden kann. Je weiter man sich Upala nährt, desto ärmlichere Behausungen kommen ins Blickfeld. Der Norden und da insbesondere die grenznahen Gebiete sind das Armenhaus des Landes. Die an der Strecke hin und wieder errichteten normierten Sozialwohnungen sind Ausdruck dieser Situation und doch nur ein Tropfen auf dem heißen Stein.

Reisepraktische Informationen Bijagua und Umgebung

 Unterkunft
BIJAGUA

Wer eine kostengünstige Unterkunft sucht, bleibt in Bijagua und organisiert sich seine Ausflüge auf eigene Faust. Die meisten Unterkünfte helfen gerne dabei (v.a. Wanderungen und Reitausflüge). Sehr günstig und einfach sind **Cabinas Bijagua** *($, 6 Zi., ☎ 2466 8894),* **Cabinas Zamora** *($, 4 Zi., ☎ 2466 8826) sowie* **Río Celeste Backpackers** *($, 5 Zi., ☎ 2466 8600), die alle über einfache Zi. (und z.T. auch Dorm.) verfügend und im Zentrum des Ortes gelegen sind. Desweiteren gibt es das* **Hotel Los Volcanes** *($$, ☎ 2466 8115, http://losvolcanesbijagua.com), ein familiäres, einfaches Hotel, das auch Touren organisiert, und das freundliche* **Hotel Cacao (3)** *($$, ☎ 2466 6142, www.hotelcacaocr.com) mit 9 sauberen Zimmern (bis 5 Personen) inkl. Frühstück und ac. Ein gutes Preis-Leistungsverhältnis bietet die etwas außerhalb, nahe dem Wasserfall gelegene* **Cataratas de Bijagua Lodge (2)** *($$ 100 m südl. und 2 km östl. vom Restaurant La casita del maiz, ☎ 8937 4687 www.cataratasbijagua.com) mit rustikalen Hütten in einem hübschen Garten.*

UMGEBUNG
Tenorio Lodge (1) *$$–$$$, kurz vor Bijagua Abzweig nach rechts, ☎ 2466 8282, www.tenoriolodge.com. Großzügige (z.T. barrierefreie) 12 Bungalows mit guter Aussicht*

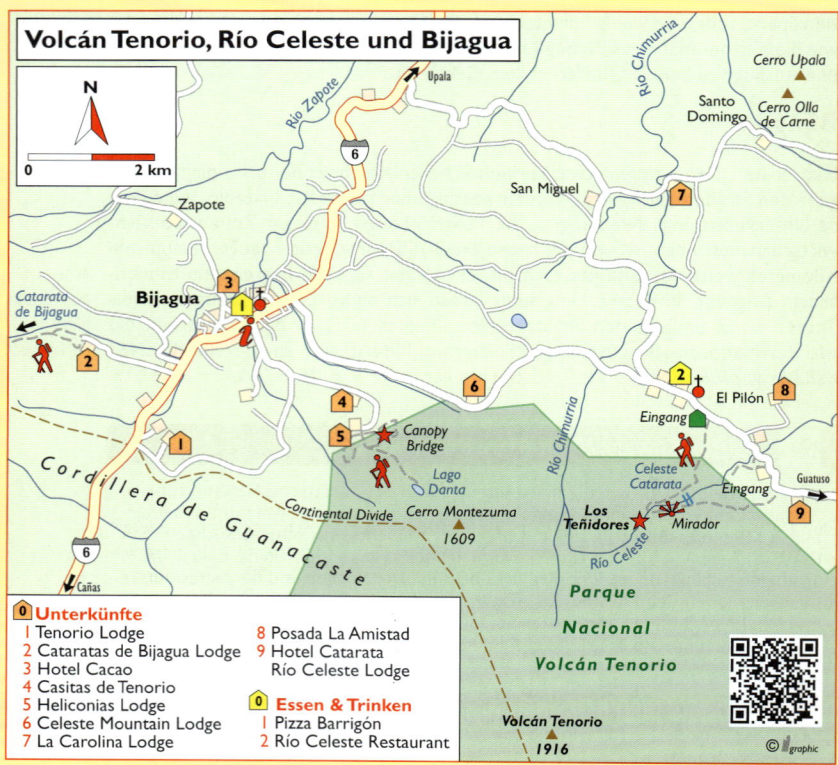

Volcán Tenorio, Río Celeste und Bijagua

N

0   2 km

Río Chimurria

Cerro Upala

Río Zapote

Upala

Santo Domingo

Cerro Olla de Carne

6

Zapote

San Miguel

7

Catarata de Bijagua

Bijagua

3

1

2

1

Canopy Bridge

4

5

Lago Danta

Continental Divide

Cerro Montezuma 1609

Cordillera de Guanacaste

6

Cañas

6

Río Chimurria

2

El Pilón

8

Eingang

Celeste Catarata

Eingang

Guatuso

9

Los Teñidores

Mirador

Río Celeste

Parque Nacional Volcán Tenorio

Volcán Tenorio 1916

0 Unterkünfte

1 Tenorio Lodge
2 Cataratas de Bijagua Lodge
3 Hotel Cacao
4 Casitas de Tenorio
5 Heliconias Lodge
6 Celeste Mountain Lodge
7 La Carolina Lodge

8 Posada La Amistad
9 Hotel Catarata
 Río Celeste Lodge

0 Essen & Trinken

1 Pizza Barrigón
2 Río Celeste Restaurant

© i graphic

und großen Fenstern, Bad (heißes Wasser durch Solar) und Ventilator. Jacuzzi im Garten. Inkl. Frühstück. Auch Organisation von Ausflügen.

Casitas Tenorio (4) $$$, ☎ 8312 1248, www.casitastenorio.com. 2 einfache, saubere casitas für 2–4 Personen mit Bad und Terrasse, eine mit Küchenzeile, eine Outdoorküche, Hängematte, Mindestaufenthalt 2 Nächte. Wer mit dem Zelt unterwegs ist, kann dieses hier aufschlagen ($) oder eines mieten ($$). Bei Drucklegung kurzfristig geschlossen, aktuelle Infos auf der Homepage.

Heliconias (Ecotourist) Lodge (5) $$$, 2 km nördl. von Bijagua, ☎ 2466 8483, www.heliconiaslodge.com. Das von einer lokalen Kooperative geführte Privatreservat bietet 6 bequem ausgestattete Cabins (bis 4 Pers.) und 4 Cottages (mit Blick auf den Vulkan und Jacuzzi) mit Bad. Die Lodge besticht aber mehr durch ihre Lage und die Aussicht, die sich dem Besucher bietet. Ausflüge in den Park werden angeboten. Restaurant.

La Carolina Lodge (7) $$$–$$$$, von Bijagua ausgeschildert, auch von Osten zu erreichen über Guatuso, ☎ 8703 5003 bzw. 2466 6393, www.lacarolinalodge.com. Privatreservat mit im rustikalen Stil errichteten Räumlichkeiten (7 über das Gelände verteilte Hütten verschiedener Größe). Vollpension (wer Alkohol trinken möchte, muss diesen sel-

ber mitbringen). Zahlreiche Aktivitäten wie Ausritte, Wanderungen auf dem Gelände und Tagesausflüge in die Umgebung werden angeboten. 2 Nächte Mindestaufenthalt.
Posada La Amistad Río Celeste (8) $$, *hinter dem Parkeingang, nur 1 km entfernt,* ☎ *8356 0285, www.posadarioceleste.com. Sehr rustikale, aber von einer herzlichen Familie geführte Unterkunft mit 5 Zimmern, gute Verpflegung mit einheimischen Mahlzeiten auf Wunsch inkl. Touren in den Park und die Umgebung werden angeboten.*
Hotel Catarata Río Celeste Lodge (9) $$–$$$ *(keine Kartenzahlung),* ☎ *8938 9927 oder 2200 0176, www.cataratarioceleste.com. Die Zimmer in kleinen Hütten mit Bad erscheinen etwas spartanisch, was aber durch die Umgebung mehr als wett gemacht wird. Von dem Betreiber des Hotels werden geführte Touren (u.a. Tubing) und Ausritte angeboten (3–4 Std., 15–40 US$). Inkl. Frühstück. Essen kann man entweder in dem Restaurant des Hotels oder aber in der* **Soda Doña Irma**. *Camping möglich.*

🍴 **Essen und Trinken**
In Bijagua gibt es mehrere einfache Restaurants, z.B. **El Barrigón (1)**, *einer Pizzeria, die auch lokale Gerichte führt.*

Parque Nacional Volcán Tenorio

Der 1995 errichtete und inzwischen 18.400 ha große Nationalpark gehört ebenso wie der ihm benachbarte Parque Nacional Volcán Arenal zur Área de Conservación Arenal-Tilarán. Zentrum des Parks ist der 1.916 m **Vulkan Tenorio**, der keinesfalls völlig erloschen ist. Er weist neben insgesamt vier unterschiedlich großen *Aktiver* Vulkankegeln (*conos*) einen Doppelkrater auf. Dieser ist jedoch im Moment nicht *Vulkan* die Quelle von Dampf und Qualm. Fumarolen werden lediglich auf etwa halber Höhe (965 m) an seiner Nordostflanke produziert, wobei jener Ort den bezeichnenden Namen „Las Quemadas" (Verbrannte Erde) führt. Vulkanische Aktivitäten angenehmerer Art entfalten sich dagegen sowohl in der Umgebung von „La Casa" als auch im Bereich des Río Roble: Hier wie dort entströmt der Erde **warmes Thermalwasser**.

Die Gipfelzone des Tenorio ist – wie auch die höhergelegenen Zonen seiner Ost- und Westflanke – mit dichtem Urwald bedeckt. Von den weit über 3.000 **Pflanzenarten**, die man bislang als im Nationalpark heimisch hat identifizieren können, sei an dieser Stelle insbesondere verwiesen auf den Pouteriabaum, der zur Familie der Breiapfelgewächse gehört und nur in Costa Rica und Panama vorkommt. Der **Danto** stellt mit seinen großen, Gurken nicht unähnlichen, direkt am Stamm wachsenden Früchten den Tapiren des Parks eine ihrer Hauptnahrungsquellen zur Verfügung.

Die **Reptilienwelt** vermag mit 135 Arten zu glänzen, darunter nicht wenigen *Schlangen* Schlangen wie etwa die Greifschwanz-Lanzenotter oder auch Schlegels Lanzen- *und Frösche* otter. Unter den fast 80 **Amphibienarten** des Parks ist bzw. war (es ist strittig, ob diese aktuell als ausgestorben oder „nur" als extrem bedroht einzustufen ist) auch die seltene Goldkröte vertreten und nahezu die Hälfte aller gut 450 **Vogelarten** des Landes sind hier zu finden, so etwa der Quetzal, der Hämmerling, die Rostbauchguane, die Sonnenralle, der buntgefiederte Große Soldatenara, der

Auch Kapuzineräffchen leben im Park

Schirmvogel und das winzige Kupferköpfchen.

Unter den **Säugetieren**, von welchen bislang etwa 130 Arten festgestellt worden sind, sind trotz ihrer Seltenheit sogar Jaguar, Puma, Tapir sowie der Große Ameisenbär anzutreffen. Von den vier im Land vorkommenden Affenarten sind lediglich die Totenkopfäffchen in diesem Park nicht zu finden. Ferner wird der Parque Nacional von Wieselkatzen, Halsbandpekaris, Ozelots, Pacas, Ozelotkatzen und Tayras bewohnt. Nicht ganz vergessen werden sollten die über 30 **Süßwasserfischarten**, die in den Gewässern des Parks heimisch sind, darunter der (endemische) Zahnkarpfen, der sich durch die bei Fischen nicht gerade verbreitete Eigenschaft auszeichnet, lebendigen Nachwuchs im Wasser abzusetzen.

Es gibt zurzeit drei Rangerposten im Park, von denen allerdings nicht alle ständig besetzt sind bzw. nur der Kontrolle dienen. Der **offizielle Eingang und Hauptquartier** ist bei **Pilón de Upala**, 14 km nordöstlich von Bijagua. Zudem gibt es El Puesto, ebenfalls in der Nähe von Bijagua. Von Osten kommend, kann man theoretisch über den „Sendero de la Paz", der bei Katira von der Straße San Rafael de Guatuso – Upala abzweigt, durch den Park fahren. Dieser führt allerdings über eine private Finca (der Eigentümer nimmt „Eintritt"), zudem ist ein Allradwagen erforderlich.

🚶 Wanderung

Zu den hell-
blauen
Wasserfällen

*Obwohl der Park riesig ist, ist nur das Gebiet rund um den Río Celeste zugänglich, das auch das landschaftlich interessanteste ist. Hier sind schöne **Rundwanderwege** ausgeschildert, z.B. zu den beeindruckenden **Celeste Waterfalls**. Die Farbe Himmelblau hat der Fluss allerdings meist nur in der Trockenzeit von Dezember bis März. Ursache hierfür ist ein Vorkommen verschiedener Mineralien im Flussbett. Nach starkem Regen kann er durchaus braun sein. Der Weg zu den Wasserfällen beträgt ca. 1,5 km, von hier ist es noch ein guter Kilometer bis zu Los Teñidores, der Quelle der Blaufärbung des Flusses. Dabei geht es an Aussichtspunkten vorbei und über zwei Hängebrücken über den mit etwas Glück leuchtend blauen Fluss. Man kann den Weg in ca. 4 Std. gut schaffen, es lohnt sich aber durchaus, Picknick einzupacken und den ganzen Tag hier zu verbringen. Da die Wege oft matschig sind, sollte man geschlossene Schuhe tragen und den Badeanzug für den Sprung in die heißen Quellen nicht vergessen.*

Reisepraktische Informationen
Parque Nacional Volcán Tenorio

i **Information**
Parkverwaltung ☎ 2206 5369, 2200 0135, 2466 8610, 2695 5180 oder 2695 5908 bzw. *tenorio@acarenaltem pisque.org bzw. acati@minae.go.cr, 10 US$, Einlass nur bis 14 Uhr, Di geschl.*
Beim Eingang gibt es Wasser, Toiletten und ein Restaurant, Unterkünfte im Park selber gibt es nicht (Umgebung s.o.).

🚌 **Anreise**
Ein Auto ist sehr zu empfehlen, da der Park sonst nur mit längeren Fußmär-schen zu erreichen ist. Die Zufahrt erfolgt entweder von Bijagua oder über Guatuso. Vor allem in der Regenzeit ist ein Allradwa-gen empfohlen, zumindest aber hohe Boden-freiheit. Ein Taxi von Bijauga zum **Puesto El Pilón** *kostet one way ca. 40 US$. Vom Dorf* **Río Celeste** *(zu erreichen mit dem (seltenen) Bus ab Guatuso) kann man den Puesto El Pilón zu Fuß in knapp 1,5 Stunden erreichen.*

Beim richtigen Licht machen die Celeste Waterfalls ihrem Namen alle Ehre

Alternative:
über La Fortuna de Guanacaste nach Upala

👉 **Routenhinweis**

Von Bagaces aus kann man das am Fuße des **Vulkans Miravalles** gelegene Dörf-chen La Fortuna de Guanacaste – nicht zu verwechseln mit dem ungleich größe-ren und bekannteren La Fortuna de San Carlos beim Vulkan Arenal – erreichen. Busse (1 US$) in diese Richtung fahren um 6, 9, 12, 14 und 17 Uhr. Der Bus von Ba-gaces benötigt bis La Fortuna de Guanacaste etwa eine halbe Stunde.

Alternativ hierzu kann man nach Aguas Claras auch über **Guayabo** gelangen. Busse nach Guayabo – 1,5 US$ – fahren von Bagaces ungefähr stündlich zwischen 6 und 16 Uhr ab. Unterkommen kann man dort u.a. bei **Cabinas La Primavera** *($$, 8 Zi., Costado Norte del Lubricentro Miravalles, ☎ 2673 0382)* in etwas sparta-nischen Zimmern mit Bad. Verpflegen kann man sich in der Soda La Primavera, wo eine kleine Auswahl landestypischer Gerichte angeboten wird. Etwas außer-halb liegt die **Art Gallery** von Tony Jimenez, der Skulpturen aus Holz anfertigt (http://tonyjimenez.com).

La Fortuna de Guanacaste

Die Straße von Bagaces führt durch eine nahezu ausschließlich von Viehzucht geprägte Landschaft, wie sie für Guanacaste typischer nicht sein könnte.

Bei La Fortuna handelt es sich um ein verschlafenes Landstädtchen, das um einen Sportplatz herum angelegt ist. Mit La Fortuna als Basislager kann man die **Zona Protectora Volcán Miravalles** sowie das vulkanisch aktive Gebiet **Las Hornillas** besuchen, sich das **geothermische Kraftwerk** ansehen und sich an einem – oder mehrerer – Bäder in **Thermalquellen** erfreuen (s.u.).

Reisepraktische Informationen La Fortuna de Guanacaste

Unterkunft
Cabinas Central $, ☎ 2673 0783. 10 sehr einfache Zimmer mit Ventilator, z.T. mit Bad.
Hotel El Guayacán Centro Recreativo $$$, 5 km nordöstl. von Fortuna de Bagaces, ☎ 2673 0349, www.termaleselguayacan.com. 15 etwas spartanisch ausgestattete Zimmer mit Bad sowie Bungalows mit Bad und Küche, barrierefrei. 5 Pools mit Thermalwasser.
Centro Turístico Yökö Termales $$–$$$, 2 km außerhalb, ☎ 2673 0410, www.yokotermales.com. 12 moderne Zimmer mit Bad (Thermalwasserduschen) und Ventilator, 4 Pools unterschiedlicher Temperatur, Kinderpool, Dampfbad und Jacuzzis, parkartige Anlage, auch Anwendungen (Wassermassagen), Eintritt für Badegäste 10 US$.
Río Perdido $$$$, 4 km südl. von San Bernardo (das ca. 6 km südl. von La Fortuna liegt), ☎ 2673 3600, www.rioperdido.com. Im Dezember 2013 eröffnet hier eine Unterkunft in einem privaten Reservat mit heißen Quellen, Pool, Spa und Restaurant. Außerdem sind Mountainbiking-Touren, Wanderungen und Canopy/Canyon-Touren möglich.
La Anita Rainforest Ranch $$–$$$, Aguas Claras de Upala (von der Teerstraße ausgeschildert), ☎ 2466 0228, www.laanitarainforestranch.com. Etwas abgelegen, dafür fern der meisten Touristenströme und ideal für einen entspannten Aufenthalt liegt diese Ranch mit 10 rustikalen Bungalows aus Holz und mit Hängematte und Holzstühlen auf der Veranda. Die netten Gastgeber Ana und Pablo sind sehr hilfsbereit. Gekocht wird mit auf der Farm angebauten Produkten und gegessen mit den anderen Gästen an gemeinsamen Tischen. Neben einer Tour über die Ranch werden Ausritte und Touren u.a. zum Nationalpark Rincón de la Vieja und Las Hornillas am Fuße des Miravalles angeboten. Inkl. gutem Frühstück.

Essen und Trinken
Einheimisches Essen, gut und günstig, bekommen man beim **Soda Visquez** und in der **Casa Tica**.

Verkehrsverbindungen
Bagaces: 5.30, 6.30, 11.30, 14.30 und 17 Uhr.
Upala: 6.40 und 18.10, über Aguas Claras gegen 6.30, 9.30, 12.30, 14.30 und 17.30 Uhr.

Routenhinweis: Weiterfahrt nach Upala

Die Straße von La Fortuna de Guanacaste Richtung Upala führt zwischen dem linkerhand gelegene Vulkan Rincón de la Vieja und dem rechts der Straße gelegenen Vulkan Miravalles in nordnordöstlicher Richtung. Es geht – sieht man von den Ausläufern der Schutzgebiete ab, in denen noch Wälder existent sind – durch landwirtschaftlich genutztes Gebiet. Das nach knapp 20 km erreichte Aguas Claras ist die erste größere Ortschaft, auf die man trifft, nachdem das Bergland hinter einem liegt. Touristisch von nur untergeordnetem Interesse braucht man von Aguas Claras aus weitere 20 km bis zum Erreichen von San José (oder Pizote), an der Nationalstraße 4 gelegen, die Upala mit der Interamericana verbindet. Nach etwa einer knappen halben Stunde auf einer gut ausgebauten Straße erreicht dann der Bus das regionale Subzentrum Upala. Zu Upala und zum Refugio de Vida Silvestre Caño Negro s. S. 317/S. 320.

Weiter auf der Interamericana Richtung Nordwesten

22 km nördlich von Cañas liegt das Örtchen Bagaces. Auf dieser Teilstrecke beginnt der Ausbau der Interamericana zu einem vierspurigen Highway. Die Landschaft ist leicht hügelig, meist sieht man das liebe Vieh grasen oder im Schatten unter weit ausladenden Bäumen liegen, eher selten sind Ananasplantagen angelegt worden.

Bagaces

In dem kleinen Ort Bagaces, dessen Namen (obwohl der Ort noch keine 200 Jahre alt ist) auf den indianischen Stammesführer *Bagatzi* zurückgeführt wird, finden sich ein Ökoprojekt sowie eine geothermische Versuchsanlage. Zudem hat sich eine Zweigstelle der Nationalparkadministration (☎ *2200 0125 und 2466 8283, 8–16 Uhr*) etabliert. Sie findet sich an der durch den Ort führenden Interamericana in unmittelbarer Umgebung der zum **Nationalpark Palo Verde** führenden Abzweigung. Der Haupteingang zum Nationalpark Palo Verde (s. S. 290) ist ungefähr 20 km von Bagaces entfernt.

Fährt man von Bagaces weiter Richtung Norden, so kommt

Schön für eine Picknickpause: Llanos de Cortes

man ca. 500 m südlich des kleinen Flüsschens Río Oraca (ausgeschildert) zwischen Kilometer 222 und 224 an eine weitere Abzweigung. Die nicht asphaltierte Nebenstraße führt nach links zur 10 km entfernten **Reserva Biológica Lomas de Barbudal** (s. u.).

Ein netter Platz für ein Picknick sind die nahe der Stadt gelegenen Wasserfälle **Llanos de Cortes** (*ca. 5 km hinter Bagaces Richtung Liberia, Abzweig links (noch 2 km), 8–17 Uhr, Parkmöglichkeit, US$ 2*). Am Wochenende kann es voll werden.

Reisepraktische Informationen Bagaces

🛏 Unterkunft
Cabinas el Greco $$, *150 m nördl. vom Parque Central, gegenüber der Iglesia Bíblica,* ☎ *2671 1139. 8 nett gestaltete Cabinas, einfache Ausstattung.*
Cabinas Tamarindo $$, *350 m nördl. der Kirche,* ☎ *2671 2695. 6 Zimmer mit ac und Bad, Parkplatz.*

🍴 Essen und Trinken
Soda La Negrita, *lokale Küche wie z. B. sopa de mondongo.*
Comidas Palo Verde, *an der Ostseite der Kirche. Sehr nettes Restaurant mit kleinem Garten, stilvoll eingerichtet mit Antiquitäten aller Art, große Speisekarte (auch lokale Gerichte und Fast Food), gehobenes Niveau (z.B. filet de pescado en salsa cremosa de naranja (Fischfilet in Orangen-Sahne-Soße), 13 US$), lohnend.*

🚗 Verkehrsverbindungen
Die Firma **Pulmitan**, *deren Busse* **San José** *und* **Liberia** *miteinander verbinden, fährt Bagaces tagsüber praktisch stündlich an. Die ca. 3 ½-stündige Fahrt in die Hauptstadt kostet 6 US$, die knapp halbstündige Fahrt nach Liberia 2 US$. Der Bus in San José startet Terminal Atlántico Norte (C. 12, Av. 7 und 9) um 5.30 und 14 Uhr. Mit lokalen Autobussen (1,5 US$) erreicht man von Bagaces aus in Richtung Aguas Claras in einer knappen Stunde die nördlich am Fuße des* **Vulkans Miravalles** *gelegenen Ortschaften* **Guayabo** *bzw. in gut 30 Min.* **Fortuna de Guanacaste***.*

Reserva Biológica Lomas de Barbudal

Die Reserva Biológica Lomas de Barbudal ist als im Jahre 1986 gegründetes Schutzgebiet noch relativ jung und zählt mit etwas über 2.600 ha eher zu den kleinen Parks. Vorrangiges Ziel bei der Errichtung war der Schutz von Flora und Fauna des **tropischen Trocken(ur)walds**, ferner der Quell- und Durchflussgebiete einer Reihe von Wasserläufen wie etwa das des Río Cabuyo. Dieser bildet im Reservat mehrere natürliche Pools, in welchen man gut schwimmen kann. Der Reichtum der Reserva Biológica Lomas de Barbudal besteht in einer (für die meisten Besucher natürlich eher unspektakulären und insbesondere in der Regenzeit äußerst unangenehmen) Vielzahl von **Insekten**, darunter neben den stechenden Plagegeistern viele Schmetterlinge und Nachtfalter. Auch **Bienenliebhaber** dürften begeistert sein, da Vertreter von ca. 25 % aller weltweit existenten Bienenarten hier summen und brummen. Zur Welt der hier beheimateten Insekten gehören allerdings eben-

Heimstatt für 250 Bienenarten

Dem auf der Liste der gefährdeten Arten stehenden Jabiru bietet das Reservat eine Heimat

falls die inzwischen schon in Europa berühmt-berüchtigt gewordenen sogenannten „**Killerbienen**" (s. S. 308). Insofern sollten allergisch veranlagte Menschen entsprechende Gegenmittel zur Hand haben, auch wenn die Chance, von einer solchen Biene gestochen zu werden, nicht allzu hoch ist.

Da der zu einem großen Teil aus Trocken(ur)wald bestehende Park über ganzjährig fließende Gewässer verfügt, bieten sich hier nahezu ideale Beobachtungsmöglichkeiten, da während der Trockenzeit die meisten Bäume ihre Blätter verlieren und so sonst schwer sichtbare **Tiere** leichter aufspürbar sind. Neben den auch in vielen anderen Parks allgegenwärtigen Nasenbären, Eichhörnchen, Brüll- und Kapuzineraffen sind hier auch Rot- und Schwarzwild sowie Kojoten und Waschbären heimisch. *Bessere Beobachtungsmöglichkeiten während der Trockenzeit*

Bislang wurden **130 Vogelarten** registriert, darunter Braunflügelguane, Regenbogentukane, Aras, Königsgeier, die storchenähnlichen Jabirus, die vor allem in der Dämmerung aktiven, insgesamt aber eher flugunlustigen, mit dem Regenpfeifer verwandte Dominikanertriele und Tuberkelhokkos.

Für mehr an **Bäumen** interessierte Besucher sei noch gesagt, dass die Reserva einer der wenigen Orte ist, an dem man die in weiten Teilen des Landes von Ausrottung bedrohten Mahagoni-, Tigerwood- oder Zebrawood- und Nambarbäume noch sehen kann. Im März ist der Park angesichts der dann plötzlich überall praktisch gleichzeitig aufscheinenden gelben Blüten des Goldtrompetenbaums besonders spektakulär anzuschauen. In den Galeriewäldern entlang des Río Cabuyo sind der Panama-Mahagoni, der Tempisquebaum, der Breiapfel- oder Kaugummibaum und der Jatobabaum gut vertreten. Letzterer ist mit trotz des nicht gerade einladenden Geruchs essbaren, calcium- und magnesiumreichen sowie nahrhaften, allerdings über eine mehlige Konsistenz verfügenden Früchten bestückt. Der englische Baumname „Stinking Toe" bezieht sich auf die zehenförmige Form sowie den der Frucht eigenen Geruch. Die Savannen des Reservats sind reich an Sandpapiersträuchern und Nancitebäumen, wobei letztere über etwa zwei cm große Beerenfrüchte verfügen, die im reifen Zustand gelb und dann essbar sind. *„Stinkender Zeh"*

Reisepraktische Informationen Reserva Biológica Lomas de Barbudal

Information

Parkverwaltung ☎ 2671 1290, act@minae.go.cr, tgl. 7–16 Uhr, 10 US$. Wer ein Zelt dabei hat, kann dieses für 4 US$ hier aufschlagen. Es gibt ein kleines Netz an Wanderwegen. Die Reserva kann zudem mit einer Casa de Patrimonio aufwarten, welche eine kleine Ausstellung enthält. Auch Toiletten und Duschen sind vorhanden.

Anreise

Den Abzweig zur Reserva Biológica Lomas de Barbudal findet man etwas nördlich von Bagaces in dem Dörfchen **Pijije** *bei Kilometer 221 auf der linken Seite (ca. 7 km von Bagaces). Eine Orientierungshilfe: Der Abzweigung direkt gegenüber steht auf der (von San José aus kommend) rechten Straßenseite ein Haus, welches durch eine Bohlenbrücke mit der Straße verbunden ist. Die Rangerstation, wo man auch seinen Obolus entrichten kann, befindet sich knapp 7 km von der Interamericana entfernt. Dazu geht es an der ersten Gabelung rechts, an der zweiten links. Nach einigen Kurven erreicht man eine Kreuzung. Links befindet sich ein Rastplatz, rechts geht es – vorbei an einer kleinen Finca – in das 2 km entfernte San Ramón de Bagaces. Dieser (nach gut 300 m links des Weges auftauchenden) Finca ist die* **Soda Flori** *angeschlossen, wo man Getränke und auch hin und wieder mal ein Essen bekommen kann, soweit nicht gerade ganze Heerscharen hier eingefallen sind.*

Parque Nacional Palo Verde

Der 1982 eröffnete Nationalpark Palo Verde umfasst 18.400 ha und erstreckt sich nördlich des Río Tempisque. In der Regenzeit ist er unter Umständen zu größeren Teilen überschwemmt. Inzwischen hat er als **Feuchtgebiet** von internationaler Bedeutung Aufnahme in die Ramsar-Liste gefunden. Innerhalb seiner Grenzen lassen sich zwölf verschiedene Habitate unterscheiden, so z.B. die **Sümpfe und Lagunen**, die mit bislang über 50 identifizierten Wasserpflanzen wie etwa Wasserlilien bzw. -hyazinthen aufwarten. Hinzu kommen **Mangrovenwälder**, in welchen vier verschiedene Mangrovenarten, darunter die Schwarze Mangrove beheimatet sind. Auf dem (ehemaligen) Weideland ist die **Savanne** mit vereinzelten Bäumen gespickt, hier dominiert das (afrikanische) Futtergras.

Bestäubung durch Fledermaus

An den hügeligeren und damit trockeneren Stellen wachsen auch baumartige **Kandelaberkakteen**, die normalerweise um die 10 m hoch werden, mitunter aber auch schon die Zwanzig-Meter-Marke reißen. Der einzelne Zweig eines solchen Kandelaberkaktus bringt es auf einen Durchmesser von etwa 60 cm, in Extremfällen sogar über einen Meter. Dieser Kaktus blüht von März bis Juni, wobei die weißen, bis zu 8 cm langen Blüten sich nachts öffnen. Diese Merkwürdigkeit erklärt sich damit, dass für die Bestäubung dieser dreihäusigen Art – d.h. es existieren bei dieser Art männliche, weibliche und zwittrige Exemplare – ein Säugetier und zwar die Blütenfledermaus zuständig ist, die aufgrund ihres Orientierungsorgans nicht auf den hellen Sonnenschein angewiesen ist. Von den 150 Baumarten, die insgesamt im Park bekannt sind, ist der nahezu überall anzutreffende Baum, nach welchem der Park auch benannt ist, der **Jerusalemdorn** (span.: *palo verde*). Bei ihm handelt es sich um einen Dornenbusch, bei welchem, wie die spanische Bezeichnung als „Grüner Busch" deutlich macht, nicht nur die Blätter, sondern auch Stamm und Äste ganzjährig grünen. Nur die einen intensiven Honigduft verbreitenden Blüten, welche klein und gelb sind, halten sich nicht an diese Vorgabe.

Holz aus Palo Verde – gut zum Boßeln und zum Kurieren

info

Es braucht angesichts der breiten Anwendungspalette nicht zu verwundern, wenn der „Guaiacum sanctum" rar wird und der Handel mit dem Holz der gesamten Gattung seit Ende 2002 generell genehmigungspflichtig ist – übrigens dank eines entsprechenden Antrags der BRD auf der Tagung der Unterzeichnerstaaten des Washingtoner Artenschutzübereinkommens von 1973. Schon die Mayas setzten den aus seinem Holz bereiteten Sud gegen Syphilis ein. Nachdem es vorübergehend auch gegen die Pocken eingesetzt wurde – aus dieser Zeit stammt die Bezeichnung Pockholzbaum – wird heutzutage von der homöopathischen Medizinerfraktion ein aus ihm gewonnener Extrakt gegen Halsentzündungen und Rheuma genutzt, sein Harz dient der Pharmaindustrie zur Produktion von Teststreifen zur frühzeitigen Diagnose von Darmkrebs und neuerdings kommt es auch beim Heilfasten zum Einsatz.

Hatte man früher sein hartes Holz insbesondere dann genutzt, wenn es um die Produktion möglichst unverwüstlicher Teile wie Achslager und Kegelkugeln ging, so reduziert der allgemeine Mangel an diesem Holz seine Anwendungsbereiche. Übrig geblieben als Verbraucher von Guajakholz sind vor allem noch die Friesen und etliche Norddeutsche, die ihre Boßelstrecken mit dem Aufprall ihrer aus diesem Holz gefertigten Boßeln traktieren und vielleicht auch im Rahmen ihrer mit Boßeln garnierten Grünkohlausflüge den einen oder anderen Likör schlucken, der dank des Guajakharzes geschmacksverfeinert wurde – in der BRD werden übrigens jährlich etwa 20 t Guajakholz allein bei der Likörproduktion verbraucht.

Hauptaufgabe des Parks ist der Schutz des hiesigen **Vogelsiedlungsgebietes** als auch der Rastplätze für durchreisende Vögel. Nirgendwo sonst in Costa Rica trifft man auf vergleichbar kleinem Raum derart viele **Wasservögel** an wie in diesem Park, der auch im mittelamerikanischen Vergleich eine der höchsten Konzentrationen von Wasser- und Stelzvögeln aufweist. Bislang sind insgesamt über 280 Spezies *Paradies für Ornithologen* beobachtet worden, darunter um die 60, deren Lebensmittelpunkt jenseits der Lüfte das Wasser darstellt. Das sind z.B. die häufig vorkommende, dem Gruppenleben zugetane und dämmerungs- bzw. nachtaktive Herbstpfeifgans, die als Zugvogel nur in den Wintermonaten präsente Blauflügelente und der Waldstorch. Weitaus seltener dagegen dürfte die Sichtung eines Jabirus oder eines Aras gelingen, da beide nicht nur auf der Liste der gefährdeten Arten stehen, sondern fast ganz aus Guanacaste verschwunden sind. Auf der gerade einmal 2,3 ha großen, im Río Tempisque gelegenen **Isla de Pájaros** nisten u.a. der Amerikanische Schlangenhalsvogel, der Rosalöffler, der Nachtreiher sowie der Braunsichler, eine weltweit verbreitete Ibisart mit dunkel-metallisch glänzendem Gefieder.

Viele Vogelarten, sowohl einheimische als auch solche, die lediglich temporär zu Gast sind, brüten zwischen September und April, sodass bessere Chancen zur Beobachtung derselben bestehen. Da in der Trockenzeit zwischen **Dezember und Februar** bzw. März nicht nur viele Bäume ihre Blätter abwerfen, sondern sich die

Macht seinem Namen alle Ehre: der Brüllaffe

Vögel auch noch auf die verbleibenden Wasserflächen konzentrieren, verbessert sich die Situation für ornithologisch Interessierte in dieser Zeit nochmals. Allen kommt zugute, dass es dann auch weniger fliegende Blutsauger gibt, allerdings ist in diesen Monaten die Brandgefahr extrem hoch, sodass insofern gesteigerte Vorsicht angezeigt ist.

Im Tempisque-Fluss – und vor allem im Winter auch in den Lagunen des Parks – leben zudem **Spitz- und Sumpfkrokodile**, von denen einige Exemplare bis zu 5 m lang werden. Daher sollte man vom Baden hier eher absehen. Ansonsten lassen sich häufig auch Brüllaffen, Kapuzineräffchen, Kojoten und Weißwedelhirsche hören bzw. blicken.

Baden nicht empfohlen

Im Park gibt es zudem noch die Karstformationen **Cueva del Tigre** und **Piedra Hueca** zu besichtigen. **Überreste aus vorkolumbianischer Zeit**, wenn auch nicht alle zugänglich, sind bislang an drei Stellen im Park (Botija, Bocana und Sonzapote) zutage gefördert worden.

🚶 Wanderungen

Vom Posten der Ranger kann man auf mehreren, eher kurzen und leicht zu begehenden Wegen den Park erkunden. Nennenswerte Höhenunterschiede gibt es nicht, allerdings kann es sehr heiß werden – ausreichend Wasser und Insektenschutz sollte man auf jeden Fall dabeihaben. Auch sollte man sich bei den Rangern nach dem Zustand der Wege erkundigen, die auch in der Trockenzeit matschig sein können. Auf dem kurzen Sendero La Roca (500 m) gelangt man zu einem Mirador, der einen Blick auf die Laguna Palo Verde gewährt. Der Sendero La Venada (rund 2 km) führt z.T. am Rande der Lagune entlang, der Sendero El Guayacán (1,5 km) zu weiteren Aussichtspunkten über die Tiefebene des Río Tempisque. Besser kann man den Park mit einer Bootstour erkunden.

Am besten per Boot zu erkunden

Reisepraktische Informationen Parque Nacional Palo Verde

i Information
Parkverwaltung ☎ 2200 0125, 2671 1290, act@minae.go.cr, 8–16 Uhr, 10 US$. In der Regenzeit (v.a. September und Oktober) kann es sein, dass der Park bzw. Teile gesperrt sind. Ein Restaurant gibt es bei OTS (s.u.).

Unterkunft
Der Park verfügt über zwei Stützpunkte. Bei der **Hacienda Catalina** *stehen* **Campingmöglichkeiten** *zur Verfügung (2 US$). Trinkwasser, Dusche und Toiletten sind ebenfalls vorhanden. Essen sollte man selbst mitbringen. Mitunter stehen in der Rangerstation sogar Betten den Besuchern, die über Nacht bleiben wollen, zur Verfügung (16 US$).*
Die **Station Palo Verde** *ist ähnlich gestaltet, allerdings etwas besser besucht und folglich ein wenig üppiger ausgestattet. Manchmal kann man sich sogar ein Pferd leihen. Die* **Organización para Estudios Tropícales** (**OTS**) *unterhält in der Nähe des Rangerpostens Palo Verde am Hügel Cerro Gauayacán eine Forschungsstation im Park, die nebenbei einfache* **Unterkunfts- und Verpflegungsmöglichkeiten** *($$$, 95 US$ p.P./Tag, jede Mahlzeit 14 US$), 12 Zi., ☎ 2661 4717, www.ots.ac.cr) vorhält. Auch geführte Wanderungen oder* **Bootstouren** *kann man hier buchen.*

Für beide Sektoren gilt: **Trinkwasser** *ist in der Trockenperiode nicht allzu reichlich vorhanden, sodass man sparsam damit umgehen sollte.*

Bootstour
Eine gute Möglichkeit, die Tierwelt zu beobachten, ist vom Boot aus. Diese starten gewöhnlich von **Puerto Humo** *(von der Nicoya-Halbinsel aus zu erreichen) zum knapp 10 km stromaufwärts gelegenen Anleger Puerto Chamorro. Auch von Letzterem werden mitunter Bootsexkursionen angeboten. Vorab buchen kann man diese z.B. bei* **Palo Verde Boat Tours** *(☎ 2651 8001, www.paloverdeboattours.com, ab Filadelfia). Ansonsten kann man auch am Steg neben der Parkverwaltung ein Boot mieten, falls eines da ist.*

Anreise
Die Zufahrtsstraße zum Nationalpark Palo Verde zweigt in Bagaces Richtung Westen ab (ausgeschildert). Von der Kreuzung sind es ca. 30 km bis zur Eingangshütte und weitere 10 bis zur Parkverwaltung und Bootsanlegestelle. Der Weg ist nicht asphaltiert, zumindest bei trockenem Klima aber theoretisch mit einem normalen Wagen befahrbar. Sicherheitshalber sollte man sich in Bagaces nach dem Zustand der Strecke erkundigen. Man passiert auf dem Weg die Finca Tancherardo und die Hacienda Tamarindo. Vor Bagazi gibt es eine Gabelung: Rechts geht es auf der Alternativroute zur Reserva Biológica Lomas de Barbudal, links zum Sector Palo Verde. In Bagazi, welches sich parallel zur Straße in Richtung Parkeingang hinzieht, befindet sich ein kleiner Laden. Nachdem man den neben dem Weg etwas versteckt liegenden Airstrip des Parks passiert hat kommt man an eine weitere Gabelung: Rechts führt der Weg zur Rangerstation des Sector Palo Verde, links geht es zu derjenigen des Sector Catalina. Von der Station Palo Verde aus führt der Weg dann weiter bis zum Anleger **Puerto Chamorro**.

Als Alternative besucht man zuerst die Reserva Biológica Lomas de Barbudal (S. 288). Von dort aus – vorbei an Soda Flori – geht es zunächst in südliche Richtung. Nach ca. 5 km schlägt man einen weiten Bogen nach Osten und gelangt etwas nördlich der Parkgrenze des Parks Palo Verde auf die Hauptzufahrtstraße von Bagaces aus.

Liberia

Von Bagaces aus ist es nicht mehr weit bis nach Liberia, der Hauptstadt der Provinz Guanacaste. Entlang der Interamericana ziehen sich die nun nicht mehr so fetten Weiden hin, sodass vor allem nur noch die im Vergleich zum gescheckten Rind friesischen Typs genügsameren Brahmanenrinder zu sehen sind. Auf dem Weg nach Norden passiert man die Abfahrt zum Safaripark **África Mía** (S. 295). Die baldige Ankunft in Liberia signalisiert dann das Auftauchen der Mall Centro Plaza Liberia.

Heißeste Stadt des Landes

Liberia ist mit gut 35.000 Einwohnern die kleinste der sieben Provinzhauptstädte des Landes. Die gerade 25 m über dem Meeresspiegel gelegene Stadt dürfte als die trocken-heißeste Costa Ricas empfunden werden. Hier schützt weder die Höhenlage vor der Hitze noch gewährt eine hin und wieder aufkommende frischere Seebrise Linderung. Die Stadt ist primär Sitz der Provinzbehörden (einschließlich des Zentralgefängnisses). Das Klima prägt das Stadtbild: Während der Siesta wirken die Straßen und der zentrale Platz eher ausgestorben. Nach Einbruch der Dämmerung erwacht die Bereitschaft der Einwohner, nach draußen zu gehen. Liberia dürfte wohl die Stadt Costa Ricas sein, die ihr Erscheinungsbild in den letzten Jahren am gründlichsten verändert hat. Dies ist auf den Tourismusboom in Guanacaste zurückzuführen. Neue Geschäfte und Hotels sind eröffnet worden und auch die Lebensweise ihrer Bewohner ist von diesen Entwicklungen nicht unbeeinflusst geblieben.

Vieles hat sich geändert, aber Liberia ist und bleibt die Hauptstadt der costa-ricanischen Cowboys

Liberia kann als Ausgangspunkt für eine Tour zum östlich gelegenen **National-park Rincón de la Vieja** (S. 299) bzw. zu den nördlich der Stadt gelegenen **Nationalparks Santa Rosa** und **Guanacaste** (S. 305 u. S. 309) dienen. Beliebt ist auch ein Trip zu den Stränden der Nicoya-Halbinsel. Besonders gilt dies für deren nördlichen Teil. Die in der Mitte der Halbinsel gelegenen Strände steuert man hingegen besser über die den Río Tempisque überspannende Freundschaftsbrücke und die im Süden der Peninsula gelegenen Strände per Schiff von Puntarenas aus an (S. 374). Von Liberia aus kann man auch eine Exkursion zum **Refugio de Vida Silvestre (Bahía) Junquillal** unternehmen. *Viele National-parks in der Umgebung*

Positiv ausgewirkt hat sich der Touristenzustrom auf die Bemühungen, das historische Erbe des bis vor wenigen Jahren eher vernachlässigten Provinzstädtchens zu erhalten. So finden sich in der Calle Central inzwischen etliche **frisch restaurierte Häuser** aus dem 19. Jh. Auch in der parallel zu ihr verlaufenden Straße sowie partiell in der Avenida Central sind einige Beispiele für diese (Er-)Neuerungen zu besichtigen. *Prachtstraße*

Der *Parque Central* Liberias wird geprägt durch eine eher hässliche Betonkirche, die das gegenüberliegende historische Gebäude im wahrsten Sinne des Wortes in den Schatten stellt. Von hier aus sollen sich einst die costa-ricanischen Heroen aufgemacht haben, um sich in der Schlacht von Santa Rosa den Eroberungsabsichten des US-Amerikaners Walker entgegenzuwerfen. Leider ist es immer noch nicht gelungen, die ehemalige Stadtfestung (wie etwa in Alajuela) in ein (Regional-)Museum zu konvertieren. Das entsprechende Schild **Museo de Guanacaste** ist zwar schon da, doch im Inneren des Gebäudes ist außer Umbaumaßnahmen nichts zu sehen.

Wer eine Erholung vom Anblick der Zentralkirche benötigt, kann zum Museo de Arte Religioso del Señor de la Agonia pilgern, welches in der **Ermita de Nuestro Señor de la Agonia** untergebracht und (zumindest offiziell) tgl. von 14–16 Uhr geöffnet ist.

Safaripark África Mía

Das Gebiet des Zoos umfasst ca. 300 Hektar und enthält vor allem Tiere, die eigentlich in Afrika heimisch sind. Für eine ca. 90minütige Zoosafaritour zahlt man den stolzen Preis von 65 US$ (*10 km außerhalb von Liberia,* ☎ *2661 8155, http:// africamiacr.com*).

Reisepraktische Informationen Liberia

i **Information**
Die **Touristeninformation** *befindet sich am Flughafen, dort sind auch die größeren Mietwagenfirmen vertreten.*

Unterkunft
Hospedaje Dodero (1) *$–$$, C. 10, Av. 7 und 9,* ☎ *8729 7524, 8314 7862, www.hospedajedodero.yolasite.com/. 9 Zimmer mit Ventilator oder ac, Gemeinschaftsküche und -bad, relativ modern eingerichtet. Kleiner Garten, ortskundiger Eigentümer.*
Hotel Liberia (3) *$–$$, C. C., Av. C und 2,* ☎ *2666 0161, www.hotelliberiacr.com.*

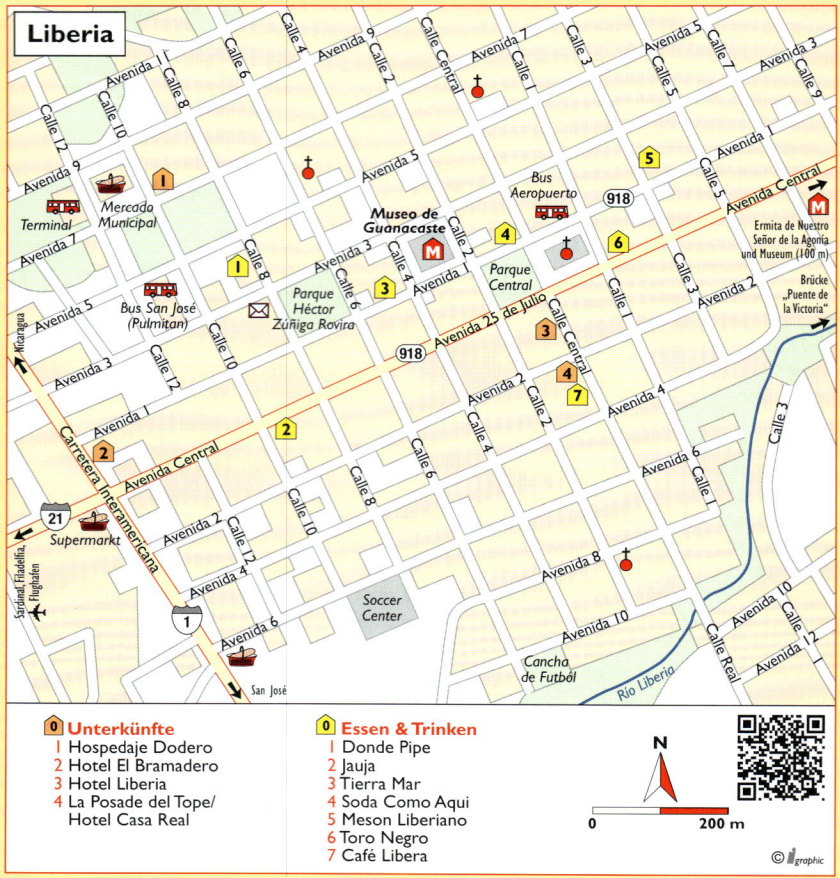

Liberia

Unterkünfte
1 Hospedaje Dodero
2 Hotel El Bramadero
3 Hotel Liberia
4 La Posade del Tope/
   Hotel Casa Real

Essen & Trinken
1 Donde Pipe
2 Jauja
3 Tierra Mar
4 Soda Como Aqui
5 Meson Liberiano
6 Toro Negro
7 Café Libera

N

0   200 m

© *graphic*

Traditionelles Hotel, ansprechend modernisiert, 6 schlichte, aber einladende Zimmer mit Bad in kolonialem Haus La Casona, zudem 12 Mehrbettzimmer (ohne Stockbetten) mit Gemeinschaftsbad, Ventilator. Garten und Restaurant (lokale Küche und Burger). Touren werden organisiert, z.B. Transfer zum Rincón de la Vieja (20 US$).
Hotel Casa Real und **La Posade del Tope (4)** $–$$, C.C. Av. 2 und 4, ☎ 2666 3876, www.laposadedeltope.com. Restaurierte, einander gegenüber liegende Häuser in der „Prachtstraße" Liberias, originelle Gestaltung mit Antiquitäten. 22 Zimmer, z.T. mit Bad, alle mit Ventilator. Der Eigentümer kann versiert Auskunft über Liberia und Aktivitäten erteilen, auch Touren können hier gebucht werden. Sehr zu empfehlen.
Hotel & Restaurante El Bramadero (2) $$$, Interamericana, Av. C. und 1, ☎ 2666 0371, www.hotelelbramadero.com. 23 Zimmer mit Bad und ac, Pool. Eher rustikal gestaltet. Direkt an der Panamericana und daher etwas laut. Restaurant mit interna-

tionaler Küche mit lokalem Einschlag, etwas teuer (z.B. Hähnchen nach Hirtenart 17 US$).

🍴 Essen und Trinken

Donde Pipe (1), C. 8, Av. 3 und 5. Modernes Café mit ac, Minipizza und Sandwiches. Günstig und mit ac, ideal für eine kurze Pause.

Jauja (2), Av. C., C. 8 und 10. Gehobene italienische Küche, bietet Brangus-Fleisch (Kreuzung aus Brahmanen- und Angusrind) aus Bagaces an, Gerichte ca. 15 US$, teuer, aber gut. Leider ist das Lokal weniger gemütlich.

Tierra Mar (3), Av. 1, C. 4 und 6. Spezialität sind Fisch (u.a. ceviche), italienische und spanische Küche, z.B. paella valenciana für 2 Personen 30 US$.

Soda Como Aqui (4), Av. 1, C.C. und 2. Lokale Küche, viele Fruchtsäfte, günstig.

Meson Liberiano (5), C. 3, Av. 1 und 3. Schwerpunkt lokale Küche, aber von allem etwas, auf alt gestylter, nett gemachter Innenhof.

Toro Negro (ehem. El Zaguan) **(6)**, Av. C, C. 1 und 3. Auf Fleischgerichte spezialisiert, T-Bone-Steak 20 US$. Auch gute Steinofenpizza und Salate. Viele Tourgruppen.

Café Liberia (7), C. Real, 125 m südl. des Parque Central. Frische, französische Küche in einem alten, liebevoll restaurierten Haus in der schönsten Straße Liberias. So geschl., Gerichte 12–22 US$, auch gutes Frühstück.

🎁 Einkaufen

Die neueren Einkaufszentren sind hauptsächlich an der Peripherie der Stadt zu finden. Wer nach dem Besuch Liberias einen Trip in die Nationalparks der Provinz plant, sollte hier seine Vorräte aufstocken. Post, Bank, Busbahnhof und auch die meisten Läden findet man in der Hauptstraße, die vom Parque Central aus zur Interamericana führt. Am weitesten vom Zentrum entfernt liegt der Busterminal (ca. 500 m). Um ihn gruppieren sich einige kleine Stände und Lädchen, sodass man auch hier noch Proviant und Getränke besorgen kann.

👁 Touranbieter

Offi Tours Adventures, ☎ 8899 8149, www.offitours.com. Empfehlenswerter Touranbieter, u.a. zum Nationalpark Rincón de la Vieja (auch Shuttle 20 US$), Tenorio und Palo Verde Bootstouren.

Auch im Hostel **La Posada del Tope** (s.o.) kann man Touren buchen.

☞ Feste

Ende Februar/Anfang März feiert Liberia sein **Stadtfest**. Hier wird der Cowboykultur gehuldigt oder wie die Cowboys in Costa Rica heißen: der Kultur der sabaneros. Stiere werden im Rahmen der Festivitäten von den sabaneros durch die Straßen getrieben. Wer zur Zeit der Festspiele in der Gegend ist, sollte es sich nicht entgehen lassen, in diesen Tagen Liberia einen Besuch abzustatten und dies auch dann, wenn nicht garantiert werden kann, dass man Zeuge solcher oder ähnlich spektakulärer Szenen sein wird, da das Standardprogramm schon sehenswert genug und geeignet ist, im wahrsten Sinne des Wortes etlichen Staub aufzuwirbeln (www.facebook.com/FiestasCivicasLiberia2013).

🚌 Verkehrsverbindungen

Der Busbahnhof (terminal de autobuses) Liberias befindet sich an der Ecke Av. 7, C. 12, der Terminal Pulmitan in der Av. 5, C. 10 und 12. An beiden besteht die Möglich-

Während des Stadtfestes werden die Stiere von den „sabaneros" durch die Straßen der Stadt getrieben

keit, Gepäck zu deponieren. Der Airport-Shuttle fährt an der Av. 1, C. C und 1 ab.

Die meisten Busse fahren vom Terminal Liberia ab, wer nach **San José** will, wählt allerdings als Abfahrtsort den **Terminal Pulmitan** (Pulmitan, ☎ 2222 0458. Letzteres gilt auch für die Reisenden nach Managua und Playas del Coco. Nach San José (220 km, 4,5 Std., ca. 7 US$) geht es zwischen 4 und 20 Uhr mindestens alle 2 Std. und zu den Playas del Coco (1 Std.) zwischen 5 und 19 Uhr jede Stunde. Liberia wird von San José aus zwischen 6 und 20 Uhr stündl. angefahren von Pulmitan de Liberia (Calle 24 zwischen Avenida 5 und Avenida 7).

Puntarenas: (150 km, 3 Std.) zwischen 5 und 15.30 Uhr alle 1–2 Stunden, Empresa Reina del Campo, ☎ 2663 1752.

Playa Flamingo: (ca. 1 Std.), um 4.30, 6, 8, 11 und 18 Uhr, Transportes La Pampa, ☎ 2665 7530.

Playa Hermosa und Playa Panamá: (1 1/4 Std.) um 4.50, 7.30, 8.30, 9.30, 11.30, 13, 15.30 und 17.30 Uhr, Transportes La Pampa, ☎ 2665 7530.

Cañas: (2 Std.) 5–21.30 Uhr mind. stündlich, Empresa Reina del Campo, ☎ 2663 1752.

Cuajiniquil: (ca. 1 Std.) um 5.30 und 15.30 Uhr, Empresa González García, ☎ 8357 6769.

La Cruz/Peñas Blancas: (ca. 1 ¾ Std.), 5–18.30 Uhr alle 45 Min., Tranbasa-Busse, ☎ 2666 0517.

Santa Cruz (1 ¼ Std., 2 US$) und Nicoya (2 Std., 3 US$) zwischen 3.30 und 21 Uhr im 20–30 Minutentakt, Transportes La Pampa.

Parque Nacional Rincón de la Vieja: über Curubandé in die Nähe der Parkgrenze fahrenden Tranbasa-Busse um 6.40, 12 oder 17 Uhr (knapp 1 Std.).

Tamarindo: (70 km, 1 ½ Std.) zwischen 3.50 und 18 Uhr nahezu stündlich, Transportes La Pampa.

✈ Flughafen

Sowohl **Sansa** (☎ 2290 4400 bzw. 2290 3538) als auch **NatureAir** (☎ 2299 6000, www.natureair.com) unterhalten Flugverbindung zum zweiten internationalen Flughafen des Landes, dem **Aeropuerto Daniel Oduber Quirós**, der gut 10 km von Liberia entfernt liegt. Der moderne Flughafen verfügt über Wechselstuben (7–20, So 9–16 Uhr), außerhalb dieser Zeiten ist man auf die ATMs angewiesen. Die Touristinformation (ICT) ist zwischen 8 und 17 Uhr geöffnet.

Alle 30 Min. fährt von 7.30–20 Uhr ein Bus ins Zentrum. Wer mit dem Taxi nach Liberia oder nach Tamarindo möchte, von dem werden zunächst 20 bzw. 100 US$ gefordert (verhandelbar). Transfers zu verschiedenen Stränden kann man z.B. auch bei Guanacaste Viajes anfragen (☎ 2697 0563, http://airporttransfercostarica.com).

👉 **Hinweis**
*Wer von hier nach **Nicoya** und auf die dazugehörige Halbinsel weiterfahren möchte, s. ab S. 329.*

Parque Nacional Rincón de la Vieja

Der etwa 30 km von Liberia entfernte Nationalpark Rincón de la Vieja, der zwischen 700 und gut 1.900 m hoch liegt, wurde im Oktober 1973 gegründet und umfasst über 14.000 ha. Er wurde ursprünglich primär deshalb unter Schutz gestellt, weil über 30 Flüsschen, unter ihnen der Río Colorado, der Río Blanco und der Río Ahogados, an seinen Flanken entspringen. Die Mehrzahl dieser speisen den Río Tempisque, einen der größten Flüsse des Landes.

Bis vor wenigen Jahren verirrten sich nur relativ wenige Touristen hierher. Seitdem eine nahegelegene Hacienda als Hotel und ein Kleinbuspendelverkehr ab Liberia eingerichtet wurde, stieg vor allem die Zahl der Kurzbesucher rapide an. Jährlich kommen bis zu 100.000 Menschen hierher. Die meisten beschränken ihren Besuch auf den **Sector Las Pailas**, wenige finden den Weg zur **Hacienda Santa María** im gleichnamigen Sektor. Die meisten Leute kommen in den Monaten Januar bis Mai, denn während der Regenzeit ist es dort für costa-ricanische Verhältnisse oft vergleichsweise kalt, und auch die Aussicht ist sehr beschränkt. Momentan ist ein Teil des Parks durch ein Vorhaben bedroht, das die Energiegewinnung durch ein

In der Trockenzeit beliebtes Ziel

Wie der „Rincón" zu seinem Namen kam

info

„Vor langer, langer Zeit, ungefähr zu der Zeit, als Europäer erstmals ihren Fuß auf das Land setzten, das sie dann Costa Rica nannten, lebten am Fuße des Vulkans zwei miteinander verfeindete indianische Stämme. Die Tochter des Häuptlings des einen Stammes namens Curubandá verliebte sich unsterblich in den Sohn des Häuptlings des mit ihrem Stamm verfeindeten Stammes. Als der Vater Curubandás von dieser nicht rein platonischen Liaison Wind bekommen hatte, wurde er überaus wütend und tötete in seinem Furor den Lover von Curubandá auf überaus grausame Weise: Er warf ihn in den Krater des Vulkans. Als Curubandá den Grund für das Verschwinden ihres Geliebten erfahren hatte, rannte sie davon. Nachdem sie in der Einsamkeit des Waldes ihr Kind geboren hatte, warf sie es in den Krater, der auch den Häuptlingssohn verschlungen hatte, auf dass der Geist des Kindes sich mit dem Geist seines Erzeugers vereinen konnte.
Curubandá selbst lebte noch lange Jahre in den Wäldern und übte nicht nur mit den traditionellen Medizinalkräutern, sondern auch dem Schlamm und dem Thermalwasser, welche vom Vulkan gespendet wurden, ihre bereits in früher Jugend erlernte Heilkunst aus. Wenn Schwerkranke, die dank ihrer Hilfe wieder gesundet waren, danach gefragt wurden, wie es dazu hatte kommen können, so sagten jene für gewöhnlich, sie seien im *„rincón de la vieja"*, also im „versteckten Winkel der Alten [Frau]" gewesen, wo sie Heilung erfahren hatten."

Geothermisches Kraftwerk vorsieht. Die nationale Energiegesellschaft ICE würde gerne um die 1.000 ha der Kernzone des Parks für diesen Zweck nutzen.

Die Existenz des Parks wird von den Anwohnern keineswegs allgemein akzeptiert. Konflikte um traditionelle Jagdrechte und Streitigkeiten wegen der Enteignungsentschädigungen eskalierten schon des Öfteren in versuchten Brandstiftungen.

Thermal-
quellen und
Schlamm-
geysire

Hauptattraktionen des Parks sind neben dem noch aktiven, 1.916 m hohen Vulkan, der – da aus sich abwechselnden Asche- und Lavaschichten aufgebaut – zu dem Typ der Stratovulkane zählt, seine Thermalquellen und Schlammgeysire sowie verschiedene Löcher, aus denen Gase austreten. Im Augenblick begnügt sich der Vulkan damit, lediglich zu „paffen". Seine letzte wirklich aktive Periode lag zwischen 1966 und 1970, doch auch in den Jahren 1983/84 rumorte er kräftig, um dann in den Jahren 1991, 1995 und 1997 nur noch etwas müde vor sich hinzuspucken. Der Vulkan Rincón de la Vieja ist der einzige von ursprünglich insgesamt neun eruptiven Punkten der Cordillera de Guanacaste, der auch heute noch im aktiven Stadium ist, die anderen acht gelten als erloschen.

Flora und Fauna

Die sehr unterschiedlichen Höhenlagen bringen eine äußerst abwechslungsreiche Vegetation hervor. Im unmittelbaren Gipfelbereich sind die von anderen Vulkanen her schon bekannten Sonnenschirme des Armen vorhanden, Bäume haben auf dem aschigen Untergrund keine Überlebenschance. Auch in Gipfelnähe sind Bäume na-

Der Vulkan Rincón de la Vieja ist oft in Wolken gehüllt

hezu nur in kleinwüchsigen, quasi verkrüppelten Versionen zu finden. Dominierend in dieser immer noch eher unwirtlichen Zone ist der auch unter der Bezeichnung Bergorange geläufige Balsamapfelbaum sowie die bis zu 30 cm groß werdende, immergrüne Pflanze mit dem englischen Namen Flameberry. In der von dichtem Wald geprägten Zone zwischen 800 und 1.500 m sind Arten wie Steineiben, Eichen, Spanische Zedern, Balsambäume, Yosbäume, Danto-Bäume und der Ohrenfruchtbaum überproportional häufig anzutreffen.

Unwirtliche Gipfelzone

An der nordwestlichen Seite des Berges, die den vom Atlantik herrührenden regenreichen Einflüssen ausgesetzt ist, erreicht das oberste Urwalddach nicht selten eine Höhe um die 40 m, wozu luftwurzelreiche Guttiferen und Botarromabäume beitragen. Deren nahezu undurchdringliches Unterholz, oder besser gesagt, die kompakte Mittelschicht des Waldes wird hier von verschiedenen Palmen geprägt. Orchideenfreunde seien darauf hingewiesen, dass die **costa-ricanische Nationalblume**, die lilaweißgelbe Orchidee der Gattung Guarianthe, an keiner anderen Stelle so häufig zu finden ist wie am Rincón. Weitaus seltener ist der Laurelbaum mit seiner mächtigen Krone auf „nacktem" Stamm.

Was die **Tierwelt** anbelangt, so sind die Säugetiere u. a. mit Puma, Jaguar, Ozelot, Brüll- und Klammeraffen sowie Kapuzineräffchen präsent. Ferner lebt der Ameisenbär hier, doch wird man ihn kaum zu Gesicht bekommen, dafür aber mit relativ großer Sicherheit den Roten Spießhirsch, Eichhörnchen und unter Umständen Wildschweine. Gürteltiere sind mit ihrem Rascheln meist besser zu hören als zu sehen, doch besteht am frühen Abend durchaus die Möglichkeit, eines solchen ansichtig zu werden. Von den sich am Rincón in die Lüfte schwingenden über **300 Vogelarten** seien neben dem Namensgeber der Lagune, dem *jilguero* (dt. Maskenklarino), stellvertretend der schmucke Hämmerling, die Weißstirn- oder Brillenamazone, der Quetzal, der Tuberkelhokko, der Laucharassari, der Plattschnabelmotmot, der Brillenkauz, die Rostbauchguane, der Montezumastirnvogel und der Blauscheitelmotmot und der Schirmvogel genannt.

Manche Tiere sind selten zu sehen

☞ ### Hinweis
Nachts kann es recht kühl werden. Speziell in der Umgebung der Hacienda Santa Maria ist kurz vor Einbruch der Dunkelheit mit massivem Auftreten sehr kleiner Fliegen zu rechnen, die schwer zu bekämpfen sind, weil man kaum spürt, dass sie sich auf dem Körper niederlassen. Als Gegenmaßnahme empfiehlt sich unbedingt eine möglichst umfassende Bedeckung aller Körperteile, da man sonst noch tagelang mit heftig juckenden Bissen zu kämpfen hat.

🚶 ### Wanderungen
*Es gibt **zwei Eingänge** zu dem Park: Las Pailas und Santa María, die beiden sind mit einem ca. 8 km langen Wanderweg verbunden. Der Sektor Las Pailas ist deutlich mehr besucht. Von hier gibt es mehrere Wanderwege, den Park zu erkunden. Die Wege in diesem Sektor weisen zwar hin und wieder mittelgroße Steigungen auf, sind jedoch gut begehbar und hinreichend beschildert, wobei die Attraktionen im Laufe eines Tages bequem erreicht werden können. Man sollte wegen des vulkanisch aktiven Untergrunds auf den Wegen bleiben. Der **Sendero Circular Las Pailas** (3,2 km, ca. 2 Std., Start direkt an der Rangerstation rechts) ist ein empfehlenswerter Rundwanderweg und führt*

durch Waldgebiete zu verschiedenen Fumarolen und Schlammgeysiren (laguna fumaró-lica, pailas de agua, pailas de barro). Hier kann man auf den Weg zum Sector St. María abzweigen (8 km). Der **Sendero de las Cataratas** zweigt 400 m hinter der Ranger-station links ab und führt zu **Wasserfällen** mit Natur-Pool. Nach ca. 1,7 km teilt sich der Weg: zur Catarata La Cangreja (noch ca. 3 km) geht es links ab, zur Catarata Escon-dida (ca. 2 km) rechts. Am Fuße beider Fälle kann man baden. Es gibt keinen Rundweg, es geht also denselben Weg wieder zurück.

Der anspruchsvollste Wanderweg führt auf den Gipfel, **El Sendero Cráter Activo** (insg. 16 km), auf dem man ca. 1.000 Höhenmeter überwinden muss. Bei klarer Sicht bie-ten sich beeindruckende Blicke auf den Krater, der Gipfel ähnelt einer Mondlandschaft. Bei Nebel, zu starkem Sturm oder vulkanischen Aktivitäten ist der Weg geschlossen, was nicht selten passiert. 6–8 Stunden sollte man einplanen und daher möglichst früh starten. In jedem Fall sollte man feste Schuhe, Windjacke, Picknick und ausreichend Wasser da-beihaben.

Auch bei der **Hacienda Santa Maria** gibt es ein paar Pfade. Die Hacienda aus dem 19. Jh., die übrigens zeitweise dem ehemaligen US-Präsidenten Lyndon B. Johnson gehör-te, war einst das Zentrum einer der größten Farmen Guanacastes gewesen. Da man den Rangern inzwischen ein neueres Gebäude in unmittelbarer Nähe des historischen Baus errichtet hat, nutzt man die Räumlichkeiten für einige eher rustikale Ausstellungen zu ver-schiedenen Themenbereichen, so etwa zum traditionellen Leben auf einer Hacienda, zu den geografischen Gegebenheiten der Region und zum Vulkanismus. Geologische Fund-stücke sowie die Schädel einiger im Park heimischen Tierarten dienen neben etlichen Fo-tos und Schautafeln der Veranschaulichung. Von hier kann man entlang eines schönen Waldweges in ca. 3 km **heiße Quellen** erreichen oder in 1 km den kleinen Wasserfall Catarata Bosque Encantado.

Die Schlammgeysire können 75 bis über 107 Grad heiß sein

Reisepraktische Informationen Parque Nacional Rincón de la Vieja

i **Information**
Parkverwaltung ☎ 2200 0399 (Sector Las Pailas) bzw. 2200 0296 (Sector Santa María), allg. ☎ 2666 5051, www.acguanacaste.ac.cr/, Di–So 7–15 Uhr, 10 US$. Die Anzahl der Besucher ist auf 300 limitiert. Wer auf den Gipfel steigen will sollte vorher anrufen, da dieser bei schlechtem Wetter gesperrt wird.

Unterkunft
Die Unterkünfte liegen bis auf die Rinconcito Lodge alle an der Straße zum Eingang des Sector Las Pailas.

Rancho Curubandé Lodge $$-$$$, vom Abzweig der Interamericana zum Nationalpark Sektor Pailas 600 m, ☎ 2665 0375, www.rancho-curubande.com. 20 große, eher einfache Zimmer mit Bad und ac, Reit- u. Mountainbike-Ausflüge werden angeboten.

Canyon de la Vieja Lodge $$$, 15 Min. von Liberia (vom Abzweig der Interamericana zum Nationalpark 3 km) ☎ 2665 5912, www.thecanyonlodge.com. 50 geräumige Zimmer mit viel Holz gestaltet und kleiner Veranda, mit Bad und ac, Pool und Restaurant. Inkl. Frühstück. Die Lodge bietet die gängigen Aktivitäten von Reiten über Canopy bis zu Wanderungen an (15–40 US$).

El Sol Verde Lodge $$-$$$, im Dorf Curubandé, vom Abzweig der Interamericana zum Nationalpark 10 km (ausgeschildert), ☎ 2665 5357 oder 8357 4593, www.elsol verde.com. Diese Lodge in netter Umgebung mit 3 ordentlichen Zimmern (2 Doppel- und ein Vierbettzimmer) wird von einem holländischen Ehepaar betrieben. Auch Camping ist möglich, wer kein Zelt dabei hat kann sich inkl. Matratze und Kopfkissen ein tent house mieten.

Casa Rural Aroma de Campo $$-$$$, 2 km hinter Curubandé auf der linken Seite, ca. 15 km vom Abzweig von der Interamericana, ☎ 2665 0008, www.aromade campo.com. Charmante Bed & Breakfast-Unterkunft mit Garten und natürlichem Pool. 6 Zimmer mit Bad und Ventilator.

Hotel Hacienda Guachipelín $$$-$$$$, 1,7 km hinter Curubandé, direkt vor dem Eingang zum Nationalpark, ☎ 2666 8075, www.guachipelin.com. Große Anlage mit 54 Zimmern auf einer der immensen Viehfarmen, die sich mit dem Tourismus ein 2. Standbein verschafft hat. Man setzt auf natürliche Energiegewinnung, die insgesamt gut ausgestatteten Räumlichkeiten sind etwas schmucklos gestaltet. Die zahlreichen Touren (Canopy, Tubing) sind ebenso wie die Leistungen im Spa-Bereich eher überteuert. Inkl. Frühstück und Eintritt zu den heißen Quellen. Im dazugehörigen **SIMBIOSIS-Volcanic Mud Springs and Spa** (www.simbiosis-spa.com) kann man sich mit Schlamm einschmieren und anschließend ein Bad nehmen. Der Eintritt beträgt 15 US$, Anwendungen 35–180 US$.

Rinconcito Lodge $$-$$$, ☎ 2666 2764, www.rinconcitolodge.com. Beim Sector Maria gelegen (in San Jorge), die Anfahrt erfolgt über das Barrio La Victoria in Liberia (s.u.), von dort sind es 24 km bis zur Lodge. 18 einfache Zimmer mit Bad (die neueren sind größer, aber auch teurer), Restaurant und Bar. Tourangebote in die Umgebung (auch zum Vulkan Miravalles).

⚠ **Camping**
Campen kann man im Parque Nacional Rincón de la Vieja momentan nur noch im Sector **Santa María** (2 US$).Der Zeltplatz liegt jenseits der zur Hacienda gehören-

Die heißen Quellen laden zu einem Sprung in den Fluss ein

den Pferdeweide. Waschmöglichkeiten und Duschen mit kaltem Wasser sind vorhanden, (sehr gutes!) Trinkwasser ebenfalls. Die Hacienda verfügt auch über einen Generator, sodass die Stromversorgung gewährleistet ist. Das Gebäude ist in Hufeisenform um einen liebevoll bepflanzten Garten gebaut. Schön ist es, von ihrer Veranda aus den Sonnenuntergang zu betrachten. An keinem der Rangerstützpunkte im Park kann man Essen erhalten, sodass alles selbst mitzubringen ist.

Anreise

Sector Pailas: Die Zufahrt befindet sich nördlich des Río Santa Ines und südlich des Río Colorado. Sie führt, wenn man aus Richtung Liberia kommt, nach rechts, also nach Osten über die kleine Ortschaft Curubandé (Abzweig ist ausgeschildert). Entlang der Straße liegen die meisten Unterkünfte. Der letzte Teil des Weges befindet sich in Privatbesitz (Gebiet der Hacienda Guachipelín) und der Eigentümer erhebt eine „Mautgebühr" in Höhe von 1,5 US$. Man kommt über diesen Zugang unmittelbar zum Sector Las Pailas. Die Straße schlängelt sich mit leichtem Aufwärtstrend durch das Gelände der Hacienda.

Wer sich von Liberia aus einem Taxi anvertrauen möchte, muss für die Hin- und Rückfahrt zusammen mit etwa 100 US-Dollar kalkulieren. Zudem gibt es einen **Shuttle-Service** nach Las Pailas für 20 US$ (www.offitours.com) oder beim Hotel Casa Real/ Posada del Tope, ☎ 2666 3876 (C. Central, Av. 2 und 4). Oder man kann sich den Bussen von **Tranbasa** (☎ 2666 0517, www.grupotranbasa.com) anvertrauen, die vom Terminal in Liberia über Curubandé zum Hotel Hacienda Guachipelín fahren (s.o. bei Liberia). Der Fahrpreis beträgt 2,50 US$. Die letzten Kilometer muss man dann zu Fuß zurücklegen (ca. 5 km). Der Weg ist wenig beschattet, sodass man es vermeiden sollte, in der Mittagshitze zu laufen. Kurz vor dem Eingang gibt es eine pulpería, in welcher man sich zu gesalzenen Preisen versorgen kann.

Sector Santa María: Kommt man auf der Interamericana aus Richtung San José, so biegt man in Liberia vor der Tankstelle rechts ein und fährt durch das Zentrum Richtung **Barrio La Victoria** zehn Querstraßen geradeaus. Die zehnte Querstraße biegt man rechts ein und folgt dieser, bis man über eine Brücke kommt. Die zweite Straße hinter der Brücke nach links führt zum Rincón de la Vieja. Sie ist ca. 25 km lang und in nicht besonders gutem Zustand, sodass vor allem in der Regenzeit einen Allradwagen braucht. Eine reguläre Busverbindung Richtung Park existiert nicht mehr.

Nach insgesamt ca. 10 km seit Stadtausgang ist das Ende der Ausbaustrecke erreicht. Von der Anhöhe aus hat man einen guten Ausblick auf den weiteren Weg und den Rincón. Nach weiteren 3 km wechselt die Farbe des Weges von fast blendendem Weiß in eine Mischung aus Ocker und Erdfarben. 15 km hinter Liberia biegt rechts ein Weg zu einer Hacienda ab; der Hauptweg jedoch, dem man zu folgen hat, geht leicht hügelan Richtung Rincón weiter. Bei Kilometer 19 biegt ein weiterer Weg rechts ab, der zum 2,5 km entfernten San Jorge führt. Dort existieren Unterkunftsmöglichkeiten, man kann Pferde mieten. Bei Kilometer 21 kreuzt ein kanalisierter Bach den Weg, der selbst in der Trockenzeit Wasser führt. 300 m weiter passiert man die Grenze des Nationalparks. Nun hat man noch einen Kilometer vor sich, bis der Weg zur Hacienda Santa María nach links abbiegt. Diese erreicht man, der Abzweigung folgend, nach weiteren ca. 2 km. Kurz hinter dem Abzweig von der Hauptstraße geht noch ein kleinerer Weg von der unmittelbaren Zufahrt nach links ab, den man aber tatsächlich „links liegen" lassen kann.

Parque Nacional Santa Rosa

Dieser Park gehört sowohl zu den ältesten als auch den größten Schutzgebieten des Landes: Bereits im Jahre 1966 dekretierte man die Schaffung dieses Parque Nacional, der nach zweimaliger Erweiterung inzwischen 116.674 ha umfasst, wobei allerdings 75 % der Fläche vor der Küste liegen. Santa Rosa ist mehr oder weniger das traditionelle Herz der „Área de Conservación Guanacaste", abgekürzt ACG, zu welcher die weiteren Schutzgebiete der Region gehören. Die ACG – und damit auch alle ihr angeschlossenen Schutzgebiete – haben 1999 von der **UNESCO** den Titel Welterbe erhalten.

Innerhalb seiner Grenzen befindet sich allerdings nicht nur unter ökologischen Aspekten Schützenswertes. Unter Schutz gestellt sind ferner für die Geschichte des Landes wichtige (Erinnerungs-)Stätten: Im Gebiet von Santa Rosa fand am 20.3.1856 die für die costa-ricanische Seite erfolgreiche, im Übrigen lediglich 20 Min. dauernde **Schlacht um Costa Rica** statt (s.u.) Knapp hundert Jahre später wurde hier auch der entscheidende Sieg über Anhänger des ehemaligen Präsidenten Calderón Guardia gefeiert. Nicht auszuschließen ist, dass die eigentliche Motivation zur Schaffung dieses Schutzgebiets weniger vom grünen, denn vom blau-weiß-rot-weiß-blauen Herzen der Politiker ausgegangen ist. Jährlich werden so Zehntausende von Parkbesuchern registriert, wobei über zwei Drittel von ihnen Costa-Ricaner sind, darunter viele Schulklassen. Die meisten Besucher beschränken ihre Rundgänge allerdings auf die nähere Umgebung des *Centro Histórico*, sodass man nicht befürchten muss, keine ruhigen Ecken mehr zu finden.

Siegreiche Schlacht gegen die Amerikaner

Am Strand des Santa Rosa Nationalparks

Das **Museo Centro Histórico** in dem einstigen Herrenhaus der Hacienda Santa Rosas, „La Casona" genannt (übrigens eine Rekonstruktion des 2001 abgebrannten Originalgebäudes), lohnt einen Besuch. Sofern man eine Besuchsempfehlung in Bezug auf das Museum von einem „aufrechten" Guanacasteken erhält, so muss man damit rechnen, dass dieser nicht versäumt darauf hinzuweisen, dass hier die Wiege nicht nur des *sabanero*, also des costa-ricanischen – pardon: des guanacastekischen – Cowboys, sondern auch die der guanacastekischen Küchenkünste gestanden habe. Hier sind bäuerliche Gebrauchsartikel ausgestellt, darunter alte Ledersättel, Mörser, Ochsenwagen und diverse Werkzeuge. Sehr interessant ist auch die Rekonstruktion einer Küche im hinteren Teil der Hacienda. Neben Backofen, Herd, verschiedenen Tongefäßen, Mühlsteinen und diversen Kaffeemühlen ist unter anderem auch ein Filter für Wasser zu sehen, wie man ihn in früheren Zeiten benutzte. Vor dem Eingang der Hacienda befindet sich ein zu Beginn des 18. Jh. errichteter steinerner Corral.

Der Vorgängerbau von La Casona, der 1894 als Haupthaus des Landgutes errichtet worden war, und eben dieser Corral waren Schauplatz der „Schlacht um Costa Rica": Hier wurden zu Beginn der zweiten Hälfte des 19. Jh. die Truppen des US-Amerikaners William Walker zurückgeschlagen, der ausgezogen war, um ganz Mittelamerika den USA anzugliedern, und der auch die Sklaverei in den von ihm zeitweise beherrschten Gebieten wieder einführte. An diese Ereignisse erinnert ein Teil der Exponate in der Hacienda. Ein anderer Raum dient heute einer kombinierten Biologie- und Umweltschutzausstellung. Die Eröffnung einer Ausstellung, in der die Darstellung *Ausstellung in* der geschichtlichen Entwicklung im Mittelpunkt stehen wird, ist lt. eines Artikels in *Planung* „La Nación" vom März 2013 in Planung.

Links von der Hacienda beginnt ein **Naturlehrpfad**, der zu einem zehn- bis fünfzehnminütigen Spaziergang einlädt.

Flora und Fauna

Der Parque Nacional Santa Rosa umfasst den bedeutendsten **Trockenurwald** ganz Zentralamerikas. Bisher wurden in diesem Park über 240 Arten von **Bäumen** festgestellt. Zu den Besonderheiten gehört der im costa-ricanischen Spa- *„Nackter* nisch wegen seiner glatten, dunkelrotbraun gefärbten Borke als *indio desnudo* *Indianer"* (Nackter Indianer) bezeichnete Baum, und der Balsambaum, der dank Chloroplasten unter seiner papierdünnen Rinde auch in der blätterlosen Trockenzeit zur Photosynthese fähig ist.

Die direkt am Stamm wachsenden gelben Früchte des in der Trockenzeit oft blattlosen Kalebassenbaums werden gerne von Pferden konsumiert. Weit verbreitet ist
der wegen des Aussehens seiner Früchte im Deutschen als Ohrenfruchtbaum bezeichnete costa-ricanische Nationalbaum *Árbol de Guancaste*. Der bis zu 40 m hohe   *National-*
Baum produziert Früchte, die nur dann keimen, wenn hohe Temperaturen sich mit   *baum*
hoher Luftfeuchtigkeit paaren oder falls es – wie in der Gegend von Santa Rosa –
an Feuchtigkeit fehlt, ein Buschfeuer über sie hinweggegangen ist und dabei die
Früchte geknackt hat.

Im Park wachsen ferner Stachelrindenbäume bzw. Dornzedern. Seltener zu sehen
ist der schon immer wegen seines ebenfalls sehr harten, gleichzeitig aber gut zu be-
arbeitenden Holzes beliebte Nambar, der wertvolle Mahagoni und der sogar nur in
Santa Rosa vorkommende mittelgroße Baum Ateleia herbert-smithii, für den es
nur eine lateinische Bezeichnung nach der von *Carl von Linné* entwickelten Taxono-
mie und weder einen spanischen noch einen deutschen Begriff gibt.

Die ehemaligen Weideflächen sind mit dem ursprünglich aus Afrika stammenden
Futtergras bewachsen, wo hin und wieder ein fast Baumgröße erreichender Sand-
papierstrauch Schatten spendet. Tropische Eichen bilden in einigen Teilen des
Parks isolierte Haine, ebenso kommen neben den *manglares* in sumpfiger Umge-
bung Wäldchen von Mesquitebäumen und von Divi-Divi-Bäumen vor, welche als
Gerbpflanze bei der Lederbearbeitung von Wichtigkeit war.

Des Weiteren leben im Park etwa 115 verschiedene Spezies von **Säugetieren** (darunter etwa 60 Fledermausarten), über 300 **Vogelarten**, mehr als 100 Arten von
Amphibien und **Reptilien** sowie 30.000 **Insekten**, darunter über 5.000 verschiedene **Schmetterlinge**.

An Affen dürften die meisten Besucher zumindest die Kapuzineräffchen zu Gesicht
und die Brüllaffen zu hören bekommen. Häufig anzutreffen und wenig scheu sind
auch die Nasenbären, derentwegen man übrigens seine Lebensmittelvorräte nicht
allzu öffentlich und leicht zugänglich aufbewahren sollte. Mit etwas Glück lassen
sich außerdem sicherlich noch das eine oder andere Gürteltier, eine Waschbären-   *Tierbeob-*
familie oder auch mal ein Reh oder einen Hirsch erspähen. Selten lassen sich dage-   *achtungen*
gen Tapire, Pumas oder Jaguare sehen. Im Geäst ist hin und wieder ein blauweiß
gefiederter und mit einem beeindruckenden Helmbusch gezierter Langschwanzhäher auszumachen, der die anderen Tiere mit seinem Spektakel von der Annäherung
Fremder warnt. Auch Elfenbeinsittiche, Rotnackenzaunkönige, Krabbenbussarde,
Tuberkelhokkos und Langschwanzpipras sowie verschiedene Sittiche wie etwa der
Keilschwanzsittich und Trogone wie z.B. der Halsbandtrogon gehören zur Vogel-
population des Parks.

Nur saisonal beobachtbar sind die zur Eiablage an den Stränden Playa Nancite und
Playa Naranjo auftauchenden Bastardschildkröten, die Lederschildkröten und die
Schwarzen See- bzw. Suppenschildkröten. Zu diesen Zeiten sind die Strände nur
mit einem speziellen Permit zugänglich. Nicht bloß saisonal, sondern ganzjährig ist
zu beachten, dass an den Stränden des Parks der Wellengang und noch viel mehr
die Unterströmungen vor der Küste nicht ungefährlich sind, sodass man sich in die-

ser Hinsicht vorsehen sollte. Gleiches gilt angesichts der Existenz von Giftschlangen wie etwa der Tropischen Klapperschlange für diejenigen, die sich zu Fuß fortbewegen.

info

Vorsicht vor den „Killerbienen"

Sogenannte afrikanisierte amerikanische Bienen, besser bekannt unter dem Begriff „Killerbienen", schwärmen inzwischen gelegentlich über Santa Rosa. Sie sind ein Beispiel für die ungewollten Effekte menschlicher Gier. Da die Stachellosen Bienen, die vor Ankunft der Europäer diese Gegend ausschließlich bevölkerten, zwar nicht gefährlich, allerdings etwas faul beim Honigsammeln waren, hatte man ihre europäischen Verwandten importiert. Diese glichen sich unter den subtropischen Bedingungen im Produktionsverhalten ihren Vettern an. Darauf reagierte man mit der Einkreuzung afrikanischer Bienenrassen, was allerdings als Nebeneffekt eine extreme Aggressivität dieser Tierchen mit sich brachte.

Wanderungen

*Wer sich auf die Erkundung der Umgebung von La Casona beschränkt, trifft auf gute Wege nebst ausreichender Beschilderung, z.B. den 1 km langen **Sendero Indio Desnudo**, der durch den tropischen Trockenwald und entlang der charakteristischen Bäume führt.*

*Der (Halb-)Tagesmarsch zu den Stränden (12 km pro Strecke) dagegen ist nicht ohne Anstrengung zu bewältigen, insbesondere weil man seinen gesamten Tagesvorrat an Wasser oder Getränken bei sich tragen muss. Einige Kilometer nach dem Campingplatz geht es nach rechts zur nicht zugänglichen Playa Nancite, an der in der Regenzeit Hunderttausende von Schildkröten ihre Eier ablegen. Links geht es zur 7 km langen **Playa Naranjo**, die besonders bei Surfern beliebt ist. Auch der Strand ist während der Brutzeit der Schildkröten nicht öffentlich zugänglich.*

Reisepraktische Informationen Parque Nacional Santa Rosa

Information
Parkverwaltung ☎ 2666 5051, 2666 5020, 2661 8151 und 2666 0630, acg@acguanacaste.ac.cr, www.acguanacaste.ac.cr (aktuelle Hinweise bzgl. geschlossener Wege, nur Spanisch), Di–So 7.30–16.30 Uhr, 200 m hinter dem Eingang des Parque Nacional Santa Rosa befindet sich auch eine Informationsstation.

*Für Raucher auch an dieser Stelle der Hinweis: Wie fast überall in Guanacaste ist aufgrund der extremen Trockenheit die **Waldbrandgefahr** sehr hoch. Jede Zigarette sollte deshalb auf das Gründlichste ausgemacht werden.*

Camping
*Der **Campingplatz** bei der Station Santa Rosa ist relativ gut ausgestattet (2 US$): Er verfügt über Duschen, sanitäre Anlagen, Trinkwasser und Rastplatz, aber keine Elektrizität. Daher sollte man zumindest eine Taschenlampe dabeihaben. An dem Strand Playa Naranjo und dem Estero Real ist campen ebenfalls möglich, wobei es dort **kein Trinkwasser** gibt. Die Kantine der Parkangestellten gibt übrigens nach Voranmel-*

dung (manchmal sogar ohne) Essen an Besucher aus. Es gibt ferner Unterkünfte, die allerdings nur dann offen stehen, wenn sie nicht von Forschern belegt sind. Auch hier gilt: (An-) Fragen kosten (fast) nichts.

👉 **Hinweis**
Wer plant, dem *Parque Nacional Guanacaste* einen Besuch abzustatten, der sollte sich unbedingt die nötigen Genehmigungen in der örtlichen Verwaltung von Santa Rosa besorgen.

🚍 **Anreise**
Der Nationalpark Santa Rosa liegt nördlich von Liberia, ca. eine dreiviertel Autobusstunde von der Stadt entfernt. Man erreicht ihn mit jedem Bus, der Richtung Santa Cruz/nicaraguanische Grenze fährt. Vom Chauffeur des Busses wird man auf Wunsch direkt am Eingang des Parks an der Interamericana abgesetzt. Von hier fahren alle dreiviertel Stunde Busse nach Liberia zwischen etwa 6 und 19 Uhr.
Der erste Teil der Strecke vom an der Interamericana gelegenen Eingang in das Innere des Parks verläuft über eine geteerte Fahrstraße, die durch flaches Gelände Richtung Westen führt. Die Entfernung vom Eingang des Parks bis zum Campingplatz, beträgt insgesamt 7 km, von dort bis zum Meer sind es noch einmal ca. 12 km. Die Straße von der Station zum Strand ist zzt. nicht befahr-, sondern nur begehbar.

Parque Nacional Guanacaste

👉 **Hinweis**
Am Abzweig zum **Parque Nacional Guanacaste** ist ein ständiger Checkpoint der costa-ricanischen Polizei installiert, dessen Besatzung Costa Rica vor illegalem Zuzug aus dem nördlichen Nachbarland bewahren soll. Üblicherweise werden Fahrzeuge nicht nur hier, sondern auch noch an einer weiteren Kontrollstelle angehalten und durchgecheckt.

Dieser Parque Nacional zählt mit fast 35.000 ha zu den großen Naturparks des Landes. Zusammen mit dem Nationalpark Santa Rosa bildet er die Área de Conservación Guanacaste. In ihm befinden sich sowohl die **Vulkane Orosí** und **Cacao** als auch das **Quellgebiet des Río Tempisque**. Um die Gipfel der Vulkane herum – in der Übergangszone zwischen *Tierra Fría* und *Tierra Templada* – gibt es noch Primärwald, sodass man hier nicht nur epiphytische Farne und Moose, sondern auch Bromelien und Orchideengewächse in großer Fülle zu Gesicht bekommt – viel häufiger jedenfalls als die im Park schon gesichteten Jaguare, Pumas und Tapire. Während die etwas tieferen Regionen der Flanken der Vulkane mit immergrünem Wald bedeckt sind, findet sich in der Nähe der Gipfel eine nebelwaldtypische Vegetation. Die Höhendifferenz im Park beträgt ungefähr 1.500 m, wobei die beiden Vulkane die höchsten Erhebungen darstellen, während andere Teile des Parks nur wenig über Meereshöhe liegen. Dies bringt es mit sich, dass die Biodiversität relativ hoch ist.

Offiziell nicht für Besucher geöffnet

Man geht davon aus, dass es insgesamt im Park ca. **3.000 Pflanzenarten** gibt. Zu diesen gehören der Talgmuskatnussbaum, dessen Rinde sowohl reichlich Gerbstoffe, aber auch Halluzinogene aufweist, die gewöhnlich das obere Stratum erreichende luftwurzelreiche Guttifere, deren Holz gerne zum Kanubau genommen wurde, der Kalebassenbaum, der nur in der Cordillera von Guanacaste vorkommt und dort die Hauptnahrung für Tapire abgibt, und der Tempisquebaum. In dem **Trocken(ur)wald** des Nationalparks existieren allein etwa 240 „höhere" Arten, also Büsche und Bäume, darunter der Ohrenfruchtbaum, der Jatobabaum, der Balsambaum, der Nambar und der Mahagoni. In den **Savannenlandschaften** wächst inmitten von mit Elefantengras vergleichbarem, einst insbesondere für die Brahmanenrinder aus Afrika importiertem und bis zu 2 m Höhe erreichendem Futtergras, der Sandpapierstrauch. Diese Savannen sind nicht natürlichen Ursprungs, sondern das Ergebnis meist seit mehreren Jahrhunderten betriebener Viehzucht in extensiver Form.

Futter für Brahmanenrinder

Im Park sind drei (Forschungs-)Stationen beheimatet: Die **Estación Biológica Cacao** an den Hängen des Vulkans Cacao, die **Estación Biológica Maritza** am Fuße des Vulkans Orosí, an dem übrigens auch der junge Río Tempisque vorbeifließt, und die **Estación Biológica Pitilla** (offiziell nicht für Besucher geöffnet), die auf etwa 600 m Höhe am 1.210 m hohen Cerro Orosilito inmitten eines Primärwaldes liegt. Der Park ist noch relativ ‚jungfräulich' und nicht überlaufen. Von Rangerstation zu Rangerstation kommt man zwar jeweils an einem Tag, das Wegenetz ist aber eher an den lokalen Bedürfnissen ausgerichtet und erschließt sich dem Ortsunkundigen nicht immer. Abgesehen von den Vulkanen und deren unmittelbaren Umgebung verlaufen die Wege meist eben.

Reisepraktische Informationen Parque Nacional Guanacaste

Information

Parkverwaltung ☎ 2666 5051 bzw. 2695 5577, www.acguanacaste.ac.cr. *Man braucht zum Besuch des Nationalparks Guanacaste, der bislang grundsätzlich nur der Forschung und nicht dem Tourismus offen steht, eine* **spezielle Erlaubnis**. *Diese kann man – zusammen mit der Eintrittskarte – nur in dem Hauptquartier des Parque Nacional Santa Rosa bekommen. Die Strecke ist ohne eigenes Auto kaum zu schaffen. Diesen Park besuchen jährlich weniger als 500 Menschen.*

Anreise

Wer mit einem eigenen Auto, welches sicherheitshalber über ausreichende Bodenfreiheit und einen Vierradantrieb verfügen sollte, unterwegs ist, kann alle Stationen des Parks grundsätzlich auch mit diesem erreichen, sofern einem während der Regenzeit das Wetter keinen Strich durch die Rechnung macht.

Station Maritza: *Der Abzweig von der Interamericana zum Park ist unter dem Namen „Parque Nacional Guanacaste/Entrada Cuajiniquil" bekannt und liegt gegenüber dem Abzweig zum Ort Cuajiniquil, der auf der westlichen Seite der Interamericana liegt. Ungefähr 250 Meter nach dem Verlassen der Interamericana muss man an einer Gabelung die rechte Alternative wählen.*

Station Cacao: *Man fährt von Liberia aus auf der Interamericana in Richtung des Grenzübergangs nach Nicaragua. Sobald Liberia etwa 20 km hinter einem liegt, hat man Potrerillos erreicht. Dort biegt man von der Interamericana nach rechts ab und steuert das etwa 10 km entfernt gelegene Quebrada Grande an. Dort angekommen, hält man*

Landschaft im Parque Nacional Guanacaste

sich links und folgt bis zur Station den Ausschilderungen. Von der auf gut 1.100 m Höhe liegenden Station Cacao aus kann man nicht nur die Nachbarstation besuchen, sondern auch den knapp 1.660 m hohen Gipfel des Cerro Cacao, ein inzwischen erloschener (Strato-)Vulkan, besteigen, wobei man hierfür nicht völlig untrainiert sein sollte, da der ca. 2 km lange Aufstieg angesichts seiner Steilheit nicht selten atemberaubende Abschnitte aufweist.

Refugio de Vida Silvestre (Bahía) Junquillal

Das gerade 500 Hektar große Refugio umfasst hauptsächlich den an der Bucht von Junquillal befindlichen, ca. 2 km langen **Strandabschnitt** nebst etwas Hinterland und gehört zur Área de Conservación Guanacaste. Seine Errichtung im Jahre 1988 verdankt er der Schenkung eines Großgrundbesitzers.

Was man hier mit hoher Wahrscheinlichkeit zu Gesicht bekommt, sind – außer **Affen** (Brüllaffen, Kapuzineräffchen sowie Klammeraffen) und **Nasenbären** – Fregattvögel, **Pelikane**, **Elfenbeinsittiche** und **Gelbnackenamazonen**. Im Einzelfall dürfte auch ein **Waschbär**, ein **Weißwedelhirsch** oder ein **Schwarzer Leguan** zu sehen sein.

An **Krebsen** treiben sich viele Halloween-Krabben sowie Blaue Landkrabben am Strand herum, und auch die eine oder andere Echse kann einem über den Weg laufen. Nur während der Regenzeit besteht dagegen die Möglichkeit, einen auf dem Zug von Florida nach Südamerika befindlichen **Rosalöffler** zu beobachten. Dieser bis zu 90 cm groß werdende Stelzvogel war übrigens wegen seiner Federn und der vor ca. einem Jahrhundert angesagten Frauenmode schon fast ausgerottet gewesen. Auch die Größe der Chance, zur Eiablage anlandende **Meeresschildkröten**

Krabben am Strand

Mit etwas Glück trifft man auf den (Weißrüssel-) Nasenbär, daher sollte man seine Lebensmittelvorräte gut verpacken

zu Gesicht zu bekommen, ist stark saison-abhängig, die besten Gelegenheiten hat man während der Regenzeit.

Die Vegetation wird geprägt durch einige für **Trockenurwälder** charakteristische Bäume sowie durch **Sekundärbewaldung** der trockenen Zonen. Typisch für letztere sind die Ohrenfruchtbäume, die Brasilianischen Regenbäume, die Färbe- oder Brasilholzbäume und Niedrigen Kakaobäume. An **Mangroven** finden sich die Knopfmangrove, die Schwarze Mangrove und die Rote Mangrove. Unmittelbar im Strandbereich wachsen der (giftige) Wahre Mancinellenbaum (*manzanillo*), Lanzenbromelien, Meeresbohnen, was diejenigen erfreuen dürfte, die sich auf natürliche Rauschdrogen spezialisiert haben, und Mesquitebäume, deren Früchte grundsätzlich essbar sind und die in manchen Ländern zu Wein vergoren werden.

Insbesondere bei Windstille ist mit einer großen Anzahl von Moskitos zu rechnen, sodass man sich entsprechend vorsehen sollte. Die im Park ebenfalls anzutreffenden Affen und *pizotes*, wie man in Costa Rica die (Weißrüssel-)Nasenbären nennt, machen es notwendig, dass man seine Besitztümer, was insbesondere für die von diesen Tierchen als Abwechslung zu ihrer herkömmlichen Diät beliebten Lebensmittel der Besucher gilt, diebstahlsicher aufbewahrt und sich von ihrer vermeintlichen Possierlichkeit nicht täuschen lässt, da sie mitunter auch zubeißen können.

Der Strand selber ist ein **flacher Sandstrand**, der sich fast über die ganze Bucht erstreckt. Bei Flut beträgt der Abstand zu den Bäumen jeweils nur wenige Meter. Die Zahl der Besucher hält sich außerhalb der Karwoche bzw. zwischen Weihnachten und Neujahr noch in Grenzen. Ab dem Rangerposten ist ein kleiner Rundwanderweg, der Sendero El Carao ausgeschildert.

Reisepraktische Informationen Refugio de Vida Silvestre (Bahía) Junquillal

ℹ Information
Parkverwaltung ☎ 2679 9692, 8–17 Uhr, 10 US$, www.acguanacaste.ac.cr. Camping ist für 2 US$ möglich. Es existieren ein Brunnen, aus dem man Trinkwasser bekommen kann und auch eine Picknick-Ecke. Duschen und Toiletten sind vorhanden, jedoch ist

während der Trockenzeit Wasser extreme Mangelware, sodass dann die Abgabe limitiert ist. Jährlich finden zwischen 10.000 und 20.000 zahlende Besucher den Weg hierher. In Cuajiniquil gibt es die Gaststätte La Cangreja. Am Strand gibt es keine Versorgung mit Esswaren.

Anreise

Ab Liberia erreicht man Cuajiniquil mit einem Bus um 5.30 Uhr und 15.30 Uhr, zurück um 7 und 16.30 Uhr. Der Abzweig an der Interamericana befindet sich wenige Minuten hinter der Polizeistation und dem Abzweig zum Parque Nacional Guanacaste und ist ausgeschildert als „**(Comunidad de) Cuajiniquil, Sector Murciélago del Parque Nacional Santa Rosa, Refugio de Vida Silvestre (Bahía) Junquillal**"*. Von hier sind es 8 km bis ins Dorf und weitere 4 km bis Junquillal, aber es gibt keine öffentlichen Transportmittel.*

150 Meter nach einer pulpería biegt eine Schotterstraße nach rechts ab, welche zum Refugio de Vida Silvestre (Bahía) Junquillal führt. Gleich zu Beginn dieses Weges passiert man den rechterhand gelegenen Friedhof der (Comunidad de) Cuajiniquil. Kurz danach taucht linkerhand erstmals der Pazifik auf. Es bietet sich ein **malerischer Ausblick** *auf die in der Bucht gelegene Insel Juanita. Durch das linkerhand gelegene Tor zu einer ehemaligen Hacienda erreicht man den Rangerposten.*

Parque Nacional Santa Rosa – Sector Murciélago

Insbesondere für diejenigen, die den Weg bis zum Refugio de Vida Silvestre (Bahía) Junquillal geschafft haben, bietet sich der Besuch des nahegelegenen „Fledermaussektors" des Nationalparks Santa Rosa an. Will man die Attraktionen dieses Sektors aufzählen, so kann man in weiten Teilen auf die bereits im Zusammenhang mit dem Parque Nacional Santa Rosa gegebenen Überblick verweisen. Zu ergänzen wäre noch, dass dieser Sektor über eine größere Anzahl von **Stränden** verfügt und aufgrund seiner Abgelegenheit mit weitaus **weniger Besuchern** zu rechnen ist.

Insbesondere ist auf die knapp 2 m lang werdende, braun oder dunkelgrau gefärbte, mit hell umrahmten Rautenflecken getupfte Tropische Klapperschlange und den Schwarzen Leguan, der allerdings für gewöhnlich nur wenig mehr als halb so lang wie die Klapperschlange wird, hinzuweisen. Gut die Hälfte der insgesamt im Park bislang registrierten 155 Säugetierarten sind – wie es sich für einen Sektor dieses Namens nicht anders gehört – **Fledermäuse**, so zum Beispiel der zur Gattung der Eigentlichen Fruchtvampire zählende, in Haremsgruppen lebende Jamaikanische Fruchtvampir, die bei Verhaltensforschern besonders beliebte Sackflügel- oder Zweistreifenfledermaus und die auf den Verzehr der Früchte von Pfefferpflanzen spezialisierte – und für den Vertrieb der Samen derselben sorgende – Brillenblattnase. *Viele Fledermausarten*

Wanderungen

Im Park gibt es ein paar Wanderwege unterschiedlicher Länge. Der kurze **Sendero El Nance** *(800 m) führt auf einen mirador, von dem man einen schönen Blick auf hat auf die Hügelkette Murciélago, die Halbinsel Santa Elena und den Vulkan Orosí. Zudem führt er auf einem kleinen Abstecher an einer kleinen Quelle vorbei, genannt La Poza* de El General, wo einst der Diktator Morazán, dem dieses Gebiet gehörte, sich zu vergnügen pflegte. Auf dem Weg zur **Playa El Hachal** (6 km, mind. 1,5 Std.) bieten sich gute Vogelbeobachtungsmöglichkeiten aufgrund der lichten Baumkronen. Der Kieselstrand ist von Einsiedlerkrebsen bevölkert. Mit Glück kann man hier einen Tapir entdecken. Zudem kann man zu den weiter entfernten Playa Bahía Santa Elena (8 km, 2 Std.) und Playa Blanca (6 Std., 17 km) laufen, letztere der einzige weiße Strand.

Reisepraktische Informationen Sector Murciélago (Parque Santa Rosa)

i Information

Parkverwaltung ☎ 2666 5051 bzw. 2666 0630, acg@acguanacaste.ac.cr, www.acguanacaste.ac.cr, Di–So 8–16 Uhr, 10 US$. Der Rangerstützpunkt ist um den Platz einer alten Hacienda herum konstruiert. Es gibt Trinkwasser, einen Campingplatz (2 US$) und für den, der Glück hat, (informell) ein Bett in einer alten Hütte – informell deshalb, weil diese Übernachtungsgelegenheiten grundsätzlich Wissenschaftlern oder Studierenden vorbehalten sind. Keine Elektrizität.

Anreise

Der Rangerposten liegt 45 km entfernt von Liberia. Wie bei Junquillal muss man zunächst nach **Cuajiniquil** (s.o.). Von hier sind es 9 km. Man fährt in das Dorf rein, im Zentrum gegenüber dem Salón Comunal geht links eine nicht geteerte Straße zum Sector Murciélago (Allradwagen empfohlen, in der Regenzeit kann die Straße unpassierbar sein). Auf dem Weg passiert man ein rechts der Straße gelegenes Ausbildungscamp der paramilitärisch ausgerichteten costa-ricanischen Polizeitruppe Guardia Rural, das einem Militärlager zum Verwechseln ähnelt und dessen Erscheinungsbild so gar nicht zum Image der friedliebenden „Schweiz Mittelamerikas" passen will.

info

CIA und Contras im Land des Friedens

Die seit 1995 unter dem Namen „Centro de Entrenamiento Policial Murciélago" der *Fuerza Pública* als Ausbildungscamp dienende Anlage, die 57 ha umfasst, hat eine bewegte Geschichte. Dort, wo im Moment die ca. 3.500 Mann starke costa-ricanische Truppe trainiert wird, wurden einst die Killerkommandos der nicaraguanischen Contras von CIA-Agenten und US-amerikanischen Militärberatern auf ihren konterrevolutionären Einsatz gegen die nicaraguanischen Sandinisten gedrillt. Die in den 1980er-Jahren erbauten Installationen – einschließlich einer Landebahn – bezahlte damals die US-Botschaft. Von hier aus dürften unter Aufsicht des US-amerikanischen Geheimdienstes die Flugzeuge gestartet sein, deren aus in den USA illegalen Drogen bestehende Fracht dazu bestimmt war, einen Teil der Kosten für das verbrecherische Treiben in Nicaragua einzuspielen. In Gegenrichtung wurden Waffen geliefert, wobei der US-Amerikaner John Hull, der unter dem Decknamen *El Finquero* für den CIA agierte, seine Farm in Costa Rica zum Waffendepot ausbaute. An derartigen Aktionen beteiligt waren ferner Mitglieder der exilkubanischen Community, von denen einzelne wie etwa der 1986 von Costa Rica ausgewiesene Armando López Estrada im Verdacht stehen, nicht nur um das „allgemeine US-amerikanische Wohl" besorgt gewesen zu sein, sondern dabei ihr eigenes keineswegs vernachlässigt zu haben. Heute ist die Gegend Objekt etwas andersgearteter, wenngleich aus demselben Schoß stammender Begierden: Spekulanten wollen sich hier eine goldene Nase verdienen.

La Cruz und Peñas Blancas

Das letzte Städtchen vor der Grenze bei Peñas Blancas ist La Cruz. Es hat nicht viel zu bieten und mag insgesamt als eher beschaulich – um nicht zu sagen: langweilig – gelten. Die Grenzstation selber bietet einfache *sodas*, aber keine Unterkunft.

☞ **Hinweis: Grenzüberquerung nach Nicaragua**
Die Grenze ist Mo–Sa 6–22, So bis 20 Uhr geöffnet, man sollte in jedem Fall ausreichend Zeit für die Grenzformalitäten einplanen, will man nicht dort übernachten. Vor allem an (langen) Wochenenden, Weihnachten, Ostern etc., wenn viele in Costa Rica lebende Nicaraguaner nach Hause fahren, kann dies mehrere Stunden dauern. Zur Einreise nach Nicaragua brauchen Touristen aus Europa **kein Visum***, man muss allerdings ein paar Dollar Einreise- (ca. 13 US$) und Ausreise- (ca. 5 US$) -gebühr bezahlen und sollte darauf achten, auf beiden Seiten einen Stempel in den Pass zu bekommen. Mit dem Mietwagen kann man die Grenze nicht überqueren. Busverbindungen von San José bis Managua bieten* **TransNica** *(http://transnica.com) und* **Tica Bus** *(www.ticabus.com), ansonsten kann man in Nicaragua einen Bus oder Taxi ins 22 km entfernte Rivas nehmen, von wo Busse ins ganze Land starten. Seit Dezember 2013 muss zusätzlich ein* „**Impuesto de salida**" *in Höhe von 5 US$ gezahlt werden, zahlbar bei den Busgesellschaften oder Bancrédito in Liberia. Zudem soll an der Grenze ein Automat aufgestellt werden.*

Reisepraktische Informationen La Cruz

🛏 **Unterkunft**
Amalia's Inn $$, *östl. vom Parque Central,* ☎ 2679 9618. 7 ordentliche, unspektakuläre Zimmer mit Bad und viel Kunst. Pool mit netter Aussicht auf Bahía Salinas.
Hotel Bella Vista $$, *125 m östl. vom Parque Central,* ☎ 2679 8060. Motelähnliches Gebäude mit 17 spartanischen Zimmern, z.T. m. Bad, kleiner Pool. Unter holländischer Leitung. Parkplatz.
Hotel Los Inocentes Lodge $$$, *15 km östl. von La Cruz in Richtung Vulkan Orosí auf einer großen Hacienda gelegen,* ☎ 2679 9190. 23 z.T. moderne, z.T. modernisierte Zimmer im Haupthaus oder Cabinas, einfach und sauber mit Bad. Pool vorhanden.

🍴 **Essen und Trinken**
Wen unterwegs der Hunger packt, kann im **Luna y Sol** (günstig und gut) oder im nicht ganz so günstigen Restaurant **Thelma** (einheimische Gerichte ca. 10 US$) seinen Hunger stillen.

🚍 **Verkehrsverbindungen**
San José: *(300 km, ca. 5,5 Std., 11 US$), Transportes Deldú (*☎ 2256 9072*) fahren direkt bis zur Grenze durch, stündlich zw. 3.20 und 19 Uhr. Der Busbahnhof befindet sich in San José in der C. 16 und 14, Av. 3 und 5. Zurück nach San José – von Peñas Blancas aus – geht es um 3.20, 5.30 sowie zwischen 7.30 und 17.30 Uhr stdl.).*
Liberia: *tgl. zwischen 5 und 18.30 Uhr Tranbasa-Busse (*☎ 2666 0517*) im 45-Min.-Takt (1 ½ Std., 3 US$).*
San Carlos/Ciudad Quesada: *über El Tanque, zwischen 6 und 7 Uhr bzw. 13 und 14 Uhr,* **Guajiniquil**: *tgl. um 12.30 Uhr,* **Bahía Salinas**: *10.30 und 13.30 Uhr.*

Bahía Salinas

Viel Wind für Kitesurfer

Von La Cruz aus ist es nicht weit zur Bahía Salinas, die man über eine Piste bei Puerto Soley erreicht. Dort frönt man dem Surfsport, für normales Sonnenbaden ist es hier oft zu windig. Ein Bus um 10.30 und ein weiterer um 13.30 Uhr *(2 US$)* verbindet La Cruz mit Bahía Salinas, die von einer hügeligen Landschaft umgeben ist. Die **Isla Bolaños**, ein Schutzgebiet und Teil des Parque Nacional Santa Rosa, liegt in der Bucht knapp 2 km nordöstlich der Playas Rajada und Copal und weniger als 4 km von der nicaraguanischen Grenze entfernt. Tauch-, Kitesurf- und Boots- respektive Angelausflüge werden von in der Bahía Salinas angesiedelten Unternehmen ebenfalls angeboten und neben der Bar Salinas (☎ 8382 2989) besteht die Möglichkeit, sein Zelt aufzuschlagen.

Reisepraktische Informationen Bahía Salinas

🛏 Unterkünfte
Ecoplaya Beach Resort $$$$, an der Playa Coyotera, ☎ 2676 1010, www.ecoplaya.com. 44 Zimmer mit Bad, z.T. ac, entweder im Haus oder separat liegenden Villas für mehrere Personen. Pool, partiell nachempfundener Palenque-Stil. 2 Nächte Mindestaufenthalt, inkl. Vollpension.
Blue Dream Kiteboarding Resort $$-$$$, Strand Playa Copal ☎ 2676 1042, www.bluedreamhotel.com. Breite Angebotspalette vom Mehrbettzimmern bis zum Bungalow. Restaurant mit Pizza und Pasta. Hier wird primär Kitesurfunterricht angeboten (ca. 40 US$ pro Stunde), eher junges Publikum.

Die Bahía Salinas lohnt für allem für Kitesurfer einen Abstecher, die hier ideale Bedingungen vorfinden

Die Interamericana ist auf den letzten Kilometern vor der Grenze in keinem sehr erbaulichen Zustand, sodass Selbstfahrer sich verstärkt auf Schlaglochausweichmanöver einstellen sollten. So es irgend geht, sollte man vermeiden, die Grenze um Weihnachten und während der Karwoche zu überschreiten, da man dann in Konkurrenz zu all den in Costa Rica lebenden Nicaraguanern steht, die diese Tage zu einem Heimaturlaub nutzen wollen, und mit sehr langen Wartezeiten zu rechnen hat.

An Feiertagen Grenzüberquerungen vermeiden

Der tiefe Norden: Grenzregion zu Nicaragua

Upala

> **Routenhinweis**
>
> Von Santa Cruz nach Upala geht es auf einer nicht durchgängig asphaltierten Straße, dieses soll sich im Rahmen von Investitionen in die eher ärmere Grenzregion in den nächsten Jahren ändern. Alternativ kann man den Ort über die Strecke am Parque Nacional Volcán Tenorio vorbei erreichen (s. S. 283).

Upala ist ein relativ neues Städtchen, das auf eine Siedlung mit Namen Zapote zurückgeht. Erst 1970 wurde der *canton* Upala geschaffen. Die Gebäude der Siedlung sind weit in der Fläche verteilt. Ein nicht unmaßgebliches Gewicht haben hier Migranten, die von Nicaragua aus – nicht immer ganz legal – über die Grenze gekommen sind und in der Gegend ein neues Auskommen suchen bzw. gefunden haben. Das am Río Zápote gelegene Upala bildet das Verwaltungs- und Versorgungszentrum für einen nicht geringen Teil der sogenannten *Frontera Norte*. Der Name rührt daher, dass es von Upala bis zur nicaraguanischen Grenze nicht einmal 10 km sind und es sowohl historisch als auch aktuell besonders tiefe Beziehungen zum nördlichen Nachbarland gibt. Nicht wenige Bewohner Upalas haben ihre persönlichen Wurzeln in Nicaragua. Upala sowie die das Städtchen umgebenden landwirtschaftlichen Betriebe sind nicht selten die erste Anlaufstelle für Nicaraguaner auf der Suche nach Arbeit. Im Ort gibt es neben Bank und Post ein paar einfache *sodas* und Unterkünfte.

Viele Auswanderer aus Nicaragua

Knapp 20.000 Menschen leben in dieser aufgrund der tiefen Lage nicht selten feuchtheißen Ortschaft. Von touristischem Interesse ist, dass Upala den Ausgangspunkt für einen Besuch des **Refugio Nacional de Vida Silvestre Caño Negro** darstellt.

Reisepraktische Informationen Upala

Unterkunft /Essen und Trinken
Cabinas Maleku $$, hinter dem Park, ☎ 2470 0142, *https://es-la.facebook.com/CabinasMaleku*. 25 Zimmer, alle mit Bad und Fan, z.T. zusätzlich ac, Parkmöglichkeit. Die großen Zimmer haben eine Veranda, die nett mit Blumen gestaltet ist.

Karneval in Upala

🍴 Essen und Trinken

Die Auswahl ist nicht übermäßig groß. Bei **Manjares** *gibt es einheimische Küche (casado 6 US$), das Restaurant* **La Terraza** *befindet sich im 1. Stock mit einer luftige Veranda, alles aus Holz und rustikal gestylt. Nudelgerichte und lokales Essen.*

🚍 Verkehrsverbindungen

Cañas *(über Bijagua): 5, 6, 7.45, 8.45, 11, 13, 15.30 und 17.30 Uhr (2 Std., 3 US$).*
(San Rafael de) Guatuso*: 4.15, 5.30, 7.30, 9, 9.45, 12.15, 15.30 und um 17.25 Uhr.*
Refugio Caño Negro*: über Los Chiles, Mo–Sa zwischen 4 und 5, 11 und 16 Uhr.*
San Carlos *(Ciudad Quesada): zwischen 5–17 Uhr stündlich (3 Std., 4 US$).*
Peñas Blancas*: 9.15 und 17 Uhr (2,5 Std., 3 US$)*
Liberia*: 7 Uhr (2,5 Std., 4 US$).*
San José*: via Cañas um 10.15, 15 und 17.10 Uhr, via San Carlos um 9 Uhr.*
Direktbusse von Transportes Upala (☎ 470 0743, C. 12, Av. 3 und 5), die von San José über Cañas nach Upala fahren, kann man um 4.30, 5.15 oder um 9.30 Uhr nehmen, will man über San Carlos (Ciudad Quesada) dorthin gelangen, so geht der Bus um 9 Uhr ab.

👉 Routenhinweis: über San Rafael de Guatuso nach San José

Wer von Upala zurück Richtung Hauptstadt will, fährt zunächst auf der nicht übermäßig attraktiven, etwa 40 km langen Strecke nach (San Rafael de) **Guatuso** (s. S. 279) hauptsächlich durch das (Karibische) Tiefland, vorbei an Weideflächen und einzelnen Plantagen sowie an Subsistenzwirtschaft betreibenden Minifincas. Bei Guatuso liegt auch ein zur Reserva Indígena Guatuso gehörendes Gebiet. Etwa 15 Min. vor Guatuso kommt man durch Katira, wo man rechts ein gut 10 km langer Weg zu einem Wasserfall führt. Kurz nach **Katira** wird der Río Celeste gekreuzt – eine gute Gelegenheit, sich an der dortigen Badestelle in die blauen Fluten zu stürzen. Richtung La Fortuna wird die Straße kurvenreicher. Wer von hier nach La Fortuna möchte, biegt kurz nach dem Mirador von der Nationalstraße 4 in Richtung El Tanque ab, das man nach 3 km erreicht. Hier fährt man nicht in südlicher Richtung weiter auf San Carlos (Ciudad Quesada) zu, sondern biegt nach Westen ab und kommt nach etwas mehr als 5 km nach Fortuna.
Wenn man von Fortuna aus über El Tanque und Florencia nach **San Carlos (Ciudad Quesada)** fährt, wechseln sich hinter dem touristischen Teil Haciendas mit großem Viehbestand auf riesigen Weideflächen ab mit eher ärmlichen kleinen Hütten und Fincas. Zuckerrohr, Mais, Papayas, Ananas, Melonen, Orangen, Bananen etc. sind sowohl auf Plantagen als auch auf den kleinen Fincas vertreten.

Letztere bieten ihre Produkte auch am Straßenrand feil. Bei dem Flüsschen Quebrada Azul, kann man die Be- und Verarbeitung des Zuckerrohrs in einer Fabrik besichtigen. Die Luft ist hier von Karamellduft erfüllt. Wenige Kilometer weiter taucht auf der rechten Seite ein Tropenholz verarbeitender Betrieb auf. Wie sich die Abholzung des Waldes auswirkt, kann man bei der Annäherung an San Carlos von den Höhen aus sehen: Die Hügelkämme sind fast alle von der Erosion geschädigt. An einigen Stellen werden neuerdings mit großer Mühe Wiederaufforstungsprojekte durchgeführt.

Zu **San Carlos/Ciudad Quesada** s. S. 244.

Von Upala nach Los Chiles

Von Upala geht es auf einer meist nicht besonders guten Straße, die in einigem Abstand in etwa dem Grenzverlauf zu Nicaragua folgt, vorbei am **Refugio Nacional de Vida Silvestre Caño Negro** nach Los Chiles. Upala verlässt man Richtung Guatuso. Nachdem man nach ca. 8 km eine Eisenbrücke überquert hat, sieht man einen kleinen orangefarbenen Laden mit landwirtschaftlichem Bedarf (Agrocoles). Hier biegt man links ab und erreicht nach 26 km Caño Negro. Für diese Strecke braucht der Bus, sofern die Witterungsverhältnisse und die Straßenbedingungen es zulassen, knapp 3 Std. Man kommt auf diesem Weg durch eine Gegend, die hauptsächlich von Kleinbauern bewohnt wird. Diese betreiben primär Subsistenzwirtschaft. In der Trockenzeit ist die Gegend mitunter durch Qualm überlagert, der von für diese Gegend typischen Brandrodungen stammt. Teilweise sind allerdings auch Bemühungen im Gange, eine Wiederaufforstungspolitik umzusetzen. Die Hütten der Menschen hier sind oft ärmlich.

Subsistenzwirtschaft

 Routenhinweis

Wer sich über La Fortuna de Guanacaste nach Bagaces auf den Weg macht, der kommt am Vulkan Miravalles vorbei und die über Bijagua führende Nationalstraße 6 ermöglicht sowohl Besuche des Parque Nacional Volcán Tenorio als auch der Zona Protectora Miravalles. Wer sich auf der Nationalstraße 4 Richtung *Meseta Central* aufmacht, der kann die Attraktionen in der Umgebung von (San Rafael de) Guatuso genauso besichtigen wie die des Arenalgebiets.

Caño Negro (Dorf)

Bei Caño Negro selbst handelt es sich um eine typische Streusiedlung ohne eigentliches Ortszentrum, d.h. man muss, nachdem man den Ortseingang passiert hat, ungefähr noch zwei bis drei Kilometer geradeaus fahren bis man der Lagune von Caño Negro ansichtig wird und dann nach rechts abbiegen. Nach ungefähr vierhundert Metern weist ein Schild auf den rechterhand gelegenen Rangerstützpunkt hin. Wer von der Haltestelle des Busses zum Rangerquartier kommen will, geht in Richtung des Restaurants Majon an der Kirche vorbei und biegt dann in die erste Straße nach rechts ein. Anschließend nimmt man die nächste Straße nach links. In dieser liegt dann auf der linken Seite nach ungefähr sechzig Metern – gleich hinter einer Voliere für Schmetterlinge – das Rangerhauptquartier.

Rangerposten des Schutzgebietes

Reisepraktische Informationen Caño Negro

🛏 Unterkunft

Albergue Caño Negro $, *am östl. Ortsrand,* ☎ *2471 2029. 7 einfache Zimmer mit Gemeinschaftsbad.*

Kingfisher Lodge & Tour, *am nördl. Rand des Ortes gelegen neben dem Mariposario,* ☎ *2471 1116, http://kingfisherlodgecr.com. Einfache Bungalows für 2–4 Personen mit Band und Ventilator oder ac. Freundliche Gastgeber, die auch Touren durchführen. Keine Kartenzahlung.*

Hotel de Campo Caño Negro $$$, *etwas außerhalb* ☎ *2471 1012, www.hotel decampo.com. 14 freundliche Zimmer in Bungalows mit Bad und Ventilator. Die große Anlage hat einen Pool und Jacuzzi, unter den Gästen sind viele Sportangler. Tour- und Paketangebote.*

Caño Negro Natural Lodge $$$, *von Upala kommend geht es beim kleinen Laden Agrocolos links Richtung Caño Negro (Schild). Dann sind es noch 26 km bis zum Ort, an der Kreuzung geht es links, nach 500 m ist man da,* ☎ *2471 1426, www.canonegrolodge. com. 42 moderne und geschmackvoll eingerichtete Zimmer in orangenen Bungalows mit Bad und ac. Die ehemals auf Sportfischer, inzwischen auf Ökotouristen spezialisierte, etwas außerhalb gelegene Lodge verfügt über einen tropischen Garten, Pool und bietet empfehlenswerte* **Touren** *(35–190 US$) mit eigenen Booten an. Restaurant und Bar. Verschiedene Tourpakete werden angeboten.*

🍴 Essen und Trinken

Soda La Palmera, *am südl. Ortsrand nahe dem Río Frío. Fisch und lokale Küche.*

🚍 Verkehrsverbindungen

Nach **Upala** *fahren tgl. Busse (☎ 2470 0197) um 6.30, 13, 15 u. 17 Uhr (75 Min., 1,5 US$). Nach* **Los Chiles** *kommt man in 1 Std. um 7, 13 und 18 Uhr (1,5 US$).*

Refugio de Vida Silvestre Caño Negro

Der Refugio Vida Silvestre Caño Negro ist 1984 eingerichtet worden und umfasst eine Fläche von über 10.000 Hektar. Ungefähr ein Zwölftel hiervon wird – abhängig vom aktuellen Wasserstand natürlich – von der Lagune Caño Negro bedeckt.

In der Regenzeit wächst die Lagune erheblich

Die Jahreszeiten haben einen großen Einfluss auf das äußere Erscheinungsbild des Refugio. In der Regenzeit steigen die lokalen Fließgewässer bis um drei Meter an. Durch den Wasserzufluss vergrößert sich das von Wasser bedeckte Gebiet der Lagune erheblich. Dann wird regelmäßig auch eine Verbindung zum Lago de Nicaragua hergestellt. Es kann dann auch sein, dass die ansonsten allein im Lago de Nicaragua vorkommenden Süßwasserhaie bis zur Lagune von Caño Negro vorstoßen. Zum Ende der Trockenzeit hin fällt der Wasserspiegel, die große Lagune verschwindet und übrig bleibt der Río Frío nebst voneinander getrennten, kleineren stehenden Wasserflächen.

Was die **Flora** anbelangt, so wachsen in der unmittelbaren Umgebung der Lagune und entlang der Kanäle vor allem Gamalotegras und auf mechanische Reize reagie-

Krokodilbabys am Schutzgebiet Caño Negro

rende Sinnpflanzen sowie einzelne Guababäume und Rasierpinselbäume – auch Glückskastanien genannt, während an Stellen, die permanent oder auch nur temporär geflutet sind, der schnellwachsende und bis zu 35 m hoch werdende Camibarbaum, aus dessen Rinde traditionelle Heilmittel gewonnen werden, und der Andiroba-Baum gedeihen.

In der Lagune – wie auch im Lago de Nicaragua – ist mit dem **Mittelamerikanischen Knochenhecht** (span.: *gaspar* oder *pejelagarto*) ein urzeitlicher Fisch vorzufinden, den es ansonsten nirgends mehr auf der Welt gibt. Dieser Fisch kann über einen Meter lang werden und hat ein plattenförmiges Maul mit scharfen spitzen Zähnen, auf Deutsch wird er auch als Tropischer Kaimanfisch bezeichnet. Diese Fische zeichnen sich dadurch aus, dass sie über eine vaskularisierte, also mit Blutgefäßen ausgestattete Schwimmblase verfügen. Diese ermöglicht es ihnen, im Notfall, also wenn es im Wasser an für Fische aufnehmbaren Sauerstoff mangelt, sich aus der Atmosphäre zu versorgen, was ihnen während der Trockenzeit im Gebiet des Caño Negro sehr zustatten kommt. Das eine oder andere (getrocknete) Exemplar wird einem im Laufe des Besuches von Caño Negro mit Sicherheit präsentiert. Im Wasser tummeln sich ansonsten auch noch die farbenprächtigen als auch gefräßigen Barsche, so etwa der Managua-Buntbarsch oder der Leopardenbuntbarsch sowie der Frauenfisch oder Tarpon, was insbesondere die Herzen der Fliegenfischereienthusiasten höher schlagen lässt. Im Refugio wird Wert darauf gelegt, dass man auch um des Schutzes bedrohter Arten wie dem Puma, dem Tapir, dem Jaguar, dem Großen Ameisenbär und dem Ozelot willen seinen Status erhalten hat, doch dürften diese Tiere dem Besucher nur in den seltensten Fällen begegnen.

Einzigartiger urzeitlicher Fisch

Im Bereich von Caño Negro sind bislang 315 **Vogelarten** identifiziert worden. Unter diesen finden sich unter anderem der storchenähnliche Jabiru, der bis zu 1,20 m

Den imposanten Grünen Leguan trifft man öfter an

groß wird und eine Flügelspannweite von bis zu 2,60 m aufweisen kann, der Silberreiher, der Kormoran – genauer gesagt die Olivenscharbe, der Amerikanische
Schlangenhalsvogel, der darauf spezialisiert ist, seine Beute vor dem Verschlingen
zunächst aufzuspießen, und der zur Familie der Eisvögel gehörende Erzfischer oder
auch Zwerggrünfischer. Der im Umkreis des Nicaraguasees endemische und mit
Vorliebe in Gruppen lebende *Nicaraguagrackel verhält sich beim Bau seines Nestes
ähnlich wie der* Stirnvogel. Bei dieser Art sind Weibchen und Männchen äußerst unterschiedlich geraten. Während das Weibchen größer ist und ein verschiedenfar-
benes Federkleid, bei dem allerdings Kaffeebraun dominiert, sein eigen nennt, ist
das Männchen – ähnlich einer Amsel – ganz in schwarz gewandet.

Des Weiteren sind hier der Rosalöffler, der Schneesichler, das Gelbstirn-Blatthühnchen, *der* Silberreiher, *der* Waldstorch, *der* Kahnschnabel *und die schwarz-weiß-
braun gefiederte Herbstpfeifgans* zuhause. Ein großer Teil der Vögel lebt das ganze
Station für Jahr über hier, ein anderer Teil kommt nur zum Nisten und zur Aufzucht der Jun-
Zugvögel gen hierher, während ein weiterer Teil der Vogelwelt zu den Wandervögeln zählt,
die auf ihrem Zug nach Süden während des Winters in der nördlichen Hemisphäre
hier einen Zwischenhalt einlegen. Die „Organization for Tropical Studies" (OTS)
veranstaltet hin und wieder derartige Ausflüge ins Feld, an welchen man teilnehmen kann (*www.ots.ac.cr*).

Was die **Reptilien** angeht, so finden sich im Park neben dem Nördlichen Krokodilkaiman und der Rotwangenschmuckschildkröte u.a. auch der in anderen Nationalparks des Landes recht häufig anzutreffende Grüne Leguan. Eine weitere Attraktion sind hier die Süßwasserschildkröten.

Reisepraktische Informationen Refugio de Vida Silvestre Caño Negro

Information
Parkadministration ☎ 2470 1309, tgl. 8–16 Uhr, 10 US$. Im Rangerstützpunkt stehen für bis zu zehn Personen Betten zur Verfügung. Wer zelten will, muss 2 US$ bezahlen.

Anreise
Während der Regenzeit besteht die Möglichkeit, von Los Chiles oder La Fortuna (s. S. 274) auf einer Tour das Refugio per Boot zu erreichen. Die Tierwelt des Refugio Vida Silvestre Caño Negro ist fast nur auf dem Wasserwege zu entdecken. Je nachdem, zu welcher Jahreszeit man zum Refugio kommt, schippert man dann auf den eher relativ seichten Wasserarmen entlang oder kann auch eine Fahrt über das offene Wasser der Lagune genießen.

Touranbieter
Die meisten Hotels bieten Touren an. Empfehlenswert sind u.a. die Touren der Kingfisher Lodge. Ferner verweisen auch die Ranger des Puesto de los Guardaparques auf geeignete Kapitäne bzw. Guides. Da die meisten Besucher sich erst am Tage der Besichtigung

Neben vielen anderen Vögeln bietet Caño Negro auch dem Silberreiher einen sicheren Lebensraum

zum Caño Negro bringen lassen und so die Touren meist gegen 9 Uhr eintreffen, ist es lohnend, bereits einen Tag vorher anzureisen und entweder in den frühen Morgenstunden des Folgetages loszuschippern oder aber nach Abfahrt der Reisegruppen die späten Nachmittagsstunden zu einer Rundfahrt zu nutzen.

Los Chiles

Einreiseformalitäten Nicaragua
Nördlich von Los Chiles gibt es einen Grenzübergang nach Nicaragua und man kann auch per Boot (12.30, 14.30 u. 15.30 Uhr, 1,5–2 Std., 12 US$) ins Nachbarland reisen. Auf nicaraguanischer Seite wird möglicherweise – die Bedingungen schwanken – eine mit US-Dollars in Cash zu bezahlende Einreisegebühr von 15 US$ erhoben, sodass man auf alle Fälle Dollarscheine in entsprechender Höhe parat haben sollte. Vor Antritt der Fahrt müssen allerdings etliche Formalitäten (u.a. Bezahlung einer kommunalen Ausreisesteuer in Höhe von 1,2 US$) erledigt werden. Dafür zuständig ist der Posten der costa-ricanischen Migración (8–17 Uhr) gegenüber dem Hotel Tulipán.

Über Los Chiles lässt sich wie über die meisten costa-ricanischen Grenzorte nicht viel sagen. Der Ort verfügt über eine Plaza de Toros, ein Fußballfeld, eine Kirche, Bank, Post und einige Vertretungen staatlicher Autoritäten. Es leben knapp 10.000 Menschen hier, viele von ihnen haben ihre Wurzeln in Nicaragua. In den 1980er-Jahren stellte Los Chiles eine wichtige Basis für die die Sandinistas in Nicaragua im US-amerikanischen Auftrag bekämpfenden **Contras** dar. Inzwischen plant man *Ausbau der* den Bau einer Straße entlang der Grenze zu Nicaragua in östlicher Richtung, um *Infrastruktur* die bislang nur wenig erschlossene Region zu öffnen. Ob hinter diesem Plan der *geplant* Grenzkonflikt mit Nicaragua oder aber die Hoffnung auf die Erschließung von Öl- und Gasquellen steht, lässt sich momentan nicht abschließend klären.

Für Touristen ist Los Chiles Basis für **Flusstouren** (ca. 2 Std., insbesondere Vogelbeobachtung, 35 $ p.P.) auf dem Río Frío in Richtung Caño Negro oder aber für Exkursionen auf dem Grenzfluss Río San Juan. Das Hotel Tulipán mit Bar und Restaurant ist der Treffpunkt der Stadt. Die für die Nationalparks zuständige Ministerialverwaltung verfügt in Los Chiles über eine Repräsentation (*Mo–Fr 8–16 Uhr,* ☎ *2460 6484*).

Reisepraktische Informationen Los Chiles

Unterkunft
Hotel Wilson Tulipán $$, Av. 0, C. 4 und 6, 100 m vom Steg auf den Río Frío, ☎ 2471 1414, www.hoteleswilson.com. 32 ordentliche Zimmer mit Bad und ac. Parkplatz. Es gibt allerdings eine Bar, die den Touristentreff des Ortes abgibt und nicht besonders leise ist. Auch Tourangebot.
Cabinas Jabirú $$, Av. 1, C. 3 und 5, ☎ 2471 1496. 20 Zimmer mit Bad, Ventilator oder ac, etwas spartanisch ausgestattet, nett gestalteter Hof, Parkplatz. In Ordnung für eine Übernachtung.
Hospedaje Heliconia $$, Av. 2, C. 0 und 1, ☎ 8307 8585 (unter dieser Nummer kann man bei dem Englisch sprechenden Inhaber auch Touren auf dem Río Frio buchen). 3 Zimmer mit ac und Bad, gutes Preis-Leistungs-Verhältnis. Restaurant mit großer Speisekarte, Spezialität: gegrillter Guapote aus dem Río Frío für 8–10 US$.

Essen und Trinken
Pollo Vaquero, Av. 1, C. 1 und 3. Fast Food und vor allem Hähnchen vom Grill.
Restaurante El Parque, Av. 0, C. 0 und 2. Einheimische Speisen, auch Frühstück.

Verkehrsverbindungen
San José über Ciudad Quesada: 5 und 15 Uhr, 5 Std., 220 km, Autotransportes San Carlos (☎ 2460 5032). Terminal in San José C. 12, Av. 7 und 9, Abfahrt der Busse nach Los Chiles 5.30 und 15 Uhr. Wer nur nach San Carlos/Ciudad Quesada will, der kann zw. 7 und 18 Uhr stdl. dorthin fahren (2–3 Std., 5 US$).
Upala (über Caño Negro): werktags um 4.30, 12.30 und um 16.30 Uhr, am Samstag fahren nur die Busse um 4.30 und um 16.30 Uhr, sonntags gar nicht.

Von Los Chiles zurück nach San José

Die Gegend zwischen Los Chiles bis etwa Muelle de San Carlos ist flach bis hügelig. Die Behausungen, die man auf der Fahrt auf der Nationalstraße 35 Richtung Süden zu Gesicht bekommt, sind eher ärmlich. Nach knapp 10 km biegt eine knapp
20 km lange Piste zum Caño Negro nach rechts ab und nach weiteren 30 km Fahrt
bekommt man Orangenplantagen zu sehen. Südlich des Orangengebietes domi-   *Orangen und*
niert extensive Weidewirtschaft. Etwa 50 km südlich von Los Chiles liegt **Santa**   *Weide-*
Rosa/Pocosol, wo man in dem einfachen Hotel Santa Rosa ($$, 9 Zi.) unterkom-   *wirtschaft*
men und bei Doña Nena bzw. in der Soda La Amistad einheimisch essen kann.

Südlich von Santa Rosa ist die Wirtschaft etwas diversifizierter: Zuckerrohr, Oran-
genhaine, Weideflächen und kleinere Fincas wechseln sich zunächst ab, letztlich ge-
winnt aber zunehmend das Zuckerrohr die Oberhand. 15 km nach Santa Rosa, an
der nördlichen Ortsgrenze von Boca de Arenal kann man eine riesige zuckerrohr-
verarbeitende Fabrik (*ingenio*) am Straßenrand sehen (und in der Saison auch rie-
chen). Von hier aus sind es noch gut 5 km bis zur Ankunft in Muelle de San Carlos.

Muelle San Carlos

Muelle de San Carlos ist umgeben von Zuckerrohrfeldern. Die ursprüngliche
Wichtigkeit des Ortes bestand darin, dass bis hierher der Río San Carlos schiffbar
ist, sodass im 19. Jh. ein nicht geringer Teil des Transitverkehrs in Richtung Río San   *Früher ein*
Juan hierüber abgewickelt wurde. Viel ist hiervon nicht mehr zu entdecken, sieht   *Flusshafen*
man davon ab, dass Muelle aufgrund der sich hier kreuzenden Nationalstraßen wei-
terhin als ein Verkehrsknoten eingestuft werden kann.

Von hier sind es noch 20 km bis Ciudad Quesada und 55 km bis San José.

Reisepraktische Informationen Muelle de San Carlos

🛏 Unterkunft

Im Ort gibt es die sehr einfachen **Cabinas Beitzy** *($, 12 Zimmer), wer etwas
bessere sucht, muss auf die außerhalb gelegenen Unterkünfte zurückgreifen:*
Hotel La Garza *$$$, 5 km außerhalb,* ☎ *2475 5222, www.hotellagarza.com. 6 gro-
ße Räumlichkeiten mit Bad, Ventilator und ac, eine Art Ferien auf dem Bauernhof geho-
bener Art, Pool und Tourangebote. Etwa 30 Min. vom Vulkan Arenal entfernt.*
Resort Tilajari *$$$–$$$$,* ☎ *2462 1212, www.tilajari.com. 76 komfortable Zimmer
mit Bad, ac und Ventilator. Inkl. Frühstück. Schöner Pool, Tennisplatz und Pferden für Aus-
ritte stehen zur Verfügung. Von hier werden auch Caño Negro-Bootstouren organisiert.
Gutes Restaurant Katira mit internationaler Küche und Bar mit Blick auf den Fluss.*

🍴 Essen und Trinken

Lokale, günstige Küche gibt es u.a. in der **Soda La Intersección** *und der* **Soda
Lily**.

5. DER WESTEN:
DIE HALBINSEL NICOYA UND DIE STRÄNDE VON GUANACASTE

Überblick

Die **Provinz Guanacaste** ist mit einer Fläche von über 10.000 km² nach Puntarenas die größte Provinz des Landes, mit weniger als 280.000 Einwohnern aber gleichzeitig sehr dünn besiedelt. Selbst für costa-ricanische Verhältnisse ist die Landwirtschaft hier überproportional dominant, und zwar speziell die **Rinderhaltung**. Damit verbunden sind Abholzungen von ganz erheblichem Umfang. Bereits seit Mitte der 1970er-Jahre ist die zur Provinz gehörende Halbinsel Nicoya praktisch waldfrei. Außerhalb der Nationalparks existieren auch in den anderen Teilen Guanacastes kaum mehr zusammenhängende Waldflächen.

In den letzten Jahren verschaffte sich die guanacastekische Wirtschaft mit der Entwicklung des Tourismus ein zweites Standbein. Dieses Konzept funktioniert allerdings nur entlang des Küstenstreifens; das Hinterland profitiert davon kaum, sodass hier kaum eine Reduktion der extensiven Weidewirtschaft bewirkt wird. Absehbar sind allerdings zunehmende Konflikte zwischen beiden Wirtschaftszweigen, die sich in diesem trockenen Teil des Landes bei der Frage der **Wassernutzung** auftun.

Grund und Boden liegen vorrangig in den Händen von Großgrundbesitzern. Stellenweise gehören ganze Landstriche einigen wenigen Familien, die aber meist nicht selber vor Ort tätig sind, sondern ihren Besitz aus der Ferne verwalten. Kleinbauern haben z.T. auch die nicht bewirtschafteten Flächen besetzt, immer wieder kommt es zu Auseinandersetzungen mit der Polizei. Manche dieser

Redaktionstipps

➤ Die Strände von Nicoya stehen mehr als der Rest des Landes weniger für Ökotourismus denn für Strandurlaub – entsprechend sieht das (Wassersport-)Angebot aus. In der **Reserva Natural Cabo Blanco** kann man allerdings noch durch unberührten tropischen Regenwald spazieren und die Tierwelt beobachten (s. S. 392).
➤ Viele Strände sind aufgrund des Wellengangs eher für Surfer als für Schwimmer geeignet. Schön für Familien ist z.B. die **Playa Sámara** (s. S. 367).
➤ Trotz steigenden Tourismus' gibt es auch weniger besuchte Strände, für deren Besuch man sich ein Auto (Allradwagen) mieten sollte, z.B. die **Playa Barrigona** (s. S. 368).
➤ Wer den Tag für Tag den gleichen Strand besuchen bzw. die zum Teil überteuerten „Meeresblickpreise" vermeiden will, kann auch in **Nicoya** (s. S. 364) oder aber in **Santa Cruz** (s. S. 341) in einfachen Hütten unterkommen und von dort aus die verschiedenen Ziele ansteuern.

Haciendas haben in den Tourismusbereich investiert, sodass nun Hotels auf ihren mehr als stattlichen Gütern stehen.

Ein großer Teil der Provinz gehörte traditionell zu **Nicaragua**. Kurz nach der Unabhängigkeit von Spanien, als in Nicaragua ein Bürgerkrieg wütete, entschloss man sich in der Region Nicoya, die Fronten zu wechseln und schloss sich an das in den 1820er-Jahren weitgehend friedliche Costa Rica an. Gewisse Überbleibsel dieser besonderen historischen Entwicklung sind auch heute noch nicht gänzlich verschwunden: Was dem Deutschen der Bayer, ist dem Costa-Ricaner der Guanacas-

Ausgeprägter Lokal-patriotismus

teke. Letzterer revanchiert sich mit einem ausgeprägten Lokalpatriotismus (einschließlich eigenem Dialekt) und der Gründung diverser Lokalparteien, die oft mit Erfolg agieren. Die Rolle, die das Städtchen Nicoya bei dem Seitenwechsel von Nicaragua zu Costa Rica gespielt hat, wird auch heute noch allgemein gerühmt und gefeiert. Nicht zuletzt die Namensgebung für das Hospital Nicoyas zeugt davon: Die Stadtväter Nicoyas tauften das städtische Krankenhaus dem historischen Ereignis zuliebe *La Annexión*.

 ☞ **Hinweis zu Verkehrsverbindungen**

Wer mit dem **Auto** in den Nordteil der Halbinsel unterwegs ist, sei es in die Region um El Coco oder zu den nördlich der Playa Tamarindo gelegenen Stränden, benutzt am besten die Straße über Liberia. Für die südlich von Tamarindo gelegenen Strände ist die Brücke über den Río Tempisque das bevorzugte Einfallstor. Gleiches gilt auch für die Anreise zur Südspitze.

Die Straßen zu den Stränden im Norden der Halbinsel sind im Allgemeinen besser ausgebaut. Wer in der Regenzeit auf den pistenartigen Straßen unterwegs ist, kann auf größere Schwierigkeiten stoßen, da öfter Flüsse gekreuzt werden müssen – ein Allradwagen ist für den Süden von Nicoya das ganze Jahr über angeraten. Eine weitere Möglichkeit besteht darin, von Puntarenas aus eine Fähre zur Playa Naranjo zu nehmen.

In der Regenzeit kann es auf den Straßen Nicoyas schlammig werden

Die Beschilderung auf der Halbinsel ist nicht allzu gut, sodass man nicht damit rechnen sollte, immer ohne Umwege zu seinem Ziel zu gelangen.

Wer wenig Zeit hat, kann zu einigen Stränden auch mit Hilfe von privaten Kleinbusnetzen kommen, wer noch weniger Zeit hat, kann die Strände auch anfliegen (s. Infos bei den jeweiligen Orten).

Zu den **Busverbindungen** auf der Halbinsel Nicoya ist festzustellen, dass die meisten wichtigen Strände Direktanschluss an San José haben. Nicht unproblematisch ist es allerdings, von einem Ort zum nächsten zu gelangen. Ein **entlang der Küste** die einzelnen Strände miteinander verbindendes öffentliches Transportmittel existiert praktisch nicht. Man muss meistens mit einem Bus zu einem regionalen Verteilungszentrum gelangen – für Ziele im Norden ist dies Liberia und/oder Santa Cruz und für die im Süden Nicoya und/oder Puntarenas. Von Tamarindo z. B. muss man zunächst nach Santa Cruz, dann einen Bus nach Nicoya nehmen und anschließend von Nicoya aus nach Nosara oder Sámara fahren. Sind die Direktbusse von San José aus relativ schnell, so trifft dies für die lokalen Busse nicht zu. Zum einen sind die Straßen, die von diesen Regionalbussen benutzt werden, zum Teil nicht asphaltiert, zum anderen fahren diese Busse oft auch auf Stich- bzw. Umwegen die verschiedenen Gemeinden ab, um ihre Kunden einzusammeln. Die Verbindungen zwischen den regionalen Verteilungszentren sind hingegen häufig und schnell. Insofern bietet es sich beim *beach-hopping* an, sektorenweise vorzugehen. So ist im Folgenden auch das Kapitel aufgebaut. Bei den einzelnen Gebieten wird zunächst der Hauptstrand genannt, dann die sich südlich und nördlich anschließenden Strände.

Die Busverbindungen werden bei den einzelnen Orten genannt.

Guanacastes Strände und der Norden der Halbinsel Nicoya

Die Strände der Nicoya-Halbinsel sind die Hauptattraktion dieser Region. Hier hält die Trockenzeit besonders lange an. Wenn im Hochland schon der Regen eingesetzt hat und auf der Karibikseite die ersten Überschwemmungen registriert werden, kann man in diesem Teil des Landes noch lange mit fast wolkenlosem Himmel rechnen. Einige dieser Strände stellen vor allem für Surfer beliebte Ziele dar.

Beliebte Strandorte

Auf der Halbinsel hat es vor allem seit der Eröffnung des internationalen Flughafens in Liberia einen erheblichen Aufschwung im Tourismusgeschäft gegeben. Steigerungsraten der über diesen Flughafen abgewickelten Einreisen betrugen in jüngster Zeit bis zu 20 % pro Jahr. Vor allem die dem Flughafen am nächsten gelegenen Strände von **Tamarindo** nordwärts wurden mit Hotels und Restaurants aller Kategorien bestückt, von denen nicht wenige dem Hochpreistourismus zuzurechnen sind. Entsprechend bunt und laut geht es hier zu. Wer den Menschenmengen entfliehen will, muss weiter nach Süden fahren. Auch die Gegenden um **Sámara** und **Nosara** sind mittlerweile gut entwickelt, aber nicht so überlaufen, während sich ganz im Süden bei Mal País und Montezuma noch ein kleinwenig die Backpacker-Atmosphäre der früheren Jahre erhalten hat.

Auch bei Surfern sind die Strände der Pazifikküste beliebt – hier bei Tamarindo

Grob gesehen kann die Küstenlinie in **sechs Gebiete** eingeteilt werden.

① Am weitesten nördlich – ca. 20–30 km südlich des letzten Ausläufers des Nationalparks Santa Rosa – beginnt das Erholungsgebiet um (El) Coco, wo neben den **Playa(s) del Coco** u. a. auch die beiden nördlich gelegenen Strände Playa Hermosa und Playa Panamá sowie die südlich gelegene Playa Ocotal zu finden sind.

② Südlich davon schließt sich ein Strandgebiet an, dessen Zentrum der Strand **Playa Flamingo** bildet.

③ Um **Playa Tamarindo**, dem traditionellen Zentrum des Tourismus auf der Halbinsel, gruppieren sich einige Strände und der Parque Nacional Marino Las Baulas.

④ In der Mitte der Halbinsel finden sich im Einzugsgebiet von **Nosara** mit Playa Ostional, Playa Nosara, Playa Pelada, Playa Guiones und Playa Garza fünf weitere Strände.

⑤ Südlich davon schließt sich eine Region an, deren bekannteste Strände **Playa Sámara** und **Playa Carrillo** sind und die bis Playa Coyote im Süden reicht.

⑥ Um den Nationalpark **Cabo Blanco** ganz im Süden gruppieren sich weitere Strände wie etwa der Strand **Playa Montezuma**.

info

Bandera Azul Ecológica

Die Blaue Fahne, das ökologische Gütesiegel Costa Ricas, ist keineswegs eine reine Werbemasche. Sofern Probleme in Orten oder an Stränden auftreten, und seien diese auch noch so namhaft wie etwa Tamarindo oder einer der zu Puerto Viejo gehörenden Strände an der Karibikküste, so wird diesen das Gütesiegel auch wieder entzogen. Es werden dafür auch die konkreten Gründe genannt: Bei Tamarindo war für den Verlust ausschlaggebend, dass dort zu viele Fäkalien ins Meer gelangten, und Manzanillo darf sich beim Hotel Allegro Papagayo bedanken, da dieses seine Abwässer ebenfalls partiell ungereinigt Neptuns Reich anvertraute.

2012 erhielten 90 Strände diese Auszeichnung. Welche dieses sind, kann man u.a. auf http://playascostarica.info/programa-bandera-azul-ecologica/ einsehen.

Playas del Coco und Umgebung

 ## Routenhinweis

Um in diese Gegend zu kommen, fährt man von Liberia aus nach Westen und passiert zunächst den Flughafen. Bei dem Dörfchen Comunidad biegt man von der Nationalstraße 21 in westlicher Richtung ab (rechts) und erreicht hinter Sardinal nach knapp 15 km (Playas del) Coco (insg. knapp 40 km von Liberia).

Dieser Strandort mit seinem ca. 3 km langen Strand ist zwar nicht unbedingt als „Ballermann-Strand" zu charakterisieren, doch auch nicht unbedingt etwas für ruhesuchende Menschen.

Einst ein Fischerdorf, in dem die costa-ricanische Mittelschicht Urlaub machte, ist heute auf der Hauptstraße der nordamerikanische Einfluss deutlich spürbar. Man kann abends losziehen, speziell in der Hochsaison an Weihnachten und Ostern ist viel los. ATMs, Post, Internet und Taxis sind vorhanden. Der eher braune Sandstrand ist zwar nicht der schönste des Landes, aber wer an Wassersport interessiert ist, hat hier die Qual der Wahl: Es werden jegliche Art von Aktivitäten angeboten, vom Tauchen bis zu Ausflügen mit dem Segelboot und Angelpartien.

Wassersport-paradies

Surfern hat der Ort bzw. die Küste weniger zu bieten, doch man kann Touren zu den im Bereich des Parque Nacional Santa Rosa gelegenen Surfstellen und nach Tamarindo buchen.

Reisepraktische Informationen Playa de Coco

 ### Unterkunft

Hostel El Oasis Backpacker *$–$$,* ☎ *2670 0501. 3 große Zimmer mit ac, ein Mehrbettzimmer mit 6 Betten. Gemeinschaftsküche, familiäre Atmosphäre.*
Hotel Pure Vibes *$–$$, 200 Metern von der Hauptstraße entfernt und nah zum Strand,* ☎ *2670 0273, www.purevibesresorts.com. 10 einfache Zimmer mit Ventilator und ac, Doppel- und Mehrbettzimmer (mit Hochbetten). Ein großer Pool, Grünfläche und Gemeinschaftsküche sind vorhanden, zudem Bar und jamaikanisch inspiriertes Restaurant. Fahrrad-Vermietung. Insgesamt „arrivierter" Rasta-Stil.*
Laura's House B&B *$$–$$$, C. La Chorrera,* ☎ *2670 0751, www.laurashousecr. com. 8 saubere Zimmer mit ac, kleiner Pool. Etwas unpersönlich, aber ordentliches Preis-Leistungsverhältnis. 100 Meter von der Hauptstraße entfernt.*
Hotel La Puerta del Sol *$$–$$$, C. La Chorrera, 5 Min. vom Strand,* ☎ *2670 0197, www.lapuertadelsolcostarica.com. 9 in Pastelltönen gestrichene Zimmer mit ac und Ventilator. Schöner Pool und kleiner Fitnessraum, sehr ruhig. Inkl. Frühstücksbuffet.*
Hotel Toro Blanco *$$$, 25 m südl. der Kirche,* ☎ *2670 1707, www.toroblancoresort. com. 20 Zimmer mit ac, Bad und z.T. mit Küchenzeile, geschmackvoll eingerichtet, neoklassizistischer Stilmix mit griechisch/römischen Götter- und Heldengestalten, unter italienischer Leitung. Pool und Bar.*

🍴 Essen und Trinken

Pato Loco *(im gleichnamigen kleinen Hotel), 500 m vom Zentrum an der Straße aus dem Ort,* ☎ *2670 0145, www.costa-rica-beach-hotel-patoloco.com. Bekannt für das reichhaltige Frühstück amerikanischen Stils, auch Mittagessen.*

Citron, *Pacifico Retail Village (Shopping Center), Route 151 (5 Blocks vom Strand entfernt),* ☎ *2670 0942, www.citroncoco.com. Gute, eher hochpreisige Küche mit französischem Touch. Minimalistisch, aber gemütlich eingerichtet. Terrasse.*

Restaurante Papagayo Seafood, ☎ *2670 0298, www.papagayo-seafood.com, an der Hauptstraße. Man sitzt nett mit maritimer Dekoration im Erdgeschoss und im 1. Stock. Teuer, aber gut (z.B. Seafood-Platte „Louisiana Style" 20 US$).*

Soda Mar & Tierra, *gegenüber vom Hotel Puerta del Sol. Kleines Restaurant mit landestypischen Gerichten, z.B. sopa de mondongo, casados für 5–7 US$.*

Tortuga Bar, *direkt am Meer. Italienische und lokale Gerichte, abends eher Bar.*

🤿 Tauchen

Man darf vor Playa del Coco kein türkisblaues Wasser erwarten, dafür hat man gute Chancen, Mantarochen oder einen White Tip Reef Shark zu sehen. Man kann entweder direkt vor der Küste tauchen, bei den **Islas Catalinas** *(knappe Stunde mit dem Boot), die für die riesigen Rochenvorkommen bekannt sind, oder den* **Islas Murciélagos** *(Fledermausinseln, 1,5 Std. Fahrt), wo man gelegentlich Bullenhaie zu sehen bekommt. 2–3 Tauchgänge kosten je nach Tauchgebiet 100–200 US$. Es gibt zahlreiche Anbieter, die auch Tauchkurse anbieten. Empfehlenswert sind:*

Rich Coast Diving, *Calle Central (Hauptstraße),* ☎ *2670 0176, www.richcoastdiving.com,*

Summer Salt Dive Center, *100 m südl. vom Park,* ☎ *2670 0308, www.summersalt.com,*

Deep Blue Diving, *an der Hauptstraße, gegenüber der Migración,* ☎ *2670 1004, www.deepblue-diving.com.*

⛵ Segeln, Schnorcheln, Angeln

Sea Bird Sailing Adventures, *an der Entrada Cangrejos,* ☎ *8880 6393, www.seabirdsailingexcursions.com. Mit dem schönen Segelboot kann man entweder zu einer Schnorcheltour (9–13 Uhr), oder einer abendlichen Sunsetcruise (Start 15 Uhr) aufbrechen (70 US$ p.P.)*

Kuna Vela Sailing Tours, ☎ *8301 3030, 2670 1293, www.kunavela.com. Halb- und ganztägige Schnorchel- und Sunsettouren.*

Dream on Sport Fishing, ☎ *8735 3121, www.dreamonsportfishing.com. Dorado, Marlin und Mahi Mahi können hier gefangen werden. Das Boot kostet für einen halben Tag 800 US$ (1–6 Angler).*

🚌 Verkehrsverbindungen

Liberia: *Zwischen Playas del Coco und Liberia pendeln Pulmitan-Busse (☎ 2666 0458) zwischen 5 und 19 Uhr ca. stündlich (1 Std., 1,2 US$).*

San José: *Vom Pulmitan-Terminal (C. 24, Av. 5 und 7) um 8, 14 und 16 Uhr, zurück um 4, 8 und 14 Uhr (ca. 5 Std.).*

Playa Hermosa

Knapp 5 km nördlich liegt Playa Hermosa, dessen etwas geschützte Lage weniger Wellengang bedeutet. Der diesem Strand zuzuordnende Ort ist unter touristischen Aspekten schon sehr weit entwickelt – und der Bauboom hält weiter an. Doch noch geht es etwas ruhiger zu als in Coco. In der Trockenzeit können starke Gewitter auftreten, die Windsurfen gefährlich machen. Der Sand ist eher etwas gräulich.

Reisepraktische Informationen Playa Hermosa

Unterkunft

Congo's Hostel & Camping *$–$$, an der Hauptstraße,* ☎ *2672 1168, www.congoshostel.com. 3 einfache Zimmer mit Hochbetten, Bad und ac, Gemeinschaftsküche. Im Garten kann man in der Hängematte entspannen.*

Iguana Inn *$$,* ☎ *2672 0065. 10 einfache Zimmer mit Ventilator, Pool, tropischer Garten.*

Hotel Condovac La Costa *$$$$,* ☎ *2672 0152, www.condovac.com. Große Anlage mit 101 Zimmern und alle standardgemäßen Annehmlichkeiten inkl. Pool, Tennisplatz und Restaurant.*

Hotel Bosque del Mar *$$$$, im Ort ausgeschildert, über die 1. Zufahrt zum Strand zu erreichen,* ☎ *2672 0046, www.hotelplayahermosa.com. Eher kleine, exklusive Anlage mit 20 in Erdtönen eingerichteten, einladenden Zimmern. Pool mit Jacuzzi, tropischer Garten und* **Restaurant** *mit Blick auf den Strand und Sonnenuntergang.*

Essen und Trinken

Ginger, *an der Hauptstraße, 100 m südl. von Villas del Sol,* ☎ *2672 0041, www. gingercostarica.com. Internationale Gerichte stehen auf der Karte, die man in kleinen Gerichten (Tapas) probieren kann. Das weithin bekannte Restaurant ist originell gestylt als Baumhaus. Gut, aber nicht billig.*

Aqua Sport, ☎ *2672 0151, direkt am Strand (zweite Zufahrt). Gelegentlich Livemusik, der ideale Ort für ein kühles Bier, Cocktails und einfache Gerichte (Burger, casado, Fisch).*

Tauchen und Schnorcheln

Diving Safaris, ☎ *2672 1259, http://costaricadiving.net/. Empfehlenswertes, familiengeführtes Unternehmen, das Tauch- und Schnorchelausflüge sowie Kurse anbietet.*

Verkehrsverbindungen

Liberia: *Transportes La Pampa (*☎ *2665 7530) vom Terminal in Liberia um 4.50, 7.30, 8.30, 9.30, 11.30, 13, 15.30 und 17.30 Uhr – retour geht es zu den gleichen Zeiten (ca. 1,5 Std., 3 US$).*

San José: *Nach Playa Panamá (und Playa Hermosa) verkehren von San José aus tgl. 2 Tralapa-Busse (*☎ *2221 7202) um 5 und 15 Uhr (retour dito) von C. 20, Av. 1 und 3 (6 Std., 11 US$).*

Playa Panamá

Ruhiges Wasser lädt zum Schwimmen ein

Wem das Wasser an der Playa Hermosa noch zu unruhig ist, der kann in Richtung **Bahía de Culebra** (Schlangenbucht) einige Kilometer nach Norden weiterziehen. Die vorgelagerte **Halbinsel Papagayo** schwächt den Wellengang ziemlich stark ab, sodass man hier das wohl ruhigste Wasser der Nicoya-Halbinsel finden dürfte. Der Sandstrand ist zwar nicht postkartenmäßig weiß, dafür gibt es aber Bäume, in deren Schatten man sich zurückziehen kann.

Der nördlich gelegene Teil der Bucht (Playa Manzanillo) wird von den großen Hotelanlagen nebst Golfplätzen etc. wie etwa dem **Hotel Allegro Papagayo** dominiert. Dieses hatte einst mit den Abwässern (*aguas negras*) das gesamte Mündungsdelta des Flusses verschmutzt, was für die Bahía Manzanillo den Entzug der *Bandera Azul Ecológica* zur Folge hatte. Auch die unmittelbar am Playa Panamá gelegenen Hotels sind alle dem Hochpreissegment zuzuordnen, z.B. das **Hotel Casa Conde del Mar** (www.grupocasaconde.com). Auf der Spitze der Peninsula Papagayo thront das riesige **Four Seasons Resort** mit mehreren Restaurants, nebenan ein 18-Loch-Golfplatz.

🍴 Essen und Trinken

Rumbas Beach Club, ☎ 2672 0365. *Ideal für einen Stopp zum Mittagessen. Einheimische Gerichte, insbesondere Fisch. Schöner Ausblick direkt am Strand.*
Abbocato, *im Hacienda-del-Mar-Komplex,* ☎ 2672 0073, www.abbocatocr.com. *Internationale, auch asiatische Küche. Netter Ausblick, gutes Weinangebot. Für das Abendessen ist eine Reservierung erforderlich. Schmackhaft, aber sehr teuer*

Playa Ocotal

Weniger besucht

Südlich von Coco steht denjenigen, denen Coco zu umtriebig ist, als Alternative Playa Ocotal offen (kurz bevor man Coco erreicht muss man links abbiegen, ausgeschildert). Der etwa 3 km vom Playas del Coco entfernte Strand verfügt über eher dunklen, aber nicht schwarzen Sand, und felsige Areale. Badende, Taucher und Schnorchler kommen hier auf ihre Kosten, auch bei Sportfischern ist er beliebt. Am Strand kann man Schnorchel-Equipment mieten. Billige Unterkünfte sucht man genauso vergeblich wie einen gewachsenen Ortskern. Der Strand Playa Ocotal liegt in Laufentfernung von Coco, wer diese nicht im Rahmen einer Strandwanderung zurücklegen möchte, kann sich von dort aus ein Taxi nehmen.

An Ocotal schließt sich südlich noch die kleine **Playa Azul** mit Resort an.

Reisepraktische Informationen Playa Ocotal

🛏 Unterkunft

El Sueño de Ocotal $$-$$$, ☎ 2670 0945, www.elsuenodeocotal.com. *Im spanischen Stil errichtetes Ferienhaus, in dem man DZ oder ganze Apartments mieten kann (insg. 7 Zimmer), einige haben einen tollen Blick auf das Meer. Modern gestylt mit Bad und ac, Küche. Großer Garten mit Pool. Frühstück kann auf Wunsch zubereitet werden.*

Blick auf die Playa Ocotal und Playa Coco vom Cerro Ceibo

Bahia Pez Vela Resort *$$$$, an der Playa Azul direkt südl. von Ocotal,* ☎ *2670 0129, www.bahiapezvela.com, Resort-Anlage (als Apartment-Komplex angelegt) mit 40 Zimmern, die in Villen am Strand untergebracht sind. Pool mit Meerblick. Im dazugehörigen Picante Restaurant gibt es internationale und einheimische Küche.*
Hotel El Ocotal Beach Resort *$$$$,* ☎ *2670 0321, www.ocotalresort.com. 59 großzügige Zimmer mit Bad, z.T. Jacuzzi, ac und Ventilator, Pool. Einige Zimmer haben eine Terrasse mit Hängematten, die einen tollen Ausblick zum Sonnenuntergang bieten. Tauchbasis und angeschlossenes* **Restaurant**. *Die Anlage ist insgesamt aber etwas renovierungsbedürftig.*

🍴 **Restaurant**
Father Rooster, ☎ *2670 1246, www.facebook.com/FatherRooster, direkt am Strand gelegen. Hier kann man gut Mittag Essen oder den Tag bei einem Cocktail mit Blick aufs Meer und die Boote im Hafen ausklingen lassen. Einfache Gerichte wie Burger, Salate und Tacos.*

Die Strände um Playa Flamingo

Die Anfahrt ist nahezu identisch zur Anfahrt zum weitaus populäreren Tamarindo. Erst gut 10 km vor Playa Flamingo gabelt sich in **Huacas** die Straße und es geht in nördlicher Richtung manchmal über hügelige Strecken, bevor man Brasilito und dessen Strand passiert und kurz darauf am Ziel ankommt.

Playa Flamingo

Der Strand zählt mit einem Flugplatz und einer Marina zu den weit entwickelten Gegenden, wo es eher teure Unterkünfte als Backpackerherbergen gibt, auf den Hügeln stehen *condos* und teure Ferienhäuser. Dem Urlauber bietet sich hier die gesamte Palette der Wassersportmöglichkeiten, weniger Aktive können eine Segeltour zum Sonnenuntergang unternehmen. Der Sand strahlt blendendweiß, weshalb diese Örtlichkeit früher auch auf den Namen „Playa Blanca" hörte, und über ihm flattert die „Blau-ökologische Fahne". Flamingos gibt es hier übrigens nicht. Nicht wenige – in aller Regel ältere und gutbetuchte, mitunter auch mit nicht eben kleinen Yachten ausgestattete – Nordamerikaner scheinen hier einen Ersatz für ihre heimischen Gefilde in Florida gefunden zu haben.

Reisepraktische Informationen Playa Flamingo

Unterkunft
Guanacaste Lodge $$-$$$, *schräg gegenüber der Banco Nacional, ☎ 2654 4494, www.guanacastelodge.com. 10 große Zimmer, mit Bad und Ventilator, die in fünf separaten Häusern untergebracht sind. Pool. Gutes Preis-Leistungsverhältnis.*
Flamingo Marina Resort $$$$, *☎ 2654 4141, www.flamingomarina.com. 80 geschmackvoll möblierte Zimmer mit Bad, Ventilator und ac. Zur Auswahl stehen 2 Pools und ein Jacuzzi. Im angeschlossenen Monkey Bar & Grill Restaurant gibt es gute Grillgerichte.*

Essen und Trinken
Marie's Restaurant, *La Plaza Playa Flamingo. Internationale Küche mit Schwerpunkt US-Geschmack, aber auch Kebab (12 US$) und gutes Frühstück. In einem offenen Gebäude mit Reetdach, gemütliche Atmosphäre.*
Coco Loco Restaurante & Bar, *http://cocolococostarica.com. Direkt am Strand, entspannte Atmosphäre und gute Cocktails.*

Tauchen
Pacific Coast Dive Center, *Centro Comercial Arenas Local 1 neben der Banco de Costa Rica, ☎ 2654 6175, www.pacificcoastdivecenter.com. Empfehlenswertes Unternehmen, dass Tauchgänge zu den Islas Catalinas anbietet, einer Formation aus Vulkangestein, die sich vor der Küste erhebt. 2 Tauchgänge à 40 Min. 160 US$. Auch Schnorchel- (50 US$) und Sonnenuntergangstouren (60 US$).*

Ausflüge
Lazy Lizard, *☎ 2654 5900, http://lazylizardsailing.com. Schnorcheltouren auf einem Katamaran. Start an der Flamingo Marina.*
Flamingo Adventures, *Centro Comercial, ☎ 8704 1685, http://flamingoadventures. com/. Große Auswahl an Touren, zu den Nationalparks der Umgebung, Wassersport, Angeln etc.*

Verkehrsverbindungen
Wer am **Flughafen von Liberia** *ankommen sollte, der kann für 20 US$ die Dienste eines Airport Shuttles u.a. von Ecotrans (ca. 1,5 Std., ☎ 2654 5151, www.ecotranscostarica.com) reservieren.*
San José: *Playa Flamingo ist mit San José durch Tralapa (☎ 2221 7202, C. 20, Av. 1 und 3) verbunden (6 Std., 12 US$), die in der Hauptstadt um 8, 10.30 und 15 Uhr abfahren, retour geht es um 9 und 14, Mo–Sa auch um 2.45 Uhr.*

Liberia: *Transportes La Pampa (☎ 2686 7245, ca. 2 Std.) ab Liberia um 4.30, 6, 8, 11 und 18 Uhr (4,5 US$). In Gegenrichtung fahren die Busse dieser Gesellschaft um 5, 12.30 und 16 Uhr ab.*
Santa Cruz: *1 ¾ Std., 3 US$ Empresa El Folklórico (☎ 2680 3161) um 3.15, 3.40, 4, 5.20, 6, 7.30, 9, 9.50, 11, 12, 13.45, 14.30, 15.30, 16, 17, 18.40 und 19.30 Uhr nach Playa Flamingo, in Gegenrichtung fahren Busse um 6, 8, 9, 10.15, 11,13, 14, 15, 16, 17, 17.30, 18, 19, 20.20 und 22 Uhr.*
Playa Flamingo ist auch an das Interbus- (☎ 2283 5573, www.interbusonline.com) und Grayline-Netz (☎ 2220 2126, www.graylinecostarica.com) angeschlossen.

Playa Potrero

Das Örtchen **Potrero**, das auf eine längere Tradition zurückblicken kann als die vorgenannten Orte, hat sich noch einen gewissen traditionellen Kern erhalten. Trotzdem ist es eher als Seebadeort denn als Fischerdorf zu charakterisieren. Auch hier sind bereits die ersten Condos (s. S. 350) entstanden.

Die zum Ort gehörende, lange Playa Potrero ist mit dunklem Sand bedeckt und in der Ferne ist auf der anderen Seite der Bucht die nicht gerade rustikale Bebauung von Playa Flamingo zu sehen. Eine direkte Verbindung entlang der Küste gibt es allerdings nicht, ein Grund für die relative Ruhe. Der Strand selbst ist eher braun, das Wasser allerdings ruhig.

Reisepraktische Informationen Playa Potrero

Unterkunft
Cabinas Cristina $$, ☎ 2654 4006, www.cabinascristina.com. *Alle 6 Zimmer mit ac und Bad, die Miniapartments mit Küchenzeile. Pool und schöner tropischer Garten. Die Unterkunft liegt etwas abseits, dafür geht es hier eher ruhig zu und der Preis ist für die Umgebung ebenfalls akzeptabel.*
Hotel Isolina $$$, ☎ 2654 4333, www.isolinabeach.com. *Kleine Unterkunft in einem freundlichen gelben Haus, 34 helle Zimmer mit Poolblick. Etwas spartanisch eingerichtet, alle mit ac und Ventilator, Bad und z.T. mit Küche. Pool.*
Bahía del Sol $$$$, ☎ 2654 4671, www.bahiadelsolhotel.com. *Direkt am Strand gelegen mit 28 geräumigen, leider etwas dunklen Zimmer mit ac, z.T. mit Küche. Ein kleiner tropischer Garten mit botanischen Erklärungen lädt zu einem Spaziergang ein. Großer Pool mit Bar und Restaurant mit Meerblick.*
Hotel Sugar Beach $$$$, an der Playa Pan de Azúcar (s.u.), ☎ 2654 4242, www.sugar-beach.com. *Geschmackvoll und individuell eingerichtete Zimmer mit Bad, Ventilator und ac. Der Strand ist weißsandig und nicht zu voll. Schöner Ausblick, Wellness, spezielle Honeymoon-Angebote. Auch empfehlenswertes Restaurant mit (auch) vegetarischem Angebot.*

Essen und Trinken
Restaurant The Shack, an der Hauptstraße der Surf Estates, ☎ 2654 6038, www.facebook.com/TheShackCR. *Einfache, lokale Gerichte, z.B. casado 7 US$, auch gu-*

tes Frühstück mit großer Auswahl. Entspannte Atmosphäre und gute Stimmung, oft Live-musik.
Restaurant Las Brisas, nett, mit Surfer-Atmosphäre direkt am nördlichen Ende des Strands gelegen (gegenüber dem Supermarkt). Gut ist vor allem der frische Fisch, zudem gibt es Tacos, ceviche, Chicken Wings u.a. Mittwochs legt ein DJ auf.

Verkehrsverbindungen
Die die Playa Flamingo anfahrenden Busse fahren z.T. auch bis Potrero, wo allerdings ihre Endhaltestelle ist.

Playa Prieta/Playa Penca

Folgt man der Landstraße **nach Norden**, so passiert man zunächst die Playa Penca und dann die Playa Prieta, die erst in den letzten Jahren touristisch entwickelt wurden. Diese kleinen Strände liegen nicht einmal 5 km nördlich von Playa Flamingo in Richtung Playa Potrero. Während die Playa Prieta mit nahezu schwarzem Sand ausgestattet ist, ist der Schwesterstrand weißsandig.

Playa Pan de Azúcar und Playa Danta

An diesem etwa drei Kilometer nördlich von Potrero liegenden Strand kann man Boote chartern und zu einer Angel- oder Schnorcheltour hinausfahren. Der zwischen felsigen Küstenteilen eingeschlossene Strand ist allerdings nur ein paar hundert Meter lang und nur über einen etwas besseren Feldweg erreichbar, dafür wartet dort weißer Sand auf den Besucher. Autofahrer können beim Hotel Pan de Azúcar parken. Weiter nördlich liegt **Playa Danta**, eher grausandig. Hier findet

Touristische Infrastruktur man zurzeit weniger Hotels als große Ferienhäuser, aber die großangelegte, von amerikanischen Investoren geplante Stadt **Las Catalinas** (http://www.lascatalinascr.com) ist seit mehreren Jahren im Bau und z.T. auch schon fertiggestellt. Insgesamt sollen hier in einer autofreien Strandgemeinde 2.500 Häuser entstehen, zudem Hotels, Läden und Restaurants – von den Investoren „New Urbanism" genannt. Bei **Pura Vida Ride** (50 m vom Strand entfernt, ☎ 2654 6137, www.puravidaride.com) kann man Kajaks, Stand-Up-Paddles und Mountainbikes mieten (2 Std. 30 US$).

Noch weiter nördlich, bei Ebbe zu Fuß (ca. 500 m) oder sonst mit dem Kajak zu erreichen, liegt die kleine, häufig deutlich weniger besuchte und von Bäumen gesäumte **Playa Dantita**.

Playa Brasilito

Knapp 5 km **südlich** von Playa Flamingo (18 km nördl. von Tamarindo) erstreckt sich ein weiterer Strand, der weniger exklusiv ist als seine nördlichen Nachbarn und über einen gewachsenen Ortskern verfügt. Der gräulich gefärbte (Sand-)Strand erstreckt sich über knapp 2 km. Er erreicht allerdings nicht die Qualität des südlich von ihm gelegenen Strandes Playa Conchal, was ihn bislang wohl auch vor einer Invasion von größeren Luxushotels bewahrt hat. Das Dörfchen Brasilito, welches neben etlichen Unterkunftsmöglichkeiten und Restaurants auch einige Tourangebote wie Reitausflüge zu bieten hat, ist wie so viele andere im Lande um den zentralen Fußballplatz herum angelegt. Angesichts des relativ gemäßigten Preisniveaus füllt sich der Ort an den Wochenenden mit kurzurlaubenden Städtern. Im Vergleich zu den anderen Strandorten der Umgebung ist dieser definitiv nicht als versnobt zu bezeichnen.

Reisepraktische Informationen Playa Brasilito

🛏 Unterkunft

Brasilito Lodge $–$$, *150 m südöstl. der Plaza, nah am Strand,* ☎ *2654 4452, www.brasilito-conchal.com. Sehr einfache Backpacker-Unterkunft, bunt ausgestaltet. Auch Camping.*

Hotel Brasilito $$–$$$, *50 m südöstl. der Plaza direkt am Strand,* ☎ *2654 4237, www.brasilito.com.15 Zimmer mit Ventilator oder ac, spartanisch eingerichtet. Einfach, aber sauber und freundlich. Mit* **Restaurant Oasis***, in dem gutes und eher günstiges einheimisches Essen serviert wird, daneben Burger, Tacos, Salate.*

Cabinas Ojos Azules $$–$$$, ☎ *2654 4346, www.cabinasojosazules.com. 14 einfache, aber ordentliche Zimmer mit Bad, z.T. ac, z.T. Ventilator, unter schweizer Leitung. Kleiner Pool und Hängematten stehen zur Entspannung zur Verfügung. Gemeinschaftsküche.*

Conchal Hotel $$$, *200 m südl. der Schule, ca. 15 Gehminuten zum Strand,* ☎ *2654 9125, www.conchalcr.com. Kleines Hotel mit schönem Pool und tropischem Garten mit Hängematten zum Relaxen. Die farbenfrohen Zimmer haben ac, Ventilator und Bad mit Blick auf den Garten. Empfehlenswertes* **Restaurant Papaya** *mit vielen Fischgerichten. Auch Organisation von Touren.*

🍴 Essen und Trinken

Don Brasilito, *100 m nördl. der Plaza. Mexikanische und einheimische Gerichte in einem einfachen Open-Air-Restaurant, eher günstig.*

Happy Snapper, *großes Restaurant gegenüber dem Strand. Auf Fisch spezialisiert, ziemlich teuer.*

🚐 Verkehrsverbindungen

Alle die Playa Flamingo anfahrenden bzw. von dort oder von Potrero abfahrenden Busse bedienen auch Brasilito.

Playa Conchal

Von diesem Strand wird nicht zu Unrecht behauptet, dass er zu den schönsten Stränden des Landes zählt. Dieser sich südlich der Playa Brasilito befindliche Sandstrand (in ca. 10 Minuten zu Fuß oder 3 Min. mit dem Auto zu erreichen) ist für Schwimmer, Taucher und (Sonnen-)Badende überaus attraktiv. Dieser Meinung sind allerdings auch die Betreiber der hier befindlichen Hotels, sodass man etwas tiefer in die Tasche greifen muss. Der nördliche Teil des mit einer *Bandera Azul Ecológica* ausgezeichneten Strandes ist von dem großen Hotelkomplex des The Westin

Die Playa Conchal zählt zu den schönsten des Landes

okkupiert, das seine Gäste u. a. mit einem Golfplatz lockt. Da das Hotel aber hinter den den Strand säumenden Bäumen gelegen ist, wird der Strandblick davon kaum getrübt.

The Westin Playa Conchal $$$$–$$$$, ☎ 2654 3500, *www.starwoodhotels.com.* *310 komfortable Zimmer mit Bad, ac und Ventilator, schön angelegte, große All-Inclusive-Resortanlage mit Restaurant, Spa, Pool, Golf und Fitness-Raum, z.T. barrierefrei, eher älteres Publikum.*

 ## Playa Real/Bahía de los Piratas

Ca. 2 Kilometer südlich von Playa Conchal und etwa 15 km nördlich des Parque Nacional Marino Las Baulas bzw. Playa Grande liegt dieser noch verhältnismäßig wenig besuchte Strand. Mit diesen ist er ebenso wie mit Playa Conchal durch eine über das Örtchen Matapalo führende ungeteerte Piste verbunden. Der Strand ist gut zum **Schwimmen** geeignet. Es gibt nur einige hochpreisige Unterkunftsangebote wie das Bahía de los Piratas (*www.bahiadelospiratas.com*).

Santa Cruz und die Strände um Playa Tamarindo

☞ **Routenhinweis: Anfahrt zur Playa Tamarindo**

Anfahrt aus dem Norden über Filadelfia: Wer sich von Liberia auf den Weg macht, passiert nach etwa 30 km **Filadelfia**, ein kleines Provinzstädtchen mit ca. 8.000 Einwohnern. Diejenigen, denen ländliche Ruhe wichtiger ist als umtriebige Strandatmosphäre können sich hier kostengünstig einquartieren und die Strände im Rahmen von Tagestouren erkunden. Den Strand selbst erreicht man dann über Belén und Huacas auf durchweg geteerten Straßen.

Anfahrt aus dem Süden über Santa Cruz: Wer aus dem Süden kommt, passiert Santa Cruz und hat damit die Möglichkeit, die **heißeste Stadt des Landes** und deren Umgebung kennen zu lernen. Macht man sich von St. Cruz nach Tamarindo auf, so fährt man zunächst in Richtung Liberia und biegt dann links ab über Veintisiete de Abril. Alternativ kann man bis Belén fahren. Es geht vorbei an Weiden mit Brahmanenrindern und vereinzelten Teakholzplantagen durch flaches und nur manchmal leicht hügeliges Terrain auf kurvenreicher, aber zunächst relativ gut befahrbarer Straße, die allerdings nicht durchgängig geteert ist. 5 km vor Tamarindo stößt man dann auf die ersten Condos und einen Golfplatz. Je näher man Tamarindo kommt, desto dichter wird der Schilderwald am Straßenrand.

Santa Cruz

Santa Cruz ist ein kleines Städtchen mit etwa 20.000 Einwohnern und bildet Ausgangspunkt zum Besuch des Nationalpark Diriá und den Stränden um Tamarindo. Abgesehen von den Festtagen Mitte Januar und um den 25. Juli, dem „**Día de Guanacaste**", herum ist dies ein ruhiges Örtchen. An den Festtagen finden die guanacastekischen Cowboys eine Bühne für sich und ihre Tiere, die Hitze der Stadt wird mit viel Bier bekämpft und Bands spielen regionale Folklore.

Zu Festen brodelt es in der Stadt

Der Parque Central sticht nicht so sehr wegen des alten Glockenturms hervor, dem seine Kirche abhanden gekommen und durch eine hässliche Zementkonstruktion ersetzt worden ist, denn durch die sein Zentrum zierende, kuriose Orchesterkuppel. Diese wird verziert von Figuren, die eine Mixtur aus Maya- und aztekischer Symbolik darstellen. Die Ecken des Parks werden beherrscht zum einen von einer Statue des Kaziken von Diriá, zum anderen von der eines guanacastekischen Cowboys (*sabanero*) nebst einem auf dem Rücken eines Stiers Halt suchenden Rodeokünstler.

Momentan ist man dabei, in Santa Cruz das Calle-Avenida-System einzuführen, was allerdings — wie in anderen Orten auch — nicht immer reibungs- bzw. irrtumslos klappt.

Reisepraktische Informationen Santa Cruz

Unterkunft
Hotel La Pampa *$$, Av. 5, C. 0 und 2, ☎ 2680 0586. 33 Zimmer mit Bad, Ventilator oder ac, ordentlich, aber nichts Besonderes.*
Hotel La Calle de Alcalá *$$$, Av. 7, C. 1 und 3, ☎ 2680 0000, www.hotellacalle dealcala.com. 27 Zimmer mit Bad und ac, allerdings etwas fantasielos gestaltet, gleichwohl erstes Haus am Platze. Pool und Parkplatz.*

Essen und Trinken
Te & Café, *C. 1, Av. 0 und 2. Kleines Soda, nett gestaltet.*
El Milenio, *C. 2, Av. 3 und 5. Großzügig portionierte chinesische Gerichte sowie Seafood.*

Verkehrsverbindungen
Liberia: *vom Terminal von **La Pampa** (Av. 7, C. 0 und 1, ☎ 2680 0111), Busse pendeln zw. Liberia und Nicoya von 4.30–20.30 Uhr jeweils im 30-Min.-Takt.*

*Alle anderen Ziele werden vom **kommunalen Busbahnhof** (C. 7, Av.1 und 3) aus bedient.*

San José: *Santa Cruz bedienen ab San José Alfaro (C. 14, Av. 3 und 5), ☎ 2222 2666 und Tralapa (C. 20, Av. 3 und 5), ☎ 2221 7202 zw. 7 und 19 Uhr in etwa 4–5 Std. alle 1–2 Std. In umgekehrter Richtung fährt der früheste Bus um 3 und der letzte um 16.50 Uhr los.*

Guaitíl: *7, 11, 14 und 17 Uhr.*

Playa Flamingo: *Empresa El Folklórico (☎ 2680 3161) zw. 4–19 Uhr alle 1–2 Std.*

Tamarindo: *(35 km, 1,5 US$, 1,5 Std.) wird von Transporte Cabo Velas um 4.20, 5.15, 9, 10.30, 13.30, 15.30, 17 und 19 Uhr angesteuert, von La Pampa fährt zwischen 4.30 und 20.30 Uhr ebenfalls dorthin.*

Junquillal: *tgl. 5, 10, 14.30 und 17.30 Uhr (1,5 Std.), zurück um 6, 9, 12.30 und um 16.30 Uhr.*

Ostional (über Nosara): *12 Uhr (ca. 2 Std.), Abfahrt in Ostional um 5 Uhr.*

info

Die Krokodiljäger von Ortega

Wer sich am Karfreitag in der Gegend von Santa Cruz aufhält, der hat die Möglichkeit, bei dem Ort Ortega einer Krokodiljagd beizuwohnen. Seit mehr als 150 Jahren besteht diese Tradition, wonach Männer mit Netzen und Stöcken die nahegelegenen Flüsse absuchen um ein Krokodil zu fangen. Gelingt dies, so wird es im Triumphzug in die Ortsmitte gebracht und zur Schau gestellt. Nach einigen Stunden entlässt man es wieder in sein ursprüngliches Revier. Aufgrund des Umstands, dass die in der Nähe von Ortega lebenden Krokodile zu einer besonders geschützten Art gehören, besteht ein Konflikt mit dem zuständigen Ministerium (MINAE) über die Fortführung dieser Tradition. Es bestehen insofern Überlegungen, sich nicht mehr ein wild lebendes Tier für dieses Spektakel auszusuchen, sondern sich mit einem aus einer Krokodilfarm zu begnügen.

Guaitíl

Santa Cruz eignet sich gut als Ausgangspunkt für eine Stippvisite des im **Reservat der Chorotega-Indianer** gelegenen Ortes Guaitíl. Hier wurde das traditionell betriebene Töpfern in den letzten Jahren insofern ausgebaut, als man nun nicht mehr nur für den eigenen Bedarf produziert, sondern die verzierten Keramikartikel vor allem rund um die zentrale Plaza auch an Touristen verkauft.

Parque Nacional Diriá

Im Park findet man die letzten Reste von **tropischem Nebelwald** auf der Halbinsel. Entlang der Flüsse haben **Galeriewälder** überlebt, und in den tiefer liegenden Teilen des Parque Nacional sind zudem die für **Trockenurwälder** typischen Vegetationsformen vertreten. Mit Amphibien- und Schlangenreichtum ist der Park nicht übermäßig gesegnet, reichlicher vertreten sind **Vögel** (fast 200 Arten), darunter der Königsgeier, der Rostbauchguan, der Rosalöffler und der Tovisittich, welcher sich trotz seiner geringen Größe kaum überhören lässt – insbesondere wenn er in Scharen auftritt.

Bei etwa der Hälfte der **Säugetierarten** des Nationalparks Diriá handelt es sich um **Fledermäuse**, so etwa um die fleischverzehrende Lanzennasenfledermaus oder um die Underwoods Mastifffledermaus. An Säugern vertreten sind daneben Brüll- und Kapuzineraffen, Rot- und Schwarzwild, Nasenbären sowie zur Familie der Ameisenbären zählende (Nördliche) Tamanduas, ferner die Mexikanische Hirschmaus.

Das Wort Diriá ist der Sprache der Chorotega-Indianer entlehnt und setzt sich aus zwei Bestandteilen zusammen: *Diri* für Hügel und *a* für klein. Die Namensgebung stellt nicht die einzige Verbindung zur präkolumbianischen Bevölkerung des Gebiets dar, die der Park aufzuweisen hat: Da das Territorium zu dem *cacicazgo* von Diriá gehörte, haben Archäologen etliche Siedlungsreste in diesem wasserreichen Gebiet gefunden. Da allerdings keine ausreichende Bewachung der Fundstellen gewährleistet ist und man bereits mehr als einmal bittere Erfahrungen mit

Unterwegs im Parque Nacional Diriá

Raubgräbern gemacht hat, sind diese bislang nicht ausgewiesen.

Hinter der Rangerstation beginnt ein kurzer Rundgang (Sendero Espavel), der neben der Möglichkeit zur Tier- und Vogelbeobachtungen nicht viel zu bieten hat. Ein längerer Weg führt zunächst über den Fluss und zu einem Mirador bis zur Straße nach Esperanza (Sendero el Venado), zurück muss man denselben Weg wählen.

Reisepraktische Informationen Parque Nacional Diriá

ℹ️ Information
Parkverwaltung ☎ *8358 4742, MINAE-Büro in Santa Cruz* ☎ *2680 1820, act.diria@sinac.go.cr, 8–15 Uhr, 10 US$. Die Station La Casona verfügt über einige Betten. Sofern diese nicht von Forschern, Volontären etc. belegt sind, kann man diese als Normalbesucher in Beschlag nehmen. Auch Camping und Baden im Fluss ist erlaubt. Der Park ist abgesehen von den Wochenenden fast nicht besucht.*

🚐 Anreise
Von Santa Cruz ist der Park 18 km entfernt. Wegen des eher schlechten Weges und da man den Río Diria kreuzen muss wird ein Allradwagen empfohlen. Von Santa Cruz nimmt man die Straße nach Süden bis Arado (12 km), ab hier sind es noch 6 km bis zum Parkeingang. Vorbei an kleineren Fincas und Weideflächen verläuft dieser Weg in Kehren und stetem Auf und Ab parallel zu dem linkerhand gelegenen Fluss. Mit dem Bus (ca. alle 1,5 Std.) kann man nur bis Arado fahren.

Playa Tamarindo

Playa Tamarindo, knapp 80 km von Liberia entfernt, zählt dank des kilometerlangen, meist weißsandigen Strandes (allerdings fast ohne Schatten) nicht mehr zu den unberührten Naturschönheiten. Die nahegelegenen Mangrovensümpfe haben sich aufgrund der Gründung des Nationalparks erhalten.

Wer ein ruhiges Plätzchen sucht, der dürfte in Tamarindo kaum fündig werden. Der völlig auf den Bade- und (Wind-)**Surftourismus** ausgerichtete Ort mit etwa 2.000 dauerhaften Bewohnern weist ein recht gemischtes Publikum auf. Von US-Amerikanern, oft schon im gesetzteren Alter, bis hin zu Surffreaks ist so ziemlich alles vertreten (allerdings wenige Costa Ricaner) – entsprechend ist das Angebot. Von Tattoo-Läden über Massagen (auch jenseits des reinen Wellness-Bereiches), Reitausflüge, Surfbrettverleiher, Touranbieter und Andenkenläden bis hin zu Pizze-

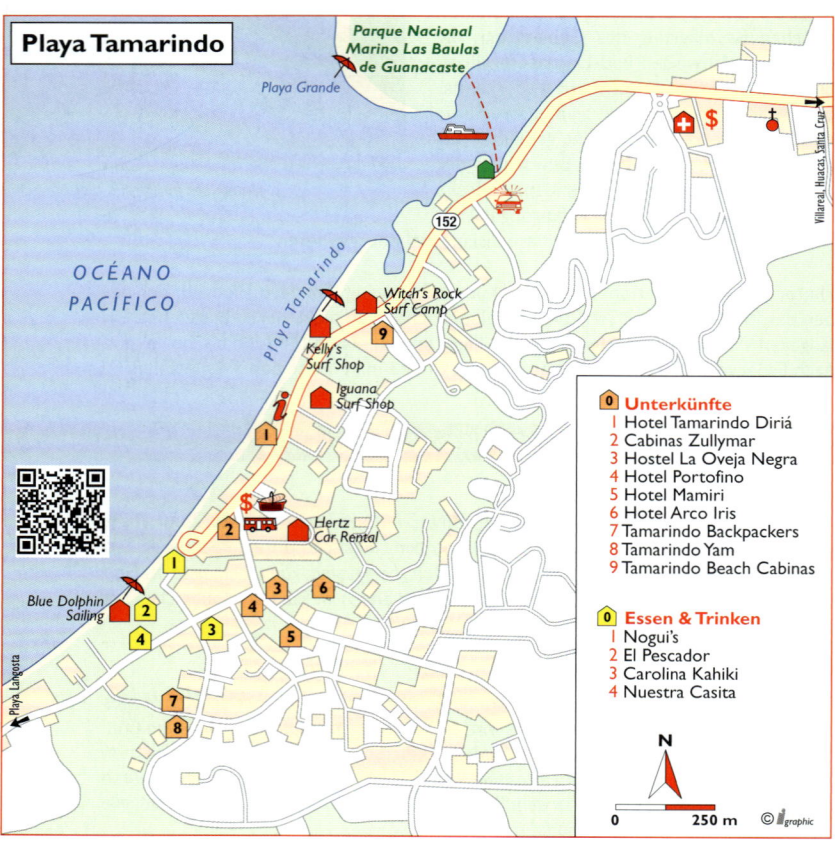

Playa Tamarindo

Parque Nacional
Marino Las Baulas
de Guanacaste

Playa Grande

Villareal, Huacas, Santa Cruz

152

OCÉANO
PACÍFICO

Playa Tamarindo

Witch's Rock
Surf Camp

9

Kelly's
Surf Shop

Iguana
Surf Shop

Hertz
Car Rental

Blue Dolphin
Sailing

Playa Langosta

Nr.	Unterkünfte
1	Hotel Tamarindo Diriá
2	Cabinas Zullymar
3	Hostel La Oveja Negra
4	Hotel Portofino
5	Hotel Mamiri
6	Hotel Arco Iris
7	Tamarindo Backpackers
8	Tamarindo Yam
9	Tamarindo Beach Cabinas

Nr.	Essen & Trinken
1	Nogui's
2	El Pescador
3	Carolina Kahiki
4	Nuestra Casita

N

0   250 m   © graphic

Die breite, weißsandige Playa Tamarindo zählt zu den beliebtesten des Landes

rias, Restaurants mit japanischem und französischem Essen ist alles vertreten. Zum Schwimmen ist der Strand nicht ideal, da es vor der Küste partiell starke Strömungen gibt, denen jedes Jahr Menschen zum Opfer fallen.

Tamarindo – ein Rotlichtviertel?

Zwar darf man sich Tamarindo keineswegs als eine Dependance der Herbertstraße vorstellen, dennoch ist nicht zu übersehen, dass es sich um einen der Hotspots im Lande handelt. Prostitution ist in Costa Rica zwar legal, in den letzten Jahren gab es allerdings vermehrt Fälle von Kinderprostitution. Internationale Organisationen kritisieren, dass die Regierung die Rechte der Kinder des Landes nicht ausreichend schützt.

Reisepraktische Informationen Playa Tamarindo

i Information
Eine offizielle Touristeninfo gibt es nicht, einen Überblick verschaffen www.tamarindo.com, http://visittamarindo.com. Das Tamarindo Welcome Center ist auch nur eine Touragentur, aber ebenfalls gute Informationsquelle.

Unterkunft
Hostel La Oveja Negra (3) *$–$$, im Zentrum, ☎ 2653 0005, www.laoveja negrahostel.com. 12 Zimmer mit ac, allerdings ohne Bad, einige Doppel-, aber meist Mehrbettzimmer. Surferzentrum, Gemeinschaftsküche, alles sehr bunt und mit viel Kunst dekoriert. Junges Publikum.*

Tamarindo Backpackers (7) $–$$, ☎ 2653 4545, 6 Zimmer mit ac, z.T. mit Bad, Gemeinschaftsküche, 2 Dorms mit je 10 Betten, Pool, alles funktional. Surfkurse und Brettverleih. Ca. 5 Minuten zum Strand.

Tamarindo Beach Cabinas (9) $$,☎ 2653 0431, www.tamarindobeachcabinas. com. 20 Doppel- und Mehrbettzimmer (mit Hochbetten) mit Ventilator oder ac, unterge-bracht in Hütten, einige mit eigener Küchenzeile, es gibt auch eine Gemeinschaftsküche. Einfach, aber sauber und sehr nah am Strand.

Hotel Portofino (4) $$, 300 m vom Strand entfernt, gegenüber der Falafel Bar, ☎ 2653 0578, http://hoteltamarindo.net. 14 Zimmer mit Bad und ac, auch 2 Apartments mit Küchenzeile für 4 Personen. Pool, netter Garten, Parkplatz. Insg. gutes Preis-Leis-tungs-Verhältnis.

Hotel Mamiri (5) $$–$$$, ☎ 2653 0079, www.hotelmamiritamarindo.com. 11 Zim-mer mit Bad und Ventilator, z.T. ac. Das familiäre Hotel mit persönlicher Atmosphäre ist dem Umweltschutz verpflichtet und hat einen schönen Garten. Man bietet hier Touren an, die auch mit dem Segelschiff durchgeführt werden.

Tamarindo Yam (8) $$–$$$, 250 m von Strand entfernt, ☎ 2653 2219, www.tama rindoyam.com. Zimmer in 7 Cottages für 4–6 Personen mit Bad und ac, ausgestattete Küche, z.T. barrierefrei. Kleiner Pool.

Cabinas Zullymar (2) $$–$$$, am Ende der Hauptstraße, 100 m von Strand ent-fernt, ☎ 2653 0140, www.zullymar.com, 28 große, einfache Zimmer mit Bad und Balkon und Ventilator oder ac. Pool und Parkplatz.

Hotel Arco Iris (6) $$$, gegenüber von Hertz, ☎ 2653 0330, www.hotelarcoiris. com. 10 Zimmer mit Bad, z.T. mit ac und Küchenzeile (Bungalows und DZ). Kleiner Pool und freundliche Eigentümer. Das dazugehörige **Seasons Restaurant** neben dem Pool bietet ausgezeichnete mediterrane Küche (www.seasonstamarindo.com).

Hotel Tamarindo Diriá (1) $$$$, mitten im Ort, ☎ 2653 0031, www.tamarindo diria.com. 240 Zimmer mit ac und Bad. Ein Teil der Anlage liegt direkt am Strand (mit Restaurant), der andere hinter der Hauptstraße und ist mit 2 Pools und einer schönen Gartenanlage ausgestattet. Frühstücksbuffet. Gute Lage, aber dafür recht teuer. Zur Stra-ße hin kann es zudem abends laut sein.

❚❚ Essen und Trinken

Nogui's (1), südl. vom Tamarindo Circle, ☎ 2653 0029. Auf der Karte stehen fri-scher Fisch, Tacos, Sandwich, Salate Reis mit Bohnen und Fleisch sowie Frühstück. Auch guter Kuchen. Sehr nett gemacht und ideal für die Mittagspause und ein kühles Bier zum Sonnenuntergang. Unschlagbare Lage am Strand. Entspannte Surfer-Atmosphäre.

El Pescador Restaurant & Beach Club (2), ☎ 2653 2532, http://tamarindo restaurant.com. Auf Fisch spezialisiertes Restaurant, das von 2 freundlichen Kanadiern betrieben wird. Zudem gibt es einheimische Gerichte. Gutes Preis-Leistungs-Verhältnis. Direkt am Strand gelegen, mittwochs und freitags während der Hochsaison gibt es Bar-becue am Strand.

Carolina Kahiki Restaurant & Sports Bar (3), ☎ 2653 4263, http://kahiki tamarindo.com, an der Straße nach Langosta. Tex-Mex für 8–10 US$, umfangreiches, gu-tes Frühstück mit Lachsbagels, Eiern, Burrito und mehr. Nette Anlage mit 3 Bildschirmen mit verschiedenen Sportprogrammen.

Nuestra Casita (4), kleines Soda mit vernünftigen Preisen, z.B. Reis mit Seafood 8 US$.

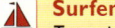 **Surfen**
Tamarindo ist das Surfer-Mekka, die Auswahl an Shops ist groß:
Witch's Rock Surf Camp, *am nördlichen Ende des Strandes gelegen,* ☎ *2653 1262,
http://witchsrocksurfcamp.com. Eines der bekanntesten Camps, das Surfkurse für jedermann anbieten, vom Anfänger bis zum Profi. Auch nette Unterkunft (18 Zimmer) und
2 Restaurants gehören dazu.*
Iguana Surf Shop, *etwas nördlich vom Tamarindo Welcome Center,* ☎ *2653 0613
www.iguanasurf.net. Surfcamps – und Kurse. Zudem werden Tagestouren in die Umgebung angeboten.*
Kelly´s Surf Shop, *zwischen den beiden o.g. Camps gelegen,* ☎ *2653 1355, www.
kellyssurfshop.com.*

 Bootstouren
Blue Dolphin Sailing, *gegenüber dem El Pescador Restaurant, südl. des Kreis-
verkehrs,* ☎ *8842 3204, http://bluedolphinsailing.com. Vormittags- und Sunsettouren mit
Schwimmen, Schnorcheln, Kajakfahren (ab 70 US$).*

Autovermietung
Alle großen Firmen sind vertreten, u.a.
Alamo Rent a car, *Downtown, www.alamocostarica.com*
Hertz, *Downtown,* ☎ *2653 1358, www.hertz.com*
Budget, *im Zullymar Hotel,* ☎ *2653 0756, www.budget.co.cr*

Verkehrsverbindungen
San José: *Von Tamarindo aus fahren Busse (5,5 Std.) von Alfaro nach San José
(280 km) täglich um 3.30, 5.30, 18.15 Uhr, während Tralapa-Busse (☎ 2221 7202) um
11.30 und 15.30 Uhr losfahren – in umgekehrter Richtung um 11.30 und 15.30 bzw. 7.15
und 16 Uhr.*
Santa Cruz: *Nach Santa Cruz fahren Busse um 5.45, 6.45, 8.20, 9, 12, 14, 15, 17, 18
und 22 Uhr (35 km, 1,5 Std., 1,5 US$).*
Liberia: *Nach Liberia (70 km, 1,5 Std.) geht es mit Transportes La Pampa zwischen
4.30 und 18 nahezu stündlich.*
*Alle anderen Ziele sind nur per Umsteigen in Santa Cruz oder Liberia bzw. entlang der
Fahrstrecke des Busses nach San José erreichbar. Tamarindo ist an das Netz von Interbus
und von Montezuma Expeditions angeschlossen und kann auch mehrmals täglich mit
dem Flugzeug von* **Sansa** *oder* **Nature Air** *(s. S. 132) erreicht werden. Der Flughafen
liegt ca. 3,5 km vom Zentrum entfernt.*

Playa Grande

Dieser zum Parque Nacional Marino Las Baulas zählende und mit einer *Bandera
Azul Ecológica* ausgezeichnete, rund 3 km lange Strand ist aufgrund des hier herrschenden Wellengangs und der zeitweise starken Strömungen eher für Surfer denn
für Schwimmer geeignet. An den Stränden wachsen in der Nähe der Wasserlinie
Meeresbohnen. Von einer Ortschaft im eigentlichen Sinne kann man hier trotz der
vorhandenen Hotels eher nicht sprechen. Durch die Errichtung des Nationalparks
wurde ein Bauboom wie in Tamarindo verhindert. Die vorhandenen Unterkünfte

Die Wellen der Pazifikküste eignen sich hervorragend zum Surfen

Nistplatz für Meeres- schildkröten

liegen entweder eher im Norden nahe dem Nationalparkeingang oder im Süden in Palm Beach Estates. Der Strand kann mit dem Auto nur außen herum über Matapalo erreicht werden. Von Oktober bis Februar legen hier nachts die Meeresschildkröten ihre Eier ab (s. Infokasten S. 350). Nachts darf man daher ohne Guide nicht an den Strand, zudem müssen die Hotels ihre Lichter Richtung Meer abdecken, um die selten gewordenen Schildkröten nicht zu irritieren.

Strandspaziergänger können die weiter nördlich, ebenfalls eher weniger besuchte **Playa Ventanas** und die noch dahinter gelegene Playa Carbon zu Fuß erreichen. Beide eignen sich zum Schwimmen und Schnorcheln. Nördlich dieses Strandes liegt Cabo Velas, der westlichste Punkt der Halbinsel.

Reisepraktische Informationen Playa Grande

Unterkunft

Playa Grande Surf Camp $$, *neben dem Hotel Manglar in Palm Beach Estates (im Süden des Strands),* ☎ *2653 1074, www.playagrandesurfcamp.com. Kleine, einfache Zimmer z.T. mit Ventilator, z.T. mit ac, Pool, Veranda mit Hängematten, Gemeinschaftsküche. Nichts besonderes, aber wenn man den ganzen Tag surfen möchte durchaus ausreichend.*
Bula Bula Hotel $$$, *nahe dem Ableger der Taxiboote,* ☎ *2653 0975, www.hotel bulabula.com. 10 kleine, aber farbenprächtige Zimmer mit Bad, Ventilator und ac sowie Eisschrank, Frühstück inkl. Pool, Spa, barrierefrei. Auch Tourorganisation durch die hilfsbereiten Mitarbeiter. Das dazugehörige, gute* **Great Waltini's Restaurant** *serviert empfehlenswerte Fischgerichte.*

Hotel Cantarana $$$, *Palm Beach Estates*, ☎ 2653 0486, *www.hotel-cantarana.com. 5 saubere Zimmer mit Bad, ac, Ventilator und Terrasse. Schöner Pool in einem tropischen Garten gelegen. Lauschiges Restaurant im 2. Stock. Die freundlichen deutschen Eigentümer helfen gerne bei der Planung von Touren.*
Apartamentos Veranera $$$, *www.apartamentosveranera.com. 4 etwas kahle, aber saubere Apartments mit Bad, Ventilator und Küche. Ideal für einen längeren Aufenthalt (3 Nächte Mindestaufenthalt).*
Sol y Luna Lodge $$$, *400 m vom Strand am nördl. Ende*, ☎ 2653 2706, *www.solylunalodge.net. 8 Bungalows mit Reetdach, Veranda und Hängematte für 2–4 Personen mit Bad, z.T. ac, z.T. Ventilator, die in einem hübschen Garten gelegen sind. Pool, Parkplatz, Restaurant und Bar. Unter italienischer Leitung.*

🍴 Essen und Trinken

Kike's Place, *etwas oberhalb vom Strand. Durchgehend geöffnetes, einfaches und gutes Restaurant mit einheimischen Gerichte, Burger, Fisch und Pizza.*
Restaurant Rip Jack Inn, *im gleichnamigen Hotel gelegen*, ☎ 2653 0480. *Gutes Open-Air-Restaurant im 2. Stock. Auf der Karte stehen u.a. Tuna Teriyaki (19 US$) oder Coconut Shrimps (20 US$). Auch Frühstück und Mittagessen (Gerichte um 10 US$).*

⛵ Surfen

Frijoles Locos, ☎ 2652 9235, *http://playagrandesurfshop.com. Neben Surfboards und Kursen werden auch Fahrräder und Stand-Up-Paddle-Boards vermietet. Zudem gibt es ein Spa und Unterkunftsmöglichkeiten sowie Tourangebote (Rincón de la Vieja, Palo Verde, Mountainbiketouren etc.). Insgesamt ein guter Anlaufpunkt für Fragen aller Art.*
Matos Surf Shop, *in einem orangenen Haus gegenüber von Kike´s Place*, ☎ 2652 9227, *www.matossurfshop.com. Verschiedene Surftrips und Unterricht.*

🚌 Verkehrsverbindungen

Am einfachsten kommt man von Tamarindo aus mit einem Boot zu diesem Strand. Ansonsten muss man einen über 20 km langen Umweg zu Lande über Villareal und Matapalo machen.

Parque Nacional Marino Las Baulas (de Guanacaste)

Der 22.379 ha große Park selbst, dessen Name schon darauf hinweist – *las baulas* werden auf Spanisch die **Lederschildkröten** genannt – ist 1991 eingerichtet worden, um die Eiablageplätze dieser Tiere zu schützen, die alljährlich hierher kommen. Dabei liegen nur 1,7 % seiner Fläche auf dem Land.

Der Name Lederschildkröte orientiert sich daran, dass diese Schildkrötenart als einzige keinen Knochenpanzer aufweist, sondern eine flexible, an Leder erinnernde Hülle mit einzelnen Versteifungen. Dies ermöglicht es ihnen, bis in über 1.000 m Tiefe zu tauchen. Sie ernähren sich hauptsächlich von Quallen und sollen zudem die Rekordhalter an Schnelligkeit unter den Reptilien sein – so zumindest das Guinness Books of Record, das den *leatherback turtles* 35 km pro Stunde zutraut. Die Weibchen, die zwischen Oktober und Februar jeweils um die 80 Eier in 50 bis 80 cm tiefe Kuhlen ablegen, die von ihnen selbst gegraben und hinterher wieder zugeschüt-

Gute Taucher

info

Lederschildkröten als Opfer des Tourismus

Die Zahl der Schildkröten hat sich in den letzten 25 Jahren in dramatischer Weise um über 90 % reduziert. Ursache für die Entwicklung ist nach Auffassung von Wissenschaftlern zum einen die zunehmende Entwaldung und Wilderer, die die Eier ausgraben, zum anderen die „Lichtverschmutzung". Die Gäste wollen „naturnah urlauben", daher werden die Hotels immer näher an die geschützten Gebiete gebaut. Dies hat zur Konsequenz, dass die lichtscheuen Tiere, wegen denen die Touristen hauptsächlich gerade hier Quartier bezogen haben, vertrieben werden.

Probleme dieser Art sind nicht allein auf den Parque Nacional Marino Las Baulas beschränkt. Im Zuge der touristischen Entwicklung kommt es in den letzten Jahren vermehrt zu Übergriffen auf geschützte Zonen. So besteht eigentlich die Regel, dass die ersten 50 Meter eines Strandes nicht bebaut werden dürfen und die Flächen, die zwischen 50 und 200 Meter von der Wasserlinie entfernt liegen, nur mit spezieller Erlaubnis. Ohne Rücksicht auf diese gesetzlichen Bestimmungen Costa Ricas werden Gebäude für die touristische Nutzung allerdings nicht selten auf absolut geschütztem Territorium ohne Genehmigung errichtet. Besonders beliebt sind die sog. *condominios*. Hierunter versteht man in einzelne Eigentumswohnungen aufgeteilte Komplexe. Von 13 Projekten, die durch die Zeitung *La Nación* im Februar 2007 recherchiert worden sind, verfügten nur vier über eine entsprechende Baugenehmigung nebst Unbedenklichkeitsbescheinigung. Hinzu kommt, dass in vielen Fällen Abwässer ungeklärt ins Meer oder in die Flüsse eingeleitet werden. Die örtlichen Behörden sind mit diesen Problemen überfordert oder werden z.T. sogar bestochen. Die Liste derartiger Verstöße ist lang. Daher erscheint es angezeigt, dass Touristen Unterkünfte, die sich offensichtlich nicht an die zum Schutz der Umwelt erlassenen gesetzlichen Regelungen halten, boykottierten. Nicht nur die Lederschildkröten werden es danken.

Nach dem Schlüpfen geht es für die jungen Schildkröten darum, nicht gefressen zu werden und möglichst schnell ins Meer zu gelangen

tet werden, kommen in aller Regel nachts an den Strand. Gut zwei Monate später schlüpfen die Jungtiere, die sich – mit der Intention, dem Gefressenwerden zu entgehen – dann sofort ins Meer stürzen.

In den Zeiten, in denen die Schildkröten anlanden, gelten **strikte Regeln**: Der Strand darf nur mit einem zertifizierten *Guide* aufgesucht werden, die Benutzung von Blitzlicht ist absolut tabu, es muss ein Mindestabstand zu den Tieren eingehalten werden und es ist untersagt, auf dem trockenen Sand oberhalb der Tidegrenze entlang zu laufen. Man mag sich fragen, ob die Tiere nicht trotzdem von den Touristengruppen gestört werden. Allerdings bieten diese neben den u.g. Problemen auch einen gewissen Schutz für die Schildkröten, da die Bewohner der Umgebung an ihnen Geld verdienen können und dadurch ggf. auf das (ohnehin verbotene) Eiersammeln verzichten.

Vorschriften zum Schutz der Tiere

Einen weiteren Grund für den Schutz des Gebietes stellen die **Mangrovenwälder** dar, die sich unter anderem entlang der Mündungsgebiete der Flüsse zwischen Playa Grande und Playa Tamarindo finden. Neben Brüllaffen, Wasch- und Nasenbären sind in diesem Parque Nacional Krokodile und Kaimane zu Hause. Im Wasser tummeln sich eine Reihe von Fischen, u.a. die mit Giftspritzen an ihrem langen Schwanz ausgestatteten Stachelrochen.

Den Luftraum beherrschen u.a. Pelikane, Fregattvögel und Rosalöffler. Auch Seeadler, Kanadareiher und – so er gerade im Winterquartier sein sollte – der Cayenne-Nachtreiher können gesichtet werden. Im Sand der Strände sind etliche Kriechtiere zu finden, z.B. die Blaue Landkrabbe oder Landeinsiedlerkrebse.

Reisepraktische Informationen Parque Nacional Marino Las Baulas

ℹ Information
Parkverwaltung *(Centro Operaciones Parque Nacional Marino Las Baulas, nahe dem Hotel Las Tortugas)* ☎ 2653 0470, act@minae.go.cr, 10 US$. Unter der o.g. Telefonnummer können in der Saison (Oktober bis Februar) die nächtlichen Touren reserviert werden (25 US$, bis zu 8 Tage im Voraus). Aktuelle Infos werden von den Rangern auf www.facebook.com/parquemarinolasbaulas veröffentlicht. Die Anzahl der Besucher ist reguliert, den Strand darf man nachts während der Nestsaison nicht ohne Führung betreten. Es gibt keine Garantie, Schildkröten zu sehen – ein bisschen Glück gehört dazu. Das **Museum El Mundo de la Tortuga** *(Schildkrötenwelt)* ist nur während der Nistsaison geöffnet (☎ 2653 0471, 9 US$).

Anreise
Der Park kann von zwei Seiten betreten werden, die Touren starten von Playa Grande und von Tamarindo. Um von Tamarindo zum Nationalpark Las Baulas zu gelangen geht man am Ende des Ortes zur „Cooperativa Tamarindo". Mit einem ihrer Boote kann man sich für 2,5 US$ zum Park übersetzen lassen. Die Busfahrt nach Playa Grande ist von Tamarindo aus relativ zeitraubend, sodass eine Überfahrt per Boot dem Bustransport allemal vorzuziehen ist.

Playa Langosta

Dieser drei Kilometer südlich von Tamarindo liegende Strand ist erst vor einigen Jahren erschlossen worden. Dies hängt wohl damit zusammen, dass er relativ felsig ist, was allerdings Surfer nicht abschreckt. Inzwischen hat sich eine kleine US-amerikanische Kolonie dort gebildet. Der Strand darf sich mit einer *Bandera Azul Ecológica* schmücken und ist als traditioneller Eiablegeplatz der Schildkröten ebenfalls Teil des Parque Nacional Marino Las Baulas. Neben dem großen Barceló-Resort (hier kann man auch das Auto parken) am südlichen Ende des Strands an der Flussmündung gibt es auch ein paar kleinere Unterkünfte.

Der Strand wird bei Flut geteilt durch die Flussmündung, die man am besten bei Ebbe überquert. Der südliche Teil gehört zum Nationalpark und ist nicht bebaut.

Reisepraktische Informationen Playa Langosta

Unterkunft / Essen und Trinken

Sunset Inn *$$$,* ☎ 8827 0540, www.sunsetinncr.com. *6 einfache, ordentliche Zimmer, Pool.*

Sueño del Mar *$$$$,* ☎ 2653 0284, www.sueno-del-mar.com. *Charmantes Bed & Breakfast direkt am Strand mit tollem Blick auf den Sonnenuntergang. Die 5 geschmackvoll eingerichteten Zimmer (eine Suite und 2 casitas für bis zu 4 Personen) mit terracottafarbenen Fliesen und weißen Steinwänden haben z.T. eine Outdoor-Dusche und Kühlschrank. Kleiner Pool. Gutes Frühstück.*

Lounge La Caletta, *im* **Cala Luna Hotel**, *www.calaluna.com. Asiatisch angehauchte Gerichte, gehobene Preisklasse. Auch Sushi. Ebenfalls zum Hotel gehört das empfehlenswerte* **Cala Moresca** *mit guanacastekischer und italienischer Küche, nicht billig. Schön für einen romantischen Abend.*

Playa Avellana(s)

Noch weiter südlich findet sich ohne eine direkt in Strandnähe verlaufende Straßenverbindung der „Haselnussstrand" (Playa Avellana). Dieser etwa 2 km südwestlich des Weilers Icacal und 15 km von Tamarindo entfernt gelegene Strand ist noch nicht überlaufen und verfügt über die *Bandera Azul Ecológica*. Der überwiegend (weiß)sandige Küstenabschnitt wird von **Surfern** insbesondere zwischen Dezember und März angesichts der während der Flut von Norden und Nordwesten anbrandenden starken Wellen gern angesteuert – entsprechend sind die Unterkünfte auf Surfer eingerichtet. Diesen und die Playa Negra (s.u.) erreicht man am einfachsten mit dem Auto, in der Regenzeit ist das nur mit einem Allradwagen möglich.

Reisepraktische Informationen Playa Avellanas

Unterkunft

Casa Surf *$–$$, 5 Min. vom Strand entfernt,* ☎ 2652 9075, www.casa-surf.com, *3 kleine, einfache Zimmer mit Bad und Ventilator sowie ein Mehrbettzimmer für 10.*

Gemeinschaftsküche steht zur Verfügung, (günstige) Mahlzeiten werden auf Wunsch auch zubereitet, und eine Bar, Büchertausch sowie Fahrradverleih gibt es auch. Kanadische Leitung. Surfbretter werden vermietet.

Hotel Las Olas *$$*, ☎ *2652 9315, www.cabinaslasolas.co.cr. 10 etwas renovierungsbedürftige Hütten mit Bad, Ventilator, Veranda und Hängematten und z.T. ac, auf Surfer spezialisiert, viele Sport- und Spielangebote. Restaurant.*

🍴 Essen und Trinken

Lola's Beach Bar & Restaurant, ☎ *2652 9097. Schöne Lage direkt am Strand, auch Surfbrettvermietung. Das Restaurant serviert u.a. ceviche, Hühnchenspieße, Fish & Chips, vegetarische Burger etc., die man unter den Palmen bei einer sanften Meeresbrise genießen kann. Ideal für die Mittagspause (Mo und abends geschl.).*

Gregorio's Restaurant, *lokale Gerichte vom Gallo Pinto zum Frühstück über Fisch und Hühnchen zum Mittag- und Abendessen. Gut und günstig.*

Playa Negra

Dieser von Surfern ebenfalls gerne angesteuerte Strand mit viel felsigem Grund ist etwas erschlossener und damit auch bevölkerter als sein eben beschriebenes Pendant. Er sticht durch teilweise farbenfroh gestrichene Unterkünfte hervor, die einen netten Kontrast zu dem, wie der Name schon vermuten lässt, eher dunklen Strand darstellen.

Reisepraktische Informationen Playa Negra

🛏 Unterkunft

Kon Tiki Playa Negra *$$*, ☎ *2652 9117, www.kontikiplayanegra.com, 700 m nach dem Fußballfeld, 300 m vom Strand. 7 einfache, aber originelle Zimmer mit Ventilator, die in einer Art riesigem bunten Baumhaus untergebracht sind (Gemeinschaftsbäder), sowie eine luxuriösere Villa mit 3 Schlafzimmern mit je eigenem Bad, Terrasse und Jacuzzi für max. 10 Personen (250 US$/Nacht). Dazu gehört ein* **Restaurant**, *in dem gute, knusprige Pizza serviert wird. Die netten Eigentümer Martin und Giovanna sind vor über 20 Jahren aus Peru ausgewandert und haben sich hier ihre Heimat geschaffen.*

Hotel Playa Negra *$$$, direkt am Strand gelegen, ☎ 2652 9351, www.playanegra. com. 6 nette Hütten mit Bad (z.T. mit Outdoorduschen), z.T. mit ac, z.T. mit Ventilator, Pool mit Zugang zum Meer, Terrasse mit Hängematten. Einfaches Restaurant. Ideal für ein paar entspannte Strandtage.*

🍴 Essen und Trinken

Café Playa Negra, ☎ *2652 9351, www.cafeplayanegra.com. Gemischtes Angebot von Hamburger bis zu ceviche. Auch einfache Cabinas zur Übernachtung.*

Café La Ventana, ☎ *2652 9197. Nettes Café, in dem man gute Pizza, Salate und (auch vegetarische) Burger essen kann (auch zum mitnehmen) sowie von einer New Yorker Auswanderin selbstgemachte Marmelade, Brot, Waffeln und Wraps probieren. Große Kuchenauswahl. Entspannte Atmosphäre.*

Mary's Place, *internationale Gerichte mit französischem Schwerpunkt. Besonders lecker ist der Nachtisch.*

Verkehrsverbindungen
Die 3 x tgl. zwischen Santa Cruz und Paraíso pendelnden Busse fahren an der Playa Negra vorbei. Um 5 Uhr startet in Paraíso ein Bus, der in Santa Cruz einen Anschlussbus nach San José erreicht.

Playa Junquillal

Die Playa Junquillal ist über Paraíso mit Icacal über eine Straße verbunden. Dieser weitgestreckte, mehrere Kilometer lange Strand, der südwestlich von Paraíso und nördlich des Refugio Nacional de Vida Silvestre Ostional (s. S. 356) liegt, hat allerdings keinen weißen Sandstrand, vor welchem einige Felsen liegen. Auch hier finden sich vor allem Surfer. Wer ruhiges Wasser und billige Unterkünfte jenseits von Campingmöglichkeiten liebt, sollte ihn meiden. Wer dort schwimmen möchte, sollte sich vor starken Strömungen in Acht nehmen. Dieser Küstenabschnitt dient etlichen Lederschildkröten als Eiablageplatz und insofern hat sich hier auch eine Schildkrötenstation niedergelassen. Dieser Strand ist nicht mit dem im Nordwesten des Landes liegenden Junquillalstrand im „Refugio de Vida Silvestre (Bahía) Junquillal" zu verwechseln.

Südlich schließen sich mit der Playa Lagarto, an der derzeit auch ein großer Ferienhauskomplex gebaut wird, und der Playa Manzanillo noch weitere eher steinige Strände an.

Reisepraktische Informationen Playa Junquillal

Unterkunft
Mundo Milo Eco Lodge $$$, *300 m vom Strand entfernt,* ☎ *2658 7010, www.mundomilo.com. 5 große, thematisch gestaltete Zimmer (mexikanisch, mediterran, afrikanisch) mit Bad, z.T. ac, z.T. Ventilator sowie Eisschrank, Terrasse. Ökologisch geführte Lodge unter holländischer Leitung. Inkl. Frühstück. Empfehlenswertes open-air* **Restaurant.**
Hotelito Si Si Si $$–$$$, *neben dem Supermarkt am nördl. Ortseingang,* ☎ *2658 7118, www.hotelitosisisi.com. 4 Zimmer in kleinen Häuschen mit Garten vor der Tür, mit Bad, Ventilator und ac, Eisschrank, Frühstück inkl. Netter Pool mit Bar.*

Camping
Los Malinches Camping ($), ☎ *8628 5920, emoya@yahoo.com. Ordentlicher Platz mit sanitären Anlagen, Elektrizität. Auch ein Apartment wird vermietet. Nah am Strand.*

Verkehrsverbindungen
Nach Santa Cruz gelangt man um 6, 9, 12.30 und 16.30 Uhr.

Die Strände um Nosara

 Routenhinweis: nach Nosara

Der erste Teil der Strecke von Nicoya nach Nosara ist identisch mit der Anfahrt nach Sámara. Einige km vor Erreichen dieses Ortes biegt man dann auf der Höhe der Tankstelle (*La Bomba*) bei Buenavista nach rechts ab. Bis dahin hat sich nach Verlassen von Nicoya die geteerte, allerdings recht schmale Landstraße durch leicht wellige Landschaft entlang von Hügelketten durch kleine Ortschaften gewunden. Vorbei geht es an Fincas und Häuschen, die über das Sozialbauprogramm errichtet worden sind. Bevor man nach knapp einer Stunde *La Bomba* erreicht hat, wurde man schon mit Werbung für *Gated Communities* bombardiert und auch schon mit einigen Anwesen dieser Art konfrontiert.

Nach dem Abbiegen wird das Terrain flacher, es geht allerdings weiterhin hauptsächlich an Weiden vorbei. Wenig später sind Playa Garza und Playa Guiones erreicht. Bevor es wenig später links ab zur Playa Pelada geht, passiert man noch einige Lodges und Hotels. Nach weiteren 5 Min. hat man den durch eine neue Tankstelle in Beschlag genommenen Ortseingang von Nosara – einer Streusiedlung mit einem Fußballplatz als Zentrum – erreicht.

Nosara

Das an den Grenzen des Refugio Nacional de Vida Silvestre Ostional etwa 6 km vom Meer entfernt liegende Örtchen mit ca. 5.000 Einwohnern kann als Ausgangspunkt zum Besuch der Strände Playa Ostional, Playa Nosara, Playa Pelada, Playa Guiones und Playa Garza dienen. Von diesen Stränden verfügen übrigens Ostional und Guiones über die *Bandera Azul Ecológica*. Nosara ist ein Ort, der – positiv ausgedrückt – noch den Charme eines guanakastekischen Dörfchens besitzt. Hier gibt es neben einfachen Cabinas ein paar Restaurants, Supermärkte und eine insbesondere bei Einheimischen beliebte Disko.

Abendlicher Ausritt am Strand in Nosara

Reisepraktische Informationen Nosara (Dorf) (→ Karte S. 360)

Unterkunft
Cabinas Agneel (I) $$, ☎ 2682 0142. 16 einfache Zimmer mit Ventilator, z.T. mit Bad.

Essen und Trinken
Einfache lokale Küche gibt es im Soda **El Aeropuerto (I)**, **Nachos Foodplace (2)** gegenüber der Plaza bietet internationale Küche und leckeres ceviche.

Verkehrsverbindungen
Nicoya: Nach Nicoya fahren Empresa Traroc (☎ 2685 5352) oder Empresa Alfaro um 5, 9, 12 und 17 Uhr in etwa 1,5 Std. (4 US$), in umgekehrter Richtung fahren die Busse um 5, 7, 12 und 15 Uhr ab.
San José: Alfaro-Bus (☎ 2222 2666) fährt um 5.30 Uhr in etwa 6 Std. nach Nosara, wer von Nosara aus nach San José zurück will, dem steht der um 14.45 Uhr abfahrende Bus zu diesem Zweck zur Verfügung.
Sowohl **Sansa** als auch **Nature Air** bedienen den Flugplatz des Ortes (s. S. 132).

Refugio de Vida Silvestre Ostional

Reiche Flora und Fauna Von dem 8.000 ha großen Schutzgebiet befinden sich weniger als vier Prozent an Land, der Rest liegt vor der Küste. Es ist 1983 primär zum Schutz der **Schildkröten** bzw. ihrer Gelege errichtet worden. Gleichwohl kann man auf Brüllaffen, Kapuzineräffchen, Eichhörnchen, Nasen- und Wickelbären treffen ebenso wie auf Schwarze Leguane und Stirnlappenbasilisken. Wer am Strand seine Augen auf den Sand heftet, dürfte häufig des dort auf der Suche nach Beute entlang streifenden

und durch seinen extrem roten Schnabel auffallenden **Amerikanischen Austernfischers** ansichtig werden. Was die **Flora** anbelangt, so weist Ostional eine eher spärliche Vegetation auf, die dominiert wird durch eine Mischbewaldung solcher Arten, die in der heißesten Zeit des Jahres ihre Blätter abwerfen. Grund hierfür ist, dass so der Wasserbedarf reduziert wird.

Anders als in „Las Baulas" tauchen hier Lederschildkröten nur hin und wieder auf. Dies gilt auch für die Grünen (*tortuga marina verde*) bzw. Schwarzen See- bzw. Suppenschildkröten (*tortuga negra*). Die Schildkröte Ostionals ist die olivfarbige **Bastardschildkröte** (*tortuga marina lora*), die sich ihren Namen dadurch eingehandelt hat, dass man sie ursprünglich für eine Kreuzung der Suppenschildkröte mit der Unechten Karettschildkröte hielt.

„Meine Eier sind nicht die Lösung"

Ostional ist zusammen mit Playa Nancite im Parque Nacional Santa Rosa der weltweit wichtigste Nistort der Bastardschildkröten. Im Vergleich zu ihren Vettern vom Parque Nacional Marino Las Baulas sind sie etwas kleiner, tauchen dafür aber zum Nestbau als einzige Schildkrötenart bevorzugt massenweise auf und sind auch nicht ganz so lichtscheu. Bei den sogenannten **arribadas** *(Ankünften)*, die sich zwischen Juli und November, vor allem aber zwischen **August und Oktober** vollziehen, kommen die ersten von **mehreren Tausend Tieren** schon ab 14 Uhr an den Strand und auch noch im Morgengrauen sind die letzten Nachzügler aktiv. Jede Schildkröte legt dabei um die 100 Eier. Manche schwören darauf, dass dies besonders bei großer Windstärke passiert, andere, dass ein solcher Massenansturm vor allem in der Woche vor Vollmond stattfinden würde. Einige Wochen später kann man dann das massenhafte Schlüpfen beobachten.

Beeindruckendes Erlebnis

Die eigentliche Schutzzone fängt an der Küste etwas nördlich des Flugplatzes von Nosara am Punta India an und zieht sich bis südlich von San Juanillo bis zur Punta Guiones hin. Der Ort der Eiablage ist allerdings ein nicht einmal ein Kilometer langer Strandabschnitt der Playa Ostional zwischen der Mündung des Río Ostional und einem felsigen Stück der Küste, das sich bis ins Meer hinein erstreckt. Außerhalb der Eiablegezeit bietet das Schutzgebiet dem Besucher nicht viel mehr als andere Strandabschnitte auch, es gibt keine bemannte Rangerstation. Nur während der Wochen der *arribadas* wird eine Wache organisiert. Die ersten Tage nach einer *arribada* ist es den Anwohnern erlaubt, die Eier zu kommerziellen Zwecken (diese gelten als Delikatesse und als Aphrodisiakum) zu „ernten", sprich auszugraben. Damit soll das spätere Wildern verhindert werden.

Schildkröteneier gelten als Delikatesse

Während der sog. „arribada" gibt es einen wahren Massenansturm der Schildkröten am Strand

Jenseits der Möglichkeit, am Strand spazieren zu gehen, bieten sich keinerlei Wandermöglichkeiten auf offiziellen Pfaden an.

Reisepraktische Informationen Refugio de Vida Silvestre Ostional

i Information
Infos ☎ 2682 0937, act@minae.go.cr.
Die **Asociación de Guias Locale de Ostional** *informiert auf ihrer facebook-Seite über den Stand der arribadas: www.facebook.com/Asociacion.Guias.Ostional (☎ 2682 0428, 25 m südl. des Sportplatzes). Bei ihnen kann man auch geführte Touren buchen. Die* **Estación Biomarina** *bietet ebenfalls Touren und auch Unterkünfte an (☎ 2682 0790, www.arribadas.com).*

Anreise
Der Strand liegt 8 km von Nosara entfernt, eine Busverbindung von Nosara nach Ostional gibt es nicht. Ein Taxi kostet ca. 10 US$. Im Dorf gibt es ein paar Restaurants und Unterkünfte (s.u.).
Während der **Regenzeit** *(Mai bis November) ist die Zufahrt mit dem Auto von Süden (Nosara) oft nicht möglich, dann muss man die nördliche Route über Santa Cruz, Lagarto und Marbella nehmen, die dank einer Brücke nun durchgehend befahrbar sein soll. Ein Allradwagen ist angeraten.*

 Playa Ostional

Der Küstenabschnitt, der die Playa Ostional und ihre Umgebung bildet, ist hauptsächlich mit einem eher dunklen, allerdings sehr feinen Sand ausgestattet. Auch hier muss man beim Schwimmen wegen starker Strömungen und Unterströmungen vor dem Strand äußerst vorsichtig sein. Der Strand hat sich gleichwohl eine *Bandera Azul Ecológica* verdient und ist außerhalb der Schildkrötensaison insbesondere von Dezember bis März bei Surfern beliebt. Berühmt geworden ist er durch die *arribada* der Schildkröten (s.o.).

Reisepraktische Informationen Playa Ostional

Unterkunft / Essen und Trinken
Cabinas Ostional $–$$, ☎ 2682 0428, 25 m südl. des Sportplatzes, http:// cabinasostional.yolasite.com. 8 Zimmer mit Ventilator und Bad und 2 Cabinas mit Küche. In Ordnung, aber nicht wirklich schön. Dafür ist man während der arribada ganz nah dran – keine 100 m vom Strand entfernt.
Hotel Luna Azul $$$, ☎ 8821 0075 bzw. 2682 1400, www.hotellunaazul.com. 8 schön ausgestattete Zimmer in Bungalows mit Terrasse, Bad, ac und Kühlschrank, in einem tropischen Garten gelegen. Die hilfsbereiten Betreiber werben nicht nur mit ihren deutschen Sprachkenntnissen, sondern auch mit Wellness-Angebot. Schöner Pool mit Blick auf das Meer, inkl. Frühstück. Gutes **Restaurant** mit Meerblick.
Soda La Plaza, einheimische Küche, günstig. Wer über ein Zelt verfügt, kann nebenan campen ($).

Playa Nosara, Playa Pelada und Playa Guiones

Da Nosara selbst nicht am Meer liegt, liegen fast alle Hotels – in der Regel solche der oberen Preisklasse – in Küstennähe entlang der Strände Playa Guiones und Playa Pelada. Der Zugang zu ihnen erfolgt über Stichstraßen. Erste Komplexe von Eigentumswohnungen sind hier auch schon entstanden. Die Küstenlinie selbst wird durch kleinere Buchten gebildet, die neben sandigen Stränden auch Gesteinsformationen und mehr oder weniger große Felsplatten zu bieten haben. Der Wellengang ist nicht gerade als gemütlich zu bezeichnen und ist daher für Surfanfänger weniger geeignet. *Starker Wellengang*

Während der Strand Playa Nosara – auch Bocas de Nosara genannt – nördlich der Mündung des Río Nosara liegt, schließen sich die beiden anderen Strände, also Playa Pelada und Playa Guiones, südlich desselben an.

Für **Surfer** bietet Playa Nosara ebenso wie die südlich des Flusses gelegenen Strände gute Bedingungen. Im Hinterland findet man eine Kolonie von nahezu daueransässigen US-Amerikanern und Nordeuropäern, die einen relativ großen Teil der Unterkunftsmöglichkeiten managen bzw. von ihren Renten leben. Dementsprechend entwickelt und teuer ist die Örtlichkeit. In den letzten Jahren hat sich auch eine deutschsprachige Gemeinde in der Gegend gebildet. *Beliebt bei US-Amerikanern und Europäern*

Neben Surfen hat sich Nosara zu einem **Yoga-Mekka** entwickelt. Zahlreiche Yoga-Schulen und Hotels, die Kurse anbieten, zeugen davon.

Reisepraktische Informationen Playa Nosara

i **Information**
www.visitnosara.com

PLAYA PELADA

 Unterkunft

Hotel Lagarta Lodge (2) *$$$, an nördl. Ende der Playa Pelada,* ☎ *2682 0035, www.lagarta.com. 12 schöne Zimmer mit Balkon und großen Fenstern mit Ausblick in den Dschungel, z.T. mit Ventilator, z.T. mit ac. Kleiner Pool. Zu der unter schweiz. Leitung stehenden Unterkunft gehört ein* **Privatreservat**, *(6 US$, für Hotelgäste frei), in dem man Wanderungen und Bootstouren unternehmen kann. Schönes Restaurant, von dessen erhöhter Lage man einen tollen Blick auf das Meer hat. Internationale Küche, auch Müsli und Weinkarte.*

Villa Mango B&B (3) *$$$, am nördl. Ende Nosaras, an der Flussmündung,* ☎ *2682 1168, www.villamangocr.com. Die nah am Dschungel gelegene Unterkunft bietet 7 schön dekorierte Zimmer mit Bad/ac, z.T. mit Meerblick, Terrasse und open-Air-Badezimmer. Vom Salzwasser-Pool hat man einen tollen Blick auf die Flussmündung und kann Vögel und Affen beobachten. Ca. 10 Min. vom Strand entfernt. Gutes Frühstück. Bei den hilfsbereiten Eigentümern kann man Aktivitäten und Ausflüge in die Umgebung buchen.*

Hotel L'Acqua Viva (4) *$$$,* ☎ *2682 1087, www.lacquaviva.com. 35 große Zimmer mit Bad und ac in Bungalows, nette Resortanlage im balinesischen Stil, aber nicht direkt*

(Playa) Nosara, Playa Pelada und Playa Guiones

Unterkünfte
1 Cabinas Agnnel
2 Hotel Lagarta Lodge
3 Villa Mango
4 Hotel L'Acqua Viva
5 Four You Hostal
6 Hotel Kaya Sol
7 Giardino Tropicale
8 Casa Romántica
9 Resort Mamma Rosa
10 Hotel Harmony

Essen & Trinken
1 Nachos Foodplace
2 Soda El Aeropuerto
3 Olga's Bar
4 La Luna Restaurant
5 Pacífico Azul
6 Orgánico MiniMarket
7 Café de Paris

am Strand gelegen (1 km entfernt). Zudem können die Zimmer hinten zur Straße raus etwas lauter sein.

Essen und Trinken

Es gibt 2 Restaurants direkt am Strand:

Olga's Beach Club (3), www.facebook.com/BarOlgas. Direkt am Strand gelegenes, alteingesessenes Restaurant mit Bar und guten einheimischen Gerichten sowie Tacos, Pommes, Chicken Wings und frischem Fisch. Entspannte Atmosphäre.

La Luna Restaurant (4), direkt am Strand. Kleines, gemütliches Restaurant, von dessen Veranda man einen schönen Meerblick hat. Mediterrane, besonders griech. Küche (z.B. leckerer Ziegenkäsesalat), aber auch Pizza und Fischgerichte.

PLAYA GUIONES

Unterkunft

Four You Hostal (5) $$–$$$, ca. 10 Min. vom Strand entfernt, ☎ 2683 1316, www.4youhostal.com. Die Unterkunft unter Schweizer Leitung besteht aus 2 Bungalows mit Bad und Terrasse, 3 DZ und einem Mehrbettzimmer (8 Betten) mit Gemeinschaftsbad. Gut ausgestattete Gemeinschaftsküche vorhanden. Alles im Bauhausstil, auf Yoga- und Surfcommunity spezialisiert, auch Fahrradverleih.

KayaSol Surf Hotel (6) $–$$$, rund 10 Min. zum Strand, ☎ 2682 1459, www.kayasol.com. Von einfachen Mehrbettzimmern bis zur Villa sind verschiedene Unterkunftsmöglichkeiten im Angebot. Alle mit Ventilator, einige mit ac. Schöner, schattiger Pool mit kleinem Wasserfall, Bar und Restaurant.

Giardino Tropicale (7) $$$, 5 Min. vom Strand, ☎ 2682 4000, www.giardinotropicale.com.11 Zimmer/Bungalows unterschiedlicher Ausstattung mit ac (gegen Aufpreis) und Ventilator, geschmackvoll eingerichtet. Warmwasser wird mit Sonnenenergie produziert, das Hotel unter Schweizer Leitung hat eine Vorreiterrolle im Ökosektor und auch schon etliche Auszeichnungen bekommen, Pool, Jacuzzi und Restaurant mit Pizza, Pasta und frischem Fisch.

Mamma Rosa Resort (9) $$$, ☎ 2682 0190, www.mammarosaresort.com.12 kleine, hell eingerichtete Apartments für 2–4 Personen mit ac und Küchenzeile. 2012 eröffnet, direkt am Strand gelegen. Inkl. Frühstück. Italienische Leitung.

Hotel Harmony (10) $$$$, direkt hinter dem Strand gelegen, ☎ 2682 4114, www.harmonynosara.com. Empfehlenswerte, freundliche Unterkunft mit leicht esoterischem Touch. 24 helle Zimmer (13 davon Bungalows) mit Outdoor-Dusche, ac und Ventilator. Die Veranda mit Hängematten lädt zur Entspannung ein, ebenso der tropische Garten mit Pool. Wellnessabteilung und Yoga. Das gute Restaurant ist spezialisiert auf frische Bioprodukte von lokalen Farmen, auch Sushi. Nicht ganz billig, Milkshake z.B. 6 US$.

Casa Romántica (8) $$$, 200 m vom Strand gelegen, ☎ 2682 0272, www.casaromantica.net. 8 recht hellhörige und z.T. renovierungsbedürftige Zimmer mit ac oder Ventilator, dafür nah am Strand (Cabinas oder DZ). Pool, neokolonialer Baustil. Inkl. Frühstück. Nettes, romantisches Restaurant neben dem Pool, italienische und internationale Küche bis hin zu Rösti, gut ist das pollo a la naranja (Orangenhuhn) für 14 US$.

Essen und Trinken

Orgánico MiniMarket (6), neben Coconut Harrys Surf Shop im Zentrum von Guiones, ☎ 2682 1434. Supermarkt mit Bio-Produkten und angeschlossenem Café, in dem frische Säfte und kleine Gerichte serviert werden.

Café de Paris (7), an der Straße zum Strand, ☎ 2682 0087, www.cafedeparis.net. Leckeres Gebäck und Kuchen, gut für eine Kaffeepause oder zum Frühstück. Auch Mittagessen von Tofu bis Burger, aber eher teuer (Portion Spaghetti 13 US$. Im Palenquestil erbaut.

Restaurant Pacífico Azul (5), ☎ 2656 8362, auf Seafood spezialisiertes, eher hochpreisiges Restaurant (ceviche 8 US$ oder sopa de mariscos 13 US$), sehr zu empfehlen.

Surfen

Safari Surf School, gegenüber dem Harmony Hotel, ☎ 2682 0113, http://safarisurfschool.com. Neben Anfänger-, Kinder- und Frauenkursen werden auch komplette Pakete inkl. Unterricht und Unterkunft angeboten.

Nosara Tico Surf School, ☎ 26824076, *www.nosara-surf-school.com. Von lokalen Surfern gegründete Schule, auch Komplettpakete.*

🏃 Yoga

Nosara Yoga Institute, *an der Straße Richtung Nicoya, 3 Blocks vom Café Paris,* ☎ 2682 0071, *www.nosarayoga.com. Hier kann man sich zum Yoga-Lehrer ausbilden lassen, aber auch „normalen" Touristen stehen täglich ab 8 Uhr mehrere Kurse offen (90 Min., 15 US$), die in offenen Pavillons abgehalten werden.*
Pilates Nosara, *im Heart of Guiones Wellness Center, gegenüber dem Hotel Harmony,* ☎ 8663 7354, *http://pilatesnosara.com, bieten ebenfalls Langzeit- und öffentliche Kurse an (60 Min., 10 US$).*

👉 Ausritte

Boca Nosara Tours, ☎ 2682 0280, *www.bocanosaratours.com. Von einem deutschen Ehepaar geführte Ausritte am Strand entlang, durch Flüsse und Dschungelpfade. 2,5 Std. 60 US$ (bei 2 Personen, bei mehreren wird es günstiger). Auch Quadbike-Vermietung, auf Wunsch geführte Touren.*

🚗 Autovermietung

Um die Umgebung zu erkunden, ist ein Auto praktisch, zudem sind Quadbikes beliebte Fortbewegungsmittel, die man bei den Agenturen im Ort mieten kann.
Economy, *am Café de Paris,* ☎ 2299 2000, *www.economyrentacar.com*
National, *an der Hauptstraße, www.natcar.com*

🚐 Verkehrsverbindungen

Von Nosara fährt tgl. (über Playa Garza) um 14.45 Uhr ein Alfaro-Bus nach **San José** *(360 km, 6 Std., Abfahrt in San José um 5.30 Uhr), nach* **Nicoya** *fahren Traroc-Busse (über Playa Garza) um 5, 5.30, 7, 12 und 15 Uhr.*
Der **Flughafen** *wird von den beiden Inlandsgesellschaften angeflogen (s. S. 132).*

Playa Garza

Im Verhältnis zu seinen nördlichen Nachbarn ist dieser in der Bahía Garza südwestlich des gleichnamigen Örtchens gelegene Strand etwas ruhiger, da er nicht ganz so bequem zu erreichen ist. Große Teile dieses Strandes sind mit feinem Sand bedeckt. Von Garza aus sind es gut 15 km bis Sámara.

🛏 **Hotel Playa Garza** $$$, *nahe dem Strand gelegen (50 m),* ☎ 2656 8061, *www.hotelplayagarza.com. 8 Zimmer mit Ventilator, z.T. auch ac, z.T. mit Küche, Pool. Italienische Küche inkl. Pizza (7–14 US$) kann man im dazugehörigen* **Restaurante Sol y Mar** *genießen.*

Nicoya und die Strände um Sámara

Nach Nicoya gelangt man, so man sich im Norden des Landes befindet, von Liberia aus. Wer aus südlicher Richtung, z.B. aus Puntarenas oder aus San José anreist, wählt den Weg über die Freundschaftsbrücke (Puente da la Amistad).

Die Geschichte einer Freundschaft oder wie der Río Tempisque zu seiner Brücke kam

info

Um früher auf der Interamericana von San José aus Richtung Norden auf die Halbinsel Nicoya zu kommen und den Umweg über Liberia zu vermeiden, musste man den Río Tempisque mit einer Fähre überqueren. Dies ist seit 2003 nicht mehr vonnöten, da die Regierung von Taiwan eine Brücke gestiftet hat. Diese „Puente La Amistad" (Freundschaftsbrücke), die mit ihren fast 800 m die derzeit längste Brücke des Landes ist, verkürzt die Fahrzeit nicht unerheblich. Hintergrund der Entwicklungshilfeleistung ist, dass Taiwan sich durch die Finanzierung der Freundschaftsbrücke bei der costa-ricanischen Regierung für deren Präferenz für die kleine Inselrepublik gegenüber China revanchieren wollte. 2007 allerdings, die Brücke war inzwischen fertig geworden, wechselte die costa-ricanische Regierung die Fronten und nahm, unter Kappung ihrer bisherigen (Sonder-)Verbindungen zu Taiwan, diplomatische Beziehungen mit China auf. Es bleibt abzuwarten, ob jene nun auch ein Brückenprojekt in Angriff nehmen wird, um sich für diesen Schritt zu bedanken.

Und was den „Treuebruch" Costa Ricas gegenüber angeht: Die Brücke, die in den ersten zehn Jahren nach ihrer Fertigstellung – sieht man von diversen Graffitis ab – nicht einen Tropfen neuer Farbe, geschweige denn andere Erhaltungsmaßnahmen gesehen hat, weist inzwischen die ersten Risse auf.

Die Brücke der Freundschaft über den Río Tempisque

Nicoya

Älteste spanische Siedlung des Landes

Nicoya ist zwar die größte Stadt auf der Nicoya-Halbinsel, wirkt mit seinen gut 20.000 Einwohnern aber eher wie ein kleines Landstädtchen. Es ist eine der ältesten spanischen Ansiedlungen im Land, wo bereits etwa 20 Jahre, nachdem der erste Spanier seinen Fuß auf costa-ricanische Erde gesetzt hatte, die **Iglesia San Blas** errichtet worden war. Rege Betriebsamkeit herrscht vor allem auf dem Parque Central. Er bildet noch immer den sozialen Treffpunkt des Ortes, und wer sich in den Abendstunden in der Parkgaststätte niederlässt und nach und nach die diversen selbstgemachten Fruchtsaftgetränke und landestypischen kleinen und größeren Mahlzeiten durchprobiert, kann von hier aus das Leben und Treiben der Bevölkerung geruhsam verfolgen. Davon abgesehen ist Nicoya für den Reisenden vorrangig als Verkehrsknotenpunkt interessant. Ihren Namen leitet die Stadt von dem Häuptling der Chorotegas ab, der einst die wenig erfreuliche Bekanntschaft mit dem Konquistador Gil Gonzáles Dávila machen durfte.

Reisepraktische Informationen Nicoya

Unterkunft

Hotel Las Tinajas (2) *$–$$, Av. I, C. 3 und 5, ☎ 2685 5081. 28 einfache Zimmer mit Bad, z.T. Ventilator, z.T. ac, familiärer Betrieb.*
Pension Venecia (3) *$–$$, Av. Central, C. Central und C. I, an der Nordseite des Parque Central, ☎ 2685 5325. Traditionelle hospedaje mit 34 Zimmern mit Ventilator und Gemeinschaftsbad. Sehr einfach, aber in Ordnung. Im neu errichteten Flügel gibt es Zimmer mit Bad und ac. Parkplatz.*

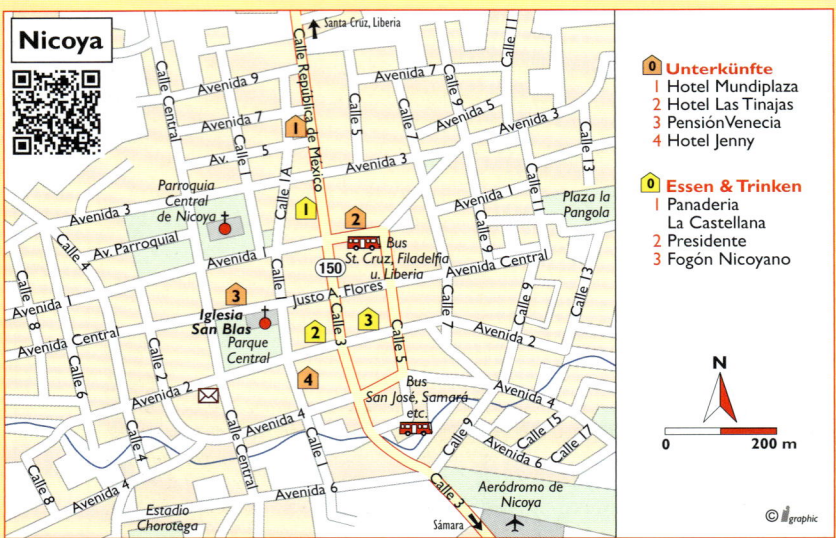

Nicoya

Unterkünfte
1 Hotel Mundiplaza
2 Hotel Las Tinajas
3 PensiónVenecia
4 Hotel Jenny

Essen & Trinken
1 Panadería La Castellana
2 Presidente
3 Fogón Nicoyano

Hotel Jenny (4) $$, C. 1, Av. 2 und 4, 100 m südl. vom Parque Central, ☎ 2685 5050, www.hoteljenny.com. 36 saubere Zimmer mit Bad und ac, sehr funktional, aber beste Option im Ort. Parkplatz.
Hotel Mundiplaza (1) $$, C. 1, Av. 5 und 7. Haus mit 25 Zimmern, standardmäßig eingerichtet mit Bad und ac, Eisschrank.

🍴 Essen und Trinken
Panaderia La Castellana (1), C. 3, Av. 1 und 3. Cafeteria und Feinbäckerei mit großem Angebot.
Presidente (2), Av. 2, C. 1 und 3. Mit 50 Jahren eines der ältesten chinesischen Restaurants der Stadt, auch einheimische Küche. Das Lokal wird bis Anfang 2014 renoviert.

Die Kolonialkirche von Nicoya

Fogón Nicoyano (3), Av. 2, C. 3 und 5, 250 m östl. der Municipalidad. Einheimische Gerichte, Spezialität gegrilltes Hähnchen. Abends Disko mit wechselndem Programm (s. www.facebook.com/FogonNicoyano).

🚌 Verkehrsverbindungen
San José: tgl. alle 1–2 Stunden, 300 km, 5 Std., ca. 8 US$. Von San José (Ecke C. 14, Av. 5) nach Nicoya fährt der erste Bus um 5.30 und der letzte um 17 Uhr ab, in umgekehrter Richtung geht es erstmals bereits um 3 Uhr und letztmals um 17 Uhr (Empresa Alfaro, ☎ 2222 2666).
Nosara und Garza: ab Nicoya mit Empresa Traroc (ca. 2 Std., ☎ 2685 5352) um 4.45 (So nicht), 10, 12.30, 15 und 17.30 Uhr, in umgekehrter Richtung fahren die Busse um 5 (So nicht), 6.30, 8, 12 und 16 <So 15> Uhr ab).
Playa Sámara, Playa Carrillo, Estrada: zwischen 5 und 21.45 mind. alle 2 Stunden, zurück zw. 4 und 18 Uhr (So beginnt der Verkehr später und endet früher).
Liberia: Über Santa Cruz pendeln im Abstand von 20–30 Min. zwischen 4 und 21 Uhr Busse von La Pampa (2 Std., 3 US$, ☎ 2665 7520). In Liberia nutzen sie den kommunalen Terminal, während sie in Nicoya (Av. 1, C. 3 und 5) und Santa Cruz jeweils einen eigenen Terminal unterhalten.

Parque Nacional Barra Honda

Der auf der Nicoya-Halbinsel gelegene Nationalpark Barra Honda gehört zu den bereits in den 1970er-Jahren unter Schutz gestellten Gebieten. Mit weniger als 2.300 ha Fläche nimmt er sich eher bescheiden aus und ist vor allem wochentags wenig besucht. Was **Flora und Fauna** anbelangt, so bietet der Park einen Einblick in den **Trockenurwald**, wobei Landwirtschaft und sporadische Waldbrände dazu geführt haben, dass dieser Urwald partiell nur aus Sekundärwald besteht. Außer

Leguan im Barra Honda Nationalpark

auf Kapuzineräffchen dürfte man mit einigem Glück auf Rotwild, konkret auf den Weißwedelhirsch stoßen und vielleicht auch einmal einen Kojoten, ein Opossum, einen Nasenbär oder einen Skunk zu Gesicht bekommen. In den Lüften, oder besser gesagt im Geäst, besteht die Chance, einen blauweiß gefederten und mit einem beeindruckenden Helmbusch gezierten Langschwanzhäher, einen Elfenbeinsittich oder einen hoch oben am Himmel auf der Suche nach Aas schwebenden und dabei auf seinen exzellenten Geruchssinn vertrauenden Truthahngeier zu sichten.

Ein Großteil des Parks wird von dem 300 m über dem Meeresspiegel liegenden Hochplateau des Barra Honda eingenommen. Ursprünglich war diese ca. 60 Mio. Jahre alte Formation Teil eines Korallenriffs, welches durch tektonische Verschiebungen emporgehoben worden ist. Nachdem der Schutz des Meerwassers fehlte, wusch in den Boden versickernder saurer Regen den Kalkstein aus, sodass Hohlräume entstanden. Im Inneren des Berges hat man bisher über 40 **Höhlen** entdeckt, von welchen knapp die Hälfte näher erforscht sind. Das „Stinkende Höhlenloch" (die Übersetzung für „El Pozo Hediondo") heißt so, weil es ein beliebter Aufenthaltsort von Fledermäusen ist, deren Hinterlassenschaften nicht gerade Wohlgerüche verbreiten.

Durch tektonische Verschiebungen erhobenes Korallenriff

In der relativ kleinen Höhle Nicoa hat man vor ca. 40 Jahren nicht nur die sterblichen Überreste von vor ca. 2.000 Jahren verstorbenen Menschen, sondern auch eine Reihe von archäologisch interessanten Artefakten wie Idole aus vorkolumbianischer Zeit entdeckt. Die Höhle Santa Ana ist mit 240 m die längste. Mit Stalaktiten und Stalagmiten sind besonders die drei Höhlen **Terciopelo**, **Trampa** und **Santa Ana** gesegnet und es bleibt der Fantasie jedes Besuchers – mitunter unterstützt vom Höhlenguide – überlassen, beim Anblick der diversen Formationen Tiere, Menschen etc. zu assoziieren. Was die Schönheit und Vielfältigkeit der Formationen anbelangt, so dürfte die **Terciopelohöhle**, zzt. als einzige Höhle zugänglich, den anderen überlegen sein.

Abstieg in die Höhle nur mit Führer

Wer nicht in die Höhle hinuntersteigen will, für den lohnt sich der Besuch des Parks nur bedingt. Zu den Höhlen gelangt man über den 3 km langen Sendero Los Laureles, der bis einen „Gipfel" führt (Mirador Nacaome), von dem man einen schönen Ausblick auf die Umgebung hat.

Reisepraktische Informationen Parque Nacional Barra Honda

Information
Parkverwaltung ☎ *2659 1551, 8–16 Uhr, 10 US$, Camping 2 US$.*
Ausreichend Wasser mitnehmen. Trinkwasser gibt es innerhalb des Parks nur gegenüber der Rangerstation. Hier sind Toiletten, Duschen und Grillgelegenheiten vorhanden. Infos auch unter www.nicoyapeninsula.com/barrahonda/.

Höhlentouren
Die Höhlen können nur mit 2 Guides der Asociación de Guías Ecologistas betreten werden, buchbar bei den Rangern (s.o.). Die Touren werden von 8–14 Uhr durchgeführt. Die Ausrüstung für den Einstieg wird gestellt und ist im Preis inbegriffen. Zzt. ist nur die Höhle Terciopelo zugänglich, in die man über eine steile Leiter ca. 20 m in die Tiefe gelangt (36 US$, mind. 2 Personen). In der Regenzeit sind die Höhlen gesperrt.

Unterkunft / Essen und Trinken
Las Cavernas Tourist Lodge *$$, ca. 500 m vom Parkeingang entfernt,* ☎ *2659 1574, www.hotelcavernas.webnode.es. Wer unbedingt hier am Park übernachten möchte, kann dies in einer der 5 (sehr) einfachen Cabinas mit Bad und Ventilator tun. Frühstück inkl. Restaurant und Pool.*
Café Kura, ☎ *2659 2115, www.facebook.com/Cafekuraca. Das bunte Café ca. 500 m vor dem Parkeingang wird von einer Deutschen geführt und lädt zu einer Kaffee- und Kuchenpause ein. Leckeres Eis gibt es auch. Zudem wird eine kleine Auswahl an Schmuck und T-Shirts verkauft (11–17 Uhr, Sa geschl.).*

Anreise
Zum Nationalpark Barra Honda kommt man am günstigsten über Nicoya oder von Norden über die Puente de la Amistad (13 km). Wer von Nicoya aus zum Nationalpark als Selbstfahrer unterwegs ist, fragt in Nicoya nach dem Beginn der carretera nach Santa Ana bzw. nach dem Parque Nacional Barra Honda und nicht bloß nach dem Weg nach Barra Honda (oder Nacaome), da er ansonsten möglicherweise in das gleichnamige Dörfchen geschickt wird, was einen großen Umweg bedeuten würde.
Bus: *Von Nicoya gibt es einen Bus nach Santa Ana (12 km, tgl. außer sonntags um 11.30 und um 16.30 Uhr, zurück um 7, 12.15 und 17.30 Uhr), wobei der letzte Bus nicht direkt nach Nicoya fährt, sondern ein Umsteigen notwendig ist. Von Santa Ana aus sind es 2 km bis zum Parkeingang. Wer die Höhlen besuchen will, sollte einen Tag vorher anreisen.*

(Playa) Sámara

Auch wenn es einige Direktverbindungen nach San José gibt, so erreicht man diesen Teil der Halbinsel Nicoya am ehesten von **Nicoya** aus. Die Fahrt von Nicoya zu den 35 bis 50 Kilometer entfernten Stränden dauert zwischen einer und knapp zwei Stunden. Die Strecke führt zunächst durch ein hügeliges Gebiet, in dem seit alters her die Viehwirtschaft vorherrscht. Viele begüterte Costa-Ricaner oder Ausländer haben hier Grundstücke in großem Stil aufgekauft und auf diesen entsprechende Anwesen errichtet, die mit den für diese Region eher typischen traditionellen Holzhütten einen nicht zu übersehenden Kontrast bilden.

Strand nahe Sámara

Das Meer am ca. 4 km langen Strand ist eher ruhig (bei Flut verschwindet der Strand fast), was jedoch für den Badebetrieb, die Discotheken und die Besucher nicht unbedingt gilt. Der nahegelegene Flughafen macht den Ort attraktiv. Angenehm ist, dass Palmen zwischen Strand und den Cabinas Schatten spenden. Der Strand(ort) ist weniger exklusiv als einige andere in der Region. Hier können sich auch (noch?) costa-ricanische Familien aus dem Mittelstand leisten, Ferien zu machen. Insbesondere am Wochenende und während der Hauptferienzeit um Weihnachten und in der *Semana Santa* (Karwoche) sollte man allerdings, wenn einem nicht nach Massenbetrieb ist, diesen Strand eher meiden. Hierzu trägt mit bei, dass Sámara sowohl mit öffentlichen Verkehrsmitteln als auch aufgrund der relativ gut ausgebauten Straße nach Nicoya mit Privatfahrzeugen, die nicht mit Allradantrieb ausgestattet sind, gut zu erreichen ist.

Wer auf der Suche nach einem einsameren Strand ist, kann sich (in der Trockenzeit) Richtung Norden auf den rund 6 km langen Weg zur schlecht ausgeschilderten **Playa Barrigona** machen (nur mit Allradwagen, da es einen Fluss zu kreuzen gilt). Dazu kann man zunächst der Ausschilderung zum Flying Crocodile Hotel folgen (ca. 4 km nach Sámara Richtung Buenavista vor der Tankstelle die 1. Straße links abbiegen, nach weiteren ca. 4 km geht es rechts durch den Fluss). In dem Dörfchen Esterones fährt man am Ende bei der Ferreteria Coyote noch ca. 1 km geradeaus, dann weist ein kleines Schild auf den Zugang zum Parkplatz hin (links).

Reisepraktische Informationen (Playa) Sámara

 Information
http://samarainfocenter.com, http://samarabeach.com/

 Unterkunft
Hostel Matilori (4) $–$$, ☎ 2656 0291, *www.isamara.co/matilori.htm.* Buntes Hostel mit 3 DZ und 2 Zimmern für 4–6 Personen, mit Ventilator, Gemeinschaftsküche und -bad. Hängematten und Schaukelstühlen im Garten, entspannte Atmosphäre. Fahrradverleih. Schweizer Leitung
Casa Paraíso (2) $$–$$$, ☎ 2656 0741. 7 Zimmer mit Ventilator und Bad, nett eingerichtet, leider ist die Gegend eher laut. Das dazugehörige vegetarische **Restaurant Ahora Si**, das von der Italienerin Sabina betrieben wird, ist sehr empfehlenswert.

Unterkünfte
1 Casa Esmeralda
2 Casa Paraíso
3 Hotel Villas Kalimba
4 Hostel Matilori
5 Hotel Sámara Beach
6 Samara Tree House

Essen & Trinken
1 Luv Burger
2 El Lagarto Beachbar
3 Soda La Perla
4 Bar Las Olas

Casa Esmeralda (1) *$$$, 300 m östl. der Schule, ☎ 2656 0489, http://samarabeach. com/casaesmeralda/. 5 Zimmer mit ac und Bad, modernes, aber familiäres Ambiente. Die Zimmer sind allerdings eher karg möbliert und über dem Restaurant gelegen. Das dazugehörige* **Restaurant** *bietet gute italienische Küche sowie einheimische Gerichte und Meeresfrüchte (Seafood-Platte 36 US$).*

Hotel Sámara Beach (5) *$$$, ☎ 2656 0218, www.hotelsamarabeach.com. Älteres, aber sauberes Hotel im Zentrum und strandnah, 20 Zimmer mit ac, Pool.*

Samara Tree House Inn (6) *$$$, ☎ 2656 0733, www.samaratreehouse.com. 4 auf Stelzen errichtete Bungalows direkt am Strand, mit Küchenecke, Bad und Wohnzimmer, unter dem Bungalow finden sich Hängematten, Stühle, Tische und Grill (bis zu 4 Personen). Zudem gibt es 2 normale Hotelzimmer neben dem Pool. Inkl. Frühstück.*

Hotel Villas Kalimba (3) *$$$–$$$$, ☎ 2656 0929, www.villaskalimba.com. Eher ein kleines Resort denn Hotel, Mixtur aus italienischer Architektur und Kolonialstil. Die Zimmer sind in 6 Bungalows für 2–5 Personen untergebracht und mit Bad, Küche, Terrasse, ac und Ventilator ausgestattet sowie sehr stilvoll eingerichtet. Schöner Pool. Zudem werden noch 2 Häuser mit eigenem Pool vermietet. Zum wenige Meter entfernten Strand muss man eine Straße überqueren. Supermarkt in der Nähe.*

Essen und Trinken

Luv Burger (1), *www.facebook.com/LuvBurger. Vegetarische, aber trotzdem gute Burger, zudem vegane Gerichte.*

El Lagarto Beach Bar (2), *☎ 2656 0750, http://ellagartobbq.com. Das Essen wird auf einem holzbefeuerten Grill zubereitet (Fisch und Fleisch), große Weinauswahl. Direkt am Strand gelegen, daher eher teuer: gegrillter Fisch 12–22 US$.*

Soda La Perla (3), *☎ 2656 0241. Einfaches Restaurant mit einheimischen Gerichte und Seafood, günstig (bis 19 Uhr geöffnet).*

Bar Las Olas (4), *☎ 2656 1100. Alteingesessene Strandbar am östl. Ende des Strandes, samstags häufig Partys mit DJ (Reggae, HipHop), viele lokale Gäste.*

Touren

An Touren werden neben den üblichen Kajak-, Kaffee- und Canopytouren u. a. angeboten: Schnorcheln (35 US$), Delfinbeobachtung (180 US$), Angeltrip (200 US$) und Schildkrötenbeobachtung (35–45 US$). Wem es nicht warm genug sein sollte, der kann nicht nur den Fitnessraum sowie die Wellness-Abteilung des **Natural Center**, sondern auch dessen Sauna nutzen. Anbieter sind u.a.

Samara Carrillo Info Center, an der Hauptstraße, ☎ 2656 2424, http://samara infocenter.com. Großes Tourenangebot, auch außerhalb der Halbinsel Nicoya, hilfsbereite Mitarbeiter.

Samara Adventure Company, an der Hauptstraße, ☎ 2656 0920, www.samara-tours.com Die Agentur hat neben Schnorcheln, Angeln, Kajak, Canopy und Mountainbiketouren auch Ausflüge zum Palo Verde und Barra Honda Nationalpark im Angebot.

Samara Trails, ☎ 8835 9040. Auf der 2,5-stündigen Wanderung durch das Werner Sauter Biological Reserve gibt es für alle, die noch nicht im Regenwald waren, zahlreiche Tiere wie Affen, Vögel, Insekten und Pflanzen zu bewundern. Touren starten um 7 und 15 Uhr, 35 US$ p.P.

Verkehrsverbindungen

Nicoya: Busse von Empresa Traroc (☎ 2685 5382) nach Nicoya (40 km, ca. 1 ¼ Std., 3 US$) gibt es um 4.30, 5.30, 7, 8, 10, 12, 13, 14, 15, 16, 17 und 18.30 Uhr, am So fährt der 1. Bus allerdings erst um 6 Uhr.

San José: Nach San José fahren während der Hochsaison Direktbusse von Alfaro (☎ 2222 2666) tgl. 4 und 8 Uhr (13 US$, 5 Std.). Abfahrt in der Hauptstadt um 12 und 17 Uhr.

Auch die Firmen Interbus und Montezuma Expeditions fahren hierher.

Playa Carrillo

Im Gegensatz beispielsweise zum Playa Junquillal findet man hier in einer relativ geschützten Lage einen weißen Sandstrand vor, der sich die *Bandera Azul Ecológica* verdient hat. Hier hat der mehrmalige Präsident des Landes, Óscar Arias Sánchez, das Preisgeld des Nobelkomitees genutzt, um sich eine adäquate Unterkunft zuzulegen. Durch seine Landepiste und einen günstigen Liegeplatz für Yachten weist der Strand von Carrillo eine gewisse exklusive Note auf.

Geschützte Bucht
Der in einer geschützten Bucht liegende, palmengesäumte Strand ist aber auch ein bevorzugtes Ziel von Familien. Unter und hinter der Brücke zwischen dem Strand und der Ortschaft Puerto Carrillo tummeln sich in den Mangroven häufig auch Kaimane, die von der Brücke aus gut zu beobachten sind. In Puerto Carrillo ist für **Hochseeangler** und solche, die es werden wollen, die Möglichkeit gegeben, sich ein Boot zu mieten, um hinaus aufs Meer zu fahren. Angesichts der Vorteile, die diese „location" bietet, ist es ziemlich wahrscheinlich, dass Puerto Carrillo in nicht allzu ferner Zukunft vom Condominion-Boom überrollt werden dürfte. Die üblichen Vergnügungen wie Reiten, Yoga, Canopy-Walks etc. nebst Besuchsmöglichkeiten des La Selva Wildlife Refuge & Zoo (☎ 2656 0168) werden ebenfalls vorgehalten.

Reisepraktische Informationen
Playa Carrillo

 Information
www.carrillobeach.com

 Unterkunft / Essen und Trinken

El Colibri Cabinas & Restaurant *$$,* *2656 0656, www.cabinaselcolibri.com. 5 Min. vom Strand entfernt (200 m), 50 m östl. der Kirche. Großzügige, saubere Cabinas für 1–4 Personen mit Bad, Küchenecke und ac. Pool,* *Die Unterkunft wird von einem netten argentinischen Paar betrieben, die in ihrem* **Steakhouse-Restaurant** *im Garten gute gegrillte Fleischgerichte argentinischen Stils servieren, auch frischer Fisch.*

Cabinas La Plaza *$$, an der östl. Seite der Plaza von Puerto Carrillo,* ☎ *2656 0168, https://www.facebook.com/CabinasLaPlaza. 15 Zimmer mit ac und Bad, nett eingerichtet, familiäre Atmosphäre.*

Popo's Cabinas *$$, oberhalb des Ortes,* ☎ *2656 0086, www.vrbo.com/48060. 2 originell platzierte zweistöckige Holzhäuschen, die als „Treehouses" beworben werden – ohne es im engeren Sinne des Wortes zu sein, mit kleiner Küche (auch Surfschule und Kajaktourveranstalter):*

Puerto Carrillo Hotel *$$$, 50 m von der Kirche,* ☎ *2656 1103, www.puertocarrillo hotel.com. 16 Zimmer mit Bad und ac, Pool, Open-Air-Fitnessecke, insgesamt okay, aber etwas unpersönlich. Dazu gehört ein* **Restaurant**, *das u.a. Pasta (10 US$) und Fisch (15–20 US$) serviert.*

 Verkehrsverbindungen
Busse, die Sámara ansteuern, fahren fast alle bis nach Carrillo weiter. Für die ca. 4 km brauchen sie etwa 15 Min.

Warnung vor Krokodilen an der Flussmündung

Playa Islita und Playa Bejuco

Die folgenden Strände sind mit öffentlichen Verkehrsmitteln nur wenige Male am Tag zu erreichen. Wenn man über einen eigenen fahrbaren Untersatz ohne Allradantrieb verfügt, ist man darauf angewiesen, dass einem der Wettergott gnädig gestimmt ist, da ansonsten ein Durchkommen kaum möglich bzw. äußerst unbequem ist. Der Weg ab der Playa Carrillo kreuzt den Río Ora, dahinter beginnen die Buchten.

Playa Camaronal, **Playa Islita**, **Playa Corozalito** und **Playa Bejuco** liegen alle südöstlich der Playa Carrillo, für Schwimmfans sind sie nur eingeschränkt zu empfehlen, dafür sind sie meistens recht leer.

Reisepraktische Informationen Playa Islita und Playa Bejuco

Unterkunft

Rhodeside B&B $$$, *Pueblo Nuevo de Bejuco, am Berg gelegen,* ☎ *2655 8006, www.rhodesidebedandbreakfast.com. 4 geräumige, einfach ausgestattete Cabinas mit Bad und Ventilator, Terrasse und Gemeinschaftsküche, inkl. Frühstück. Die beiden US-amerikanischen Eigentümer helfen gerne bei der Planung von Ausflügen. Zur Unterkunft gehört zudem eine* **Espresso-Bar**. *Nicht ganz einfach zu finden, eine genaue Anfahrtsbeschreibung steht auf der Homepage. Zur Playa Bejuco sind es nur ein paar Minuten zu Fuß, zur Playa San Miguel 10 Min. mit dem Auto.*

Casitas Azul Plata $$$, *zwischen Punta Islita und Playa San Miguel,* ☎ *8879 4915, www.casitas-azulplata.com, 6 große, freundliche Apartments und casitas für bis zu 4 Personen mit Bad, Ventilator, z.T. ac, Pool, unter dt. Leitung. Das dazugehörige* **Restaurant** *bietet Semmelknödel, Sauerbraten, Spätzle und andere Köstlichkeiten der süddeutschen Küche, ergänzt durch das Angebot aus der angeschlossenen Bäckerei (Mo geschl.). Etwas abseits gelegen, ideal für Ruhesuchende.*

Hotel Punta Islita $$$, *an der Playa Islita,* ☎ *2231 6122, www.hotelpuntaislita.com. Abseits gelegenes, großes Resort, das mit einem fantastischen Ausblick auf Dschungel und Meer besticht, den man mit einem Cocktail vom Pool aus genießen kann. Die Zimmer unterschiedlicher Kategorien (auch Bungalows direkt am Strand und Ferienhäuser) sind komfortabel und mit Bad/ac ausgestattet. Die Anfahrt über schlechte Straßen sollte man am besten mit einem Auto mit hoher Bodenfreiheit angehen. Restaurant am Pool.*

Delfin Beachfront Resort, $$$$, *Playa Bejuco,* ☎ *2779 4245, www.delfinbeachfront.com, 45 Zimmer mit Bad und ac, schöner Garten, direkt am Strand, Pool, spezialisiert auf Hochzeiten.*

Verkehrsverbindungen

Von Bejuco fährt um 12.40 Uhr ein Bus nach Santa Cruz (1,5 Std., 2,5 US$).

Playa San Miguel

Dieser Strand bildet das nördliche Ende der Bucht, deren südliches Ende von Playa Coyote gebildet wird. Zwar verfügt er über Sandstrand, doch sind viele angrenzende Grundstücke in Privatbesitz und nicht touristisch genutzt.

Reisepraktische Informationen Playa San Miguel

Unterkunft / Essen und Trinken

The Flying Scorpion $$$, *direkt am Strand,* ☎ *2655 8080, www.theflyingscorpion.com. 8 unterschiedlich große Zimmer (auch Bungalows direkt am Strand) mit Bad und Ventilator, Frühstück inkl. Ausritte, Surfen oder andere Aktivitäten werden gerne*

organisiert. In den Hängematten vor dem netten **Restaurant** *(Pizza, Fisch) kann zum Meeresrauschen man entspannen.*
Cristal Azul *$$$–$$$$, ☎ 8705 9881, www.cristalazul.com. 4 große Bungalows mit Bad (mit Outdoor-Dusche), ac und Ventilator sowie einer Terrasse. Infinity-Pool mit schönem Panoramablick auf das Meer.*
Los Maderos Restaurant, *am Strand, einheim. Küche, empfehlenswert: ceviche.*

Playa Coyote

Am südlichen Ende der costa-ricanischen „Costa del Sol" auf halbem Weg zwischen Sámara und Mal País bei dem Örtchen **San Francisco de Coyote** gelegen, ist dieser Strand etwas für Leute, die etwas weniger hohe Ansprüche an Unterhaltung und Aktivurlaub stellen und auch gut auf den Anblick von einer Hotelskyline verzichten können.

Von hier kann man theoretisch die Küste bis St. Teresa und Mal País hinunterfahren, doch da die Straße sehr schlecht ist, ist meist der Umweg über Cóbano bzw. die Anreise von Süden aus zu empfehlen.

Reisepraktische Informationen Playa Coyote

Unterkunft / Essen und Trinken
Pacific Guesthouse *$$$,☎ 8891 3535, www.coyotevisitor.com/PacificGuest house.html, buchbar auch über www.airbnb.de. 2 moderne Zimmer mit Ventilator, Küche bzw. Kühlschrank, Terrasse und Pool mit schönem Meerblick. Keine Mahlzeiten. Zum Strand sind es ein paar Minuten mit dem Auto. Mindestaufenthalt 2 Nächte.*
Casa Caletas *$$$, am südl. Ende des Strandes, ☎ 2655 1271, www.casacaletas.com. 9 freundliche, ordentliche Zimmer für 2–4 Personen mit Bad, ac, z.T. Jacuzzi und Eisschrank, Pool, Frühstück inkl. Von der Terrasse hat man einen tollen Ausblick auf die Flussmündung des Río Jabillo.*
Restaurante Tanga & Camping, *einheimische Küche, insbesondere Seafood, hier kann man auch campen ($, ☎ 2655 1107).*

Verkehrsverbindungen
Busse von Empresa Arsa (☎ 2650 0179) fahren tgl. von San Francisco de Coyote über Jicaral, wo man den Bus wechseln muss, um 2.40 und 13.10 Uhr nach San José (6 Std., 10 US$). Nach Corozalito geht um 10.50 und 20.20 Uhr jeweils ein Bus ab (45 Min., 1,2 US$).

Puntarenas und die südliche Halbinsel

Wer sich von San José aus in den Westen aufmachen will, für den ist Puntarenas, der einstige Haupthafen des Landes, nicht nur das Tor zu den Stränden (wie etwa Tambor oder Montezuma) und Naturschutzgebieten des südlichen Zipfels der Halbinsel Nicoya, sondern auch zu denjenigen entlang der **Pazifikküste** in Richtung Parque Nacional Carara und Halbinsel Osa (Kapitel Süden, s. S. 400ff).

Puntarenas

Wer mit dem Auto unterwegs ist, folgt zunächst der im Kapitel Norden (S. 223) beschriebenen Route und biegt hinter Esparza nach Westen ab. Nach knapp 10 km erreicht man Puntarenas. Die Hauptstadt der gleichnamigen Provinz mit ihren ca. 50.000 (Kernstadt-)Bewohnern – weitere 50.000 Menschen leben in ihrer unmittelbaren Umgebung – liegt auf einer in den Golf von Nicoya hineinragenden Landzunge. Puntarenas bestand in den 1820er-Jahren aus wenig mehr als ein paar barackenartigen Gebäuden. Ihre Blütezeit sollte erst im Zuge des Kaffeebooms in den 1830er-Jahren ihren Anfang nehmen. Über den damals angelegten Hafen wurde nahezu der gesamte Im- und Export des Landes abgewickelt.

Auf einer Landzunge gelegen

1838 übertraf Puntarenas hinsichtlich des pro Kopf akkumulierten Kapitals die Hauptstadt San José um mehr als das Doppelte. In den 1840er-Jahren baute man den aus dem zentralen Hochland nach Puntarenas führenden **Ochsenkarrenpfad** weiter aus, um die Kaffeesäcke schneller und billiger einschiffen und im Gegenzug die aus aller Welt importierten und mit den Gewinnen aus dem Kaffeeverkauf finanzierten Güte ohne Schwierigkeiten ins Hochland verfrachten zu können. Im Jahre 1910 erfolgte mit der Fertigstellung einer Eisenbahnverbindung zwischen Puntarenas und dem Hochland eine erhebliche Steigerung der Transportkapazitäten.

Inzwischen hat Puntarenas seine dominierende Stellung als **Hafenstadt** weitgehend an das an der Atlantikküste gelegene Limón (S. 532) und an den gut 15 km
südlich gelegenen Pazifikhafen Puerto Caldera verloren. Es verkehren auch keine
Direktzüge mehr hinauf in die Meseta Central.

Puntarenas versucht deshalb seit einigen Jahren, sich zu einer für den nationalen
wie den internationalen Tourismus attraktiven Destination zu entwickeln. Die
Stadt selber bietet gleichwohl bislang nur wenig Aufregendes, sie dient mit ihren   *Boots-*
Fähr- und Bootsverbindungen zum südlichen Teil der Nicoya-Halbinsel vielen ledig-   *verbindungen*
lich als Durchgangsstation. Eine Ausnahme bilden lediglich die Wochenenden und   *zur Nicoya-*
die costa-ricanischen Ferienzeiten: Dann nämlich fallen die Badefreudigen aus dem   *Halbinsel*
Hochland hier ein und nutzen sowohl den **Stadtstrand** als auch den unter dem
Namen Playa Doña Ana bekannten Sandstrand (Eintritt 2,50 US$) einige Kilome-
ter südlich der Stadt zwischen Chacarita und Puerto Caldera äußerst intensiv, sodass man zu diesen Zeiten die Stadt besser meiden sollte, sofern einem nicht nach
„Jubel, Trubel, Heiterkeit" zumute ist. Da Puntarenas inzwischen (allerdings eher
unregelmäßig) **Kreuzfahrtschiffe** (*cruceros*) empfängt, kann es während eines
Landgangs für einige Stunden ebenfalls voll in der Stadt werden.

Wer schwimmen will, sollte beachten, dass der Stille Ozean hier trotz seines Namens nicht unterschätzt werden sollte, da er in dieser Gegend mitunter mit **tücki-
schen (Unter-)Strömungen** aufwartet. Das Nachtleben ist durch die Hafentra-
dition und die Urlaubsvergnügungen vieler Costa-Ricaner ausgeprägter als in manchen anderen Strandorten.

Stadtrundgang

Kein die Stadt besuchender Tourist dürfte sich ein Spaziergang über die Strandpro-   *Spaziergang*
menade entgehen lassen, obwohl sie mitunter etwas heruntergekommen wirkt.   *an der*
Nicht umsonst taufte man die Avenida 4 in diesem Bereich auf **Paseo de los Tu-**   *Strand-*
ristas. Von diesem geht auf der Höhe   *promenade*
der Calle Central auch der Schiffsanle-
ger ab, für dessen Besuch insbesondere am späten Nachmittag die Erwar-
tung auf einen besonders **spektakulären Sonnenuntergang** verantwortlich ist. Die unmittelbare Umgebung des Stegs, über welchen die
Kreuzschifffahrer ihren Landgang antreten, ist neu gestaltet worden. Das
gegenüberliegende Touristenbüro ICT
steht den Besuchern mit Rat und Tat
zur Seite.

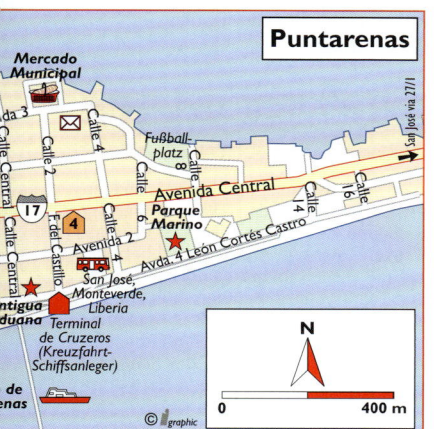

Die **Strandpromenade** selber versucht die Stadtverwaltung mit diversen Kulturdenkmälern anzureichern,
zu welchen etwa die Statue eines einen

Denkmal des Kaffeesack tragenden Hafenarbeiters an der Strandpromenade

Kaffeesack tragenden Hafenarbeiters zählt. Wer museale Kulturdenkmäler bevorzugt, muss sich in Puntarenas mit einem **Geschichtlichen Meeresmuseum** begnügen: Zwischen Av. Central und Av. I sowie C. I und 3 befindet es sich im kulturellen Zentrum der Stadt, das zum einen geprägt wird durch einen kleinen Park, an dessen einem Ende eine Kirche aus dem 19. Jh. steht, und zum anderen von einem sorgfältig restaurierten Gebäudekomplex aus den Gründertagen der Stadt. Hier ist das (Stadt-)Geschichtsmuseum (Museo Histórico Marino de la Ciudad de Puntarenas) nebst einer kleinen Kunstgalerie zu finden. Ursprünglich war dieses Haus einmal für die Stadtkommandantur errichtet worden, 1913 wurde es für 50 Jahre in ein Gefängnis umgewandelt.

Gleichwohl gelang es nicht, das Museum mit einer beeindruckenden Vielzahl an Exponaten auszustatten. Ein gewisser Ausgleich wurde dadurch erreicht, dass die Präsentation des Wenigen in einem relativ modernen Gewand daher kommt und das Manko des Museums dadurch wett gemacht wird, dass mit Hilfe von Schautafeln und Texten die Vergangenheit anschaulich dargestellt wird. Besondere Beachtung verdient dabei die Abteilung, die den der Stadt Puntarenas vorgelagerten Inseln gewidmet ist, wobei insbesondere die Tafel, die die Verhältnisse auf der ehemaligen Gefängnisinsel San Lucas darstellt (s.o.), mit von Gefangenen angefertigten Graffitis einschlägigen Inhalts hervorsticht.

Museo Histórico Marino, *Di–So 9–16 Uhr, Eintritt frei.*

---

info

Refugio de Vida Silvestre Isla San Lucas: vom Knast zum Ausflugsziel

Die 40 Min. per Boot von der Muelle Puntarenas entfernte Insel San Lucas ist neuerdings in den Rang eines *Refugio de Vida Silvestre* erhoben worden. Die Insel verfügt über fünf Strände, Trockenurwald und einige Gebäude, die 118 Jahren (1873–1991) als Unterkünfte für auf diese Insel verbannte Gefangene dienten. Auf der Insel befindet sich auch ein aus dem 19. Jh. stammender Friedhof. Dieses costa-ricanische Alcatraz ist während der Regierungszeit des Präsidenten Tomás Guardia eingerichtet worden und wurde bis Ende des 20. Jh. zu diesem Zweck benutzt. So ist dieses Gefängnis nicht nur über ein halbes Jahrhundert älter als das auf der Insel vor San Francisco, sondern hat fast viermal so lang seiner Bestimmung gedient bevor es das Schicksal von Alcatraz teilte. Berühmt geworden ist die Insel und ihre schlimmen Haftbedingungen vor allem im spanischsprachigen Raum durch den ehemaligen Häftling und Schriftsteller indianischen Ursprungs **José Leon Sánchez** (s. S. 79) und dessen

info

Buch „La Isla de los Hombres Solos" (*Die Insel der verlassenen Männer*), das in viele Sprachen übersetzt und 1974 auch verfilmt wurde. Sánchez, der immer seine Unschuld beteuerte, kam als Neunzehnjähriger als Waise und Analphabet ins Gefängnis und lernte während seiner über 30 Jahre dauernden Haft Lesen und Schreiben. Das Buch handelt von dieser Zeit. Touren zur Insel bietet u.a. **Coonatramar** (*50 m nördl. vom Fußballplatz Monserrat*, ☎ *2661 1069, www.coonatramar.com*) und **Bay Island Cruises** (*Paseo Colón, 275 m nördl. von Pizza Hut, gegenüber der Polizei*, ☎ *2258 3536, www.bayislandcruises.com*).

Gleich um die Ecke dieses Gebäudes erstreckt sich eine kleine Fußgängerzone, in deren Nähe einige wenige **historische Holzhäuser** wieder hergerichtet wurden.

Östlich an der C. 4 an der Av. 4 liegt der **Parque Marino del Pacífico**, dessen Eintrittspreis für die Aquarien und Eisenbähnchens recht happig erscheint. Ortsansässige kennen den Ort unter seiner alten Funktionsbezeichnung „La (antigua) Estación de Trenes" (alter Bahnhof).
Parque Marino del Pacífico, *300 östl. vom Muelle de Cruceros (Anlegesteg für Kreuzfahrtschiffe)*, ☎ *2661 5272, www.parquemarino.org, Di–So 9–16.30 Uhr, 10 US$.*

Die Inseln im Golf von Nicoya: meerumspülte Naturreservate

Bei der Golfüberquerung mit der Fähre wird man vierer Inseln ansichtig, die zu einem primär dem Vogelschutz verpflichteten Schutzgebiet gehören: Reserva Biológica **Isla Pájaros**, **Isla Guayabo** (8 km südl. von Puntarenas, 6 ha) und die aus schwarzem Vulkangestein bestehenden beiden **Islas Negritos** (1 km vor der Küste von Nicoya). Sie dürfen seit 1973 außer von Wissenschaftlerin nicht betreten werden. Auf den Islas Negritas wachsen die stark duftenden weiß-gelben Plumerien oder auch Frangipani oder Tempelbäume, die bei der Parfümherstellung hochbegehrt sind. Auf Guayabo befindet sich eine **Pelikankolonie**, in der bis zu 200 Vogelpaare nisten. Saisonweise sind die Inseln das Ziel von Zugvögeln, und auch aus anderen Winkeln der Erde bekannte Vögel wie etwa der Wanderfalke oder die Blauringtaube können hier beobachtet werden.

Die **Isla de los Pájaros** besteht aus Sedimentgestein aus dem Tertiär. Wie der Name „Insel der Vögel" schon andeutet, stellt sie ein wahres Vogelparadies dar, in dem sich neben den

Die Fähre von Puntarenas auf hoher See

Braunen Pelikanen auch Nachtreiher mit ihren tiefroten Augen und Braunsichler mit ihren für das Wühlen im Schlamm ideal gestalteten Schnäbeln heimisch fühlen. Wer Interesse hat, kann bei den Rangern in Bagaces (s. S. 287, ☎ 2200 0125, 2695 5908 oder 2695 5180, act@minae.go.cr, ca. 40 US$) eine dreistündige Bootstour zur und um (nicht auf!) die Isla de los Pájaros herum buchen.

Tour zur Schildkröten- insel   Wem eine Begutachtung von der Ferne aus nicht genügt, kann in Puntarenas eine Tour zu den südöstlich vor Curú (bei Paquera) gelegenen Schildkröteninseln (**Islas Tortugas**) buchen, die einen schönen hellen, allerdings touristisch sehr erschlossenen Strand hat (inkl. Beachvolleyball und Banana Boat), an dem man schwimmen und schnorcheln kann. Man kann die Tour auf die Islas Tortugas auch von Paquera oder Montezuma aus buchen (s. dort), wobei man dann allerdings die Nationalparkinseln versäumt.

Isla de Chira

Die **Isla de Chira** ist mit rund 40 km² die größte Insel im Golf von Nicoya. Etwa 4.000 Menschen leben hier, meist vom Fischfang und der Landwirtschaft. Die Insel kann man von Puntarenas mit Transportes Isamar erreichen (7, 12.20 und 14.30, ca. 2 Std., die (seltenen) Busse auf der Insel sind mit dem Fährplan abgestimmt). Wer Angeln, Fahrradfahren, Wandern oder Bootstouren durch die Mangroven unternehmen will oder einfach die Ruhe genießen, kann der **Posada Rural de** *Von Frauen gegründete Tourismus- initiative*   **Amistad** (**$$**) einen Besuch abstatten. Diese von Fischerfrauen im Jahr 2000 gegründete Tourismusinitiative bietet 6 einfache Bungalow für 4–6 Personen, Campinggelegenheit und ein Restaurant sowie diverse Touren, z.B. zur Isla Paloma, einem kleinen Vogelschutzgebiet, oder traditionelle Angeltouren. *Infos unter http:// laamistad.inchira.com, www.facebook.com/LaAmistadIslaChira, ☎ 2661 3261 (auch buchbar über www.actuarcostarica.com).*

Reisepraktische Informationen Puntarenas (→ *Karte S. 374*)

ℹ️ Information
Información Turística, *Plaza del Pacífico gegenüber vom Kreuzfahrtschiffanleger,* ☎ *2661 0337, www.visitepuntarenas.com*

🛏️ Unterkunft
Hotel Sol y Arena (4) $–$$, C. 2, Av. C. und 2, ☎ 2661 3190, www.facebook. com/hotelsolyarenacr. 20 einfache, aber ordentliche Zimmer mit Ventilator, z.T. mit Bad.
Hotel Don Robert (2) $$–$$$, Av. 1, C. 5 und 7, an der Nordseite der Kirche, ☎ 2661 4610, www.hoteldonrobert.com. 7 einfach eingerichtete Zimmer mit Bad, z.T. Ventilator, z.T. ac, barrierefrei, nettes Gärtchen.
Hotel Puntarenas Beach (3) $$$, Av. 4, C. 5 und 7, ☎ 2661 6800, www.hotel puntarenasbeach.com. 2013 eröffnet, 27 moderne, geräumige Zimmer mit Bad (große Badewanne) ac und Kühlschrank, sehr schlicht eingerichtet mit leichtem chinesischem Touch. Die teureren Zimmer haben einen Balkon mit Meeresblick. Parkplatz und **Restaurant**, in dem internationale Küche, u.a. „Rinderroulade" sowie „Gulasch – Típico Aleman" (16 US$) serviert wird.

Michael's Surfside Hotel (1) $$$, *Paseo de los Turistas/C. 29,* ☎ *2661 4646, www. michaelssurfsidehotel.com. 6 Zimmer direkt gegenüber vom Strand mit ac, Bad und Kühlschrank (z.T. Küchenzeile), Parkplatz und netter Innenhof mit kleinem Pool vorhanden.*

Essen und Trinken

Las Delicias del Puerto (1), *Paseo de los Turistas, C. 21 und 23. Eher gehobenes Ambiente, vor allem Fischgerichte (ab 12 US$).*

Soda Cebollino (2), *Av. 1, C. 9 und 11. Kleinigkeiten wie etwa empanadas oder Lasagne sowie leckere Fruchtsäfte,*

Shrimp Shack (3), *Av. 3, C. 5,* ☎ *26610585. Schickes Lokal mit maritimer Deko und freundlichem Service, spezialisiert, wie der Name vermuten lässt, auf Shrimps. Kein Abendessen, Mo geschl.*

Verkehrsverbindungen

Bus: San José: *Empresarios Unidos de Puntarenas (*☎ *2222 8231). Die (Direkt-)Busse fahren ca. stündlich zw. 4 und 21 Uhr vom Terminal aus ab (Av. 4 (Paseo de los Turistas) zw. C. 2 und C. 4, 110 km, 5 US$, 2 ¼ Std). In San José starten die Busse am Terminal C. 16, Av. 10 und Av. 12 zwischen 6 und 19 Uhr ebenfalls stündlich.*

Busse, die nicht San José zum Ziel haben, fahren auf der dem Terminal gegenüberliegenden Straßenseite ab.

Monteverde: *Transmonteverde (3,5–4 Std,* ☎ *2645 5159), 4.30, 6 und 15 Uhr (Rückfahrt: 6.30 und 14.30 Uhr).*

Quepos (über Jacó): *Transportes Quepos, 3,50 US$, 1,5 Std. (Quepos 3 Std., 6 US$), zwischen 5 und 17.30 fast alle 2 Std. Man kann diese Ziele allerdings auch mit den Bussen der Fa. Transportes Puntarenas (*☎ *2777 0743, 2777 0318) erreichen, die zwischen 5 und 17.30 Uhr ebenfalls fast alle 2 Std. fahren, sodass man in Richtung Süden optimale Verbindungen hat.*

Liberia: *(6 US$, 3 Std.) geht es (mit Empresa Reina del Campo,* ☎ *663 1752) zwischen 5 und 15.30 Uhr alle 1–2 Std.*

Tilarán: *Empresa Maravilla um 11.45 und um 16.30 Uhr ab, zurück geht es um 7 sowie um 12.30 Uhr (2 Std., 5 US$).*

Costa de Pájaros: *Transportes Reina del Campo (*☎ *2663 1752, www.reinadel campo.com) in ca. 45 Min. um 4.45, 5.50, 10.30, 13, 14.45, 16, 16.20 und 17.40 Uhr.*

Per Boot zur Halbinsel Nicoya

Naviera Tambor, ☎ *2661 2082, www.navieratambor.com, fährt tgl. 5, 9, 11, 14, 17 und 20.30 Uhr nach* **Paquera**, *1,5 US$ (Auto ca. 30 US$). Da sich die Zeiten oft kurzfristig ändern können, sollte man sich vorab danach erkundigen. Die Überfahrt dauert in Abhängigkeit von Wind und Wellengang 1–1,5 Std. Wer mit dem Bus weiterfährt sollte beachten, dass die Fähre um 17 Uhr die letzte ist, die einen Busanschluss nach Montezuma, Malpaís und Santa Teresa hat.*

Coonatramar, ☎ *2661 1069, www.coonatramar.com, fährt tgl. um 6.30, 10. 14.30 und 19.30 Uhr nach* **Playa Naranjo** *(Rückfahrt: 8, 12.30, 17.30, 21 Uhr), die Überfahrt dauert ca.1 Std. Die Gesellschaft bietet auch Tagesausflüge zu den Inseln im Golf an. Eine Übersicht über die sich öfters ändernden Zeiten für die Schiffsverbindungen erhält man auch unter www.nicoyapeninsula.com/general/boat.php.*

Nationalpark auf hoher See:
Parque Nacional Isla del Coco

Die über 500 km vom westlichsten Punkt des costa-ricanischen Festlandes entfernte, 24 km² große Insel vulkanischen Ursprungs wurde 1526 von dem Spanier Joan Cabezas entdeckt und diente ab dem 17. Jh. den Korsaren, die den spanischen Goldtransporten auflauerten, als Stützpunkt. Die Vermutung, dass diese ihre Beute hier versteckt haben, gab inzwischen zu etwa 500 Suchaktionen Anlass, die allerdings bislang alle erfolglos geblieben sind. Erst im 19. Jh. beanspruchte Costa Rica offiziell die Isla del Coco als Teil seines Territoriums. 1897 wurde ein August Gissler zum Gouverneur ernannt, dessen Aufgabe es sein sollte, eine etwa 50-köpfige deutsche Kolonie auf Coco zu errichten, was ihm allerdings nicht gelang. Er hinterließ lediglich immense Tunnelsysteme, da er sich fast zwei Jahrzehnte lang auf Schatzsuche befand.

1978 wurde die Insel und fast 1.000 km² des sie umgebenden Meeres in den Status eines Nationalparks erhoben. Knapp zwei Jahrzehnte später stufte die **UNESCO** den

Park sogar als „Erbe der Menschheit" ein. Um die Insel herum existiert eine Bannmeile von 15 km, innerhalb der jeglicher Fischfang untersagt ist. Ein größeres Publikum bekam die Insel erstmals im Zusammenhang mit dem Film **Jurassic Park** zu Gesicht, da die Eingangsszene von einem den Nationalpark überfliegenden Helikopter aus gefilmt wurde.

Für Taucher ist die Isla de Coco ein echtes Paradies

Basis der zerklüfteten Insel ist die sogenannte Kokosschwelle, die sich aus ca. 3 km Tiefe vom Meeresboden empor wölbt. Den höchsten Punkt bildet der **Cerro Iglesias** (634 m). Die **hohe Regenfalldichte** (7.000 mm p.a.) sorgt dafür, dass der Hügel oft in Wolken gehüllt ist und die Insel von dichtem, immergrünen tropischen Regenwald bedeckt ist. Die für die Insel typischen steilen Anstiege haben zur Konsequenz, dass sich auf einem relativ kleinen Territorium eine Vielzahl von Kaskaden und Wasserfällen gebildet haben, von welchen ein Teil sogar über die Klippen direkt ins Meer stürzen. Insbesondere im Süden und im Westen der Insel ist dies der Fall.

Von den über 200 **Pflanzenarten** sind ca. ein Viertel aufgrund der relativen Abgeschiedenheit der Insel endemisch. Von den bislang beobachteten über 110 **Vogelarten** kommen ein Tyrannenvogel, der Cocos-Kuckuck und der Cocos-Fink nur hier vor. Die weiße Feenseeschwalbe hat eine Vorliebe für das Umflattern von Besuchern, was dafür verantwortlich sein dürfte, dass sie zum Teil unter der spanischen Bezeichnung *palomita del espíritu santo* (Täubchen des Heiligen Geistes) geführt wird – weniger poetisch ist da die Alternative *charrán blanco*.

Alle heute auf der Insel ansässigen **Säugetierarten** wurden von Menschen importiert, Weißwedelhirsch, Ziege und Schwein gezielt zum Zwecke der Nahrungsversorgung durch die Freibeuter, Waljäger und Kolonisten, Ratten und (Haus-)Katzen siedelten sich wohl eher ungeplant an. Der inzwischen auf mehrere Tausend angewachsene Schweinebestand bereitet den Naturschützern nicht geringe Sorgen, da diese Tiere für eine gewaltige Steigerung der Erosion verantwortlich sind.

Von den **Reptilien und Amphibien** sind eine Eidechse und ein Salamander endemisch.

Taucher werden nicht nur durch zahlreiche unterirdische Höhlen und das überaus klare, türkisfarbene Wasser angelockt, sondern auch durch die Hoffnung auf spektakuläre Begegnungen mit bis zu vier Meter langen Weißspitzenhaien, Bogenstirn-Hammerhaien, Gelbflossenthunfischen, farbenprächtigen Papageienfischen, Mantarochen, Cavallafischen und vielleicht sogar mit den auf der Roten Liste stehenden Marder- oder Weißspitzen-Riffhaien. In der Umgebung der Insel tummeln sich zudem verschiedene Delfinarten wie der Große Tümmler, der Gemeine, der Ostpazifische und der Schlanke Delfin.

Auf der Insel sind in der **Bahía de Wafer** sowie der **Bahía de Chatham**, den beiden bevorzugten Ankerplätzen der Schiffe, Ranger stationiert. Dies sind auch die einzigen Buchten, in denen ein Anlanden möglich ist.

Information
Parkverwaltung ☎ *2258 7295 oder 2283 0022, der Park selbst* ☎ *2223 6066 und 2223 6077, allg. Infos unter www.cocosisland.org.*
Ein regulärer Schiffsverkehr existiert nicht. Wer nicht über ein eigenes Schiff verfügt, ist gezwungen, sich in Puntarenas einer dorthin führenden (Tauch-)Tour anzuschließen, die allerdings mind. 3.000 US$ kostet (9–12 Tage). Man kann die Insel auf einem Landgang besuchen, aber nicht übernachten. Die Überfahrt dauert ca. 33–35 Stunden. Eine Möglichkeit, mit Parkrangern in deren Boot mitzufahren, existiert auf absehbare Zeit nicht.
Undersea Hunter, ☎ *2228 6613, www.underseahunter.com*
Aggressor, *www.aggressor.com*
Mitunter organisiert die **Organización de Estudios Tropicales** *(OET) eine spezielle Studienfahrt (http://www.ots.ac.cr).*

Von Puntarenas zur Südspitze der Peninsula de Nicoya

 Routenhinweis

Von der Anlegestelle in Paquera die über einen Bushalt verfügt, sind es noch ca. 5 Kilometer bis zum Zentrum des Städtchens Paquera. Die Straße ist asphaltiert, aber kurvig und partiell steil. Sie verläuft zunächst parallel zur Küste und dann zu dem küstenfern gelegenen Paquera, das der Bus nach ca. 10 Min. (0,5 US$) erreicht.

Paquera

In dieses langgezogene Straßendorf würde wohl kaum ein Tourist seinen Fuß setzen, so es nicht auf dem Weg zwischen dem Schiffsanleger und den in der südlichen Hälfte der Nicoya-Halbinsel gelegenen Stränden liegen würde. Es ist sehr ruhig und

Fischerboote bei Paquera

ländlich strukturiert, sodass es doch einige vorziehen, gleich hier zu bleiben und sich an den etwas niedrigeren Preisen bzw. der vom Tourismus nicht geprägten Atmosphäre zu erfreuen. Es gibt einige einfache Cabinas und sodas.

Reisepraktische Informationen Paquera

Unterkunft / Essen und Trinken

Hotel Ginana $$, ☎ 2641 0119, hotel ginana@gmail.com. 29 ordentliche Zimmer mit Bad, a/c bzw. Ventilator, großer Pool. Bar und rustikal gestyltes **Restaurant**.
Cabinas La Ribera $$, ☎ 2641 0673. 7 Zimmer mit ac, Ventilator und Eisschrank, etwas spartanisch, aber ausreichend komfortabel.

Verkehrsverbindungen

Busverbindungen in den Norden der Halbinsel gibt es von Paquera aus nicht.
Der Bus zum fünf Kilometer entfernten **Schiffsanleger** *richtet sich nach dem Fahrplan Boote, sodass dort keine längeren Wartezeiten entstehen, wohl aber unter Umständen an den Bushaltestellen, da der Bus, wenn die Fähre verspätet ankommt, eben auch verspätet eintrifft.*
Busse von Transportes Rodríguez (☎ 2642 0219) verbinden – vom Fähranleger kommend bzw. diesen zum Ziel habend – Paquera mit dem Refugio Nacional de Vida Silvestre Curú, mit **Tambor** *(40 Min., 1,5 US$),* **Cóbano** *(1 Std., 2,5 US$) und* **Montezuma** *(75 Min., 3,5 US$).*
Die **Fähre** *von Naviera Tambor nach Puntarenas fährt um 5.30, 9, 11, 14, 17 und 20 Uhr (mind. 70 Min., 1,5 US$ p.P., Auto (abhängig von der Größe) ca. 30 US$, www.navieratambor.com).*
Der nächste **Flughafen** *liegt bei Tambor.*

Routenhinweis: Von Paquera nach Norden: über Playa Naranjo nach Santa Cruz

Von Paquera aus gibt es **keine Busverbindung** Richtung Norden. Wer kein Auto hat, ist darauf angewiesen, mit dem Boot zurück nach Puntarenas zu fahren und von dort aus wieder per Schiff zurück auf die Nicoyahalbinsel nach **Playa Naranjo**. Von hier fahren Busse nach Jicaral, von Jicaral ist mit öffentlichen Verkehrsmitteln u.a. Nicoya erreichbar. Die von Paquera in den Norden führende Straße über weite Strecken nicht asphaltiert und so in der Trockenzeit sehr staubig. Sie windet sich zunächst partiell parallel zur Küste entlang. Es geht vorbei an Haciendas, die hauptsächlich extensive Viehzucht betreiben.

Unterkunft Playa Naranjo
In der Umgebung der Anlegestelle der Fähren der Reederei Naviera Tambor bei Playa Naranjo gibt es einige Hotels:
Hotel Playa Naranjo Inn *$$–$$$, 200 m südl. vom Fähranleger, neben dem Servicentro Playa Naranjo, ☎ 2641 8290, hotelplayanaranjo@gmail.com. Ordentliche Zimmer und Pool, Restaurant.*
Hotel Maquinay *$$–$$$, in dem Condo La Perla del Golfo, ☎ 2641 8069, www. maquinaylaperla.com. 12 Zimmer mit Bad und Ventilator, Pool.*
Oasis del Pacífico Resort *$$–$$$, vom Terminal del Ferry de Naranjo 350 m links, ☎ 2641 8090. 36 Zimmer mit ac, Pool, insg. etwas renovierungsbedürftig.*

Nach Playa Naranjo ist die Straße asphaltiert. Gut 10 Kilometer hinter Playa Naranjo liegen rechterhand des Wegs Salinen, wo kraft der Sonne Salz aus Meerwasser gewonnen wird. Die erste Siedlung seit dem Verlassen von Naranjo ist **Lepanto**, ein kleines Straßendorf mit Häusern, die sich wie an einer Perlenkette entlang der Landstraße Nr. 21 reihen. Hier gibt es keine Unterkünfte. Dahinter ist es mit der asphaltierten Straße Schluss und es geht auf einer Piste weiter. Der nächste an ihr liegende Ort ist **Jicaral**, den asphaltierte Straßen, eine überdimensionierte, allerdings keinesfalls alte Kirche, eine Zweigstelle der Universität und einige einfache Cabinas (z.B. *Cabinas La Puerta del Sol $$, ☎ 2650 0374*) als Subzentrum ausweisen. Der Ort ist per Bus direkt mit San José verbunden (*Abfahrt 4.45 und 14.30 Uhr, Empresa Arsa, www.transportesarsa.com*).

Von Jicaral kann man einen Abstecher ins 15 km südlich gelegene San Ramón de Río Blanco machen, wo man die **Reserva Biológica Karen Mogensen** erreicht. Die darin gelegene Unterkunft Cerro Escondido (rustikale Bungalows) erreicht man in ca. 1 Stunde zu Fuß ab San Ramón. Das Büro von **Asepaleco**, dem Verantwortlichen der Reserva, befindet sich in Jicaral. Von hier kann ein Taxitransfer oder Alternativ ein Pferd nach San Ramón gebucht werden. *Infos unter ☎ 2650 0607, www.asepaleco.com.*

Weiter Richtung Westen werden nach Jicaral links und rechts der Straße Ananas und Papayas in großem Stil angebaut. Linkerhand wird die Straße in einigem Abstand von den Hügelketten der Halbinsel Nicoya begleitet. Das erste Städtchen ist dann **Nandayure**, von welchem der Reisende allerdings lediglich die Peripherie zu Gesicht bekommt. Auch hier gibt es einfache Cabinas, z.B. das Centro Turístico Nayuribe (*$$, 14 Zi., ☎ 2657 7201*) sowie eine Busverbindung nach San José (*4, 6.30 und 14.30 Uhr*).

Hinter Nandayure geht es rechts Richtung Nicoya und links zum nahegelegenen Carmona. Einige Kilometer später überquert man auf einer Brücke den Río Morote, von wo ab praktisch alle landwirtschaftlichen Aktivitäten um die Viehzucht kreisen. Ist man von Paquera aus nach Santa Cruz mit dem Auto unterwegs, so benötigt man für diese Strecke etwa 2 Stunden.

Refugio Nacional de Vida Silvestre Curú

Curú zählt zum Bereich der Área de Conservación Tempisque und liegt 5 km südlich von Paquera. Es handelt sich um ein nur gut 60 ha großes Gebiet, welches Teil einer Farm ist. Der Teil der Farm, der den Status eines *Refugio Nacional* erhalten hat umfasst gerade einmal einen 200 m breiten Streifen entlang des Meeres zwischen Punta Quesera und Punta Curú. Dies erklärt, warum man hier – anders als in den anderen Reservaten – sowohl etwas Einblick in die Tätigkeiten der *Sabane-*

Kapuzineräffchen

ros erhält, als auch Andenken erwerben, zu Tauch- und Schnorcheltouren bzw. zu Ausflügen auf die Isla Tortuga aufbrechen oder sich mit einem Kajak auf dem Meer bzw. auf dem Rücken eines Pferdes verlustieren kann.

Angesichts des Umstands, dass sich das geschützte Gebiet praktisch auf den Teil der Farm beschränkt, der Rindern nicht übermäßig bekömmlich ist, könnte man die Vermutung anstellen, dass der Eigentümer sich mit der Umwidmung dieser Flächen mit dem Tourismus ein zweites Standbein für seinen Betrieb schaffen wollte.

Wieder- Gleichwohl ist anzuerkennen, dass er sich insbesondere mit seinen Bemühungen
ansiedlung um die Wiederansiedlung der Klammeraffen mittels der Schaffung einer Aufzucht-
von station Verdienste erworben hat. Diese Affenart war in dieser Gegend des Landes
Klammer- seit etlichen Jahren praktisch ausgerottet. Es ist sogar bereits gelungen, einen Teil
affen der Klammeraffen wieder auszuwildern. Ein Problem ist, dass viele Reisende nicht widerstehen können, die Äffchen zu füttern, was jene wiederum veranlasst, sich in der Nähe der von den Touristen frequentierten Fahrstraßen aufzuhalten, sodass durch dabei vorkommende Kollisionen von Tier und Maschine die Zahl der Bettler immer wieder vermindert wird. Insofern sei allen ans Herz gelegt, von derartigen Gaben Abstand zu nehmen.

Bislang sind 78 Säugetier-, 87 Reptilien- und über 230 Vogelarten im *Refugio* beobachtet und mindestens 500 verschiedene Pflanzenarten bestimmt worden. Neben den bereits erwähnten Klammeraffen sind dies u. a. Brüllaffen, Kapuzineräffchen, Rot- und Schwarzwild, Wasch- und Nasenbären sowie Tieflandpakas und Raubkatzen. Ferner sind die aufgrund ihrer großen Augen und entsprechender Fellfärbung gerne als niedlich eingestuften Mittelamerikanischen Katzenfretten zu beobachten, die zu den Kleinbären zählen, sowie Opossums, Wickelbären und Gürteltiere. Die die Fledermäuse sind mit ca. 25 Arten vertreten.

Refugio Nacional de Vida Silvestre Curú, ☎ *2641 0100, www.curuwildlife refuge.com, 10 US$, tgl. 7–15 Uhr. Man kann hier auch übernachten ($$, 6 Zi.) sehr einfach, mit Ventilator (vorher reservieren). Um nach Curú zu kommen, kann jeder von Paquera in Richtung Playa Tambor, Cóbano bzw. Montezuma fahrende Bus bestiegen werden, wobei der Fahrer gebeten werden muss, an der zu Curú gehörenden Haltestelle einen Stopp einzulegen (5 km hinter Paquera). Bei* **Turismo Curú,** *am gleichnamigen Strand gelegen (www.turismocuru.com, ☎ 2641 0004) kann man u.a. Touren zur Isla Tortuga (30 US$), verschiedene Wassersportarten, Ausritte und Unterkünfte buchen.*

(Playa) Tambor/(Playa) Pochote

Die Straße zwischen Paquera und Cóbano verläuft mehr oder weniger parallel zur Küstenlinie in südwestlicher Richtung und durchquert mehrere kleinere (Strand-) Orte. Auf dem Weg nach Tambor geht es mit dem Auto oder Bummelbus (21 km, 1,5 US$, 40 Min.) vorbei an Obstplantagen (Mango, Papaya und Bananen) und Viehherden, aber auch durch den Busch. Hin und wieder tauchen an der kurvigen, aber geteerten Straße Häuser und kleinere Fincas auf. Nach etwa 25 Min. geht links eine Strichstraße zur Playa Pochote ab, wenige Min. später passiert man die Hacienda Barceló, von wo sich die costa-ricanischen Ableger dieser Hotelkette mit Nachschub versorgen. Bevor man dann in (Playa) Tambor ankommt, hat man noch den zum Komplex **Los Delfines Golf & Country Club** (*www.delfines.com*) gehörenden **Golfplatz** sowie das riesige **Hotel Barceló Tambor Beach** (*www.barcelo. com*) passiert, welche sich in dieser Bucht breit gemacht haben.

Parallel zur Küste

Playa Tambor und Playa Pochote liegen zwischen Paquera und Montezuma an der Bahía Ballena. Playa Tambor am westlichen Ende der Bucht war einst ein kleines Fischerdorf und hat nun im Tourismus ein zweites ökonomisches Standbein gefunden, vor allem seit das riesige Barcelò-Resort eröffnete. Einen klassischen Ortskern, sieht man von einem traditionellen Holzkirchlein ab, das um einen Umriss zitierenden Betonklotz ergänzt worden ist, weist Tambor nicht auf. Der Strand selber ist zwar schattenlos, doch hat man in der 2. Reihe unter Palmen und Bäumen bunte Tischchen und Bänkchen aufgestellt. Das Dorf hat seinen Charakter als ehemaliges Fischerdorf noch nicht völlig verloren, auch wenn die Golf- und Wellnesswelle Tambor nicht unberührt gelassen hat, jedenfalls was die Luxushotels anbelangt. So kann man sich im Spa verwöhnen lassen und anschließend tiefenentspannt ins Casino bzw., so einem der Sinn danach nicht steht, auf den Tenniscourt.

(Playa) Pochote liegt zum östlichen Ende der Bucht hin in Richtung Paquera. Der Sand dieser Bucht ist mehr dunkel getönt, was einen aber nicht von einem Besuch abschrecken sollte. Pochote und Tambor sind immerhin mit dem ökologischen Gütesiegel (*Bandera Azul Ecológica*) ausgezeichnet worden. Der Wellengang ist, da die Gestalt der Bucht abschirmend wirkt, an beiden Stränden gedämpft, sodass Schwimmern kein Ungemach droht.

Strände zum Schwimmen gut geeignet

Die 11 km bis Cóbano werden auf gut ausgebauter, aber hügelig und kurvig verlaufender Strecke zurückgelegt, wobei man nach ca. 3 km an dem Resort Tango Mar vorbei fährt. Neben Viehwirtschaft werden insbesondere Mangos geerntet.

Reisepraktische Informationen Playa Tambor und Playa Pochote

🛏 Unterkunft / Essen und Trinken

Cabinas & Pizzeria Mary y Sol $$, ☎ 8980 0040, www.marysolcr.com. 6 Zimmer, ruhig gelegen, mit Bad und ac, etwas spartanisch eingerichtet, aber sauber. kanadische Leitung. Im Restaurant wird gute Pizza aus dem Steinofen serviert.

Cabinas Cristina $$, im „Zentrum" Tambors, 400 m zum Strand, ☎ 2683 0028. 10 sehr ordentlich eingerichtete Zimmer mit Ventilator und ac, ein Zimmer mit Küche, familiäre und freundliche Atmosphäre. Das Restaurant Cristina serviert frischen Fisch und Pasta, leckere Fruchtcocktails, günstig (6–10 US$).

Cabinas El Bosque $$, 300 m vom Strand, 75 m nordöstl. der Schule, ☎ 2683 0039. 9 einfach eingerichtete, aber ordentliche Zimmer, ac + Bad, mit kleiner Veranda.

Hotel Tambor Tropical $$$–$$$$, ☎ 2683 0011, www.tambortropical.com. In Tambor selber, unmittelbar am Strand gelegen. Die Unterkunft ist stil- und geschmackvoll mit Tropenholz erbaut, ein großer Garten und Pool mit Meerblick stehen zur Verfügung. Es sind je 2 sehr große Zimmer mit Veranda, ac und Ventilator in zweistöckigen Häuschen untergebracht. Restaurant mit internationaler Küche (Hamburger 13 US$).

Fidelito Ranch $$$, ☎ 2683 1107, www.costaricaranchurlaub.de, 4 km von Tambor in Richtung Río Panica. Ferien auf dem Bauernhof a la tica: Übernachtet wird in 2 großen, luftig gebauten Appartements für bis zu 4 Personen, die stilvoll eingerichtet ist und neben Veranda mit Hängematten und Panoramablick über ein Bad, ac und Ventilator verfügen. Die beiden deutschen Gastgeber bieten Reit- und Naturbeobachtungsmöglichkeit an sowie einen Gratis-Shuttle zum Flughafen von Tambor. Sehr gutes Preis-Leistungsverhältnis, ideal auch für Familien mit Kindern. Essen gibt es im guten Restaurant, insbesondere Fisch und Meeresfrüchte sowie Barbecue und Curries.

🚌 Verkehrsverbindungen

Der Ort wird von den zwischen Fähre Paquera und Montezuma (Abfahrtszeiten siehe dort) pendelnden Bussen bedient.

Cóbano

Cóbano – und nicht das unter Touristen weitaus bekanntere Montezuma – ist das eher unspektakuläre (Subverwaltungs-)Zentrum der Südspitze der Peninsula de Nicoya. Vielleicht ist dieser Umstand die Erklärung dafür, dass die Asphaltierung der Straße jahrelang nur bis zu diesem Ort, von wo aus auch eine Straße zu dem an der Westküste der Halbinsel gelegene Mal País/Santa Teresa führt, vorgenommen worden war. Wer im Februar in der Gegend ist, der sollte die zweiwöchigen *Fiestas Cívicas* nicht versäumen.

Der Rest der Strecke bis zum Badeort Montezuma (ca. 15 Min.) ist zwar nicht durchgängig geteert, gleichwohl in einem relativ vertretbaren Zustand, der es jedem ermöglicht, diese auch ohne einen Jeep zu meistern.

Reisepraktische Informationen Cóbano

Unterkunft /Essen und Trinken

Cabinas Villa Grace $–$$, 100 m östl. der Banco Nacional, ☎ 2642 0225, *www.facebook.com/HotelVillaGrace. 20 einfache Zimmer mit ac, Ventilator und Bad, in einem tropischen Garten gelegen.*

El Artesano del Gusto, *gegenüber der Schule Carmen Lyra,* ☎ 8534 6232, www. *facebook.com/ElArtesanoDelGusto. Die französische Bäckerei bietet leckeres Gebäck, Quiche, Sandwiches, Pizza und Omelettes an. Ideal für die Mittagspause.*

Verkehrsverbindungen

Von Cóbano aus fahren Busse nach Mal País bzw. Santa Teresa um 6.45, 10.30, 14.30 und 17 Uhr. Der Ort wird auch von den zwischen Fähre Paquera und Montezuma (Abfahrtszeiten siehe dort) pendelnden Bussen bedient.

Montezuma

Montezuma hat(te) den Ruf, einer der alternativen Strände Costa Ricas zu sein, insofern wurde ihm auch der Spitzname „Montefumar" (Rauchberg) verpasst. Entsprechend war ursprünglich auch das touristische Angebot strukturiert, und auch heute noch sind viele Besucher junge Backpacker oder Althippies. In den letzten Jahren erfolgte jedoch im Zusammenhang mit einem Wandel der Besucherstruktur ein recht starker Preisanstieg, dies gilt auch für Restaurants. Praktisch jedes Haus

Montezuma ist noch heute ein Paradies für den alternativen Lebensstil, auch wenn sich die Besucherstruktur geändert hat. Gleich geblieben sind die schönen Strände in der Umgebung.

Einst Hippie-Paradies des Örtchens verfügt über mindestens eine den Touristen oder dem Tourismus dienende Einrichtung. Man findet die an häufig besuchten Orten mittlerweile üblichen Standardangebote wie Reitstall, Canopytour, Buchladen, Wäscherei, Fahrradverleih und diverse Reisebüros bzw. Exkursionsveranstalter.

Die „kreative" Seite des Ortes findet ihren Niederschlag mit dem internationalen **Filmfestivals** im November sowie in diversen anderen künstlerischen Aktivitäten. Der Strand ist bei weitem nicht so geschützt wie etwa der von Tambor oder Pochote, sodass man sich nicht ganz bedenkenlos in die Fluten stürzen kann.

Ausflug zu den Wasser-fällen Eine der Attraktionen des Ortes sind die einen kurzen Spaziergang Richtung Südwesten entfernt übereinander gelegenen drei **Wasserfällen** *(Cataratas de Montezuma)*, wo man nicht nur in den dazugehörigen Naturpools baden kann, sondern – hauptsächlich an dem mittleren Wasserfall (15 m hoch) – auch herunterspringen kann, wenn genug Wasser im Pool ist. Bei diesen Aktivitäten ist es allerdings in der Vergangenheit schon zu Unfällen gekommen, sodass man dies nicht unbedingt nachmachen sollte. Den Weg zu den Fällen erreicht man am nördlichen Ende des Strandes, nach einer Brücke führt rechts ein kleiner Pfad ab. Nach ca. 20 Min. ist man am Pool der ersten Falls (30 m hoch) angekommen. Der Weg von hier weiter hoch zu den anderen beiden Fall ist vor allem in der Regenzeit schlecht und schwer zu begehen. Alternativ kann man mit dem Auto bis zum Schmetterlingsgarten **Montezuma Gardens** fahren, und von dort in ca. 20 Min. den dritten Fall (3,5 m hoch) erreichen. Oder man bucht eine Tour, z.B. Zuma Tours (s.u.).

Ein weiterer Wasserfall namens Chorro ist an der Playa Cocalito anzutreffen, ein Strand der nordöstlich Montezumas jenseits der Playa Grande in Richtung Tambor liegt und in einer ca. 1,5-stündigen Strandwanderung zu erreichen ist. Man kann ihn am besten bei Ebbe erreichen, im Dorf werden auch Ausritte dorthin angeboten.

Die weiteren, südwestlich von Montezuma liegenden Strände (Playa Las Manchas und Playa Los Cerdos) stellen wie die beiden eben erwähnten eine Mischung aus Sand- und Felsenstrand dar, bei denen ausreichend schattenspendende Bäume vorhanden sind.

Reisepraktische Informationen Montezuma

 Information
www.montezumabeach.com

 Unterkunft
Montezuma Pacífico (5) $$, *20 m von der Kirche entfernt,* ☎ *2642 0204, http://montezumapacifico.com/. Nettes kleines Hotel direkt im Zentrum, Zimmer mit Bad, ac und Kühlschrank. Gutes Preis-Leistungsverhältnis.*
Cabinas Three Monkeys (2) $$–$$$, ☎ *2642 1033, ca. 500 m oberhalb des Ortes gelegen, www.threemonkeyscr.com. Helle Bungalows mit ac, Bad und Kühlschrank sowie einer Veranda, auf der man in der Hängematte entspannen kann. Pool mit Meerblick. 15 Min. zu Fuß bis nach Montezuma.*

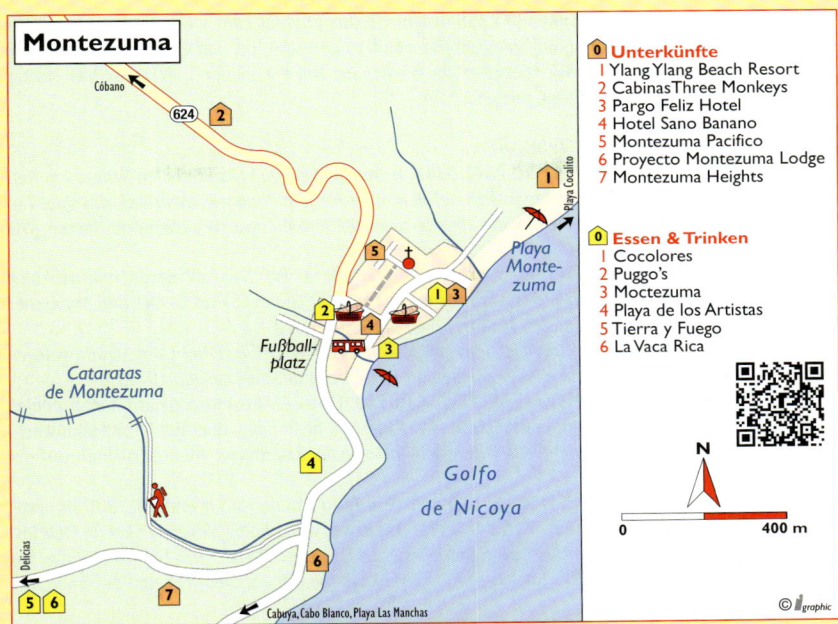

Montezuma

Cóbano
624 2

Playa Cocalito

1

Playa
Monte-
zuma

5
2
4
1 3
3

Fußball-
platz

Cataratas
de Montezuma

Delicias

4

6

5 6

7

Cabuya, Cabo Blanco, Playa Las Manchas

Golfo
de Nicoya

N

0   400 m

© graphic

Unterkünfte
1 Ylang Ylang Beach Resort
2 CabinasThree Monkeys
3 Pargo Feliz Hotel
4 Hotel Sano Banano
5 Montezuma Pacifico
6 Proyecto Montezuma Lodge
7 Montezuma Heights

Essen & Trinken
1 Cocolores
2 Puggo's
3 Moctezuma
4 Playa de los Artistas
5 Tierra y Fuego
6 La Vaca Rica

Proyecto Montezuma Lodge (6) $$, ☎ *8314 0690, www.proyectomontezuma. org. Direkt am Strand gelegen ist diese Lodge mit 5 ordentlichen Zimmern ein kommunales Projekt zur Finanzierung von Wiederaufforstung und Schulausbildung ärmerer Kinder. Zudem kann man hier Spanisch- und Surfkurse buchen. Die Zimmer werden oft von Volunteers belegt.*

Pargo Feliz Hotel (3) $$, ☎ *2642 0064. Einfach, aber für das eher teure Montezuma in Ordnung und gute Lage am Strand. 8 saubere Zimmer mit Ventilator. Dazu gehört ein Restaurant, das vor allem frischen Fisch und Meeresfrüchte serviert.*

Hotel Sano Banano (4) $$$, *an der Hauptstraße mitten im Ort,* ☎ *2642 0638, http://www.ylangylangbeachresort.com/el-sano-banano-village-hotel/main.html. Kleines, familiäres Restaurant, 12 Zimmer mit Bad, ac und Ventilator, Frühstück inkl. Modern, arriviert-alternativer Stil, Pool. Im dazugehörigen* **Restaurant** *gibt es neben der Spezialität „sopa de mariscos" mit frischer Kokosnussmilch (10 US$) auch vegetarisches und veganes Essen. Die Einrichtungen des Ylang Ylang Resorts (Pool etc.) können genutzt werden.*

Ylang Ylang Beach Resort & Restaurant (1) $$$, ☎ *2642 0636, www.ylang ylangbeachresort.com, Das Resort besteht aus 21 originell gestalteten kleinen Bungalows mit Terrasse, einige davon direkt am Meer, zudem gibt es 6 tent cabins. Inkl. Frühstück und Dinner. Ein Pool lädt im tropischen Garten zur Entspannung ein, wem das nicht reicht, der kann sich im Spa verwöhnen lassen oder am tgl. Yoga-Kurs teilnehmen (8.30 Uhr, 12 US$), der auf einem Deck mit Meerblick abgehalten wird. Im Restaurant gibt es gutes Bio-Essen (vegetarisch und Fisch, kein Fleisch) und Sushi.*

Montezuma Heights (7) $$$, heightsbooking@gmail.com, www.montezumaheights costarica.de/. 2 am Hang gelegene Bungalows mit Küche, ac, und Outdoor-Dusche sowie einem tollen Blick. Wer lieber etwas abseits die Ruhe genießen möchte ist hier richtig. Nahe den Wasserfällen gelegen.

Essen und Trinken

Cocolores (1), ☎ 2642 0348, neben dem Pargo Feliz Hotel. Im Schein von Kerzen und Laternen kann man sich auf dem überdachten Patio mit Meerblick das gute Kokos-Fisch-Curry oder eines der mediterran inspirierten Gerichte schmecken lassen (Mo geschl., nur abends).

Puggo's (2), ☎ 2642 0325, an der Hauptstraße im Ort. Das halboffene, mit rustikalen Holzmöbeln dekorierte Restaurant unter israelischer Leitung bietet lokales und arabisches Essen, u.a. Kebab, Falafel, Humus. Auch Sushi.

Moctezuma (3), im gleichnamigen Hotel, ☎ 2642 0058. Direkt am Strand gelegen Bar & Restaurant mit lokaler Küche und Fisch. Vegetarisches casado 10 US$.

Playa de los Artistas (4), ☎ 2642 0920. Open-Air-Restaurant mit internationalen Gerichten mit Schwerpunkt Fisch und mediterran, nicht billig, aber gut. Das Menü wechselt, je nach Fang steht z.B. Thunfisch-Tartar oder Risotto mit Meeresfrüchten auf der Karte (So geschl.).

Tierra y Fuego (5), ca. 10 Min. mit dem Auto von der Stadt entfernt, 500 m nördl. vom Friedhof in Delicias, ☎ 2642 1593. Das etwas außerhalb gelegene Lokal (in Delicias) wird von einem Paar aus Italien betrieben, das hier eine eigene Farm hat. Gute Pizza aus dem Holzofen, Spezialität: Pizza mit Büffelkäse (nur Do–So geöffnet, am besten vorher anrufen).

La Vaca Rica (6), in Delicias neben der Pulpería Las Palmas (von Montezuma die steile Straße bis zum Schmetterlingsgarten hoch, dann links über die Brücke, auf der Höhe eines Sees die 2. links), ☎ 2642 1206, www.lavacarica.com. Café und Restaurant im rustikalen Stil, sonntags gibt es Brunch mit einer großen Auswahl (u.a. Weißwürste) und Kino. Nur Fr/Sa (12–22 Uhr) und So (9–12 und 17–22 Uhr) geöffnet.

Touren

Zuma Tours, ☎ 2642 0024, www.zumatours.net, Touren aller Art von Canopy über Wanderungen, Ausritte, Surfen, Tauchen und Bootstouren. Erwähnenswert ist der Taxi Boat Service, mit dem man für 40 US$ tgl. in einer Stunde um 9.30 nach **Jacó** (s. S. 410) an der Pazifikküste fahren kann.

Sun Trails, ☎ 2642 0808, www.montezumatraveladventures.com, 1,5 km nordwestlich des Hotels Amor del Mar an der Straße nach Delicias. Neben Boots- und Canopytouren wird auch hier ein Wassertaxi u.a. nach **Manuel Antonio** angeboten (75 US$).

Verkehrsverbindungen

San José: Ab dem Terminal del Atlántico Norte in San José (C. 12, Av. 7 und 9) fahren um 6 und 14 Uhr Busse in 5 Std. nach Montezuma (11 US$ mit Fähre), in umgekehrter Richtung geht es um 6.30 und 14.30 Uhr.

Paquera: Abfahrt ab Montezuma 5.20, 8, 10, 12, 14 und 16 Uhr, nach Cóbano zudem 17.50 und 20 Uhr. (ca. 1,5 Std., 3,5 US$).

Cabuya: 8.15, 10.15, 12.15 und 16.15 und um 18.15 (15 Min., 1,50 US$).

Alternativen bietet der Interbus (www.interbusonline.com) und Montezumaexpeditions (www.montezumaexpeditions.com). Außerhalb der Regenzeit bieten einzelne Veranstalter unregelmäßige Transporte zu den Stränden im nördlichen Teil der Halbinsel an. Montezumaexpeditions hat diese Strecken ebenfalls in ihrem Programm. Zudem kann man **Jacó per Taxi-Boot** *aus in nur gut einer Stunde erreichen (ca. 40 US$). Hotels und Agenturen im Ort verkaufen Tickets.*

Cabuya

Cabuya, 2 km vom Eingang zum Reservat Cabo Blanco gelegen (s.u.), ist ein kleiner Ort mit wenigen Hotels. In der *Pulpería* kann man sich mit dem Nötigsten versorgen. Auf der vorgelagerten Insel befindet sich der **Friedhof** des Ortes. Bei Ebbe kann man praktisch problemlos zur Insel hinüber laufen und die Schatten spendenden Kokoshaine genießen, wobei auch hier mit ziemlich scharfkantigen **Steinen** gerechnet werden muss. Daher ist der Strand für Schwimmer nur bedingt geeignet. Der Ort ist gut für diejenigen, die dem Trubel in Montezuma entgehen möchten.

Friedhof auf vorgelagerter Insel

Hinter der *Pulpería/Bar Los Higuerones* in Cabuya gabelt sich die Straße. Rechts hoch geht es nach Mal País. Geradeaus führt die Straße zum ca. 2 km entfernten Parkeingang mit der Rangerstation.
Bis Mal País braucht man zu Fuß ca. 2 Std. Die ersten zwei Drittel der Strecke sind praktisch nicht bewaldet, sodass die Wanderung bei entsprechendem Wetter sehr schweißtreibend wird. Jedoch nehmen einen oft Autofahrer mit, da hier allen bekannt ist, dass nur wenige Busse fahren.

Reisepraktische Informationen Cabuya *(→ Karte S. 397)*

🛏 Unterkunft
Hotel Celaje (15) $$$, ☎ 2642 0374, www.celaje.com. *7 schöne zweistöckige Bungalows aus Holz mit Veranda, in der Hängematte kann man Entspannen, dem Meeresrauschen, den Brüllaffen und dem Vogelzwitschern lauschen. Gute Strandlage mit tropischem Ambiente und Pool. Die Zimmer haben Ventilator und Eisschrank. Kleines, empfehlenswertes* **Restaurant Kardoes**, *das gehobene internationale Küche (u.a. gute Steaks) serviert.*
El Ancla de Oro Hotel (14) $–$$$, ☎ 2642 0369, http://hotelelancladeoro.com. *7 Zimmer, Fan, z.T. Bad und Küche, tropisch gestylt.*

🍴 Essen und Trinken
Soda El Rancho (8), *neben dem Chico Supermarkt, lokale Küche (u.a. casado, ceviche und eine gute sopa de mariscos (Meeresfrüchtesuppe) sowie Burger und Sandwiches, die man auf der Veranda genießen kann. Gut und günstig.*
Panadería & Café Cabuya (9), *an der Hauptstraße,* ☎ 2642 1184. *Nettes Café mit frischen Fruchtsäften und tollen Smoothies, Gebäck, Gallo Pinto und leckerem Kaffee zum Frühstück, zudem Sandwich, Suppen und frischer Fisch (gut ist der mit Mangosoße!). Netter Garten zum Draußensitzen.*

🚌 Verkehrsverbindungen
Busse nach Montezuma fahren um 7.15, 9.15, 13.15 und um 15.30 Uhr.

Reserva Natural Absoluta Cabo Blanco

Die Reserva Natural Absoluta Cabo Blanco weist zu Lande nur eine Fläche von knapp 1.300 ha auf, vor der Küste gehören weitere 1.800 ha dazu. Gleichwohl ist Cabo Blanco von besonderer Bedeutung: Mit der Errichtung dieses Schutzgebietes schlug die Geburtsstunde des costa-ricanischen **Nationalparksystems**. Das Gebiet war, abgesehen von einigen Vulkanen, praktisch das erste, das 1963 unter strengen Schutz gestellt wurde. Vorausgegangen war die weitgehende Entwaldung

Nicoyas ausgelöst durch ein Gesetz der 1950er-Jahre, welches denjenigen Kolonisten, die Boden in dem bislang nur dünn besiedelten Gebiet urbar machten, einen Eigentumstitel in Aussicht stellte. Als Folge wurde fast die komplette Halbinsel abgeholzt, um das Land urbar zu machen.

Ein skandinavisches Ehepaar zählte zu diesen Neulandbauern, setzte sich aber vehement dafür ein, dass wenigstens ein kleiner Teil der Nicoya-Halbinsel von der allgemeinen Kahlschlagspolitik verschont blieb. Da die **Wessbergs** über entsprechende Auslandskontakte verfügten, vermochten sie es, internationale Unterstützung zu mobilisieren und gleichzeitig die nationale Politik soweit unter Druck zu setzen bzw. zu überzeugen, dass im Oktober 1963 das Dekret, welches Cabo Blanco zum Schutzgebiet deklarierte, in Kraft treten konnte.

Die Dornzeder hat hartes Holz,
das gern zum Bau von Möbeln genutzt wird

In den Folgejahren, während derer das Betreten des Gebietes strikt untersagt war, wurde das zu 85 Prozent baumlose Reservat Cabo Blanco renaturiert, sodass sich 1985 nahezu flächendeckend ein Sekundärwald gebildet hatte. Die beiden Initiatoren ruhten sich allerdings nicht auf ihren Lorbeeren aus, sondern blieben ihren Zielen treu: Wessberg wurde dann 12 Jahre später bei einer gewaltsamen Auseinandersetzung um die Schaffung des Nationalparks Corcovado getötet, an seine Frau Karen, die einen Teil ihres Vermögens testamentarisch für die Schaffung eines weiteren Schutzgebietes auf der Halbinsel zur Verfügung gestellt hatte, erinnert das nach ihrem Tode in den 1990er-Jahren auf ihren Namen getaufte Naturreservat in der Nähe von Jicaral.

Engagierte
Umwelt-
schützer

An **Bäumen** sind vor allem die immergrünen Arten vertreten, was darauf zurückzuführen ist, dass das Reservat sich in einer Zone befindet, die eine für die Gegend ungewöhnlich hohe Niederschlagsmenge (2.300 mm p. a.) aufweist. In dem schwerer zugänglichen Teil, der noch von Primärwald bedeckt ist, haben sich noch einzelne Exemplare des auch Dornzeder genannten Dugand (*pochote* oder *cristobal*) gehalten. Dieser nur langsam wachsende Baum wird für gewöhnlich bis zu 40 oder 50 m hoch, im Einzelfall sind auch schon 60 m hohe Dugands entdeckt worden. Die beeindruckende Färbung seines harten, Feuchtigkeit gegenüber weitgehend gefeiten Holzes macht diesen Baum zu einem begehrten Objekt für Möbelhersteller.

Langsam wachsende Dornzeder

Zweck des Reservats ist neben der Bewahrung des Forstes hauptsächlich der **Schutz von Seevögeln**. Unter den zahlreichen Vertretern kann man als Laie am leichtesten die (Braun-)Pelikane erkennen. Diese verfügen in der Reserva über drei traditionelle Herbergsplätze, wo sich zur Nacht dann bis zu jeweils 200 bis 300 Vögel drängen. Doch auch die Fregattvögel dürften noch relativ leicht zu identifizieren sein, was nicht von allen der ca. 150 bislang festgestellten Vogelarten behauptet werden kann. Bemerkenswert ist noch die immense Kolonie von Brauntölpeln auf der **Isla Cabo Blanco**, wo ca. 4–500 (Brut-)Paare zu finden sind. Beeindruckend ist nicht zuletzt aufgrund seiner Jagdkünste der **Fischadler**, dem es gelingt, nach einem Sturzflug im Wasser unterzutauchen und sich Fische zu krallen, die bis zu einer Tiefe von einem Meter nicht vor ihm sicher sind.

Von den **Säugetieren** trifft man am ehesten auf Weißwedelhirsche, unschwer an dem charakteristischen Schwänzchen erkennbar, welches an seiner Unterseite blendendweiß ist. Zudem leben hier Mantel-Brüllaffen, Kapuzineräffchen und Klammeraffen, die wie die Kapuzineräffchen auch meistens in Herden leben und nicht gerade scheu sind. Mitunter wird man von ihnen mit Blättern und kleinen Zweigen beworfen, wenn man sich in ihrer Nähe befindet. Häufig sind zudem Nasenbären, Neunbinden-Gürteltiere und Eichhörnchen, etwas seltener dagegen Pacas und Ozelotkatzen zu sehen. Auch Stachelschweine, (Nord-)Opossums und Vertreter der im Lande häufigsten Ameisenbärenart, die unter der Bezeichnung Nördlicher Tamandua firmiert, sowie Stinktiere und Waschbären können einem über den Weg laufen.

Unterwegs in der Reserva Natural Absoluta

Im Meer tummeln sich unter anderem Hammer- und Katzenhaie, Mantarochen mit einem Durchmesser von bis zu 7 Metern, Tintenfische, Thunfische und „Rauschmuscheln", die wie viele andere Muscheln unter das Washingtoner Artenschutzabkommen fallen.

Natur respektieren

Das Reservat Cabo Blanco zählt zu den Nationalparks mit der **höchsten Schutzstufe**. Deshalb sind einige Teile auch nur für Wissenschaftler zugänglich. Der früher nicht sehr häufig besuchte Park hat wegen des Touristenbooms speziell auf der Nicoyahalbinsel unter einem beträchtlichen Andrang zu leiden. Auch an dieser Stelle sei noch einmal dazu aufgerufen, jede Art von Eingriff zu unterlassen – dazu zählen sowohl das Abbrechen von Korallenstückchen als auch das Wegwerfen von Abfall entlang der Wanderwege.

Dem Cabo Blanco ist in ca. 1,5 km Entfernung die gleichnamige Insel (**Isla Cabo Blanco**) vorgelagert, die 500 m lang und etwa 150 m breit ist. Im Norden derselben haben die Wellen eine Höhle herausgewaschen, und wenn man den Blick über dieses vegetationslose, steinige Eiland schweifen lässt, so erscheint der Umstand, dass dort aus einer Felsspalte Süßwasser tropft, kaum glaublich. Besonders charakteristisch für dieses Fleckchen ist seine blendendreine weiße Farbe. Die Ursache besteht darin, dass die in ihrer Umgebung lebenden und fliegenden Vögel dafür sorgen und stets gesorgt haben, dass das „Weiße Kap" seinem Namen auch gerecht wird, indem sie es im wahrsten Sinne des Wortes vollgeschissen haben.

Wanderungen

Den Park kann man auf verschiedenen Wegen erkunden: der durch Hitze und einige zu bewältigende Hügel durchaus anstrengende **Sendero Sueco** *(4,5 km pro Strecke) führt zum Strand (insg. 4 Stunden, man muss spätestens um 11 Uhr losgehen), der* **Sendero Danés** *ist ein Rundwanderweg ab dem Rangerposten von 2,3 km Länge (ca. 1 Stunde). Zudem stehen Picknickplätze zur Verfügung. Ausreichend Trinkwasser sollte man mitnehmen.*

Reisepraktische Informationen Cabo Blanco

Information

Parkverwaltung ☎ 2642 0093, *andres.jimenez@sinac.go.cr, caboblanco@ minae.go.cr, Mi–So (gelegentlich auch an anderen Tagen, das sollte man aber vorher erfragen) 8–16 Uhr, 10 US$.*
An der Rangerstation ist Trinkwasser erhältlich. Da es sich um ein absolutes Reservat handelt, ist hier nicht nur das Übernachten verboten, sondern es werden beim Verlassen des Parks stichprobenartige Kontrollen nach mitgeführten Muscheln, Pflanzen usw. durchgeführt. Übrigens ist selbst die Mitnahme von Taucherbrillen in den Park nicht gestattet, eine Maßnahme, die den submarin tätigen „Meeresräubern" Einhalt gebieten soll.

Anreise

Zur Reserva Natural Absoluta Cabo Blanco kommt man von (Playa) Montezuma (S. 387) aus, indem man einen Bus bis Cabuya nimmt, von wo aus es dann zu Fuß weiter geht. Zu Fuß braucht man ca. 3 Stunden.

Mal País/Santa Teresa

Ursprünglich lediglich – wie der Name Mal País schon besagt – „Schlechtes Land", sind Mal País bzw. das nahegelegene, von Mal País lediglich durch die Playa Carmen getrennte und vom Tourismus inzwischen schon nahezu voll eroberte Santa Teresa inzwischen zum Treffpunkt der Surf-Szene geworden – es gibt fast ein Dutzend Surf-Shops und etliche Surf-Schulen. Im Schlepptau der Surfergemeinde – oder umgekehrt – haben sich komfortable Unterkünfte und höherpreisige Einrichtungen angesiedelt. *Hotspot für Surfer*

Während den Nichtsurfern Santa Teresa wenigstens einen netten Sandstrand bieten kann, kann Mal País – *nomen est omen* – neben einigen felsigen Stellen lediglich mit Kieselsteinen aufwarten. Da Mal País nicht mit vergleichbaren Sandstränden wie Santa Teresa gesegnet ist, findet der Ausbauboom vor allem in Santa Teresa statt. Mal País besteht noch immer nur noch aus ein paar Querstraßen und hat sich seine entspannte Atmosphäre bewahrt – es gibt zwar einige Bar, aber keine bis spät in die Nacht geöffneten Diskos.

Trotz wachsendem Tourismus ist das Gebiet nur über eine relativ schlechte Straße zu erreichen ist. Von Cóbano (11 km entfernt) kommend, erreicht man als erstes im Ort **El Cruce** die Straßenkreuzung an Frank's Place Hotel. Nach links (Süden) kommt man zum etwas ruhigeren Strandabschnitt von Mal País, während es nach rechts (Norden) durch das als touristischen Hotspot ausgebaute Playa Carmen und zur Playa Santa Teresa geht. *Bislang nur über schlechte Straße zu erreichen*

Sonnenuntergang am Strand bei Mal País

Die touristischen Einrichtungen werden relativ häufig von Ausländern betrieben, gerne mit einem leichten asiatisch/esoterische Touch. Die Unterkünfte zeichnen sich dadurch aus, dass sie nicht selten die ganze Bandbreite Übernachtungsgelegenheiten vorhalten – vom Campingplatz bzw. einem „Hängemattenlager" über Mehrbettzimmer (*dormitories*) bis hin zu Bungalows verschiedener Qualitätsstufen.

An Aktivitäten werden neben Ausritten auch u.a. Yoga und Canopytouren angeboten. Die meisten kommen allerdings zum Surfen hierher.

Reisepraktische Informationen Mal País/Santa Teresa

 Unterkunft
SANTA TERESA

Hostel Casa del Mar (6) *$, direkt neben dem Supermarkt Costa,* ☎ *2640 1086, www.casadelmarhostel.net. 8 sehr einfache Zimmer mit Ventilator, Gemeinschaftsküche und -bad. Dazu gehört nebenan eine Bar &* **Restaurant**, *in der oft Livemusik gespielt wird. Gute Cocktails, Fisch und Seafood sowie Pizza, Burger und Salate.*

Casa Zen Hotel (5) *$–$$, 50 m westl. vom Supermarkt Costa,* ☎ *2640 0523, http:// zencostarica.com/. Freundliche Unterkunft mit 13 mit asiatischer Deko versehenen Zimmern (DZ und Mehrbett) mit Gemeinschaftsbädern und Ventilator, auch ein größeres Apartment steht zur Verfügung. Gemeinschaftsküche. Auf dem open-Air-Yoga-Deck (Kurse werden angeboten) oder wahlweise in den Hängematten kann man Entspannung finden. Mit Restaurant (kleine Karte, einfaches Essen).*

Don Jon (3) *$–$$, wenige Meter vom Strand entfernt,* ☎ *2640 0700, http://donjon sonline.com/. Einfache Holzcabinas mit Bad und Ventilator, Apartments mit ac und Schlafsaal stehen zur Verfügung. Im Restaurant bekommt man günstiges lokales Essen. Entspannte Atmosphäre.*

Tranquilo Backpackers (8) *$–$$,* ☎ *2640 0589, www.tranquilobackpackers.com. 8 Mehrbett- und Doppelzimmer mit Gemeinschaftsküche, Gepäckaufbewahrung, Kaffee, Tee, Frühstück inkl.*

Rancho Itaúna (4) *$$–$$$, gute Lage direkt am Strand,* ☎ *2640 0095, www. ranchos-itauna.com. 4 saubere, große Bungalows für 2–4 Personen mit Bad, ac, Ventilator, 2 davon mit Küche. Geschmackvoll eingerichtet. Pool. Dazu gehört ein Strandrestaurant (brasilianisches Essen), in dem man bei einem Cocktail und mit DJ den Sonnenuntergang genießen kann. Donnerstag ist Barbecue-Tag.*

Otro Lado Lodge (2) *$$$,* ☎ *2640 1941, www.otroladolodge.com. Ansprechende Unterkunft mit ebenfalls fernöstlich-karibisch inspirierter Deko. 13 moderne Zimmer mit ac, Ventilator und Veranda, die Häuser mit Küche, in doppelstöckigen Holzhäusern, Pool. Dazu gehört ein gute Restaurant (Frühstück und Lunch, italienische Küche). Sehr freundliche Mitarbeiter.*

Hotel Trópico Latino (7) *$$$–$$$$$,* ☎ *2640 0062, www.hoteltropicolatino.com. 12 geräumige Bungalows verschiedener Ausstattung und Lage für 2–5 Personen (einige liegen direkt am Strand) mit Veranda und Hängematte. Pool mit Meerblick, großer Garten.*

Milarepa Resort Hotel (1) *$$$$,* ☎ *2640 0023,www.milarepahotel.com. Direkt am Strand gelegen besteht diese Unterkunft aus nur 4 mit viel Holz gebauten Bungalows. Outdoor-Dusche und Ventilator. Asiatisch angehauchtes Ambiente. Neben Yoga können*

Santa Teresa, Mal País und das Naturreservat Cabo Blanco

Unterkünfte
1 Milarepa Resort Hotel
2 Otro Lado Lodge
3 Don Jon
4 Rancho Itaúna
5 Casa Zen Hotel
6 Hostel Casa del Mar
7 Hotel Trópico Latino
8 Tranquilo Backpackers
9 Hotel The Place
10 Hotel Oasis
11 Mal País Surf Camp & Resort
12 Moana Lodge
13 Star Mountain Jungle Lodge
14 Hotel Ancla de Oro
15 Hotel Celaje &
   Restaurant Kardoes

Essen & Trinken
1 Koji Restaurant
2 Restaurant El Rey Patricio
3 Brisas del Mar
4 Las Piedras
5 Pizzeria Playa Carmen
6 Ritmo Tropical
7 Mary's Restaurante
8 Soda El Rancho
9 Panadería Cabuya

auch andere Aktivitäten wie Angeln etc. organisiert werden. Schöner Pool. Im guten **Restaurant Milarepa** *gibt es u.a. empfehlenswerte vegetarische Gerichte.*

MAL PAÍS

Hotel The Place (9) $$$, ☎ 2640 0001, www.theplacemalpais.com. *Schön angelegte Unterkunft mit 3 DZ sowie Bungalows und einer „Villa" für bis zu 5 Personen. Inkl. Frühstück. Kleiner Pool und Bar.*

Hotel Oasis (10) $$$, *250 m von El Cruce auf der linken Seite,* ☎ 2640 0259, www. oasismalpais.com. *Zimmer für 1–3 Personen mit Bad, ac und eine kleinen Veranda mit Küchenecke sowie sehr nette Bungalows (bis 4 Personen) mit Küche, Ventilator und Veranda. Kleiner Pool, ruhige Lage umgeben von einem Garten. Gutes Preis-Leistungsverhältnis.*

Mal País Surf Camp & Resort (11) $$$, ☎ 2640 0031, www.malpaissurfcamp. com. *25 Zimmer unterschiedlicher Ausstattung, von kleinen Häusern für 2–10 Personen, z.T. mit Küche, bis hin zu einfachen Cabinas mit Gemeinschaftsbad- und Küche. Wer mag, kann sogar in einem open-air Rancho übernachten. Großer Pool mit Bar. Auch Camping möglich. Neben Surfkursen werden u.a. Ausritte, Angeltouren und Wanderungen angeboten. Im Restaurant gibt es vor allem US-Küche (z.B. Burger).*

Star Mountain Jungle Lodge (13) $$$, *2 km außerhalb in Richtung Cabuya,* ☎ 2640 0101, www.starmountaineco.com. *Schön gelegene Unterkunft auf einem riesigen Grundstück, das man auf ca. 2 km langen Spazierpfaden erkunden kann und dabei neben schönen Ausblicken Vögel und Affen sehen kann. Zudem werden Ausritte angeboten. Pool. Die 5 freundlichen Zimmer sind mit Ventilator und Bad ausgestattet. Inkl. Frühstück.*

Moana Lodge (12) $$$–$$$$, *1,5 km südl. von El Cruze,* ☎ 2640 0230, www. moanalodge.com. *Luxuriöse Lodge mit 6 originell eingerichteten Zimmern im afrikanischen Stil. Zudem wird ein schönes Ferienhaus für bis zu 12 Personen als Selbstversorger vermietet. Nicht direkt am Strand, sondern ca. 250 m entfernt an einer kleinen Anhöhe gelegen. Deshalb hat man vom Restaurant* **Papaya Lounge** *(geöffnet für Frühstück und Abendessen) einen spektakulären Blick auf die Küste. Gutes Seafood.*

 Essen und Trinken
PLAYA HERMOSA

Koji´s (1), *50 m südl. der Escuela Valle Hermosa,* ☎ 2640 0815. *Bekanntes japanisches Restaurant mit bekannt gutem Sushi – leider nicht ganz billig (nur Barzahlung, Mo/Di geschl.).*

Restaurante TAPAS (2), *El Rey Patricio, 5 km nördl. von El Cruce, im gleichnamigen (im Übrigen ebenfalls sehr empfehlenswerten) Hotel,* ☎ 2640 0248, www.elreypatricio. com. *Der aus Barcelona stammende Chef Ramon bereitet leckere Tapas zu, die man im open-air-Restaurant genießen kann. Von 17–18.30 kann man sich in der „Sunset Lounge" bei einem Gläschen Wein vom Blick auf den Sonnenuntergang verzaubern lassen.*

SANTA TERESA

Brisas del Mar (3) *(im Hotel Buenos Aires, http://buenosairesmalpais.com),* ☎ 2640 0941. *Etwas oberhalb des Ortes gelegen (ca. 5 Min. zum Strand). Das 1. Haus am Platz bietet gehobene internationale Küche und einen tollen Ausblick auf das Meer. Gute Cocktails.*

Parilla Las Piedras (4), *argentinisches Restaurant mit guten Fleischgerichten, Hühnchen, und Thunfisch. Dabei bezahlbar. Nur abends geöffnet, direkt an der Straße.*

Pizzeria Playa Carmen **(5)**, ☎ *2640 0110, direkt am Strand gelegen. Gute Pizza aus dem Holzofen, Pasta und frischer Fisch. Relativ günstig.*

MAL PAÍS

Ritmo Tropical **(6)**, *100 m links von El Cruce,* ☎ *2640 0174, http://hotelritmotropi cal.com. Zum gleichnamigen Hotel gehörendes Lokal, in dem gute Pizzas und lokales Essen serviert wird.*

Mary's Restaurante **(7)**, *3 km südl. von El Cruce,* ☎ *8348 1285, www.maryscosta rica.com. Bei Mary's gegenüber vom Fischerhafen gibt es frische, lokale (Fisch-)Gerichte (Mi geschl.). Auch Vermietung von Ferienhäusern.*

 Surfen

Mal País Surf Camp, *s.o. bei Unterkünften*

Nalu Surf School, *an der Hauptstraße neben Ronny's Supermarkt,* ☎ *2640 0391, www.nalusurfschool.com.*

Autovermietung

Ein beliebtes Fortbewegungsmittel sind die Quad Bikes, die man bei den Agenturen im Ort mieten kann. Zudem hat u.a. **Budget** *im Playa Carmen Shopping Center (*☎ *2640 0500) eine Niederlassungen im Ort.*

Verkehrsverbindungen

Direktbusse aus San José (Transporte Cóbano, ☎ *2642 1112), die vom Terminal Atlántico Norte (C. 12, Av. 7 und 9) fahren, starten um 6 und um 14 Uhr zur gut 5-stündigen Reise in diese Orte (inkl. einer Stunde auf der Fähre). Von ihnen geht es dann auch um 6 und 14 Uhr wieder zurück (14 US$). Um nach* **Cóbano** *zu kommen, nimmt man einen der um 6, 7.40, 12 und 16 Uhr fahrenden Regionalbusse (0,5 Std., 1 US$).*

Als (kostspieligere) Alternative (ca. 50 US$) bietet sich die Nutzung der privaten **Kleinbusse** *(siehe www.interbusonline.com bzw. www.montezumaexpeditions.com) an, die sich typischerweise morgens gegen 9 Uhr auf den Weg machen, um ihre Passagiere in den einzelnen Hotels einzusammeln und sie dann ca. 5–6 Std. später wieder an einem anderen Hotel abzuliefern.*

6. DER SÜDEN

Überblick

Wer sich in den Süden des Landes aufmacht, kann von Puntarenas oder San José **entlang der zentralen Pazifikküste** fahren (s.u.). Dabei geht es vorbei an Stränden, Surfspots und den sehenswerten Nationalparks Carrara, Manuel Antonio und Marino Ballena. Die Strecke **durch das Landesinnere** (s. S. 446) bietet einen totalen Kontrast: Auf der Interamericana geht es über die kühlen Berge. Ein Aufstieg auf den Chirripó ist für Wanderer dabei ein absolutes Muss.

Beide Routen enden in Palmar Norte, von wo aus man weiter **in den tiefen Süden Richtung panamaischer Grenze** (s. S. 464) fahren kann, um

z.B. von San Vito aus den grenzübergreifenden Parque Internacional La Amistad zu erkunden, oder man steuert den **Golfo Dulce** (s. S. 480) an. Rund um Golfito locken schöne Strände und bei einer späteren Fahrt um den Golfo geht es auf die **Halbinsel Osa** u.a. mit dem Nationalpark Corcovado und den Mangrovensümpfen bei Sierpe. Baden, Surfen, Wandern, Vogelbeobachtung – der Süden ist abwechslungsreich und bietet für jeden etwas.

Abwechslungsreicher Süden

 Routenhinweis / Verkehrsverbindungen

Die Routen sind ausführlich beschrieben und sowohl mit dem Auto (auf manchen Strecken nur mit Allradantrieb!) als auch mit dem Bus zu erreichen. Die Verkehrsverbindungen von San José in die Städte des Südens (und zurück) sind in den jeweiligen „Reisepraktischen Informationen" genannt.

Zentrale Pazifikküste: Von Puntarenas/ San José nach Palmar Norte

Sofern man die Reise in **Puntarenas** (s. S. 374; Verkehrsverbindungen von dort nach Quepos über Jacó s. S. 379) antritt, geht es zunächst die Landzunge entlang, auf der der Ort liegt. In den Außenbezirken sind Unterkünfte unterschiedlichen Charakters (von romantisch bis hochpreisig) beheimatet. Am Ende der Landzunge hält man sich rechts und steuert vorbei an einigen weiteren Hotels **Caldera** an.

Redaktionstipps

➤ Zu Beginn der Tour kann man von der Brücke über den Río Tárcoles **Krokodile beobachten** und dann die reiche Tierwelt des angrenzenden **Parque Nacional Carara** (s. S. 402) kennenlernen.

➤ Kein Geheimtipp mehr ist der **Parque Nacional Manuel Antonio** (s. S. 424). Trotzdem sollte man ihn auf jeden Fall besuchen, denn die Strände sind wirklich außergewöhnlich schön.

➤ Im Gegensatz zum quirligen Jacó (s. S. 410) geht es in **Dominical und Uvita** (s. S. 435 bzw. S. 438) weitaus weniger hektisch zu. Darüber hinaus bieten sie die Möglichkeit, sich entweder in das private Naturschutzgebiet der **Hacienda Barú** (s. S. 435) oder den **Parque Nacional Marino Ballena** (s. S. 441) zurückzuziehen.

Der Sand an dem hier liegenden Küstenabschnitt ist fein und eher dunkel. Insgesamt wirkt der Strand nicht sehr einladend, was auch daran liegen mag, dass es kaum Schatten gibt.

Am Hafen **Puerto Caldera** liegen in aller Regel wartende Schiffe vor Anker. Die Straße biegt nun ins Landesinnere ab und bis weit in den Süden wird es kaum mehr Gelegenheit geben, von der Hauptstraße aus den Anblick des Meeres zu genießen. Dafür sieht man jetzt die Containerberge, die der Schiffe oder LKWs harren, die für ihren Weitertransport sorgen sollen. Touristische Anlagen sind in dieser Region nicht beheimatet, es geht durch eine leicht hügelige, meist für Weidewirtschaft genutzte Landschaft mit oft sehr lockerem Baumbestand. Die Straße ist sehr gut ausgebaut, bisweilen sogar vierspurig, sodass man zügig vorankommt und an Peage-Stationen dafür seinen Obolus entrichten muss. Knapp 20 km nach Caldera stößt man auf die Nationalstraße 34, die am Nationalpark Carara und an (Playa) Tárcoles vorbei nach Jacó führt. Die Strecke Puntarenas–Jacó beträgt rund 70 km.

Startet man die Reise in **San José**, fährt man gen Westen Richtung **Orotina**, ein Städtchen, das für sein Obst und Gemüse bekannt ist. Hier biegt man nach Südwesten auf die Nationalstraße 34 ab und fährt nun durch ein vor allem der Viehzucht dienendes Gebiet Richtung Nationalpark Carara bzw. (Playa) Tárcoles und weiter nach Jacó. Von San José hierher sind es ca. 100 km.

Nach Quepos und zum Parque Nacional Manuel Antonio

Parque Nacional Carara

Auf der Fahrt entlang der Nationalstraße 34 stößt man rund 3 km nach der Brücke über den **Río Tárcoles** (s. auch Info S. 407) noch vor dem Ort Tárcoles linker Hand auf den nördlichen Eingang des rund 50 km² großen Parks, der zur staatlichen *Área de Conservación Pacífico Central* gehört. Das seit 1998 über den Status eines Nationalparks verfügende Gebiet wurde schon 1978 als *Reserva Biológica Carara* unter Schutz gestellt. „Namenspatron" ist der den Park durchfließende **Río Carara**, wobei *carara* wiederum das Huetarwort für Krokodil ist. Die Temperatur beträgt im jährlichen Mittel 27 °C und die jährliche Niederschlagsmenge 2.800 mm. Während den Monaten März und April ist man vor Niederschlägen nahezu sicher.

Archäo-logische Funde   Das Territorium des Parque Nacional Carara war bereits vor der Ankunft der Spanier besiedelt. Bislang sind an 15 Stellen archäologische Artefakte und Bodenfunde

Krokodile im Río Tárcoles

zutage getreten, die zum einen von einer **Besiedlung** in der Zeit zwischen 300 v. Chr. und 300 n. Chr. und zum anderen zwischen dem 9. Jh. und dem Ende des 16. Jh. zeugen. Während der zweiten Phase der Besiedlung befand sich auf am Ufer des Río Tárcoles gelegenen Hügeln das politische und ökonomische (Sub-) Zentrum einer **Kazikenherrschaft**. Gefunden wurden nicht nur aus jener Zeit *Begräbnis-* stammende Begräbnisstätten nebst Resten von Wohnplätzen, sondern auch das *stätte* 24 m² große, hauptsächlich aus Flusssteinen errichtete Fundament eines Gebäudes, welches dem Muster entspricht, das aus der bislang größten erschlossenen Ausgra-bung des Landes, dem Monumento Nacional Guayabo (s. S. 218), bekannt ist. Die beiden Fundstellen im Park werden als *Lomas (de) Entierro* bzw. *Carara* bezeichnet. Die eingeborenen Bewohner betrieben in ihrem Siedlungsgebiet Subsistenzwirt-schaft, als Zahlungsmittel dienten ihnen wohl Kakaobohnen.

Während des Versuchs der Spanier, Costa Rica unter ihre vollständige Kontrolle zu bekommen, leistete ihnen der Kazike Garabito (oder auch Garavito) und sein Stamm der *huetares* (oder auch *güetares*) erbitterten und über lange Jahre hinweg auch erfolgreichen Widerstand. Carara gehörte zu dem sich bis ins Valle Central erstreckende Siedlungsgebiet dieses Volkes, welches wohl aus dem Norden zuwan-derte, worauf von ihm **verehrte Götter** wie Quetzalcoatl oder Tlaloc hinweisen, die in Mexiko „heimisch" waren. In historischer Zeit stellte das Gebiet des Natio-nalparks einen kleinen Teil der *Hazienda El Coyolar* dar.

Die Hacienda El Coyolar –
Costa Rica als Land der kleinen Bauern?

info

Der letzte Eigentümer dieser Hazienda, die mitunter auch verniedlichend als *Finca* bezeichnet wird, war der Multimillionär und Viehzüchter Dr. Fernando Castro Cer-vantes. Er fungierte 1953 als Kandidat der reaktionären *Partido Demócrata* für die costa-ricanische Präsidentschaft, wobei er dem Sozialdemokraten José Figueres Fer-rer unterlag. Das Gebiet der Finca reichte von Orotina im Norden bis kurz vor Parrita im Süden – also knapp 50 km Luftlinie. Insofern ist der Umfang von Cervantes Grund-eigentum ein schlagendes Argument gegen die Costa Rica als grundsätzlich egalitär strukturierte „Schweiz Mittelamerikas" lobpreisenden Mythenbilder.
Inzwischen verewigte man Castro Cervantes dadurch, dass das 14 km² große, auf sei-nem einstigen Grund und Boden gegründete Refugio Nacional de Vida Silvestre nach ihm benannt wurde.

Flora und Fauna

Die Gründe für die Unterschutzstellung des Carara-Gebietes lagen zum einen in dem Umstand, dass es in einer **Übergangszone** zwischen dem den Norden der Pazifikküste Costa Ricas prägenden trockenen Teil der Tierra Templada und der eher feuchtheißen Tierra Caliente in der Umgebung der Halbinsel Osa liegt, was zu einer extrem hohen **Biodiversität** beiträgt. Zum anderen hat sich der Primärwald hier in Teilen noch erhalten, und für **Tierwanderungen** stellt Carara zudem einen wichtigen Korridor dar, da in seiner Umgebung – anders als etwa in weiten Teilen Guanacastes – inzwischen eine Intensivlandwirtschaft dominierend ist. Hatte man ursprünglich, was die Nutzung des Parks jenseits des reinen Schutzzwecks anbelangt, der Forschung eine vorherrschende Rolle zugebilligt, so wurde die damalige *Reserva Biólogica* mit dem in den 1980er-Jahren verstärkt einsetzenden Tourismus angesichts ihrer so überaus verkehrsgünstigen Lage zunehmend überrollt. Dieser Entwicklung Rechnung tragend, erhob man das Gebiet zum *Parque Nacional*. Bis heute sind die Besucherzahlen hoch – nur vier Naturschutzgebiete im Lande werden von mehr Menschen besucht.

Der Park kann trotz seiner relativ geringen Fläche mit einer großen Varianzbreite aufwarten. Zum einen wäre hier eine über 500 m lange, von Wasserpflanzen wie etwa der Wasserlilie bzw. -hyazinthe überwucherte schmale Lagune in U-Form zu nennen, ferner Galeriewälder in der unmittelbaren Umgebung der Wasserläufe, die nicht nur aus Sekundär-, sondern zum Teil aus Primärwald bestehen, was in diesem Teil des Landes eine Ausnahme darstellt. Insgesamt sind hier bislang etwa 1.400 verschiedene **Pflanzenarten** bestimmt worden. Aufgrund des Wasserreichtums sind die immergrünen Spezies vorherrschend, sodass der Park insbesondere gegen Ende der Trockenzeit eine wahre Augenweide darstellt.

Die **Galeriewälder** werden dominiert vom bis zu 60 m hoch wachsenden und mit dem Cashewbaum verwandten, allerdings über giftige Kerne verfügenden Panama-Mahagoni mit seinen typischen weißen Blütenrispen (dessen Holz allerdings im Gegensatz zu dem des „wahren" Mahagonibaumes geringere Wertschätzung entgegengebracht wird) und dem zur Familie der Maulbeerbaumgewächse gerechneten, bis zu 40 m hohen Lechoso- oder Schlangenholzbaum. Seinen Namen verdankt Letzterer seinem rotbraunen Holz, das von schwärzlichen Streifen durchzogen ist und so an Zeichnungen von Schlangenhäuten erinnert. Das Holz ist aufgrund seiner extremen Härte überaus begehrt, so z.B. für die Fertigung von Bögen

Ein Ara in den Wäldern des Carara-Parks

für Streichinstrumente. Der zur Familie der Wolfsmilchgewächse gehörende und *Sand-* bis zu 25 m hohe Sandbüchsenbaum ist ebenfalls häufig vertreten. Dessen Saft löst *büchsen-* nicht nur starke allergische Reaktionen aus (ein Tropfen im Auge kann zu temporä- *baum* rer Erblindung führen), sondern fand auch als Basis für ein Pfeilgift Verwendung, weshalb er in manchen spanischsprachigen Ländern als „Teufelsbaum" (*arbol del diablo*) bekannt ist. Seine an einen Kürbis erinnernde Frucht in der Größe einer Orange dürfte die Ursache für die englische Bezeichnung als *Dynamite Tree* sein. Nach Abschluss des Reifungsprozesses explodiert die Frucht regelrecht und verteilt ihre einzelnen Segmente mit jeweils einem Samen in einem Umkreis von bis zu 50 m. Diese Fruchtkapseln sind auch verantwortlich für die Namensgebung im Deutschen: Sie wurden in der Zeit, in der man noch zu Feder und Tinte griff, gerne als Behältnisse für den Sand, welcher zur Beschleunigung des Trocknungsprozesses über das Papier geschüttet wurde, verwendet. Die Rinde des Baumes ist mit vielen kleinen Dornen versehen, sodass ein unfreiwilliger Kontakt mit dem Stamm recht schmerzhaft sein kann.

Der **Primärregenwald** ist im Park insbesondere im Bereich *Lomas Pizote* und um die *Montañas Jamaica* zu finden, die durch ihren Reichtum an Lianen und Epiphyten bestechen.

Zu erwähnen wäre ferner der überaus rasch wachsende Pachaobaum, in dem gerne Aras nisten, sowie die riesenhafte Königspalme mit ihrem wahrhaft majestätischen Erscheinungsbild. Im Nationalpark wachsen noch viele weitere Bäume, sogar solche, die regulär nur in noch südlicheren Gefilden beheimatet sind. Beispiele hierfür sind der Purpurholzbaum, der bis zu 50 m hohe Knoblauchbaum, der seinen Namen wohl seinem wenig wohlriechenden, gleichwohl für den (Boots-)Bau umso begehrteren Holz verdankt, und der bis zu 50 m hohe Mastatebaum, der – so man ihn anritzt – seine Säfte sprudeln lässt.

Was den **Sekundärwald** anbelangt, so findet sich dieser grundsätzlich dort, wo früher die Rindviecher von Fernando Castro Cervantes weideten. Es existieren hier auch günstige Standorte für die stachelbewehrte Viscoyolpalme.

Eine **besonders reiche Tierwelt** weisen die Sumpf- und Morastzonen des Marschlandes im nördlichen Teil auf, deren Entstehung den stets wiederkehren- den, jahreszeitlich bedingten Überflutungen insbesondere durch den Río Tárcoles *Lebensader* zu verdanken ist. Hier – wie auch in der Lagune – findet sich eine Vielzahl von *Río Tárcoles* Reptilien wie etwa Spitzkrokodile, die bis zu 4 m lang werden, Wat- bzw. Wasser- vögel sowie Amphibien. Zu ihnen zählt der äußerst farbvariantenreiche Goldbaum- steiger-Frosch, der zu den Pfeilgiftfröschen gehört. Außerdem besteht in Carara die Möglichkeit, auf größere Säuger wie Große Ameisenbären, Nasen- und Wasch- bären, Ozelots, Pekaris, Weißwedelhirsche, Kapuziner- und Klammeraffen u.v.m. zu stoßen. Kleinere Tiere wie Wickelbären, Agoutis und Vieraugenbeutelratten sind eher schwer zu erblicken.

Vogelliebhaber dürfte es besonders interessieren, dass ein Verwandter des Quet- zal im Park gesichtet werden kann, der auf den lieblichen Namen Veilchentrogon getauft worden ist. Als weniger lieblich dürfte der Anblick eines Tuberkelhokkos empfunden werden. Dies gilt auch für den mit einem fast so breiten wie langen Schöpfschnabel ausgestatteten Kahnschnabel, der ebenso wie eine Reihe von Kolibris (Braunschwanzamazilie, Erzeremit, Langschwanzpipra) im Park beheimatet ist. Wer Glück hat, kann einen der legendären Balztänze der farbenprächtigen Schnurrvogelmännchen um die unscheinbaren Weibchen beobachten. Einen bunten Anblick bieten ferner Tukane wie etwa der Feuerschnabel-Arassari oder der Lauch-Arassari.

Viele Hellrote Aras Die tierische Hauptattraktion des Parks dürfte aber die am späten Nachmittag in der Nähe des Haupteingangs gut beobachtbare Luftshow der seltenen Hellroten Aras sein. Der Park betreibt ein relativ erfolgreiches Freiluftbrut- und -zuchtprogramm, sodass sich hier inzwischen wieder ca. 150–200 Paare angesiedelt haben, nachdem diese Art an der Pazifikküste des Landes schon beinahe gänzlich ausgerottet war.

Reisepraktische Informationen Parque Nacional Carara

i Information

Parkverwaltung, ☎ 2416 5017, *Öffnungszeiten 8–16 Uhr, Eintritt 10 US$. Bei großem Andrang (z.B. durch die nahe Ankerung von Kreuzfahrtschiffen) kann es sein, dass der Einlass auf eine bestimmte Zahl von Touristen pro Stunde beschränkt wird. Um die Mittagszeit ist am meisten los.*
Der Nationalpark hat zwei an der Nationalstraße 34 gelegene **Eingänge**. *Der kurz nach der Brücke über den Río Tárcoles gelegene ist der nördliche. Der südlich gelegene Haupteingang führt zum Sitz der* **Hauptverwaltung**, *die mit einer kleinen Ausstellung aufwarten kann. Hier kann man auch Gepäck deponieren, es gibt Trinkwasser, Toiletten sowie Tische und Bänke. Ein weiterer Zugang führt über den in Richtung Jacó gelegenen Parkplatz.*
Guides *bieten ihre Dienste für ca. 15–25 US$ an, teils sogar auf Deutsch. Man erfährt mehr über Flora und Fauna sowie über Probleme wie den zunehmenden Tourismus, Wilderei und die Gefährdung des Trockenurwaldes durch Waldbrände.*

☞ Hinweise

Nicht vergessen *sollte man einen Feldstecher zur Vogelbeobachtung, z.B. der Hellroten Aras, außerdem Insektenschutzmittel.*
Das Auto sollte man wegen **Diebstahlgefahr** *am besten bei der Hauptverwaltung parken. Um die Brücke über den Río Tárcoles, wo gern zur Krokodilbeobachtung gehalten wird, kam es in den letzten Jahren häufiger zu Autoeinbrüchen.*

🛏 Unterkunft/Essen und Trinken

Eine Übernachtung im Park ist grundsätzlich nicht möglich. Er verfügt allerdings über Unterkünfte für Forscher und Freiwillige, sodass man im Ausnahmefall – auf Nachfrage und sofern der Platz nicht für die eigentliche Zielgruppe benötigt wird – dort Obdach finden kann. Wer länger verweilen möchte, muss in einer der umliegenden Ortschaften Quartier beziehen, z.B. in Tárcoles, Herradura oder Jacó.
Gut und preiswert essen kann man im **Restaurante Ecológico Los Cocodrilos** *an der Brücke über den Río Tárcoles,* ☎ *2428 2308, wo auch einfache Zimmer ($$) vermietet werden. Öffnungszeiten tägl. 6–20 Uhr. Bewachter Parkplatz.*

Wanderwege

Am Nordeingang (Auto dort nicht unbeobachtet lassen!) beginnt der etwa 4 km lange Sendero Laguna Meándrica (Dauer ca. 2–4 Std.). Vom Haupteingang kommt man zu weiteren kleinen Rundkursen: Dem beschrifteten Lehrpfad Sendero Encuentro de ecosistemas (ca. 1 Std.), dem Sendero Quebrada Bonita (1,5 km in ca. 1,5 Std.) und dem Sendero Las Araceas (1,2 km in ca. 1 Std.), der sich gut zur Beobachtung von Papageien und Tukanen eignet.

Verkehrsverbindungen

Da der Nationalpark an die Hauptstraße der Busrouten zwischen San José und dem Süden liegt, besteht keine Schwierigkeit, ihn aus beiden Richtungen zu erreichen. Die **Haltestelle** ist vor dem Haupteingang. Um wieder wegzukommen, muss man unter Umständen einen der **Lokalbusse** zu den nächstgrößeren Orten nutzen, da die schnellen **Direktbusse** auch dann nicht auf offener Strecke halten, wenn sie noch Plätze frei haben. Die letzten sowohl nach Quepos als auch nach San José fahren zwischen 17 und 18 Uhr am Park vorbei, die über Jacó nach Dominical bzw. Uvita zwischen 19 und 20 Uhr.

(Playa) Tárcoles und Umgebung

Das Dörfchen Tárcoles erreicht man über ein Sträßchen, das knapp 3 km südlich des Eingangs zum Parque Nacional Carara in westlicher Richtung von der Hauptstraße abzweigt. Nach gut 1 km kommt man dann an einem zum Teil mit Kies, zum Teil mit (dunklem) Sand bedeckten Strand an, an dem der Ort liegt. Entlang des Meeres in nördlicher Richtung stößt man etwa 3 km hinter dem Ort auf die Mündung des Río Tárcoles.

„Ökoparadies" Costa Rica?

Der **Río Tárcoles** ist der schmutzigste Fluss des Landes, da über ihn gut Zweidrittel des gesamten **Abwassers** Costa Ricas ins Meer geleitet wird. Und nebenbei bemerkt: Über 90 % gelangen völlig ungeklärt in die Gewässer! Ein von Wikileaks veröffentlichtes Geheimdokument aus der US-Botschaft in San José kommentiert diesen Zustand wie folgt: „Für ein vom Tourismus abhängiges Land, das seinen Ruf als Ökoparadies hochhält, ist die Nutzung der Flüsse zum Zwecke der Ableitung seiner ungeklärten Abwässer an allgemein zugänglichen Stränden und für die Fischerei wichtigen Gewässern eine haarsträubende Angelegenheit."

info

Verschiedene Bootsinhaber warten in dieser Gegend auf Gäste für eine **Krokodilsafari**. Die Guides haben sich inzwischen einige der Tiere nahezu handzahm gefüttert und führen eine entsprechende Show auf, die nicht unbedingt im Sinne eines strikten Naturschutzgedankens ist. Zudem kann man die Umgebung mit Regenwald und Wasserfällen u.a. beim Gang über einen **Sky Way** und durch verschiedene Ausflüge oder auf dem Pferderücken kennenlernen. Was das **Baden** anbelangt, so sollte man sich insbesondere im Bereich der Mündung des Río Tárcoles eher zurückhalten (s. Info-Kasten). Auch zum Sonnenbaden ist der dunkle Strand, der keine durchgängige Sandbedeckung und keine schattenwerfende Vegetation aufzuweisen hat, nicht übermäßig geeignet.

Reisepraktische Informationen (Playa) Tárcoles

🛏 Unterkunft

Rancho Capulín B&B $$, *Capulín,* ☎ *2428 2215, http://ranchocapulin.jimdo. com. Von der Nationalstraße 34 geht es noch vor der Brücke links nach Capulín. Hier am Rande des Nationalparks liegt mitten im Wald ein Bungalow für bis zu 3 Pers., der von einer Luxemburgerin vermietet wird, die auch das Frühstück zubereitet. Kochplatte und Kühlschrank vorhanden, kleiner Supermarkt in Laufnähe.*

Hotel Carara $$–$$$, *an der Hauptstraße von Tárcoles,* ☎ *2637 0178, www.hotel carara.com. B&B mit 25 nicht sehr geräumigen Zimmern mit Bad und Ventilator oder ac. Man kann zwischen Standard und Meerblick wählen. Pool, zudem* **Restaurant** *mit einfachem Essen (einheimisch und international; Fischgerichte).*

Cerro Lodge $$$, *hinter der Brücke über den Río Tárcoles links (auf Hinweisschild achten),* ☎ *2427 9910, www.cerrolodge.com. 16 moderne, helle Wohneinheiten (Standardzimmer oder Bungalow) mit Bad und ac auf einer Farm. Gutes Frühstück. Pool, Wi-Fi. Für Ornithologen empfohlen. Nur Bargeldzahlung!*

Hotel Villa Lapas $$$, ☎ *2637 0232, www.villalapas.com. Von der Nationalstraße 34 nicht nach Tárcoles abbiegen, sondern in das gegenüberliegende Sträßchen Richtung Osten, ab hier sind es ca. 2 km. Das All-inclusive Eco-Resort mit 60 recht komfortablen Zimmern (ac, TV) im Regenwald. Viele Rundreise-Touristen von Reiseveranstaltern. Aktivitäten: Canopy Tour und Villa Lapas Sky Way, s.u.*

🍴 Essen und Trinken

La Fiesta de Marisco, *direkt am Strand. Einheimische Küche, vor allem Seafood, dazu ein kühles Getränk und auf der Terrasse den Meerblick genießen.*

Restaurant *im* **Hotel Carara**, *s.o.*

👉 Aktivitäten und Ausflüge

Crododile Man Tour, ☎ *2637 0771, www.crocodilemantour.com. 2-stündige Bootsfahrt inkl. Krokodilschau für etwa 30 US$. Außerdem werden eine Tour zum Bijagual-Wasserfall, eine Canopy Tour, bei der man sich von Baumkrone zu Baumkrone schwingen kann, eine Führung im Nationalpark Carara sowie Ausritte angeboten.*

Villa Lapas Sky Way, *Kontakt Hotel Villa Lapas, s.o. Über fünf Hängebrücken geht es rund 2,5 km durch den Regenwald. Für jedes Alter, inkl. Guide ca. 30 US$. Außerdem Canopy-Tour buchbar.*

Pura Vida Gardens und Waterfalls, *etwa 6 km hinter der Villa Lapas,* ☎ *2645 1001, www.puravidagarden.com. Geöffnet 7–17 Uhr, Eintritt 20 US$. Für einen Rundgang durch die touristische Anlage sollte man etwa eine Stunde veranschlagen. Restaurant mit Blick auf den Bijagual-Wasserfall.*

Cataratá Manantial de Agua Viva, ☎ *2661 8263. Auf einem nahen Gelände*

Keine Lust auf Krokodilschau

liegt der **Bijagual-Wasserfall**, von dem man sich trotz des Superlativs „höchster Wasserfall Costa Ricas" (ca. 180 m) nicht zu viel versprechen sollte, weil er zum einen während der Trockenzeit relativ wenig Wasser führt und zum anderen nicht in einem Satz herunterstürzt. Geöffnet 8.30–16 Uhr, Eintritt 20 US$. Natürliche Pools für ein kühles Bad, außerdem ein **Campingplatz $**.

Verkehrsverbindungen
Playa Tárcoles: Der Strand wird von den Bussen nicht direkt angefahren, sodass man von der Nationalstraße 34 aus laufen muss, sofern man über kein eigenes Fahrzeug verfügt.
Bijagual: Wer vom Highway 34 aus nicht hierher laufen möchte, der ist darauf angewiesen, den Lokalbus, der von Orotina (s. S. 402) aus täglich um 11 Uhr nach Bijagual abfährt (Rückfahrt morgens um 5.30 Uhr), an der Abzweigung abzufangen oder aber zu trampen.

Hinweis
Nachdem man vom wenig attraktiven Strand von Tárcoles kommt, bietet sich auf dem Weg nach Playa Herradura eine Bademöglichkeit am Strand des Hotel Punta Leona ($$$–$$$$, 108 Zimmer, ☎ 2231 3131, www.hotelpuntaleona.com), allerdings müssen Nicht-Gäste eine hohe Gebühr zahlen.

(Playa) Herradura

Gut 10 km weiter südlich stößt man auf Herradura. Von der Nationalstraße 34 liegt der Strand etwa 3 km westlich. Hier ist gut aufgehoben, wer **ruhige Gewässer** sucht. Surfer dürften eher die südlicher gelegenen Strände, wie den von Jacó, bevorzugen. Der **dunkelsandige Strand** bietet eine nette Abwechslung, obwohl Großbauten wie das Los Sueños Marriott Resort (s.u.) immer mehr Raum nehmen.

Landeigentümer vs. Landbesetzer – die Rechte der Squatter

info

Noch im letzten Jahrhundert hatten sich Landbesetzer, sogenannte *Squatter*, nördlich von Herradura angesiedelt. Diese hofften darauf, mindestens drei Monate nicht entdeckt zu werden – nur so lange hat der Eigentümer nach costa-ricanischem Recht Zeit für eine einstweilige Verfügung. Nach einem Jahr können die Squatter sogar die **Landrechte** erwerben bzw. **Entschädigung** für die Bewirtschaftung verlangen.
Mitte 2006 wurden die Squatter von Herradura auf das Betreiben der US-amerikanischen Eigentümer hin, trotz ihrer langen Aufenthaltsdauer, von den Behörden gewaltsam vertrieben, da sie den Gästen ihres Luxushotels den Anblick ersparen wollten.

Reisepraktische Informationen (Playa) Herradura

Unterkunft
Los Sueños Marriott Ocean and Golf Resort $$$$, ☎ 2630 9000, www.marriott.com. Die luxuriöse Anlage mit 200 Zimmern bietet allen Komfort. Restau-

rants, Bar, Café, Fitness-Center, Poollandschaft, Einkaufsmöglichkeiten. Außerdem eigener Yachthafen und Golfplatz. Nicht unbedingt ein Ort für Individualreisende.
Hotel Villa Caletas $$$$, ☎ 2630 3000, www.hotelvillacaletas.com. Bereits vor Herradura biegt man an der Nationalstraße 34 rechts zu diesem 40 Zimmer-Boutiquehotel ab, was vor allem durch seine erhöhte Lage und die Meersicht besticht. Pool und Privatstrand. Das üppig ausgestattete Schwesterhotel **Zephyr Palace** (www.zephyrpalace.com) liegt nebenan.

🍴 Essen und Trinken

El Pelicano, schön gelegen am südlichen Strandabschnitt, ☎ 2637 8910. Einheimische und internationale Küche, vor allem Fisch und Meeresfrüchte. Etwas überteuert.
Pura Vida Pantry, 900 m nördlich des Ortes, ☎ 8733 4811, www.puravidapantry.com. Schön angerichtete vegane und vegetarische Gerichte, dazu frische Säfte. Günstig, gut und zu empfehlen.

🚌 Verkehrsanbindung

Playa Herradura wird von Bussen, die auf der Nationalstraße 34 unterwegs sind, nicht direkt angefahren, sodass man ohne Auto den Weg zu Fuß nehmen muss.

👉 Routenhinweis

Ohne dass eine wesentliche Veränderung der Landschaft zu verzeichnen ist, passiert man nach ca. 4 km den Abzweig zur Seilbahn **Rain Forest Aerial Tram** (s. S. 412) und kommt nach einem weiteren Kilometer in Jacó an.

(Playa) Jacó

Quirliger Ort

Die große Bucht von Jacó ist durch ihren breiten und ca. 5 km langen, **dunklen Sandstrand** sehr beliebt. Dementsprechend ist der Ort, obwohl von weniger als 5.000 Menschen bewohnt, keinesfalls geeignet für Leute, die abschalten möchten. Wem der Strand jedoch gefällt, aber dennoch seine Ruhe haben will, für den gibt es Quartiere in der näheren Umgebung fernab vom möglichen Trubel. Wer im Meer nur so dahindümpeln will, ist hier auch nicht am richtigen Platz, da zum einen der Wellengang Surfern eher zupass kommt als „Dümplern", und zum anderen die vor der Küste auftretenden Unterströmungen das **Baden nicht gefahrlos** machen. Grundsätzlich ist es sicherer, sich bei Ebbe ins feuchte Element zu stürzen. **Surfer** loben nicht zuletzt aufgrund der relativ hohen Konsistenz des Wellengangs die beiden Flussmündungen der Bucht. Im Ort stehen daher Surfschulen und Ausrüster zur Verfügung.

Die **Skyline** von Jacó hat es schon zu Hochhäusern – nebst einer nicht gerade kleinen Bauruine – gebracht, doch schlimm ist es (noch) nicht, es wird aber weiterhin viel gebaut.

Da Jacó besonders gute Verbindungen ins Valle Central hat, ist insbesondere **am Wochenende viel los** und am Montag versucht man dann, den Partyort wieder auf Vordermann zu bringen. Insofern findet sich in Jacó neben Angeboten für Surfer die gesamte Palette der für Costa Rica inzwischen typischen Freizeitaktivitäten wie etwa der Besuch einer Schmetterlingsfarm, Fischen, Reit-, Canopy- und Kajaktouren nebst einem größeren Nightlife-Angebot.

Reisepraktische Informationen (Playa) Jacó

🛏 Unterkunft

Camping El Hicaco (7) $, ☎ 2643 3004. *Sauberer, strandnaher Platz mit sanitären Anlagen. Am Wochenende viele Partygänger.*

Jacó Inn (6) $–$$, ☎ 2643 1935, www.jacoinn.com. *Nett hergerichtetes und strandnahes Surfer-Hostel im Zentrum, trotzdem ruhig. Zimmer mit Bad und ac bzw. Ventilator, auch Schlafsaal. Kostenloses Wi-Fi.*

Buddha House Boutique Hostel (5) $–$$$, ☎ 2643 3615, http://hostelbuddha house.com. *Bunte und gemütliche Traveller-Unterkunft, die vom Schlafsaal bis zur Suite alles bietet. Dazu Pool, Garten und Wi-Fi.*

Rutan Surf Cabinas (2) $$, ☎ 2643 3328. *8 einfache Zimmer mit Ventilator, z.T. mit Bad. Liegt strandnah, aber etwas versteckt.*

(Playa) Jacó

Rain Forest Aerial Tram,
Puntarenas, San José

34

Parrita,
Quepos

School of
the World

Playa Jacó

Playa Jacó

OCÉANO
PACÍFICO

© i|graphic

Unterkünfte
1 Vista Pacífico
2 Rutan Surf Cabinas
3 Posada Jacó
4 Mau Mar
5 Buddha House
  Boutique Hostel
6 Jacó Inn
7 Camping El Hicaco

Essen & Trinken
1 Bubba's
2 El Hicaco
3 Soda Jacó Rústico
4 Rancho Santana

N

0   200 m

Municipalidad
de Garabito

Cancha
de Futból

Vista Pacífico (1) $$–$$$, ☎ 2643 3261, www.vistapacifico.com. *Auf einem Hügel am nördlichen Rand von Jacó (Abzweig vom Boulevard). 9 geschmackvoll eingerichtete Zimmer mit Bad und Balkon (z.T. Ventilator bzw. ac und Küche) in einem Haus im spanischen Kolonialstil mit tropischem Garten und wunderschönem Panoramablick. Nette Gastgeber beraten bei Aktivitäten. Gutes Preis-Leistungs-Verhältnis und ruhige, trotzdem recht ortsnahe Lage.*
Posada Jacó (3) $$$, ☎ 2643 1951, www.posadajaco.com. *6 große, modern eingerichtete Zimmer mit Bad, ac und Kitchenette. Pool und Garten. Den Besitzern gehört auch das eher budgetorientierte* **Mau Mar (4)** $–$$$, www.maumarhotel.com. *8 Zimmer (auch Schlafsaal) mit ac, z.T. mit Bad. Funktionelle Ausstattung, aber Pool.*

🍴 **Essen und Trinken**
Rancho Santana (4), ☎ 2643 4234. *Lokale Gerichte, sowohl Fleisch als auch Fisch. Man sitzt hier nett und isst zu einem guten Preis-Leistungs-Verhältnis.*
Soda Jacó Rústico (3). *Einheimische, günstige Gerichte, z.B. Casado + Getränk 6 US$.*
Bubba's (1). *Spezialisiert auf Tacos, zu empfehlen ist insbesondere der Taco mit Fisch (5 US$). Angeschlossen ist die* **Bohio Beach Bar**.
El Hicaco (2), ☎ 2643 3226, www.elhicaco.net. *Auf Fischgerichte spezialisiertes Edelrestaurant direkt am Strand. Nicht günstig, dafür sehr gut. Zu empfehlen ist Red Snapper mit Mangosoße (20 US$). Mittwochs ist von 18–22 Uhr All-you-can-eat-Abend. Cocktailkarte (ab 7 US$).*

🍸 **Nachtleben**
Jacó bietet viele (Hotel-)Bars, Clubs und Discos, man wird schnell fündig. Achtung allerdings vor Herren-Etablissements, die an den leicht bekleideten Damen zu erkennen sind.

☞ **Aktivitäten**
Rain Forest Aerial Tram, *Abfahrt an der Straße Herradura–Jacó (s. S. 410), ☎ 2257 5961 (San José), www.rainforestadventure.com. Bis zu 9 Personen plus englischsprachiger Guide können in den Gondeln Platz nehmen und über die Wipfel*

Der leuchtend blaue Pazifik vor Jacó

des Regenwaldes und seine tierischen Bewohner schweben. Das ist allerdings nicht günstig (60 US$). Über den Anbieter sind auch verschiedene **Touren** *(Canopy, Vogelbeobachtung) buchbar.*

School of the World, *in einer Nebenstraße der C. de la Pops,* ☎ 2643 2462, www.schooloftheworld.org. Bekannte **Surfschule** *in Jacó, auch mit Spanisch- oder Yoga-Kursen kombinierbar.*

Bootstour: *1-stündige Fahrt zum Strand von Montezuma – wenn man bereit ist, hierfür fast 70 US$ zu bezahlen. Buchbar über das Reisebüro Solutions, Av. Pastor Diaz,* ☎ 2643 3485.

🚗 Autovermietung

Budget, *200 m südlich des Tangeri Hotels,* ☎ 2643 2665, www.budget.co.cr. **Alamo**, *Av. Pastor Diaz,* ☎ 2242 7733, www.alamocostarica.com.

🚌 Verkehrsverbindungen

San José: *Vom Terminal Coca-Cola, C. 16, Av. 1 und 3, für 5 US$ in knapp 3 Std., wobei es zwischen 6.30 und 19 Uhr alle 2 Std. einen Bus nach Jacó gibt (Fahrtdauer ca. 2:30 Std.). In umgekehrter Richtung fahren Busse zwischen 5 und 17 Uhr (Sa/So bis 18/19 Uhr) im gleichen Takt.* **Transportes Jacó**, *Tickets unter* ☎ 2223 1109 *(San José) bzw. 2643 3135 (Jacó), www.transportesjacoruta655.com.*

Quepos/Manuel Antonio: *Jacó zählt zu den von der überteuerten* **Interbus**-*Kleinbusflotte (www.interbusonline.com) bedienten Orten, auch San José ist so zu erreichen.*

👉 Routenhinweis

Zwischen dem ausgebauten Touristenort Jacó und dem 40 km entfernten, vom einstigen Bananenboom geprägten Parrita findet man entweder in unmittelbarer Nähe zur Straße oder aber nach dem Passieren von Stichwegen in westlicher Richtung **Surf- und Bademöglichkeiten** mit wenigen touristischen Einrichtungen.

Diese Buchten und Strände sind meist sehr felsig, weisen aber teilweise sandige Strecken auf. Der Wellengang und partiell vorhandene starke Strömungen verbieten – wie an etlichen anderen Stellen entlang der Pazifikküste – allzu wagemutige Schwimmabenteuer, lassen dafür aber Surferherzen höher schlagen. Das Meer sieht man zwischen Jacó und der 3 km südlicheren Playa Hermosa von der Straße aus noch, bevor einem dann im weiteren Verlauf der Blick versperrt wird.

Playa Hermosa

Dieser kilometerlange, nahezu schwarzsandige Strand – nicht mit dem gleichnamigen auf der Nicoya-Halbinsel zu verwechseln – ist **Surfspot** für diejenigen, denen der Wellengang in Jacó zu langweilig ist. Hier finden die Surfbretter mitunter sogar nachts keine Ruhe, da zumindest eines der Hotels (Terraza del Pacífico) seinen Strandabschnitt bei Bedarf künstlich beleuchtet. Insbesondere in der Regenzeit sind die Wellen hoch und während einem der hier regelmäßig abgehaltenen internationalen Wettstreite ist es fast so schwierig, ein Zimmer zu ergattern, wie während der Oster- und Weihnachtswoche. Die Nähe zum Highlife von Jacó bedingt auch die Beliebtheit.

Reisepraktische Informationen Playa Hermosa

🛏 Unterkunft

Cabinas Rancho Grande $–$$, ☎ 2643 3529, www.cabinasranchogrande. com. 10 Zimmer mit ac und Kabel-TV, die gern von Yoga- und Surffans gebucht werden. Gemeinschaftsküche, Wi-Fi. Surfcamp und Verleih von Ausrüstung.

Katin Surfside Hotel $$$, ☎ 2643 7013, www.katinhotel.com. 8 vielfarbig gestalte-te Zimmer für bis zu 4 Pers. mit Bad (im Beach House geteilt), Kabel-TV, ac und Ventila-tor sowie Küchenecke. Wi-Fi inklusive.

Fuego del Sol $$$, ☎ 2643 7171, www.fuegodelsolhotel.com. 21 Zimmer mit ac, Ka-bel-TV sowie Terrasse oder Balkon. Surfkurse sowie Touren buchbar. **Restaurant** mit internationaler Küche.

Terraza del Pacífico $$$–$$$$, ☎ 2440 6862, www.terrazadelpacifico.com. 62 nett eingerichtete Zimmer mit ac und Bad. Zwei Pools mit Liegen. Angenehmes **Res-taurant Arenas** mit Bar und Strandblick (abends beleuchtet), zu bestellen gibt es lo-kale Gerichte und Fisch.

🍴 Essen und Trinken

Neben den Restaurants der Unterkünfte (s.o.) ist **Papa Hog's Smokehouse** mit seiner internationalen, kanadisch angehauchten Küche und seiner originellen Einrich-tung zu empfehlen. Allerdings ist es nur von November bis Mai geöffnet.

Ein Ganzjahrestipp für den kleinen Weiler ist das **Jungle Surf**, ein Wellenreiter-Treff-punkt mit Snacks wie Tacos und Fischgerichten.

🚌 Verkehrsverbindungen

Playa Hermosa erreicht man ebenso wie Jacó mit den Bussen, die auf der Natio-nalstraße 34 südlich nach Quepos bzw. nördlich nach Puntarenas oder San José fahren.

Playas Esterillos

Diese hauptsächlich dunklen Sandstrände, an denen wegen der Strömungsverhält-nisse nicht immer sorgloses Schwimmen – dafür aber exzellentes Surfen – möglich ist, erstrecken sich zusammen über fast 10 km. Keiner der Strände ist direkt durch eine Straße miteinander verbunden, sodass alle diejenigen, die nicht als Strandwan-derer von Beach zu Beach unterwegs sind, jeweils wieder zur Nationalstraße zu-rückkehren müssen, um über diese dann zur jeweils passenden Stichstraße zu ge-langen.

Am besten zum Baden Der Abzweig zum ersten Strand, der nicht nur sandigen, sondern auch steinigen Untergrund aufweisenden **Playa Esterillos Oeste**, führt von der Hauptstraße westlich gut 1 km auf asphaltierter Straße. Dieser Abschnitt bietet noch die besten Möglichkeiten zu einem eher geruhsamen Bad, da die Brandung den Strand nicht mit voller Wucht erreicht. Hier finden sich noch eher preiswerte Unterkünfte.

Im Bereich des darauf folgenden Sandstrandes, der **Playa Esterillos Centro**, zeugt noch ein Airstrip von der Vergangenheit dieser Zone, die zu einer der im-mensen Viehfarmen der Region zählte.

Hier geht's zur Playa Esterillos Oeste

An der **Playa Esterillos Este** haben sich die Luxusherbergen, allen voran das Alma del Pacifico Beach Hotel & Spa festgesetzt und können so ihren Gästen einen bequemen Zugang zu dem vor ihrer Haustür liegenden Sandstrand bieten.

Die noch etwas südlichere **Playa Bejuco**, der die „Blaue Flagge" verliehen wurde, ist – zumindest während der Semesterferien – eher intellektuell gefärbt, was darauf zurückzuführen ist, dass die Universidad de Costa Rica an ihm ein Rest-and-Recreation-Center unterhält. Von der Nationalstraße führt eine ungeteerte Stichstraße zu diesem Strand, der für gute Surfmöglichkeiten ebenso bekannt ist wie für gefürchtete Unterströmungen.

Reisepraktische Informationen Playas Esterillos

Unterkunft

Cabinas Estorillos $$, *Esterillos Oeste, www.cabinasesterillos.blogspot.de. 2 einfache, aber gemütliche Cabinas mit Zugang zu einem ansprechenden Pool. Wi-Fi. Wer wenig braucht, ist hier richtig. Buchbar per E-Mail: eleanora35@yahoo.com.*
Hotel Rancho Coral $$$, *Esterillos Oeste, ☎ 2778 8647, http://ranchocoral.com. Relativ neu und ansprechend. Doppelzimmer und Bungalows (im Garten oder an der Strandlinie) für 2–3 Pers., mit Bad (DZ nur Dusche), ac und Küche. Grillbereich, Wi-Fi, Surfbrettverleih. Die vielen Tiere der Besitzer bevölkern das Gelände.*
Hotel Pelican $$$, *Esterillos Este, ☎ 2778 8105, http://pelicanbeachcostarica.com. 13 bunte, bodenständig gestaltete Zimmer mit Bad, ac und Ventilator. Im tropischen Garten lockt ein einfacher Pool, abends das **Restaurant** mit Beach Bar, wo es internationale und einheimische Küche, Fischgerichte ebenso wie vegetarisches Essen gibt. Surf- und Yogaangebote.*

Hotel Playa Bejuco *$$$, Playa Bejuco,* ☎ *2779 2000, www.hotelplayabejuco.com. 50 Zimmer mit Bad und ac. Wellness-Angebote, Pool und Jacuzzi. Rustikal-gepflegtes* **Restaurant** *mit Latino-Küche für den Abend sowie Pool-Bar für Frühstück und Lunch.*
Alma del Pacifico Beach Hotel & Spa *$$$$, Esterillos Este,* ☎ *2778 7070, www. almadelpacifico.com. 24 große und helle Einheiten – vom Standardzimmer über den Bungalow bis hin zur Beach Front Villa – mit gehobener Ausstattung. Hübscher Garten mit Poolanlage geht in den Strand über, wo man sich massieren lassen kann. Kleines Spa.*

🍴 Essen und Trinken
Eine Abwechslung zum Besuch der o.g. Hotel-Restaurants ist das **Los Almendros**, *Esterillos Oeste,* ☎ *2778 7322. Das kulinarische Angebot umfasst costa-ricanische, jamaikanische und Thai-Gerichte. Vegetarier werden bei den Vorspeisen fündig. Geöffnet bis 22 Uhr, So geschlossen.*

🚌 Verkehrsverbindungen
Da Busse von morgens bis zum späten Nachmittag auf der Nationalstraße in beide Richtungen praktisch im Stundentakt verkehren, stellt der Transport von Strand zu Strand und auch zu weiter entfernten Zielen kein Problem dar.

Parrita und Umgebung

Vom Strandabschnitt Playa Bejuco nach Parrita sind es rund 12 km. Die Nationalstraße führt ins „Hinterland", denn Parrita liegt rund 5 km Luftlinie von der Küste entfernt. Das Subzentrum mutet provinziell an, ist allerdings schon in Ansätzen in die touristische Entwicklung der Region einbezogen worden. Von hier aus erreicht man nach wenigen Kilometern sowohl den Strand **Playa Palo Seco**, der auf einer Landzunge zwischen einem Flusslauf und dem Meer liegt, mit seinem von Mangroven dominierten Hinterland wie auch die etwas westlicher davon gelegene **Playa Palma**, welche mitunter als Playa Bandera bezeichnet wird. Insofern besteht sowohl die Möglichkeit, sich in Parrita als auch an den Stränden einzulogieren. Bei keinem der beiden darf man allerdings mit blendend weißem Korallensand rechnen. Da sie jedoch relativ abgelegen sind, bieten sie denjenigen, die sich nicht von touristischen Orten à la Jacó angezogen fühlen, eine gute Rückzugsbasis.

Reisepraktische Informationen Parrita und Umgebung

🛏 Unterkunft
Hotel Wilson *$$, Parrita,* ☎ *2779 4343, www.hoteleswilson.com. 26 recht spartanische Zimmer in einem zweigeschossigen, familiär geführten Haus mit örtlicher Tradition.*
Hotel La Tranquilidad *$$$, Playa Palo Seco,* ☎ *2779 3176, www.hotellatranquilidad.com. 3 Zimmer (für 2–6 Pers.) mit Bad, ac oder Ventilator und Veranden inkl. Hängematten. Gemeinschaftsküche, zwei Pools. Zusätzlich ein Haus zur Miete. Touren über Gastgeber buchbar, Fahrradvermietung.*
Hotel Beso del Viento *$$$, Playa Palo Seco,* ☎ *2779 9674, www.besodelviento.com. 12 schlichte und helle Zimmer (z.T. ac). Palmenbestandener Pool und* **Restaurant** *mit authentischer Küche der französischen Gastgeber (Vorreservierung nötig).*

Ein Ochsenkarren bringt in Parrita die Früchte der Ölpalme zur Fabrik

Clandestino Beach Resort $$$$, *Playa Palo Seco*, ☎ : 2779 8807, *www.clandes tinobeachresort.com*. 12 gehoben ausgestattete, große Zimmer mit Bad, ac, Ventilator und eigener Veranda. Der Umriss des Pools zeichnet eine Schildkröte in den Palmengarten. Das mit Bambus gestaltete **Restaurant** serviert Seafood und Internationales.

🍴 **Essen und Trinken**
   Pitos Que Comemos, *Playa Palma*. Seafood (empfehlenswerte ceviche), aber auch Steaks.
Cafe Cafe, *Parrita*, ☎ 2779 9851. Im Zentrum liegt dieses Tagescafé (bis 19 Uhr), wo es frische Backwaren und Kaffee, aber auch warme Snacks gibt.

☞ **Aktivitäten und Ausflüge**
   Rainmaker, ☎ 2777 3565 o. 8960 3836, *www.rainmakercostarica.org*. Geführte Touren 60–90 US$. Rund 10 km Richtung Quepos findet sich an der Nationalstraße 34 ein Hinweisschild zu diesem ca. 7 km im Hinterland (nahe San Rafael Norte) gelegenen Reservat. Das US-amerikanische Unternehmen wirbt damit, das traditionsreichste zu sein, wenn es um Touren durch den Regenwald Costa Ricas geht. Es handelt sich dabei um eine der nicht wenigen auf der Ökowelle reitenden „Stiftungen", die den Reisenden mit naturnahen Angeboten zu überhöhten Preisen locken. Geboten wird neben einer Führung durch den Wald und zu einigen Wasserfällen die Nutzung eines Systems von etwa einem Dutzend Hängebrücken und Plattformen. Man sieht vor allem Vögel, ab und zu huschen weitere Tiere vorbei (extra Reptilien- und Amphibien-Tour buchbar).

🚌 **Verkehrsanbindung**
   Die Strände werden von Bussen, die auf der Nationalstraße unterwegs sind, nicht direkt angefahren, sodass man ohne Mietwagen von Parrita bis hierher laufen muss.

☞ **Routenhinweis**

Während der rund 20 km langen Fahrt von Parrita entlang der Küste nach Quepos fährt man meist durch Ölpalmenplantagen oder an Weiden vorbei. Wem es nach einer Abwechslung gelüstet, für den besteht die Möglichkeit, auf halbem Weg zum Rainmaker-Reservat (s. S. 417) abzubiegen.

Quepos

Bevor man das Zentrum erreicht, geht der Weg an linkerhand gelegenen Mangrovendickichten vorbei, unmittelbar darauf passiert man rechterhand das „Klein-Venedig" der Stadt, das **Fischerviertel Boca Vieja**. In den einfach gestalteten Häuschen leben meist diejenigen, die sich das Leben in einer besseren Gegend nicht leisten können. Einige der Pfahlbauten wurden bereits restauriert. Sie liegen umgeben von Mangroven und Palmen in einer kleinen, natürlichen Bucht. Mit rund 20.000 Einwohnern im Einzugsgebiet ist Quepos der bedeutendste Ort an der mittleren Pazifikküste, auch aus touristischer Sicht, und Hauptstadt des Kantons Aguirre. Bei der Namensgebung des um 1940 als **Bananenhafen** ausgebauten Städtchens stand wie bei etlichen anderen costa-ricanischen Orten ein ursprünglich in der Gegend lebender, nach der Landnahme durch die Spanier aber ausgerotteter Indianerstamm Pate.

---

info

Das Schicksal des Stammes der Quepo

Die Quepo wurden 1569 unter Gouverneur Per Afán de Ribera zum **Eigentum der Krone**. Insofern oblag es formal dem spanischen König, dafür Sorge zu tragen, dass aus dem Stamm gute Christenmenschen wurden. Die Quepo waren im Gegenzug dazu verpflichtet – quasi als Entschädigung für die Mühen des Königs – das Land gratis zu bestellen respektive der katholischen Majestät Tribut zu entrichten.
In Anbetracht dessen, dass es auch heute noch einen spanischen Monarchen gibt, während die Quepo nur noch als **Namenspatrone** auf der Landkarte existieren, haben letztere bei diesem Tauschgeschäft den Kürzeren gezogen.

Der erste Bananendampfer legte hier 1928 an. Den eigentlichen Entwicklungsschub erfuhr Quepos allerdings erst, als die **United Fruit Company** begann, auf der Flucht vor der an der Karibikküste grassierenden Panamakrankheit, die die in Monokultur angebauten Bananen reihenweise vernichtete, ihre Plantagen in den bislang noch jungfräulichen Pazifikregionen anzulegen und so Quepos neben Golfito zum logistischen Dreh- und Angelpunkt des Geschäfts mit der gelben Frucht wurde. Von dieser Entwicklung ist nicht mehr allzu viel geblieben, da die Seuche letztlich auch die pazifischen Anbaugebiete in Mitleidenschaft zog. Anstelle der Bananenstauden wurden Ölpalmen angepflanzt und zudem versucht, den Tourismus der Region anzukurbeln. Man bemüht sich seit Jahren redlich und erfolgreich, den Touristen an Stelle der Banane zur Haupteinnahmequelle zu machen.

Quepos verfügt als **Tor zum Nationalpark Manuel Antonio** heute über eine entsprechende touristische Infrastruktur. Im Gegensatz zum nahen Schutzgebiet mit seinen gerühmten Stränden verfügt der Ort allerdings über keine solchen. Um das auszugleichen, verlegte man sich auf die Sportfischerei und baute in den letzten Jahren die neue **Marina Pez Vela**, die mit einem Marine Store, kostenlosem Wi-Fi, Parkplätzen und allerlei anderen Services internationale Segler und Fischer anziehen soll.

Sportfischen

Jenseits seiner Funktion als günstiger „Übernachtungsvorort" von Manuel Antonio hat der Ort nicht allzu viel zu bieten. Läuft man die Strandpromenade entlang, so bietet sich ein Blick auf die südlich des Zentrums gelegene Marina und auf das nördliche Fischerviertel. Freitagnachmittags und samstags bietet sich ein **Besuch des kleinen Marktes** an, der hinter dem Busterminal abgehalten wird.

Reisepraktische Informationen Quepos und Umgebung

ℹ️ **Information**
Regionalbüro des ITC *(costa-ricanische Tourismusbehörde), an der Marina im Gebäude des Teatro Copaza,* ☎ *2777 4217 o. -4221, www.visitcostarica.com.*

🛏️ **Unterkunft in Quepos**
Wide Mouth Frog (3) *$–$$$,* ☎ *2777 2798, www.widemouthfrog.org. 19 Zimmer mit und ohne Bad, mit Ventilator oder ac, auch Schlafsaal. Pool, Gemeinschaftsküche, Wi-Fi. Das große Hostel ist gut organisiert und grundsätzlich zu empfehlen.*
Cabinas Alicia (4) *$$,* ☎ *2777 3279. 6 große Zimmer mit Bad und ac, praktisch eingerichtet und um einen Hof herum gebaut, Parkplatz.*
Hotel Papa's Papalotes (5) *$$, gegenüber der Schule Escuela Republica de Corea,* ☎ *2777 3774, www.papaspapalotes.com. Neu eröffnet, 5 Zimmer mit Bad, ac oder Ven-*

Wenige Kilometer trennen einen in Quepos von diesem Anblick im Nationalpark Manuel Antonio

Quepos und Nationalpark Manuel Antonio

Parrita, Jacó

235 **Quepos**

Vergrößerung siehe Plan unten

Marina Pez Vela

OCÉANO PACÍFICO

Playa Biesanz

Playa Playitas

Punta Quepos

Playa Espadilla

Manuel Antonio

Parque Nacional Manuel Antonio

Q. Negra

Q. La Catarata

Sendero La Catarata

Sendero Mirador (1,3 km)

Sendero El Perezoso

Playa Puerto Escondido

Eingang

Sendero Principal (2,2 km)

Playa Espadilla Sur

Playa M. Antonio

Playa Gemelas

Sendero Playas Gemelas y Puerto Escondido (1,6 km)

Sendero Punta Catedral (1,4 km)

Übersichtskarte

Unterkünfte
1 Didi's Charming House B&B
2 Hotel Byblos Resort & Casino
3 Hotel Costa Verde
4 Arenas del Mar Resort
5 Backpacker's Paradise Costa Linda
6 National Park Backpackers
7 Cabinas/Hotel Playa Espadilla
8 Hotel Villa Bosque
9 Manuel Antonio Hotel

Essen & Trinken
1 Victoria's Gourmet Italian Restaurant
2 Falls Garden Café
3 El Avión
4 Restaurant Costa Linda
5 Café del Mar
6 Restaurant Villa Bosque
7 Restaurant Manuel Antonio

Quepos

Rainmaker, Nationalstr. 34

Boca Vieja

Boca Vieja Estuary

235

Plaza Deportes

Flughafen, Nationalstr. 34

235

Mercado

Parque Central

Marina Pez Vela

Estadio Municipal

N

0   200 m

© graphic

P.N. Manuel Antonio

Stadtplan Quepos

Unterkünfte
1 Hotel La Sirena
2 Best Western Hotel & Casino Kamuk
3 Wide Mouth Frog
4 Cabinas Alicia
5 Hotel Papa's Papalotes

Essen & Trinken
1 Bahía Azul
2 Tropical Sushi
3 Bohemia Cafe
4 Mira Olas
5 Santana's

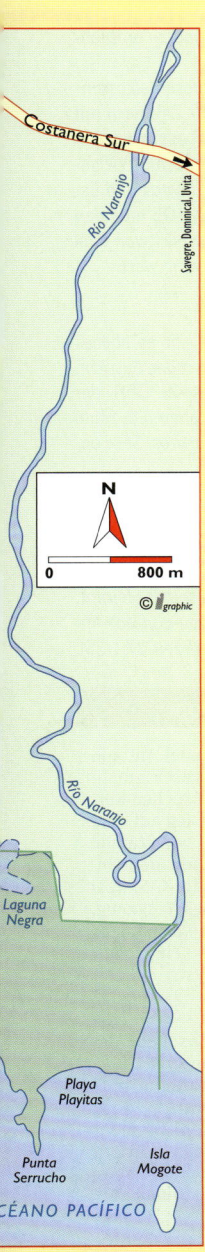

tilator. Gemeinschaftsküche, kostenloses Wi-Fi und kleiner, aber netter Innenhof.

Hotel La Sirena (1) $$$, *nahe der Banco National und dem Busterminal*, ☎ 2777 0572 o. -0295, www.lasirenahotel.com. *14 Zimmer mit Bad, ac, Kühlschrank, Kabel-TV. Kleiner Pool im Innenhof. Gutes Preis-Leistungs-Verhältnis (Frühstück inkl.) und freundliches Personal, daher viele Stammgäste.*

Best Western Hotel & Casino Kamuk (2) $$$–$$$$, *einen Block vom Busterminal Richtung Meer*, ☎ 2777 0811, www.kamuk. co.cr. *44 Zimmer mit Bad, ac, z.T. mit Balkon. Alle Annehmlichkeiten eines Kettenhotels (Restaurant Mira Olas, s. S. 422, Bar, Pool), aber eben auch nichts Besonderes. Im Casino kann man ein Spielchen wagen.*

🛏 Unterkunft zwischen Quepos und Manuel Antonio

Die nach Süden führende Straße von Quepos zum Eingang des Nationalparks ist rund 6,5 km lang. Die an ihr gelegenen Unterkünfte sind **teils höherpreisig** *und erheben in aller Regel einen kräftigen – und nicht selten in seiner Höhe kaum gerechtfertigten – „Ortszuschlag". So ist abzuwägen, ob man nicht besser in Quepos selbst unterzukommt und die tägliche Anfahrt auf sich zu nimmt.*

Backpacker's Paradise Costa Linda (5) $, ☎ 2777 0304, www.costalinda-backpackers.com. *22 sehr einfache Zimmer mit Ventilator, alle ohne Bad, dafür sehr preisgünstig (10 US$). Kein Schlafsaal. Kostenloses Wi-Fi sowie Tee und Kaffee.* **Restaurant** *(s. S. 423).*

National Park Backpackers (6) $–$$$, ☎ 2777 5115, www. hostel.cr. *20 Zimmer mit eigenem oder geteiltem Bad, ac oder Ventilator. Auch Schlafsaal. Pool, Gemeinschaftsküche, Wi-Fi.*

Didi's Charming House (1) B&B $$–$$$, ☎ 2777 0069, www.didiscr.com. *Der Italiener Ezio bietet 4 hübsch eingerichtete Zimmer und kocht auf Anfrage gern ein italienisches 3-Gänge-Menü (20 US$). Garten und kleiner Pool mit Jacuzzi.*

Manuel Antonio Hotel (9) $$–$$$, ☎ 553 8178, www.hotel manuelantonio.com. *24 Zimmer in mittelmäßigem Zustand, mit Bad, ac und kleiner Veranda. Direkt am Strand, was den Preis maßgeblich erklärt. Gutes* **Restaurant** *(s. S. 423).*

Cabinas Espadilla (7) $$$, ☎ 2777 2113, http://espadilla.com/cabinas-espadilla. *Gehören zum* **Hotel Playa Espadilla**. *16 Zimmer mit ac und Bad, Kühlschrank, z.T. mit Küche. Cabinas im Kolonialstil, großer Garten mit Pool. Insgesamt nette Anlage, die ihr Geld wert ist.*

Hotel Costa Verde (3) $$$–$$$$, ☎ 2777 0584, www.costa verde.com. *70 Zimmer mit Bad, ac, Kabel-TV, Wi-Fi und Kitchenette, dazu ein großer Balkon, um die tolle Aussicht zu genießen. Außerdem Haus und 4 Bungalows zu vermieten. Pool und vier angeschlossene* **Restaurants**, *u.a. das El Avión (s. S. 422).*

Hotel Villa Bosque (8) $$$–$$$$, ☎ 2777 0463, www.hotel villabosque.com. *20 gepflegte Zimmer mit Bad, ac, TV und kleinem*

Safe. Nettes Gebäude, allerdings kaum Garten, dafür kleinen Pool, Wi-Fi und zu empfehlendes **Restaurant** (s. S. 423).

Hotel Byblos Resort & Casino (2) $$$$, ☎ 2777 0411, www.bybloshotelcostarica.com. Beim US-Publikum beliebte Resortanlage mit 7 Bungalows und 10 Zimmern mit ac und Bad und vielen Extras. Großer Garten und Pool. Casino und zwei **Restaurants**.

Arenas del Mar Resort (4) $$$$$, ☎ 2777 2777, www.arenasdelmar.com. Vielgelobtes und preisgekröntes Luxus-Strandresort mit Zugang zu den Playas Playitas und Espadilla. 38 Zimmer (mit Kingsize-Betten und Bad), die Qualität ausstrahlen. Ob man den hohen Preis dafür zahlen möchte, bleibt jedem selbst überlassen. Der Ausblick von Pool und Restaurant-Bereich auf das Gebiet des Nationalparks ist eine Überlegung wert.

🍴 Essen und Trinken in Quepos

Mira Olas (4), im Hotelrestaurant des Best Western (s. S. 421) gibt es abends Fisch sowie US-typische Gerichte wie „Grandma's Chicken" (17 US$) und eine schöne Aussicht.

Bohemia Cafe (3), ☎ 2777 6584. Tages- und Abendspot (Di–Sa 14–21 Uhr), der gleichzeitig eine Boutique für Kleidung und Schmuck ist. Auf der Karte stehen u.a. Mahi Mahi (Goldmakrele), angemacht mit Kokos, sowie Hühnchen und veget. Burritos. Sehr beliebt und zur Dinner-Zeit meist voll.

Santana's (5), ☎ 2777 1003. Ein bisschen von allem (Casado, Fisch, Frittiertes), aber günstig. Auf touristisches Publikum ausgerichtet, interessante Einrichtung.

Bahía Azul (1), Boca Vieja. Kleine Speisekarte, einheimische Gerichte für 6–9 US$ (z.B. Sopa de mariscos). Schöner Ausblick.

Tropical Sushi (2), ein Sushi-Meister aus Nippon serviert Gerichte aus seiner Heimat, teils mit mittelamerikanischem Einschlag. Für Liebhaber lohnt sich das All-you-can-eat-Angebot, dessen Preis allerdings mit der Beliebtheit des Restaurants steigt (derzeit 27 US$).

👉 El Avión: Vom Militärflugzeug zur Thekenattraktion

Fast jeder Meter der kurvenreichen Straße zwischen Quepos und Manuel Antonio ist Teil einer touristischen Anlage, mancher derselben kann eine gewisse Originalität nicht abgesprochen werden. So findet sich auf dem letzten Hügel vor Manuel Antonio (Gelände des Hotels Costa Verde, s. S. 421) ein historisches Flugzeug, in dem eine Kneipe namens *El Avión* („Das Flugzeug") untergebracht ist.

So hat man im Flugzeug noch nie gespeist

Ursprünglich war die Fairchild ein Geschenk der USA an die von Costa Rica aus gegen Nicaragua operierenden *Contras*, doch dient sie nun nicht mehr der Umsetzung mörderischer Pläne, sondern ist zu einem Ort geworden, an dem man seinen Hunger und Durst friedlich stillen kann.

El Avión (3), ☎ 2777 3378, www.costaverde.com.

Essen und Trinken zwischen Quepos und Manuel Antonio

Restaurant Costa Linda (4), im gleichnamigen Backpacker-Hostel (s. S. 421). Von Curry bis Burger, auf internationale Traveller ausgerichtet. Gerichte um die 10 US$, zudem günstiges Frühstück.

Restaurant Manuel Antonio (7), im gleichnamigen Hotel (s. S. 421). Einheimisches Essen und Seafood zu moderaten Preisen (ganzer Fisch 14 US$).

Restaurant Villa Bosque (6), am gleichnamigen Hotel (s. S. 421). Empfehlenswerte, aber nicht ganz günstige Seafood-Platte (inkl. Hummer) für 2 Pers.

Falls Garden Café (2), ☎ 2777 111, www.fallsgardencafe.com. Vom Frühstück über Mittagssnacks (unter 10 US$) bis zum abendlichen Hauptgericht (bis 18 US$) gibt es viel Gutes in diesem um einen Pool und Garten angelegten Terrassenrestaurant.

Café del Mar (5), ☎ 2777 1035. Internationale Küche, originelles Konzept (Sofaecken und Kunstausstellung). Direkt am Strand, Mo–So 11–21 Uhr.

Victoria's Gourmet Italian Restaurant (1), ☎ 2777 5143, www.victorias gourmet.com. Von US-amerikanischem Paar geführtes, wenige Jahre altes Lokal. Hohe Qualität, aber auch hohe Preise: Vorspeisen für 7–13 US$, für die beliebte und geschmackvolle Shrimp-Pizza muss man schon 24 US$ ausgeben.

Aktivitäten und Ausflüge

Neben dem Besuch im **Nationalpark** kann man auch von Quepos aus das nahe **Rainmaker**-Reservat (s. S. 417) besuchen, das hier ein Informationsbüro betreibt. Beliebtester Sport am Ort ist das **Sportfischen** von der neuen **Marina Pez Vela** (☎ 2774 9000, www.marinapezvela.com) aus. Die Hauptsaison ist zwischen Dezember und April. Tagestouren für 4 Pers. kosten 700–1.300 US$, wobei es auch verschiedene Spezialangebote gibt, die etwas günstiger sind.

Bluefin Sportfishing Charters, ☎ 2777 1676 bzw. 2777 2222, www.bluefinsport fishing.com.

Luna Tours Sportfishing, ☎ 2777 0725, www.lunatours.net. Auch weitere Touren (Reiten, Tauchen, Rafting u.v.m.) buchbar.

Manuel Antonio Expeditions, ☎ 8365 1057, http://manuelantonioexpeditions. blogspot.de. 3-stündige Touren inkl. Parkeintritt und Verpflegung für 40 US$. Max. Gruppengröße 10 Pers., vor- oder nachmittags buchbar. Angeboten werden auch Boots- sowie Kajak- und Vogelbeobachtungsfahrten.

Autovermietung

Mehrere nationale und internationale Firmen sind hier vertreten, u.a.:

Budget, am Flughafen, ☎ 2774 0140, www.budget.co.cr.

Alamo, gegenüber der Banco Nacional, ☎ 2777 3344, www.alamocostarica.com.

Verkehrsverbindungen

Manuel Antonio: Zu dem knapp 7 km entfernten Nationalpark verkehrt von 5.30–21.30 Uhr alle halbe Stunde ein Shuttleservice (0,7 US$), der seine Intervalle in den Hochzeiten sogar auf 15 Min. reduziert. Alle Direktbusse von San José (s.u.) nach Quepos fahren auch nach Manuel Antonio weiter, Nutzer von Colectivos müssen in Quepos umsteigen.

San José: Direktbusse (3,5–4 Std) in die 200 km entfernte Hauptstadt (Tracopa-Terminal C. 5, Av. 18 und 20) um 6, 9 (nicht So), 12, 14.30 (nicht So), 18 und 19.30 Uhr. Ab San José 4 (nicht So), 6, 9.30, 12, 14.30 (nicht So), 18 und 19.30 Uhr. Colectivos (rund

4,5 Std. 7 US$) ab Quepos 5, 10, 14 und 16.45 Uhr. Ab San José (gleiches Terminal) Mo–Fr 7, 10, 14, 15, 16, 17. **Tracopa**, ☎ 2221 4214 (San José) o. 2777 0263 (Quepos).
Busse von Quepos nach San José **über Santiago de Puriscal** fahren täglich um 4.30 und 13 Uhr ab. Sie fahren an dem Abzweig zum **Nationalpark La Cangreja** vorbei. Wer dorthin will, steigt bei Santa Rosa aus.
Wer es ganz elitär haben möchte, bedient sich der Firma **Interbus** (www.interbusonline. com), die **über Jacó** tgl. um 9 und 14 Uhr nach San José fährt, wofür sie allerdings stolze Preise in Rechnung stellt. Konkurrenzangebote dazu gibt es unter www.montezuma expeditions.com.
Zudem verfügt Quepos über den ca. 5 km außerhalb des Ortes liegenden **Flughafen Quepos La Managua**. Von hier aus sind Flüge nach San José im Angebot.
San Isidro de El General: Vom zentralen Busbahnhof in Quepos über Dominical (1,5 Std.) nach San Isidro um 5.30, 11.30 und 15.30 (4 Std., 4 US$). Retour 7, 11.30 und 15.30 Uhr. **Transportes Blanco**, ☎ 2771 4744 bzw. 2771 5567).
Puntarenas: Dorthin (230 km, 3 Std., 4 US$) fahren Busse **über Jacó** (1,5 Std., 3 US$) um 4.30, 5.30, 7.30, 9.30, 13, 15 und 17.30 Uhr. Auf der Strecke liegen Orte wie Parrita und die Strände Playa Esterillos. Ab Puntarenas 5, 7, 9, 11, 13, 14.30, 16.30, 17.30 Uhr. **Transportes Quepos Puntarenas**, ☎ 2777 0743.
Palmar Norte: Wer auf der Küstenstraße in diese Richtung vorstoßen möchte, ohne die Interamericana zu nutzen, nimmt entweder um 9.45 oder um 19 Uhr einen der **über Dominical** fahrenden Busse nach Uvita (3,5 Std., 6 US$), wo man dann in einen Anschlussbus nach Palmar Norte umsteigen muss.

 Krankenhaus
Hospital Max Terán, an der Costanera Sur, Nähe Flughafen, ☎ 2774 9500 o. -2069.

Parque Nacional Manuel Antonio
(→ Karte S. 420)

Teile des heutigen Manuel Antonio wurden bereits 1972 zum Nationalpark gekürt. Damit ist er einer der ältesten des Landes. Das Terrain war allerdings mit weniger als 7 km² im Vergleich zu den anderen Nationalparks sehr klein. Im Jahre 2003 wurde ihm Land südlich seiner ursprünglichen Grenze hinzugefügt. Durch die unter dem Namen **Playa del Rey** bekannte Zone wurde zwischen Meer und Plantagengebiet eine schützende Pufferzone geschaffen, wo nachwachsender Sekundärwald gedeihen soll. Sie ist für den Tourismus aktuell nicht geöffnet. Insgesamt hat der Park nun rund 20 km² Fläche auf dem Land und 550 km² auf dem Meer aufzuweisen.

Viele Sonnen-hungrige Der Park an sich stellt für viele sonnenorientierte Besucher allerdings nur den „Background" für mehrere schöne **Strände** dar, die leider oft sehr überlaufen sind. So fällt es schwer, hier Natur pur zu erleben. Den Charakter eines Nationalparks drohte Manuel Antonio zwischenzeitlich fast zu verlieren und zu einem Strand mit „Waldlehrpfadanschluss" zu verkommen. Um die durch den Massenansturm von Touristen ausgelösten Probleme abzumildern, hatte man für Ausländer den Eintrittspreis vorübergehend erheblich erhöht, was dazu führte, dass die Be-

Ihr Ruf eilt den einmalig schönen Stränden voraus

liebtheit des Nationalparks insbesondere bei Low-Budget-Reisenden deutlich abnahm. Aus diesem Grund hat man den Preis zwischenzeitlich wieder etwas reduziert.

Die **Hochsaison** ist während der Trockenzeit zwischen ca. Dezember und Februar. In den Monaten August bis Oktober fällt der meiste Regen, wobei die durchschnittliche jährliche Niederschlagsmenge bei fast 3.900 mm liegt.

Die nähere Umgebung von Manuel Antonio war auch in den Zeiten, als die United Fruit Company in Quepos residierte, nicht unmittelbar vom Bananenanbau betroffen, was wohl auf das hierfür zu schwierige Gelände zurückzuführen sein dürfte. Gleichwohl blieb man vor schädlicher Landnutzung nicht gänzlich verschont: Wertvolle Urwaldhölzer wurden zwar nur selektiv abgeholzt, was nicht zu einer völligen Entwaldung führte, trotzdem jedoch die nachhaltige Regeneration des Waldes erforderlich macht. Zwar beansprucht diese Baumfällmethode umweltschonender zu sein als die berüchtigte Kahlschlagsmethode, doch steckt, wie so oft, auch hier der Teufel im Detail: Die insbesondere im Manuel Antonio und im Corcovado Nationalpark vorkommenden **Totenkopfäffchen**, von denen nur noch ca. 5.000 existieren, leben praktisch ausschließlich in den Baumkronen und vermeiden, so es irgend geht, jeglichen Bodenkontakt. Gleichzeitig trauen sie sich in der Regel keine Sprünge über mehr als 2 m zu. Doch selbst die rücksichtsvollsten Holzfäller benötigen zum Abtransport des Holzes Schneisen, die breiter als zwei Meter sind, sodass die jeweiligen Affenpopulationen voneinander abgeschnitten werden. Dies kann zum einen zu Inzucht führen, zum anderen wird bei saisonal bedingtem Futtermangel die ausreichende Versorgung erschwert oder gar verhindert. Dagegen kämpft eine örtliche Organisation, siehe www.monotiti.org.

Selektive Abholzung

Der Park verdankt seine Existenz nicht zuletzt der Arroganz ausländischer Boden-aufkäufer. Als jene das heute zum Park gehörende Gelände erworben hatten, ver-boten sie den Einheimischen jeglichen Zutritt. Dies führte dazu, dass sich eine **Bürgerinitiative** bildete, die erfolgreich die Unterschutzstellung des gesamten Gebiets durchsetzte. Dieser Sieg stellte die Basis für den Beginn einer stetig zuneh-menden touristischen Entwicklung dar.

Bereits zu Beginn der 1990er-Jahre, also noch vor dem Einsetzen des Tourismus-booms im Land, besuchten über 150.000 Menschen den Park, 2012 waren es dann fast 360.000. Damit steht Manuel Antonio auf den oberen Rängen in der Beliebt-heitsskala der Nationalparks.

Flora und Fauna

Bloß nicht füttern!

Neben den bereits erwähnten, von der Ausrot-tung bedrohten Totenkopfäffchen, kommen auch ihre Vettern, die Kapuzineraffen, im Park vor. Ein Problem ist ihre illegale Fütterung durch Touristen, die strengstens verboten ist, s. Hin-weise S. 428. Jenseits von Begegnungen mit die-sen Herrentieren, die einen kleinen Teil der über 100 **Säugetierarten** des Parks darstellen, be-steht für die Besucher eine reelle Chance, auf Pacas, Zweifingerfaultiere, Zentralamerikani-sche Agoutis sowie Wasch- und Nasen- bzw. Weißrüsselbären zu stoßen. Die im Park eben-falls beheimateten Wildkatzen lassen sich dage-gen seltener blicken.

In den Lüften sind mitunter Laucharassaris, Peli-kane, die schlangenjagenden Lachfalken, braun-weiße Fischbussarde, die zu den Eisvögeln zäh-lenden farbenprächtigen Grün- und Rotbrustfi-scher, stahlblaue Schuppenbrusttauben sowie die mit jenen eng verwandten Rosttäubchen, Grau- bzw. Zweibindenbussarde, die mit ver-schließbaren Nasenlöcher zur Unterwasserjagd ausgestatteten Fischadler sowie – seltener, da hauptsächlich nachtaktiv – Mangroven- und die einst mit ihren Federn Damenhüte schmückenden schneeweißen Schmuckreiher zu erspähen. Hinzu kommen noch weitere 170 **Vogelarten**.

Insekten-
schutz!
Nahezu nicht zu vermeiden dürfte der Kontakt mit einer Unzahl von Insekten sein. Die Wahrscheinlichkeit, zudem einen Leguan zu erblicken, liegt allerdings nicht so hoch. Dies gilt ebenfalls für die ansässigen Vertreter der Schlangenwelt.

Wer sich – mit entsprechender Ausrüstung – weit genug ins nasse Element begibt, stößt unter Umständen auf bis zu 1,5 m lange (Leoparden-)Muränen, auf bis zu 7 m große, sich hauptsächlich von Plankton ernährende und mitunter als Lieferanten für das bei der Produktion von Cowboystiefeln benötigte Material genutzte Teufelsrochen oder auf Mitglieder der Familie der Delfine. Wem der Geschmack nach etwas Kleinerem steht, wird mit Skalaren, Seeigeln, Seesternen und den Strand belebenden Einsiedler- oder Eremitenkrebsen bedient.

Was die **Flora** anbelangt, so ist sie größtenteils typisch für die immergrünen Regenwäldern der *Tierra Caliente*. Der Parque Nacional Manuel Antonio verfügt dabei sowohl über Primär- als auch Sekundärwald, im Küstenbereich wechselt sich die strandtypische Vegetation mit Mangrovenbeständen ab. Sonderzonen stellen die über 10 ha große Lagune sowie die vorgelagerten Inselchen dar.

Im eigentlichen **Urwald** findet man unter anderem den bis zu 35 m hoch wachsenden, immergrünen und weiß- bzw. gelbblühenden Guacimobaum. Mit Hilfe von Vertretern dieser Baumart demonstrierte vor etlichen Jahren der Biologe Terry Erwin im Rahmen eines dreijährigen Forschungsprojekts die für unsere Breiten nahezu unvorstellbare Reichhaltigkeit der tropischen Fauna: Bei der Untersuchung und exakten Kartierung von gerade einmal 1,5 Dutzend Guacimobäumen zählte Erwin über 1.200 verschiedene Käferarten, denen diese Bäume eine Heimstatt boten.

Reichhaltige tropische Fauna

Insbesondere in der unmittelbaren Umgebung eines Gewässers ist mit dem etwa 40–50 m hoch werdenden Pilonbaum ein weiterer Urwaldriese anzutreffen. Er zeichnet sich dadurch aus, dass seine Äste dicht bemoost und mit Orchideen und anderen Epiphyten bewachsen sind. Sein hartes, widerstandsfähiges und schnell trocknendes Holz macht ihn für Möbelproduzenten besonders attraktiv. Weitaus seltener geworden ist inzwischen der im vergleichbares Ambiente liebende Surabaum. Dieser Brettwurzler, dessen Vorkommen an den Ufern von Fließgewässern die erodierenden Effekte derselben eindämmt, war insbesondere in den 1960er- und 70er-Jahren auf dem Bau so beliebt, dass er inzwischen von der Ausrottung bedroht ist, woran auch der Umstand, dass seine Samen mit kleinen „Flügelchen" versehen sind, sodass die Verbreitung derselben mit Hilfe des Windes erleichtert wird, nichts grundlegend ändert. Noch dramatischer ist die Situation beim Cativobaum, dessen Holz einst ebenfalls hochbegehrt war. Von diesem bis zu 40 m hohen und in Costa Rica endemischen Baum sind im gesamten Land gerade noch zwölf Exemplare bekannt. Der Nationalpark Manuel Antonio kann sich mit einem derselben brüsten, die Standorte der restlichen Bäume sind über www.inbio.ac.cr abrufbar.

Der noch etwas größer werdende und für feuchte, nährstoffarme Böden typische Bisselonbaum, der auch als „Baum der Heiligen Maria" bezeichnet wird, wurde früher gerne für den Bau von Kanus benutzt, inzwischen steht jedoch die heilende Wirkung seines latexartigen Saftes im Fokus des pharmazeutischen Interesses. Ferner sind die an anderer Stelle schon näher beschriebenen Jatoba-, Woll- und Lechosobäume in den vom Urwald bedeckten Zonen des Parks heimisch.

Abschließend sei die Aufmerksamkeit noch auf den Regenbaum gelenkt, der insbesondere von Mitte März bis Mitte Mai aufgrund seiner pinkfarbenen Blüten (und bis zu 35 cm großen Blätter) nur schwerlich zu übersehen sein dürfte. Dieser verfügt nicht nur über sehr gutes Holz, sondern zeichnet sich ferner dadurch aus, dass aus seiner auf 20–30 m Höhe befindlichen Krone kontinuierlich kleine Tröpfchen fallen. Für dieses namensgebende Phänomen verantwortlich sind Ausscheidungen von nektartrinkenden Arthropoden, die der Gattung der Zikaden zuzuordnen sind. Ähnlich wie Mimosen besitzt der Regenbaum übrigens die Fähigkeit, seine gefiederten Blätter einzufalten. Dies erfolgt etwa im Vorfeld eines Sturms und erhöht so die Überlebenschance des Baums.

„Nackter Indianer"   Im **Sekundärwald** findet sich der von den Brüllaffen geliebte Balsambaum. Der auf Spanisch genannte „Nackte Indianer" wird mitunter übrigens auch als *Árbol del Turista* bezeichnet, was sich, sieht man die rötliche, sich stets zum Teil im Ablöseprozess befindliche Rinde des Baums, von selbst erklärt. Nach diversen Studien sollen verschiedene Bestandteile bzw. ihm innewohnende Wirkstoffe bei fast vier Dutzend Arten von Erkrankungen zur Heilung bzw. Linderung beitragen.

Die von Dreizehenfaultieren als Nahrungsspender geschätzten Ameisenbäume sind ebenfalls anzutreffen. Fragt man sich, wie sich die Faultiere mit den Ameisen vertragen, die die Verteidigung des *Guarumo* zu ihrer Aufgabe gemacht haben, so scheint zwischen ihnen eine friedliche Koexistenz zu herrschen, was möglicherweise darauf zurückzuführen ist, dass die Faultiere viel zu langsam sind, als dass sie von den Ameisen überhaupt als Feinde wahrgenommen werden könnten.

Gut zwei Prozent des Parks sind zudem von Mangroven bedeckt, wobei drei Arten, die Schwarze, die Rote sowie die Weiße bzw. Knopfmangrove, zu unterscheiden sind. Am Strand zu finden sind dagegen beispielsweise der Seemandelbaum mit seinen kleinen, grünlich-weißen Blüten, recht fotogene Kokospalmen sowie der giftige Wahre Mancinellenbaum, s. Hinweise unten.

Reisepraktische Informationen Parque Nacional Manuel Antonio

ℹ Information
Parkverwaltung ☎ 2777 5185 oder osrap@minae.go.cr. *Öffnungszeiten Di–So 7–16 Uhr, Eintritt 10 US$ (ab 2014 12 US$).*
Der **Zugang** ist reglementiert: Werktags dürfen nur max. 600, an Wochenenden und Feiertagen 800 Menschen hinein, sodass es angeraten ist, sich möglichst früh auf den Weg zu machen. Manchmal muss man gleichwohl etwas warten, da nicht alle Zugelassenen gleichzeitig den Park bevölkern sollen.
An **Feiertagen** wie etwa Weihnachten oder Ostern sind die Busse voll besetzt, auf den Straßen staut es sich und vor dem Park sind lange Warteschlangen. Busplätze, Unterkünfte und Eintrittskarten sollte man deshalb vorab reservieren.

☞ Hinweise
Der Affenliebe der Touristen gegenüber steht ein striktes **Fütterungsverbot**. Wer bei der Nichteinhaltung erwischt wird, wird des Parks verwiesen. Wer die Äffchen mit allem versorgt, was die Picknicktaschen hergeben, fördert ihre Domestizierung und ändert ihr natürliches Verhalten, was ja gerade im Nationalpark geschützt werden soll.
Vorsicht vor dem Wahren Mancinellenbaum und seinen giftigen Früchten, die wilden Äpfeln nicht unähnlich sehen, ebenso wie vor dessen Saft, der bereits bei bloßem Hautkontakt zu allergischen Reaktionen führt.

Beim Wandern am Strand sollte man nie die **Gezeiten** aus dem Blick verlieren, da einzelne Abschnitte bei Flut abgeschnitten werden.

🛏 Unterkunft

Keine Unterkünfte im Park selbst. Tipps in Quepos bzw. zwischen Quepos und Manuel Antonio s. S. 421.

🍴 Essen und Trinken

Keine Restaurationsbetriebe innerhalb der Parkgrenzen. Es sind neben Duschen und Toiletten auch Picknickzonen vorhanden, wo man mitgebrachte Speisen und Getränken verzehren kann.
Restaurants befinden sich am Ende der von Quepos kommenden Landstraße unmittelbar vor dem Eingang zum Nationalpark am Strandabschnitt mit dem Namen Playa Espadilla Norte, Tipps s. S. 423.

🚶 Wanderungen/Touren

Am Eingang zum Park bieten **Ortskundige** 2-stündige Touren für ca. 25–35 US$ an, wobei man vor Beginn der Tour nicht nur die Höhe des Entgelts aushandeln, sondern auch die Frage unmissverständlich klären sollte, ob der ausgehandelte Preis pro Kopf oder pro Gruppe zu bezahlen ist. **Offizielle Guides** sind in der Vereinigung Águila organisiert und mit entsprechenden Ausweisen ausgestattet. Sie bieten eine gewisse Qualität, auch im Auffinden von Wildtieren, und sind mehrsprachig.
Geführte Touren ab Quepos s. S. 423.
Vom Parkeingang aus existiert ein System von kurzen **Wanderwegen** (s. Karte S. 420), das parallel der Playa Espadilla Sur verläuft,

Auch Reittouren sind im Manuel Antonio möglich

auf die Halbinsel Punta Catedral mit ihren Aussichtspunkten zuführt und an der Playa Manuel Antonio entlang sowie durch den Wald zurück geht. Abstecher können zur Playa Gemelas und zur Playa Puerto Escondido gemacht werden.
Reiten am Strand (ab 60 US$) bietet das Rancho Savegre, Estorillos Este, ☎ 8834 8687, www.ranchosavegre.com.

🚌 Verkehrsverbindungen

Von San José direkt bzw. über Quepos nach Manuel Antonio s. S. 423. Mit dem Bus in Manuel Antonio angekommen, folgt man der Ausschilderung und steht ca. 5 Min. später vor der Ticketverkaufsstelle.

Von Quepos über Santiago de Puriscal zurück nach San José

Möchte man die Pazifikküste nach dem Besuch des Manuel Antonio Nationalparks Richtung San José verlassen, aber nicht dieselbe Strecke zurücklegen, bietet sich folgende Route an: Von Quepos geht es auf der Nationalstraße 34 parallel zur Küste ca. 30 km zurück nach Parrita. Dort biegt die Straße 239 in Richtung Norden ab. *Palmen-* Es geht zunächst weiter an Anpflanzungen Afrikanischer Palmen vorbei – nun aber *plantagen* auf einer Piste. Wenige Kilometer später verschwinden die Palmenplantagen und an ihre Stelle treten Weideflächen und Baumplantagen. Das unmittelbare Küstenland hat man nun hinter sich gelassen so geht es in stetem Auf und Ab hügelan. Nach dem Dörfchen **Gloria** hat die Strecke schon einiges an Höhe gewonnen und man gewinnt einen guten Überblick über die umliegenden Hügel und Täler sowie die ersten Höhenzüge des dahinter liegenden Berglandes. Vom Abzweig bei **Santa Rosa** zum La Cangreja Nationalpark sind es gut 7 km. Er grenzt an ein Indianerreservat der Huerta, das Örtchen Zapatón ist quasi dessen „Hauptstadt".

Parque Nacional La Cangreja

Dieser ca. 25 km² große Nationalpark ist als Nachfolger eines schon 1984 dekretierten Naturschutzgebietes erst im Jahre 2002 um den 1.305 m hohen, aus einem Basaltblock bestehenden **Cerro La Cangreja** herum errichtet worden, wobei neben dem Schutz des an seinen Flanken noch zu findenden Urwalds die Bewah-

rung und Sicherung des Quellgebiets des Río Negro und der Quebrada Grande den Anstoß für seine Gründung gab.

Bisher steht der La Cangreja kaum im Fokus des Interesses, 2012 wurden gerade einmal 462 Besucher registriert – wobei die wahre Zahl höher liegen dürfte. Dabei gibt es einige Besonderheiten zu erwähnen: Das recht bergige Gelände ist zusammen mit dem Wasserreichtum der Gegend dafür verantwortlich, dass im Park eine ganze Reihe von Katarakten und Wasserfällen zu finden sind. Zudem gibt es kaum einen Park, dessen **Baumwelt** eine so hohe Biodiversität aufzuweisen hat (150 Arten per Hektar). Insofern ist hier die als Bauholz begehrte Spanische Zeder ebenso zu Hause wie der Milchbaum, die Guttifere, der Wollbaum, der Gemeine Bambus, der bei Kunsthandwerkern beliebte Purpurholzbaum, der Rosa Trom-

Der Park um den Cerro La Cangreja wird kaum besucht

petenbaum, der Ameisenbaum, der etwa 25 m hohe, über essbare Früchte verfügende Olivenbaum u.v.m. Lediglich im Park und somit endemisch wachsen zwei Bäume, für die es außer der lateinischen Bezeichnung weder deutsche noch spanische Namen gibt, und zwar die Ayenia Mastatalensis und die mit der Erdbeerguave verwandte Plinia Puriscalensis, wovon letztere dadurch auffällt, dass sowohl ihre Blüten als auch später ihre Früchte unmittelbar am Stamm des Baumes hängen.

Da der Park relativ klein ist und über keinen Korridor verfügt, der die Verbindung zu einem anderen Schutzgebiet gewährleisten könnte, ist die **Fauna** nicht übermäßig reichhaltig. An Säugetieren sind Kapuzineraffen, Zweifingerfaultiere, Gürteltiere, Wasch- und Nasenbären nicht selten. Dies gilt ebenso für den Gemeinen Vampir, eine Fledermausart. Für ornithologisch Interessierte besteht eine gute Chance, Vertreter der Hämmerlinge, einen der Hellroten Aras oder einen huhnähnlichen, aber mit den Laufvögeln verwandten Großtinamu zu Gesicht zu bekommen. Glück hat, wem eine Sonnenralle begegnet, da dieser Vogel in der Region nur sehr selten gesichtet wird. Auch Schlangen können durchaus auftauchen, dazu Amphibien wie der giftige Goldbaumsteiger und die Aga-Kröte, die nicht nur Giftstoffe, sondern auch (rauchbare) Halluzinogene in ihren Hautdrüsen produzieren kann, sowie die recht aggressive und gefräßige Schnappschildkröte.

Seltene Sonnenralle

Trotz der Unterschutzstellung des Gebiets ist es noch nicht wirklich gerettet, da der größte Teil der Grundstücke weiterhin Privateigentum ist. Die Fundación Ecotrópica, eine NGO in der Rancho Mastatal (s. S. 432), die erfolgreich auf die Gründung des Parks gedrängt hatte, ist weiterhin aktiv und sucht u.a. durch Spenden den Ankauf neuer Flächen möglich zu machen und so die geschützte Fläche auszudehnen. Um die Akzeptanz ihrer Bemühungen bei den Anwohnern der Region zu verstärken, baut sie auf die Förderung eines Tourismusprojekts, das eine neue Einnahmequelle erschließen soll.

Reisepraktische Informationen Parque Nacional La Cangreja

ℹ️ Information
Parkverwaltung, ☎ 2416 6359. *Im Eingangsbereich befinden sich das kleine Häuschen („Caseta de Admisión Parque Nacional Cangreja") sowie Toiletten. Vom Häuschen aus gesehen geht es links den Berg hinauf zum* **Campingplatz**, *neben dem sich ein überdachter „Salon", eine Küche, ein kleines Gärtchen sowie sanitäre Anlagen befinden.*

👉 Hinweise
Ist die Station unbesetzt, so kann es sein, dass die meisten **Wasserhähne** *abgestellt sind. Auf der Rückseite des kleinen Häuschens befindet sich der Haupthahn, dessen roter Hebel unter Umständen zuerst umgelegt werden muss, bevor Wasser aus dem Hahn kommt. Man sollte nach Gebrauch diesen Hebel allerdings wieder in die Ursprungsstellung zurückführen.*

🚌 Verkehrsverbindungen/Wanderung zum Park
Busse zwischen Quepos und San José s. S. 423, Bus über Santiago de Puriscal s. S. 424. Wer mit dem Bus aus Puriscal kommt, der wird von diesem praktisch unmit-

telbar vor dem Tor des Parque Nacional abgesetzt, wer von der Pazifikküste aus aufge-brochen ist, muss dagegen 7 km laufen:

Am Abzweig der Landstraße 239 bei **Santa Rosa** *wird man auf Wunsch von dem aus Quepos kommenden Bus abgesetzt. An der Abzweigung selbst befindet sich nichts, wo man sich mit Ess- oder Trinkbarem versorgen könnte, sodass entsprechende Vorsorge zu treffen ist.*

Der erste Teil des Wegs folgt grob einem Hügelkamm mit wunderbarer Aussicht. Nach einer halben Stunde gabelt sich der Weg und rechts geht es in das 2 km entfernte **San Vicente**, *links zum Nationalpark. War der Weg bislang vom leichten Auf und Ab des Hügelkamms geprägt, so geht es jetzt talwärts. Nach 10 Min. ist eine Brücke der Río Ne-gro zu queren, der hier einen kleinen Canyon bildet. Der Weg verläuft zunächst parallel zum Fluss. Nach einem Anstieg desselben folgen eine „Talfahrt" sowie ein sich daran an-schließender langgezogener Aufstieg. Nach gut einer Stunde hat man dann den Ort* **Mas-tatal** *erreicht, wo der Weg zum Park, den man in ca. 30 Min. erreicht, nach links ab-zweigt. In Mastatal gibt es neben Unterkünften nicht nur eine Pulpería, sondern sogar ei-nen Andenkenladen mit Schnitzereien. Die Besiedlung begann hier erst um 1912, erst im Jahr 1992 wurde der Ort an das Elektrizitätsnetz angeschlossen.*

Unterkunft
Campingplatz *im Park, s. S. 431*

La Iguana Chocolate $, *ungefähr 1,5 km außerhalb von Mastatal in Richtung San Miguel,* ☎ *8725 864, www.laiguanachocolate.com. Organisch produzierende Farm mit 5 Zimmern und Schokoladentour (20 US$).*

Albergue Los Mora $–$$, *ca. 20 Min. zu Fuß von Mastatal in Richtung Park,* ☎ *8376 3386. Dieses Haus (10 Zimmer) liegt auf der linken Seite des Weges genau ge-genüber der Abzweigung zum Privathaus Villas Mastatal. Auf Wunsch wird man hier auch bekocht.*

Cabañas Siempre Verde $$, *500 m südöstlich der Schule Mastatals in Richtung San Miguel, www.cabanassiempreverde.com. 4 luftige Zimmer, z.T. mit Hängematten. Orga-nische Farm, auch Spanisch-Kurse möglich.*

Rancho Mastatal $$–$$$, *im „Zentrum" von Mastatal,* ☎ *8301 2939, www.rancho mastatal.com. 20 Zimmer und* **Camping** $$. *Hier findet man ein breites Spektrum von „grünen Aktivitäten" der NGO „Fundación Ecotrópica" nebst vegetarischem Essen. Ne-ben dem Beherbergungsbetrieb widmet man sich insbesondere der Bildungsarbeit, in die viele Studierendengruppen aus den USA involviert sind. Schon allein die Besichtigung der einzigartigen Gebäude ist ein Besuch wert.*

☞ Routenhinweis

Nähert man sich nach einem Besuch des Parks auf der Landstraße 239 nun San-tiago de Puriscal, so werden die Hügel und Berge schroffer, die Straße hält atem-beraubende Ausblicke bereit. Allerdings sind Erosionsschäden unübersehbar, die vor allem durch Viehtritt begründet worden sind. Etwa 15 km vor der Stadt endet zwar die nicht asphaltierte Straße, aber eine sehr kurvenreiche Strecke schließt sich an.

Santiago de Puriscal

In der Umgebung von Santiago de Puriscal beginnt sich die landwirtschaftliche Produktion zu diversifizieren. Neben der bislang vorherrschenden Viehhaltung tauchen vereinzelt Kaffee-, Zuckerrohr- und Tabakfelder auf. In dem Städtchen werden denn auch Zigarren hergestellt und man kann dabei zuschauen.
Tobacco Tour Vegas de Santiago, *400 m südlich der alten Kathedrale, ☎ 8815 4304 (Deutsch), www.vegassantiago.com. Geöffnet Mo–Fr 8–11 und 13–16 Uhr.*

Gegenüber der Kirche hat die **Fundación Ecotropica** ihren Sitz, die einen Teil des Parque Nacional La Cangreja (s. S. 430) gestiftet hat. Über Santiago de Puriscal lässt sich ansonsten nicht viel sagen. Es konkurriert mit Cartago im Hinblick auf eine im Zentrum des Städtchens befindliche Kirchenruine, die allerdings nicht so malerisch ist wie ihr Pendant in der Kolonialhauptstadt.

Reisepraktische Informationen Santiago de Puriscal

 **Unterkunft**

Hotel Las Aguilas *$, ☎ 2416 5220. Älteres Haus mit 15 Zimmern, recht spartanisch.*
Pensión Santiago *$–$$, im Zentrum nahe der Kathedrale, ☎ 2416 5434. 8 sehr einfache Zimmer, aber in Ordnung. Familiäre Atmosphäre.*

 Verkehrsverbindungen

Busse zwischen **Quepos** *und San José s. S. 423.*
Außerdem wird Puriscal zwischen 5.50 und 22.30 Uhr vom Terminal der Firma Comtrasuli in **San José** *(C. 20, Av. 3 und 5) aus stdl. angefahren (1,5 Std., 2,5 US$). In umgekehrter Richtung verkehren Busse ebenfalls im Stundentakt zwischen 4 und 20.15 Uhr.*
Parque Nacional La Cangreja: *Von Santiago de Puriscal fährt täglich um 15 Uhr ein Bus nach* **Zapatón** *ab. Nachdem er durch Mastatal gefahren ist, passiert er auf der Fahrt den Eingang des Parks, bevor er in Zapatón endet. Von dort fährt er jeden Morgen um 5 Uhr nach Santiago de Puriscal zurück. Insofern kann man auf ihn kurz nach 5 Uhr am Parkeingang warten.*

☞ Routenhinweis

Auf kurvenreicher, aber gut ausgebauter Strecke geht es nun „über die Dörfer" – wie bspw. Guayabo – durchs zentrale Hochland **Richtung San José**. Die Berghänge sind weitgehend entwaldet und in Weideflächen umgewandelt worden.

Von Quepos weiter entlang der Pazifikküste

Die Nationalstraße 34 führt in südöstlicher Richtung nun zwischen dem Meer und der ersten sich landeinwärts ziehenden Hügelkette durch Plantagenland vorbei an Weilern wie z.B. **Llorona**. Die Straße ist von Afrikanischen Ölpalmen gesäumt, ihre Früchte werden vor allem für die Margarineproduktion verwendet.

Playa Savegre

Dieser ungefähr 10 km lange, aber nicht sehr breite Strand ohne Infrastruktur erstreckt sich etwas südöstlich von Manuel Antonio zwischen den Mündungen des Río Naranjo und des Río Savegre. Eine Stichstraße führt von der Nationalstraße dorthin. Auf beiden Flüssen tummeln sich inzwischen Raftingtourveranstalter, wobei der Río Naranjo höhere Adrenalinkicks auslösen dürfte. Der Küste vorgelagert ist in der Nähe seiner Mündung die Isla Mogote.

Unterkunft

Rafiki Safari Lodge $$$–$$$$, *links hinter der Brücke über den Río Savegre,* ☎ *2777 2250, www.rafikisafari.com. Zeltcamp mit 10 Einheiten unter südafrikanischer Leitung. In den Preisen sind drei Mahlzeiten enthalten.*

(Playa) Matapalo

Auf dem Weg nach Dominical liegt **Matapalo**, ein kleiner Ort, der auch über Unterkunftsmöglichkeiten und Restaurants verfügt. Der Ortsname leitet sich von der gängigen costa-ricanischen Sammelbezeichnung für diverse Gummibäume ab und darf nicht mit dem Cabo Matapalo im Süden der Osa-Halbinsel verwechselt werden.

Im Vergleich zu anderen Pazifikstränden ist die **Playa Matapalo** noch recht beschaulich. Dies mag wohl daran liegen, dass die dezidierten Surfexperten diesen Ort in Ermangelung „richtiger" Wellen eher meiden, was diejenigen, die eher gemütliche Badegänge vorziehen, allerdings nicht stören dürfte. Der ca. 10 km lange Strand zeichnet sich durch relativ feinen Sand aus und Palmen sowie Seemandelbäume sorgen dafür, dass es nicht an schattigen Plätzchen fehlt. Fraglich ist allerdings, ob die Ruhe auf Dauer bewahrt werden kann, da an etlichen Stellen schon Bodenspekulanten aktiv geworden sind.

Reisepraktische Informationen (Playa) Matapalo

Unterkunft/Essen und Trinken

Cabinas El Mar $–$$, ☎ *2787 527. 9 einfache Zimmer mit Ventilator, auch* **Camping** $. *Im* **Restaurant** *werden einheimische Gerichte einer kleinen Speisekarte serviert.*

Albergue Suiza $$, ☎ *2787 5068, www.matapaloplaya.com. 12 Zimmer mit Bad und Ventilator. Nette Veranda, Hängematten. Unter schweizerischer Leitung. Das* **Restaurant** *serviert internationale und schweizerische Küche (auch schweizerischer Bircher-Müsli).*

El Coquito del Pacífico $$$, ☎ *2787 5031, www.elcoquito.com. 6 Bungalows mit Seeblick (z.T. mit ac) sowie ein Beach House. WiFi, Pool, Reittouren, Surfschule und* **Restaurant***.*

Bahari Beach Bungalows $$$–$$$$, ☎ *2787 5014, www.baharibeach.com (Deutsch). B&B mit 4 Zeltbungalows (Bad und Ventilator). Pool mit Jacuzzi, Gemeinschaftsküche, Grill. Reiten, Rafting und weitere Touren buchbar.*

Playa und Hacienda Barú

8 km vor Dominical trifft man auf **Hatillo**, einen kleinen Strandort mit etlichen Restaurants und touristischen Einrichtungen. Der nächste, mit braunem Sand ausgestattete Strand befindet sich auf der Höhe der Hacienda Barú und wird **Playa Barú** oder auch *Galardonada* genannt. Vorsicht, vor der Küste ist mit Unterströmungen zu rechnen!

Die **Hacienda Barú** stellt ein ca. 320 ha großes, privates Naturreservat mit einer insgesamt 7 km langen Wanderstrecke dar (Eintritt 7 US$). Neben Wandern kann man u.a. Vögel beobachten und eine Canopy-Tour machen.
Das Anwesen war ursprünglich ein rein landwirtschaftliches, wo Reis sowie Kakao angepflanzt wurden. Bis hinein in die 1980er-Jahre war die gesamte Region nicht voll an das Verkehrsnetz angeschlossen und auch noch nicht überall mit Elektrizität versorgt. 1987 begann der Eigentümer der Farm, die ersten Ökotouren anzubieten. In den folgenden Jahren gelang es ihm, den Titel eines

Immer wieder stößt man an der Strecke auf schöne Strände

Refugio Nacional verliehen zu bekommen, was sich zweifellos positiv auf sein neues Hauptgeschäft auswirkt. Bislang wurden hier etwa 350 Vogelarten, 70 Säuger und fast 100 Amphibien und Reptilien registriert.
Wer übernachten möchte, dem steht eine der sechs **Cabinas** *$$–$$$ zur Verfügung, zudem das* **Restaurant El Ceibo** *mit internationalen und einheimische Gerichten, Fisch 15–20 US$.*
Hacienda Barú Lodge, *etwa 2 km nördlich von Dominical,* ☎ *2787 0003, www. haciendabaru.com.*

Knappe 2 km nördlich der Hacienda führt ein Weg zu einem weiteren kleinen Strand, wo es allerdings keine touristischen Einrichtungen gibt. In der Gegend wird vor allem Rinderzucht betrieben. Es handelt sich um eine touristische Entwicklungszone, wovon nicht zuletzt enorm gestiegene Grundstückspreise zeugen. Die Straße folgt überwiegend der Küstenlinie, ein direkter Blick aufs Meer ist einem aber meist nicht vergönnt.

Touristische Entwicklung

(Playa) Dominical

Dieser sich südlich der Mündung des **Río Barú** entlang von zwei Straßen erstreckende kleine Ort ist touristisch erschlossen, wobei die Entwicklung noch nicht abgeschlossen sein dürfte. Er ist wegen seines Wellengangs insbesondere **für Surfer** interessant, die meisten kommen aus den USA. Für Schwimmer ist dies nicht

Dominical liegt am Río Barú

unbedingt immer erfreulich, gleichwohl entschädigt der lange Sandstrand. Achtgeben muss man auf manchmal tückische Strömungsverhältnisse, dann warnen aufgezogene rote Flaggen vor dem Baden. Einrichtungen wie Surfschulen, Yogazentren, Lernzentren für Spanisch etc. bieten Alternativen zum (Sonnen-)Baden.

Am nördlichen Ortsausgang von Dominical biegt die (asphaltierte) Straße nach San Isidro de El General nach Osten ins Landesinnere ab. Eine kurze Strecke von ca. 2 km südlicher liegt **(Playa) Dominicalito**, wobei „Klein-Dominical" sich vielleicht eher darauf bezieht, dass die Wellen hier etwas weniger groß sind.

Reisepraktische Informationen (Playa) Dominical

Unterkunft

Hostel Antorchas $–$$, ☎ 2787 0307, 10 einfache Zimmer mit Ventilator, zudem **Camping** $. Das **Restaurant** serviert vor allem Seafood, z.B. Fischsuppe 9 US$ – netter Ort mit abendlicher Fackelbeleuchtung.

Cool Vibes Hostel $–$$, vor Ort auch **Hostel Piramys** genannt, ☎ 8353 6428, www.hosteldominical.com. 10 einfache Zimmer mit Jugendherbergscharakter, auch Schlafsaal. Insbesondere für Surf- und Yogafans.

Hotel Domilocos $$–$$$, ☎ 2787 0244, www.domilocos.com. 24 große Zimmer mit Bad und ac, eingerichtet in einem Holz- und Bambus-Mix. Jacuzzi und **Restaurant ConFusione** (internationale, vor allem italienische Tapas).

Cabinas Sundancer $$–$$$, ☎ 2787 0189. 11 einfache, aber ordentliche Ausstattung, z.T. mit Ventilator bzw. ac. Pool und mittelgroßer Garten.

Hotel Villas Río Mar $$$–$$$$, ☎ 2787 0052, www.villasriomar.com. 52 nett bemalte Zimmer im Bambusstil, z.T. mit ac bzw. Ventilator. Großer Pool und Park. Tennisplätze, Wellnessangebot (z.B. Honigmaske 30 US$). Flussaufwärts ruhig gelegen, viele niederländische und deutsche Gäste. Restaurant mit internationaler Küche (z.B. Thai, Tex-Mex, Italienisch), Churrasco für 16 US$.

¶¶ Essen und Trinken

Coconut Spice, *Hauptstraße, www.coconutspice.com. Thai-Küche, auch vegetarische Gerichte, z.B. Tofu Red Curry für 14 US$. Menu für zwei inkl. Getränke 25 US$. Auch* **Unterkunft**.

Maracatú, *Hauptstraße,* ☎ *2787 0091. Modernes Restaurant, das mit „natural restaurant & worldmusic" wirbt. Fisch, vegetarisches und veganes Essen.*

San Clemente, *Tex-Mex-Bar unter einem Palmendach, Tacos 8 US$. US-geführt mit originellem VW-Bus über dem Eingang.*

PorQueNo, *Costa Paraiso Hotel, Dominicalito,* ☎ *2787 0025, www.cpporqueno.com. Beliebtes Restaurant, das sich zum Ozean hin öffnet, für alle Mahlzeiten. Tolle Aussicht, auch auf die schön angerichteten Speisen. Geöffnet tägl. 7–14 und 17–22 Uhr (außer Montagabend).*

☞ Aktivitäten

Von Dominical aus sind **Tagestouren** *u.a. in den Corcovado-Park, zum Parque Nacional Marino Ballena und zur Reserva Biológica Isla del Caño (über www.southernexpeditionscr.com) ebenso wie zum in der Nähe von Boruca gelegenen Indianerreservat im Angebot, für die allerdings bis zu 160 US$ verlangt werden. Diverse andere Aktivitäten wie Reiten, Kajakfahren, Tauchen etc. sind in und um den Ort herum ebenfalls möglich, bestimmend ist jedoch das* **Surfen**. *Alles z.T. über die Unterkünfte buchbar, z.B. das Cool Vibes Hostel (Surfkurse) und das Hotel Villas Río Mar (beide s. S. 436).*

Wer **Spanisch lernen** *will, kann sich an das Adventure Education Center wenden (☎ 2787 0023, www.adventurespanishschool.com/dominicalcampus.php), das hier einen „Campus" unterhält. Für 1 Woche muss man mit Kursgebühren in Höhe von etwa 325 US$ rechnen. Die Spezialität des Instituts ist die Vermittlung von Spanisch für Mediziner.*

Autovermietung

Solid, *Hotel Diuwak,* ☎ *2787 0111, www.solidcarrental.com.*

🚐 Verkehrsverbindungen

Dominical wird von allen Bussen angefahren, die auf der Küstenstraße in beiden Richtungen bzw. von und nach San Isidro unterwegs sind, sodass grundsätzlich von 6–17 Uhr stündlich ein Weiterkommen möglich ist. Insofern sind die folgenden Verbindungen lediglich eine Auswahl. Die Haltestelle aller Busse befindet sich bei den in der Nähe der Polizeistation gelegenen Cabinas Sundancer.

Quepos *erreicht man in etwa 1 Std. (3 US$).*

San Isidro de El General: *Dorthin geht es für 3 US$ um 7, 13, 14 und 16.30 Uhr in 1,5–2,5 Std. (Schlaglochstrecke) mit* **Musoc**, ☎ *2771 4744. Andere Richtung 7, 11 und 15.30 Uhr.*

Wer über **Uvita** *(17 km 1,5 US$) nach* **Palmar Norte** *bzw. Ciudad Neily will, hat hierzu Gelegenheit um 4.45, 10.30 und 15 Uhr mit* **Transportes Térraba**, ☎ *2783 4293. Busse zurück um 6, 11 und 14.30 Uhr.*

San José: *In Richtung Hauptstadt entweder um 5.30 oder 13 Uhr mit* **Tracopa**, ☎ *2221 4214. Gegenrichtung 6 und 15 Uhr.*

Das Unternehmen **Monkey Ride**, ☎, *8651 9090, www.monkeyridecr.com, verbindet Dominical mit anderen touristischen Zentren, nach San José kostet die Fahrt bspw. 44 US$.*

Routenhinweis

Zunächst fährt man an der Küste entlang nach Süden in Richtung des 20 km entfernten Uvita. Dabei passiert man einen Teil des ehemaligen Siedlungsgebietes der Diquís, die die weiterhin Rätsel aufgebenden und inzwischen im ganzen Land zu findenden **Steinkugeln** (Info-Kasten s. S. 462) produziert haben.

Die Straße von Dominical war bis vor kurzem noch eine „dirt road", entlang derer sich viele Kleinbauern angesiedelt hatten. Inzwischen ist sie wie die anderen Abschnitte gut ausgebaut und soll die Interamericana entlasten und den Autos den Weg über den Cerro de la Muerte ersparen. Zwar verläuft die Straße nicht weit entfernt vom Meer, doch da sie dies auf seiner Höhe tut, versperren Bäume und Gestrüpp meistens den Meerblick. Der Tourismus befindet sich hier noch in den Kinderschuhen, was sich allerdings mittelfristig ändern dürfte. Der Wald ist partiell gerodet, meist liegen die Fincas unmittelbar in Straßennähe. Die Küste wird entweder von schmalen Sandstreifen oder von Felsen geprägt und die nächste größere Station auf dem weiter in den Süden führenden Weg ist schon **Uvita** mit dem vor den Toren der Ortschaft gelegenen Meeresnationalpark Ballena. 3 km vor dem Ortseingang wird der Abzweig zur **Playa Hermosa** passiert, der nicht mit dem gleichnamigen Strand nahe Jacó verwechselt werden sollte.

Abstecher von Dominical nach San Isidro de El General

Die Straße vom Meer ins Landesinnere ist geteert und führt über **Barú** und **Platanillo** – jeweils lokale Zentren der in der Umgebung betriebenen Landwirtschaft – durch hügeliges Bergland ins rund 30 km entfernte San Isidro de El General (s. S. 450). Die Strecke ist nicht allein durch landschaftliche Schönheit, sondern auch durch zahlreiche Schlaglöcher gekennzeichnet. Von San Isidro kann man bei Bedarf auch nach San Gerardo de Rivas weiterfahren kann, um den Chirripó zu besteigen (s. S. 454).

Baden unter Wasserfall

In der Nähe von Platanillo ist der Weg nach rechts zu den **Nauyaca-Wasserfällen** ausgeschildert. Gegen Entrichtung eines Obolus in Höhe von 3,5 US$ kann man einen zweistufigen Wasserfall (20 bzw. 45 m Höhe) bewundern bzw. in dessen Becken baden, sofern man sich von dem Umstand nicht abschrecken lässt, dass der Name der Wasserfälle mit dem Náhuatl-Wort für die äußerst giftige Palmenviper identisch ist. Schon an der Abbiegung von der Landstraße werden Wanderunlustigen übrigens Pferde angeboten, sodass man sich auch zu den Fällen tragen lassen kann. Ansonsten bieten die Betreiber 60 US$ p.P. eine mehrstündige **Reittour** an – sofern man nicht über 105 kg wiegt.
Centro Turístico Cataratas Nauyaca, ☎ *2787 0541, www.cataratasnauyaca. com.*

Uvita

Uvita ist ein kleines, langgestrecktes Dörfchen ohne eigentliche „Kernzone", welches inzwischen als **Tor zum Meeresnationalpark Ballena** an (touristischer) Bedeutung gewonnen hat.

Ende Februar/Anfang März – das genaue Datum bestimmt der Vollmond – findet das jährliche **Envision Festival** (*5 Tage 250 US$, www.envisionfestival. com*) statt und Musik- und Yogafans strömen nach Uvita, sodass man Zimmer rechtzeitig reservieren sollte. Dies gilt auch während des 2-tägigen **Best Fest** (*http://thebestfestival.com*) in der ersten Februarhälfte. Auf diesem Festival werden vom Reggae über Hip Hop bis hin zur Elektronischen Musik und Funk relativ verschiedene Musikrichtungen präsentiert.

Der Sandstrand liegt relativ geschützt, sodass Schwimmer und Surf-Neulinge ihm einiges abgewinnen können. Ansonsten besteht, wie in den anderen Strandorten auch, die Möglichkeit verschiedener Aktivitäten und Tourbuchungen.

Ferner haben in der näheren Umgebung zwei **Privatreservate** ihre Tore geöffnet und bieten die gängigen Vergnügungen wie Vogelbeobachtung, Reiten, Wanderpfade etc. an. Beide sind ausgeschildert.

Abendstimmung am Strand von Uvita

Rancho La Merced Wildlife Refuge, ☎ 2743 8032 www.rancholamerced.com. Eintritt 7 US$, Touren 35–50 US$. Geöffnet tägl. 7.30–17.30 Uhr.
Oro Verde Nature Reserve, ☎ 2743 8072, *www.uvita.info/uvita/oro-verde-nature-reserve.*

Reisepraktische Informationen Uvita

ℹ Information
Uvita Information Center, *an der Nationalstraße*, ☎ *8843 7142, 2743 8889 oder 2743 8072, www.uvita.info. Auskünfte zu Unterkünften, Touren und zum Marinenationalpark Ballena (unter http://marinoballena.org).*

🛏 Unterkunft
Tucán Hotel *$–$$*, ☎ *2743 8140, www.tucanhotel.com (Deutsch). 10 Zimmer z.T. mit ac bzw. Ventilator, auch Schlafsaal und* **Camping** *$. Sehr bunt und originell eingerichtete Backpacker-Unterkunft, Gemeinschaftsküche, viele Hängematten. Aktivitäten werden organisiert. Das* **Restaurant** *hat eine kleine Speisekarte, ist günstig und auf Travellergeschmack eingestellt, Vegetarisches und Veganes auf Anfrage.*

Cabinas Veraneras $–$$, ☎ 8704 6826. *Neu eröffnet, familiengeführt und nett gestaltet, mit Flusssteinen gemauert. 6 Zimmer mit Ventilator, auch Schlafsaal, Gemeinschaftsbad und -küche.*

Hotel El Viajero $$, *an der Nationalstraße nahe des Uvita Information Center,* ☎ 2743 8632. *9 große und helle Zimmer mit ac und Bad, sehr funktional und barrierefrei.*

End of the Road $$, ☎ 8745 6499. *4 Zimmer und* **Camping** $$. *Etwas freakige Unterkunft unter US-amerikanischer Leitung, die viele Informationen geben kann.*

Finca Bavaria $$$, *5 km südlich von Uvita Richtung Ojochal,* ☎ 8355 4465, *www. finca-bavaria.de. Je 3 Standard- und Superior-Zimmer in Bungalows. Große, helle Räume mit Bambuseinrichtung, Bad und Ventilator. Die Finca, von Rudi Knidlberger auf B&B-Basis geführt, bietet neben einem Pool einen schönen Blick aufs Meer. Im* **Bavarian-German Restaurant** *bekommt man das, was man erwartet – sogar Spätzle –, sodass man eventuell aufgetretene Entzugserscheinungen bekämpfen kann.*

Cristal Ballena Hotel Resort & Spa $$$–$$$$, *7 km südlich von Uvita, gleich an einem der Eingänge zum N.P. Ballena gelegen,* ☎ 2786 5354, *www.cristal-ballena.com. 4-Sterne-Hotel mit 19 Zimmern in standardgemäßem Komfort. Spa und Wellnessprogramm. Herrschaftliches Haus im Südstaatenstil, großer Park mit Pool mit Bar,* **Restaurant**.

Whales and Dolphins Ecolodge $$$–$$$$, ☎ 2743 8150, *www.whalesand dolphins.net. 21 etwas konservativ eingerichtete Zimmer mit Bad und Balkon, Ventilator und ac. WiFi, zwei Pools, Bar und* **Restaurant**.

🍴 Essen und Trinken

Sabor Español, *Gasse in Strandnähe (Camino de Playa Chamán),* ☎ 8768 9160. *Spanische Gerichte 6–10 US$, z.B. Paella.*

Ranchos Remo, *am Playa Hermosa,* ☎ 8782 3332. *Slow-Food-Restaurant mit lokalen Gerichten. Erstes Haus am Platz, allerdings nicht gerade zentral, aber toll gelegen. Nicht günstig, aber gut.*

Soda & Marisqueria Ticolombia, *gegenüber der Bank,* ☎ 2743 8498. *Lokale Gerichte und kolumbianische Küche zu günstigen Preisen.*

Rancho Juan, ☎ 8704 6405. *Restaurant-Bar im Palenque-Stil serviert Seafood, gute ceviche für 4 US$.*

👉 Aktivitäten

Touren *können über das Uvita Information Center (s. S. 439) gebucht werden. Von Tauchen und Schnorcheln auf der Isla de Caño (150 US$) über eine Kayak-Tour im Nationalpark (75 US$) bis zu Ausritten (ab 25 US$) und einem Ultraflight (je nach Länge 80–200 US$) ist alles dabei.*

🚌 Verkehrsverbindungen

Dominical *und* **Quepos**: *4.30, 5, 11, 13 und 16 Uhr.*

San José: *5.30 und 13 Uhr in 7 Std. für 11,5 US$. Von der Hauptstadt hierher geht es um 6 bzw. 15 Uhr los.* **Tracopa**, ☎ 2221 4214.

San Isidro de El General: *Ein Bus dorthin fährt in 2 Std. um 7, 13, 14 und 16.30 Uhr (2 Std.). Zurück um 7, 11 und 15.30 Uhr.* **Musoc**, ☎ 2771 4744.

Ciudad Neily: *5 Std. über* **Palmar Norte** *um 4.45, 10.30, 15 Uhr für 3 US$. Die Abfahrtszeiten wechseln hier aber recht häufig, sodass man bereits am Vorabend Erkundigungen (¿A qué hora sale un autobus para … [Name des Ziels]?) einziehen und dessen ungeachtet 30 Minuten vor der eruierten Abfahrtszeit an der Haltestelle sein sollte. Zurück fährt der Bus in Ciudad Neily um 6, 11 und 14 Uhr.*

Parque Nacional Marino Ballena

Der Park erstreckt sich an der Pazifikküste ungefähr zwischen dem Mündungs-bereich des Río Higuerón bzw. Punta Uvita und der südöstlich hiervon gelegenen Punta Piñuela. Eine der Attraktionen stellt der an der nördlichen Parkgrenze – also südlich der Playa Hermosa – gelegene **Tómbolo de Punta Uvita** dar. Diese geo-logische Formation, die nach dem im italienischen Venetien gelegenen Ort Tombo-lo ihren (wissenschaftlichen) Namen erhalten hat, geht auf die Ablagerung von San-den und Schwemmmaterialien zurück, welche sich auf einer Felszunge gesammelt haben und so das Inselchen, welches den Kopf bildet, mit der Küste verbindet. Der Reiz besteht darin, bei Ebbe auf dem schmalen, etwa 50 m breiten und wellenum-spülten „Damm" zum Endpunkt zu wandern.

Der Ballena-Küste vorgelagert finden sich – im Schutze der Korallenbänke (s. S. 442) – die **Islas Ballena** mit der nicht einmal 3 ha großen Hauptinsel sowie eine *Las Tres Hermanas* („Die drei Schwestern") genannte Formation, die von drei aus dem Meer ragenden Felsen gebildet wird. Am **Playa Ventanas** kann man sich von „Meeresgey-siren" erschrecken lassen, die immer dann ausbrechen, wenn die Flut eine bestimmte Höhe erreicht hat, sodass die dann anbrandenden Wellen durch in den Felsen am nördlichen Ende des Strandes befindliche Luftlöcher gepresst werden.

Meeres-geysire

Das Gebiet des Parks umfasst eine gut 10 km lange Küstenlinie, an welcher sich **weitere Strände**, u.a. Bahía, Pedregosa, Ballena, Arco und die Playa Piñuela be-finden. Wie an der Pazifikseite des Landes üblich, wechseln sich dabei sandige mit steinigen Abschnitten ab, wobei es an der Playa Piñuela durch den Schutz der vor-gelagerten Korallen keine großen Felsen gibt.

Die Küste des Marineparks

Ballena, der Ende 1989 als erster lateinamerikanischer **Marinenationalpark** gegründet wurde, weist eine Fläche von fast 54 km² auf, doch liegen bis auf 1,2 km² die Gebiete vor der Küste. Damit ist die Situation vergleichbar mit der der Nationalparks Cahuita, Tortuguero, Isla de Coco, Isla de Caño und Manuel Antonio, wo ebenfalls den größten Teil der Fläche die See bedeckt. Ein gewisser Unterschied zu Cahuita oder Manuel Antonio mag sein, dass sich im Parque Nacional Marino Ballena und seiner Umgebung noch keine so umfangreichen touristischen Einrichtungen wie in den älteren Nationalparks etabliert haben. Für die Zukunft kann eine analoge Entwicklung allerdings nicht ausgeschlossen werden, da der Küstenstrich südlich von Dominical und damit auch die Gegend um Uvita touristisch zunehmend

Besucher- erschlossen wird. Dies wird an den Besucherzahlen deutlich: Die Bahía Ballena,
zahlen Bahía Drake und Uvita zusammen zählten schon 2007 um die 40.000 Besucher, in
steigen 2012 Jahr wurde allein der Parque Nacional Marino Ballena von über 144.000 Menschen besucht.

Die Errichtung des Parks hatte in erster Linie den Schutz der der Küste vorgelagerten **Korallenbänke** (*Arrecifes de coral*) zum Ziel. Dieses Riff ist das größte seiner Art im costa-ricanischen Pazifik. Der hier vorkommende Korallentyp hat auf den ersten Blick nur wenig mit den Edelkorallen gemein, deren Achsenskelette gerne zu Ketten oder zu anderen Schmuckstücken verarbeitet werden. Die hermatypischen oder riffbildenden Steinkorallen sind vielmehr recht porös und bieten

info

Korallentiere: bedrohte „Baumeister" der Meeresriffe

Korallentiere, von denen fast 5.000 Arten existieren – nur ca. 10 Prozent hiervon „bauen" Riffe, und von ihnen sind im Ballena-Park lediglich drei Arten zu finden –, sind regelmäßig zylinderförmig. Im Mundbereich befindliche Tentakel sorgen dafür, dass die Beute in Richtung ihres direkt in den Gastralraum führenden Schlundes befördert wird, oder sie profitieren lediglich von der Strömung, die ihnen die Nahrung automatisch zuführt. Hinzu kommt, dass die die tropischen Riffe in Küstennähe aufbauenden Korallen mit einzelligen Algen, den sogenannten Zooxanthellen, in Symbiose leben, welche im Wege der Photosynthese u.a. organische, der Ernährung der Korallentiere dienende Verbindungen zustande bringen, wofür sie umgekehrt vom Schutz der Korallenbauten profitieren. Zum **Riffbau** kommt es, weil die festsitzenden Korallentiere Aragonit erzeugen, welches für die Stabilität der Kolonie sorgt.

Lediglich an der Oberfläche der Bauten sind die lebendigen Korallentiere zu finden, ihr Unterbau besteht aus den Skeletten ihrer inzwischen dahingeschiedenen Vorgänger, sodass im Prinzip der Korallenstock bzw. das gesamte Riff ewig leben, obwohl die sie bildenden Tiere nur eine endliche Lebensspanne haben. Gleichwohl sind die Riffe durch die verschiedensten Faktoren in ihrer **Existenz bedroht**. Schon leichte Temperaturschwankungen oder die Verschmutzung des Wassers insbesondere mit coliformen Bakterien können zur Korallenbleiche, d.h. dem Absterben der Algen und damit indirekt zum Ende der Korallentiere, führen. Destruktiv wirkende Formen der Fischerei – wie etwa die Nutzung von Dynamit – zeitigen ebenfalls „tödliche" Effekte.

Da die Riffe nicht nur den an sich eher unscheinbaren Algen einen Rückzugsraum bieten, sondern zudem einer Vielzahl tropischer Fische und entsprechendem Meeresgetier hier eine Heimstatt geboten wird, ist die **Unterschutzstellung** des Ballena-Gebietes unter ökologischen Aspekten bislang eine Erfolgsstory gewesen.

dadurch einer ganzen Reihe von Lebewesen willkommenen Schutzraum. Derartige Korallen benötigen zu ihrer Fortexistenz eine relativ stabile Temperatur, die nur wenige Grade unter bzw. über 20 °C sein darf, da sie ansonsten eingehen würden. Korallenbänke sind anders als Sinterterrassen – wie sie sich beispielsweise bei Pamukkale in der Türkei oder im US-amerikanischen Yellowstone Park gebildet haben – keine primär durch Ausscheidungen mineralischer Art entstandene, „leblose" Naturwunder, sondern hauptsächlich auf die emsigen Anstrengungen der Korallentiere zurückzuführen.

Flora und Fauna

Wer an der **Fauna** jenseits von Korallentierchen mehr Geschmack findet, kann unter Wasser mit nicht selten farbenprächtigen Fischen, Schwämmen und Muscheln rechnen, wobei unter letzteren die bis zu 30 cm großen, in Costa Rica *Cambutes* genannten und grundsätzlich essbaren Riesenflügelschnecken (Große Fechterschnecken) besondere Beachtung verdienen. Im Gebiet des Marineparks sind sogar Delfine einschließlich der Großen Tümmler ganzjährig zu beobachten, während am Strand Krabben und mitunter auch urig anzuschauende Würmer anzutreffen sind. *Riesenflügelschnecken*

Unter den Landbewohnern sind der (Grüne) Leguan bzw. der Stirnlappenbasilisk insbesondere auf den Inselchen recht häufig. Diese Reptilien haben sich auf der Isla Ballena in der Umgebung von mit Salz- oder Brackwasser gefüllten *Estanques* übrigens daran gewöhnt, Algen aus denselben zu verzehren, was umso kurioser erscheint, wenn man bedenkt, dass deren Artgenossen oftmals äußerst salzwasser- und strandscheu sind, sodass sie maximal zur Eiablage wasserliniennahe Stellen aufsuchen.

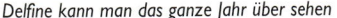

Delfine kann man das ganze Jahr über sehen

Zu Luft sind Fregattvögel, die zu den Ibissen zählende Schneesichler, Braune Pelikane, Kormorane, Blaureiher, Fischbussarde, Drosseluferläufer, Regenbrachvögel und Tölpel aktiv.

Lediglich in manchen Monaten lassen sich dagegen Bastardschildkröten und Echte Karettschildkröten sehen, und zwar von frühestens Mai bis spätestens November, wobei September und Oktober als Hochsaison der Eiablage gelten. Von Dezember bis März sind Buckelwale sowie diverse, vor der Winterkälte fliehende Zugvögel aus dem Norden als Gäste zu beobachten.

Was die **Flora** anbelangt, so sind Kokospalmen, Seemandelbäume und der mit der Linde verwandte Heliocarpus appendiculatus ebenso wie verschiedene der in Costa Rica vorkommenden Mangrovenarten im Park vertreten. Die Mangroven konzentrieren sich auf das Mündungsgebiet des Río Negro.

Reisepraktische Informationen Parque Nacional Marino Ballena

Information
Parkverwaltung, ☎ 2786 716, *palmar@minae.go.cr. Eintritt 10 US$. Eingang stadtnah an der Playa Uvita.*
Informationen und **Touren** *bietet auch das Uvita Information Center (s. S. 439), www. uvita.info und http://marinoballena.org.*

Hinweise
Bei Spaziergängen zur Spitze des Tómbolo de Punta Uvita sollte man sich nach den Zeiten von **Ebbe und Flut** *(marea baja bzw. marea alta) erkundigen, um nicht bei steigendem Wasser vorübergehend vom Festland abgeschnitten zu sein.*

Unterkunft
Im Park selber ist nächtens jenseits von **Camping** *(beim Rangerposten am Eingang, WC und Duschen vorhanden) kein Unterkommen. Insofern ist man genötigt, sich in Uvita (s. S. 438) zu betten.*

Wanderungen/Touren
Für Trekking existieren im Park keine Möglichkeiten, aber man bekommt die Gelegenheit zu ausgedehnten Strandspaziergängen.
Wer die maritimen Teile des Parks erkunden will, dem sei die **Combination Tour** *empfohlen, die über das Uvita Information Center (s.o.) für 70 US$ zu buchen ist. Sie vereint Wal- und Delfinbeobachtung und Schnorcheln mit Besuchen der Islas Ballena und der Playa Ventanas. Dauer ca. 4 Std.*

Verkehrsverbindungen
Die Uvita ansteuernden Busse (s. S. 440) halten in unmittelbarer Nähe des Nationalparks.

Routenhinweis

Entlang der weiteren Strecke nach Palmar Norte (s. S. 462) gibt es nichts Bemerkenswertes, sieht man davon ab, dass die Straße gut ausgebaut ist. Leider kann man hier ebenso selten wie schon zuvor einen guten Strandblick erhaschen. Bevor man die Nordspitze des Humedal Nacional Térraba Sierpe (s. S. 509) erreicht und von der Küste ins „Landesinnere" in Richtung des gut 30 km von Uvita entfernten Ciudad Cortés bzw. Palmar Norte abbiegt, kann man noch auf halber Strecke an der Playa Tortuga eine Rast einlegen.

Playa Tortuga und Ojochal

Der **Tortuga-Strand**, der mitunter auch als Playa Ojochal bezeichnet wird, ist mit einem extrem starken Wellengang ausgestattet. Hier sind die Schäden überdeutlich, die die Hurrikane Mitch und Caesar verursacht haben. Man gelangt nur bei Ebbe hierher. Playa Tortuga ist, wie sein zweiter Name andeutet, der im „Landesinneren" gelegenen Ortschaft **Ojochal**, welche über eine französisch- bzw. frankokanadisch-stämmige Community verfügt, zuzuordnen.

In der Umgebung – und im touristisch aufstrebenden Ort selbst – bieten verschiedene Lodges und Hotels ihre Dienste an, wobei ausgesiedelte Franzosen mit ihrem Antiamerikanismus nicht hinter dem Berg halten und darauf verweisen, dass Ojochal „ohne die Luft der US-Kommerzialisierung" freundlich und einladend sei.

Reisepraktische Informationen Playa Tortuga/Ojochal

 Information
Zu Ojochal unter www.ojochal.com.

Unterkunft
El Jardín Tortuga $$, C. del Jardin, Ojochal, ☎ 2786 5059, www.theturtles garden.com. 3 bunte Holzcabinas mit Bad und Ventilator (zwei haben eine Küche), auch **Camping** $. Großer, wunderschön gestalteter Garten. Unter deutscher Leitung. Im **Restaurant** wird international Küche mit italienischem Schwerpunkt (auch vegetarische Gerichte) serviert.
Hotel El Mono Feliz $$–$$$, C. del Jardin, Ojochal, ☎ 2786 5146, www.elmonofeliz.com. Die holländische Leitung bietet 6 Zimmer in hölzernen Cabinas (bzw. im Haupthaus, dort Gemeinschaftsküche) mit Bad und Ventilator.
Phidjie Lodge $$$, Ojochal, ☎ 2786 5424,www.phidjielodge.com. B&B unter französischer Leitung. 6 moderne Bungalow-Zimmer mit Bad und Ventilator. Pool in sehr schönem Garten.
Diquis del Sur $$$, ☎ 2786 5012, www.diquiscostarica.com. 10 geschmackvoll und abwechslungsreich eingerichtete Zimmer in fünf kleinen „Villas", Bad, z.T. mit ac bzw. Ventilator. Manche Einheiten haben eine Küche. Frühstück im Preis inkl. Weitläufige Anlage mit Pool und **Restaurant**.
Finca Bavaria $$$, zwischen Uvita und Ojochal, Unterkunft und **Restaurant** (s. S. 440).

Essen und Trinken

Ron y Adie's Soda, Ojochal, ☎ 2786 5259. *Familiär geführt und mit Pool. Vornehmlich US-Fast Food. Montags geschlossen, Juni–Nov. nur bis 15, sonst bis 18 Uhr.*
Mamma e Papa, C. Perezoso, Ojochal, ☎ 2786 5336. *Authentische Italo-Küche unter Leitung eines italienischen Ehepaares. Sowohl Pizza als auch Pasta sehr zu empfehlen.*
Exotica, *auf der Einfahrtstraße von der Nationalstraße nach Ojochal*, ☎ 2786 5050. *Feine internationale Küche, die man zwar auf Plastikstühlen genießen muss, aber hier im costa-ricanischen „Hinterland" so nicht erwartet.*

Verkehrsverbindungen

Ojochal wird von all den Bussen angefahren, die **Dominical** *und* **Palmar Norte** *verbinden (s. S. 437).*

☞ Routenhinweis

Entlang der Strecke ins ca. 28 km entfernte **Palmar Norte** (s. S. 462) werden Afrikanische Ölpalmen angepflanzt, Viehwirtschaft betrieben und Holzplantagen gepäppelt. Lodges und Cabinas sind nur sehr vereinzelt auszumachen, die touristisch entwickelten Zonen hat man nun eher hinter sich.

Nach rund 15 km passiert man die Zufahrt zum kleinen Landstädtchen **Ciudad Cortés**, welches manchmal auch nur als *Cortés* bzw. als *Ciudad Puerto Cortés* bezeichnet wird. Im Zentrum des verschlafenen Ortes ist noch sehr viel traditionelle Architektur auszumachen. Ein gutes Beispiel, wie man vor der Ära der Kühlung durch Aircondition luftig baute, ist das alte Hospital, dessen „barrierefreier" Zugang allein schon sehenswert ist.

Durchs Landesinnere: Von San José zum Chirripó und nach Palmar Norte

Redaktionstipps

➤ Einen Quetzal zu sehen hat die größte Chance, wer den ihm gewidmeten Nationalpark **Los Quetzales** (s. S. 447) besucht.
➤ Wer nach einem kühlen Ort sucht, sollte einen Abstecher in das abgelegene Bergdorf **San Gerardo de Dota** (s. S. 448) machen, wo man am klaren Río Savegre wandern, angeln und Vögel beobachten kann.
➤ Das **Highlight für Wanderer** ist der Aufstieg auf den **Chirripó** (s. S. 456), mit über 3.800 m der höchste Berg Costa Ricas.

Der Weg führt **von San José** in Richtung Cartago (s. S. 199), vorher biegt die Carretera Interamericana (Nationalstraße 2) nach Süden ab. Die erste Etappe der Route, die Strecke von der Hauptstadt nach San Isidro de El General, ist 135 km lang. Bevor man nach Cartago hineinkommt, biegt die Straße ab und wird vorübergehend zweispurig. In langen Kehren windet sie sich die Berge hoch und führt dann in ca. 2.000 m Höhe einen Bergkamm entlang, bei **El Empalme** erreicht sie sogar eine Höhe von 2.200 m. Diesen Ort erreicht man nach ca. einer guten Stunde und sollte dort eine Rast einlegen, wie es auch die Busse auf der Strecke tun. So kann man den erheblichen Temperaturabfall gegenüber dem Ausgangspunkt der Reise gut fühlen.

Im weiteren Verlauf der Fahrt auf der Interamericana bewegt man sich zwischen zwei Nationalparks: Links befindet sich das Gebiet des Parque Nacional Tapantí (s. S. 208), rechts – auf Höhe des Straßenkilometers 76,5 – stößt man auf den Eingang des Los Quetzales.

🛏 Unterkunft
Manche Fincas und Hotels machen entlang der Straße mit Schildern auf ihre Existenz und den Umstand aufmerksam, dass sie Gäste aufnehmen – so bspw. die folgenden:
Cabinas Cerro Alto *$$, kurz vor El Empalme,* ☎ *2571 1010. 6 Zimmer in großen, einfach ausgestatteten Bungalows.*
Truchas Selva Madre *$$$, auf Höhe Kilometer 64, dann 2 km nach links,* ☎ *2571 1360, www.truchasselvamadre.com. 2 Zimmer in einer Cabina auf dem Gelände einer Farm, auf der die Eignerfamilie Wanderwege angelegt hat und zum Fischen einlädt.*
Mirador de Quetzales *$$$, auf Höhe Kilometer 70, dann 800 m nach rechts,* ☎ *2200 4185, www.elmiradordequetzales.com. 15 kleine, hübsche Chalets, die rustikal eingerichtet, aber gemütlich sind und warmes Wasser bieten.*

Parque Nacional Los Quetzales

Dem 2006 geschaffenen, gut 50 km² großen Park kommt die spezielle Aufgabe zu, das (Wasser-)Einzugsgebiet des **Río Savegre** vor schädlichen Einflüssen zu bewahren. Der Park erstreckt sich in der *Cordillera de Talamanca* südlich der Interamericana in der Umgebung von **Ojo de Agua** und **San Gerardo de Dota** (s. S. 448) sowie westlich des fast 3.500 m hohen Cerro de la Muerte (s. S. 450), wo der Savegre-Fluss entspringt.

Bereits vor seiner Erhebung zum Nationalpark stand das Gebiet als *Reserva Forestal Los Santos* unter Schutz. Dies erwies sich allerdings als ungenügend, da dieser Schutzstatus nicht verhindern konnte, dass die „Agrarfront" Jahr für Jahr vorrückte und insgesamt ca. ein Fünftel des Waldes verloren ging. Unterstützt wurde die Parkgründung durch die spanische Entwicklungshilfe. Etliche der in den nahegelegenen Dörfern lebenden Menschen erhoffen sich auch eine Belebung des Tourismusgeschäfts.

Flora und Fauna

Los Quetzales ist mit **Nebelwald** bedeckt, die größten der dicht mit Moosen und Flechten besetzten Bäu-

Ein weiblicher Quetzal

me sind u.a. Schwarzeichen und Steineiben sowie eine Unterart der Weinmannia-Gewächse. Das Unterholz hält zahlreiche „Sonnenschirme der Armen" (*guera* oder *sombrilla de pobre*) vor. Je nach Höhe – der **Cerro Vueltas** ist immerhin über 3.150 m hoch – kann es in diesem Park recht kühl werden, sodass man ihn entsprechend gerüstet betreten sollte.

Warm anziehen!

Die Namensgebung des Parks weist schon darauf hin, dass in ihm der scheue, grünrote **Quetzal** durch die Lüfte fliegt. Die Wahrscheinlichkeit, einen vor die Linse bzw. das Okular zu bekommen, soll sogar weit höher als im überlaufenen Monteverde sein. Vogelliebhaber dürfen außerdem auf die Sichtung von Rotkopf-Bartvögeln, Eichelspechten und diversen Drosseln wie den Gilb- oder Rußdrosseln sowie Einfarb-Hakenschnäbeln gespannt sein. Auch zu Hause sind hier – ähnlich wie in den Höhen des Chirripó-Parks – der Tapir, der Puma, der Jaguar und der Ozelot. Wahrscheinlicher dürfte angesichts der Seltenheit dieser Tiere allerdings sein, dass man eines Stachelschweins, eines Pekaris, eines Kojoten oder eines Roten Spießhirsches ansichtig wird.

Reisepraktische Informationen Parque Nacional Los Quetzales

ℹ️ **Information**
Parkverwaltung, ☎ 2200 5354 o. 2206 5307, und Eingang liegen auf Höhe von Kilometer 76,5 der Interamericana. Eintritt 10 US$. Geöffnet tägl. 7–16 Uhr.

☞ **Hinweise**
Der Park ist noch nicht komplett erschlossen, erste **Wanderwege** sind bereits zu begehen, ansonsten **keine Einrichtungen**.

🛏️ **Unterkunft**
Entlang der Strecke zum Park (s. S. 447) oder in San Gerardo de Dota (s. S. 449).

🚉 **Verkehrsverbindungen**
Zum Park kommt man mit jedem die Interamericana zwischen San José und San Isidro de El General (s. S. 452) befahrenden Bus. Man wird am Eingang rausgelassen.

San Gerardo de Dota

Malerisch wird es, wenn man auf Höhe von Straßenkilometer 80 an der Interamericana nach rechts abbiegt und eine rund 8 km steile Schmutzpiste überwindet (Achtung, ein Allradfahrzeug ist hier zu empfehlen!). San Gerardo de Dota ist ein im Tal gelegenes Kleinod, durch das der klare **Río Savegre** fließt. **Angler und Vogelbeobachter** sind hier richtig: Die einen fischen Fliegen bzw. warten darauf, dass Forellen anbeißen, die anderen gehen mit dem Fernglas auf „Jagd" nach dem Quetzal. **Wanderern** bieten sich ab hier verschiedene Wege an (u.a. zu einem kleinen Wasserfall) oder man bucht eine Tour durch den Nationalpark bzw. zum Cerro de la Muerte.

Kleinod

Am Río Savegre

Reisepraktische Informationen San Gerardo de Dota

 **Unterkunft**
Es haben sich inzwischen einige, teils relativ teure Anbieter etabliert.
Cabinas El Quetzal $$–$$$, ☎ 2740 1036, www.cabinaselquetzal.com. *4 Cabinas mit Bad, familiär geführt. Ausgangspunkt für Touren.*
Trogon Lodge $$$, ☎ 2293 8181, www.trogonlodge.com. *23 Zimmer in einer ins Tal drapierten Anlage von Holzbungalows, die Fluss- und/oder Waldblick bieten. Eine Canopy-Tour ist buchbar.* **Restaurant**.
Savegre Hotel, $$$–$$$$, ☎ 2740 1028, www.savegre.com. *50 Zimmer und Suiten mit Bad in üppig bepflanztem Gelände mit Zugang zum privaten* **Savegre Reserve** *mit eigenen Wanderwegen. Spa und* **Restaurant**. *Touren werden angeboten.*

 **Hinweise**
Kühle Temperaturen *(Jahreshöchstwert ca. 17 °C) erwarten den Besucher in San Gerardo, entsprechende Kleidung sollte man dabei haben.*

☞ **Aktivitäten**
Geführte **Touren** *lassen sich gut über die Unterkünfte buchen (s.o.): Quetzal- bzw. generelle Vogelbeobachtung, nächtliche Wanderung durch den Nebelwald, das 6-stündige Erkunden des Cerro de la Muerte (60 $), Reiten u.v.m. Sie vermitteln auch private* **Guides** *und geben* **Tipps für Angler** *und Sportfischer (auch zum Leihen von Equipment).*

🚌 **Verkehrsverbindungen**
Es fährt kein Bus nach San Gerardo de Dota. Nach dem Ausstieg an der Interamericana (Bus San José–San Isidro de El General, s. S. 452) muss gewandert werden.

Routenhinweis

Auf der Weiterfahrt nach San Isidro „grüßt" rechts (sofern nicht gerade im Nebel verborgen) der fast 3.500 m hohe **Cerro de la Muerte** („Berg des Todes") herüber. Die Bezeichnung soll daher stammen, dass die ersten, die hier einst ein Durchkommen versuchten, aufgrund der für costa-ricanische Verhältnisse „tödlichen" Kälte das Zeitliche gesegnet hatten. Heute macht man sich das Klima dieser Region dadurch zunutze, dass neben Viehwirtschaft auch für Costa Rica „exotische" Früchte wie Äpfel, Erdbeeren, Brombeeren und Pfirsiche – zum Teil sogar für den Export – angebaut werden. Das Obst wird, ebenso wie Käse und *Natilla* an Straßenständchen zum Verkauf angeboten.

Ungefähr ab Kilometer 90 fällt die Straße wieder ab. Die Ausblicke sind, sofern man sich nicht gerade in den Wolken befindet, äußerst eindrucksvoll. Die Straße ist relativ schmal, sodass der Nebelwald im wahrsten Sinne des Wortes zum Greifen nahe ist. Bei der Fahrt abwärts in Richtung San Isidro, das nach ca. 45 km erreicht ist, reißt nicht selten der bedeckte Himmel auf, sodass man wenigstens auf diesem Teil der Strecke das Panorama genießen kann. Die Temperaturen normalisieren sich mit der Annäherung an die Stadt allmählich wieder.

Unterkunft
Hotel Georgina *$$–$$$, auf Höhe Straßenkilometer 95, ☎ 2770 8043. Traditionsreiche (seit 1947) und dem Gipfel nächstgelegene, oft im kühlen Nebel liegende Herberge. 7 einfache, spartanisch gestaltete Zimmer und Restaurant.*

San Isidro de El General

In San Isidro del General (diese Schreibweise ist ebenfalls üblich), kurz San Isidro, ist das regionale Hauptquartier des Agrarmultis „Del Monte". Die Stadt verfügt über rund 45.000 Einwohner und firmiert bei den Einheimischen mitunter auch unter der Bezeichnung *Pérez Zeledón*, was sich dadurch erklärt, dass sie Kreishauptstadt des zur Provinz San José gehörenden, gleichnamigen Kantons ist.

Feria im Februar
Anfang Februar hält man hier die *Feria* ab, bei welcher das Vieh keine gerade unbedeutende Rolle spielt. Wer es lieber mit dem Teufel denn mit Stieren hält, der kann stattdessen die *Fiesta de los Diablitos* in dem südwestlich von San Isidro gelegenen Reservat der Boruca (s. S. 462) genießen, die ebenfalls zu Jahresbeginn stattfindet.

Daneben ist San Isidro, abgesehen von seiner Funktion als **Verkehrsknotenpunkt**, ein Zentrum für die in der Umgebung tätigen Landwirte, die sich in nicht geringem Ausmaß dem Kaffee- bzw. Zuckerrohranbau sowie der Milchwirtschaft widmen.

An Attraktionen ist die Stadt nicht eben reich, zu ihnen zählen der nett gestaltete **Parque Central** (mit einem Gedenkstein an die Kämpfer der Figueres-Revolution) und die östlich davon gelegene, im modernen Stil errichtete **Kathedrale**. Ihr Stil mag Geschmacksache sein, ungewöhnlich für Costa Rica sind jedenfalls die Kirchenfenster. Ferner ist erwähnenswert, dass das Kirchenschiff ein kühles Plätzchen darstellt, in das sich augenscheinlich nicht nur wahre Gläubige zurückziehen. Außerdem erwähnenswert ist der **Complejo Cultural** mit einem Theaterraum für 200 Zuschauer, Räumen für Ausstellungen, einer Bibliothek und einer Musikschule.

Wer in San Isidro z.B. auf dem Weg zwischen der Pazifikküste und dem Chirripó Station machen will, kann auf eine Reihe von Unterkünften zurückgreifen. Wer die Stadt und seine Umgebung als einladend empfindet, kann zudem das Angenehme mit dem Nützlichen verbinden und in einer Sprachschule **Spanisch lernen**.

Verlässt man San Isidro in Richtung panamaischer Grenze, so fallen einem die riesigen **Ananasplantagen** auf, die von Del Monte für seine ursprünglich für die Konservenproduktion entwickelte MD2-Ananas betrieben werden. Diese Züchtung hat maßgeblich dazu beigetragen, dass Costa Rica zu einem der größten Exporteure dieser Frucht weltweit wurde, was allerdings nicht ohne die Inkaufnahme immenser Ökoschäden gelang. Die im Rahmen der Plantagenproduktion eingesetzten Agrochemikalien führen ähnlich wie die beim Anbau von Bananen versprühten Substanzen zu erheblichen Schädigungen von Mensch und Natur.

Die Kathedrale von San Isidro

Paraquat – Pflanzenschutz für die Ananas, Gift für Selbstmörder

info

Die Ananasplantagen werden vor der Pflanzung mit Herbiziden, während der Wachstumsphase mit Insektiziden und Fungiziden und anschließend wieder mit Herbiziden eingedeckt. Piperonylbutoxide, Triadimenol, Triadimefon sowie Carbaryl kommen nicht nur mit den Früchten nach Europa und in die USA, sondern finden auch ihren Weg in den Boden und verseuchen nicht nur die Plantagenarbeiter, sondern über Verwehungen auch das Trinkwasser und die in der Gegend lebenden Menschen. Es kommen Agrochemikalien wie etwa das Herbizid *Paraquat* zum Einsatz, das wegen seiner Toxizität in der Europäischen Union verboten ist.

Hersteller des Produkts ist der schweizerische Konzern Syngenta, der seinen Profit in gesunder Umwelt genießen kann, denn auch in der Schweiz ist die Ausbringung dieser Chemikalie, die früher bei Selbstmördern so beliebt war, dass der Substanz seit den 1970er-Jahren routinemäßig ein Brechmittel beigemischt wird, auf den eigenen Feldern verboten.

Reisepraktische Informationen San Isidro de El General

i Informationen

Die **Nationalparkverwaltung** (MINAE), ☎ 2771 4836, hat ihren Regionalsitz neuerdings außerhalb des Zentrums der Stadt, sodass man Informationen praktischerweise telefonisch einzieht. Reservierungen für den Parque Nacional Chirripó werden hier nicht entgegengenommen. Dafür ist die **zentrale Reservierungsstelle** zu kontaktieren, ☎ 2742 5083.

Unterkunft

Hotel Astoria (4) $–$$, ☎ 2771 0914. 55 Zimmer, z.T. mit Ventilator bzw. ac, einige mit Bad. Etwas spartanisch, dafür barrierefrei.
Hotel Amaneli (3) $–$$, ☎ 2771 0352. 38 Zimmer mit schnörkelloser Einrichtung sowie Bad und Ventilator. Auch **Restaurant**.
Hotel Zima (1) $$–$$$, ☎ 2770 1114, www.hotelzima.net. 100 m östlich von McDonald's in der Nähe des Musoc-Busterminals, aber jenseits der Interamericana. 28 Zimmer mit Bad und z.T. ac. Motelartiger, aber um Stil bemühter Komplex mit Pool.
Hotel Thunderbird (2) $$$, ☎ 2770 6230, www.tbrcr.com. 21 moderne Zimmer mit Bad, ac, Kabel-TV und Wi-Fi in relativ neuem Hotel. Dem eigenen Anspruch als gehobenes Haus wird man nicht ganz gerecht, alles wirkt eher funktionell. Im Haus befindet sich ein Casino.

Essen und Trinken

Mercado Municipal (3). Hier gibt es etliche Sodas. Besonders empfehlenswert wegen der Fruchtsaftcocktails – über 20 Variationen.
Pizzeria Stella d'Italia (1), Centro Comercial Nayarit (gegenüber der Feuerwache), ☎ 2770 1741. Authentische Pizzen eines Venezianers, große Auswahl mit vielen vegetarischen Optionen. Auch Pasta.
Restaurant Terrazza (2), im **Hotel Chirripó** (http://hotelchirripo.com), ☎ 2771 0006, www.terrazarestaurante.com. Einheimisches und Internationales, viele Fleischgerichte. Auch Frühstücksbuffet für günstige 6 US$. Tägl. 6–22 Uhr.

☞ Sprachkurse

SEPA, ☎ 2770 1457, www.spanish-school-costarica.com. Hier kann man Spanisch lernen, wobei die Unterbringung grundsätzlich bei Familien erfolgt, sodass die neu erworbenen Kenntnisse unmittelbar an die Frau bzw. den Mann gebracht werden können.

Verkehrsverbindungen

San Isidro stellt einen Verkehrsknotenpunkt dar. Ein einheitliches Bus-Terminal gibt es allerdings nicht. Die überregionalen Verbindungen werden an den Terminals der jeweiligen Gesellschaften abgewickelt, die Regionalbusse halten vor dem Mercado Municipal.
San José: In 3 Std. und zu 7 US$ fahren stündlich zwischen 5.00 und 20.30 Uhr Busse von **Tracopa**, ☎ 2221 4214 (San José), 2771 0468 (San Isidro). Haltestelle in San José: C. 5, Av. 18 und 20. Fahrten ab San José stündlich 5.00–18.30 Uhr. Außerdem zwischen 5 und 17.30 Uhr Busse von **Musoc**, ☎ 2222 2422 (San José), 2771 0414 (San Isidro). Haltestelle in San José: C. Central, Av. 22 und 24. Fahrten ab San José ebenfalls 5–17.30 Uhr.

Tracopa-Busse, die von San José aus **Richtung panamaischer Grenze** fahren, halten alle in San Isidro und nehmen Passagiere auf.

Der Kiosk am Tracopa-Terminal bietet sich auch als Gepäckaufbewahrung (0,8 US$) an.

San Vito: Ebenfalls mit Tracopa geht es hierher um 5.30 und 14 Uhr – die Busse in Gegenrichtung fahren in San Vito um 6 und 12.15 Uhr ab (4 Std., 8 US$).

Tracopa-Busse fahren auch nach **Agua Buena** (im 2-Stunden-Rhythmus), nach **Golfito** um 10 Uhr und nach **Ciudad Cortés** um 11.30 und 17.30 Uhr, was neuerdings auch von der Gesellschaft Transportes Blanco (s.u.) um 9 und 16 Uhr bedient wird.

San Isidro de El General

Unterkünfte
1 Hotel Zima
2 Hotel Thunderbird
3 Hotel/Restaurant Amaneli
4 Hotel Astoria

Essen & Trinken
1 Pizzeria Stella d'Italia
2 Restaurant Terrazza
3 Mercado Municipal

Uvita, Dominical und Quepos: Sofern man in einen dieser Ort will, nimmt man einen der Busse der **Transportes Blanco**, ☎ 2771 4744, um 7, 11.30 oder 15.30 Uhr, wobei die Fahrzeit je nach Ziel 1,5–4 Std. beträgt und man dafür 3–5 US$ entrichten muss.

Puerto Jiménez: Ebenfalls mit Transportes Blanco in 5 Std. um 11 und 15 Uhr (Bus aus bzw. nach San José). Rückfahrten um 5, 9 und 13 Uhr.

San Gerardo de Rivas: Wer hierher will, um etwa den **Chirripó** zu besteigen, kann täglich vom lokalen Busterminal hinter der Markthalle um 5.30 und 14 Uhr aus aufbrechen. Fahrzeit knapp 1,5 Std. zu 2,5 US$ inkl. Gepäck. Retour geht es um 7 und 16 Uhr. Auskünfte hierzu sind unter ☎ 2771 2314 zu erhalten. Da der Bus über **Rivas** fährt, steht möglicherweise nur dies auf seinem Schild und nicht „San Gerardo" – trotzdem fährt er weiter dorthin. **Taxis** nehmen für die Strecke rund 30 US$.

 Routenhinweis

Sofern man nicht mit einem Mietwagen nach San Gerardo de Rivas unterwegs ist, quält sich der Bus, ein altes US-amerikanisches Schulbusmodell, von San Isidro aus gut 1,5 Std. über knapp 20 km mehr oder weniger steile Anstiege hinauf. Auf der Fahrt passiert man **Rivas**. Bis hierher ist die Straße noch asphaltiert, anschließend fängt eine kurvenreiche Schotterpiste an, die über **Chimirol** und **Canaán** nach San Gerardo führt.

Vor Rivas fällt eine für costa-ricanische Verhältnisse seltsame Hausform auf: Die Häuser sind praktisch spitzwinkelige Dreiecke. Sie werden lediglich aus dem Dach gebildet, die Seitenwände fehlen. Diese Mode wurde wohl aus der Umgebung von San José importiert, wo sich in den Bergen ähnliche Häuser finden lassen.

> Auf der Fahrt, die immer wieder durch Haltestellen unterbrochen wird, kann man schöne Ausblicke genießen, insbesondere auf dem letzten Teil der Strecke, die parallel zum Lauf eines Gebirgsflüsschens verläuft. Die Attraktivität der Gegend dürfte dazu geführt haben, dass entlang der Straße nicht nur Lodges und Ähnliches eröffnet haben, sondern auch organische Landwirtschaft betrieben wird.

San Gerardo de Rivas

Der kleine Weiler liegt 1.360 m hoch und zieht sich an einem der tief eingeschnittenen Täler **am Fuße des Chirripó** entlang. Der touristische Zulauf ist auf eben diesen Fakt zurückzuführen, denn die meisten Wanderwilligen entscheiden sich für eine Übernachtung in dem 400-Seelen-Dörfchen, bevor sie den Berg besteigen. Pro Jahr kommen zurzeit über 20.000 Touristen hierher.

Neben dem Tourismus gewinnen die Viehzucht, der Kaffeeanbau und die Blumenzucht wirtschaftlich an Bedeutung. Die Schäden, die der Viehzucht in aller Regel auf dem Fuße folgen, sind – wendet man den Blick den Berghängen zu – auch in diesem Tal nicht zu übersehen. Die Blumenzucht wird in der floralen Verschönerung vieler Häuser deutlich, außerdem im Vorhandensein von drei verschiedenen Gartenanlagen, wobei ein Besuch der **Jardines Secretos**, der „Geheimen Gärten", zu empfehlen ist.

Von San Gerardo geht's auf den Chirripó

Bei San Gerardo gibt es **heiße Quellen** (*Aguas Termales*) mit einer Wassertemperatur von 25 °C. Man erreicht sie, wenn man vor dem Überqueren der Brücke über den Río Blanco in nördlicher Richtung auf den Weiler **Herradura** zuläuft, vorbei an den Jardines Secretos. Die im Wald bergauf rechts des Hauptweges und jenseits des Flüsschens liegenden Thermalquellen hat man nach ca. 25 Min. erreicht.

In der näheren Umgebung von San Gerardo gibt es zwei weitere private Schutzgebiete, das **Cloudbridge Nature Reserve** und die **Talamanca Lodge**. Sie stellen eine Alternative für diejenigen dar, die entweder nicht gut genug zu Fuß sind, um den Chirripó zu erklimmen, oder aber keinen Zutritt zum Parque Nacional erhalten haben.

Reisepraktische Informationen San Gerardo de Rivas

i **Information**
Einen sehr guten Überblick über Unterkünfte und Aktivitäten bietet die **kommunale Website** *www.sangerardocostarica.com*.

Unterkunft/Essen und Trinken

Alle Unterkünfte bieten Unterstützung bei der Reservierung im Nationalpark und z.T. weitere Services wie Touren oder Ausrüstungsverleih.

Casa Mariposa Hostel & Guesthouse (1) $–$$, ☎ 2742 5037, www.hotelcasa mariposa.net. 6 unterschiedlich große Zimmer, z.T. mit Bad, auch Schlafsaal und Gemeinschaftsküche. Freie Heißgetränke (Tee und Kaffee).

Roca Dura Cafe (3) $–$$, ☎ 2742 5071. 7 z.T. höhlenwohnungsartige Zimmer, vier davon mit Bad. Sehr origineller Bau unter Einbeziehung des gewachsenen Gesteins. Empfehlenswert. Auch **Camping** $ und Café-**Restaurant** mit Pizza, Pasta und Casado für 8–20 US$.

Hotel El Descanso (4) $–$$, ☎ 2742 5061, http://hoteleldescansocr.com. 9 *große und kleinere, schlichte Zimmer mit Bad. Veranda mit schöner Aussicht, Sauna (10 US$). Es werden Touren organisiert, zudem ist* **Camping** $ *möglich. Das* **Restaurant** *(tägl. 5–21 Uhr) serviert einheimische Gerichte aus Bioprodukten, auch vegetarisches Essen. Zu empfehlen sind die Forellen für 8–10 US$.*
Hotel Marín (5) $–$$, ☎ 2742 5099. 9 *einfache Zimmer mit Ventilator, z.T. mit Bad, sowie* **Camping** $ *und* **Restaurant** *mit einem kleinen Angebot einheimischer Gerichte.*
Talamanca Lodge (2) $$$, ☎ 2742 5080, www.talamancareserve.com. 6 *große Zimmer mit Bad, für die Leistung etwas überteuert. Auf dem 40 Hektar großen Schutzgebiet können verschiedene Naturlehrpfade zu 10 Wasserfällen begangen werden.*

🍴 Essen und Trinken

Außer den Restaurants der Unterkünfte (s.o.) lohnt sich ein Besuch des **Café Bambú** (1), *einem kommunalen Projekt mit einheimischen Gerichten zu günstigen Preisen.*

👉 Aktivitäten und Ausflüge

Jardines Secretos, ☎ 2742 5086. Geöffnet tägl. 8–16 Uhr, Eintritt 3 US$. Im *von Klaus Siebert privat geführten botanischen Garten kann man an einer rund 1-stündigen Tour teilnehmen, bei der u.a. verschiedene Orchideen und Kakteen zu bewundern sind.*
Aguas Termales, ☎ 2742 5210 o. -5016. Geöffnet tägl. 7–17.30 Uhr, Eintritt 6 US$. *Bei den heißen Quellen erwarten zwei Pools und ein Restaurant die Badegäste.*
Cloudbridge Nature Reserve, www.cloudbridge.org. Eintritt frei (Spende). Das US-*amerikanische Projekt, das durch Volontäre am Laufen gehalten wird, forstet den hier bestehenden Nebelwald wieder auf. Fünf verschiedene Wanderwege führen u.a. am Río Chirripó Pacifico vorbei, durch das Dickicht bzw. zu schönen Wasserfällen (auf der Website sind Karten zu finden). Auch* **Unterkunft**.

🚐 Verkehrsverbindungen nach San Gerardo/zum Chirripó

Wer nach San Gerardo und damit zum Eingang des Nationalparks will, kann täglich vom lokalen Busterminal in **San Isidro de El General** *(hinter der Markthalle) um 5.30 und 14 Uhr aus aufbrechen. Fahrzeit knapp 1,5 Std. zu 2,5 US$ inkl. Gepäck. Retour geht es um 7 und 16 Uhr. Auskünfte hierzu sind unter* ☎ 2771 2314 *zu erhalten. Da der Bus* **über Rivas** *fährt, steht möglicherweise nur dieser Name auf seinem Schild und nicht „San Gerardo" – trotzdem fährt er weiter dorthin.*
Taxis *nehmen für die Strecke rund 30 US$.*

Parque Nacional Chirripó

(→ *Karte S. 455*)

Der 1975 gegründete Nationalpark zählt mit über 500 km² zu den größten des Landes. Von seiner Ostgrenze aus zieht sich der benachbarte, größte Nationalpark La Amistad (s. S. 474) über die panamaische Grenze hinweg. Die beiden Parks sind als Teile der Talamanca-Gebirgskette zusammen mit dem Parque Nacional Tapantí, der Reserva Biológica Hitoy Cerere und dem Parque Nacional Barbilla als **UNESCO-Weltnaturerbe** anerkannt.

Die größte Attraktion des Parks ist der **Berg Chirripó**, mit einer Höhe von über 3.800 m der höchste des Landes. Mit dem Erdbeben von 1991 ist die Gegend sogar schlagartig „gewachsen", und zwar um fast 2 m, was weit über den ansonsten registrierten wenigen Millimetern Wachstum pro Jahr liegt. Dies ist ein recht anschaulicher Beweis für die weiterhin stattfindende Kontinentalverschiebung.

Auf dem Gipfel

Eine zu bedenkende Größe beim Aufstieg ist das **Wetter**: Die durchschnittliche jährliche Niederschlagsmenge beträgt ca. 3.500 mm, Spitzenwerte liegen allerdings bei 7.000 mm. Regen fällt hauptsächlich in den Monaten Mai bis Dezember, was nicht heißt, dass man – insbesondere in Gipfelnähe – zwischen Januar und April eine Garantie hätte, nicht nass zu werden. Angesichts der stürmischen Winde und der mitunter schlagartig auftretenden Temperaturstürze und Wetterwechsel kann nur geraten werden, sich auf alle Eventualitäten einzustellen und entsprechend auszurüsten, auch wenn die letzte Vergletscherung des Gebiets vor ca. 10.000 Jahren endete.

Die gesamte *Cordillera de Talamanca* inklusive des Chirripó-Gebietes war traditionell ein **Rückzugsgebiet der Ureinwohner** des Landes. Bis zum Anfang des 20. Jh. waren es nur in diesem Gebiet lebende Indianer, die sich dem Gipfel des Chirripó genährt hatten. Erst 1904 gelangte der erste Vertreter der einstigen Eroberer des Landes, ein Priester und Missionar, der wohl auf der Suche nach den letzten noch nicht bekehrten Schäfchen war, auf den Chirripó. Zwischen 1905 und 1942 gab es insgesamt nur sechs Expeditionen auf den Berg. Ab den 1940er-Jahren kam es zu häufigeren Besuchen, sodass sie nicht mehr im Einzelnen registriert wurden. Gleichwohl kann bis in die 1980er-Jahre hinein keineswegs von einem Massenansturm die Rede sein. *Erstbesteigung 1904*

Wegen seiner Ausdehnung war der Park auch nach seiner Errichtung 1975 relativ schwach besucht, wobei sich die Besuche von Ticos und Ausländern in etwa die Waage hielten und halten. 15 Jahre nach Eröffnung des Parque Nacional wurden weniger als 2.000 Besucher pro Jahr registriert, mithin in einer Woche mehr Menschen als in der ganzen ersten Hälfte des 20. Jh. zusammen. Der zunehmende **Touristenboom** Costa Ricas lässt das Interesse weiter ansteigen und auch Events wie regelmäßig stattfindende Chirripó-Wettläufe, bei denen sich schon einmal mehr als 200 Menschen messen, tragen dazu bei.

Flora und Fauna

Die verschiedenen Höhenlagen breiten eine ganze Palette vielfältigster **Vegetationsformen** aus. Zusammen mit dem La Amistad umfasst der Chirripó-Park das Gebiet mit dem größten Reichtum an Flora und Fauna und gleichzeitig die größte mit „jungfräulichem" Urwald bedeckte Fläche Costa Ricas. Nirgends sonst im Land als in Gipfelnähe des Chirripó (ab ca. 3.000–3.400 m) findet man die von den Anden her bekannte Vegetationsform des **Páramo**. Diese Zone ist dadurch gekennzeichnet, dass es keine großen Bäume gibt, d.h. alle Gewächse nur Höhen bis maximal 4 m erreichen. Das Unterholz ist dafür extrem dicht. Hier trifft man häufig auf den Wiesenschwengel, eine in diesen Höhen vorkommende Bambusart. Einzigartig sind auch die von mehreren Kilometer großen Gletschern vor 25.000–30.000 Jahren geschaffenen Seen und Endmoränen. In deren Umgebung finden sich Gräser, die sich an den sauren Boden angepasst haben. Im oberen Teil des Chirripó sind größere Flächen von Heidekraut okkupiert.

Im Nebelwald

Ferner ist der hochgelegene tropische **Nebelwald** von Interesse, der, anders als der Páramo, nicht so stark durch den großen Waldbrand von 1992 in Mitleidenschaft gezogen wurde. Diese Vegetationszone ist charakterisiert durch eine fast immerwährende, feuchte Kälte und durch immergrüne, bis zu 60 Meter hohe Urwaldriesen, wie etwa die Schwarzeiche, die Süße Zeder, die mit mächtigen Brettwurzeln ausgestattete Nargusta, aber auch Zypressen und die etwas kleiner geratenen Magnolien. In dieser Zone finden sich ferner u.a. verschiedene Bromelien, Bergpalmen, Baumfarne und Orchideen.

Was die **Fauna** betrifft, so hat man über 250 Arten von Amphibien und Reptilien und um die 400 Arten verschiedener Vögel im Park entdeckt. Hier beheimatet sind auch Tapire – nirgendwo anders im Land sind sie noch derart zahlreich zu finden –, ferner Pumas und Jaguare, die man aber nur ganz ausnahmsweise zu Gesicht bekommen dürfte.

Es lohnt sich dagegen, nach dem Quetzal, dem schön gefiederten Wappenvogel Guatemalas, Ausschau zu halten, auch wenn er nicht so leicht zu entdecken ist wie verschiedene Spechtarten, die immerhin durch ihr Klopfen auf sich aufmerksam machen. Ansonsten bestehen noch gute Chancen, Wildschweine, Kolibris, Panamaschopfohren u.v.m. im Park zu sichten. Wer Glück hat, dem mag auch mal ein Fischotter, ein baumbewohnender Zwergameisenbär mit einer ausgeprägter Vorliebe für Kapokbäume, ein (sich ebenfalls vorwiegend in Bäumen aufhaltendes) Mittelamerikanisches Katzenfrett oder ein Schlankbär begegnen, was in anderen Parks eher seltener der Fall sein dürfte.

Reisepraktische Informationen Parque Nacional Chirripó

i   **Information und Reservierung**
Der Nationalpark Chirripó ist aktuell äußerst beliebt, gleichzeitig sind seine Öko-systeme aber gegenüber zu vielen Besuchern äußerst anfällig, sodass schon vor etlichen Jahren ein Reservierungssystem eingeführt wurde, mit dem allerdings immer wieder experimentiert wird. Das bedeutet, dass sich die Regelungen ändern können. Aktuell ist eine Reservierung nur von Mo–Fr 7–17 Uhr und telefonisch möglich. **Zentrale Reservierungsstelle**, ☎ 2742 5083 (englischsprachige Ranger; u.U. mehrmals versuchen).
Es empfiehlt sich angesichts des allgemeinen Andrangs eine **langfristige Reservierung** (mindestens zwei Monate im Voraus). Der Höchstaufenthalt beträgt 3 Tage. In der zweiten Maihälfte und im Monat Oktober ist der Park **geschlossen**. Die **Kosten** von aktuell 15 US$/Tag können nach der Ankunft in Costa Rica per Bankanweisung beglichen werden.
Man kann sein Glück aber auch über die Beauftragung einer **Reiseagentur** versuchen. Die Agenturen, die Trips auf den Berg anbieten, nutzen die Zulassungsbeschränkungen allerdings dazu aus, überhöhte Tarife durchzusetzen.
Nach der Ankunft in San Gerardo sollte man sich schnellstmöglich in der **Ranger Station** (geöffnet 6.30–16.30 Uhr) anmelden. Die **Verwaltung** (MINAE) ist unter ☎ 2771 4836 zu erreichen.
Ohne Reservierung besteht vor Ort die Möglichkeit, dass irgendjemand von seiner Reservierung keinen Gebrauch macht und man einspringen kann. Zudem werden neuerdings pro Tag an die ersten 10 Personen, die morgens um 6.30 Uhr vor dem National-parkbüro stehen, Permits für den Folgetag verkauft.

Unterkunft
Übernachten im Park kann man nur im **Basislager** Base Crestones, ☎ 2770 8040 (nur vormittags). 10 US$/Nacht, wofür man neben dem Dach über dem Kopf noch eine der 60 Matratzen in einem 4-Bett-Zimmer mit Stockbetten zur Verfügung gestellt bekommt. Küche, Toiletten und kalte Duschen. Trinkwasser, aber keine Verpflegung. Für wenige Stunden gibt es Strom, den man der Sonne verdankt. Ein warmer Schlafsack leistet gute Dienste, die Temperaturen sind besonders nachts sehr kühl. Vorreservierung (s.o.) dringend notwendig.
Unterkünfte in San Gerardo de Rivas s. S. 455.

Vorbereitung und Hinweise zum Chirripó-Aufstieg
Wie man sich optimal auf den Aufstieg vorbereitet, hängt von persönlichen Vorlieben, physischen Fähigkeiten und dem jeweiligen Geldbeutel ab.
Wer ausreichend Geld hat, mietet sich für den Aufenthalt im **Basislager** (s.o.) auf 3.400 m Höhe alles, was er braucht, wie zum Beispiel Schlafsack, Decken oder Gaskocher, wofür man pro Tag zusammen etwa 8–15 US$ aufwenden muss. Auch Gaskartuschen sind zu erwerben. Da hoch oben kein Essen serviert wird (Trinkwasser ist vorhanden), ist es notwendig, für die **Verpflegung** selbst zu sorgen. Hierzu besteht die Möglichkeit, bei einem der örtlichen Hotels eine Rundumverpflegung zu buchen, was für 3 Tage mit etwa 80 US$ zu Buche schlägt.
Für das **Gepäck** kann ein costa-ricanischer „Sherpa" angeworben werden. 14 kg kosten so 40–60 US$ pro Strecke. Wer es lieber einem Vierbeiner anvertraut, der bezahlt für 35 kg einen Preis in vergleichbarer Größenordnung. Selbst auf den Rücken eines Pferdes

steigen darf man allerdings nicht und Packpferde dürfen nur dann in den Park, wenn es nicht zu viel geregnet hat. Wer all dies nicht braucht oder nicht bezahlen kann, der muss seinen Bedarf auf dem eigenen Rücken nach oben bringen. Alles Überflüssige kann man entweder in seiner Unterkunft in San Gerardo lassen oder zur Not bei den Rangern zur Aufbewahrung abgeben.

Zum **Start der Wanderung** *gegen 5/6 Uhr am Morgen besteht mitunter die Möglichkeit, den ersten Teil der Strecke bis zum sogenannten Termómetro mittels einer Mitfahrgelegenheit zurückzulegen. Das eine oder andere Hotel bietet seinen Klienten diesen Service auch zu einem späteren Zeitpunkt an, wobei zu beachten ist, dass man den* **Aufstieg** *(mind. 6 Std. Gehzeit) nicht nach 10 Uhr beginnen darf, da sonst nicht sichergestellt ist, dass es jeder Besucher auch bis Einbruch der Nacht zum Basislager schafft. Der Weg ist* **beschildert**.

Am nächsten **Morgen** *geht es dann früh hoch zum Gipfel (mind. 2,5 Std. Gehzeit) und am gleichen Tag wieder in mind. 4 Std. zurück nach San Gerardo.*

Man sollte **immer eine Übernachtung** *und damit zwei Tage für die Tour einplanen, Tageswanderungen auf den Gipfel und zurück sind nicht zu empfehlen! Nicht schwindelfreie Menschen sollten den Aufstieg besser unterlassen. Generell sollte man* **körperlich fit** *sein, wandertaugliche Kleidung und feste Schuhe tragen.*

Verkehrsverbindungen
Mit dem Bus nach San Gerardo de Rivas, s. S. 456.

Von San Isidro de El General nach Palmar Norte

Auf der Hauptstrecke, der Interamericana, geht es nun knappe 60 km in südöstlicher Richtung, bis man die die Ausläufer von Buenos Aires erreicht. Als Alternative von San Isidro bietet sich ein Besuch der Pazifikküste an – die Surferstadt Dominical ist nur ca. 30 km entfernt (Strecke umgekehrt beschrieben s. S. 438).

Die Interamericana verläuft ungefähr parallel zur Küstenlinie – allerdings im Abstand von gut 20–25 km Luftlinie. 15 km hinter San Isidro überquert man den **Río Chirripó**, der sein Quellgebiet im gleichnamigen Nationalpark hat. Im Folgenden ist die Fahrt durch eine hügelige Landschaft eher unspektakulär.

Buenos Aires

Nachdem der Highway nur am Rand der Stadt vorbeiführt, muss man nach links abbiegen, um ins ca. 3 km entfernte Zentrum zu kommen. Die Stadt, die für Touristen kaum etwas Interessantes bietet, liegt im ursprünglichen Siedlungsgebiet des indigenen Volkes der Boruca, erst nach 1870 drangen weiße Kolonisten hierher vor. Heute ist die Stadt vor allem vom **Ananas-Anbau** geprägt.

In Buenos Aires hat die Fundación Dúrika ihren Sitz (*100 m östlich und 25 m südlich der National Bank of Costa Rica,* ☎ *2730 0657, www.durika.org*), die das 16 km nordöstlich gelegene, 85 km² große **Dúrika Biological Reserve** verwaltet, in welchem (geführte) Wanderungen und Tierbeobachtungen ebenso wie Übernachtungen $–$$$ möglich sind. Ein Tico-Restaurant versorgt Hungrige mit ausschließlich vegetarischen Gerichten. Für ein Taxi von der Stadt zum Reserve ist mit mindestens 35 US$ zu rechnen.

Ananasplantage

Nordöstlich von Buenos Aires liegen auch die **Reservas Indígenas** der Boruca mit den zentralen Orten Ujarrás, Salitre und Cabagra. Da das indigene Volk – anders als etwa viele Indianer Guatemalas – nahezu vollständig „costa-ricanisiert" ist, darf man sich von einem Besuch dieser Orte kein Eintauchen in eine „andere Welt" erwarten, sieht man davon ab, dass die überlebenden Ureinwohner – wie auch in anderen Reservas des Landes – für gewöhnlich zu den Ärmsten der Armen gehören. Lediglich ein Teil der Frauen und Mädchen trägt noch die Ansätze von traditioneller Kleidung, manche Männer weisen einen speziellen Haarschnitt auf. Als eine Art Reminiszenz an die indigene Tradition der Gegend finden sich relativ häufig mit Palmwedeln gedeckte Restaurants und Kneipen im Palenquestil. Und manchmal taucht ein kleiner Stand am Rande der Interamericana auf, an welchem die Indianer ihre Kunsthandwerksprodukte (*artesanías*) zu verkaufen versuchen. *Indigene Traditionen*

In der Umgebung von Buenos Aires kommen auch die an **Petroglyphen** Interessierten, denen die wenigen Beispiele in Guayabo nicht genügt haben, auf ihre Kosten.

 ### Unterkunft in Buenos Aires
Cabinas Kanajaka $–$$, 1 km hinter dem Abzweig zur Stadt, ☎ 2730 0207. Familienbetrieb mit 18 Zimmern mit Bad, ac, Wi-Fi.
Cabinas Mary $–$$, 2 km hinter dem Abzweig zur Stadt, ☎ 2730 0187. 10 einfache Zimmer.

 ## Routenhinweis

Nachdem man auf der Weiterfahrt hinter **Brujo** den Río General überquert hat, gewinnt die Straße allmählich an Höhe, die Landschaft wird bergiger und partiell weitaus „urtümlicher" als bislang, die Bergketten treten näher an die Straße heran. Ackerbau kann nur entlang des Flusses auf schmalen Landstreifen betrieben werden. Etwas weiter südlich kommt man an den Anfängen des **Staudammprojekts El Diquís** vorbei, das allerdings aufgrund massiver Proteste nun doch noch so abgeändert werden soll, dass es die in seinem Einzugsbereich liegenden indi-

genen Gebiete nicht mehr so stark beeinträchtigt, wie noch im ersten Planungs-
entwurf vorgesehen.

Die Straße biegt – etwa 13 km nach dem Passieren der Brücke über den Río General – hinter Paso Real in südwestlicher Richtung nach Palmar Norte ab. Knapp
12 km weiter führt eine Straße nach rechts zum Ort **Boruca**, der für die *Fiesta de
los Diablitos* um die Jahreswende bekannt ist. Dabei wird in eindrucksvollen
„teuflischen" Kostümen die Schlacht mit den Spaniern dargestellt. Wer außerhalb
dieser Zeit Boruca einen Besuch abstatten möchte, muss mit dem nach langjähri-
gem Kampf im April 2006 eröffneten **Indianermuseum**, das in einem traditionellen Rancho untergebracht ist, vorliebnehmen. Hier werden u.a. die bei den Tän-
zen verwendeten Masken zur Schau gestellt.
Museo Comunitario Indígena de Boruca, ☎ *2730 1673. Geöffnet 9–16 Uhr.*

Palmar Norte

Palmar kann man als Doppelstadt begreifen. **Palmar Norte** ist das Subzentrum
des von Bananenplantagen dominierten **Diquís-Tals**.

info

Die rätselhaften Steinkugeln der Diquís

In diesem Gebiet siedelte einst das **Volk der Diquís**, die die meist aus Granit gefertigten Steinkugeln herstellten, deren Zweck bis heute noch nicht enträtselt ist. Diese
Kugeln wurden im freien Gelände aufgestellt, allerdings fand man sie in Grä-

bern als auch in deren unmittelbarer Umgebung, was die archäologische Interpreta-
tion ihrer Bedeutung nicht unerheblich erschwert. Bei der Anlage der Bananenplantagen wurden in großem Umfang historische
Zeugnisse dieser Kultur zerstört, gleichwohl ist zu hoffen, dass bei einer etwaigen
Umsetzung des 2001 bei der UNESCO einge-
reichten Vorschlags, einen **Nationalpark**
für diese vorkolumbianischen Steinkugeln
zu schaffen und diesem den Status als
Weltkulturerbe zu verleihen, wenigstens
Schadensbegrenzung betrieben werden
kann. 2013 wurde nahe der Finca 6 zwischen Sierpe und Palmar Norte bereits ein
Museum eröffnet (s. S. 510), das die verschiedenen Theorien rund um die *Esferas*
erläutert.

Wenn es nach Ivar Zapp geht, dem Autor eines abstrusen Werks mit dem Titel „Atlan-
tis in America", dann sind die Hersteller
der Steinkugeln vom Stamme der Huetar
die Erben einer vor ca. elf Jahrtausenden in
Costa Rica und Umgebung existierenden Hochkultur, die aufgrund des Einschlags
von einem Meteoriten in den Nicaraguasee vernichtet worden ist. Die Steinkugeln, so
seine Version, hätten in jener Zeit als Wegmarkierungen Verwendung gefunden.

Für den Reisenden dürfte Palmar Norte ansonsten lediglich insofern interessant sein, als dass die auf der anderen Seite des Térraba liegende **Schwesterstadt Palmar Sur** über einen Flughafen verfügt und man von Palmar Norte aus mit dem Bus nach Sierpe, dem nördlichen Einfallstor der Peninsula Osa, oder mit einer Kombination von Bus und Boot zur Bahía Drake kommen kann. Wer nicht mit dem frühesten Bus von San José aus aufbricht, um dorthin zu gelangen, wird allerdings mit ziemlicher Sicherheit gezwungen sein, eine Nacht **Zwischenstation** in Palmar Norte zu machen.

Reisepraktische Informationen Palmar Norte

 Unterkunft
Hotel Casa Amarilla $–$$, C. 149, Av. 5 und 7, ☎ 2786 625. 20 Zimmer, einfache mit Ventilator in traditionellem Holzhaus und neue mit Bad und ac im Anbau. **Restaurant** mit lokalem Essen und Bar, günstig.
Hotel y Cabañas Osa $$, C. 145, Av. 7 und 9, ☎ 8722 8323 o. 8825 1100, http://hotelosa.com/palmar-norte. 20 einfache Zimmer mit Bad und ac, Wi-Fi.
Hotel Tico Aleman $$, 50 m östlich der Nationalbank, links der Interamericana, ☎ 2786 6232. 25 einfache Zimmer mit Bad, z.T. Ventilator bzw. ac. Großer Parkplatz.

Essen und Trinken
Victoria, C. 143, Av. 9 und 11. Chinesische Gerichte für 8–10 US$.

 Ausflüge
Von Palmar bietet sich ein Besuch der etwa 30 km südwestlich bei Sierpe gelegenen Mangrovenwälder im **Humedal Nacional Térraba Sierpe** (s. S. 509) an, die zu den größten ihrer Art weltweit zählen. Damit kann man sich bspw. die Zeit vertreiben, so man die Abfahrt eines der Boote von Sierpe zur **Bahía Drake** (s. S. 504) versäumt hat. Ob es sich lohnt, die Weiterfahrt planmäßig um einen Tag zu verschieben, sei dahingestellt, da man bei der Fahrt zur Bucht von Drake auch der Mangroven ansichtig wird.

Verkehrsverbindungen
Ciudad Neily: Von Palmar Norte fahren Busse der Fa. Transportes **Térraba** (C. 143, Av. 7 und 9, ☎ 2783 2554) um 5, 6, 7, 10, 12.30, 14, 15.30, 15.30 und 17 Uhr (1,5 US$). **Tracopa**, ☎ 2786 6511, fährt Ciudad Neily (und **Paso Canoas**) zwischen 7.30 und 18.30 Uhr im Rhythmus von 1–2 Std. (3 US$) an.
San José: In Palmar Norte starten Busse von Tracopa (s.o.) um 4.45, 6.15, 7.45, 10, 13.15 und 18.15, wobei ein Teil der Busse die Interamericana nimmt, ein anderer die Strecke entlang der Küste über Quepos. Ab San José um 5, 7, 8.30, 10, 13, 14.30, 15.30 und 16.30 Uhr. Fahrzeit knapp 6 Std., Ticket 14 US$.
Dominical wird von Transportes Térraba (s.o.) bedient, um 6.30, 8, 12.45 und 16.30 Uhr.
Sierpe: Dorthin existieren Verbindungen (ca. 45 Min. Fahrzeit für 1 US$) um 4, 7, 9.30, 11, 13.30, 14.30 und 17 Uhr. Haltestelle C. 143, Av. 9 und 11. Von Sierpe zurück 5.30, 8.30, 10.30, 12.30, 15.30 und 18 Uhr.
Puerto Jiménez: Ein Bus auf die Osahalbinsel startet in Palmar Norte um 10.30 Uhr. Palmar Sur verfügt über einen **Airport**, sodass man nach Palmar auch fliegen kann, z.B. mit Nature Air (www.natureair.com).

Der tiefe Süden:
Richtung panamaischer Grenze

Von Palmar Norte führt die Interamericana in südöstlicher Richtung über Piedras Blancas (ca. 35 km) und Ciudad Neily (ca. 76 km) **zur panamaischen Grenze** bei Paso Canoas (ca. 93 km). Unterwegs durchquert man das frühere Bananenanbaugebiet der United Fruit Company, das in den 1940er-Jahren von der Karibik- auf die Atlantikseite verlegt worden ist. Von jener Zeit zeugt auch noch das Eisenbahnnetz, das die Plantagen der Gesellschaft in Panama und Costa Rica untereinander verband.

Redaktionstipps

➤ Welche Nation hat in Costa Rica ihren eigenen Regenwald? Die **Österreicher** (s. S. 465).
➤ **San Vito** (s. S. 470) bietet Reste italienischen Flairs. Von hier aus ist es nicht weit zur Station Altamira, die den besten Zugang zum riesigen **Parque Internacional La Amistad** (s. S. 474) bietet, und zum **Jardín Botánico Wilson** (s. S. 472), dem vielfältigsten botanischen Garten des Landes.

Das Gebiet ist nicht unbedingt dicht besiedelt, selten taucht ein Weiler oder eine Streusiedelung auf. Auch unter touristischen Aspekten kann die Region nicht als erschlossen bezeichnet werden, Unterkünfte haben wie Restaurants (außer einiger Bars) Seltenheitswert. Weidewirtschaft und Palmenplantagen, im Einzelfall allerdings auch heute noch Bananen, sowie anfangs noch ausgedehnte Reisfelder dominieren die Umgebung. An die Stelle der Reisfelder treten dann „Baumschulen", in welchen Setzlinge schnell wachsender Baumarten primär zur Holzgewinnung herangezogen werden.

Der Ort **Piedras Blancas** ist lediglich ein Namensvetter des nahegelegenen Nationalparks und hat keinen Zugang zu diesem, dazu muss man noch 12 km weiter bis nach **Villa Briceño**, wo eine Straße 3 km nach **Gamba** und zum Park führt.

Parque Nacional Piedras Blancas

Der knapp 150 km² große Nationalpark, der noch über ein maritimes Anhängsel von 1,2 km² verfügt, ist auf den ersten Blick noch relativ jung. Er wurde auf der Basis eines Dekrets vom April 1994 geschaffen, welches aber nur den Zweck hatte, dem ursprünglich zum Parque Nacional Corcovado gehörenden Territorium einen autonomen Status zu verleihen. Der Park hat noch

Der Río Esquinas fließt durch den Nationalpark

keine touristische Infrastruktur, was aber nicht bedeutet, dass man ihn nicht besuchen könnte. Er wird teilweise von Touren angefahren und angeritten. Ansonsten sind es nur vereinzelte Besucher, die den Weg hierher finden.

Klimatisch weist der Park im Vergleich zu den umliegenden Schutzgebieten keine Besonderheiten auf. Sein Zweck besteht primär im Schutz des dortigen tropischen Regenwaldes und des Mündungsgebietes des Río Esquinas, ferner bildet der Park den Teil eines biologischen Korridors.

Bosque Esquinas – der „Regenwald der Österreicher"

In unmittelbarer Nähe und in enger Zusammenarbeit mit dem Park hat in den letzten Jahren der Verein „Regenwald der Österreicher" Privatland aufgekauft, um dafür zu sorgen, dass dieses unter Schutz gestellt werden konnte. Daneben widmet sich diese Organisation im Zusammenwirken mit dem Zoo Ave (s. S. 184) der Wiederauswilderung von Aras sowie anderen Tieren und betreibt eine Forschungsstation, die überwiegend von Studierenden und Forschern des Instituts für Botanik der Universität Wien genutzt wird. Österreicher können hier neuerdings ihren Zivildienst ableisten.

Informationen unter *www.regenwald.at*, in der Forschungsstation La Gamba (*www. lagamba.at*) oder in der Esquina Rainforest Lodge (s. S. 466), die zum Verein gehört.

info

Flora und Fauna

Im Park finden sich etliche 50–70 m hohe **Urwaldriesen**, die von Epiphyten und von angesichts der hohen Feuchtigkeit prächtig gedeihenden Moosen bedeckt sind. Unter ihnen sind insbesondere Purpurholz-, Espavel-, Virola- und Kapokbäume sowie die an ihren in Trauben wachsenden roten Blüten gut erkennbaren Pilonbäume weit verbreitet.

Neben den nicht zu seltenen Nasen- und Waschbären, Tieflandpacas und Halsbandpekaris besteht zumindest die prinzipielle Möglichkeit, in diesem Park auf den einen oder anderen Jaguar oder zumindest auf ein Ozelot zu treffen. Aus der Affenfamilie sind Brüll- und Kapuzineraffen im Park vertreten. Von den Vögeln sind Weißbussarde, Laucharassaris und Kurzschnabeltauben überdurchschnittlich häufig zu sichten. Insbesondere im Uferbereich sind Aras, Quetzale, Cabanisdrosseln, Kolibris, Tukane, Pelikane, Krabbenbussarde und Mohrenguane anzutreffen.

Reisepraktische Informationen Parque Nacional Piedras Blancas

Information
Geöffnet tägl. 8–16 Uhr. Eintritt 10 US$.
Die **Rangerstation El Bonito**, ☎ 2775 2620, *ist gut ausgestattet. Sie verfügt über einen Campingplatz, Unterkünfte und die üblichen sanitären Einrichtungen.*
Kontakt zu lokalen **Guides** *kann man unter* ☎ 8968 8982, www.aguiturpb.com, *aufnehmen.*

Unterkunft in Gamba
Cabinas Yarielis $–$$, ☎ 2775 1949. 6 Zimmer.
Esquinas Rainforest Lodge $$$–$$$$, ☎ 2741 8001, www.esquinaslodge.com.
14 Zimmer mit Bad und Ventilator sowie eine Dschungel-Villa für Familien und eine
Strandhütte. Bibliothek, Shop, Bar und **Restaurant**.

Verkehrsverbindungen/Anreise
Mit dem Bus *von Palmar Norte nach Ciudad Neily/Paso Canoas (s. S. 463)*
bzw. Golfito. Absetzen lassen sollte man sich in **Villa Briceño**, *so der Name des Ört-*
chens auf der Landkarte. Bei der lokalen Bevölkerung heißt es **„37"** *(spanisch: Treinta y*
Siete), die Bezeichnung ist ein Erbe aus der Bananenplantagenzeit, in der es üblich war,
Abschnitte oder auch Orte nur mit einer Kilometerangabe zu benennen.

Kolibri an einer Tränke

Gegenüber des Soda La Perla bzw. dem
Centro Social (einem kleinen Lädchen
bzw. einer Bar) biegt in der Umgebung
der Haltestelle ein Sträßchen in Richtung
Südwesten ab. Es führt in das ca. 6 km
entfernte **Gamba**. *Eine Busverbindung*
gibt es nicht, sodass man sich entweder
mit dem Taxi oder aber per pedes zum
Zielort begeben muss. Bei der Zufahrts-
straße nach Gamba handelt es sich um
eine breite, gut ausgefahrene Schotter-
straße. Sie ist allerdings unbeschattet, so-
dass man diesen Weg **zu Fuß** *(ca.*
1,5 Std.) nicht unbedingt um die Mittags-
zeit gehen sollte.
Die Esquinas Rainforest Lodge befindet
sich noch knappe 2 km weiter in Richtung Golfito. Man geht von den Cabinas Yarielis aus
weiter geradeaus und bevor eine kleine Brücke zu überqueren ist, biegt man rechts ein.
Vorbei an einer Polizeistation kommt man nach 100 m zu dem links des Wegs liegenden
Posten **Centro Operativo La Gamba**, *wo man sich anmeldet.*

 Routenhinweis

Zurück auf der Interamericana sind es ab Villa Briceño nach **Río Claro**, von wo
man auch nach Golfito abbiegen kann, ca. 15 km, nach Ciudad Neily nochmal
15 km.

Ciudad Neily

Über diese Stadt mit weniger als 20.000 Einwohnern, die mitunter auch als *Villa*
Neily (bzw. *Neilly*) bezeichnet wird, gibt es nicht viel mehr zu sagen, als dass es sich
bei ihr um das Zentrum des schwül-warmen Tals des Río Coto Colorado handelt.
Neily spielt zudem noch eine gewisse Rolle als **Verkehrsknotenpunkt** und für
Panamaer als „Einfallstor" nach Costa Rica. Angesichts des Problems, dass Touris-
ten eher nicht für einen längeren Aufenthalt bleiben, wirbt ein Hotel mit Ausflügen

zu *„una cascada, la frontera, los indios"*, also „zum Wasserfall, zur Grenze und zu den Indianern"… Gleichwohl lohnt zumindest ein kurzer Halt, um den neu gestalteten **Stadtpark**, in welchem die nahezu unvermeidlichen Steinkugeln (s. S. 462) selbstverständlich nicht fehlen, in Augenschein zu nehmen und vielleicht auch noch einen Blick auf die moderne Kirche zu werfen, die einen doch recht ungewöhnlichen Turm aufzuweisen hat.

Reisepraktische Informationen Ciudad Neily

Unterkunft/Essen und Trinken

Cabinas Helga $$, *vom Tracopa-Busterminal einen Block nach Süden, dann nach rechts,* ☎ *2783 3146. 13 einfache Zimmer mit Bad, z.T. mit Ventilator bzw. ac – etwas fantasielos, aber ordentlich.*

Hotel Andrea $$–$$$, *beim Tracopa-Busterminal, gegenüber dem I.C.E-Büro,* ☎ *2783 3784 o. -3715, www.hotelandreacr.com. 48 moderne und saubere Zimmer mit Bad und ac. Neues Gebäude im neoklassizistischen Stil – erstes Haus am Platz. Das* **Restaurant** *serviert italienische und einheimische Gerichte, Fisch 8–20 US$ – gutes Preis-Leistungs-Verhältnis.*

Das **Restaurant La Moderna**, *C. de Comercio,* ☎ *2783 3097, serviert zudem von 6.30–22.30 Uhr ein lokales Standardangebot, z.B. Casado für 10 US$.*

Verkehrsverbindungen

Alle Busse, die von San José bzw. von San Isidro de El General aus zur panamaischen Grenze unterwegs sind, fahren durch Neily und legen hier einen Stopp ein. Gleiches gilt für die Busse in umgekehrter Richtung.

San José: *In die Hauptstadt geht es in ca. 8 Std. (14 US$) um 4, 5, 8.30, 11.30 und 17 Uhr mit* **Tracopa**, ☎ *2221 4214. Von San José um 5, 13, 16.30 und 18.30 Uhr.*

San Isidro de El General: *ab Neily um 7, 10.30, 13.15 und 15.30 Uhr in 5 Std. (4 US$). Zurück um 4.45, 6.30, 12.30 und 15 Uhr. Ebenfalls mit Tracopa (s.o.).*

San Vito: *Dorthin geht es um 6, 9, 11, 12.30, 15, 16 und 17.30 Uhr (2 Std., 2 US$).*

Golfito: *von Neily zwischen 5.20 und 19.30 Uhr nahezu stündlich in knapp 2 Std. für 1,5 US$ (gleiches gilt für den Gegenverkehr). Transportes* **Térraba**, ☎ *2732 2306.*

Palmar Norte: *Nach Palmar geht es u.a. um 4.45, 8, 9.15, 12.30, 14.30, 16.30 und um 17.45 Uhr.*

Dominical: *Erreichbar in 4 Std. (5 $) mit Transportes Térraba (s.o.), über Río Claro, Palmar und Ciudad Cortés. Abfahrtszeiten 6, 11 und 14.30 Uhr.*

Uvita: *Nach Uvita fährt man um 4.45 und 8 Uhr für 4 US$ in 3 Std.*

(Playa) Zancudo: *Ein für die Strecke bis zum am Meer gelegenen Zancudo nahezu 3 Std. benötigender Bus,* ☎ *2783 3227, verlässt den Busterminal von Ciudad Neily um 9.30 und 14.15 Uhr (retour 5 sowie 12 Uhr).*

Es besteht auch die Möglichkeit, **per Flugzeug** *nach Neily zu reisen. Die nächstgelegenen Landemöglichkeit liegt etwa 6 km entfernt in Coto 47 und wird mit Neily durch einen Bus verbunden, der zwischen 9 und dem Einbruch der Dunkelheit etwa alle zwei Stunden zur Finca 40 fährt.*

Krankenhaus

Hospital de Ciudad Neilly, *von der Ortseinfahrt aus 2 km in Richtung Paso Canoas, bei der Tankstelle,* ☎ *2785 9600.*

> ## Routenhinweis
>
> Von Ciudad Neily aus sind es dann noch ca. 18 km km bis zum costa-ricanischen Grenzort Paso Canoas.

Paso Canoas

Der Grenzort ist trotz seiner über 7.000 Einwohner recht unspektakulär. Für Costa-Ricaner ist der Grenzübergang insofern von besonderem Interesse, da in Panama vieles billiger zu haben ist als in ihrem Heimatland. Für Touristen ist dieser Ort praktisch nur als **Grenzübergang nach Panama** interessant.

Reise-varianten durch Panama

Wer noch nicht an der costa-ricanischen Karibikküste war und nicht auf identischen Pfaden (also über San José) zurückreisen möchte, kann nach dem Grenzübertritt Richtung Südwesten nach **David** weiterfahren und sich von dort aus über Chiriquí Grande nach Almirante begeben. Von Almirante aus kann man dann entweder der Inselwelt des *Archipiélago de Bocas del Toro* einen Besuch abstatten oder aber über Changuinola und Guabito den costa-ricanischen Grenzort **Sixaola** (s. S. 559) ansteuern, von wo aus man dann den Osten Costa Ricas entdecken kann. Wer sich die Beschwerlichkeiten einer Überlandreise zur Karibik ersparen will, fährt weiter nach Panama-Stadt und nutzt dort die relativ günstigen Inlandflüge nach Bocas del Toro.

> ## Einreiseformalitäten und Verkehrsverbindungen nach Panama
>
> Bei der **Einreise** nach Panama muss neben einem **Reisepass**, der noch mindestens drei Monate gültig sein muss, ein **Rückflugticket** ins Heimatland oder ein gültiges Weiterreiseticket auf dem Land- oder Luftweg vorgezeigt werden. Außerdem ist darauf zu achten, dass sowohl die Ausreise aus Costa Rica als auch die Einreise nach Panama durch einen Stempel im Reisepass dokumentiert wird. Fehlen die Stempel, kann es zu Schwierigkeiten bei der Wiedereinreise kommen.
> Vor der Reise sollte man die aktuelle Situation unbedingt bei offiziellen Stellen erfragen! Denn in letzter Zeit gab es Fälle, bei denen die Vorlage einer Rückfahrkarte mit dem Bus nach San José nicht mehr ausreichte, sondern ein Rückflugticket aus Panama vorgelegt werden musste. Dies gilt wahrscheinlich aber nur bei dem Verdacht, dass der Passinhaber aus- und wieder einreist, um zum wiederholten Male ein Touristenvisum (bis zu 180 Tage) für Costa Rica zu bekommen.
>
> Beim Ein- bzw. Ausreiseprozedere bieten einem in Paso Canoas mitunter **„Experten"** ihre Dienste an und fordern dann nicht unerhebliche Geldbeträge. Man kann, auch wenn es zunächst etwas verwirrend erscheint, alle Formalitäten selbst erledigen und ist insofern nicht auf derartige Unterstützung angewiesen. Diese „Helfer" haben keinerlei offizielle Funktion!
>
> **Direkt mit dem Bus nach David/Panama** (offiziell *San José de David*) ab San José um 7.30 und 12 Uhr. Fahrtdauer ca. 9 Std. Ab David zurück um 8.30 und 12.30 Uhr.
> **Tracopa**, ☎ *2221 4214 (San José)* oder *(507) 775 0585 (David).*

Reisepraktische Informationen Paso Canoas

🛏 Unterkunft

Cabinas Familiares Hilda $, ☎ 2732 1632. *9 einfache Zimmer mit Ventilator (ac gegen Gebühr).*
Hotel Azteca $–$$, ☎ 2732 2217. *57 kleine Zimmer mit Ventilator bzw. ac, z.T. mit Bad.* **Restaurant** *im Haus.*
Hotel El Descanso $$, ☎ 2732 2261. *60 einfache Zimmer mit Ventilator und Bad.*
Hotel Los Higuerones $$, ☎ 2732 2157, *www.hotelloshiguerones.com. 39 etwas kahle, aber saubere Zimmer mit Bad und ac. Das Hotel ist ruhig gelegen.*

🍴 Essen und Trinken

Fabo Pizza Express. *Pizza und Pasta, günstig.*
Restaurant Tico Pollo. *Einfache Speise, insbesondere Hähnchen.*
Restaurant Interamericano. *Internationale und einheimische Küche, Seafood, Casado z.B. 4 US$.*

🚗 Autovermietung

Solid, *über Büro in Golfito*, ☎ 2775 3333, *www.solidcarrental.com.*

🚌 Verkehrsverbindungen

Von Paso Canoas nach **Ciudad Neily** *fahren zwischen 6 und 18 Uhr alle ½ Std. Busse. Nach* **Pavones** *fahren zwei Busse tgl. und zwar um 9 und um 14 Uhr.*
San José: *In die Hauptstadt geht es in 6 Std. täglich*

Unvermeidliches Souvenir: ein Panamahut

um 4, 8 und 16.30 Uhr. Abfahrten ab San José (C. 5, Av. 18 und 20) täglich um 5, 7.40, 10.15, 13, 15, 16.30, 18.30 und 22 Uhr (letzterer nur freitags). **Tracopa**, ☎ 2221 4214 *(San José) o. 2732 2119 (Paso Canoas).*

Über San Vito nach Ciudad Neily oder zum Parque La Amistad

Wer nicht möglichst schnell zur panamaischen Grenze will und eine eher schlecht ausgebaute Straße nicht scheut, der kann 85 km hinter San Isidro de El General bzw. 35 km vor Palmar Norte (Abzweig bei **Paso Real**) von der Interamericana abfahren und das ca. 45 km entfernte und – da auf etwa 1.000 m Höhe liegende – relativ kühle Städtchen San Vito ansteuern.

Die Straße verläuft recht kurvenreich und man sollte, sofern man im Bus anreist, darauf achten, außerhalb der möglichen Reichweite sich übergebender kleiner – mitunter aber auch größerer – Menschen zu sitzen. Wenn man die Fahrt gut verträgt, bieten sich – klares Wetter vorausgesetzt – atemberaubende Ausblicke in die sich beiderseits der Straße hinziehenden Täler. Nach und nach wird mit der Annäherung an San Vito die Umgebung zunehmend von Weideflächen geprägt.

Alternativ kann man auf dem Weg nach San Vito zur Station Altamira des **Parque Internacional La Amistad** (Anreise s. S. 479) gelangen.

San Vito

Das Städtchen ist auch heute noch von seinen italienischen „Gründervätern", die sich hier nach dem 2. Weltkrieg ansiedelten und den Anbau von **Kaffee und Viehwirtschaft** betrieben, geprägt.

Italienische Vergangenheit

Der italienischen Vergangenheit wird auch im Stadtbild gehuldigt: So stehen auf dem **Parque Central** zwei „Denkmäler", die beide auf diese anspielen. Besonders „anrührend" ist ein Brunnen mit einem Kinderpaar unter einem Regenschirm, das in allegorischer Form die italienisch-costa-ricanische Verbrüderung darstellt. Das auf der gegenüberliegenden Seite der Straße ausharrende Standbild eines Pioniers in der Grundstellung *cara al sol* dagegen wäre wohl auch im Italien des Duce nicht als störend empfunden worden. Der sich neben diesem Monument befindliche Dante-Alighieri-Kulturclub bietet den ortsansässigen „Costa-Ricanern mit italienischem Hintergrund" die Möglichkeit, ihre Wurzeln zu pflegen. Den Vorfahren der

Die Italiener bauten hier Kaffee an

in der Umgebung von San Vito auch heute noch lebenden Guaimí-Indianer ist übrigens keine einzige derartige Hommage gewidmet.

Ansonsten dient San Vito heute als **Versorgungs- und Verwaltungszentrum** für die umliegenden Weiler, sodass es mit Geschäften und Supermärkten wohl gefüllt ist und das für den Naturschutz und die Nationalparks zuständige Ministerium MINAE hier über eine Filiale verfügt.

👉 **Routenhinweis**

Von San Vito führt die Straße 237 in das 30 km entfernte **Ciudad Neily** (s. S. 466), das wieder an der Interamericana liegt.

Reisepraktische Informationen San Vito

Unterkunft

Finca Cántaros Camping $, 2,5 km südlich, in privatem Naturreservat (Eintritt 5 US$), ☎ 2773 3760, www.fincacantaros.wordpress.com.
Hotel Rino $$, 50 m nördlich des Parque, im Gebäude „Comercial Alpizar", ☎ 2773 3071, www.hotelrino.com. 13 etwas spartanische Zimmer mit Bad, z.T. mit Ventilator bzw. ac.
Hotel Pittier $$, 200 m östlich des Parque, ☎ 2773 3027. 12 einfache Zimmer mit Bad und Ventilator, Wi-Fi.
Hotel El Ceibo $$–$$$, ☎ 2773 3025. 40 Zimmer mit Bad, Ventilator und ac, z.T. mit Balkon. Italienisches Flair, auch was die Speisen im **Restaurant** betrifft, besonders empfehlenswert: Scallopini. Auch einheimische Gerichte.
Hotel Cuenca de Oro $$–$$$, 3 km nördlich des Zentrums, ☎ 2773 4420, www.hotelcuencadeoro.com. 10 geräumige, mit Holz gestaltete Zimmer inkl. Bad. Günstiges **Restaurant** und Bar.

Essen und Trinken

Pizzería Liliana, 50 m östlich des Parque, ☎ 2273 3080, www.ilprosciuttolerici.com. Einheimische und italienische Küche, insbesondere sehr gute Pizzen.

Ausflüge

Auf der Fahrt nach Ciudad Neily kann man sich den **Jardín Botánico Wilson** (s. S. 472) anschauen, auf welchen man etwa 6 km nach Verlassen San Vitos stößt, oder aber die Höhlen **Cavernas de San Rafael** wenige Kilometer vor Ciudad Neily (bei der Brücke über den Río Corredor) – so sie denn gerade geöffnet sein sollten.
In der Umgebung von San Vito liegen außerdem der **Parque Internacional La Amistad** (s. S. 474) sowie das private Schutzgebiet **Las Tablas** (s. S. 474).

Verkehrsverbindungen

San José: Wer direkt von der Hauptstadt nach San Vito fahren will, nimmt einen der **Tracopa**-Busse (☎ 2771 0468) um 6, 8.15, 12 oder 16 Uhr. Rückfahrt um 5, 7.30, 10 und 15 Uhr. Dauer 7,5 Std.

San Isidro de El General: *Von dort aus wird San Vito um 5.30 und um 14 Uhr angefahren. Rückfahrt um 6 und 12.15 Uhr. Auch mit Tracopa (s.o.). Dauer 5 Std.*

Jardín Botánico Wilson/Ciudad Neily: *Wer dorthin will, kann entweder* **über Agua Buena** *(und damit am Jardín Botánico vorbei) um 7, 7.30, 9, 12, 14 oder 17 Uhr oder* **über Cañas Gordas** *um 5.30 oder 11 Uhr fahren. Um 16 Uhr geht ein Bus ab, mit welchem der Jardín Botánico ebenfalls zu erreichen ist.*

Außerdem verbinden Lokalbusse San Vito mit dem nördlich davon gelegenen **Agua Caliente** *(14 Uhr), mit* **Las Mellizas** *(9, 14 und 17 Uhr), welches ebenso wie* **Río Sereno** *(7, 10, 13 und 16 Uhr) an der Grenze zwischen Panama und Costa Rica liegt, sowie mit dem im Norden von San Vito sich befindlichen* **Santa Elena** *(10, 11.30, 14, 16 und 18 Uhr).*

  Krankenhaus
Hospital de San Vito, *Barrio Tres Ríos*, ☎ 2773 3103.

Jardín Botánico Wilson

Das vom Ehepaar Wilson Anfang der 1960er-Jahre gegründete, auf rund 1.100 m ü. N.N. liegende **Schutzgebiet** stellt mit der Bezeichnung „Botanischer Garten"

sein Licht nicht unerheblich unter den Scheffel. Es präsentiert sich als eine Mischung aus geruhsamer „Hill station" und exzellent gepflegter Gartenschau. An Vielfalt und Weltläufigkeit (60 % der Pflanzen stammen ursprünglich nicht aus Costa Rica) ist der Jardín Botánico Wilson dem Jardín Lankester (s. S. 204) weit überlegen – ganz zu schweigen davon, dass man hier Standards setzt im Hinblick auf die Beschriftung der pflanzlichen „Kleinodien". Angenehm ist zudem, dass bspw. Bromelien, die man in freier Wildbahn mitunter nur extrem hoch über der Erde irgendwo im Geäst der Bäume ausmachen kann, hier von nahem in Augenschein genommen werden können.

Der Garten ist kein reines Schauobjekt, sondern verfügt in Zusammenarbeit mit der 1963 gegründeten **Organization for Tropical Stu-**

Im botanischen Garten der Wilsons

dies (= OTS; Spanisch: Organización para Estudios Tropícales = OET) über eine veritable Forschungskapazität: Laboratorien, Bibliothek und nicht zuletzt ein konferenzgeeignetes Auditorium zeugen davon.

Das Schutzgebiet umfasst den etwa 12 ha großen eigentlichen Gartenbereich. Er ist Resultat der ursprünglichen Idee der Wilsons, hier einen auf Pflanzen spezialisierten kommerziellen Gärtnereibetrieb zu eröffnen. Ferner findet sich in ihm *Ursprünglich* auch die weitaus größere, von Pfaden durchzogene und weitgehend unverfälscht *Gärtnerei* erhaltene (bzw. zum Teil in Wiederaufforstung begriffene) eigentliche **Schutzzone Las Cruces**, die sich mit ihren etwa 2,5 km² fast bis an die Grenzen von San Vito (5 km entfernt) erstreckt. Das Schutzgebiet ist auch Teil des Biosphärenreservats La Amistad.

Der Jardín Botánico ist bei (Hobby-)Ornithologen äußerst beliebt. Eine der Ursachen hierfür ist, dass in ihm bislang über **400 Vogelarten** registriert worden sind. So hoffen die Vogelliebhaber mit gutem Grund auf das erfolgreiche Erspähen etwa eines Blauscheitelpipras, eines Feuerschnabel-Assaris, eines Fleckenbrust-Zaunkönigs, eines Ridgwaykotingas, eines Stirnfleckenorganisten, einer Cayenne-Ralle, einer Schmuck-Amazilie oder einer Weißschopfelfe.

Allerdings kommen auch diejenigen auf ihre Kosten, die nicht nur auf Federvieh spezialisiert sind: Es sind bislang **100 Säugerarten** als Bewohner des Botanischen Gartens identifiziert worden – bei 50 % davon handelt es sich allerdings um Fleder- *Viele* mäuse – ein Prozentsatz, der dem vieler anderer Schutzgebiete entspricht. Da Fle- *Fledermäuse* dermäuse wie etwa die Seidige Kurzschwanzblattnase, die Schnurrbartfledermaus oder die Schwertnase, deren Name ihr Aussehen ganz gut auf den Punkt bringt, meist nachtaktiv sind, dürfte man sie allerdings nur zu Gesicht bekommen, wenn sie sich in einem der von Forschern gespannten Netze verfangen haben.

Reisepraktische Informationen Jardín Botánico Wilson

ℹ️ Information
Geöffnet täglich von 8–16 Uhr. Eintritt 8 US$. Verschiedene Touren für 1–10 Pers. (auch speziell für Kinder) für 20–65 US$.
Organization for Tropical Studies, ☎ 2524 0607, www.ots.ac.cr (unter „Biological Stations" – „Las Cruces").

🛏️ Unterkunft
Wer eine Nacht hier verbringen möchte, kann diesen Wunsch in den relativ luxuriösen Räumlichkeiten der Organisation realisieren. 12 Zimmer $$$, Reservierung unter ☎ 2773 4004.

🚌 Verkehrsverbindungen
Mit dem **Bus** ab San Vito s. S. 472, mit dem **Auto** von San Vito 6 km in Richtung Ciudad Neily.

Zona Protectora Las Tablas

Von San Vito ist Las Tablas, ein privates „Anhängsel" des Parque Internacional La Amistad, erreichbar. Die Schutzzone umfasst knapp 200 km², auf denen ein ausgebauter Wanderweg u.a. durch **Eichenwälder** führt, in denen sich viel Tierisches tummelt. Ursprünglich hatte man sich hier mit dem Anbau von Kaffee beschäftigt, jetzt ist ein neuer Geschäftszweig dazu gekommen: Der Öko-Tourismus.

So man geführte Wanderungen auf dem Gelände, welches dem Großgrundbesitzer und Eigentümer der Hacienda Amistad gehört, unternehmen möchte, kann die u.g. Lodge als Basislager gewählt werden.

Reisepraktische Informationen Zona Protectora Las Tablas

Unterkunft
La Amistad Lodge $$$, ☎ 2200 5037 o. 2289 7667, amistad@racsa.co.cr. 10 Zimmer (z.T. mit Bad) in hölzernem Farmgebäude. **Eintritt** ins Schutzgebiet für Gäste frei.

Verkehrsverbindungen
Um mit dem **Auto** nach Las Tablas zu gelangen, muss man zunächst nach Las Mellizas, von wo aus es ca. 4 km bis zur Lodge sind.
Mit dem **Bus** geht es täglich von San Vito aus um 9, 14 und 17 Uhr nach Las Mellizas (etwa 1 Std., 2 US$). Den Rest muss man laufen bzw. mit der Lodge telefonisch einen Abholtermin vereinbaren.

Parque Internacional La Amistad

Größter Park des Landes

Der **PILA** nimmt in vielerlei Hinsicht eine Sonderstellung ein. Zum einen handelt es sich nicht um einen nationalen Park, sondern um Teile eines grenzübergreifend geschützten Gebietes. Zum anderen ist er mit fast 1.940 km² der mit Abstand größte Park Costa Ricas. Er nimmt mehr als ein Viertel aller geschützten Flächen ein, und in Panama sind noch einmal 2.070 km² ausgewiesen. Der Parque Internacional erstreckt sich über verschiedene **Vegetationsstufen** – vom tiefsten Punkt bei ca. 100 m bis zum höchsten Gipfel, dem Cerro Kámuk mit knapp 3.550 m.

Das Anfang 1982 in den Rang eines Nationalparks erhobene Gebiet erhielt noch im selben Jahr den Status eines **UNESCO-Biosphärenreservates** und ein Jahr später fand es sogar Aufnahme in die Welterbeliste der Organisation. Sowohl zur pazifischen wie zur atlantischen Küste hin schließen sich Reservate der Ureinwohner des Landes an. Deren Vorfahren waren es, die die Kordilleren von **Talamanca** mit militärischen Mitteln während fast der gesamten Kolonialzeit „spanierfrei" hielten.

Der Park bzw. das gesamte Biosphärenreservat ist allerdings trotz seiner relativen Isolation **nicht ungefährdet**. Von Osten drohen die negativen Auswirkungen, die

Sektor Bioley: Blick von der Station Altamira ins Tal

mit dem massiven Ausbau des Tourismus in der Karibikregion zusammenhängen, ebenso wie die mit dem Einsatz von Chemikalien in der Plantagenwirtschaft in Zusammenhang stehenden Folgen für die Umwelt. Begehrlichkeiten wecken zudem Bodenschätze wie Kohle, Kupfer, Gold und Öl, die im Parkgebiet vermutet werden, sowie der Wasserreichtum, den man gerne für Dutzende von Staudammprojekte nutzbar machen möchte. Hinzu kommen überall dort, wo Menschen Zugang zum Park haben, Sünden wie Wilddieberei, Anbau von Marihuana, fahrlässige Inbrandsetzung, Grab- bzw. Schatzräuberei etc.

Flora und Fauna

Größtenteils ist der Parque Internacional von Misch- und Nebelwäldern bedeckt. Zu den herausragenden **Baumarten** (im wörtlichen wie im übertragenen Sinne) gehören u.a. die (costa-ricanische) Schwarzeiche, die bei solchen Pflanzen sehr beliebt ist, die sich auf ihr einnisten, sodass die oft schon per se ein mannigfaltiges Biotop darstellt. Die Mexikanische Ulme wiederum ist, was ihre Holzqualität anbelangt, wenig beliebt, sodass sie nicht gerade von der Ausrottung bedroht ist. Sie kann allerdings bis zu 70 m hoch werden und ragt so über manches Urwalddach hinaus. Dies lässt sich von der Süßen Zeder nicht behaupten, dafür dient deren Holz zur Anfertigung jener Kästchen, die zur Aufbewahrung von Zigarren dienen, da der *Zedern-* reguläre Feuchtigkeitsgehalt des Zedernholzes ziemlich exakt mit dem optimalen *kästchen für* Wert für Zigarren übereinstimmt. Ansonsten lieben auch die costa-ricanischen *Zigarren* „Herrgottsschnitzer" diesen Baum, anders lässt sich nicht erklären, warum sie seit einem halben Jahrtausend immer wieder zu dessen Holz greifen, wenn sie einen neuen Heiligen anfertigen wollen.

Kräftiger und stolzer Greifvogel: die Harpyie

Auch mit einem lebenden Fossil vermag der Park aufzuwarten: Magnolien bestechen nicht nur durch ihre Blüten, sondern auch durch den Umstand, dass es sich bei ihnen um die ersten Bäume der Evolutionsgeschichte handelt, die überhaupt solche hervorbringen konnten. Ungewöhnlich ist ferner, dass in dieser subtropischen Umgebung zumindest hin und wieder eine Zypresse gedeiht, während Nadelbäume ansonsten lediglich in weitaus kühleren Gefilden vorkommen.

Bäume ohne deutsche Namen

Andere Bäume wiederum sind so mit der Region „verwachsen", dass es nicht einmal gängige Namen im deutschen Sprachraum für sie gibt. Hierzu zählen der Amarillón, der bis zu 40 m hoch werden kann und über wohlriechende weiße Blüten und imposante Brettwurzeln verfügt, denen primär eine Stützfunktion im (feuchten) Untergrund zukommt. Sein Holz ist bei Schiffsbauern als überdurchschnittlich resistent beliebt. Gleiches gilt für den 20–35 m hohen Cerillo aus der Johanniskrautfamilie, dessen Holz früher mit Vorliebe für Eisenbahnschwellen Verwendung fand. In präkolumbianischer Zeit nutzen die Menschen seinen gelblichen Saft zum Imprägnieren.

Vor allem in den **Nebelwaldregionen** gibt es Epiphyten wie Bromelien und Orchideen. Diese zeichnen sich dadurch aus, dass sie sich auf ihren Wirtspflanzen niederlassen, um näher am Licht zu sein.

Aufgrund seiner Abgeschiedenheit im schwer zugänglichen Talamanca-Gebiet haben sich **größere Populationen** z.B. an Tapiren, Jaguaren, Tieflandpakas und Weißwedelhirschen gehalten. Hinzu kommen Vertreter von über 250 Reptilien- und Amphibienarten sowie ca. 400 verschiedene Vogelarten wie etwa Pfauentruthühner, Pauraque-Nachtschwalben, Eichelspechte und sogar Harpyien.

Reisepraktische Informationen zu den Sektoren des PILA

Der Park ist in mehrere Sektoren aufgeteilt. Während der Sektor Tres Colinas vom Cerro Kámuk (3.549 m) überragt wird, dominiert der Cerro Pittier (2.844 m) den gleichnamigen Sektor. Der Sektor Santa María wiederum kann mit dem Cerro Cabécar (3.030 m) aufwarten.

Diese drei Sektoren des Parks dürften dem individuellen Traveller jedoch eher verborgen bleiben, da ihm der **Zugang** *zu ihnen mitunter ziemlich schwer gemacht wird. Dies hängt damit zusammen, dass diese Sektoren alle nur mit nicht-öffentlichen Verkehrsmitteln bzw. Langstreckenmärschen zu erreichen sind. Als weitere Gemeinsamkeit weisen sie auf, dass man alles, was im Entferntesten mit städtischer Struktur zu tun hat, erst wieder in San Isidro, Buenos Aires oder San Vito vorfindet.* **In Notfällen** *ist man also auf einen Anruf unter ☎ 911 angewiesen – insofern das Handy Empfang hat oder sich ein Teléfono rural publico in der Nähe befindet.*

Größere Teile des PILA – und hierzu gehören alle eben genannten Sektoren – dürfen von Ortsfremden zudem nur mit einem **lokalen Guide** *(„guía local") zum Tagessatz von gerade einmal 35 US\$ betreten werden.*
Organisation „Red Quercus", ☎ *2743 1184, www.inbio.ac.cr/pila/comunidades_ quercus.htm*
Der Hintergrund dieser Regelung ist neben dem erhöhten Schwierigkeitsgrad dieser Sektoren, dass man sich seit Jahren bemüht, den Bewohnern der Gegend nicht nur den Naturschutzgedanken nahe zu bringen, sondern sie zudem vom unmittelbaren Nutzen des Parque Internacional sowie der Seminare zur Vorbereitung auf ihre Tätigkeit als Guide zu überzeugen. Jeder Besucher, der eine derartige geführte Wanderung bucht, trägt also dazu bei. Unter diesem Aspekt erhofft man sich in Zukunft ein regeres Besuchsinteresse als bislang.

Die Regelung bzgl. der lokalen Guides gilt aber nur zum Teil für den Sektor Bioley, zu welchem die **Rangerstation Altamira** *mit der Parkverwaltung das Einfallstor bildet. Dies scheint sich bislang noch nicht herumgesprochen zu haben, anders wäre es nicht erklärbar, warum im vergangenen Jahr gerade einmal 250 Menschen diesen Sektor besuchten, obwohl die Gegebenheiten in der Station für die Besucher nahezu nichts zu wünschen übrig lassen.*

Folgend eine **kurze Übersicht** *über die genannten Sektoren und deren besondere Gegebenheiten:*

Sector Tres Colinas

Im Sektor besteht die Möglichkeit, eine geführte, mehrtägige Trekking-Tour (vorgeschlagen werden 5–6 Tage) auf den höchsten Berg des Parks, den Cerro Kámuk, zu machen. Um ihn zu erreichen, fährt man nach Potrero Grande, Ausgangspunkt für einen nach Tres Colinas führenden, 23 km langen Fahrweg (über Helechales). Die Nutzung eines allradgetriebenen Fahrzeugs ist notwendig, so man sich nicht zu Fuß dorthin begeben will. Zumindest Potrero Grande ist noch an das nationale Busnetz angeschlossen: Ein Bus von Buenos Aires fährt um 10.30 und 15 Uhr dorthin (zurück um 6.30 und 12.30 Uhr.) In Buenos Aires ist auch ein Büro von MINAE vorzufinden, ☎ 2730 0846.

Nach Potrero Grande muss man – so man nicht auf den örtlichen Trägerservice zurückgreifen will – sein Zelt und alles nötige Equipment (u.a. warme und regenresistente Kleidung) auf dem Rücken tragen.

Eine Basisversorgung ist im Dörfchen Tres Colinas gewährleistet. Lebensmittel können erworben werden und es stehen Kabinen sowie Campingmöglichkeiten zur Verfügung.

Informationen unter ☎ 2742 8090 (Buenos Aires), 814 0889 (Tres Colinas, mobil) o. 2200 5355 (Station Altamira).

Sector Pittier

Der Sektor (auch „Santa María de Pittier" genannt) mit der dort beheimateten Estación Biológica Pittier ist von San Vito aus zu erreichen. Busse verkehren nicht, sodass man für den ca. 30 km langen Anmarsch Richtung Santa Elena auf seine eigenen Ressourcen angewiesen ist. Will man per Auto dorthin gelangen, so bedarf es auch für diesen Weg eines Allradantriebs. Von der Station aus kann ein ungefähr 3 Tage lang dauernder Treck unternommen werden, sofern man sich in Begleitung eines autorisierten Guides befindet. Zur Übernachtung muss man auf ein eigenes Zelt zurückgreifen (Campingplatz ausgewiesen), in der Station selbst kann man im Rangerquartier übernachten.

Informationen unter ☎ 2773 3955 (San Vito) o. 2200 5355 (Station Altamira).

Sector Santa María

Um zum Sektor (auch „Santa María de Brunka" genannt) zu gelangen, biegt man westlich von Buenos Aires auf Höhe Kilometer 184 bei einem Dörfchen namens Santa Marta in nördlicher Richtung ab. Nach 15 km auf einer unbefestigten Straße, die nur mit einem Allradfahrzeug zu befahren ist, befindet man sich in Santa María, wo man eine sehr einfache **Unterkunft** sowie Grundnahrungsmittel bekommt.

Dieser Sektor eignet sich zum einen besonders für ornithologisch Interessierte, zum anderen bietet sich Gipfelstürmern mit dem Cerro Cabécar eine reizvolle und nicht zu schwierige Aufgabe. Man benötigt einen **lokalen Guide**, um in einer in weiten Teilen von „Savannen" geprägten Umgebung 1–2 Tage lang – ohne die Behinderungen durch eine Reservierungsliste wie beim Chirripó – u.a. den Páramo in Augenschein zu nehmen und, so es das Wetter erlaubt, den Blick bis zur Isla del Caño schweifen zu lassen.

Informationen unter ☎ 2742 8090 (Buenos Aires) oder 2200 5355 (Station Altamira).

Sector Bioley (Altamira)

Von allen Sektoren des PILA ist der Sector Bioley am besten und besucherfreundlichsten ausgestattet bzw. gelegen. Insofern soll der Schwerpunkt der Darstellung auf ihm liegen.

Die **Station Altamira** verfügt über vorbildliche sanitäre Einrichtungen sowohl für Camper (5 US$; Platz für 30 Pers.) als auch für diejenigen, die einen der sechs Plätze in Stockbetten (6 US$, inkl. Bettzeug und Decken) ergattert haben. Die auch ansonsten relativ großzügig ausgestattete Station kann mit einigen kleineren Sehenswürdigkeiten aufwarten: In einem Gebäude, das sich oberhalb des „Amphitheaters" befindet, wo auch der Zeltplatz angesiedelt ist, ist eine **kleine Ausstellung** zur umgebenden Natur untergebracht, die hauptsächlich aus Postern, eingelegten Schlangen und weiteren kleineren Objekten besteht. Zudem gibt es eine kleine „Indio-Ecke" als Reminiszenz an die Ureinwohner der Region. Im Verwaltungsgebäude selbst existiert eine Insekten- und Schmetterlingssammlung.

Informationen unter ☎ 2200 5355 (Station Altamira).

ANREISE ZUR STATION ALTAMIRA

Mit dem Auto *(Allrad notwendig) von Paso Real in Richtung San Vito. 15 km beim Dörfchen* **Las Tablas** *(de Potrero Grande) nach Norden fahren. Eine unübersehbare Beschilderung darf man nicht erwarten, sodass man am besten den Kilometerstandszähler nach dem Abbiegen von der Interamericana nicht aus dem Auge verliert. Von Las Tablas aus führt eine ziemlich reifenaufreibende Schotterstraße zum Ort und zur Station Altamira.*

Mit den Bussen *(Langstrecke) zwischen San José bzw. San Isidro de El General und San Vito (s. S. 471), in Las Tablas (de Potrero Grande) sollte man sich absetzen lassen. Von San Vito dauert die Fahrt 50 Min. (3 US$), von San Isidro ca. 4 und von San José ca. 6,5 Std.*
In Las Tablas ist man dann auf einen der beiden Busse angewiesen, die den Weiler zwischen 12 und 13 bzw. 16 und 17 Uhr passieren. Startpunkt ist dabei San Vito (gegen 10.30 bzw. 14.30 Uhr), sodass man auch gleich dort einsteigen kann. Es handelt sich dabei zwar um Busse vom Typ Colectivo, die erheblich länger als die Direktbusse unterwegs sind, doch erspart man sich dann das Umsteigen. Vom Abzweig der Landstraße 237 bei Las Tablas bis zur unterhalb der Station Altamira liegenden, gleichnamigen Ortschaft in 20 km Entfernung braucht der Bus gut 1 Std. (2 US$). Von dort zurück geht es gegen 5 bzw. 14 Uhr. Von der Station Altamira bis zur Bushaltestelle an der Kreuzung braucht man auf dem Rückweg eine knappe halbe Stunde.
Je nach Wetterverhältnissen, die wiederum die Straßenverhältnisse beeinflussen, schafft es der Bus auch manchmal nur bis **El Carmen**, *welches knapp 5 km vor Altamira liegt. Dort kann man in einer einfachen Lodge (☎ 2743 1062) übernachten. Für das leibliche Wohl sorgt lediglich eine kleine Soda.*
Alternativ kann man auch von San Isidro de El General aus einen Bus der Fa. GAFESO nach Buenos Aires nehmen und von dort aus in einem Colectivo nach Altamira fahren.

Zu Fuß *kann man sich auf den Weg machen, wenn man zu einer ungünstigen Zeit in Las Tablas ankommt. Nach einer halben Stunde kreuzt man dann den Río Coto Brus. Jenseits des Flusses liegt der Weiler Bajo de Coto mit einer Pulpería, wo man sich während der Wartezeit versorgen lassen kann.*
Man passiert auf der meist bergauf gehenden Straße einige Weiler, u.a. El Carmen (s.o.). Dominiert anfangs fast ausschließlich Viehzucht, so kommt weiter oben primär Kaffee und in geringem Umfang auch Zuckerrohr hinzu.
Einmal in dem Weiler Altamira angekommen, kann man sich an der Kreuzung, an welcher es (aus Fahrtrichtung des Busses gesehen) rechts bergaufwärts zu Station geht, noch in einer kleinen Pulpería mit Lebensmitteln eindecken, bevor man sich dann auf den Weg macht.
Gut eine Viertelstunde nach dem Ortsende auf dem Weg nach oben verzweigt sich der Weg. Man wählt die weiter bergauf führende, linke Alternative. Nach einer knappen halben Stunde ist dann die Parkgrenze erreicht. Nun dauert es nicht mehr lange, bis man bei der Station angelangt ist. Links geht es zum Campingplatz, der sich beim „Amphitheater" befindet, rechts zur Verwaltung, wohin man sich zuerst begibt, um sich anzumelden.

Rund um den Golfo Dulce und die Halbinsel Osa

Viele Wege führen auf die Halbinsel Osa mit ihren Zentralorten **Puerto Jiménez** und **Bahía Drake** bzw. in das jenseits des Golfo Dulce gelegene **Golfito**. Die Attraktionen dieser Gegend sind alle von diesen drei Orten aus zu erreichen, die gegenseitig mit Booten zu erreichen sind. Zum einen kann man, so man sich auf der Interamericana **von Norden kommend** auf Ciudad Neily zubewegt, kurz vorher in Río Claro nach Golfito (23 km) abbiegen und von dort aus per Fähre nach Puerto Jiménez auf der Halbinsel übersetzen. Zum anderen kann man von Palmar Norte aus **Sierpe** per Bus ansteuern (45 Min., 1 US$) und anschließend per Boot zur Bahía Drake fahren, von wo aus man sich per pedes zum **Parque National Corcovado** aufmacht. Oder man kommt zum Park über Puerto Jiménez und Carate.

Will man unter Verzicht auf Wasserfahrzeuge aller Art nach Puerto Jiménez gelangen, so nimmt man einen Bus dorthin, der gut 30 km nach Palmar Norte und kurz vor Piedras Blancas bei **Chacarita** von der Interamericana abbiegt. Über **Flughäfen** bzw. -pisten verfügen neben Golfito, Bahía Drake, Carate und Puerto Jiménez auch das Rangerhauptquartier La Sirena des Corcovado, sodass man gegebenenfalls auch auf diesem Wege einschweben kann.

Redaktionstipps

➤ Unter den Stränden rund um Golfito ist die **Playa Zancudo** (s. S. 488) ein Paradies für Angler, Surfer und Badelustige.
➤ Der **Parque Nacional Corcovado** (s. S. 497) ist sehr reich an Pflanzen- und Tierarten. Hier kann man tagelang wandern und einsame Strände erkunden.
➤ Eine der interessantesten Fahrten des Landes (s. S. 503) ist die von Puerto Jiménez zur **Bahía Drake**. Von dort sollte man mit dem Boot durch die Mangrovensümpfe nach **Sierpe** fahren (s. S. 506).
➤ Traumhaft für Taucher sind die Reviere um die einsame **Isla del Caño**, wohin man am besten eine Tour bucht (s. S. 512).

Golfito und Umgebung

Golfito

Bei Golfito handelt es sich um eine Gründung der United Fruit Company. Da deren Bananenplantagen am Atlantik ab den 1920er-Jahren von der Panamakrankheit (*Fusarium oxysporum cubense*) heimgesucht worden waren, erhoffte man sich von der Flucht auf die pazifische Seite des Landes eine mögliche Rettung. Das geschützt gelegene Gebiet um Golfito wurde ab Mitte der 1930er-Jahre zum **Bananenhafen** ausgebaut, die bei dem Fruchtmulti beschäftigten Menschen erhielten Unterkünfte. So es sich bei ihnen um englischsprachige Weiße handelte, wurden sie im Norden angesiedelt, die weniger Privilegierten dagegen weiter südlich. An diese große Zeit des Städtchens erinnern die herrschaftlichen **Holzhäuser** im Norden Golfitos und eine alte Dampflokomotive, die einst die Waggons mit den Bananenstauden zum Hafen zog.

Mit dem Niedergang des Bananenanbaus gegen Ende des 20. Jh. ging der Bedeutungsverlust der Stadt einher, welchem man seit 1990 mit der Errichtung einer

Freihandelszone, der Ersetzung des Bananenanbaus durch Anpflanzung der Afrikanischen Ölpalme und der Förderung des Tourismus für Ausländer, unter denen sich nicht wenige Sportfischer befinden, Paroli zu bieten versucht.

☞ **Duty Free unter Palmen**

In Golfito besteht die Möglichkeit zum zollfreien Einkauf in der **Zona Americana** (*Depósito Libre*). Dies lohnt sich allerdings vor allem für Inländer. Zum Einkauf muss einen Tag vorher eine Genehmigung beantragt werden. Öffnungszeiten Di 8–15.30, Mi–Sa 8–16.30, So 7–15 Uhr, Mo geschlossen. http://depositodegolfito.com (weitere Informationen, wenn man auf den Lageplan klickt).
Achtung: Auf der Rückfahrt vom Süden nach San José ist mit Polizeikontrollen zu rechnen, die das Gepäck nicht nur nach Drogen durchsuchen, sondern auch nach zollfreien Waren jenseits der zulässigen Mengen.

In Golfito wohnen gerade noch 15.000 Menschen, unter ihnen auch relativ viele Nordamerikaner, die hier irgendwann einmal hängengeblieben sind. Von dem

Golfitos Muellecito ist der Knotenpunkt des Bootsverkehrs auf dem Golfo Dulce

Umstand, dass das Städtchen neuerdings sogar über einen **Campus der Universität** von Costa Rica verfügt, erhofft man sich Impulse für einen Aufschwung jenseits des Tourismusgeschäfts.

Die Stadt kann nicht als uninteressant bezeichnet werden, leider gibt es jedoch, obwohl sie doch an einer Bucht liegt, **keinen Strand**. Zwar könnte man versucht sein, ihn in dem Küstenabschnitt zwischen Nord- (Zona Americana) und Südstadt (Pueblo Civil) zu sehen, doch dieser ist lediglich mit viel gutem Willen als Strandpromenade zu charakterisieren.

Reisepraktische Informationen Golfito

🛏 **Unterkunft**
ZONA AMERICANA (HINTER DER POLIZEI)
Cabinas Karina (1) *$*, ☎ 2775 1087. 9 einfache Zimmer mit Bad und Ventilator.
Cabinas Marlene (2) *$–$$*, ☎ 2775 3223. 4 Zimmer mit Bad und ac. Familiär geführt.

Golfito

Playa Cacao

Aeropuerto de Golfito

Verwaltung R.N. de Vida Silvestre Golfito

Polizei   Depósito Libre

1 2 3

Llano Bonito

Zona Americana

Refugio Nacional de Vida Silvestre Golfito

Gericht   **4**

14

Universität von Costa Rica

Bella Vista

Playa Cacao

Bus Tracopa

Muelle de Golfito   **5**   Banco Nacional

Golfito Bay

14   **La Bolsa**

Muellecito

Playa Cacao

Puerto Jiménez   **6**

Parque Municipal   Pueblo Civil

Laguna

Municipalidad de Golfito

Banana Bay Marina   **2**

Cementerio

Río Claro, CA2

© graphic

① Unterkünfte
1 Cabinas Karina
2 Cabinas Marlene
3 Cabinas Cristy
4 Cabinas Casa Blanca
5 Cabinas Princesa del Golfo
6 Hotel-Restaurant Samoa del Sur

① Essen & Trinken
1 Hai Pin
2 Banana Bay Marina

N

0   400 m

Cabinas Cristy (3) $$–$$$, ☎ 2775 1870. 15 eher einfache Zimmer mit Bad, Ventilator oder ac, Kabel-TV und Wi-Fi.

ZWISCHEN ZONA AMERICANA UND PUEBLO CIVIL
Cabinas Princesa del Golfo (5) $$, gegenüber der Banco Nacional, ☎ 2775 0442. 6 hübsch gestaltete Zimmer mit Bad und Ventilator, z.T. ac, Kabel-TV und Wi-Fi. Privater Parkplatz.
Cabinas Casa Blanca (4) $$, neben dem Gericht, ☎ 2775 0124. 12 helle und freundliche Zimmer mit Bad und ac. Nett gestylter Hof und Garten. Frühstück und Mittagessen, Abendessen auf Bestellung (ca. 6 US$).

ANLEGESTELLE MUELLECITO
Hotel Samoa del Sur (6) $$$, ☎ 2775 0233, www.samoadelsur.com. 14 große Zimmer mit Bad, ac und Kabel-TV. Alle etwas spartanisch eingerichtet, aber funktional. 2 Pools, Kajakverleih und ein **Restaurant** in einem großen Rundbau mit Bar. Serviert werden nationale und internationale Speisen. Fisch-Spezialitäten 10–15 US$. Gutes Preis-Leistungs-Verhältnis.

🍴 **Essen und Trinken**
Neben dem Restaurant des Samoa del Sur (s.o.) findet sich in der Nähe der Muellecito zudem das Restaurant **Hai Pin (1)**, wo man günstig chinesisch essen kann. 2 km die Küstenstraße entlang nach Süden liegt das derzeit sehr beliebte, offen gestaltete Restaurant der **Banana Bay Marina (2)**, ☎ 2775 0383, www.bananabaymarinagolfito.com. Zum Frühstück, Mittag- oder Abendessen. Als Hauptgerichte vor allem Grill-Spezialitäten, vom Steak über Fisch bis zum Burger. Cocktailbar mit Happy Hour von 18–19 Uhr. Geöffnet täglich 6–22 Uhr.

👉 **Aktivitäten und Ausflüge**
Sportfischen: Für Interessierte ist die **Banana Bay Marina**, ☎ 2775 0255

Golfito Bay

o. -0003, www.bananabaymarinagolfito.com, ebenfalls der richtige Platz. Es können Boote gechartert werden (Pakete für 1–4 Pers.), die Kapitäne sprechen Englisch. Auch Nicht-
raucher-**Gästezimmer** $$$ mit Bad, ac, Kabel-TV, Wi-Fi, Kühlschrank, Kaffeemaschi-
ne und sogar Zimmerservice.

Für **Ausflüge** in die Umgebung Golfitos lohnen sich der Parque Nacional Piedras Blancas
(s. S. 464), das an die Stadt angrenzende Refugio Nacional (s. S. 484) sowie die Strän-
de der Umgebung (s. S. 486).

Autovermietung
Solid, Hotel Samoa del Sur (s.o.), ☎ 2775 3333, www.solidcarrental.com.

Verkehrsverbindungen
Boote: Wer sich als Taxigast auf dem Wasser bewegen möchte, kann über
☎ 2775 2329 ein **Taxiboot** rund um die Uhr herbeirufen.

Eine weitere Möglichkeit, sich übers Wasser transportieren zu lassen, bieten die am Mu-
ellecito auf Kundschaft wartenden Bootsführer, die sich in einer **Asociación de Bote-
ros**, ☎ 2775 0357, zusammengeschlossen haben.

Von Golfito nach **Puerto Jiménez** kann man ein Boot nutzen, das um 7.30 (allerdings
nicht sonntags), 10, 11.30, 13, 14.30 und 15 Uhr ablegt. Überfahrt 1,5 Std.

Die von der Muellecito ausgehende Schiffsverbindung nach **Zancudo** ist grundsätzlich
auf 12 Uhr terminiert, ein Bus dorthin fährt um 14 Uhr.

San José: In die Hauptstadt (8 Std., 15 US$) um 5 und 13.30 Uhr. Ab San José (Termi-
nal C. 5, Av. 18 und 20) um 7 und 15.30 Uhr in 8 Std., freitags auch um 22.15 Uhr. **Tra-
copa**, ☎ 2775 0365 (Golfito).

Pavones: Zu diesem südlich von Zancudo gelegenen Ort fahren täglich lediglich zwei
Busse um 10 bzw. 15 Uhr, die die ebenfalls 2-stündige Rückfahrt entweder um 5 oder um
12.30 Uhr antreten.

Ciudad Neily: Busse von 6–19 Uhr nahezu stündlich, Fahrtzeit knapp 2 Std.

Flughafen: Golfito wird von Sansa und Nature Air angeflogen. Und per Kleinflugzeug *kann man sich u.a. nach Puerto Jiménez bzw. zu der im Parque Nacional Corcovado gelegenen Station La Sirena fliegen lassen.* **Alfa Romeo Air**, ☎ 2775 1515 o. 8632 8150, *www.alfaromeoair.com.*

➕ **Krankenhaus**
Hospital de Golfito, *Barrio Alameda (400 m nördlich der kath. Kirche)*, ☎ 2775 7900 o. -7834.

Refugio Nacional de Vida Silvestre Golfito

Das Reservat grenzt im Süden an das Meer und an Golfito. Es wurde 1988 ursprünglich zum **Schutz der Quellen**, die die Wasserversorgung des Hafenstädtchens sicherstellten, errichtet und liegt auf einem Teil des ursprünglichen Konzessionsgebiets der United Fruit Company, welches diese 1938 für 50 Jahre gepachtet hatte. In der Umgebung der Stelle, an welcher sich heute die Verwaltung befin-

Experimen- det, war ursprünglich ein Experimentiergarten mit sehr vielen für Costa Rica exo-
tiergarten tischen Pflanzen und Bäumen angelegt worden, von welchen heute nur noch ein Teil zu bestaunen ist. Zudem gab es sogar Bienenstöcke, deren Bewohner aus Afrika eingeführt wurden.

Mitte der 1990er-Jahre übernahm das Umweltministerium MINAE die Verwaltung und ging Schritt für Schritt daran, das Territorium zu einer herkömmlichen Schutzzone von heute rund 60 km² zu machen. Diese soll **zukünftig dem Tourismus geöffnet** und durch Installationen sowie ein Wegenetz erschlossen werden. Möglicherweise wird das Reservat im Rahmen dieser Neugestaltung mit dem Parque Nacional Piedras Blancas vereinigt, was wohl dazu führen wird, dass der zusammengelegte Nationalpark einen neuen Namen bekommt.

Da sich im Westen der Piedras-Blancas-Park und im Norden weitere, zum Teil ebenfalls geschützte Flächen befinden, ist das Refugio Teil eines **biologischen Korridors**, dessen Zweck in der Tierwanderung und im genetischen Austausch der Pflanzenwelt besteht. Anders als in Nationalparks ist in einem *Refugio Nacional* nicht jeglicher Eingriff durch den Menschen untersagt. Dies hängt damit zusammen, dass mehr als die Hälfte des Schutzgebietes in Privatbesitz ist. Die in der Gegend lebenden Menschen sollen allerdings von einer extensiven Nutzung Abstand nehmen und darauf achten, dass z.B. Viehwirtschaft nicht zu nachhaltigen Schäden führt. Bislang haben sich noch keine größeren Probleme in dieser Hinsicht ergeben,

„Siedlungs- wobei durch die Nähe zu Golfito der „Siedlungsdruck" steigt (manche Randbere-
druck" che wurden schon provisorisch in Beschlag genommen) und einige Menschen im Schutzgebiet illegalerweise jagen.

Flora und Fauna

Das *Refugio Nacional* verfügt nicht nur über eine von Wasserläufen bzw. Mündungsdeltas geprägte „Tiefebene", sondern auch über ein „Bergland", dessen Gipfelregionen die 500 m-Marke jedoch kaum erreichen. Der immergrüne Urwald, der einen hohen Prozentsatz der tieferliegenden Gebiete bedeckt, kann wahrhaftig als

Regenwald bezeichnet werden: Es finden sich nur wenige Regionen auf der Welt, die eine ähnlich **hohe Niederschlagsmenge** (4.000 –5.000 mm p.a.) aufweisen können. Eine wahrnehmbare Trockenzeit existiert nicht.

Nicht zuletzt die Niederschlagsdichte bringt es mit sich, dass das Reservat über eine extrem hohe Biodiversität verfügt. So finden sich hier etwa **500 Baumarten**, nicht wenige werden bis zu 70 m hoch. Im Landesinneren kommen Mahagoni-, Fruchtflügel-, Nieren-, Kanonenkugel-, Kuhmilch-, Ajillo-, Pilon- und Kapokbäume vor. Eine Besonderheit ist die sogenannte Zapfenpalme aus der Zeit der Dinosaurier, welche an ihren gigantischen, aus der Mitte der Pflanze wachsenden Blütenblättern in Kegelform leicht erkennbar ist. In anderen Teilen des Landes selten geworden ist zudem die auch Knoblauchbaum genannte Piquia. In Strandnähe sind neben Kokospalmen, Schwarzen (Öl-)Palmen und Meertrauben insbesondere in den Mündungsbereichen der Wasserläufe auch diverse Mangroven (Rote, Weiße und Knopfmangrove) verbreitet.

Kapokbaum

Über 60 % aller ca. 230 **Säugetierarten**, die im Land vorkommen, sind hier beheimatet. Die costa-ricanische Affenwelt ist hier lückenlos anzutreffen, ferner alle die im Zusammenhang mit dem Humedal Nacional Térraba Sierpe (s. S. 509) beschriebenen Säuger, zudem wurden bereits Wildkatzen unterschiedlicher Größe gesichtet. Ornithologisch Interessierte dürften von den Hellroten Aras begeistert sein, die ebenso wie die Vertreter 350 anderer **Vogelarten** (z.B. Tukan, Ibis, Pelikan, Schleiereule, Nageschnäbler oder Reiher) die Lüfte durchstreifen.

Reisepraktische Informationen R.N. de Vida Silvestre Golfito

ℹ️ Information
Geöffnet tägl. 8–16 Uhr. Eintritt 10 US$.
In der Nähe der **Verwaltung**, ☎ 2775 2620, *ist* **Camping** $ *(4 US$) möglich. Sanitäre Einrichtungen wurden neu geschaffen.*

🚐 Anreise
Vom Zentrum Golfitos (mit einem Stadtbus) zum Flugplatz. Man passiert das Ende der Landebahn auf einem durch ein parkähnlich gestaltetes Gelände führenden Feldweg. Dieser schlägt dann einen Bogen nach links und verläuft zunächst parallel zur Piste. Nach gut 5 Min. stößt man dann auf das linkerhand gelegene Verwaltungsgebäude der Ranger.

Die Strände in der Umgebung von Golfito

Playa Cacao

Dieser Strand liegt auf der Golfito im Westen gegenüberliegenden Halbinsel. Die den hellen Sand säumenden Palmen sorgen für etwas Schatten. Wer absolut kristallklares Wasser erwartet, wird mit großer Sicherheit enttäuscht sein, da hier der gesamte Schiffsverkehr von und nach Golfito vorbeizieht. Für dessen Einwohner, *Stadtstrand* denen kein Stadtstrand zur Verfügung steht, ist die Playa Cacao attraktiv, weil man *Golfitos* sie mit dem Auto (Allrad empfohlen) in nur 6 km Entfernung über eine Piste (ab dem Flughafen nach Südwesten) erreicht. Alternativ geht man den Weg zu Fuß, chartert ein Wassertaxi oder nutzt für etwa 2 US$ einen *Colectivo*-Bus ab Golfito.

Unterkunft
Cabinas Playa Cacao $$–$$$, ☎ 2221 1169. *6 Zimmer mit Bad, Ventilator und Kühlschrank.*

Playa Nicuesa

Dieser kleine, fast schwarzsandige Strand ist nur per Wassertaxi erreichbar. Die abgeschiedene Atmosphäre in wilder Natur kann man in folgender Öko-Lodge genießen.

Unterkunft
Playa Nicuesa Rainforest Lodge $$$$$, ☎ 2258 8250 o. 2222 0704, www.nicuesalodge.com. *10 Zimmer mit Bad in hübsch gestalteten Gästehäusern bzw. abgelegenen Cabins inmitten eines privaten Schutzgebietes – Tierbesuche inklusive. Vermarktet werden Pakete von Übernachtungen plus Touren, die je nach Vorlieben des Kunden ihren Schwerpunkt etwa in der Vogelbeobachtung, dem Entdecken der Unterwasserwelt oder dem Sportfischen haben.*

Playa Gallardo

Dieser Strand befindet sich, ebenso wie sein Nachbar San Josecito auf dem Gebiet des Parque Nacional Piedras Blancas (s. S. 464). Man erreicht ihn mit dem Wassertaxi oder von der Rangerstation El Bonito aus zu Fuß.

Mit der Playa Galardo ist eine etwas **kuriose Geschichte** verbunden: Mitte 2007 erfolgte die „Anlieferung" von über 1.000 Kilo Kokain durch ein kolumbianisches *Kolumbia-* Schnellboot. Die Bootsführer hatten eigentlich die bei Quepos gelegene Strand- *nische* zone Playa del Rey ansteuern wollen, sich dann allerdings verfahren und waren *Drogen* schließlich irrtümlicherweise an der Playa Gallardo gelandet. Dort vergruben sie ihre Ware, versenkten das Boot und machten sich zu Fuß auf die Flucht durch den Dschungel, die allerdings nach ca. 30 km mit ihrer Festnahme durch die Polizei endete.

Playa San Josecito

Dieser Strand ist nicht zu verwechseln mit der Playa San Josecito auf der Osa-Halbinsel südwestlich der Bahía Drake. Der zwischen Playa Gallardo und Playa Cativo gelegene Küstenabschnitt ist eher felsig, insofern hält die einzige sich an ihm befindliche Lodge einen eigenen Pool vor. Am Playa San Josecito befindet sich zudem eine

– für die Öffentlichkeit allerdings geschlossene – Auswilderungsstation insbesondere für Papageien, die vom Zoo Ave (s. S. 184) unterhalten wird und deren Ziel es ist, ausgerottete Tierarten wieder im Parque Nacional Piedras Blancas anzusiedeln bzw. noch bestehende Kolonien zu stärken.

Hierher muss man grundsätzlich mit dem Wassertaxi anreisen, was den Bestand der Reisekasse um bis zu 40 US$ reduzieren kann. Sofern man in der Lodge nächtigt, kann man deren Abholservice von Golfito – in Ausnahmefällen auch von Puerto Jiménez – in Anspruch nehmen.

☞ Jardín Botánico Casa de Orquídeas

Dieser botanische Garten mit rund 100 Orchideenarten wurde vom US-amerikanischen Ehepaar MacAllister gegründet, welches sich an der Playa San Josecito niedergelassen hat und Touren durch sein Pflanzenreich anbietet. Da über Land keine regelmäßige Verbindung existiert, muss man per Wassertaxi anlanden oder von der Golfo Dulce Lodge aus eine Wanderung buchen. Ein Besuch kann sich sparen, wer bereits die Jardines Lankester (s. S. 204) oder den Jardín Botánico Wilson (s. S. 472) besucht hat. Eintritt 10 US$, freitags geschlossen.

Im Orchideengarten

🛏 Unterkunft

Golfo Dulce Lodge $$$–$$$$, ☎ 8821 5398, *www.golfodulcelodge.com*. *8 Bungalows (Deluxe und Standard) in ursprünglich natürlicher Umgebung (privates Schutzgebiet) unter schweizerischer Leitung mit Pool und **Restaurant**. Es müssen mind. 3 Nächte gebucht werden, im Mai, Juni und Oktober ist die Lodge geschlossen. Diverse Wanderungen, u.a. durch den Urwald (geführt von deutschsprachigen Biologiestudenten), und Bootsausflüge werden angeboten.*

Playa Cativo

Der Sandstrand ist hier relativ schmal. Die Flut reicht praktisch bis unmittelbar an die Palmen heran. Man kann nur per Wassertaxi hierher kommen.

(Playa) Zancudo

Gemächlicher Wellengang

Die dunkelsandige **Playa Zancudo** liegt ca. 20 km Luftlinie südlich von Golfito jenseits des Río Coto Colorado, an dessen südlichem Ufer sich Mangrovenwälder befinden. Der weitläufige Strand ist knapp 6 km lang und zeichnet sich insbesondere in seinem nördlichen Teil durch einen für die Pazifikküste relativ gemächlichen Wellengang aus, der Badelustigen entgegenkommt, während an seinem südlichen Ende eher Surfer ihren Spaß haben.

In der auf einer Landzunge liegenden Ortschaft **Zancudo** an der Mündung des Coto Colorado haben sich inzwischen die üblichen touristischen Einrichtungen und Angebote etabliert, die insbesondere von den auf große Fänge hoffenden Sportfischern frequentiert werden. Noch herrscht an diesem abgelegenen Ort aber eine recht ruhige und entspannte Atmosphäre. Zudem ist das Preis-Leistungsverhältnis der Cabinas (meist 50 US$/Nacht) sehr gut.

Reisepraktische Informationen (Playa) Zancudo

*Die Unterkünfte/Restaurants liegen alle an der am Strand entlang zum Ortskern auf der Landzunge führenden Straße, die im Volksmund „**The Road**" genannt wird.*

Unterkunft/Essen und Trinken

Cabinas Sol y Mar *$$,* ☎ *2776 0014, www.zancudo.com. 5 einfach eingerichtete Cabinas mit Bad und Ventilator in unmittelbarer Strandnähe. Außerdem kann ein Haus gemietet werden, auch* **Camping** *$ möglich. Das günstige* **Restaurant** *offeriert Fast Food und Tex-Mex, auch vegetarische Gerichte. Viele Touren buchbar.*

Cabinas Coloso del Mar *$$,* ☎ *2776 0050, www.colosodelmar.com. 6 einfache Zimmer mit Bad und Ventilator in schönem, strandnahem Garten. Die Küche des* **Restaurants** *ist vielfältig: Lokale bis internationale Gerichte (Pasta Carbonara), zum Frühstück auch Müsli.*

Hotel/Cabinas Macondo *$$,* ☎ *2776 0157, www.macondo-hotel.com. 6 große Zimmer mit Bad, Ventilator und ac. Anlage mit Pool und italienischem* **Restaurant**. *Kajak- und Fahrradverleih sowie Angebote für Sportfischer.*

Oceano Cabinas *$$,* ☎ *2776 0921, http://bestcostaricavacations.com. Zwei einfache, aber gemütliche Cabinas mit Bad, Ventilator und ac in Gartenlage. An der Straße* **Restaurant** *mit umfangreicher Karte, viel frischer Fisch. Aktivitäten für Sportfischer und Surfer.*

Cabinas Los Cocos *$$$,* ☎ *2776 0012, www.loscocos.com. 4 Zimmer mit Bad, Ventilator, Küche und Veranda mit Hängematte in tropischem Garten. Die nordamerikanische Leitung betreibt auch die* **Zancudo Boat Tours**, *die u.a. Kayakausflüge und Fahrten über den Río Coto Colorado anbieten.*

The Zancudo Lodge *$$$$,* ☎ *2776 0008, www.zancudolodge.com. 25 moderne, aber recht nüchtern gestaltete Zimmer auf 4-Sterne-Niveau. Spezialisierung auf Sportfischer (diverse All-Inclusive-Pakete im Angebot). Pool und* **Restaurant**.

☞ Aktivitäten

Die meisten der o.g. Unterkünfte bieten ein breites Angebot an Aktivitäten: Touren über die Osa-Halbinsel, Boots- und Kayakausflüge, Reiten, Surfen und **Sportfischen** *(vor allem die Zancudo Lodge, s.o.).*

🚐 Verkehrsverbindungen/Anreise

Die Playa Zancudo erreicht man mit einem **Wassertaxi** *von Golfito aus (0,5 Std., 6 US$, Abfahrt 12 Uhr von der Muellecito). Wer zurück will, muss sich gegen 7 Uhr am Anleger von Zancudo einfinden, so er nicht ein bis zu zehnmal teureres, privates Wassertaxi (Zancudo Boat Tours, ☎ 2776 0012) chartern will. Sonntags ist es allerdings nicht sicher, ob stets ein öffentliches Boot fährt.*

Die **Autofahrt** *von Golfito (55 km) erfolgt nur auf den ersten Kilometern auf der asphaltierten Straße 238, die später in eine nicht besonders gute Piste übergeht. Sie wurde in einem Artikel des „La Nación"-Korrespondenten Freddy Parrales als „nicht aus Schlaglöchern, sondern aus Kratern bestehend" charakterisiert ... Allrad unbedingt notwendig! Wo früher eine Fähre entlang eines Stahlkabels über den Río Coto Colorado führte, gibt es nun eine neue Stahlbrücke.*

Der **Bus** *von* **Ciudad Neily** *fährt um 9.30 und 14.15 Uhr, von Zancudo (Haltepunkt El Coquito) zurück um 5 und um 12 Uhr. Für diese Strecke braucht er selbst außerhalb der Regenzeit an die 3 Std., was an der schlechten Piste (s.o.) liegt. In* **Golfito** *fährt ein Bus nach Zancudo täglich um ca. 14 Uhr ab.*

(Playa) Río Claro de Pavones

Bei diesem kleinen Ort, der oft nur **Pavones** genannt wird, fließt der Río Claro in den Golfo Dulce. Hier, ca. 20 km südlich von Zancudo, geht es ähnlich gemächlich zu. Im Gegensatz zur dortigen Playa bietet der steinige **Playa Pavones** dem Ba-

Surferpaar am Playa Pavones

denden entlang seiner ca. 7 km Küstenlinie wenig Freude, hinzu kommt ein Wellengang, der es in sich hat und durchaus gefährlich sein kann. Was des einen Leid ist, ist aber des anderen Freud: Es handelt sich um ein weiteres **Surfer-Paradies**, das sich – insbesondere während der Regenzeit – durch für diese Sportart extrem günstige Gegebenheiten auszeichnet.

Reisepraktische Informationen (Playa) Río Claro de Pavones

Unterkunft

Cabinas Carol $, ☎ 2776 2239, www.cabinascarol.com. 8 einfache, aber originell gestaltete Zimmer mit Ventilator, Gemeinschaftsküche und -bad. Backpacker- und Surferunterkunft.

Cabinas Maureen $–$$, ☎ 2776 2002. 10 Zimmer, z.T. einfach und mit Gemeinschaftsbad sowie Ventilator, andere mit Bad und ac.

Cabinas Mira Olas $$, ☎ 2776 2006, www.miraolas.com. 3 Cabinas, zwei davon mit Bad, Ventilator sowie Kühl- und Kaffeemöglichkeit, die dritte ist eine größere „Deluxe Cabin" für bis zu 4 Pers. mit Bad und ausgestatteter Küche. In ruhiger Lage.

La Ponderosa Beach and Jungle Resort $$$, ☎ 2776 2076, www.laponderosa pavones.com. 7 Zimmer mit Bad, z.T. mit ac bzw. Ventilator, zudem kann man zwei Häuser mieten. Pool und großer Garten in Strandnähe. Surfbrettverleih, WiFi.

Essen und Trinken

Café de la Suerte, ☎ 2776 2388. Bei Surfern beliebtes Tagescafé (bis 17.30 Uhr) mit vegetarischer Küche und frischen Säften.

La Bruschetta, außerhalb in Richtung Punta Banco, ☎ 2776 2174. Italienische Küche in gehobenerem Ambiente – gut, aber etwas teurer.

La Manta, ☎ 2776 2281, www.la-manta.com. Zweistöckiges Restaurant mit rustikalem Ambiente. Gerichte nach US-Geschmack (u.a. Burger), zudem Vorspeisen und Salate. Weitere Sodas bieten einheimisches, günstiges Essen (**Esquina del Mar** und **Brisas del Mar**) sowie Tex-Mex (**Soda TicoMex**) und sogar israelische Kleinigkeiten (**Soda Golfo Dulce**).

Aktivitäten

Vor allem **Surfen**! Gut aufgehoben ist man im La Ponderosa Resort (s.o.), wo auch Stunden gegeben werden. Surf-Camps buchbar unter http://venussurfadventures.com. Pavones ist zudem ein beliebter Ort für **Yoga**, siehe www.yogapavones.com.

Verkehrsverbindungen/Anreise

Wassertaxi von Golfito ab Muellecito oder **Busse** um 10 bzw. um 15 Uhr ab (Haltestelle auch dort), von Pavones geht es um 12.30 Uhr zurück. Frühmorgens fährt noch ein Bus, der seine Reise im etwa 10 km südlich von Pavones gelegenen Punta Banco um 5 Uhr antritt, sodass damit zu rechnen ist, dass er Pavones zwischen 5.30 und 6 Uhr passiert. Von Paso Canoas aus fahren Busse tgl. um 9 und um 14 Uhr.

Mit dem Auto auf der Strecke von Golfito über den Río Coto Colorado (s. S. 489, Anreise Playa Zancudo) – hinter Conte geht es allerdings nach Süden. Ein Allradfahrzeug, vor allem in der Regenzeit, ist unbedingt notwendig!

 **Hinweis**
Río Claro de Pavones ist so abgelegen, dass man noch **keinen Geldautomat** *und* **keine Tankstelle** *findet. Festnetztelefon gibt es erst seit 2006 ...*

(Playa) Punta Banco

Die **Playa Punta Banco** nebst etwa zwei Dutzend Häusern (und einem Fußball-feld), die den Ort **Banco** bilden, befindet sich ca. 5 km südlich von Pavones. Der Wellengang ist mit dem dortigen vergleichbar, es finden sich hier allerdings nicht nur steinige, sondern auch sandige Stellen.

Reisepraktische Informationen (Playa) Punta Banco

 Unterkunft
Rancho Burica $$–$$$, ☎ 2776 2223, www.ranchoburica.com. *10 Zimmer mit unterschiedlichem Standard (z.T. Schlafsaal) mit Bad und Ventilator. Originell gestal-tet, von einem Kollektiv holländischer Surfer betrieben. Dschungelumgebung, strandnah.* **Restaurant** *mit Tagesmenu. Aktivitäten u.a. surfen, reiten.*
Tiskita Jungle Lodge $$$$, ☎ 2296 8125, www.tiskita.com. *9 angenehme Cabinas verschiedener Größe (auch für Familien) mit Bad und Ventilator. Die recht teure Lodge im Privatreservat mit Obstplantagen ist nicht nur auf Vogelliebhaber spezialisiert, sondern hat neben den üblichen Touren auch Mal- und Yogalehrerkurse im Angebot.*

☞ Routenhinweis

Einige Kilometer südlich endet dann selbst die Piste, eine Busverbindung gibt es nicht mehr, sodass man entweder auf das Wasser als Transportweg angewiesen ist oder mit einem entsprechend gut ausgerüsteten 4x4-Fahrzeug noch bis zu der am Ende der **Península de Burica** gelegenen **Punta Burica** vorstoßen kann.

Nach Puerto Jiménez und zum Parque Nacional Corcovado

Ab Golfito nach **Chacarita** sind es ca. 29 km. Der Weiler liegt an der Interamerica auf der Strecke Richtung Palmar Norte kurz hinter dem Ort Piedras Blancas (s. S. 464). Die Straße 245, auf welcher auch alle Direktbusse zwischen San José und Puerto Jiménez unterwegs sind, führt von hier rund 41 km über **Los Mogos** nach **Rincón**, wo man auch zur Bahía Drake (Strecke s. S. 504) abbiegen kann.

Um die Bahía Rincón

Bei der Umrundung der Bucht bieten sich einige sehr beeindruckende Ausblicke. An verschiedenen Aussichtspunkten stehen quasi als Fenster zur Bucht einige Un-terkunftsmöglichkeiten zur Verfügung. Von Rincón über **La Palma** (s. S. 503), von wo aus man auch zur Rangerstation Los Patos des Corcovado-Nationalparks gelangen kann (s. S. 502), nach Puerto Jiménez sind es nochmal ca. 33 km.

🛏 Unterkünfte an der Bahía Rincón

El Mirador Osa $$, *Los Mogos,* ☎ *8823 6861, www.elmiradorosa.com. 5 spartanisch ausgestattete Cabinas (eine behindertengerecht) mit Bad bzw. Ventilator. Preis inkl. Frühstück.* **Restaurant** *mit Blick auf die Bucht, Pool sowie Fisch- und Delfintouren (25–50 US$).*

Suital Lodge $$–$$$, *nahe Los Mogos (Schild an der Straße),* ☎ *8826 0342, www.suital.com. 6 rustikale Zimmer mit Bad und Ventilator, Veranda mit Hängematte. Originelle Baulichkeiten im Regenwald mit Pfaden zum Strand, von costa-ricanisch-schweizerischem Ehepaar aufgebaut.*

Cabinas Golfo Dulce $$$, *in Rincón,* ☎ *2775 0244. 10 einfache Zimmer mit Ventilator, z.T. mit Bad.*

Puerto Jiménez

Dieser Ort, in dem inzwischen um die 7.500 Menschen wohnen, verdankt seine „Geburt" nicht nur dem **Goldrausch** im letzten Drittel des 20. Jh. auf der Osa Peninsula, der mitunter zu erheblichen Auseinandersetzungen geführt hatte, sondern auch dem Boom, der mit der umfangreichen **Waldrodung** in dieser Zone zusammenhing.

Touristisch erschlossen

Inzwischen hat der Tourismus das Städtchen erreicht, was vor allem mit seiner Umgebung, dem **Parque Nacional Corcovado**, zusammenhängt. So muss man nicht fürchten, seinen Urlaub in einer ausschließlich auf die Bedürfnisse von Holzfällern ausgerichteten Umgebung verbringen zu müssen. Die gängigen Angebote für Touristen mit unterschiedlichsten Ansprüchen werden inzwischen auch in Puerto Jiménez vorgehalten. So kann man inzwischen sogar Fahrräder mieten – eine Möglichkeit, die in den tourismuslosen Jahren völlig undenkbar gewesen ist.

Sonnenaufgang über Puerto Jiménez

In den letzten Jahren wurde die **Strandpromenade** gepflastert, sie lädt nun zu einem Spaziergang ein. Ferner ist als neueste Errungenschaft eine Art Einkaufsmall errichtet worden. Wer zum Baden kommt, dem sei eine Wanderung zum rund 5 km südöstlich gelegenen **Playa Platanares** empfohlen, wo man die Einsamkeit genießen kann.

Reisepraktische Informationen Puerto Jiménez

🛏 Unterkunft

Cabinas Thompson (4) $, ☎ 2735 5948. 5 Zimmer mit Bad und Ventilator. *Sehr einfach gehalten, dafür sehr günstig (5 US$).*
Cabinas Back Packer (5) $–$$. *6 Zimmer mit Ventilator oder ac, Gemeinschaftsbad und -küche. Ruhig gelegen. Freundlicher Besitzer, der u.a. einen Wäscheservice und kostenloses Wi-Fi anbietet.*
Cabinas Oro Verde (6) $$, ☎ 2735 5241. *10 große und saubere Zimmer mit Bad und Ventilator im 1. Stock. Netter und hilfsbereiter Service.*
Agua Luna Hotel (1) $–$$$, ☎ 2735 5393. *6 Zimmer mit einfacher Ausstattung, aber in Ordnung, alle mit ac und Bad (z.T. mit Blick auf die Mangrovenwälder). Architektur mit Betoncharme der 1970er-Jahre. Der unverhältnismäßige Preis erklärt sich aus der günstigen Lage gegenüber dem Anleger. Angeschlossene* **Restaurant-Bar.**
The Palms Hotel (3) $$–$$$, ☎ 2735 5012. *9 Zimmer mit ac und Bad. Der Anlage fehlt ein wenig der Charme, dafür liegt sie direkt an der Bucht. Das* **Restaurant** *bietet als Spezialität Thunfisch-Steak sowie weitere Fisch- und Fleischgerichte.*
Cabinas Jiménez (2) $$$, ☎ 2735 5090, www.cabinasjimenez.com. *Schöne Lage in tropischem Garten mit Meerblick. 14 Zimmer, die sehr ansprechend und individuell aus-*

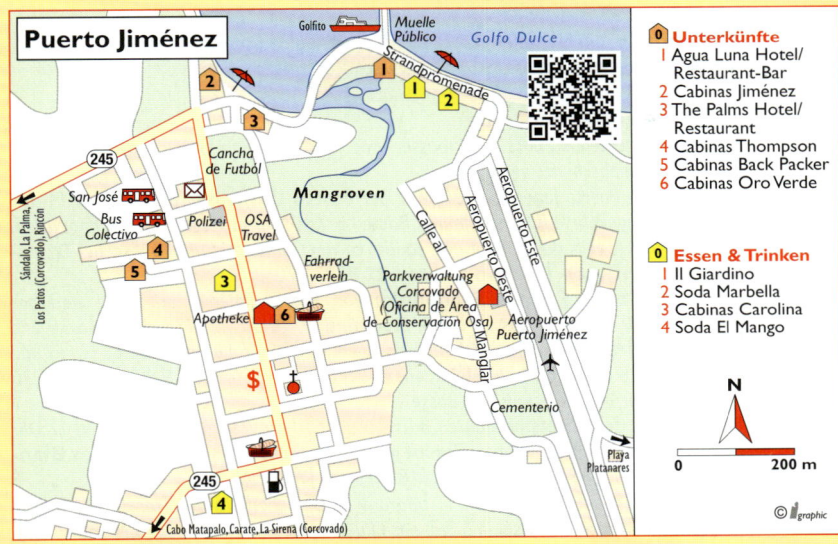

gestattet sind – alle mit Bad, ac und Kühlschrank. Pool, Wi-Fi, Fahrrad- und Kajakverleih. Die Unterkunft ist ihrem Preis wert, zudem kann man gleich verschiedene **Touren** *(s.u.) buchen.*

🍴 Essen und Trinken

Il Giardino (**1**), ☎ 2735 5129, www.ilgiardinoitalianrestaurant.com. *Italienisches Slow-Food-Restaurant mit gehobener Küche, auch Vegetarisches. Gerichte 15–40 US$, Tasse Espresso 4 US$.*

Carolina (**3**), ☎ 2735 5696, www.cabinascarolina.com. *Von Fast Food bis Fisch und (teils vegetarische) Pasta. Große Speisekarte, Preise 7–10 US$. Nett hergerichtetes und am Ort beliebtes Lokal. Geöffnet 6–22 Uhr. Einfache* **Cabinas** *$$ mit Bad und z.T. ac zu mieten.*

Soda El Mango (**4**). *Kleines Lokal mit schmackhaftem und günstigem Angebot (4–5 US$) an einheimischem Essen. Gute Fruchtsäfte für 1 US$.*

Soda Marbella (**2**). *„Gehobene", einfach gestylte Soda. Gutes ceviche für 7 US$.*

👁 Touren

Osa Travel, ☎ 8690 3369 bzw. 8530 1413, vilmarlopez62@hotmail.com. *Touren über die Halbinsel (1–3 Tage 85–195 US$ p.P., mind. 2 Pers.) mit dem empfehlenswerten Guide Vilmar Lopez.*

Cabinas Jiménez *(s. S. 493), hier kann man u.a. die La Sirena Adventure Boat Tour – Kreuzfahrt mit Delfinbeobachtung und Schnorcheln – sowie eine Kajaktour buchen.*

Tropic Fins Adventures, ☎ 8834 6079, http://tropicfins.com. *Pakete für Sportfischer ab 1.800 US$ p.P. für 3 Nächte bei 4 Pers. Weiterhin kann man hier Wanderungen, Klettern, Reiten, Yoga u.v.m. buchen.*

Fahrradverleih *Ciclo Mi Puerto,* ☎ 2735 5297. *10 US$ pro Tag.*

🚗 Autovermietung

Alamo, *am Flughafen,* ☎ 2242 7733, www.alamocostarica.com.

Solid, *am Flughafen,* ☎ 2735 5777, www.solidcarrental.com.

🚌 Verkehrsverbindungen

Zu beachten ist, dass Direktbusse – wie etwa nach San José – in der Regel keine Tickets für Teilabschnitte verkaufen.

Golfito: *Von Puerto Jiménez in 30 Min. per Boot (6 US$) um 6, 8.30, 11.30, 14 und 16 Uhr, in umgekehrte Richtung fahren Boote ab 7.30 Uhr in vergleichbaren Intervallen. Sonntags fällt jeweils das 1. Boot aus, sodass es von Golfito erst um 10 losgeht.* **Transportes Maritimos Tijerino Cortes**, ☎ 8802 5705.

La Palma bzw. Puerto Escondido: *Von Puerto Jiménez prinzipiell werktags (45 Min., 1,20 US$) mit Bussen um 5, 5.30, 6, 8, 9, 10.30, 12, 13, 14, 15, 16.30 und 18 Uhr erreichbar, an Sonntagen fahren dagegen jeweils nur die Busse um 8, 12, 15 und 18 Uhr. Von La Palma nach Puerto Jiménez werktags um 5, 6, 7.40, 9, 12.30, 14, 15.30 und 16.30 Uhr, sonntags nur 3–4 Busse.*

San José: *In der Hauptstadt fahren Busse in der C. 14, Av. 9 und 11, um 8 und 12 Uhr in ca. 8 Std. nach Puerto Jiménez. Zurück geht es um 5 und 9 Uhr.* **Transportes Blanco**, ☎ 2257 4121 *(San José) o.* 2735 5189 *(Puerto Jiménez).*

San Isidro: *Ab hier geht es um 11 und um 15 Uhr ebenfalls mit Transportes Blanco (Busse von und nach San José) in 5 Std. nach Puerto Jiménez. Zurück um 5, 9 und 13 Uhr.*

Ciudad Neily: *Es fahren* **Térraba**-*Busse,* ☎ *2783 4293, um 7 und 14 Uhr nach Puerto Jiménez, in Gegenrichtung geht es um 5.30 und 14 Uhr los.*
Carate: *Mit einem Colectivo,* ☎ *2735 5539, der zwischen einem Supermarkt und dem Busterminal von Puerto Jiménez hält, kann man um 6 oder um 13.30 Uhr in etwa 2 Std. für 9 US$ (ab 2014: 10 US$) in die 43 km entfernte Siedlung fahren. Rückfahrt um 8.30 und 16 Uhr. Diese Fahrt kann – wie alle anderen – auch per* **Taxi** *zurückgelegt werden (60–70 US$).*
Flughafen: *Sansa (www.flysansa.com) und Nature Air (www.natureair.com) landen hier. Die Kleinflugzeuge von* **Alfa Romeo Air**, ☎ *2775 1515 o. 8632 8150, www.alfa romeoair.com, fliegen nach Golfito und zur La Sirena-Station im Corcovado.*

Das Cabo Matapalo und die Strände südlich von Puerto Jiménez

Von Puerto Jiménez nach Carate, dem südlichen „Einfallstor" zum Parque Nacional Corcovado, geht es gut 45 km über die Straße 245, bei der es sich um eine ungeteerte Piste handelt, die man – vor allem in der Regenzeit – mit einem 4x4-Fahrzeug befahren sollte. Entlang der Strecke haben sich mehrere hochpreisige Beherbergungsbetriebe niedergelassen, die zum Teil über ihre eigenen Reservate verfügen, in aller Regel von Ausländern betrieben werden und ihre Tore gern dem Surfer oder Traveller öffnen. Dies gilt auch für die Siedlung am **Cabo Matapalo**, der südöstlichen Spitze der Osa-Halbinsel, zu der nach 18 km Fahrt links eine Piste abzweigt.

Unterkünfte mit Reservaten

Auf dem Weg zum Kap geht es vorbei an dem bei Surfern beliebten, allerdings steinigen Strandabschnitt **Pan Dulce**, wo auch man schwimmen kann, ferner an der

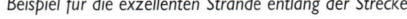

Beispiel für die exzellenten Strände entlang der Strecke

halbmondförmigen, von Sand auch nur begrenzt gesegneten **Playa Tamales**, in deren Zentrum der Río Tamales ins Meer mündet, und der badetauglichen **Playa Sombrero**. Schließlich erreicht man die **Playa Matapalo** an der Südspitze der Halbinsel, die unter Surfern einen überdurchschnittlichen Ruf genießt, sich aber aufgrund des steinigen Untergrunds und des Wellengangs nicht für den Durchschnittsschwimmer eignet.

Auf halbem Weg zwischen dem Cabo Matapalo und Carate liegt noch der Sandstrand **Playa Piro**, wo ein Schildkröteneier-Schutzprojekt angesiedelt ist.

Bunte Mischung von Menschen
Bei der Fahrt wird ansonsten deutlich, dass sich auf der Osa-Halbinsel außerhalb des Nationalparks eine bunte Mischung aus relativ wohlhabenden Großgrundbesitzern (*Terratenientes*), aus Kleinbauern (*Minifundistas*) und seit einiger Zeit auch aus vielen Ausländern, die – sofern sie nicht im Tourismusgeschäft sind – ebenso wie die Einheimischen Viehzucht, in der Regenzeit aber auch Reis- und Maisanbau betreiben. In der Umgebung von Carate sind gelegentlich Goldwäscher auf der Suche nach Nuggets zu beobachten.

🛏 Unterkunft

Alle folgenden Unterkünfte entlang der Strecke bieten **Aktivitäten** *wie Vogelbeobachtung, Regenwaldtouren, Surfen u.v.m. Wenn nicht anders angegeben, sind bei den Lodges drei* **Mahlzeiten** *im Preis enthalten.*

Encanta La Vida Lodge *$$$–$$$$, Cabo Matapalo,* ☎ *2735 5678 bzw. 8376 3209, www.encantalavida.com. 9 unterschiedliche, geschmackvoll eingerichtete Cabinas mit Bad und Ventilator. Spa sowie Pool in großem tropischem Garten. Treffpunkt von Surf- und Yogafans.* **Restaurant.**

Casa Bambú Resort *$$$–$$$$, Cabo Matapalo (linke Straßenseite),* ☎ *8702 5906, www.casabambu-beach-house-rentals.com. Offen gestaltete Strandhäuser mit Bad, Ventilator, ausgestatteter Küche und Hängematten. Insbesondere bei Touristen aus den USA beliebt.*

„Kapu" Rancho Almendros *$$$–$$$$, Cabo Matapalo (am Ende der Straße),* ☎ *8368 8027, http://home.earthlink.net/~kapu. 3 Cabinas mit Bad, Ventilator und z.T. Küche sowie 2 Zelte mit Bad – alle gut ausgestattet und originell. Projekt zur Aufforstung indischer Mandelbäume.*

El Remanso Lodge *$$$$, Cabo Matapalo,* ☎ *2735 5569, www.elremanso.com. 11 Einheiten (Zimmer, (Luxus-) Cabinas und -Suites) und* **Restaurant.** *Die Lodge wird von Daniel Gehring geführt, der stolz darauf ist, dass sie die erste Unterkunft war, der man bereits bei der ersten Kontrolle das höchste Niveau der Nachhaltigkeits-Zertifizierung zuerkannt hat. Grund dafür ist die Stromerzeugung durch Wasserkraft und das vollständige Recycling (bzw. die Kompostierung) der Abfälle.*

Bosque del Cabo Lodge *$$$$–$$$$$, Cabo Matapalo,* ☎ *8389 2846, www.bosquedelcabo.com. Cabinas und Häuser auf hohem, z.T. luxuriösem Niveau mit Meerblick-Terrassen im Regenwald nahe dem Kap. Pool und* **Restaurant**-*Bar (Mahlzeiten nicht im Preis enthalten).*

Lapa Ríos Lodge *$$$$$, 12 km hinter P. Jiménez,* ☎ *2735 5130, www.laparios.com. Hochpreisige Eco-Lodge mit 16 exklusiven Bungalows, die kaum Wünsche offen lassen, in eigenem Reservat mit Pool und* **Restaurant.**

Carate

Eine Pulpería und eine Landebahn für einfliegende Besucher des Corcovado-Nationalparks – viel mehr gibt es in Carate nicht. Am Sandstrand **Playa Carate** eignet sich der Wellengang für diejenigen, die sich erst mit dem Navigieren eines Surfbretts vertraut machen müssen – dies kommt den Bedürfnissen von Badewilligen entgegen.

🛏 Unterkunft

Die **Pulpería** *$ im Ort bietet 8 sehr einfache Zimmer sowie* **Camping** *$ an. Die „Spezialität" dieses Ortes sind allerdings inzwischen diverse Zeltcamps, in denen man „safarimäßig" untergebracht ist. Eines davon ist die*

La Leona Eco-Lodge *$$$, am Strand Richtung Nationalpark,* ☎ *2735 5705 o. -5704, www.laleonaecolodge.com. 20 sog. „Tent-Cabins" (größtenteils mit eigenem Bad) auf Plattformen mit Veranden, z.T. mit Meerblick.* **Restaurant**. *Verschiedene Aktivitäten, u.a. Goldsucher-Tour.*

🚐 Verkehrsverbindungen

Mit einem Colectivo von Puerto Jiménez (s. S. 495). Carete verfügt auch über eine Flugpiste, hierher kann man eine Maschine chartern.

Parque Nacional Corcovado

Der Nationalpark Corcovado ist nach dem gleichnamigen Fluss benannt und zählt mit fast 418 km² zu den großen Parks in Costa Rica. Er befindet sich in einem der **regenreichsten Gebiete** des Landes – jährlich werden in seinen Bergregionen, die bis zu 782 Meter über dem Meer liegen, rund 5.500 mm Niederschlag registriert. Hier findet man den größten perhumiden Tieflandregenwald nördlich des Amazonasbeckens. Da die Halbinsel Osa in einer tektonisch aktiven Zone liegt, sind bis zu einem Dutzend kleinerer Erdstöße täglich nicht ungewöhnlich.

Als der Park 1975 gegründet wurde, lebten auf der Osa-Halbinsel gerade einmal 300 Bauern. Dies erklärt sich daraus, dass das gesamte Gebiet über Land nicht

Der dichte Regenwald des Corcovado

zugänglich war, sodass die meisten nur für den eigenen Bedarf produzierten. So fiel es relativ leicht, die landwirtschaftlichen Aktivitäten im Namen des Naturschutzes zu unterbinden und die Farmer, die eine gewisse Entschädigung erhielten, auszusiedeln. Mit dem Bau einer Straße im Jahre 1978 wurden die Voraussetzungen dafür geschaffen, die Halbinsel zunächst für die Goldsucher (s. S. 499) und anschließend für den Tourismus zu erschließen. Bis in die 1980er-Jahre war übrigens der Anschluss an das Stromnetz hier nicht selbstverständlich.

Bis 1980er kein Strom

Heute ist der Park bei Costa-Rica-Touristen sehr beliebt. 2012 haben ihn ca. 25.000 Menschen besucht, die meisten von ihnen als Tagesgäste. Der Zugang ist limitiert, sowohl ein Tagesbesuch als auch Übernachtungen müssen vorreserviert werden (s. S. 500).

Flora und Fauna

Der Park zeichnet sich durch eine große Vielfalt sowohl in der Pflanzen- als auch in der Tierwelt aus, von denen etliche Arten endemisch sind. Als Beispiel in der **Flora** sei auf einen erst Ende 1993 entdeckten, zu der Ordnung der Spindelbaumartigen zählenden Baum namens Ruptiliocarpon caracolito verwiesen, der bislang noch seiner Eindeutschung harrt. Ungefähr ein Drittel der etwa 2.000 in Costa Rica vorkommenden Baumarten befinden sich im Corcovado. Typisch für dieses Territorium, das hauptsächlich von Regenwald bedeckt ist, sind der Purpurholzbaum, die

Goldsucher im Corcovado-Nationalpark

Schon Mitte des 20 Jh. wurde von ersten Goldfunden auf der Halbinsel Osa berichtet. Mit der weiteren Erschließung des Gebietes kam es in den 1980er-Jahren zu einem **Goldrausch**. Die beste Ausbeute ergaben die Flüsse, die fast alle im Gebiet des Parks entspringen. Nachdem die Regierung Schürfkonzessionen vor allem an ausländische Konzerne vergeben hatte – sie betrafen allerdings nur außerhalb des Parks gelegene Gebiete –, sahen sich die einheimischen Goldsucher aus ihren angestammten Gebieten verdrängt und wanderten in den Park ab. Dies hatte nicht nur zur Folge, dass die Flüsse verschmutzt und vergiftet wurden (beim Scheideverfahren wird Quecksilber eingesetzt, welches anschließend ungeklärt in die Flüsse kommt), sondern auch, dass die Zahl der essbaren Tiere im Park dezimiert wurde.

Beim Versuch, die Goldsucher aus dem Park zu verdrängen, kam es nicht selten auch zu **Schießereien** zwischen den Rangern und den Eindringlingen. Während einiger Jahre war der Park sogar gänzlich für Besucher gesperrt bzw. konnte nur mit Sondergenehmigung der Nationalparkverwaltung besucht werden. Inzwischen hat sich die Situation aber geändert und im Jahre 2003 gab Costa Rica den Anstoß zu einem Verfahren bei der UNESCO, dessen Ziel es ist, sowohl dem Corcovado als auch dem nahegelegenen Reserva Biológica Isla del Caño (s. S. 512) den Welterbe-Status zu verleihen. Bisher wurden aber alle Anträge abgelehnt.

Glückskastanie, der Croton, der Espavel und der Andiroba-Baum. Die höhergelegenen Gebiete werden vom Nebelwald bedeckt, in dem wahrhaft herausragende Exemplare insbesondere von Wollbäumen zu Hause sind, so auch der mit über 60 m größte Ceiba-Baum des Landes. In ähnlich hohe Sphären erstrecken sich auch die Sura-Bäume, Drachenblutbäume und die Andiroba-Bäume.

Inzwischen stoßen der Parque Nacional Corcovado und sein „genetisches Potenzial" bei den internationalen Pharma- und Saatgutkonzernen auf ein gesteigertes Interesse. Diese hoffen auf die Möglichkeit, ihre Profite über die Entdeckung, Entwicklung und Patentierung neuer Pflanzen und Wirkstoffe zu steigern.

„Genetisches Potenzial"

Der Park ist angesichts seines Reichtums ein Paradies für Naturwissenschaftler, die selbstverständlich schon diverse Studien u.a. zur **Fauna** durchgeführt haben. Bisher wurden über 120 Säugetierarten (etwa 50 davon sind allerdings Fledermäuse), fast 380 Vogelarten, von welchen etwa ein halbes Dutzend endemisch ist, und rund 120 Amphibien und Reptilien beobachtet sowie etwa 60–70 Süßwasserscharten festgestellt. Für Vogelkundler dürfte interessant sein, dass hier die Chance besteht, nicht nur einer Vielzahl von Kolibris, sondern auch eines Weißbussards, eines Gelbstirn-Blatthühnchens, eines Rostbauchguans, einer Harpyie, eines Bonaparte-Schuppentaos, einer Rotrückentaube, eines Baltimoretrupials u.v.m. ansichtig zu werden.

Das Schutzgebiet dient insbesondere der Erhaltung von Arten, die **vom Aussterben bedroht** sind. Unter anderem sind dies bestimmte Tapir- und Raubkatzenarten (darunter Jaguar, Puma, Ozelot), Weißbartpekaris sowie der Große Ameisenbär. Vertreter dieser Arten werden nur die wenigsten Besucher zu Gesicht bekommen, dagegen trifft man mit an Sicherheit grenzender Wahrscheinlichkeit nicht nur auf verschiedene Affenarten, sondern auch auf das eine oder andere Reptil. Besondere Erwähnung verdient dabei das von der Ausrottung bedrohte Spitzkrokodil, welches u.a. die nördlich der Station Sirena gelegene **Laguna Corcovado** bevölkert. Was die Schlangenwelt anbelangt, so sind hier die für einen Großteil der Bisse verantwortlichen Terciopelo-Lanzenottern sowie die Buschmeister, die bis zu 2,5–3 m lang werden und über ein noch stärkeres Gift verfügen, zu erwähnen. Wer eine Begegnung mit Amphibien vorzieht, kann sich auf das Auftauchen eine nahezu durchsichtigen Nacktbauch-Glasfrosches oder dem eines ockerfarbenen Granulierten Pfeilgiftfrosches freuen.

Reisepraktische Informationen Parque Nacional Corcovado

ℹ️ Information

Parkverwaltung (Oficina de Área de Conservación Osa) in Puerto Jiménez (Lage → Karte S. 493), ☎ 2735 5036, -5440 o. -5580 (ein Teil der Parkranger spricht Englisch), pncorcovado@gmail.com. Geöffnet tägl. 8–12 und 13–16 Uhr.
Der Park ist tägl. 8–16 Uhr geöffnet, im Oktober bleibt er geschlossen, in der Regenzeit von Mai–Dez. kann der Zugang eingeschränkt sein. Eintritt 12 US$.
Es gibt **drei Zugänge** mit Rangerposten: La Leona im Südosten (bei Carate), Los Patos im Nordosten (über La Palma) und San Pedrillo im Nordwesten (über die Bahía Drake) – zu Verkehrsverbindungen/Anreise s.u. Die vierte Rangerstation, La Sirena, liegt im Südteil des Parks am Meer.
Zwingende **Vorreservierung** – ohne gültiges Permit (10 US$/Tag – max. 5 Tage, also 4 Nächte) ist das Betreten des Parks nicht möglich. Anfrage ausschließlich per E-Mail (Adresse s.o.) mit folgenden Angaben: Wunschdaten, Name(n), Passnummer(n), Nationalität(en), Zeitpunkt der Einreise nach Costa Rica, Wunschunterbringung und -verpflegung (s.u.) unter Angabe der entsprechenden Station. Bei ausreichend früher Reservierung (bis zu einem Jahr im Voraus möglich) kommt die **Bestätigung** (oder Alternativtermine) innerhalb von 24 Std. Man erhält ein Info-Paket mit der Beschreibung, wie man nach (!) der Einreise ins Land die **Zahlung** vornimmt, nämlich ausschließlich bei der Banco Nacional de Costa Rica, die es praktisch in jedem Ort gibt. Es ist zzt. nicht möglich mit Kreditkarte oder in den Büros der Nationalparkverwaltung in San José für diesen Park zu bezahlen. Bezahlt man nicht bis zum vorgegebenen Zeitpunkt, so verfällt die Reservierung. Nach der Ankunft in Puerto Jiménez kann man sich dann bei der Parkverwaltung (s.o.) anmelden.
Sofern man nicht in der Lage ist, langfristig vorzubuchen, sollte man auch **kurzfristig** versuchen zu reservieren! So steigt die Wahrscheinlichkeit wenigstens einen Tageseintritt zu bekommen.

🛏️ Unterkunft/Essen und Trinken

Die Rangerstationen verfügen über **Camping**-Einrichtungen (4 US$/Nacht), Toiletten und Trinkwasser.
Nur in **La Sirena** kann die Unterbringung in einem der 24 Betten (8 US$/Nacht) gebucht werden. Bettzeug gibt es nicht, ein Schlafsack ist selbst mitzubringen. Auch **Verpflegung** ist hier möglich (Frühstück 20 US$, Mittag- und Abendessen je 25 US$). Vorreservierung und -kasse zwingend (s.o.)! Wer nicht verköstigt werden möchte, sollte sich mit ausreichend Lebensmitteln eindecken.

Hinweise zu Schlangenbissen

Für den Besuch des Parks, wo die Schlangendichte überproportional hoch ist, sollte man sich mit einem **Allround-Schlangenserum**, das gegen das Gift fast aller Schlangenarten wirkt, und einem Spritzbesteck eindecken. „**Polivalente**" (*suero antiofídico*) erhält man in einigen Apotheken der Umgebung (es gibt eine an der Hauptstraße von Puerto Jiménez) oder beim herstellenden Institut an der Universität in San José (s.u.). Es kostet etwa 10 US$ und muss nicht ständig gekühlt werden wie z.B. „Coral", das Gegengift beim Biss einer Korallenschlange.
Institut Clodomiro Picado, Dulce Nombre de Coronado (neben dem Sportplatz), San José, ☎ 2229 0344 o. 3155, http://icp.ucr.ac.cr.

Im Notfall:
- Serum anmixen (Lösungsflüssigkeit ist dabei)
- Serum mit der Spritze aufziehen, anschließend die Nadel nach oben halten und ein wenig Flüssigkeit ausspritzen, damit alle Luftbläschen verschwinden, die zu einer Embolie führen könnten
- Serum intramuskulär in den Körper (z. B. Po, Oberschenkel) spritzen

Diese möglicherweise lebensrettende Prozedur ist auch medizinischen Laien möglich. Insbesondere **Allergiker** sollten sich zusätzlich mit 40 mg des kortisonhaltigen „Solumedrol" versorgen, das im Falle einer entsprechenden Reaktion auch intramuskulär gespritzt wird.

In jedem Fall sollte man nach einem Schlangenbiss einen **Arzt konsultieren**!

Wanderungen und Touren
Es existieren verschiedene ausgeschilderte **Wanderwege** *zwischen den Rangerstationen. Die Bezeichnung „Nature Trails" stimmt im wahrsten Sinne des Wortes, denn man bekommt die einzigartige Natur- und Tierwelt des Corcovado zu sehen. Der beliebteste ist der Weg von* **Los Patos nach La Sirena**, *der ca. 18 km lang ist und für den man 9 Std. einplanen sollte (daher morgens starten!). Meistens geht es sanft auf und ab, es sind aber auch anstrengende Steigungen zu überwinden und Flüsse zu durchwaten.*
Von **La Leona nach La Sirena** *über die Playa Madrigal sind es ca. 16 km und von* **San Pedrillo nach La Sirena** *ca. 25 km. Letztere Route ist konditionell sehr anstrengend, zudem sollte man sich hier von einem Guide begleiten lassen, da man auf Krokodile treffen und außerdem durch die Gezeiten in Schwierigkeiten geraten kann. Generell sollte man aus Sicherheitsgründen immer mind.* **zu zweit wandern**!
Wer gern einen erfahrenen, akademisch qualifizierten **Tourguide** *dabei hat, kann sich an Vilmar Lopez von* **Osa Travel** *wenden,* ☎ *8690 3369 bzw. 8530 1413, vilmarlopez 62@hotmail.com.*
In Puerto Jiménez gibt es weitere Touranbieter, siehe z.B. www.soldeosa.com und www. toucan-travel.com.

Verkehrsverbindungen/Anreise
Mit dem Flugzeug *nach Puerto Jiménez, Golfito oder Bahía Drake mit Sansa Air (www.flysansa.com) oder Nature Air (www.natureair.com). Auch Carate im Süden des Parks verfügt über eine Flugpiste. Mit Lufttaxis kann man sogar direkt zu Station La Sirena im Park selbst fliegen bzw. sich von dort ausfliegen lassen.*

Der Río Sirena fließt nahe der gleichnamigen Station in den Pazifik

VON PUERTO JIMÉNEZ ZUR RANGERSTATION LA LEONA

Mit einem Colectivo-Bus von Puerto Jiménez nach Carate (siehe S. 495) und von dort aus zur Rangerstation La Leona gut 3,5 km laufen. Selbstverständlich kann diese Fahrt auch mit dem Taxi zurückgelegt werden.

Wer von Carate aus die **Rangerstation La Sirena** erreichen möchte, muss sich bei den Parkrangern von La Leona nach Ebbe und Flut erkundigen und den geeigneten Zeitpunkt für den Aufbruch mitteilen lassen, um nicht unterwegs durch die Flut abgeschnitten zu werden.

VON LA PALMA ZUR RANGERSTATION LOS PATOS

Zu Fuß geht es von La Palma (s. S. 503) aus in Fortsetzung der Fahrtrichtung des aus Puerto Jiménez kommenden Busses eine Straße entlang, die ab Ortsende ungeteert ist. Es handelt sich dabei um die Verlängerung der Straße, an welcher der Centro Social und die Soda La Palma liegen. Man biegt unmittelbar nach dem Friedhof links ein und folgt einer weiteren Schotterstraße.

Von dort aus schlängelt sich der Weg **rund 11 km** über kleine Hügel sowie schattenlose Ebenen (Sonnenschutz!) und wird immer wieder durch kleine Rinnsale und breitere Flüsse unterbrochen, die zu überwinden sind. Durch einige Wasserläufe kann man durchwaten, bei anderen sind die Schuhe besser auszuziehen. Bei Niedrigwasser helfen kleine Mittelinseln bei der Flussüberquerung. **Achtung**: In der Regenzeit kann der Wasserstand höher sein – vor der Wanderung sollte man sich unbedingt bei der Parkverwaltung in Puerto Jiménez über den Zustand des Weges erkundigen!

Nachdem man **sehr oft nasse Füße** bekommen hat, folgt später ein relativ steiler Anstieg auf einem nach Regenfällen recht glitschigen Untergrund. Im schattenspendenden Wald dient das Wurzelwerk öfter als „Steighilfe". Ein abwechselnd von sanften Anstiegen und ebenen Flächen bestimmter Abschnitt bringt einen dann zu einer Lichtung – die Station Los Patos ist erreicht.

Wer die Wanderung nicht auf sich nehmen möchte, kann ab La Palma auch **reiten** (ca. 25 US$) oder ein **Taxi** nehmen (☎ 8655 9631 o. 8516 7171). Von Puerto Jiménez besteht die Möglichkeit, sofern es die Witterungsverhältnisse zulassen, sich mit einem Jeeptaxi (40–65 US$) bis in die Nähe der Station Los Patos bringen zu lassen.

VON DER BAHÍA DRAKE ZUR RANGERSTATION SAN PEDRILLO

Die Bucht von Drake (s. S. 504) ist der Startpunkt für eine Wanderung. Entlang des mehr oder weniger parallel zum Strand verlaufenden Wegs, für welchen man 4–6 Std. einkalkulieren sollte. Der Strand von San Pedrillo wurde übrigens mit der Blauen Fahne ausgezeichnet.

Angeboten werden auch **Reittouren**, wobei die Pferde allerdings nicht mit in den Park genommen werden dürfen.

Von Puerto Jiménez nach Bahía Drake und Sierpe

Wer auf dem Hinweg von Chacarita über Rincón direkt nach Puerto Jiménez (Strecke s. S. 491) gefahren ist, kann auf dem Rückweg einen Halt in La Palma einlegen. Zwischen Puerto Jiménez und La Palma (ca. 23 km) ist die Straße gut ausgebaut. Kurz nach Puerto Jiménez quert die Straße den Río Tigre. Abweigungen führen z.T. zu in den letzten Jahren errichteten Unterkünften (s. u.).

Das Gebiet an der Strecke ist völlig flach, die „bergigen" Teile der Osa-Halbinsel liegen noch in weiter Ferne. Auf dem Weg nach La Palma wird auch der Weiler **Sándalo** passiert. Der Name ist von der costa-ricanischen Bezeichnung für den Tolu-Balsambaum abgeleitet, der in dieser Gegend beheimatet ist. Aus seinem Holz werden gern Musikinstrumente hergestellt, sein Saft verfügt außerdem über eine antiseptische Wirkung. *Holz für Musikinstrumente*

🛏 Unterkunft

Finca Köbö *$$, ☎ 8398 7604, www.fincakobo.com. 8 Zimmer mit Bad und Ventilator, Terrasse und Hängematten. Auf der Hälfte der Fläche betreibt ein costa-ricanisch/österreichisches Paar nachhaltige Landwirtschaft, der Rest ist Naturschutzgebiet. Frühstück und Abendessen (8 bzw. 13 US$) mit Lebensmitteln aus eigenem Anbau kann man dazu buchen. Außerdem eine Schokoladentour mit Verkostung (32 US$).*

La Palma

Die Nähe zu einem Eingang des Parque Nacional Corcovado (Station Los Patos, s. S. 502), zum lediglich 3 km entfernten Strand **Playa Blanca** und dem indigenen Territorium Guaymí de Osa begünstigt die zukünftige touristische Entwicklung von La Palma, das bislang ein ruhiges Örtchen geblieben ist.

Reisepraktische Informationen La Palma

🛏 Unterkunft

Hospedaje Baljay *$–$$, ☎ 2735 1057. Einfache Einrichtung, entweder Ventilator oder ac, gepflegter Garten. Die Inhaberin kann von Zeiten berichten, in denen man in La Palma noch ohne Strom wirtschaftete.*
Cabinas Tucán *$$, ☎ 2735 1012. 10 große Zimmer mit einfacher Einrichtung, entweder Ventilator oder ac, Kochgelegenheit.*
Delfines del Golfo *$$, ☎ 2735 1681, www.delfinesdelgolfo.com. Die neu errichtete und moderne Anlage besteht aus 5 Cabinas (heißes Wasser, Ventilator) für bis zu 4 Pers. Gemeinschaftsküche, Pool und Open Air-Duschen. Touren werden vermittelt, zudem ist* **Camping** *$ möglich.*

🍴 Essen und Trinken

Verschiedene kleine Lokale warten auf Gäste, u.a. das **Restaurant Oriental** *(einfacher Chinese), die* **Soda La Palma** *(u.a. ceviche) und das* **Rancho Lupita** *(landestypische Kleinigkeiten, Spezialität: Huhn).*

Verkehrsverbindungen
Busse von und nach **Puerto Jiménez** *s. S. 494. Nach* **Bahía Drake** *um 11.30 und 16 Uhr (ca. 1,5 Std., 6 US$), letzterer fährt an Sonntagen nicht. Die Busse in Gegenrichtung fahren um 4 und 13 Uhr in Drake ab.*

☞ Routenhinweis

Ab La Palma fährt man zuerst rund 8 km auf der Straße 245 in Richtung Norden und biegt dann bei Straßenkilometer 45 unmittelbar nach der Brücke über den **Río Rincón** – noch einige Kilometer vor dem gleichnamigen Örtchen – links ab. Von hier aus sind es noch 27 km bis zum Ziel.

Nachdem die Strecke bis zum Abzweig nur etwas holprig war, wird der Weg nun schlechter, die Straße ist sehr schmal und kurvig. Partiell sind nun Hügel zu nehmen, während die Umgebung weiterhin von Viehweiden dominiert ist. In Ermangelung von Brücken kreuzt man auch schon mal Wasserläufe an einer mal mehr, mal weniger tiefen Furt. Dies führt klar vor Augen, dass die Straße **nicht zu jeder Jahreszeit problemlos zu befahren** ist!

Nach 1 Std. Fahrt ist die Ansiedlung Rancho Quemado erreicht, wo es als Unterkunft nur eine einfache *Hospedaje* gibt. Hinter dem Weiler schließt der Dschungel den Fahrweg von beiden Seiten ein. Das Herannahen von Bahía Drake kündigt sich durch vereinzelte, des lieben Viehs wegen gerodeter Flächen an. Knapp 1,5 Std. nach Verlassen von La Palma ist man in Progreso, wo es auch schon Unterkünfte gibt. Kurz darauf ist man an der Küste angelangt, wo sich schöne Ausblicke bieten. Sobald man an dem linkerhand liegenden Abzweig zu den *Cabinas El Mirador* (s. S. 505) vorbeigekommen ist, ist man an der Bahía Drake angekommen und **eine der interessantesten Fahrten**, die das Land zu bieten hat, ist zu Ende.

Bahía Drake

Zu Ehren Francis Drakes

Im März des Jahres 1579 soll Francis Drake während seiner von 1577–1580 dauernden Weltumsegelung mit der „Golden Hind" in dieser Bucht angelandet sein, woran ein entsprechendes Monument an der **Punta Agujitas** erinnert. Am Ende seiner Reise wurde er von Queen Elizabeth I. zum „Sir" geschlagen – primär wohl aufgrund des fantastischen Umfangs seiner den Spaniern geraubten und teilweise von der Queen in Beschlag genommenen (Gold-)Schätze. Die Königin hatte einen ca. 4.000 %-Gewinn auf ihre Investitionen in die Fahrt gemacht …

Die nach dem Seeräuber Drake benannte Bucht hat sich mit dem Touristenboom der letzten Jahre zu einem der Zentren auf der Halbinsel Osa gemausert. Dabei liegt das Örtchen **Agujitas** im Zentrum der geschützten Bucht und die kleine Siedlung **Drake** selbst oberhalb beim Flughafen.

Die gesamte Bucht ist von bewaldeten Hügeln umgeben und insgesamt ein erholsames Gegenstück zu den inzwischen vom Massentourismus eroberten Stränden. Da hier die meisten Häuser von Bäumen verdeckt werden und sich noch kein Investor für einen Betonklotz gefunden hat, kann man sich am Strand mitunter der

Illusion hingeben, nahezu allein auf weiter Flur zu sein. Die mit bräunlichem Sand bedeckte Küstenlinie wird hin und wieder durch Felsen und Steine unterbrochen, die sich auch unter Wasser fortsetzen, sodass man sich beim Baden nicht allzu sorglos ins Nass stürzen sollte.

Reisepraktische Informationen Bahía Drake

Ursprünglich ist die Küstenlinie der Drake Bay

i Information
Gringo Curts Visitor Centre, ☎ 8558 1744, www.gringocurtandtico esteban.com. Der Restaurantbesitzer (s. S. 506) beantwortet viele Fragen zur Drake Bay schon auf seiner Website, so z.B. dass es vor Ort **keine Bank** und **keinen Geldautomaten** gibt.

Unterkunft
Cabinas Manolo $–$$, ☎ 2775 0929, Agujitas, www.cabinasmanolo.com. 18 einfache Zimmer (alle mit Ventilator), 12 davon haben ein eigenes Bad. Nette und gut organisierte Unterkunft. Das **Restaurant** hat eine etwas einfallslose Einrichtung, bietet aber sehr schmackhafte nationale und internationale Küche.

Martina's Place $–$$, strandnah in Agujitas, ☎ 8720 0801, www.puravidadrakebay.com. Mehrere etwas kleine, nach europäischem Geschmack von der deutschen Martina möblierte Zimmer mit Ventilator und Gemeinschaftsbad sowie -küche. Außerdem eine Honeymoon-Hütte und Zelte.

Vista Drake $–$$$, 150 m östlich der Drake School, Agujitas, ☎ 2775 1216 o. -1214, www.vistadrake.com. 7 große, luftige Standard-Zimmer und Cottages, alle mit Bad, z.T. Ventilator bzw. ac. Für jeden Geschmack etwas, zudem **Camping** $.

Cabinas Murillo $$, am Hang in Agujitas (100 m zum Strand), ☎ 8892 7702, www.drakecorcovadocabins.com. 13 Zimmer mit Balkon, Ventilator und Bad. Gemeinschaftsküche und kostenloses WiFi.

Cabinas Jade Mar $$–$$$, an der Hauptstraße links, Agujitas, ☎ 8384 6681, www.jademarcr.com. 15 ordentliche Zimmer, z.T. mit Bad und ac bzw. Gemeinschaftsbad und Ventilator. Alteingesessenes Unternehmen mit **Restaurant** (chinesisch bis italienisch, insbesondere Fisch, auch Vegetarisches).

Cabinas El Mirador Lodge $$–$$$, Hanglage in Agujitas, ☎ 2223 4060, www.mirador.co.cr. 14 Cabinas, z.T. mit Balkon und privatem Bad, die verstreut in einem priva-

ten Schutzgebiet liegen. Die hölzernen Unterkünfte bieten Naturliebhabern eine ideale Basis für Ausflüge in die Umgebung.
Águila de Osa Inn $$$$, *Punta Agujitas, an der Mündung des gleichnamigen Flusses,* ☎ *2296 2190, www.aguiladeosa.com. 13 geschmackvoll eingerichtete Zimmer mit Bad, Ventilator, kleinem Kühlschrank sowie Terrasse mit Ausblick. Telefonieren und WiFi kostenlos. Das* **Rio Selva Restaurant** *bietet Seeblick und Bio-Küche.*

🍴 Essen und Trinken

Neben den genannten Restaurants der Unterkünfte (s.o.) folgend zwei weitere Tipps (beide an der Hauptstraße von Agujitas):
Soda Mar y Bosque. *Kleines, einfach eingerichtetes Restaurant mit costa-ricanischer Küche. Günstiger.*
Gringo Curts, ☎ *8558 1744, www.gringocurtandticoesteban.com. Curt bietet eine kleine Speisekarte und ist auf Seafood spezialisiert. Die großen Portionen werden frisch zubereitet, daher dauert es manchmal etwas länger. Empfehlenswert!*

👁 Ausflüge und Touren

Parque Nacional Corcovado: *Von der Bahía Drake gelangt man zur Ranger-station San Pedrillo (s. S. 502). Angesichts des bürokratischen Aufwands einer persönlichen Anmeldung bei der Parkverwaltung in Puerto Jiménez und des Besucherlimits ist die Inanspruchnahme einer* **Tour**-*Agentur sicherlich die einfachere, allerdings auch die teurere Möglichkeit, dem Schutzgebiet einen Besuch abzustatten.*
Wegen des Besucherlimits gilt dasselbe für die **Reserva Biológica Isla del Caño** *(s. S. 512).*
Alle o.g. Unterkünfte vermitteln oder bieten selbst Touren in die Schutzgebiete an, zudem Ausritte, Wal- und Delfinbeobachtungsfahrten u.v.m. Je nach Tour und Dauer (halber oder ganzer Tag) 40–150 US$. Günstige Angebote haben dabei die Cabinas Manolo, gute Tipps die deutschsprachige Besitzerin von Martina's Place, viel Erfahrung die Cabinas Jade Mar (alle s.o.).

🚌 Verkehrsverbindungen

La Palma: Busse *von und nach La Palma s. S. 504.*
Sierpe: *Tickets für das* **Boot** *(15 US$ morgens, 20 US$ mittags) kann man bis 18 Uhr des Vortages im Büro der Cabinas Jade Mar (s. S. 505) erwerben. Mindestens je ein Boot fährt gegen 7 bzw. 14.30 Uhr vom zentralen Strandabschnitt ab. Je nach Bedarf fahren noch weitere Boote, alles ist aber* **wetterabhängig**!
Flughafen: *Mit Sansa Air (www.flysansa.com), Nature Air (www.natureair.com) und als Charter mit Alfa Romeo Air (www.alfaromeoair.com).*

Sierpe

Der im Diquís-Tal gelegene Ort hat – so man sich nicht für Bananen und ihren Anbau interessiert – nur wenig mehr zu bieten, als dass er als Ausgangspunkt für Exkursionen auf die Halbinsel Osa sowie zur Isla del Caño dient. Zudem hat man die Möglichkeit zur Übernachtung und als nahe Sehenswürdigkeit das erst 2013 eröffnete Museum am **Ausgrabungsgelände** (*Sitio Arqueológico*) der **Finca 6** (s. S. 510).

Mit dem Boot von Bahía Drake nach Sierpe

Nähert man sich Sierpe allerdings von Bahía Drake kommend – also von der See-seite her –, so hat man zumindest eine **interessante Bootsfahrt** erlebt: Diese geht mit einem PS-starken Motorboot zuerst übers offene Meer. Nach etwa 15 Min. biegt das Boot rechts ab und erreicht so den Mündungsbereich des **Río Sierpe**. An den Ufern tauchen zunächst nur vereinzelt Hütten und Häuser auf, die allenfalls über den Wasserweg erreichbar sind. Dann verengt sich der Fluss zuneh-mend und man fährt an Mangrovenwäldern und -dickichten vorbei – oder, so der Bootsführer gut gelaunt ist bzw. man ihn nett darum bittet, auch mal mitten durch. Die **Mangroven** stehen auf zunächst recht zerbrechlich anmutendem Stelzen-werk, welches in natura allerdings eine extreme Härte aufweist. Mitunter treiben kleine Inselchen aus Wasserpflanzen den Fluss hinab und zwingen den Bootsführer *Inseln aus* zu einem Ausweichmanöver. Wer von den Bewohnern der Gegend noch nicht über *Wasser-* ein Motorboot verfügt, paddelt den Fluss entlang. Mit der Annäherung an Sierpe *pflanzen* verschwinden die Mangroven zunehmend und machen Weideflächen sowie An-pflanzungen von Palmen Platz. Anders als in Bahía Drake, wo man zum Boot waten muss, beweist Sierpe seinen „städtischen" Charakter durch eine Anlegestelle hin-ter dem Restaurant Las Vegas (s. S. 508).

Nicht unterschlagen werden soll eine Kuriosität, die das Städtchen in seinem an-sonsten doch etwas vernachlässigten **Parque Central** neben der obligatorischen Steinkugel vorhält: Eine Erinnerungsplakette gedenkt des schon früh verstorbenen Señor Miranda als dem „Tourismuspionier" der Region. Ansonsten fällt auf, dass man sich hier sehr mit ökologischen Fragen zu beschäftigen scheint, jedenfalls las-sen dies etliche Plakate und Mahnsprüche vermuten.

Reisepraktische Informationen Sierpe

🛏 Unterkunft

Hotel Margarita $–$$, *hinter dem Fußballplatz,* ☎ 2788 1474. *Sehr einfache Herberge. Der Preis der 14 spartanischen Zimmer richtet sich danach, ob eine ac im Raum ist.*

Hotel Oleaje Sereno $$, *am Fluss, etwas unterhalb der Anlegestelle,* ☎ 2788 1111, www.hotelsierpe.com. *Das 15 Zimmer-Haus befand sich zum Zeitpunkt der Recherche im Umbau, nachdem der umtriebige Sr. Uribe, der auch das „Las Vegas" sowie „La Perla del Sur" betreibt, es übernommen hat. Es soll zum ersten (und teuersten?) Haus am Platze avancieren – was nicht schwerfallen dürfte. Das* **Restaurant** *soll dann mit teils italienischer, teils US-amerikanischer „Gourmetküche" wiedereröffnen.*

Cabinas Sofia $$, *125 m nordöstlich des Parque (gegenüber des Eisenwarenladens),* ☎ 2788 1229. *7 schmucke und saubere Zimmer mit ac und Bad, jedem steht ein Parkplatz zur Verfügung.*

Cabinas Mozelle $$, *vom Ortseingang kommend auf der linken Seite,* ☎ 2788 1374. *6 große Zimmer mit Bad, z.T. ac. Flussnaher Garten mit vielen Vögeln, Pool.*

Ecomanglares Sierpe Lodge $$–$$$, *2 km vor Sierpe (Schild 100 m hinter Hängebrücke),* ☎ 2788 1314, www.ecomanglares.com. *10 geschmackvoll gestaltete, aber z.T. renovierungsbedürftige Zimmer mit Bad und Ventilator. Gartenanlage für Vogelliebhaber interessant.* **Restaurant** *mit italienischer Küche (bis 21 Uhr).*

🍴 Essen und Trinken

Las Vegas, *hinter dem Anleger. Das Fast Food-Angebot reicht aus, das Warten auf den Weitertransport zu verkürzen, soweit man nicht dem Shopping im angeschlossenen Andenkenladen verfällt. Von Pizza über Burger bis zu Casado ist alles zu haben, auch vegetarische Gerichte.*

Soda La Perlita, *vor dem Fußballplatz. Ist bei der Überbrückung der Wartezeit die preisgünstigere Alternative zum „Las Vegas".*

👁 Touren

La Perla del Sur Adventures, ☎ 2788 1082, www.perladelsur.net. *Für die Isla de Caño werden hier 95 US$, die Erkundung des Corcovado-Parks bei San Pedrillo ebenfalls 95 US$ und für eine Mangroventour 50 US$ verlangt, wobei jeweils eine Mindestteilnehmerzahl gewährleistet sein muss.*

Ähnliche Touren können auch über die **Ecomanglares Sierpe Lodge** *(s.o.) gebucht werden.*

🚌 Verkehrsverbindungen

Palmar Norte: *Von Sierpe kommt man mit dem* **Bus** *in etwa 45 Min. für 1 US$ zu diesem Verkehrsknotenpunkt, täglich um 5.30, 8.30, 10.30, 12.30, 15.30 und 18 Uhr. Von Palmar hierher um 4, 7, 9.30, 11, 13.30, 14.30 und 17 Uhr.*

Bahiá Drake: *Regulär fährt mindestens ein* **Boot** *um 11.30 (50 Min., 15 US$) und um 16 Uhr (20 US$). Muelle,* ☎ 2786 6534.

Wer selbst einen Transfer organisieren oder bis zum Corcovado- Park (San Pedrillo oder Sirena) vorstoßen möchte, kann sich an Sr. Edwin Uva Sonia Rojas (☎ 2786 7311) wenden.

Humedal Nacional Térraba Sierpe

Die im Mündungsbereich der Flüsse **Río Sierpe** und **Río Térraba** gelegene und die Lagunen Sierpe und Porvenir mit umfassende, gut 330 km² große Schutzzone ist insbesondere für etliche Wasserlebewesen relevant, da sie die notwendigen Voraussetzungen für die Reproduktion und Aufzucht bietet. Hinzu kommt, dass den **Mangroven**, die ungefähr die Hälfte des Gebietes bedecken, sowohl eine wasserreinigende als auch eine erosionsverhindernde Rolle zukommt.

In dem seit 1995 bestehenden *Humedal*, abgekürzt **HNTS** genannt, ist nicht jeder menschliche Eingriff verboten. So dürfen Bewohner der Region z.B. in gewissem Umfang Holz roden und vor allem im Río Térraba vorkommende Herz- und Miesmuscheln fangen. **Probleme** ergeben sich allerdings in der Praxis daraus, dass die lokalen Muschelfänger nicht selten eine andere Vorstellung als die überregionalen Schützer davon haben, was unter adäquater Nutzung zu verstehen ist. Hinzu kommen eine ganze Reihe illegaler Fänger, sodass es inzwischen partiell zu einer Gefährdung des Bestandes kommt. Haben die Muschelsammler vor zwei Dekaden während der Ebbe noch bis zu 3.000 Exemplare von den Wurzeln „gepflückt", so müssen sie sich heute mit 200–500 Muscheln begnügen. Nicht vergessen werden dürfen die Wasserverschmutzung, die durch die in der Landwirtschaft eingesetzten Chemikalien hervorgerufen wird, sowie die insbesondere sich von den Rändern des Mangrovenbestandes her „voranfressende" Landwirtschaft selbst.

Flora und Fauna

Neben den Mangroven wird die **Flora** bestimmt durch Feuchtwälder, deren Charakteristikum darin besteht, dass sie – vergleichbar mit dem brasilianischen Pantanal-Gebiet – periodisch geflutet sind. Hier wächst vor allem die großblättrige Amazonische Bambuspalme. Die nachgewiesenen Mangrovenarten sind die Rote, die Schwarze und die Weiße Mangrove sowie die äußerst seltene Teemangrove, die wie Teepflanzen Tannin in ihren Blättern hat. Traditionell haben die Indianer aus der Roten Mangrove übrigens einen Gerbstoff gewonnen, mit dessen Hilfe sie ihren Lederwaren eine erhöhte Beständigkeit verliehen. Ferner gedeihen hier Mangrovenfarne und der Alcornoque-Baum.

Die an der **Fauna** interessierten Besucher dürften Kaimane oder gar Spitzkro-

Mangroven vor Sierpe

kodile, welche den Wilderern bislang entkommen sind, eine sich auf einem Ast dahin windende kaffeebraune Zentralamerikanische Baum-Boa und insbesondere eine bis zu 2 m lange, hochgiftige Terciopelo-Lanzenotter als beeindruckend empfinden. Andere werden sich an der Beobachtung von Silberreihern, Goldwaldsängern, Mangrovenamazilien – einer in Costa Rica endemischen Kolibriart –, Fischadlern und der – allerdings hier recht seltenen – Hellroten Aras ergötzen. Was die Welt der Säuger anbelangt, so ist sie u.a. durch Totenkopf- und Kapuzineräffchen, Ozelotkatzen, Ozelots, Waschbären und Tieflandpakas vertreten. An Fischen sind u.a. die barschartigen Snooks, Schnapper und Meeräschen vorzufinden.

Reisepraktische Informationen H.N. Térraba Sierpe

ⓘ Information
Eine Infrastruktur für Individualtouristen gibt es hier nicht, am besten schließt man sich einer der **Touren** an, wie sie von den u.g. **Lodges** angeboten werden. Deren Gäste werden mit dem Boot in Sierpe abgeholt.

🛏 Unterkunft
Sabalo Lodge $$$, am Flusssystem des Río Sierpe, ☎ 236 3993, www.sabalo lodge.com. Nur 10 Gäste kommen hier in Bungalows mitten im Mangrovendschungel unter. Die Betreiberfamilie bieten als Touren u.a. Fischen in den Mangrovensümpfen und den Besuch einer Fruchtfarm auf der Isla Violín. Preis inkl. Transport und drei Mahlzeiten.
Isla Violín Eco-Lodge $$$–$$$$, ☎ 8703 1862 o. 8720 0578, www.islaviolineco lodge.com. Einfach gehaltene Cabanas, die nur durch Vorhänge vom Regenwald getrennt sind, sowie Zelte stehen zur Verfügung. U.a. kann man eine Mangroven-Tour mit dem Kajak machen. Preis inkl. Transport, Wanderungen und drei Mahlzeiten.

El Sitio Arqueológico Finca 6

Das **Museo de Esferas Precolombinas** ist das neueste Museum des Landes und wurde 2013 eröffnet. Es besteht aus einem Freilichtareal, auf welchem sich die *Esferas*, also die geheimnisvollen Steinkugeln, zum Teil noch an ihrem ursprünglichen Ort befinden, sowie einem frisch errichteten Museumsgebäude. Die Gründung steht wohl im Zusammenhang mit dem Bemühen Costa Ricas, die Kugeln und ihre Fundorte in die UNESCO-Welterbeliste aufnehmen zu lassen (Info-Kasten s. S. 462).

Auf dem Gelände werden anhand der Positionen der Kugeln **verschiedene Theorien** erläutert. Während ein Teil der Wissenschaft sie für Statussymbole hält, deutet ein anderer Teil sie als Wiedergabe kosmischer Konstellationen. Sympathisch an der Ausstellung ist, dass trotz unklarer Forschungslage nicht nur eine der Theorien in den Vordergrund gerückt wird, sondern alle parallel präsentiert werden. Da die Kugeln inzwischen auch Esoteriker und UFO-Forscher beschäftigen, die hier einen weiteren Landeplatz außerirdischer Kosmonauten entdeckt zu haben glauben, wird sogar auf derartige Überzeugungen eingegangen und darauf hingewiesen, dass keine dieser Spekulationen bislang bewiesen wurde.

Esoteriker und UFO-Forscher

Separat gelagerte „Kugelhaufen" werden als *Esferas en trásito* bezeichnet. Damit sind Kugeln gemeint, die polizeilich beschlagnahmt worden sind, da man ihre Besitzer verdächtigt, dass sie illegal an diese Fundstücke herangekommen sind bzw. mit ihnen Handel treiben wollen. Bis zur Klärung der Eigentumsverhältnisse werden sie hier zwischengelagert.

Der Fall Harry Männil: Wem gehören die Steinkugeln?

info

Mitte Februar 2013 erschütterte eine Nachricht die Welt der Archäologen: Das costa-ricanische Nationalmuseum habe über **100 präkolumbianische Altertümer**, darunter auch 14 *Esferas*, an die Erben Harry Männils zu übergeben.

Bei Männil, der lange in Venezuela lebte und 2010 in San José starb, handelte es sich um einen estnischen Geheimpolizisten, von dem gemunkelt wird, er habe während der deutschen Okkupation Estlands **mit den Nazis kollaboriert**. Jedenfalls fand sich auf seiner Finca eine ganze Sammlung von Kunstgegenständen, die sichergestellt und dem costa-ricanischen Nationalmuseum zur Aufbewahrung anvertraut wurden. Als dann ein Richter entschied, dass alles an die Erben Männils herauszugeben sei, war der Schock groß, da man befürchtet, dass sie über kurz oder lang in den illegalen Kunsthandel gelangen.

Reisepraktische Informationen
El Sitio Arqueológico Finca 6

i Information
Öffnungszeiten *täglich von 6– 18 Uhr. Charmant ist, dass man die Ausstellung inmitten einer Plantage aufgebaut hat, deren alte Transportsysteme noch erhalten sind.*

Eine Esfera auf dem Ausstellungsgelände

Anreise
Man nimmt einen der von Sierpe nach Palmar fahrenden Busse (s. S. 508) und lässt sich nach einer kleinen Brücke zwischen der Finca 12 und der Finca 6 vor den Toren letzterer absetzen. Das Museumsgelände liegt in Fahrtrichtung des Busses rechterhand, man muss noch etwa 300 m laufen.

Reserva Biológica Isla del Caño

Die gerade 3 km² große Insel, deren höchste Erhebung 110 m über dem Meeresspiegel liegt, begann aufgrund von tektonischen Plattenbewegungen vor 40–50 Mio. Jahren aus dem Meer aufzutauchen – aktuell wächst der sie bildende Basaltblock pro Jahrtausend um ca. 10 m in die Höhe. Nun ist sie das Zentrum des 27 km² großen Meeresreservats, das gut 15 km **westlich der Osa-Halbinsel** liegt.

Auf der bewaldeten Insel wechseln sich viele felsige und steile Küstenabschnitte, die bis zu 70 m hoch aus dem Meer herauswachsen, mit wenigen kleinen, weißsandigen Strandbuchten ab, von denen bei Flut viele überspült werden. Nicht zuletzt aufgrund der extrem guten Sicht unter Wasser, der hohen unterseeischen Biodiversität und den Korallenriffen hat sich die Umgebung der Insel zu einem **Mekka für Taucher** entwickelt, dessen Zugang aus Gründen des Naturschutzes limitiert werden muss.

„Insel des Wasserfalls" Ihren Namen verdankt die Isla del Caño dem spanischen Kapitän Juan de Castañeda, der bei seinem Besuch im Jahre 1519 einen Wasserfall (*Caño*) als hervorstechendes Charakteristikum derselben zum Anlass nahm, sie auf seiner Karte dementsprechend zu verzeichnen. Er war allerdings keineswegs das erste menschliche Wesen, das seinen Fuß auf das Eiland setzte. Seine Vorgänger hinterließen nicht nur **Steinkugeln und Gräber** mit Beigaben aus präkolumbianischer Zeit, sondern auch vereinzelte Artefakte, die auf eine dauerhaftere Besiedlung hinweisen. Insofern wurde die ursprüngliche Theorie, wonach es sich bei der Insel lediglich um einen Begräbnis- bzw. Kultplatz handelte, aufgegeben.

Ab 1940 nahm die Bananengesellschaft United Fruit Company dieses Fleckchen Erde in Beschlag und ließ hier einen **Leuchtturm** erbauen, der bis zum Beginn der 1960er-Jahre in Betrieb blieb. Als die costa-ricanische Regierung 1978 die Insel zum Biologischen Reservat erklärte, durchkreuzte sie damit die Pläne, hier einen Hotel- und Kasinokomplex nebst Flugpiste zu errichten.

Flora und Fauna

Das Inselinnere ist größtenteils mit **tropischem Regenwald** bewachsen, hervorzuheben ist die Präsenz der Kuhmilchbäume, die sogar so häufig sind, dass mitunter von einer Kultivierung derselben in präkolumbianischer Zeit ausgegangen wird. *Häufig Kuhmilchbäume* Ihr trinkbarer Saft ist Kuhmilch nicht unähnlich. Der zweite Name des Baums – Kuhbrotnussbaum – weist darauf hin, dass der 2–3 Zentimeter große Samenkern der kugelförmigen Frucht essbar ist, und zwar in gesalzener und gebratener Form. Ferner finden sich hier Jatoba- und (Wilde) Kakaobäume, wobei letztere anders als ihre Vettern in den Plantagen, die auf ca. 3–4 Meter zurechtgestutzt sind, bis zu 15 m hoch werden. Zu nennen sind noch der Kautschuk- und der Ameisenbaum sowie der bei uns als Zimmerpflanze nicht unbekannte Philodendron.

Säugetiere sind jenseits von Fledermäusen, Vieraugenbeutelratten und Tieflandpakas keine anzutreffen, dafür ist die **Vogelwelt** durch etwa ein Dutzend Arten vertreten, darunter die gängigen Meeresvögel sowie Kuhreiher, Odinshühnchen, Krabbenbussarde und Cabanis-Drosseln. **Reptilien** sind nicht übermäßig häufig. Schlangen wie die Abgottschlange, die Savannennatter und die Erzspitznatter sind mit Ausnahme der im Meer vorkommenden Plättchen-Seeschlange nicht giftig. Unter den 15 Korallenarten, die bislang gefunden wurden, ist die Lappenförmige Porenkoralle am häufigsten vertreten. Wer Glück hat, sieht auch Wale und Delfine vorüberziehen.

Reisepraktische Informationen Isla del Caño

Information
Die Parkranger verfügen über einen Rancho als Stützpunkt. Besucher dürfen nur bestimmte Strandabschnitte besuchen und zwei kurze Trails im Nordwesten nutzen. Zum Schutz ist der Zulauf begrenzt auf maximal 100 Besucher gleichzeitig.

Früher konnte man im Büro der Verwaltung des Corcovado-Nationalparks in Puerto Jiménez ein Permit beantragen, seit 2006 gehört die Reserva Biológica aber nicht mehr zu seinem Gebiet. Heute schließt man sich am besten einer **Tour** an (s.u.) – dies ist der einfachere, wenn auch teurere Weg. Die 12 US$ Eintritt sind dann im Preis enthalten.

Auf der (fast) einsamen Insel

Unterkunft
Es ist zzt. nicht erlaubt, auf der Insel zu zelten.

Aktivitäten/ Wandern
Sechs **Tauch- und** zwei **Schnorchelreviere** sind ausgewiesen.
Wer auf den **Trails** entlang der Strände wandert, sollte über die **Gezeiten** informiert sein, da während der Flut einige der Strandabschnitte verschwinden und man an anderen Küstenabschnitten vom auflaufenden Wasser eingeschlossen werden kann.

Touren
Southern Expeditions, ☎ 2787 0100, www.southernexpeditionscr.com. Tauch- (165 US$) oder Schnorcheltour (135 US$) ab Manuel Antonio (Fahrtdauer 3 Std.), Dominical/Uvita (2 Std.) oder Sierpe (1,5 Std.).
La Perla del Sur Adventures (s. S. 508), Schnorcheltour ab Sierpe.
Cano Divers, ☎ 2234 6154, www.canodiverscostarica.com. Tauchtour (zwei Tauchgänge 130, drei 180 US$), ab Bahía Drake (Fahrtdauer 40 Min.).

7. DER OSTEN: AN DIE KARIBIKKÜSTE

Überblick

Unabhängig davon, welche Route man wählt, um in den „wilden Osten" des Landes zu gelangen, wartet das „andere Costa Rica" auf den Besucher. Der karibische Teil des Landes blieb, obwohl die Entdeckung von hier aus eingesetzt hatte, für den „or-
dentlichen" Spanier und seine im zentralen Hochland siedelnden Nachfahren über Jahrhunderte hinweg weitgehend eine „No-go-area". Das andere Costa Rica ist eher schwarz als weiß, eher englisch/kreol- als spanischsprachig und eher von Bananenplantagen denn von Kaffeefincas geprägt. Das Meer ist sanfter als im Westen und die Strandorte von Cahuita über Puerto Viejo bis hinein nach Panama sind karibisch geprägt.

Die Orte im Osten verdanken ihre Entstehung primär entweder dem Eisenbahnbau oder aber der Banane bzw. dem mit beidem maßgeblich befassten US-Multi United Fruit Company unter Keith. Diesem musste man für den Bau der Bahn fast 10 Prozent des Territoriums des Landes abtreten. Daher sucht man hier vergeblich nach Zeugnissen aus der kolonialen Vergangenheit des Landes. Reich entschädigt wird man dafür durch eine Reihe von besuchenswerten Nationalparks.

Was Manuel Antonio für die Pazifikküste, ist dabei der

Redaktionstipps

➤ Der **Parque Nacional Tortuguero** zählt zu den meistbesuchten des Landes. Auch wenn es nur mit etwas Glück gelingt, Schildkröten beim Eierablegen zu beobachten, ist allein schon Anreise mit dem Boot durch die Wasserkanäle den Besuch wert (s. S. 526).
➤ Puerto Limón lohnt außerhalb des Karnevals den Besuch eher nicht, dafür bieten die südlich gelegenen Strände wie **Cahuita** und **Manzanillo** karibische Kulisse für ein paar entspannte Tage am Strand (s. S. 542 und S. 554).

Parque Nacional Cahuita für die Atlantikküste: ein Bilderbuchstrand mit angeschlossenem Nationalpark. Ein weiterer Besuchermagnet ist der Nationalpark Tortuguero – und dies, obwohl man keineswegs garantiert eine Schildkröte zu Gesicht bekommt. Doch kann allein die Anreise begeistern: eine Bootsfahrt auf Kanälen und Flüssen durch den Dschungel.

Verkehrsverbindungen von San José

Vom **Terminal de Caribe** an der Av. 13/C. Central werden neben Puerto Limón und Guápiles u.a. auch Río Frío (3,5 US$), Guácimo (4,5 US$), Cariari (3,5 US$), Puerto Viejo de Sarapiquí (5,5 US$), Matina (6 US$) und Siquirres (3,5 US$) erreicht. Der Terminal verfügt über Restaurants, Verkaufskioske und Toiletten sowie eine Gepäckaufbewahrung und Arztpraxen.

Wer ohne Umsteigen in Limón weiter zu einem der zwischen Limón und der panamaischen Grenze gelegenen Orte (4 Std. bis Cahuita, 4,5 Std. bis Puerto Viejo de Talamanca oder 6 Std. bis Sixaola) will, fährt vom **Terminal Atlántico Norte** in der C. 12, Av. 7 und 9 mit Transportes Mepe (☎ 2758 1572) um 6, 10, 12 und 14 Uhr. Die Fahrpreise betragen bis Cahuita 9 US$, bis nach Puerto Viejo (de Talamanca) 10 US$ und bis Sixaola knapp 12 US$.

Puerto Viejo, Cahuita, Siquirres, Guápiles und Sarapiquí werden zudem von **Interbus** (☎ 2283 5573, www.interbusonline.com) bedient.

Sowohl Limón als auch Barra del Colorado und Tortuguero können per **Flugzeug** erreicht werden (s. S. 132).

Von San José an die Karibikküste

Der direkte Weg zur Atlantikküste führt auf dem gut ausgebauten Highway von San José nach Limón, vorbei am **Parque Nacional Braulio Carrillo** (s. S. 227).

Alternative Routen an die Küste
Mit dem Auto muss man ca. 2,5 Std. einplanen. Alternativ besteht die Möglichkeit, die Route über Cartago und Turrialba nach Siquirres zu wählen, die in etwa der alten Bahnlinie folgt (s. ab S. 199). Die ersten 60 km der Fahrt an die Karibikküste sind identisch mit der Strecke ab S. 226.

Ca. 18 km vor Guápiles zweigt bei dem Restaurant „Rancho Roberto" die Straße nach **Puerto Viejo (de Sarapiquí)** ab (S. 232). Sobald man das Tiefland endgültig erreicht hat, wird die Viehhaltung neben dem Bananenanbau zum bestimmenden Wirtschaftsfaktor. Die Straße selbst umgeht Guápiles, das ca. 2 km entfernt liegt.

Guápiles

Das weniger als 20.000 Einwohner zählende Städtchen (ca. 70 km von San José) entstand im Zusammenhang mit der Inbetriebnahme der Eisenbahn. Die von Keith angelegten Bananenplantagen bilden das Hinterland. Eines der letzten Relikte der Eisenbahnzeit im Ort ist die Fußgängerbrücke, die von dem von der katholischen Kirche beherrschten Viertel zu dem Viertel der Supermärkte über den Río Guápiles – in Wahrheit nur ein kleines Rinnsal – führt. Wer an einem Samstag hier ist,

Samstag ist Markttag
sollte sich das bunte **Markttreiben** nicht entgehen lassen. Der Busterminal liegt zwischen der Straße nach Limón und dem Zentrum der Stadt. In der Stadt gibt es eine Reihe einfacher Cabinas und *sodas*.

Jardín Botánico Las Cusingas

Etwa 3 km außerhalb befindet sich ein Ökounternehmen, das neben einer Beherbergungsmöglichkeit (2 einfache Zimmer) u. a. dieses botanische Gärtchen betreibt. Interessant ist ein Besuch speziell für diejenigen, die sich für **lokale Heilpflanzen** interessieren, da diese einen Schwerpunkt einer etwa zweistündigen Führung (12 US$) bilden.

Las Cusingas, *Buenos Aires de Guápiles, 4 km vom Highway, Abzweig am Soda Buenos Aires, 50 m südl. der Schule, ☎ 2710 2652.*

Reisepraktische Informationen Guápiles

Unterkunft

Hotel Elena $–$$, ☎ 8621 6076. *8 Zimmer mit Ventilator, das Bad liegt außerhalb. Traditionelle „hospedaje" mit einem schönen Garten mit Mangobäumen hinter dem Haus. Die Vorderfront liegt allerdings zur Hauptstraße.*

Cabinas Car $$, *Bulevar de Guápiles, 50 m westl. der Kirche,* ☎ 8704 7301. *5 saubere Zimmer mit Bad.*

Hotel Suerre $$$, *800 m nördlich der Tankstelle St. Clara (hier von der Hauptstraße nach links abzweigen),* ☎ 2713 3000, www.suerre.com. *98 saubere, komfortable Zimmer mit ac und Bad. Großer Pool. Zudem sind ein Restaurant und ein Casino angeschlossen. Eher Tagungshotel, aber eine der besseren Möglichkeiten in Guápiles.*

Casa Río Blanco $$$, *7 km westlich von Guápiles, 1 km südl. der Brücke über den Río Blanco,* ☎ 2710 4124, www.casarioblanco.com. *Die Unterkunft besteht aus 2 Zimmern im Haupthaus und 4 rustikalen Holzcabinas mit Veranda, von der man die Vögel beobachten kann. Statt Fenstern sind Mückengitter angebracht, sodass man das Gefühl hat, mitten im Dschungel zu schlafen. Im tropischen Garten kann man in Hängematten entspannen, der nahe Fluss lädt zu einem Bad ein. Inkl. Frühstück. Die netten holländischen Gastgeber organisieren auch Touren, z.B. nach Tortuguero oder Rafting.*

Essen und Trinken

Nanis Sugar Cafeteria, ☎ 2711 3006, *gegenüber vom BAC San José (100 m südl. der Kirche). Leckerer Kuchen und Kaffee.*

El Único, *am Bulevar de Guápiles. Chinesisches Essen, aber auch Pasta, Wahl zwischen kleinen und großen Portion, gutes Preis-Leistungs-Verhältnis*

Verkehrsverbindungen

Nach und von Siquirres, Limón und San José fahren Busse zwischen 6 Uhr und 19 Uhr stündlich (Empresarios Guapileños, ☎ 2222 0610)

Guácimo: *zwischen 5.50 und 20.15 Uhr fast alle 30 Min.*

Puerto Viejo (de Sarapiquí): *zwischen 5.30 und 18.30 Uhr alle 1,5–2 Std.*

Río Frío: *zwischen 6 und 18 Uhr alle 1–2 Stunden, wobei ein Teil über die Fincas fährt, ein anderer über Victoria.*

Cariari: *alle 30 Min.*

Abstecher: über Cariari nach Tortuguero

Für Selbst- und Busfahrer ist dies die einfachste (und günstigste) Möglichkeit, den **Parque Nacional Tortuguero** zu erreichen. Hierzu biegt man in Guápiles von der Direktverbindung zur Karibik in Richtung Cariari ab. Von Guápiles aus geht es dann über das Örtchen Rita vorbei an Weiden, Zuckerrohrfeldern, vereinzelten Maisfeldern und immer wieder Bananen nach Cariari, welches man nach etwa einer dreiviertel Stunde nach dem Abzweig erreicht. Über **Cariari** lässt sich wenig mehr sagen, als dass es ein die Umgebung versorgendes Subzentrum ist mit Bank und medizinischer Versorgung.

Reisepraktische Informationen Cariari

Unterkunft

Hotel El Trópico $–$$, 400 m nördl. der Bushaltestelle, ☎ 2767 7186, www.hoteleltropico.com. 15 einfache Zimmer mit Bad und ac oder Ventilator. Im dazugehörigen **Restaurant** gibt es einheimische und internationale Küche.
Hotel Central $–$$, 175 m nördl. der Copetraca-Bushaltestelle, ☎ 2767 6890, http://www.tortuguerohotelcentral.blogspot.de. 22 einfache Zimmer mit Gemeinschaftsbad und Ventilator. Parkplatz.
Hotel Vista al Tortuguero $$, neben der Brücke, ☎ 2767 4141, www.hotelvistatortuguero.com. 15 etwas spartanisch eingerichtete, moderne Zimmer mit Bad und Ventilator oder ac. Parkplatz.

Am Fähranleger nach Tortuguero warten zahlreiche Boote

🚌 Verkehrsverbindungen

Es gibt in Cariari zwei Terminals, die **Estación Nueva** für die Langstreckenbusse nach San José und die **Estación Vieja** für lokale Verbindungen in unmittelbarer Nähe des Hotels Central. Von letzterer fahren um 6, 12 und um 15 Uhr Busse von Coopetraca (☎ 2767 7590) nach *La Pavona (auch El Rancho El Suerte genannt, 2,5 US$)*, wo jeweils Anschluss an ein Boot um 7.30, 13 und 16.30 Uhr nach **Tortuguero** besteht *(ca. 1,5 Std., 3 US$)*. Zurück fahren Boote um 6, 11.30 und um 15 Uhr nach La Pavona, auch bei der Rückfahrt hat man Anschluss an einen Autobus von La Pavona nach Guápiles. In Pavona gibt es einen **Parkplatz**, wo man für 10 US$ pro Nacht sein Auto abstellen kann.

Von Cariari nach **San José** fahren um 5.30, 6.30, 7.30, 8.30, 11.30, 13, 15 und 17.30 Uhr Busse (2 Std., 4 US$), in Gegenrichtung fahren die Busse in San José vom Terminal del Caribe (C. Central und Av. 15) um 6.30, 9, 10.30, 13, 15, 16.30, 18, 19 und 20.30 Uhr nach Cariari.

Die Fahrt von Cariari nach **La Pavona** (auch Rancho Río Suerte) am Río Suerte geht nur auf dem ersten Teil auf asphaltierter Straße entlang, danach wird sie zur Piste. Zwischen dem Meer der Bananenplantagen sowie den Weiden tauchen auch Ananasplantagen und vereinzelt auch Anpflanzungen von Papaya auf. Im Umfeld der größeren Bananenplantagen fallen die Barackensiedlungen auf, in welchen die Bananenarbeiter, die oft aus Nicaragua stammen, untergebracht sind. Für den Fall, dass man während der Fahrt durch die Plantagen Motorengeräusche eines Kleinflugzeuges hören sollte, sollte man nicht all zu tief durchzuatmen – diese versprühen meist giftige Chemikalien. Nach ungefähr einer Stunde hat man sein Ziel erreicht und steigt in das Boot nach Tortuguero um.

Knapp 30 km von Cariari nach La Pavona

👉 Hinweis

Nur ein Teil der diese Strecke befahrenden Boote ist überdacht, sodass man sowohl ausreichenden Sonnen- als auch Regenschutz dabei haben sollte.

Für diejenigen, die noch nie auf einem Boot einen Dschungelfluss entlanggefahren sind, dürfte diese Bootsfahrt das eigentliche Erlebnis sein. Die Fahrt geht auf dem in vielen Windungen dahinfließenden, etwa 10 Meter breiten Río Suerte entlang. Da dieser zumindest in der Trockenzeit sehr seicht ist und sich etliche Hindernisse wie Baumstämme etc. im Fluss befinden, geht die Fahrt partiell nur langsam voran. Die dichte **Uferbewaldung** dient einer Vielzahl von Vögeln als Heimstatt. Neben Vögeln sieht man hin und wieder ein Faultier in den Ästen hängen. Kleine Fincas säumen das Ufer. Deren Eigentümer betreiben hauptsächlich Subsistenzwirtschaft, arbeiten allerdings mitunter auch für die Bananenplantagen.

Mit dem Boot durch den Regenwald

Mit dem Kanal sollten vor dem Touristenboom die hier gelegenen Fincas verkehrstechnisch verbunden werden. Man kann auf ihm auch den nicaraguanischen Grenzfluss Río San Juan erreichen, weshalb die Sandinisten vor und während der Revolution als auch später die von den USA finanzierten reaktionären *Contras* diesen Wasserweg nutzten, um ihre Südfront mit Nachschub zu versorgen.

Auf dem Weg ins Dorf geht es auf Wasserstraßen durch den Urwald und vorbei an kleinen Fincas am Wegesrand

Wasserstraße nach Tortuguero

Sobald das parallel zur Küste verlaufende Kanalsystem erreicht ist, verbreitert sich die Wasserstraße schlagartig und das Boot nimmt Fahrt auf. Die Beobachtungsmöglichkeiten nehmen in gleichem Maße ab, wie das Boot an Geschwindigkeit zulegt. Mitunter legt das Boot an, um weitere Fahrgäste von ihren Fincas aufzunehmen. Nach 45 Min. ist Tortuguero erreicht. Insgesamt ist der Transfer von Cariari nach Tortuguero mit ungefähr 3–3,5 Stunden zu veranschlagen.

> ☞ **Tipp**
> *Will man nicht auf dem schon bekannten Weg zurückkehren und auch nicht weiter nach Moín reisen, so besteht alternativ zur eben beschriebenen Tour die Möglichkeit, um 7 und um 11 Uhr mit Ruben Viajes Bananero von Tortuguero aus nach Geest zu fahren (☎ 8833 1076 oder 8382 6941. Taxiboote stehen von Tortuguero aus auch zur Verfügung für Reisen u.a. nach Puerto Viejo de Sarapiquí, ☎ 8344 3885 oder 8992 0471 oder 2709 8228).*

Tortuguero

Einst kleines Fischerdörfchen

Der vom Parque Nacional Tortuguero (s. S. 526) ausgelöste touristische Boom der letzten Jahre hat aus dem kleinen Fischerdörfchen Tortuguero eine Touristenattraktion werden lassen mit Internet, Massagen und Öko-T-Shirts im Angebot. Die Zahl der permanenten Einwohner von Tortuguero beträgt zurzeit um die 1.500. Das Dorf selber ist nicht ohne soziale Probleme. So kommt z.B. nur einmal pro Woche ein Arzt vorbei, viele Kinder besuchen keine Schule. Ein Großteil der Touristen kommt in den Lodges mit Vollpension unter, sodass nur ein kleinerer Prozentsatz der Einnahmen aus dem Tourismus in der Gemeinde selbst verbleibt.

Über Tortuguero lief einst eine der Handelsrouten der Mayas. Nach der Ankunft der Spanier wurde 1541 etwa 40 Kilometer nördlich von Tortuguero San Juán de la Cruz an der Mündung des Río San Juán gegründet. Nach zwei Jahren gaben die 25 Einwohner diesen Stützpunkt allerdings schon wieder auf. Während des 18. Jh. war Tortuguero wegen seiner Vielzahl von Schildkröten bekannt. Europäische Händler waren an dem Fleisch, dem Öl und dem Panzer der Tiere interessiert. Tortuguero blieb allerdings weiterhin ziemlich isoliert. Noch gegen Ende des 19. Jh. dauert die Reise ins Hochland zu Fuß, Schiff und Maultier mindestens 10 Tage. 1912 nahm ein 18-Tonnen-Schiff, die „Vanguardia", die systematische Schildkrötenjagd in dieser Gegend auf. Man brachte die Tiere lebend nach Limón und wartete, bis man sie mit Handelsschiffen nach Europa bzw. den USA bringen konnte.

Reger Schild-kröten handel

Nachdem in den 1920er-Jahren im Zusammenhang mit dem Bananenboom die Provinz Limón zunehmend durch afroamerikanische Familien bevölkert worden war, erlebte auch Tortuguero in den 40ern seinen ersten Aufschwung: Etliche Sägemühlen wurden hier eröffnet, die allerdings nach und nach bankrott gingen, die letzte 1972. Sie standen dort, wo heute man mit dem Boot anlandet. Ihr Rohmaterial erhielten sie von den in den Bergen gefällten Bäumen, die über das Flusssystem transportiert wurden. Nach der Schließung ging die Einwohnerzahl von Tortuguero auf ungefähr 100 zurück. Ökonomisch lebte man von Subsistenzwirtschaft, Jagd und Fischerei. In jener Zeit wurde aber das **Kanalsystem** vollendet, welches die Voraussetzung bieten sollte, Tortuguero touristisch zu erschließen. 1979 begann mit der „Gran Delta" ein regierungseigenes Schiff Tortuguero zweimal pro Woche anzulaufen. In den letzten Jahren ist der touristische Andrang so groß geworden, dass bestimmt Limits eingeführt werden mussten. So sind die verschiedenen *Senderos Acuáticos* nur für eine bestimmte Anzahl von Booten pro Stunde zugelassen. Die großen Boote fahren meist auf dem Río Tortuguero und auf dem Caño Harold, während die zwei anderen Wasserwege den Kanuten vorbehalten sind. Zum Baden ist das Meer wegen teilweise starker Unterströmungen weniger geeignet.

Touristische Erschließung durch Wasser-kanäle

Das ehemalige Fischerdörfchen Tortuguero ist zu einer Tourismushochburg geworden

Strenge Regeln bei den Touren zu den bedrohten Schildkröten

Während der Monate März–Mai und Juli–Oktober kann man die **Schildkröten** beim Eierlegen beobachten. Die Anzahl der Besucher ist streng reglementiert und nur mit einem zertifizierten Guide möglich. Zudem muss man dunkle Kleidung tragen, fotografieren ist nicht erlaubt. Wenn man nicht auf einer organisierten Tour unterwegs ist muss man die Eintrittskarte zum Park vorher am Infokiosk im Dorf kaufen. Die Anzahl an Tourguides ist reichlich (s. S. 524 und *www.tortuguerovillage. com/guides.htm*).

Hinweis

Die jährliche Durchschnittstemperatur beträgt ca. 27°C, auch nachts wird es nicht viel kühler. Bei der Wahl seiner Kleidung sollte man sich auf dieses feuchtheiße Klima einstellen.

Am nördlichen Ende des Dorfes Tortuguero gibt es einen von der **Sea Turtle Conservancy Conservation Corporation** gestalteten Ausstellungsraum, der einen Einblick in die Fauna des Landes gibt (*10–12 Uhr und 14–17.30 Uhr, www. conserveturtles.org, www.facebook.com/conserveturtles*). Die Organisation mit US-amerikanischem Background bietet auch die Gelegenheit, mittels einer Spende am Programm *Adopt a Turtle* teilzunehmen.

Reisepraktische Informationen Tortuguero

Information

www.tortuguerovillage.com

Hinweis

Im Dorf gibt es weder Bank noch Geldautomat. Auch wenn einige der besseren Hotels und Restaurants Kreditkarten annehmen, sollte man ausreichend Bargeld z.B. für die Touren dabeihaben, die in der Regel bar bezahlt werden müssen.

Unterkunft

Im Dorf selber gibt es ein gutes Dutzend einfache Backpacker-Unterkünfte, die besseren Hotels sind die außerhalb gelegenen, bei denen meist Vollpension, Transfer und Touren im Preis inklusive sind (ab 1 Nacht/2 Tage). Diese werden auch meist im Rahmen von mehrtägigen Paketen angesteuert. Das Dorf kann man von diesen Unterkünften meist mittels Wassertaxi oder Shuttle erreichen. Es lohnt sich darauf zu achten, welche Touren inkl. sind – meist sind das eine Bootstour und ein Ausflug ins Dorf, die Schildkrötentouren kosten normalerweise extra.

Cabinas y Restaurante El Muellecito (4) $–$$, ☎ 2709 8104 bzw. 8888 0585. *8 einfache Zimmer mit Bad und Ventilator, tropisch bepflanzter Innenhof. Dazu gehört ein Restaurant, in dem lokale Küche serviert wird.*
Cabinas Meriscar (5) $–$$, ☎ 8876 2263 bzw. 2709 8202. *10 einfache Zimmer für Backpacker, mit Ventilator, z.T. mit Bad, Gemeinschaftsküche und Hängematten.*
Casa Marbella B&B (1) $$, direkt am Fluss, gegenüber der Kirche, ☎ 8833 0827 bzw. 2709 8011, http://casamarbella.tripod.com/. *11 etwas spartanisch eingerichtete, aber sehr saubere Zimmer mit Bad und Ventilator, 2 davon mit Blick auf den Fluss. Das*

Tortuguero und Umgebung

Laguna del Tortuguero

Landepiste/ Barra del Colorado

M Sea Turtle Conservancy

Mar Caribe

N
0 — 200 m

Sportplatz

öffentlicher Anleger (Muelle público)

Eingang Nationalpark

Parkranger-Station Cuatro Esquinas

Parque Nacional Tortuguero

Parismina

Sendero Gavilán

Refugio Nacional de Vida Silvestre **Barra del Colorado**

Boca de las Lagunas del Tortuguero

119

Cerro Tortuguero

Isla Chica

Mar Caribe

Manatus Lodge

Aeropuerto Tortuguero

Laguna del Tortuguero

Laguna Lodge

Seeschildkröten-Schutzgebiet

Laguna Penitencia

Mawamba Lodge

Vergrößerung siehe Plan nebenan

Tortuguero

Isla Cuatro Esquinas

Río Tortuguero

Parque Nacional Tortuguero

N
0 — 1 km

Unterkünfte
1 Casa Marbella
2 Cabinas La Casona
3 Cabinas Miss Miriam
4 Cabinas El Muellecito
5 Cabinas y Restaurante Meriscar

Essen & Trinken
1 Wild Ginger
2 Miss Junie's
3 Dorlings Bakery
4 Budda Café
5 Soda Doña María

© graphic

gute Frühstück wird auf dem Steg mit Blick auf den Fluss serviert. Hier kann man auch empfehlenswerte Touren buchen. Insgesamt gutes Preis-Leistungsverhältnis.

Cabinas La Casona (2) $$, ☎ 2709 8092, lacasonadetortuguero@yahoo.com. 9 einfache Zimmer mit Ventilator, z.T. mit Bad, Gemeinschaftsküche und Hängematten im Garten stehen zur Verfügung. Auch günstige Pakete (z.B. Übernachtung mit Vollpension + 3 Touren sowie Transport von und nach La Pavona für 98 US$). Restaurant.

Cabinas Miss Miriam's (3) $$, nördlich vom Sportplatz, ☎ 2709 8002 bzw. 8831 4364, 17 sehr einfache Zimmer mit Bad u. Ventilator, z.T. Balkon, direkt am Strand. Nett und geräumig sind die Zimmer von **Miss Miriam 2** im Dorf (☎ 2709 8107).

AUSSERHALB

Manatus Hotel $$$–$$$$, ☎ 2709 8197, www.manatuscostarica.com. 12 geschmackvoll eingerichtete Zimmer mit Bad und ac. Am Pool mit Flussblick oder im Spa/ Fitness-Raum kann man entspannen. Freundliche Angestellte und kompetente Tourguides. Nur Paketangebote, die Touren starten am hoteleigenen Anleger. Die Preise sind inkl. Vollpension (ohne Getränke).

Mawamba Lodge $$$–$$$$, ☎ 2293 8181, www.mawamba.com. 58 großzügige, tropisch gestylte Zimmer mit Bad und Ventilator, nette Anlage mit Pool, die in einem großen Garten gelegen ist. Zugeschnitten auf Gruppen, daher finden die Touren auch immer mit recht großen Gruppen statt. Inkl. Vollpension (ohne Getränke).

Laguna Tortuguero Lodge $$$–$$$$, ☎ 2272 4943, www.lagunatortuguero. Große Anlage mit 110 Zimmern mit Bad und Ventilator, auch ein recht großer Pool steht zur Verfügung. Der Strand ist ein paar Minuten zu Fuß entfernt. Zugeschnitten auf Gruppentourismus.

Essen und Trinken

Wild Ginger (1), 150 m nördl. der Schule (ca. 5 Min. vom Dorf), ☎ 2709 8240, www.wildgingercr.com. Internationale Küche mit karibischem Touch, frisch zubereitet und ansprechend präsentiert. Bislang nur abends, demnächst soll Do–So auch mittags geöffnet sein.

Miss Junie's (2), leckere karibische Küche und Weinkarte. Auch empfehlenswerte Unterkunft in kleinen, sauberen Cabinas.

Dorlings Bakery (3), neben der Casa Marbella gelegen öffnet dieses Café schon früh am Morgen (ca. 5 Uhr), sodass man vor dem Ausflug in den Nationalpark Kaffee und Gebäck frühstücken kann. Neben Bananenbrot und Kuchen gibt es mittags auch Kleinigkeiten zum Essen (Pizza, Sandwich, Milchshake).

Budda Café (4), an der Hauptstraße neben dem ICE-Gebäude, ☎ 2709 8084, www. buddacafe.com. Direkt am Kanal gelegen, werden in entspannter Atmosphäre leckere Pizza und Pasta serviert, je nach Lieferung ist auch ein ceviche im Angebot. Zudem guter Käsekuchen.

Soda Doña María (5), an der Hauptstraße. Karibische Küche und Seafood, casado, Hähnchen, Reis und Bohnen, gut und günstig.

Touren

Aktivitäten in Tortuguero beinhalten neben den Schildkrötentouren Bootstouren entlang der Kanäle, Kanufahren und Wanderungen im Regenwald. Wer kein Paket gebucht hat, dem seien die Touren der vor Ort wohnhaften Tübinger Biologin **Barbara Hartung** empfohlen (☎ 2709 8004, 8842 6561, www.tinamontours.de/touren.htm) mit Kanu (so werden die Tiere nicht durch laute Motorengeräusche verschreckt) bzw. zu Fuß in kleinen Gruppen. Auch Organisation von Transport und Unterkunft. Ebenfalls empfehlenswert ist die **Asociación de Guías de Tortuguero**, die ihr Büro direkt neben dem Hauptsteg hat, an dem die Boote ankommen.

Pakete ab San José bieten u.a. **Riverboat Francesca** (☎ 2226 0986, http://tortu guerocanals.com) und **Jungle Tom Safari** (☎ 2280 0243 www.jungletomsafaris.com).

Verkehrsverbindungen

Boot: Zur **Anreise** ab San José über Cariari s. S. 519.
Nach **La Pavona** fahren um 6, 11.30 und 15 Uhr Boote ab, mit denen man Anschluss an einen Bus nach **Cariari** hat. Fährt man früh besteht auch die Möglichkeit, anschließend noch nach San José zu kommen. Sofern man den Bus nach San José versäumen sollte, nimmt man einen der häufig fahrenden Busse nach Guápiles und steigt dort dann in einen Bus nach San José um.
Nach **Moín** fahren die Schnellboote gegen 10 Uhr ab (ca. 35 US$ einfach, Reservierungen erforderlich, z.B. über info@barbara-hartung.de, ☎ 8842 6561).
Flug: Tortuguero wird tgl. von Sansa und Nature Air angeflogen, die auf der kleinen Landebahn nördlich des Dorfes ankommen. Dabei hat man einen beeindruckenden Ausblick auf die Landschaft.

Routenhinweis: von Tortuguero über Parismina nach Moín

Wer nicht über Cariari zurückreisen will, kann für ca. 40 US$ eines der privaten Schnellboote (*lanchas rapidas*) nach Moín nehmen (Reservierung erforderlich, je nach Anzahl der Fotostopps und Beladung mind. 3 Std., 80 km). Für gewöhnlich fahren diese Boote am Vormittag gegen 10 Uhr vom Anleger in Tortuguero ab. Dabei durchfährt man die Gegend von **Matina**. Hier kommt der traditionell beste Kakao des Landes her. Während der spanischen Kolonialzeit fuhren englische und holländische Piraten den Río Matina hinauf, um die Kolonie um das einzige wertvolle Gut zu erleichtern, das sie zur damaligen Zeit herstellte: den Kakao. Die Entfernung zwischen dem Kanal und dem Meer beträgt hier selten mehr als 800–1.000 m.

Dass der Flusskanal tatsächlich eine Wasserstraße ist, wird immer wieder dann klar, wenn ein Zufluss aus westlicher Richtung passiert wird: Wie auf Autobahnen allgemein üblich, ist ein solcher Abzweig mit einem großen Wegweiser versehen. Im Mündungsbereich des Río Parismina/Reventazón, der sich zwischen Tortuguero und Moín in den Atlantik ergießt, befindet sich die kleine Ortschaft **Parismina**. In diesem Ort mit etwa 400 Einwohnern findet sich sowohl eine kleine Rangerstation als auch diverse NGOs wie etwa **ASTOP** (*www.parisminaturtles. org*, ☎ 2798 2220), die sich dem Natur- und Tierschutz verschrieben haben, Schwerpunkt Schildkröten. Wer sich zwischen März und Oktober als *Volunteer* beim Schutz von Schildkröten nützlich machen will, muss mit einer Gebühr von 35 US$ sowie pro Tag mit ca. 5–30 US$ Kosten kalkulieren. Es besteht dabei die Möglichkeit, bei lokalen Familien oder auch in einer der Unterkünfte des Ortes unterzukommen.

Reisepraktische Informationen Parismina

Unterkunft
Neben ein paar einfachen Cabinas im Zentrum wie **Cabinas Iguana Verde** (☎ *2798 0828*) oder die **Parismina Game Fish Resort** (☎ *2710 1528*) gibt es noch auf Sportfischer spezialisierte Unterkünfte wie die **Río Parismina Lodge** (*www. riop.com*). Zudem außerhalb:
Esmeralda Lodge *$$, 4 km nördlich des Dorfs*, ☎ *8395 3663, http://esmeralda lodge.com. 3 einfache Cabinas mit Bad und Ventilator, Bootstouren zum Tortuguero Park werden angeboten, auch Angeltrips. Zudem kann man auf dem Gelände spazieren gehen. Strom wird durch einen Generator erzeugt und gibt es nur abends. Versorgt wird man mit gutem, selbstgekochtem Essen. Vorherige Anmeldung empfohlen, dann kann man auch den Transfer organisieren.*
Green Gold Eco Lodge *$$, ☎ 8697 2322, http://greengoldeco-lodge.webs.com. Etwas außerhalb gelegen, 3 km südl. vom Anlegesteg, befindet sich diese rustikale Unterkunft (nur Mehrbettzimmer und Gemeinschaftsbäder), die auf einem 35 ha großen Dschungel-Grundstück liegt und mit Solar- und Generatoren versorgt wird. Die Eigentümer bieten Touren in die Umgebung an. Nur mit Reservierung.*

Verkehrsverbindungen
Parismina ist nur per Schiff erreichbar. Entweder fährt man auf einem der zwischen Tortuguero und Moín hin und herfahrenden Boote mit (siehe dort) oder aber man steuert Parismina über Siquirres (s. S. 528) und **Caño Blanco** *an. Von Siquirres fahren Busse (☎ 2768 8172) nach Caño Blanco werktags um 4, 12 u. 15.15 Uhr und am Wochenende um 7.30, 12 u. 15.15 Uhr (1,5 Std., 2,5 US$). Ca. 10 Min. nach Ankunft eines Busses fährt dann ein Taxiboot von Caño Blanco nach Parismina (15 Min. 3 US$). Taxiboote fahren von Parismina etwa 30 Min. vor Abfahrt eines Busses von Caño Blanco nach Siquirres ab. Diese Busse fahren um 6, 14 und 17 Uhr (werktags) bzw. 9, 14 und 17 Uhr (am Wochenende).*

Parque Nacional Tortuguero

In den 1950er- und 60er-Jahren hatte der Biologe Archie F. Carr eine Kampagne zum Schutz der Schildkröten ins Leben gerufen, die 1975 in der Gründung des Parque Nacional Tortuguero Parks mündete. Die Gründung des Parks hatte zu-

Kampagne zur Rettung der Schildkröten

nächst primär die **Grünen Meeresschildkröten** bzw. Suppenschildkröten *(tortuga verde)* im Visier und zum weiteren die Erhaltung des Kanal- und Lagunensystems. Inzwischen umfasst der Parque Nacional Tortuguero zusammen mit dem nördlich gelegenen Refugio Nacional de Vida Silvestre Barra del Colorado über 112.000 ha nebst den gut 50.000 ha, die sich zwischen dem Ort Tortuguero und der südlichen Grenze des Parks als *zona marina* vor der Küste erstrecken. Die Zahl der in Tortuguero eingesetzten Guardias del Parque reicht bei weitem nicht aus, um einen effektiven Schutz der Flora und Fauna des Parks zu gewährleisten.

Wie die ganze Karibikküste zählt Tortuguero zu den sehr **regenreichen Gebieten** des Landes: Jährlich fallen hier 5.000–6.000 mm Niederschlag.

Neben den **Meeresschildkröten**, der Hauptattraktion des Parks, die die meisten Besucher angesichts der saisonal begrenzten Laichzeiten nicht immer zu sehen bekommen, leben bzw. laichen hier verschiedene Arten von Schildkröten. Meeresschildkröten kommen praktisch nur in den Monaten Juni, Juli, August, September und Oktober, wobei die Monate August und September die Monate mit den höchsten Besuchszahlen von Schildkröten sind, die am Strand ihre Eier legen und einbud-

Seltene Seekühe

deln. Ferner trifft man manchmal die von der Ausrottung bedrohten *vacas marinas* oder *manatis*, bei uns als **Seekühe** oder Manatis bekannt, und in den Kanälen und

Mit etwas Glück bekommt man eine Schildkröte zu sehen

*Eine Fahrt durch die Kanäle des Nationalparks,
bei der man Vögel, Faultiere und Affen beobachten kann, zählt zu den Highlights eines Besuchs*

Lagunen kommen **Krokodile** vor. Der extensive Einsatz von Chemikalien, insbesondere bei der Bananenproduktion führt dazu, dass die in den Kanälen lebenden Tiere, allen voran die Seekühe, geschädigt werden.

Im Park sind bislang über 750 **Pflanzenarten**, darunter um die 500 Bäume und Büsche registriert worden. Unter den **125 Säugetierarten** sind neben dem Manatí und den gängigen Affenarten insbesondere der Tapir, der Jaguar und der Flussotter von Interesse. Daneben ist noch die fischfangende Große Hasenmaul- oder **Fischerfledermaus** hervorzuheben. Diese Fledermausart zählt zu den größten des Landes. Ihre Vertreter ernähren sich von Fischen, die sie beim knappen Überfliegen der Wasseroberfläche mit ihren Krallen aus dem Wasser herausreißen. *Reiche Flora und Fauna*

An **Reptilien** sind bisher über 100 Arten und an **Amphibien** um die 60 festgestellt worden. Zu letzteren zählen als besonders interessante Spezies die giftigen Panama-Zwergbaumsteiger oder Erdbeerfröschchen und die zu den Echten Pfeiffröschen zählende Südamerikanischen Ochsenfrösche sowie die durchsichtigen Zentralamerikanische **Glasfrösche**, denen man „direkt ins Herz" blicken kann.

Die Zahl an bislang bestimmten **Vögeln** beträgt über 300, darunter der Große Soldatenara, der Tuberkelhokko, der auf der Roten Liste stehende Fischer- oder Regenbogentukan, der Amerikanische Schlangenhalsvogel, der Kanadareiher, der Fischadler sowie diverse Eisvögel wie etwa der farbenprächtigen Grünbrustfischer und der Goldwaldsänger.

Wachsender Seit den 1990er-Jahren hat der Park sich zu einem touristischen Exportschlager
Tourismus entwickelt. Etwa 120.000 Besucher kommen jährlich. Konsequenz der größeren
birgt auch touristischen Erschließung des Parks ist, dass sich ein Teil der Tiere aus eben die-
Gefahren sen Bezirken, die von Touristen für gewöhnlich angesteuert werden, schon zurück-
gezogen hat. Die von den vielen Motorbooten im Zusammenhang mit den Touren
verursachten Wellen haben zudem eine zunehmende Erosion der Ufer zur Folge.
Schöner ist es, mit einem Paddelboot den Park zu erkunden.

Wanderung
*Am Eingang zum Sector Cuatro Esquinas am südlichen Ende des Dorfes liegt die
Rangerstation mit einem kleinen Ausstellungsraum. Hier startet der ca. 2 km lange Sendero Gavilán durch den Wald, der mitunter recht morastig ist. Nur wenn es sehr trocken
ist, kann man den Wanderweg mit normalen Schuhen begehen, ansonsten muss man sich
im Dorf Gummistiefel ausleihen (ca. 1 US$). Vor Ort können Boote gemietet werden, mit
welchen man als Wasserwanderer die senderos acuáticos des Parks erkunden kann, die
zwischen einem und gut vier Kilometer lang sind.*

Information
Parkverwaltung ☎ 2709 8086, 6–16 Uhr, 10 US$. *Die Ranger sprechen hier
üblicherweise Englisch.*

Nach Norden: Barra del Colorado

Reiseziel für Passionierte Angler können noch weiter nach Norden reisen und in Barra del Co-
Sportfischer lorado übernachten, dem El Dorado der Sportfischer. Der Hauptort im gleichnamigen Refugio Nacional de Vida Silvestre verfügt über eine Rangerstation sowie
über eine Landepiste. Regulärer öffentlicher Personenverkehr findet nicht statt.
Die meisten nehmen an einer Tour teil oder chartern ein Boot, was von Tortuguero aus ca. 45–65 US$ und von Puerto Viejo de Sarapiquí bzw. Cariari aus
etwa 55–90 US$ kostet, oder sie fliegen direkt von San José. Günstige Unterkünf-
te gibt es nicht, die Lodges sind rein auf Sportfischer eingestellt und bieten verschiedene Pakete für Angler an, z.B. die **Río Colorado Lodge** (*www.riocoloradotar
ponfishing.com*) und die **Silver King Lodge** (*www.silverkinglodge.net*).

Siquirres

15 km östlich von Guápiles und ca. 25 Kilometer vor Siquirres passiert man **Guácimo**, das an einem Fluss gleichen Namens liegt und touristisch keinerlei Bedeutung hat. Die Straße, an der auch einige Restaurants und Hotels zum Pausieren einladen, durchschneidet nahezu ohne Kurven die Landschaft. Nahe Siquirres, in dessen Umgebung der Anbau von Ananas und afrikanischen Ölpalmen vorangetrieben
Karibischer wird, sieht man nun die ersten quasi auf **Stelzen stehenden Häuser**. Diese Bau-
Baustil weise hat sich bei feuchtem Klima – was die Ventilation und auch den Schutz vor
Insekten angeht – als günstig erwiesen. Neue Gebäude werden allerdings kaum
noch in diesem Stil errichtet, dafür aber mit Klimaanlagen ausgerüstet. Ist einem
auf dem Weg von San José schon so mancher Laster mit Tropenholz entgegenge-
kommen, so sieht man nun die Quelle: holzverarbeitende Betriebe, die in dieser

*Zum Schutz vor Hochwasser und Insekten
wurden die traditionellen karibischen Häuser auf Stelzen gebaut*

Gegend beheimatet sind. Von der nördlich der Straße liegenden Ortschaft Germania sind es noch ca. 8 km bis zur Brücke über den **Río Reventazón**. Die letzten Kilometer vor Siquirres verläuft die Straße in etwa parallel zur einstmals mit so vielen Opfern errichteten Eisenbahnlinie. Bei Siquirres mündet auf die Nationalstraße die parallel zum Lauf des Río Reventazón erbaute Landstraße nach Turrialba, die – ebenso wie einst die Eisenbahnlinie ins Hochland – schöne Ausblicke zu bieten hat.

Siquirres, das mit seinen knapp 30.000 Einwohnern der größte Ort an der Straße von San José nach Limón ist und ein wichtiges Versorgungszentrum, hat dem Fremden jenseits eines Kulturzentrums und einer ungewöhnlich gestalteten, runden Kirche wenig zu bieten. In der Umgebung der Kirche haben sich auch noch einige Stelzenhäuser erhalten. An die Eisenbahntradition erinnern nur noch der alte Bahnhof, die Gleise und eine Miniaturlok vor der im kolonialen Stil erbauten Schule am Sportplatz. Der Name des Ortes leitet sich von dem Wort der einst hier beheimateten *Indigenas* für „rötlich" ab, doch erinnert jenseits dieses Namens wenig an deren Existenz. Von hier werden zum Raftingtouren auf dem Pacuare organisiert.

Ausgangspunkt für Raftingtouren

Amphibian Research Center

Knapp 10 km von Siquirres – in dem in Richtung Turrialba gelegenen Örtchen Guayacán – residiert das US-amerikanische Amphibian Research Center, welches für Gäste seines Guesthouse eine 3-stündige Tour anbietet. Ferner hat man diverse Publikationen für Liebhaber und Experten vorrätig. Wer im **C.R.A.R.C. Guesthouse** (3 Zimmer) übernachten und an einer Tour teilnehmen will, muss sich unbedingt voranmelden – „Drop-in-Besuchern" steht die Station nicht offen. Für 10 US$ werden Gäste von Siquirres zum Amphibienzentrum bzw. zurück transportiert (☎ 8889 0655, www.facebook.com/cramphibian, www.cramphibian.com).

Reisepraktische Informationen Siquirres

🛏 Unterkunft / Essen und Trinken

Hotel Central $–$$, ☎ 2768 8113. 26 sehr einfache Zimmer mit Matratze auf dem Boden und Gemeinschaftsbad, um einen Innenhof herum gebaut.

Centro Turístico Pacuare $$$, 600 m östl. vom Hauptabzweig nach Siquirres, ☎ 2768 8111, www.centroturisticopacuare.com. 60 funktionelle, saubere Zimmer mit ac und Bad, man kann allerdings die Hauptstraße hören. Von hier werden auch Raftingtouren organisiert, die 5 Min. entfernt starten. Restaurant, Bar und Pool.

Panaderia La Castellana, südl. vom Cruz Roja, die Cafeteria bietet einheimische Gerichte und eine große Auswahl an Backwaren, z.B. leckere Zimtschnecken (arrollado de canela). Insgesamt etwas mensamäßige Atmosphäre, aber allein das knallbunte Sahnekuchenangebot lohnt schon den Besuch.

🚣 Rafting auf dem Río Pacuare oder Río Reventazón

Für Raftingfans besteht die Möglichkeit, von Siquirres aus Touren auf dem Río Pacuare bzw. dem Río Reventazón zu buchen, z.B. beim Hotel Pacuare (s.o.) oder beim Exploration Center von **Exploradores Outdoors**, ☎ 2222 6262, www.exploradoresoutdoors.com *(1 km außerhalb Richtung Limón, 50 m westlich der Brücke über den Pacuare links (nördlich) abbiegen, dann noch 100 m (gegenüber der Escuela Betania). Neben 1- und mehrtägigen Raftingtouren werden auch Touren in den Tortuguero Nationalpark sowie zu weiteren Zielen an der Karibikküste angeboten.*

🚌 Verkehrsverbindungen

Es gibt 2 Terminals. Vom „**Fernbusterminal**" *geht es nach Guápiles zw. 5 und 19 Uhr alle 30–60 Min. (45 Min., 1,5 US$), ebenso nach Limón (2,30 US$). Nach San José (Fahrzeit 1,5 Std.) fährt zw. 5–19 Uhr praktisch stdl. ein Bus (3,50 US$). Vom* **Regionalbusterminal** *fahren die Busse u.a. nach Turrialba (zw. 5–18 Uhr stdl., 2,5 US$) sowie nach Caño Blanco (3,5 US$, 2 Std.). Letztere fahren um 4 (Sa/So erst 7.30), 12 und 15.15 Uhr, zurück geht es um 6 (Sa/So erst um 9), 14 und 17 Uhr. Ca. 10 Min. nach Ankunft eines Busses fährt ein Taxiboot von Caño Blanco nach* **Parismina** *(15 Min., 3 US$). Taxiboote fahren von Parismina etwa 30 Min. vor Abfahrt eines Busses von Caño Blanco nach Siquirres ab. Diese Busse fahren um 6, 14 und 17 Uhr (werktags) bzw. 9, 14 und 17 Uhr (am Wochenende). Zum Tortuguero-Nationalpark kommt man über Parismina nur, wenn in einem der Boote für Gruppen zufällig noch Platz ist.*

Sub Corredor Biológico y Parque Nacional Barbilla

Unbekannter Park

Der sich südlich der Autobahn San José-Limón (Abzweig nach rechts etwa vier Kilometer nach Siquirres) befindende, 12.000 ha große Parque Nacional Barbilla ist Teil des Schutzgebietes La Amistad Caribe und sehr wenig besucht. Der Park befindet sich in einer Zone, die für die Trinkwasserversorgung von Bedeutung ist. Zudem ist der **sehr feuchte Tropenwald**, der weite Teile der Zone bedeckt, Heimat für etliche bedroht Tierarten. Zum anderen sind die **Cabécarindianer**, die die zweitgrößte autochthone Ethnie Costa Ricas darstellen, als Bewohner der Reserva Indígena de Chirripó in der Gegend beheimatet. Sie leben zu einem Großteil

Ton in Ton: Schmetterling und Blume

von Jagd und Fischfang bzw. von eher bescheidenen Subsistenzwirtschaften. Der Cerro Tigre – mitunter auch als Cerro Barbilla bezeichnet – stellt in der indianischen Überlieferung einen heiligen Ort dar, was im Übrigen ein Grund dafür ist, dass er nur in Begleitung eines Indigenen aufgesucht werden darf.

Der Park weist relativ große Höhenunterschiede auf: Während sein tiefster Punkt sich knapp über 100 m ü.d.M. befindet, liegt seine höchste Stelle, die durch den Gipfel des Cerro Tigre gebildet wird, immerhin auf 1.617 m. Der Park beherbergt an seiner südöstlichen Grenze die fast 100 ha große **Laguna Ayil**, die einer Vielzahl von Wasservögeln Heimat ist, ferner durchziehen ihn etliche in der Regel in den Río Barbilla mündende Wasserläufe, an deren Ufern bspw. die Sonnenralle *(garza del sol)* – ein hühnerartiger Vogel mit dem Schnabel eines Reihers – häufig zu finden ist. *Lebensraum für Wasservögel*

Was die **Fauna** anbelangt, so kommen, was selbst für Costa Rica ungewöhnlich ist, alle fünf Raubkatzenarten (Jaguar, Puma, Ozelot, Wiesel- und Tigerkatze) des Landes im Park vor, ferner Tapir, Rote Spießhirsche, Flussotter, Pekaris, Tayras und Pacas. Bislang wurden 60 Schmetterlings- und über 200 Vogelarten innerhalb der Parkgrenzen registriert. Zu den bislang beobachteten Vogelarten zählen die zu den Steißhühnern zu rechnenden Großtaos, die Schwalbenweihen sowie die den Spechtvögeln zuzurechnenden Weißgesicht-Faulvögel.

Die **Rangerstation** befindet sich in einem Weiler mit dem klangvollen Namen **Las Brisas de Pacuarito**. Dieser wurde von rinderhaltenden weißen Siedlern in den 1960er-Jahren im Zuge der vorrückenden Agrarfront im einstmals nahezu ausschließlich von Indianern besiedelten Gebiet gegründet. Es gibt zwar einige **Wanderwege**, aber da diese aufgrund der wenigen Besucher nur bedingt in Stand gehalten bzw. überhaupt markiert werden, sollte man sich einem lokalen Guide anvertrauen, in jedem Fall aber den Rangern Bescheid geben.

Reisepraktische Informationen Parque Nacional Barbilla

ℹ Information

Parkverwaltung ☎ 8396 7611, 2795 4855, aclac@minae.go.cr. Bei der Rangerstation gibt es Trinkwasser, aber kein Essen oder Unterkunftsmöglichkeiten. Im Ort gibt es eine (wirklich klitzekleine) Pulpería mit dem Nötigsten. Camping ist möglich. Die Förster verfügen lediglich über Funk.

🚌 Anreise

Siquirres verlässt man in östlicher Richtung, nach wenigen Minuten (4 km) geht unmittelbar vor der zweiten Brücke die Zufahrt rechts ab den Hügel hinauf. Das Dorf Pacuarito liegt unmittelbar nach der „zweiten" Brücke, dann ist man zu weit gefahren. Ein Allradwagen ist angeraten. Da der Park nur ganz wenigen bekannt ist, muss man aufpassen, dass wohlmeinende, aber unwissende Informanten einen nicht versehentlich in das Örtchen Barbilla schicken. Dieses Örtchen liegt definitiv nicht auf dem Weg zur Rangerstation des Parque Nacional Barbilla!

Die Anreise mit öffentlichen Verkehrsmitteln ist eher schwierig: man kann sich von einem der Richtung Osten fahrenden Busse am Abzweig zum Park absetzen lassen (4 km von Siquirres, nur der Servicio Colectivo hält auf Wunsch hier, der Servicio Rapido nicht). Von hier sind es noch 17 km bis zum Park. Ein Taxi kostet ca. 60 US$, zu Fuß ist man ca. 4 Stunden unterwegs. Nach ca. 30 Min. Weg gibt es einen Ort mit der letzten Möglichkeit zum Wasserkaufen vor dem Park.

(Puerto) Limón

Durch Bananenplantagen an die Karibikküste

Von Siquirres sind es rund 50 km nach Limón. Kurz nach dem Verlassen bzw. Passieren von Siquirres überquert man den Río Pacuare. Blickt man dabei nach rechts, so sieht man die Überreste der alten, den Fluss überspannenden Eisenbahnbrücke. Auf den letzten 60 km bis zur Karibikküste prägen Bananenplantagen, aber auch Kokos- und Afrikanische Palmenpflanzungen das Bild der flachen Landschaft, die im Süden durch die Hügel- und Bergketten der Talamancaregion begrenzt wird. Kurz vorm Erreichen des Ziels touchiert man die Ausläufer von Moín, Container stapeln sich von nun an beiderseits der Straße. Nachdem man die Stadtgrenze überquert hat, fährt man durch den Friedhof der Stadt – ein ungewöhnlicher Empfang.

Veragua Rainforest Adventure

Wer noch keine Urwaldtour unternommen hat, kann dies kurz vor Limón nachholen. In Brisas de Veragua kann man einen Einblick in die Vielfalt der Flora und Fauna bekommen. Neben Wanderungen durch den Urwald zu einem Wasserfall und *Abstecher* verschiedenen barrierefreien Wegen gibt es eine Aerial Tram, Canopy Tour, *in den* Schmetterlings- und Froschgarten, Reptilien und Insekten zu sehen. Zudem kann *Regenwald* man eine Forschungsstation besuchen. Die Anlage ist nett angelegt, wird allerdings auch von Kreuzfahrtschiffen als Ausflug angeboten.

Veragua Rainforest Adventure, *Brisas de Veragua, 12 km vor Limón geht der aus- geschilderte Abzweig bei Liverpool ab, ☎ 2296 5056, www.veraguarainforest.com. Preise je nach Aktivitäten ab 66 US$ p.P. für eine dreistündige Tour.*

Überblick

Puerto Limón ist die 1870 gegründete Haupt- und Hafenstadt der gleichnamigen Provinz mit inzwischen gut 90.000 Einwohnern und lokales Hauptquartier von „Dole", einer der Erben der berüchtigten Bananengesellschaft U.F.Co. 1991 wurde sie von einem der schwersten Erdbeben der letzten Dekaden erschüttert und in großen Teilen zerstört, manche Ruinen sind heute noch zu sehen. Der bei Moín er- richtete Hafen ist auch ein Ergebnis dieses Bebens: Da der Meeresboden dauerhaft angehoben wurde, war der alte Hafen für Schiffe mit großem Tiefgang nicht mehr benutzbar.

Sowohl von ihrer äußeren Erscheinung als auch vom Lebensstil her unterscheidet *Bis vor 60* sich Limón ganz erheblich vom Rest Costa Ricas. In der Stadt leben zahlreiche *Jahren durf-* **Nachfahren von Jamaikanern**, die man zum Eisenbahnbau und zur Arbeit in *ten die farbi-* den Bananenplantagen nach Costa Rica geholt hatte. Bis Ende der 1930er-Jahre *gen Arbeiter* war es ihnen als Afroamerikanern grundsätzlich verboten, das zentrale Hochland *das Hoch-* auch nur zu betreten – farbige Lokomotivführer wurden so auf halber Strecke ge- *land nicht* gen weiße Kollegen ausgewechselt. Zudem leben hier auch relativ viele Chinesen, *betreten*

Wasserbahnhof von Moín

deren Vorfahren man ebenfalls zum Eisenbahnbau angeheuert hatte. Zuvor hatte man es mit Italienern versucht, die aber initiierten angesichts der unsäglichen Arbeitsbedingungen den ersten Streik in der Geschichte des Landes und setzten so ihren Rücktransport nach *Bella Italia* durch.

Andere Sprache, anderes Wetter, andere Küche An der Karibikküste ist Spanisch nicht einmal unbedingt die herrschende Sprache, da von vielen **kreolisches Englisch** als Umgangssprache bevorzugt wird. Und sogar das Wetter ist hier anders: Für jegliche Fahrten an die Atlantikküste gilt grundsätzlich, dass man auf den Regenschirm nicht verzichten sollte – denn selbst während der nominellen Trockenzeit kommt es häufig zu kurzen **Regenfällen**, und in der Regenperiode kann es sogar tagelang regnen. Auf diese klimatischen Gegebenheiten sind schließlich auch die Architektur vieler Häuser, die jeweils eine Überdachung des Gehwegs aufweisen, sowie die immens großen Kanalisationsabflüsse entlang der Straßen zurückzuführen.

Die **Speisekarte** ist ein weiteres Beispiel. Sie ist sehr karibisch und profitiert von der überall verfügbaren Kokosnuss als auch von Gewürzen, die im Hochland eher nicht in Gebrauch sind. Zu empfehlen ist ein *rondón*, eine mit Kokosnussmilch zubereitete Fisch- und Gemüsesuppe, der für gewöhnlich noch einige Spritzer Zitronensaft beigefügt werden. Sofern *seafood* gerade nicht zur Hand ist, so können auch Teile eines Pakas ihren Weg in die Suppe finden. Was trinkbare Spezialitäten anbelangt, so ist hier auf den **Cashewnusswein** zu verweisen. Eine weniger beschwingende Flüssigkeit ist *agua de sapo*, wörtlich übersetzt „Krötenwasser", ein Erfrischungsgetränk unter Beigabe von Ingwer, Rohrzucker und Zitrone. Hinter *pan bon*, ein verballhornter Ausdruck für „gutes Brot", verbirgt sich eine schnitzbrotartige Delikatesse der Region.

Sehenswertes

Die Orientierung in Limón ist für den Neuankömmling zunächst nicht einfach, da außerhalb des Zentrums kaum Straßenschilder vorhanden sind. Zudem folgt man nicht dem sonst üblichen System der Nummerierungen, sondern zählt Calles und Avenidas unter Verzicht auf eine Calle Central bzw. Avenida Central fortlaufend. Die Innenstadt ist mit ca. 10 Blocks allerdings klein.

Das kleine **Museo Ethnohistórico de Limón** liegt in der Nähe der Post und stellt u.a. einige Relikte aus den Gründerjahren der Eisenbahn zur Schau *(C. 4, Av. 1 und 2, 8–16 Uhr, Mo geschl.)*.

Einkaufen auf der Avenida 2 In der von der **Avenida 2** (zwischen C. 2 und C. 3) abgehenden Passage, in welcher auch die Post liegt, bieten Künstler ihre Werke zum Verkauf. Einen Teil der Av. 2 ist inzwischen in eine Fußgängerzone umgewandelt worden, was das Bummeln viel erholsamer macht. Ferner haben sich auch noch einige interessante Gebäude erhalten, die zum Teil auch liebevoll wieder instandgesetzt wurden, so etwa an der Ecke C. 2 und Av. 3 bzw. der Ecke Av. 2, C. 4 oder das Ensemble zwischen Av. 2 und 1 sowie C. 2 und 3. Nicht nur Eisenbahnfans sollten auch einen Blick auf die kläglichen Überreste des einst so stolzen Eisenbahnwesens des Landes werfen, wozu man am alten Bahnhof nördlich der Av. 6 und östlich der C. 5 Gelegenheit hat. Von dort aus ist dann ein Spaziergang entlang der etwas vernachlässigten Strandpromenade zum **Parque Vargas** anzuraten. Dies ist nicht nur für Liebespaare ein zentraler Platz mit bequemen Bänken, sondern auch für Naturliebhaber eine tropische Oase im Angesicht des Meeres. Jungs versuchen sich hier auch als Führer zu verdingen und ihre Qualifikation dadurch nachzuweisen, dass sie auf Affen, Eulen, Faultiere etc. hinweisen, die sich im Geäst aufhalten. Natürlich fehlt auch die Kolumbusstatue nicht, hat jener Seefahrer doch praktisch im Angesicht des Parks einst vor Uvita Anker geworfen.

Erheiternd erscheint ein Warnschild mit der Aufschrift *paso turista*, also frei übersetzt „**Touristenwechsel**" an einem Ende des Parks. Der Hintergrund dafür dürfte sein, dass an dieser Stelle die verkehrsentwöhnten Landgänger von den **Kreuzfahrtschiffen** auf den costa-ricanischen Verkehr treffen. Limón hat sich in den letzten Jahren zu einer beliebten Anlaufstelle von Kreuzfahrtschiffen entwickelt, knapp 200 landen hier im Jahr an.

Üben für den großen Auftritt:
Zum Karneval verfällt Limón in den Ausnahmezustand

Nicht versäumen sollte man der 1938 erbauten **Markthalle** einen Besuch abzustatten. Diese hat nicht nur einige nette Wandmalereien aufzuweisen, sondern dort kann man sehr schmackhaftes einheimisches Essen genießen, wie z.B. *sopa negra* oder *sopa de mondongo*.

Besonders bunt präsentiert sich die Stadt um den Columbustag (12. Oktober) herum, der traditionell als „*Día de la Raza*" gefeiert wurde, inzwischen aber den Anforderungen der Political Correctness entsprechend in Limón und anderswo im Land zum „**Día de las Culturas**" mutiert ist. An diesen Tagen wird eine Art **Karneval** gefeiert, der nicht nur Touristen, sondern auch unzählige Costa-Ricaner aus dem Hochland in die Stadt lockt.

Tag der Kulturen

Isla Uvita

Mit einem Boot kann man von Moín in etwa 20 min. zur 1 km entfernten Isla Uvita übersetzen, wo angeblich Kolumbus einstmals auf seiner vierten Reise Anker geworfen hat. Neben einer kleinen Plakette am Baum gibt es dazu aber wenig zu sehen. Heute ist diese Insel eher das Ziel von Surfern, die sich an einem *good left* erfreuen. Zudem soll die Insel bis 2012 auch als Stützpunkt für Drogenhändler gedient haben, was die Besuche aus Sicherheitsgründen nur bedingt empfehlenswert machte. Im Rahmen eines 80 Mio. US$ schweren Programms der Weltbank sollen sowohl Limon als auch Isla Uvita ab 2014 touristisch aufpoliert werden.

Playa Bonita

Limón ist mehr Hafen- denn Strandstadt. Wer zum Baden an die Karibikküste kommt, sollte sich lieber südlich, in Richtung panamaische Grenze, umtun. Wem es trotzdem bereits in Limón nach einem Bad gelüstet, der kann den Bus nach Moín nehmen und an die etwa vier Kilometer nördlich von Limón gelegenen Playa Bonita fahren. Am (Sand-)Strand gibt es diverse Restaurationsbetriebe und Picknickgelegenheiten. Allerdings verspricht der Name Playa Bonita (Hübscher Strand) etwas mehr, als er hält.

Moín

Hafenort

Vorbei an dem Strand Playa Bonita sowie einer Enklave der Erdölgesellschaft, die neben der Straße ein eigenes Dorf für ihre Angestellten errichtet hat, erreicht man von Limón in rund 6 km Moín. Der Ort hat nichts Besonderes zu bieten, sieht man einmal von seiner Rolle als **Wasserbahnhof** ab. Man kann auf einem kurzen Rundgang aber einen kleinen **Einblick in das karibische Dorfleben** bekommen. Neben ein paar einfachen Cabinas und Restaurants wie dem Mar Azul und dem **Hotel Moín Caribe** (☎ *2795 2436*) am Abzweig zur Anlegestelle gibt es keinen Grund, länger in Moín zu verweilen. In absehbarer Zeit kann es mit der relativen Beschaulichkeit allerdings vorbei sein. Ein Megaterminal ist in Planung, der als ein Knotenpunkt für den Handelsverkehr dienen soll. Zwischen Moín und Limón pendeln zwischen 5.30 und 18.30 Uhr halbstündl. Tracopa-Busse (1 US$).

Reisepraktische Informationen Limón

Information

ICT Touristenbüro, *C. 6, Av. 6 und 7,* ☎ *2758 0983, ictlimon@ict.go.cr, die hilfsbereiten Mitarbeiter stehen gern zur Verfügung und vermitteln gegebenenfalls Kontakte.*

Krankenhaus

Hospital de Guápiles, *100 m östl. vom Banco Popular,* ☎ *2710 6801*

Unterkunft

Die Unterkünfte in Limón sind gemessen an der Ausstattung eher teuer und auch nicht wirklich schön. Da es in der Stadt ohnehin nicht allzu viel zu sehen gibt und es nachts auf den Straßen auch nicht allzu sicher ist, bietet es sich eher an, an den Stränden südlich der Stadt zu übernachten (ca. 45 Min. mit dem Auto entfernt) oder nördlich an der Playa Bonita.

Hotel Royal Limón (1) $$, *C. 7, Av. 5 und 6,* ☎ *2758 7309, RoyalLimon@yahoo.com. 16 Zimmer mit Ventilator und Bad, ziemlich abgenutzt, aber sauber.*

Puerto Limón

M a r   C a r i b e

Puerto

❶ Unterkünfte
1 Hotel Royal Limón
2 Hotel Continental
3 Hotel Internacional
4 Park Hotel
5 Hotel Playa Westfalia

❶ Essen & Trinken
1 Mercado
2 Soda Limón
3 Soda Black Star Line
4 Restaurant Mirador El Faro

N

0   200 m

© *graphic*

Hotel Continental (2) *$, Av. 5, C. 2 und 3,* ☎ *2798 0532. 24 Zimmer mit Ventilator, ansonsten sehr einfach.*
Hotel Internacional (3) *$$, Av. 5, C. 2 und 3. 25 Zimmer mit Bad, z.T. Ventilator, z.T. ac, etwas spartanisch.*
Park Hotel (4) *$$$, Av. 3, C. 1 und 2,* ☎ *2758 4364, www.parkhotellimon.com. 35 saubere Zimmer mit ac und dem Charme der 1970er-Jahre, trotzdem die beste Wahl in der Stadt. Parkplatz. Im dazugehörigen Restaurant gibt es chinesische und internationale Küche, viel Seafood (Fisch ca. 15 US$).*
Hotel Playa Westfalia (5) *$$$, 5 km südlich vom Zentrum (2 km südl. vom Flughafen (ca. 10 Min. mit dem Taxi von der Innenstadt),* ☎ *2756 1300, http://hotelplayawestfalia.com/. Freundliches Hotel mit 8 großen Zimmern mit Bad und ac, direkt am Strand gelegen. Schwimmen kann man im Pool (mit Meerblick) oder im Meer. Restaurant und Bar.*

PLAYA BONITA
Hotel Playa Bonita *$$–$$$, 500 m südl. der Playa Bonita,* ☎ *2795 1010, www. hotelplayabonita.com. 48 einfache, saubere Zimmer mit Bad und ac, einige mit schönem Ausblick auf den Strand. Dazu gehört das halboffene Cocorí Restaurant, in dem neben Reis und Bohnen auch frischer Fisch serviert wird. Mit Meerblick.*

Hotel Maribu Caribe $$$, ☎ 2795 4010, www.maribu-caribe.com, große, aber etwas fantasielos gestaltete 73 Zimmer mit Bad u. ac, Pool, großer Garten.

🍴 Essen und Trinken

Mercado Municipal (1): Im und um den Markt gibt es etliche kleine Restaurants, in denen man günstig und gut einheimisches Essen und Fruchtsäfte probieren kann.

Soda Limón (2), C. 7, Av. 4 und 5. Kleines Restaurant mit karibischer Küche, Frühstück 3 US$, Mittagessen 5 US$.

Soda Black Star Line (3), schräg gegenüber dem Gimnasio de la Escuela Rafael Iglesias Castro, 1 Block nördlich der Kirche, Av. 5, C. 6, ☎ 2798 1948. In einem hellblauen Holzhaus mit Veranda befindet sich im 1. Stock dieses einfache, aber traditionsreiche Restaurant mit karibischem Essen, in dem man ein bei einem „agua de sapo" ein leckeres Reisgericht mit Kokossoße probieren kann.

El Faro Mirador & Restaurant (4), Barrio Santa Eduviges, 200 m östl. von den Oficinas de Cable Tica, ☎ 2758 4020, www.facebook.com/elfarocr. Oberhalb der Stadt gelegenes Lokal mit einem schönen Blick auf den Hafen und Isla Uvita, Fisch- und Fleischgerichte sowie Fajitas.

🚍 Verkehrsverbindungen

San José: Abfahrt vom „Terminal de Caribe" (C. Central und Av. 13 und 15) zw. 5 und 19 Uhr stündlich (Transportes Caribeños, ☎ 2222 0610, 160 km, ca. 2,5 Std., 6,30 US$). Ebenso häufig geht es von Limón in die Hauptstadt, Abfahrt am **Caribeños-Terminal** in der Av. 2, C. 7 und 8 zwischen 4.30 und 19 Uhr.

Hier starten auch die Tracopa-Busse nach Moín (5.30–18.30 Uhr stdl.) und nach **Guápiles** sowie **Siquirres** (6–18 Uhr alle 1–2 Std.). Dieser Terminal verfügt auch über eine von 5–20 Uhr geöffnete Gepäckaufbewahrung (2,50 US$) sowie über Lädchen und kleinere Restaurationsbetriebe.

In **Richtung Süden** geht es vom Terminal an der C. 5, Av. 1 und 2 der Busgesellschaft **Mepe** (☎ 2758 1572) aus, sodass man das die beiden Terminals trennende Baseballstadion „Big Boy" umrunden muss.

Sixaola: (3,5 Std., 7 US$) zwischen 5 und 18 Uhr stdl. Der Bus fährt über Cahuita (1 Std., 2 US$), Puerto Viejo (1,5 Std., 3,50 US$) und Bribrí (2 Std., 4,20 US$).

Manzanillo: (2 Std., 5 US$) 5, 8.30, 12.45, 17.15 Uhr; Rückfahrt 5, 8.30, 12.30, 17 Uhr.

Tortuguero: Von **Moín** aus fahren in der Hochsaison i.d.R. gegen 10 Uhr Taxi-Schnellboote nach Tortuguero, dies ist aber kein regulärer Service wie ab Cariari, sondern meist Teil eines Tourpakets. Daher sollte man sich in jedem Fall vorher erkundigen ob und wann ein Schiff fährt bzw. vorher reservieren (ca. 35–40 US$ einfach, 70 US$ hin und zurück, Reservierung z.B. über www.tinamontours.de, ☎ 8842 6561). Bucht man vor Ort, so ist der Preis mitunter höher. In der Nebensaison vergeht auch schon einmal ein Tag ohne die Möglichkeit, eine Fahrgelegenheit zu finden. Will man als Einzelreisender ohne Reservierung von Moín nach Tortuguero, so sollte man gegen ca. 7 Uhr am Hafen (Terminal fluvial) sein, um ggf. Mitreisende oder eine Mitfahrgelegenheit zu finden. Alternativ kann man sich einer der Reiseagenturen anvertrauen, die den Trip nach Tortuguero gewöhnlich als Paket inklusive Übernachtung in einem der besseren, allerdings meist außerhalb des Dorfs gelegenen Hotel für ca. 180 bis 250 US$ anbieten. Wer bloß eine Kanaltour machen will, muss etwa 90 US$ anlegen.

Von Limón nach Süden

Von Limón fährt man auf der in den Süden zur panamaischen Grenze führenden asphaltierten Straße in Richtung Sixaola. Linkerhand taucht zunächst das Flugfeld von Limón auf. Danach geht es durch ausgedehnte Kokosnusspalmenhaine an der Atlantikküste entlang. Der erste Ort, der ca. zehn Min. nach dem Ortsausgang von Limón durchfahren wird, trägt den in dieser Gegend nicht unbedingt zu erwartenden Namen Wesfalia (auch Westfalia). Wer bereits hier eine Station einlegen möchte, der kann nicht nur beim Surfen vor der Küste mitmachen, sondern sich auch in diesem vom Massentourismus noch nicht entdeckten Ort einquartieren (s. S. 537).

An der Küste entlang Richtung Panama

Nach 4 km kreuzt man den Río Banano – wer nördlich der Brücke übrigens nach rechts abbiegt, landet in La Bomba. Weiter geradeaus in südlicher Richtung geht es Richtung Cahuita, Bribrí oder Sixaola. Die Straße verläuft dabei meistens in Sichtweite des Meeres, in unregelmäßigen Abständen gibt es hier auch Übernachtungsmöglichkeiten unterschiedlicher Kategorie und Preislage. Der nächste zu querende Fluss ist einige Kilometer später der Río Vizcaya. Die Vegetation wird von Palmen und später Bananenplantagen dominiert. An Ständchen am Straßenrand werden Kokosöl (*aceite de coco*), aber auch *pipas* und *cocos* feilgeboten. 34 km nach Limón führt dann hinter dem Örtchen **Pensurst** (z.T. auch Penshurst oder Penshurt geschrieben) eine Brücke über den Río Estrella. Die Straße ist zwar asphaltiert, ihr Zustand lässt allerdings zu wünschen übrig. Schließlich erreicht man nach der Pass- und Drogenkontrolle an einem auf dieser Strecke fest installierten Kontrollpunkt Cahuita.

Unterkunfts-Tipp: Selva Bananito Lodge und Reserve

*Wer an der Karibikküste noch einen Abstecher in den Regenwald einlegen möchte sollte dem Selva Bananito Reserve einen Besuch abstatten. Wanderungen und Ausritte sowie weitere Aktivitäten werden von kundigen Guides durchgeführt. Die empfehlenswerte Unterkunft bietet 11 komfortable Zimmer auf Stelzen mit einer Veranda, von der man den Blick in den Urwald genießen kann. Es wird großer Wert auf Nachhaltigkeit gelegt: das Wasser wird mit Solarenergie erwärmt, das meiste Holz zum Bau waren Holzreste, Elektrizität gibt es ebenfalls nur beschränkt. Vollpension 90 US$ p.P., verschiedenen Paketangebote. Anfahrt: ca. 1 km nach Überquerung des Río Vizcaya (s.o.) rechts abbiegen. Nach 4 km erreicht man das Dorf **Bananito Norte** und das Restaurant Salón Délia. Für die letzten Kilometer gilt es einige Flüsse zu überqueren: Hier kann man entweder einen Abholservice organisieren oder, wenn man einen Allradwagen hat und der Fluss kein Hochwasser, bis zur Lodge fahren. Genaue Wegbeschreibung auf der Homepage: www. selvabananito.com, ☎ 8386 1005 (s.a. Sicherheitshinweis S. 548).*

Privates Schutzgebiet

Reserva Biológica Hitoy Cerere (Parque Internacional La Amistad)

Nahe Pensurst zweigt die Zufahrtsstraße zu diesem wenig besuchten Schutzgebiet ab. Die Namensgebung dieser Reserva bezieht sich auf die Oberläufe und Zuflüsse der beiden Flüsse Río Cerere und Río Hitoy. Die Worte *cerere* und *hitoy* stammen

Natur pur: unterwegs im Parque Nacional Hitoy Cerere

aus der Sprache der Bribrí und bedeuten „klar" bzw. „bemoost". Das biologische Reservat wurde schon 1978 eingerichtet und umfasst heute knapp 10.000 Hektar. Aus ihm stammt etwa die Hälfte des in Costa Ricas benötigten Trinkwassers. Außerdem kommen in ihm mehr als zwei Drittel der im Land überhaupt bekannten Tiere vor. Es zählt ebenso wie die angrenzenden *reservas indígenas* Tayni, Telire und Talamanca zu dem von der UNESCO als Welterbe anerkannten Biosphärenreservat La Amistad. Hitoy Cerere liegt zwischen 100 und 1.000 m über dem Meeresspiegel, sodass ein Teil der das Reservat bedeckenden Vegetation typisch für den tropischen Regenwald, ein anderer für den Bergregenwald ist.

Die Reserva Biológica liegt in einer Zone mit viel Niederschlag (über 4.500 mm pro Jahr), der sich gleichmäßig übers ganze Jahr verteilt. Das hat zur Folge, dass die Wasserläufe im Reservat eine hohe Fließgeschwindigkeit aufweisen; auch Wasserfälle und Stromschnellen sind recht häufig. Der **immergrüne Wald** steht sehr dicht und bildet mehrere Schichten, deren oberste bis in Höhen von ca. 50 m reicht. Wie in anderen Wäldern mit reichlich Niederschlag auch sind die Äste dicht bemoost und mit Orchideen und anderen Epiphyten bewachsen. Die in Hitoy Cerere vorkommenden Pflanzenarten sind bislang nur in begrenztem Umfang erfasst, gleichwohl sind an die 400 verschiedene Spezies schon nachgewiesen.

Im dichten Wald sind Tierbeobachtungen schwierig Freunde der Fauna haben es in dieser Gegend generell eher schwer, da viele Tiere entweder in den vom Boden aus kaum einsehbaren Baumkronen leben oder nachtaktiv sind. Wer vom Schicksal begünstigt ist, kann auf ein Ozelot, einen Tapir oder einen Ameisenbär stoßen – und nur bei sehr viel Glück auf einen Puma. Wahrscheinlicher aber ist, dass der Besucher aus dem reichhaltigen Angebot von über **40 Säugetierarten** ein Pekari (oder Nabelschwein), ein Eichhörnchen, ein Kaninchen, einen Weißrüsselnasenbären oder ein Äffchen zu Gesicht bekommt.

Fast ebenso zahlreich sind die verschiedenen **Amphibien- und Reptilienarten**, unter welchen die Pfeilgiftfrösche aufgrund ihrer grellen Farben besonders auffallend sind, sodass sie trotz ihrer geringen Größe relativ leicht zu entdecken sind. Helmbasiliske und diverse giftige als auch ungiftige Schlangen sind ebenfalls anzutreffen. Was die **Vogelwelt** betrifft, so legen insbesondere von September bis Dezember etliche Zugvögel hier eine Station ein. Bislang sind im Reservat über 230 Arten beobachtet worden, darunter eher selten anzutreffende wie der Weißflügelbussard oder der Königstyrann.

Wanderung

Auf dem insg. ca. 9 km langen Sendero Espavel (kein Rundweg) kann man zu einem Wasserfall laufen. Der Weg ist aber schlecht in Schuss, nicht ausgeschildert und kann rutschig sein, daher sind feste Schuhe unbedingt anzuraten. Alternativ kann auch eine Tour von Cahuita bzw. Puerto Viejo organisiert werden.

Reisepraktische Informationen Reserva Biológica Hitoy Cerere

Information

Parkverwaltung ☎ *2206 5516, 2758 3996 und 2758 5855, 8–16 Uhr, 10 US$. Trinkwasser ist vorhanden. Die vier Schlafplätze der Rangerstation sind primär für Forscher vorgesehen, können aber auch von sonstigen Besuchern des Reservats benutzt werden. Man sollte sich vorher telefonisch erkundigen bzw. reservieren.*

Anreise

*Die Reserva ist am besten mit dem Auto (Allradwagen) zu erreichen. Von der Straße von Limón nach Cahuita biegt man an der Tankstelle 1 km nördlich (also vor) von Penshurst rechts ab in das Valle de la Estrella. In der Ansiedlung Finca Doce (Finca 12) geht es links am **Soda Las Brisas de la Valle** vorbei durch die endlosen Bananenplantagen. Der Bus aus Limón (Mepe, ab 6.30 Uhr alle 45 Min. bis ca. 17 Uhr) endet hier. Von hier sind es noch 10 km zum Parkeingang. Ein Taxi kostet ca. 35 US$, am besten im Büro der Plantage nachfragen.*

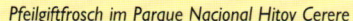

Pfeilgiftfrosch im Parque Nacional Hitoy Cerere

Da es sich beim gesamten Valle de la Estrella um „Dole-Land" handelt – Chiquita lässt in der Gegend von Guápiles pflanzen – zählen diese Plantagen zu den Besitztümern des Konzerns. Am Ende der Plantage geht es durch eine kleine Kolonie und dann rechts. Die Orientierung wird auf diesem Abschnitt dadurch erleichtert, dass man faktisch immer entlang einer Stromleitung fahren muss. Trotzdem empfiehlt es sich, nach dem Weg zu fragen, wenn man auf Leute trifft.

Cahuita

Cahuita wurde im Laufe des 19. Jh. provisorisch besiedelt. Hier hielten sich zeitweise aus Panama und Nicaragua kommende Schildkrötenjäger auf und betrieben in diesem Zusammenhang in begrenztem Umfang ihre Subsistenzwirtschaft. Diese Menschen stammten aus den Teilen Nicaraguas und Panamas, in welchen Englisch die vorherrschende Verkehrssprache war und auch heute noch zum Teil ist. Ein William Smith soll der erste Siedler gewesen sein, der sich dort, wo heute Punta Cahuita ist, im Jahre 1828 dauerhaft niedergelassen hat. Wie es die Legende will, erlitt der costa-ricanische Präsident Alfredo González Flores (1914–1917) in der Nähe Cahuitas Schiffbruch und verfügte aus Dank über die ihm von den Küstenbewohnern erwiesene Hilfe im Juli 1915, dass seinen Rettern an der Stelle, an der heute Cahuita liegt, Land überlassen wurde.

Englisch vorherrschende Sprache

Seit 2005 verfügt Cahuita sogar über den Status einer Stadt, obwohl lediglich um die 3.000 Menschen hier leben und der Ort nur aus einer Handvoll staubiger Straßen besteht. Der Name leitet sich aus Begriffen ab, die aus der Miskitosprache kommen: *Cawi* wird der Drachenblutbaum (span. *sangrillo*) genannt und *Ta* bedeutet

So stellt man sich die Karibik vor: Playa Cahuita

„Stelle" bzw. „Ort" sodass man Cahuita also übersetzen kann als „die Stelle, wo die Drachenblutbäume wachsen".

Cahuita ist der traditionsreichste Ferienort an der Atlantikküste. Der Ort wird vom Nationalparkeingang im Süden und dem Fußballfeld im Norden begrenzt. Hier schließt sich die Playa Negra an. Was Montezuma für die Pazifik-, ist Cahuita für die Atlantikküste – inklusive der karibisch-entspannten Atmosphäre und ausgeprägtem Marihuana-Konsum. Der Strand von Cahuita ist **Karibik wie aus dem Bilderbuch**, die Preise sind relativ hoch und nicht immer unbedingt leistungsgerecht. Der Nationalpark Cahuita fungiert eigentlich mehr als Anhängsel des Badebetriebs. Etabliert haben sich hier die touristisch üblichen Einrichtungen mit Angeboten wie Touren, Angelfahrten, Reiten, Strandbedarf etc. ebenso wie die Vertreter des semikommerziellen Ökosektors, bei dem nicht immer klar ist, wo der Schutzgedanke aufhört und das Profitdenken anfängt. Zusammen mit dieser Entwicklung kam es auch zu einer Strukturverbesserung. Bank und Post sind inzwischen ebenso vorhanden wie ein Busterminal.

Entspannte Atmosphäre

Die **Strände Cahuitas** (Playa Negra nördlich, Playa Blanca sowie Playa Puerto Vargas südlich, letztere im Nationalpark selbst gelegen), die nicht unwesentlich zur seiner Popularität beitragen, dürfen sich alle mit der *Bandera Azul Ecológica*, schmücken.

Hatte sich bis etwa zur Jahrhundertwende Puerto Viejo noch für diejenigen als Alternative angeboten, denen Cahuita „zu voll" geworden war, so ist inzwischen das Pendel in die andere Richtung unterwegs. Während Cahuita sich aufgrund seiner geografischen Lage sowie des Nationalparks fast nicht mehr ausdehnen kann und nicht nur zur Nebensaison eher verschlafen wirkt, sind derartige Schranken in Puerto Viejo praktisch nicht vorhanden. Insofern ist Cahuita – zumindest im Vergleich – inzwischen wieder zu einer Oase der Ruhe geworden, während in manchen Teilen Puerto Viejos eher „der Bär tanzt".

Weniger Nachtleben als in Puerto Viejo

Cacao Trails

Im Museo Nacional del Cacao/Cacao Trails wird die Geschichte des Kakaoanbaus dargestellt und in einem Nachbau einer *Pulpería* können die Besucher diverse Kakaoprodukte kaufen und sie auch verkosten. Unterkunftsmöglichkeiten und ein Restaurant sind vorhanden. Der Eintrittspreis ist allerdings recht hoch (*8–16 Uhr, ca. 3 km nach Hone Creek in Richtung Cahuita an der Hauptstraße gelegen,* ☎ *2756 8186, 25 US$, www.cacaotrails.com*).

Sloth Sanctuary (Faultierstation)

Beim etwa 10 km nördlich von Cahuita, nahe dem Río Estrella, an der Straße nach Limón gelegenen **Buttercup Center** widmet man sich den Faultieren. Für 25 US$ wird ein Video, etliche Blicke – und Blitze – auf eingefangene Faultiere sowie die Möglichkeit geboten, im Rahmen einer *self-guided-tour* im Dschungel nach weiteren Exemplaren Ausschau zu halten. Man sollte sich durch die Beobachtung der meist schlafenden Faultiere nicht täuschen lassen: nach einer Studie bewegen sich Faultiere zwar in Gefangenschaft und freier Wildbahn gleich schnell, besser gesagt gleich langsam, die gefangenen Exemplare haben allerdings ein um fast 40 Prozent höhe-

Faultiere hautnah erleben

res Schlafbedürfnis als ihre wilden Brüder und Schwestern. Wer nach der Standardtour noch nicht genug von Faultieren haben sollte, der kann auch eine „Insider-Tour" buchen (150 US$), den angeschlossenen Souvenirshop aufkaufen, ein Faultier adoptieren bzw. sich in der Faultierherberge einquartieren ($$$, 6 Zimmer).

Sloth Sanctuary, *11 km nördlich von Cahuita, 1 km nördlich der Brücke über den Río Estrella, ausgeschildert.* ☎ *2750 0775, www.slothsanctuary.com, Di–So 8–14.*

Reisepraktische Informationen Cahuita

i Information
www.cahuita.cr

Unterkunft
Die günstigeren Angebote finden sich eher im Dorf und in der unmittelbaren Umgebung des Nationalparkzugangs, die etwas teureren Unterkünfte befinden sich nördlich an der Playa Negra. Da es nachts aber nicht ganz ungefährlich ist am Strand entlang zu gehen, sollten Reisende ohne Auto, vor allem Frauen, eher im Dorf übernachten. Unabhängig davon ist das Angebot an Unterkünften in beiden Stadtteilen reichlich.

Camping Maria (1) $, *ca. 1,5 km nördlich vom Dorf, idyllische Lage direkt am Meer (vom Dorf kommend rechts der Straße (nur durch ein kleines Schild ausgezeichnet),* ☎ *2755 0091. Mittelgroßer Platz mit WC und (kalten) Duschen.*

Shangrila Hostel (11) $-$$, ☎ *2755 1089, giorgio_anderson@libero.it. Eine der günstigsten Unterkünfte im Ort, neben dem Busterminal gelegen. Saubere Doppel- und Mehrbettzimmer mit Ventilator, einfache Ausstattung, Gemeinschaftsküche und -bad. Im Außenbereich kann man in den Hängematten entspannen.*

Cabinas Nirvana (3) $$, ☎ *2755 0110, www.cabinasnirvana.com. Kleine, rustikale Blockhütten mit Veranda und Bad, alle mit Ventilator, einige mit ac oder Küche, in einem tropischen Garten gelegen. Kleiner Swimmingpool und Fahrradverleih, auf Wunsch Abholung an der Bushaltestelle in Cahuita sowie Organisation von Touren. Sehr freundliche deutschsprachige Leitung.*

Cabinas Palmer (8) $$, ☎ *2755 0435, cabinaspalmer@gmail.com. 15 kleine Zimmer mit Ventilator, die um einen Garten herum gebaut sind, Hängematten auf der Veranda. Gemeinschaftsküche.*

Cabinas Arrecife (7) $$, ☎ *2755 0081, www.cabinasarrecife.com. 11 einfach ausgestattete Zimmer mit Bad, z.T. ac, z.T. Ventilator, direkt am Strand. Pool, Veranda, Gemeinschaftsküche.*

Brigitte's Beach Horse Ranch (Centro Turístico Brigitte) (2) $$-$$$, ☎ *2755 0053, www.brigittecahuita.com. 3 bunt bemalte, saubere Cabinas mit Ventilator für 1–3 Personen und Terrasse mit Hängematte. Gutes Frühstück für 5 US$ für Gäste, die Cafeteria steht auch Nicht-Übernachtungsgästen offen. Auf dem Gelände leben auch Hunde, Katzen und Hühner. Geführte Reittouren (1,5–6 Std., 40–85 US$) sowie Ausflüge in die Umgebung, z.B. zu den Bribrí oder Bootsfahrten, werden angeboten, zudem verschiedene Paketangebote. Die Schweizerin Brigitte steht den Gästen mit Rat und Tat zur Verfügung. Insg. gutes Preis-Leistungsverhältnis.*

Bungalows Aché (12) $$-$$$, *nah am Nationalparkeingang gelegen, 150 m östl. vom Restaurant Sol y Mar,* ☎ *2755 0119, www.bungalowsache.com. 3 geschmackvoll ar-*

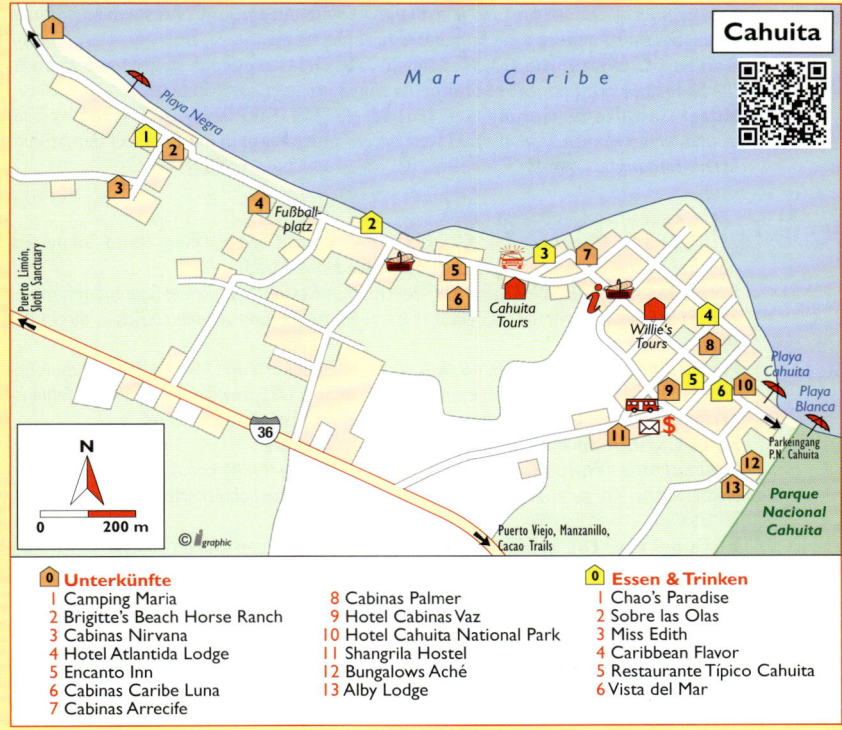

Cahuita

Mar Caribe

Playa Negra

Puerto Limón, Sloth Sanctuary

Fußball-platz

Cahuita Tours

Willie's Tours

Playa Cahuita

Playa Blanca

Parkeingang P.N. Cahuita

Parque Nacional Cahuita

Puerto Viejo, Manzanillo, Cacao Trails

N

0   200 m

© graphic

Unterkünfte
1 Camping Maria
2 Brigitte's Beach Horse Ranch
3 Cabinas Nirvana
4 Hotel Atlantida Lodge
5 Encanto Inn
6 Cabinas Caribe Luna
7 Cabinas Arrecife
8 Cabinas Palmer
9 Hotel Cabinas Vaz
10 Hotel Cahuita National Park
11 Shangrila Hostel
12 Bungalows Aché
13 Alby Lodge

Essen & Trinken
1 Chao's Paradise
2 Sobre las Olas
3 Miss Edith
4 Caribbean Flavor
5 Restaurante Típico Cahuita
6 Vista del Mar

rangierte Bungalows für 2–4 Personen in einem großen Garten – partiell saisonbedingt etwas sumpfig. Ein rollstuhlgerechter Bungalow, schwäbische Leitung.

Hotel Atlantida Lodge (4) $$$, neben dem Fußballfeld, ca. 1 km vom Dorf, ☎ 2755 0115, www.atlantida.cr. 32 mittelgroße Zimmer mit Ventilator, etwas spartanisch eingerichtet. Pool und netter Garten. Wellnessangebote wie z.B. Massagen (1 Std. 35 US$). Parkplatz. Etwas überteuert.

El Encanto Bed & Breakfast (5) $$$, wenige Min. außerhalb Richtung Fußballfeld, ☎ 2755 0113, www.elencantocahuita.com. 3 gemütliche Bungalows mit Terrasse und Hängematte, ein Haus mit 3 Zimmern sowie ein Studio mit Küche. Gepflegte Gartenanlage mit einem kleinen Pool. Inkl. leckerem Frühstück

Alby Lodge (13) $$$, 200 m vom Nationalparkeingang, ☎ 2755 0031, www.alby lodge.com. 4 nette, etwas dunkle Hüttchen im karibischen Stil mit Palmblättern bedeckt, die in einem großen Garten stehen und mit Ventilator, Veranda und Hängematte ausgestattet sind. Eine Küche steht zur Verfügung.

Hotel Cabinas Vaz (9) $$$, direkt gegenüber der Bushaltestelle, ☎ 2755 0218, www.hotelvaz.com. 36 mittelgroße Zimmer mit Bad, z.T. ac und Küchenzeile, Ausstattung eher funktional. Großer Pool und Innenhof, Parkplatz. Anlage insg. etwas unpersönlich. In der Hochsaison kann man die Bars der Umgebung hören.

Cabinas Caribe Luna (6) $$–$$$, ☎ 2755 0131, www.caribeluna.com. 5 freundliche Bungalows mit Bad, z.T. mit Küche, in einem großen Garten gelegen.

Hotel Cahuita National Park (10) $$–$$$, ☎ 2755 0244. 24 Zimmer mit Bad, ac und einem kleinen Kühlschrank. Nett hergerichtet, Veranda mit Blick auf den Strand. Auch Restaurant.

Essen und Trinken

Chao's Paradise (1), ☎ 2755 0284. Nettes Gartenlokal im Rasta-Stil mit karibischer Küche, Schwerpunkt Fisch (Fischplatte z.B. 14 US$).

Sobre las Olas (2), ☎ 2755 0109. Italienisches Restaurant mit viel Seafood (Hummer 25 US$, Fischplatte für 2 P. 55 US$), auch vegetarische und vegane Gerichte, direkt am Strand gelegen.

Miss Edith's (3), ☎ 2755 0248. Reichhaltige Speisekarte mit lokalen, frisch zubereiteten Gerichten, viel Fisch und vegetarisch. Casado 5–6 US$, ceviche 10 US$. Empfehlenswert, auch wenn man mitunter etwas länger auf das Essen warten muss.

Soda Caribbean Flavor (4), günstige lokale Gerichte.

Restaurante Típico Cahuita (5), ☎ 2755 0364 www.tipicocahuita.com. Afro-karibische Küche, v.a. guter Fisch. Traditioneller Holzbau ohne Schnickschnack, Hummer z.B. 20 US$.

Vista del Mar (6), lokale und chinesische Gerichte für den großen Hunger.

Touren

Wer den angrenzenden Nationalpark mit einem Guide durchstreifen möchte, einen Bootsausflug oder Schnorcheln im NP (ca. 30 US$ p.P.) unternehmen, einen Ausflug nach Bocas del Toro in Panama (ca. 200 US$) oder ins Indianergebiet (65 US$), oder versuchen möchte, die seltenen Seekühe zu sichten, kann sich an einen der Touranbieter im Ort wenden, z.B.:

Willie´s Tours, ☎ 2755 1024, www.williestourscostarica.com

Cahuita Tours, ☎ 2755 0101, 50 südl. der Polizei, www.cahuitatours.com

Brigitte (s.u. Unterkünfte) bietet schöne **Ausritte** an.

Verkehrsverbindungen

Nach **Limón** bzw. Puerto Viejo und Sixaola fahren vom Terminal am Ortseingang, der auch über eine Post, ein Internetcafe und Büdchen verfügt, zwischen 7 und 20 Uhr stündlich Busse. Um 7, 8, 9.30, 11.30 und 16.30 Uhr kann man ohne Umsteigen **San José** erreichen. Nach **Manzanillo** kommt man gegen 6.45, 11.15, 15.45 und 18.45 Uhr mit Mepe (☎ 2758 1572).

Parque Nacional Cahuita

Die Gegend bei Cahuita wurde 1970 unter Schutz gestellt und 1978 zum Nationalpark erklärt. Insgesamt umfasst der Park knapp 23.500 ha, wobei nur gut 1.000 davon auf dem Festland liegen. Das restliche Schutzgebiet ist der Küste vorgelagert und umfasst unter anderem ein 600 ha großes **Korallenriff**. Dieses Korallenriff ist einzigartig in Costa Rica, auch wenn es durch die giftigen Substanzen aus den Bananenplantagen, die über die Flüsse ins Meer gelangen, stark gelitten hat.

Cahuita gehört als eines der sieben Schutzgebiete in diesem Teil des Landes zu der Área de Conservación La Amistad-Caribe. Der Park schützt einen **tropischen Regenwald**, wie er charakteristisch für das karibische Tiefland ist.

Man findet hier an **Bäumen und Pflanzen** u.a. die nur einmal fruchttragende Yolillopalme, deren Charakteristikum extrem lange Blattwedel sind. Der an seinen gelben, purpurrot gestriften Blüten leicht erkennbare Drachenblutbaum (*sangrillo*) erhielt seinen Namen deshalb, weil er über einen hellen blutroten Saft verfügt, welcher durch Einritzen der Rinde gewonnen werden kann, der an der Sonne hart wird und in der (Natur-)Medizin ob seiner entzündungshemmenden Wirkung Anwendung findet.

60 % aller Tierarten, die in Costa Rica überhaupt existieren, sind in der Karibikregion zu finden sind. Von den bislang bekannten 867 Vogelarten des Landes sind es sogar 75 %, deren Vorkommen sich auf das Karibikbecken konzentriert, u.a. Kolibri, Tukan, Trogon, Papagei, Bussard und Nachtreiher. Man kann – zumindest theoretisch – hier sogar Pumas sowie Ozelots zu Gesicht bekommen. Der normale Besucher darf sich allerdings glücklich schätzen, wenn er nur die Spuren dieser Tiere sieht. Weitaus größer sind die Chancen auf die Sichtung von Kapuzineräffchen, Brüllaffen, Dreifingerfaultieren, Eichhörnchen und Wickelbären.

Die vielbeworbene Wahrscheinlichkeit, dass man hier Schildkröten beobachten kann, ist in der Realität nicht besonders groß, da ihre Zahl inzwischen äußerst reduziert ist. An Schlangen kann man an giftigen Exemplaren Vertreter der Fer-de-Lance bzw. der Oropelschlangen oder Palmenvipern antreffen und was deren nichtgiftige Verwandte anbelangt, so ist im Park das Vorkommen von Königsboas oder Abgottschlangen und von Glanzspitznattern verbürgt. Weniger aufregend, da nicht unbedingt

Tour durch den Parque Nacional Cahuita

Sicherheitshinweis

An der Karibikküste hat sich ein umfänglicher Tourismus entwickelt. Die Lebensbedingungen eines nicht geringen Teils der lokalen Bevölkerung sind dagegen oft schlecht (geblieben). Von der einheimischen Bevölkerung war und ist kaum jemand in der Lage, genügend Kapitalmittel aufzubringen, um ein Hotel mit fließend Warm- und Kaltwasser und WC in den Urwald zu stellen. Für die ansässige Bevölkerung bleiben – nachdem man ihre Mini-Fincas in Küstennähe aufgekauft hat und sie ins Hinterland abwandern mussten – in der Regel nur Jobs als Bedienungspersonal übrig.

In den letzten Jahren ist es zu vermehrten Einbrüchen in Cabinas, bewaffnete Überfällen auf abseits im Dschungel gelegene Lodges und Raubüberfälle auf Touristen und Einheimische gekommen. Zudem wird ein neuer Trick angewendet, der darin besteht, dass Sachen am Strand aus dem Gebüsch heraus im wahrsten Sinne des Wortes mit Hilfe einer Schnur, die ähnlich wie eine Grundangel mit vielen Haken versehen ist, „weggeangelt" werden. Angesichts der wachsenden Probleme beklagte sich die örtliche Polizei bitterlich über ihren Personalmangel, der zwischenzeitlich zur Schließung ihrer Stützpunkte in Manzanillo und Hone Creek geführt hat. Auch mangelhafte oder gar nicht vorhandene Ausstattung ist ein wachsendes Problem. Mitunter mussten die Opfer von den Polizisten gebeten werden, ihnen ihre Autos zur Verfügung zu stellen, um Festgenommene auf ein weit entferntes Revier zu bringen.

Auf entsprechende Klagen hat sich mancher Polizist eine wunderbare Verteidigungsstrategie zurecht gelegt: Man führt ins Feld, dass schließlich manche der im Tourismusbusiness Tätigen die Polizei bitten würden, von Rundgängen und Kontrollen Abstand zu nehmen, da dies zur „geschäftsschädigenden Beunruhigung" von Touristen führen würde – um dann erklärend hinzuzufügen, dass es „in dieser Region (…) ein ernstes Problem gibt, was den Konsum von Drogen anbelangt".

Diese Aspekte sollte man bei der Wahl seines Aufenthaltsorts nicht außer Acht lassen, nicht abends in unbeleuchteten Straßen unterwegs sein und sich unter Umständen beim Umfang und der Werthaltigkeit des Gepäcks Schranken auferlegen. Zudem sollte man sich immer im Hotel nach der aktuellen Lage erkundigen. Um Touristen zu schützen, will man zukünftig u.a. in Hone Creek und in den südlich davon gelegenen Orten nebst der Strände Kamerasysteme installieren.

als ein selten vorkommendes Ereignis einzustufen, ist dagegen die Sichtung von Grünen Leguanen.

In dem vorgelagerten Riff hat man bislang 128 Algen- und Tang- sowie 34 Korallenarten identifizieren können, von denen mind. 10 allerdings mittlerweile abgestorben sind. Schnorcheln lohnt sich trotzdem, da sich hier über 120 meist **farbenprächtige Fisch-** und 300 Muschelarten herumtreiben. Beispiele für ein wahres Feuerwerk an Farben sind z.B. der Franzosen-Kaiserfisch und der Diadem-Prachtkaiserfisch, während Seegurken oder Seewalzen etwas weniger farbig, dafür umso skurriler vom Aussehen her sind.

Für diejenigen, die in der Riffregion tauchen, hat man sowohl im Bereich des Coral Eduardo (*Eduardo Reef*) als auch des Coral Perezoso (*Perezoso Reef*) sogenannte **Senderos Submarinos** angelegt – eine für Costa Rica einmalige Einrichtung.

🚶 Wanderung

Der 9 km lange, ebene Weg von Kelly Creek zum Eingang bei Puerto Vargas verläuft parallel zum Strand zumeist unter Bäumen, sodass man selbst in den schwül-heißen Perioden des Jahres den Park in weniger als zwei Stunden durchwandern kann. Alternativ kann man nur bis Cahuita Point wandern (ca. 3,5 km vom Eingang).

Wer **schnorcheln** will, muss den südlichen Eingang benutzen und von der Playa Vargas aus zum Riff schwimmen. Dabei sollte man auf die starken Strömungen achten und Schuhe tragen, da es über scharfe Korallenriffe geht. Touren s.u.

i Informationen

*Man betritt den Nationalpark, der am südlichen Ende des Ortes Cahuita liegt, über eine Brücke (**Kelly Creek**). Dort wird man registriert und entrichtet eine Spende als Gegenleistung für den Eintritt in den Nationalpark – gelangt man dagegen von Süden her in den Park, so werden die üblichen 10 US$ fällig (**Entrada Puerto Vargas**). Dort gibt es auch ein Restaurant. Von hier fährt ca. stündlich der Bus zurück nach Cahuita.*

Puerto Viejo (de Talamanca)

30 Min. südlich (ca. 20 km) von Cahuita liegt Puerto Viejo. Nach ca. 14 km passiert man **Hone Creek** (mitunter auch als Home Creek bezeichnet) mit einigen Hotels und *cabinas*. Kurz darauf stößt man auf die total schwarze, sehr feinsandige Playa Negra, an der ebenfalls *cabinas* und Unterkunftsmöglichkeiten entstanden sind.

Puerto Viejo ist eines der beliebtesten **Backpacker-Ziele** des Landes, und inzwischen ist fast jedes Haus entweder eine Kneipe, eine Disco, eine Pension oder eine Gastwirtschaft. Insofern findet man alle üblichen Dienstleistungen hier: Spanischkurse, Surfbrett-, Quad-, Fahrrad- sowie Motorradverleih etc. Auch die Infrastruktur lässt wenig zu wünschen übrig, Banken, ATMs, Telefone, Supermärkte, Internetcafés und sogar Rechtsanwälte sind vor Ort. Seit 2012 ist Puerto Viejo dank EU-Geldern mit dem Avenida-Calle-System und Straßenschildern ausgestattet. Im alltäglichen Leben wird bislang aber meist am hergebrachten Referenzpunktesystem festgehalten. Möglicherweise ist hierfür der Umstand verantwortlich, dass man in Puerto Viejo zwar über eine Avenida 73 und sogar über eine Calle 217 verfügt, von einer Av. 1 oder einer C. 2 ist jedoch meilenweit nichts zu sehen.

Touristisch voll erschlossen

Bisher bewahren die Gebäude des Orts zumindest noch einigermaßen den ortsüblichen Stil. Am ca. 20 Min. südlich vom Ortskern gelegenen weißen Badestrand bestehen gute Möglichkeiten für Wellenreiter. Viele sind hier mit dem Rad unterwegs, im Dorf gibt es mehrere Verleihstationen (ca. 5 US$/Tag). Auch Taxis stehen zur Verfügung, bei denen man den Preis vorher ausmachen sollte, da die meisten über keinen Taxameter verfügen. Ansonsten bietet Puerto Viejo vom Skaten über Reiten bis hin zum Tauchen alles, was ein Herz am Strand begehrt. Berühmt bei Surfern ist der Strand **Salsa Brava** bzw. dessen Welle. Da diese für karibische Verhältnisse extrem ist und man sich an einer Stelle befindet, die nicht mit weichem Sand, sondern mit scharfen Korallen gepflastert ist, ist dies definitiv kein Übungsfeld für Neulinge.

Welle für Surfer

Reisepraktische Informationen Puerto Viejo (de Talamanca)

 Information
www.puertoviejo.cr

Unterkunft
Im Ort selber sind eher die günstigeren Backpacker-Unterkünfte angesiedelt, während es entlang des 13 km langen Strandabschnitts bis nach Manzanillo auch einige komfortablere Hotels gibt (s. S. 554).

Rocking J's (8) $–$$$, Av. 71 außerhalb Richtung Manzanillo, www.rockingjs.com, ☎ 2750 0665. Große Anlage mit insg. 27 Zimmern, auch Mehrbettzimmer und Hängemattenübernachtung sowie Camping. Zimmer mit und ohne ac. Definitiv nicht für ruhesuchende Menschen geeignet, Abholservice von der Bushaltestelle in Puerto Viejo.

Cabinas Coconut Grove (6) $$, Av. 71 (südöstl. Ortsende), ☎ 2750 0093, www.coconutgrovepuertoviejo.com. Familiäre Unterkunft unter der Leitung von Heidi aus Deutschland, 7 ruhige, nett dekorierte Zimmer z.T. mit Bad, z.T. Gemeinschaftsbad. Gut ausgestattete Gemeinschaftsküche und Sitzbereich mit Blick auf den tropischen Garten. Empfehlenswert.

Kaya's Place (1) $$–$$$, Av. 71 (nordwestl. Ortsende, ca. 200 m vom Dorf) am Strand, ☎ 2750 0690, www.kayasplace.com. Nettes Hostel mit 24 Zimmern unterschiedlicher Komfortstufen (Bad, ac, Ventilator). Entspannte Atmosphäre. Restaurant und Bar mit lokalen und internationalen Gerichten.

Cabinas Casa Verde Lodge (3) $$–$$$, Av. 69, C. 217 und 219 (kein Druckfehler), ☎ 2750 0015, www.cabinascasaverde.com. 19 Zimmer z. T. mit Bad, z.T. mit Außentoiletten. Die Cabinas haben eine Veranda mit Hängematte und einen Blick in den tropischen Garten. Pool. Gutes Preis-Leistungs-Verhältnis.

Cabinas Jacaranda (4) $$–$$$, C. 215, Av. 67 und 69, ☎ 2750 0069, www.cabinasjacaranda.net. 14 bunte Zimmer und Bungalows mit Bad und Ventilator, die in einem schönen tropischen Garten gelegen sind.

Cabinas Los Almendros (2) $$$, Av. 73, C. 215 und 215 A, ☎ 2750 0235, www.cabinaslosalmendros.com. 40 saubere Zimmer mit Bad, Kühlschrank und ac, in einer zentralen, aber relativ ruhigen Straße gelegen. Zweistöckig um einen Innenhof herum gebaut. Auch Apartments mit Küche für bis zu 5 Personen. An der Rezeption kann man zudem Autos mieten oder z.B. eine Tour nach Bocas del Toro in Panama organisieren.

Cabinas Tropical (5) $$$, Av. 67, C. 217 und 219, ☎ 2750 0283, www.cabinastropical.com. 10 große Zimmer mit Veranda und Hängematte, die von einem kleinen, gepflegten Garten umgeben werden. Unter Leitung eines dt. Biologen, der auch Touren zum Refugio Nacional de Vida Silvestre Gandoca-Manzanillo (6–7 Std., 65 US$) durchführt.

Hotel Escape Caribeño (7) $$$, am Salsa Brava Beach (ca. 10 Minuten ins Dorf), ☎ 2750 0103, www.escapecaribeno.com, 14 nette Zimmer in Bungalows mit Kühlschrank, und ac in guter Lage, Preise gleichwohl etwas überhöht. Die Bungalows zur Straße hin können laut sein. Tropischer Garten sowie Hängematten.

Samasati Nature Retreat $$$–$$$$, nahe Hone Creek, ☎ 2224 1870, www.samasati.com. 35 eher einfache Zimmer mit Bad und Ventilator. Die Unterkunft hat sich insbesondere dem spirituellen Wohlergehen ihrer Gäste verschrieben. Sie liegt auf einem 120 ha großen Grundstück, das überwiegend mit Urwald bewachsen ist und einen schönen Meeresblick bietet. Zweimal tgl. kann man an den von Max Monti geleiteten Yo-

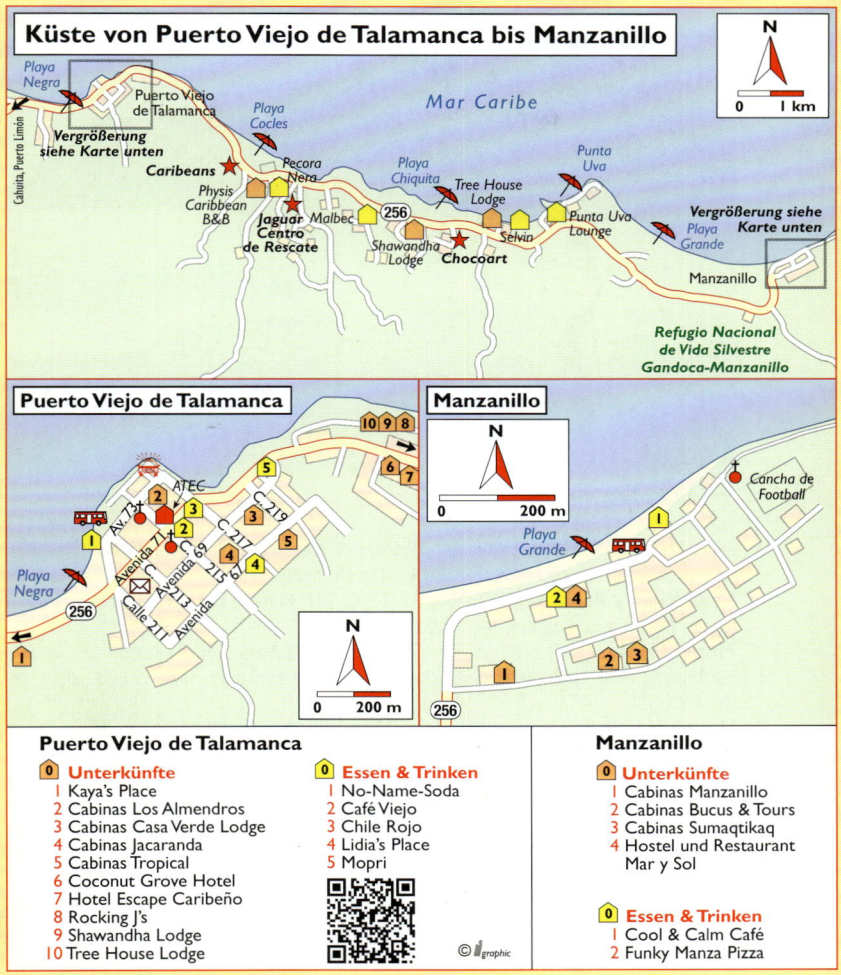

Küste von Puerto Viejo de Talamanca bis Manzanillo

N
0   1 km

Playa Negra
Cahuita, Puerto Limón
Puerto Viejo de Talamanca
Vergrößerung siehe Karte unten
Caribeans
Physis Caribbean B&B
Jaguar Centro de Rescate
Malbec
Pecora Nera
Playa Cocles
Mar Caribe
Playa Chiquita
256
Shawandha Lodge
Chocoart
Tree House Lodge
Selvin
Punta Uva Lounge
Punta Uva
Vergrößerung siehe Karte unten
Playa Grande
Manzanillo
Refugio Nacional de Vida Silvestre Gandoca-Manzanillo

Puerto Viejo de Talamanca

ATEC
Av. 73
Avenida 71
Avenida 69
Avenida 67
Calle 215
Avenida 213
Calle 211
C. 219
C. 217
Playa Negra
256
N
0   200 m

10 9 8
5
6 7
2
3
3
4
5

Manzanillo

N
0   200 m
Playa Grande
Cancha de Football
256
1
2 4
1
2 3

Puerto Viejo de Talamanca

Unterkünfte
1 Kaya's Place
2 Cabinas Los Almendros
3 Cabinas Casa Verde Lodge
4 Cabinas Jacaranda
5 Cabinas Tropical
6 Coconut Grove Hotel
7 Hotel Escape Caribeño
8 Rocking J's
9 Shawandha Lodge
10 Tree House Lodge

Essen & Trinken
1 No-Name-Soda
2 Café Viejo
3 Chile Rojo
4 Lidia's Place
5 Mopri

© graphic

Manzanillo

Unterkünfte
1 Cabinas Manzanillo
2 Cabinas Bucus & Tours
3 Cabinas Sumaqtikaq
4 Hostel und Restaurant Mar y Sol

Essen & Trinken
1 Cool & Calm Café
2 Funky Manza Pizza

gastunden teilnehmen oder sich mit Massagen und/oder vegetarischem Essen verwöhnen lassen (Fleisch gibt es nicht).

Essen und Trinken

Café Viejo (2), Av. 71, C. 215 und 217. Einladendes Restaurant mit viel Holz dekoriert, gute italienische Küche (Pizza, Pasta, Fleisch). Nicht billig, aber gut und die Portionen sind ausreichend groß.

Chile Rojo (3), ☎ 2750 0025, Av. 71, C. 215 und 217. Karibisches Essen mit einem asiatischen Touch, das nett eingerichtete Restaurant ist im 1. Stock gelegen, sodass man

Bei Surfern beliebt: der Strand von Punta Cocles

einen Blick auf die Hauptstraße hat. Montags all-you-can-eat Sushi- und asiatisches Buffet (12 US$ zur Happy Hour). Für das Geld in Ordnung.
Soda Lidia's Place (4), *Kreuzung Av. 67, C. 217. Ruhiges karibisches Restaurant mit
lokaler Küche, z.B. Cassava, 9–20 US$.*
Mopri (5), *Av. 71, C. 219 und 221. Gutes Fisch- und Meeresfrüchterestaurant, in dem
der tägliche Fang in leckeren karibischen Soßen serviert wird. Hummer 5 US$/100 g, ce-
viche 7 US$).*
No-Name-Soda (1), *karibische Hausmannskost, Tagesgericht 6 US$*

Touren

Von Puerto Viejo sieht das Tourangebot ähnlich aus wie von Cahuita. **Schnorcheln** kann man hier am besten bei Punta Uva oder Manzanillo, Equipment vermietet
z.B. Reef Runner Divers (www.reefrunnerdivers.com). Zu empfehlen für Touren ist die lokale NGO-Agentur ATEC (☎ 2750 0191, 2750 0398, www.ateccr.org/), die neben Aktivitäten wie Surfen, Schnorcheln und Kanufahren auch Touren in die Indianerreservate, nach
Gandoca-Manzanillo und eine ganze Reihe anderer kultureller Ausflüge anbietet. Daneben gibt es noch Agenturen wie **Terraventuras** (☎ 2750 0750, http://terraventuras.
com) und **Exploradores Outdoor** (☎ 2750 2020, www.exploradoresoutdoors.com),
die die ganze Palette an Ausflugsmöglichkeiten im Programm haben.

Verkehrsverbindungen

Nach **Sixaola** (bzw. Limón) kommt man zwischen 6.30 (bzw. 5.30 Uhr) und
19.30 Uhr fast jede Stunde (3 US$), nach **Manzanillo** dagegen nur um 6.45, 7.15,
11.45, 16.15 und 19.15 Uhr (1 US$). Will man die **Hauptstadt** auf direktem Wege er-
reichen, so muss man entweder um 7.30, 9, 11 oder um 16 Uhr fahren. Zu einem Terminal hat es Puerto Viejo noch nicht gebracht. Es existiert lediglich ein Wartehäuschen und
schräg gegenüber eine Ticketverkaufsstelle.

Reserva Indigena Kékoldi

Über das lokale ATEC-Büro (s.o.) und die meisten Touranbieter besteht die Möglichkeit, an einer Tour in das Reservat teilzunehmen, wo man neben Flora und Fauna auch z.B. die medizinische Bedeutung von Pflanzen erklärt bekommt und einen *Kultur-Tour* Einblick in das Leben der Gemeinde erhält. Das Reservat schließt sich direkt südlich an Puerto Viejo an und zieht sich bis in die Berge. Neben den o.g. Touranbietern kann man diese auch direkt bei den Bewohnern des Reservats buchen (☎ 2756 8259, 8810 9560, http://tourkekoldi.com *(nur sp.)*). Dabei wird u.a. eine Iguana-Farm besucht und ein traditionelles Bribrí-Mittagessen eingenommen. Die Reserva liegt an der Kreuzung vor Puerto Viejo (von Norden kommend 800 m Richtung Puerto Viejo, am Laden „El Cruce" rechts abbiegen, nach 300 m ist man da).

Playa Cocles und Playa Chiquita

Die sich südlich von Puerto Viejo bis nach Manzanillo erstreckenden Strände sind mit der blauen Ökofahne ausgestattet. An beiden finden sich schöne, meist eher höherpreisige Hotels. Die Bebauung entlang der Straße ist schon fast zusammengewachsen. Besonders die **Playa Cocles** mit der vorgelagerten Insel gleichen Namens dient **Surfern** als Revier. Surfbretter sind ausleihbar. Der weißsandige *Weiß-* Strand **Playa Chiquita** stellt mit seiner küstennahen Vegetation den Prototyp ei- *sandiger* nes Karibikstrandes dar, bei dem allerdings beim Schwimmen auf die starken Un- *Strand* terströmungen aufpassen muss.

Schokoladentouren

Es gibt mehrere Touren in der Umgebung, bei denen man sich über den Anbau und die Herstellung von Schokolade informieren kann. Bei **Caribeans** an der Playa Cocles, 2 km von Puerto Viejo (in Om Yoga), werden Touren mit dem Namen Chocolate Forest Experience angeboten, die den ganzen Prozess vom Anbau bis zur Schokolade erläutern – Probieren inbegriffen (*Touren Di und So 10 und 14, Sa 14 Uhr, 30 US$,* ☎ *8836 8930 http://caribeanscr.com*).

In der Umgebung der Playa Chiquita agiert mit **Chocorart** (☎ *2750 0075, 8–17 Uhr, 30 US$*) ebenfalls ein Projekt, das in die Geheimnisse der Kakao- bzw. Schokoladenproduktion einführen will, unter Schweizer Leitung. Anmeldung erforderlich.

Jaguar Centro de Rescate

Hier werden verletzte Tiere von spanischen Biologen aufgepäppelt und wieder in *Schutz-* die Natur entlassen, daher ändert sich auch immer mal wieder, was man bei einer *zentrum* Tour zu sehen bekommt (meist Affen, Faultiere, Wildkatzen und Vögel). Jaguare *für Tiere* gibt es hier übrigens nicht (☎ *2750 0710, www.jaguarrescue.com, Touren starten Mo–Sa 9.30 und 11.30, 15 US$. Alleine kann man das Zentrum nicht besichtigen*).

Reisepraktische Informationen Playa Cocles und Playa Chiquita

Unterkunft

Physis Caribbean B&B $$$, ☎ 2750 0941, www.physiscaribbean.com. 4 nette Zimmer mit Bad und ac, die in einem gemütlichen Holzhaus untergebracht sind. Auf der Veranda kann man sich in der Hängematte oder Lounge bei einem Cocktail entspannen. Schnorchelequipment und Räder werden verliehen, die netten Gastgeber helfen auch gerne bei der Ausflugsplanung. Inkl. gutem Frühstück. Direkt nebenan gibt es ein gutes soda.

Shawandha Lodge $$$, Playa Chiquita, ☎ 2750 0018, www.shawandhalodge.com. 14 Bungalows mit Komfortausstattung (ungewöhnlich gestaltete Bäder) und Hängematte auf der Veranda, nett mitten im Dschungel gelegen. Pool und gutes Restaurant. Auf einem kleinen Pfad durch den Urwald erreicht man nach wenigen Hundert Metern das Meer. Fahrradverleih und Restaurants direkt nebenan.

Tree House Lodge $$$$, Playa Chiquita, ☎ 2750 0706, www.costaricatreehouse. com. Zumindest architektonisch die ungewöhnlichste Lodge: Die Unterkunft besteht aus 4 Häusern am Strand für 2–6 Personen, eines davon ist über eine Hängebrücke zu erreichen. Vor allem die Bäder sind in Art einer Grotte mit Mosaiken originell gemacht. Für Selbstversorger.

Essen und Trinken

Malbec, ☎ 2750 0581. Wer Lust auf ein leckeres Steak hat, ist in diesem kleinen argentinischen Restaurant mit halboffener Terrasse genau richtig, wo das Fleisch gekonnt auf dem Grill zubereitet wird. Auch gute Weinauswahl. Nur abends.

Selvin, ☎ 2750 0664. Spezialisiert auf Seafood und karibische Küche, unter anderem gibt es eine leckere Fischsuppe, die traditionelle rondón. In der Nebensaison nur am Wochenende (Do–So). Nebenan werden auch Cabinas vermietet.

Pecora Nera, ☎ 2750 0490. Sehr gutes italienisches Essen, auch viel frischer Fisch. Gemütliche Atmosphäre. Nur abends, Mo geschl.

☞ Karibischer Ökotourismus

Wer meint, nur weil er maximal zweistöckig baue (anderes wäre angesichts der latenten Erdbebengefahr auch kaum von Vorteil), sei ein Vorreiter der Ökotourismusbewegung, muss nicht immer richtig liegen. Touristen sollten sich vom Hotelmanager die Abwasser- und Müllentsorgung des Hauses detaillierter erklären lassen – insbesondere unter dem Aspekt, inwieweit sie ökologisch vertretbar ist. Dominierend ist nämlich noch das Direktrecycling: Wasser ins Meer.

Punta Uva und Manzanillo

7 km südlich von Puerto Viejo liegt **Punta Uva**, ein Bus fährt ca. fünfmal täglich auf der durchweg geteerten Straße nahezu parallel zum Strand. Auf dem Weg kann man nicht nur den Ozean, sondern auch den Beginn einer künftig wohl noch ausufernden Bebauung der Küste mit Touristenresorts in Augenschein nehmen. Hierhin man auch gut radeln oder am Strand spazieren.

Viele Einwohner leben trotz Touristenbooms in einfachen Hütten

Es gibt zwei schöne Strände, die durch eine Klippe getrennt sind. Der erste Abzweig führt zur Strandbar **Punta Uva Lounge**, wo man die Meeresbrise bei einem Cocktail oder einfachen Gerichten genießen kann. Nebenan liegt eine Tauchschule, wo man auch Schnorchel ausleihen kann. Der Abzweig zum zweiten Strand ist mit einem Schild zur Arrecife Bar gekennzeichnet. Der nächste Strand ist die Playa Grande, die sich bis Manzanillo erstreckt.

Manzanillo (vor dessen Küste übrigens im März 2013 ein verlassenes Schnellboot mit 1.400 kg Kokain gefunden wurde) ist bislang von Tourismusprojekten noch nicht überschwemmt – auch wenn Schilder mit der Aufschrift „*for sale*" bzw. „*se vende*" die Wegesränder zieren. Noch aber ist Manzanillo ein relativ beschauliches Fleckchen mit etwa 300 ständigen Einwohnern. Für das leibliche Wohl ist durch kleine Tante-Emma-Lädchen und mehrere Kneipen bzw. Sodas gesorgt. Der Ort ist definitiv keine Partymeile, aber für ein paar entspannte Tage ideal. Die Gemeinde gibt sich große Mühe, mit „Putztrupps" den Strand sauber zu halten. Von hier kann man Touren mit dem Rad (die meisten Unterkünfte vermieten Räder und organisieren Touren) oder Kajak unternehmen.

Noch ein beschauliches Küstendorf

Reisepraktische Informationen Manzanillo (→ *Karte S. 551*)

 Information
www.manzanillo-caribe.com

Bei der **Asociación de las Guías**, *die sich aus lokalen Guides gebildet hat, kann man Bootstouren in das Refugio Gandoca-Manzanillo buchen und auf die Suche nach Delfinen gehen oder Wanderungen unternehmen. Die Casa de Guías befindet sich am Ortsausgang (http://manzanillo-caribe.com/delroy/delroy.html, http://manzanillo-caribe.com/abel/abel.html).*

 Unterkunft
Cabinas Manzanillo (1) *$$, Hauptzufahrt nach Manzanillo, 100 m vor dem Strand rechts der Straße (rund 10 Min. zu Fuß bis ins Dorf),* ☎ *2759 9033, www.manzanillo-caribe.com. 8 einfache, aber helle Zimmer mit Bad in einem zweistöckigen, gelben Haus. Gemeinschaftsküche.*
Cabinas Bucus & Tours (2) *$$,* ☎ *2759 9143, www.costa-rica-manzanillo.com. 6 kleine Zimmer mit Bad (2 Apartments mit Küchenzeile), Veranda mit Hängematte. Gastgeber ist ein deutsch-costa-ricanisches Ehepaar, das schon lange in Manzanillo lebt. Es werden Wander- u. Kajaktouren angeboten (35–45 US$).*
Cabinas Sumaqtikaq (3) *$$,* ☎ *2759 9146, www.cabinas-sumaqtikaq.com. 3 Zimmer mit Ventilator und Bad in einem luftigen Bau mit Garten. Gemeinschaftsküche. Leitung durch pension. Akademikerin, die den Namen Sumaqtikaq (= Urwaldblume), der ihr von einem peruanischen Schamanen verliehen wurde, ihren cabinas gegeben hat. Organisation von Touren.*
Hostel Mar y Sol (4) *$–$$,* ☎ *8584 5365, www.marysolhostel.com. 8 einfache, aber große Zimmer (Doppel und Mehrbett), Gemeinschaftsküche, eher Backpacker. Im Restaurant gibt es günstiges Fast Food und mexikanisches Essen (3–7 US$).*

 Essen und Trinken
Cool & Calm Café (1), ☎ *8843 7460, www.coolandcalmcafe.com, direkt am Strand. Hier gibt es gute karibische Küche mit viel frischem Seafood in entspannter Atmosphäre, z.B. die traditionelle Rondon-Suppe (Di geschl.).*
Funky Manza Pizzeria (2), ☎ *2759 9051. Buntes Lokal mit guter Pizza, Pfannkuchen und Burger, auch Hostel.*
Soda Las Veraneras, *günstige einheimische Küche, auch Cabinas.*

Verkehrsverbindungen
Per Bus geht es von Manzanillo nach Limón um 5, 8.30, 9.45, 12.45 und um 17.15 Uhr. Ein Direktbus nach San José (4,5 Std.) fährt tgl. um 7 Uhr (Mepe, ☎ *2257 8129 bzw. 2758 1572), der Bus in Gegenrichtung um 12 Uhr.*

Refugio Nacional de Vida Silvestre Gandoca-Manzanillo

Das 1985 eingerichtete Schutzgebiet umfasst knapp 9.500 ha, ca. die Hälfte davon liegt im Meer. Es erstreckt sind entlang von 9 km Küste bis nach Panama. Anders als etwa ein Nationalpark ist es als *refugio de tipo mixto* nicht weitgehend abgeschirmt – innerhalb seiner Grenzen leben Menschen. Es dient hauptsächlich dem Schutz der an seinen Stränden ihre Eier ablegenden **Schildkröten** und stellt den Lebensraum der von Ausrottung bedrohten **Seekühe** (*vaca marina* oder *manati*). Bis ins 19. Jh. hinein lebten in dieser Gegend Angehörige der Urbevölkerung, die sich dann allerdings aufgrund des Vordringens von Miskitos aus Nicaragua und später der Ansiedelung von Afroamerikanern, die zuvor auf den Antillen gelebt hatten, ins Landesinnere, d.h. in die eher unzugängliche Talamancaregion zurückziehen mussten. *Schutz für Schildkröten und Seekühe*

Besonders attraktiv ist dieses Schutzgebiet aufgrund seiner von Riffen geprägten Küstenlinie und den dazugehörigen weißen, von Palmen gesäumten **Postkartenstränden**, die sich gut zum Schwimmen eignen. Auch dieser Strand kann mit der blauen Ökofahne aufwarten. Etwa zwei Drittel des Gebiets, das aus einer Mischung von hügeligen und flachen Landschaften besteht, ist von **tropischem Regenwald** bedeckt, während der Rest von Grasland und Feldern dominiert wird. Die **Fauna** ähnelt stark derjenigen des Parque Nacional Cahuita. An Vögeln finden sich neben einer Vielzahl von Seevögeln der mit einem vielfarbigen Schnabel ausgestattete Fischertukan, der Prachthaubenadler und die gut 30 cm große Gelbwangenamazone. *Schön zum Schwimmen*

Wer taucht, kann dabei nicht nur die mitunter fast einen halben Meter langen Karibik-Languste sehen, sondern auch Venusfächer (*abanico de mar*) und Schwarze Diadem-Seeigel (*erizo de espinas largas*), die durch ihr in Kooperation mit Papageienfischen erfolgendes beharrliches Abweiden die Korallenriffe algenrein halten. Zudem gibt es farbenprächtige Diadem und himmelblaue Papageienfische.

Was die **Flora** anbelangt, so sticht insbesondere der im Süden der Karibik einzigartige Wald von **Spanischen Walnussbäumen** (*cativo* oder *cabimo*) hervor. Die sumpfigen Teile des Refugio in der Umgebung von Punta Manzanillo und Punta Mona unterscheiden sich danach, inwieweit sie von Brack- oder Süßwasser gebildet werden und ob sie nur temporär oder nahezu ständig landunter sind. In den zeitweise trockengelegten Wäldern gedeihen insbesondere der für seine wohlschmeckenden Früchte bekannte Sajo-Baum und verschiedene Mangrovenarten. In einem Teil der Feuchtgebiete (*humedales*) des Schutzgebietes finden sich die mit bis zu 10 m langen Wedeln versehenen Yolillopalmen. Aus den Wäldern, die die etwas trockeneren Hänge bedecken, ragen Urwaldriesen wie der Aras bevorzugt als „Wohnbaum" dienende Waldmandelbaum sowie der Drachenblutbaum hervor. *Mangroven und Yolillopalmen*

ℹ Information
Parkverwaltung ☎ *2759 9001. Beim Büro von MINAE am Eingang nach Manzanillo erhält man Infos und Kartenmaterial. Nach Gandoca kann man in ca. 4 km wandern. Touren (Wanderungen und Bootstouren) werden u.a. von ATEC (s. S. 552) und der*

Asociación de los Guías angeboten (s. S. 556). In Punta Mona gibt es eine Bio-Farm, auf der man auch übernachten kann (www.puntamona.org). In **Gandoca** legen zwischen März und Juli Seeschildkröten ihre Eier ab, auf dem Weg kann man oft Delfine beobachten. Außerhalb der Laichsaison beschränken sich die Bootsführer auf die Präsentation von Flippers Vettern.

Zur panamaischen Grenze

Von Puerto Viejo Richtung Inland gelangt man zurück auf die Hauptstraße aus Limón, die asphaltiert bis nach Bribrí führt. Nachdem Unterkünfte auf den ersten Kilometern häufig anzutreffen sind, dominieren mit zunehmender Strandferne kleinere Häuser und Fincas nahezu unangefochten die Szene. Ca. 10 km nach Puerto Viejo (Fahrzeit etwa 30 Min.) kommt man dann nach Bribrí.

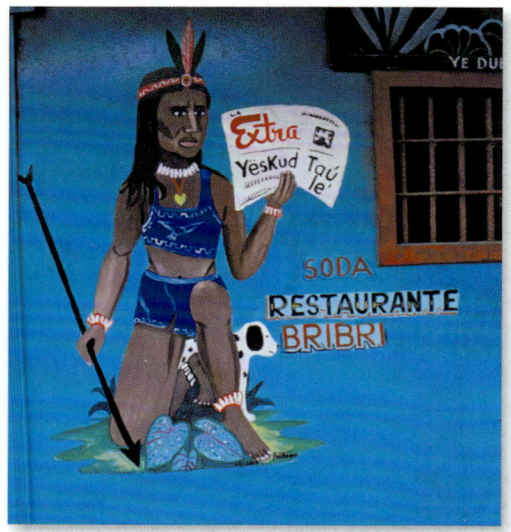
Wandmalerei an einem Restaurant in Bribrí, dem Ausgangspunkt zu den Reservas Indígenas

Bribrí

Dieser Ort stellt das Verwaltungszentrum des Talamanca-Gebiets dar. Dies bedeutet, dass man hier auch eine Bank sowie einen Gesundheitsposten des Roten Kreuzes finden kann, zudem eine Reihe *sodas*. Obwohl Bribrí als Eingangstor ins costa-ricanische Indianergebiet gilt, unterscheidet es sich praktisch nicht von anderen Orten seiner Größe – dies für diejenigen, die auf der Suche nach dem „authentischen" Indianer sind. Inzwischen haben gleichwohl schon einige Tourveranstalter wie etwa **Yorkín Aventuras Naturales** (www.aventuras-yorkin.co.cr) „den Indianer" entdeckt und bieten von Bribrí oder Bambú aus mehrtägige Aufenthalte im Hinterland an. Wer auf eigene Faust tiefer ins Indianergebiet vorstoßen will, nimmt von Bribrí aus einen Lokalbus nach Bambú oder Suretka bzw. Shiroles.

Reisepraktische Informationen Bribrí

Unterkunft / Essen und Trinken
Cabinas El Piculino $$, Ecke Av. 3, C. 0, ☎ 2751 0130, www.facebook.com/cabinaspiculinobribri. Ruhig gelegen, 20 relativ geräumige Zimmer mit und ohne Bad, Ventilator oder ac. Angeschlossen ist ein empfehlenswertes soda.

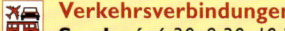 **Verkehrsverbindungen**
San José: *6.30, 8.30, 10.30 und 15.30 Uhr (170 km, 3 Std.)*
Limón: *6–19 Uhr stdl.*
Sixaola: *5.15–18.15 Uhr stdl. (Mepe, ☎ 2758 1572)*
Bambú: *6, 8, 9.30, 12, 13.30 und 15.30 Uhr (45 Min.,1 US$)*

Sixaola

Die Grenzstadt Sixaola liegt von Bribrí aus 33 km entfernt, der Bus braucht dafür eine gute Stunde – je nach Anzahl der Zwischenstopps kann es auch einmal länger dauern. Da die Strecke fast nur durch Bananenplantagen führt, kann man hier ermessen, welche Macht diese Konzerne haben und was der reale Hintergrund für die Bezeichnung Bananenrepublik ist. Unterkunftsmöglichkeiten finden sich entlang der übrigens gut ausgebauten Strecke nur ausnahmsweise, z.B. in Unia sind sehr einfache *cabinas* im Angebot. Bei Annäherung an Sixaola säumen etliche normierte Bananenarbeiterhäuschen die Straße. Sixaola ist vor allem als Grenzort zu Panama interessant. Im Übrigen hat er wenig Exotik zu bieten, sondern ist vom karibischen Arbeitsalltag bestimmt.

☞ Grenzüberquerung nach Panama

Wichtig ist, bei der Einreise nach Panama einen Beleg vorlegen, wie und wann man Panama wieder verlässt (zu den Einreiseformalitäten zu Panama s. S. 468). Bei der Wiedereinreise nach Costa Rica ist nachzuweisen, dass man tatsächlich eine gewisse Zeit (ca. 3 Tage) in Panama verbracht hat und ausreichend Geld zur Verfügung hat. Von Sixaola aus kann man nach Panama über die Grenze wechseln, dort mit dem Bus nach Almirante fahren und dieses als Basis für eine Bootstour (10 US$) nach **Bocas del Toro** nehmen, um dem Bocas-Archipel einen Besuch abzustatten.

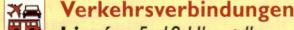
Reisepraktische Informationen Sixaola

 Unterkunft / Essen und Trinken
Cabinas Viajero *$–$$, ein Block vom Grenzübergang entfernt, 8 Zimmer mit sehr einfacher Ausstattung, Ventilator.*
Hotel El Imperio *$–$$, in etwa 1 km Entfernung vom Grenzübergang gegenüber dem Polizeiposten, ☎ 2754 2289. Ebenfalls 10 einfache Zimmer.*
Restaurante El Capi, *gegenüber Grenzübergang im 1. Stock, im Erdgeschoss ist eine Bar. Lokale Hausmannskost, Tagesgericht 5 US$.*
Soda Bet-El, *50 m vom Busterminal, Anlaufstelle für den kleinen Hunger.*

Verkehrsverbindungen
Limón: *5–18 Uhr stdl.*
San José: *ca. 6, 8,10, 15 Uhr von Transporte Mepes (☎ 2750 0023)*

ANHANG

Literaturverzeichnis

Geschichte
Bethell, Lewis (Hg.): **The Cambridge History of Latin America** Bd. I–VI, Cambridge 1984ff. Das wissenschaftliche Standardwerk zur Geschichte Lateinamerikas.

Fuchs, Jochen: **Costa Rica. Von der Conquista bis zur „Revolution"**, Berlin 1991. Die Geschichte des Landes bis zur Mitte des 20. Jh.

Galeano, Eduardo: **Die offenen Adern Lateinamerikas**, 16. Aufl. Wuppertal 2009. Ein packend geschriebener Klassiker unter den kritischen Geschichtsdarstellungen Lateinamerikas.

Wagner, Moritz/Scherzer, Carl: **Die Republik Costa Rica in Central=Amerika**, Leipzig 1856. Eine umfassende Darstellung des Landes im 19. Jh.

Das moderne Costa Rica
Baumann, Annerose: **Costa Rica – eine Musterdemokratie in Lateinamerika?** München 2011. Eine Untersuchung zum demokratischen System des Landes in Theorie und Praxis.

Bird, Leonard A./Maislinger, Andreas: **Costa Rica – ein Land ohne Armee**, Wien 1980. Ein Reader mit Beiträgen zum politischen System, zur Wirtschaft, zur Außenpolitik und zum Parteiensystem.

Ellenberg, Ludwig: **Hauptexkursion Costa Rica und Panama**, Berlin 2010. Ein guter Einblick in das Land aus dem Blickwinkel eines Costa-Rica-Experten.

Ernst, Manfred: **Costa Rica – die Schweiz Mittelamerikas: Mythos und Realität**, Bonn 1984. Eine kritische Sicht auf die Realitäten des Landes.

Sandner, Gerhard: **Zentralamerika und der ferne karibische Westen**, Stuttgart 1985. Der Blick des kürzlich verstorbenen „Nestors" der Geografen Mittelamerikas auf Costa Rica und seine Nachbarstaaten.

Flora, Fauna & Co.
Nützliche Bestimmungsbücher für Liebhaber von Orchideen, Schmetterlingen, Kolibris etc.

☞ **Tipp**: Am einfachsten bekommt man die Bücher vor Ort, z.B. in der Librería Lehmann (Av. Central, an der Plaza de la Cultura).

Barry, Fred/Kress, John W.: **Heliconia – An Identification Guide**, 1991

Beletsky, Les: **Travellers' Wildlife Guides to Costa Rica**, 2004

Devries, Phillip: **Butterflies of Costa Rica and Their Natural History**, Bd. I u. II, 2000

Fogden, Michael/Fogden, Patricia: **Hummingbirds of Costa Rica** 2005

Henderson, Carrol L.: **Field Guide to the Wildlife of Costa Rica**, 6. Aufl., 2002

Leenders, Twan: **A Guide to Amphibians and Reptiles of Costa Rica**, 2001

Pupulin, Franco et al.: **Vanishing Beauty – Native Costa Rican Orchids**, 2005

Reid, Fiona A./Leenders, T./Dean, R.: **The Wildlife of Costa Rica: A Field Guide** (Zona Tropical Publications), 2010. Übersichtlich gegliedertes Buch, jedes Tier ist mit einer farbigen Zeichnung dargestellt.

Stiles, F. Gary/Skutch, Alexander F.: **A Guide to the Birds of Costa Rica**, 1990

Zuchowski, Willow: **A Guide to Tropical Plants of Costa Rica**, 2005

Reisen und Geografie
Fuchs, Jochen: **Costa Rica – der Naturguide für Nationalparks und Reservate**, Berlin 2010. Ein Wanderführer mit exakter Streckenbeschreibung für Besucher der Nationalparks des Landes.

Wright, Hamilton M.: **Through Costa Rica – The Magnificent, on a Motor Car**, Washington 1918. Ein Bericht aus der „Frühzeit" des Reisens.

Verschiedenes und Romane
Hatt, Henry: **Auswandern nach Costa Rica**, Norderstedt 2013. Für alle, denen eine Urlaubsreise nicht ausreicht, um das Land kennen zu lernen.

Knobloch, Ina: **Das Geheimnis der Schatzinsel – Robert Louis Stevenson und die Kokosinsel: Einem Mythos auf der Spur**, Hamburg 2009. Eine bunte Mischung zwischen Reise- und Recherchebuch, welches die ehemalige Piraten- und Schatzgräberinsel Isla del Coco zum Gegenstand hat.

Liepe, Margit/ Mairena, Héctor Ernesto: **Mittelamerikanisch kochen: Gerichte und ihre Geschichte**, Göttingen 2012. Wer nicht nur etwas über die Herstellung der regionalen Spezialitäten erfahren will, sondern zudem noch Backgroundinformationen möchte, ist mit diesem Buch gut bedient.

Rathbone, Julian: **Grünfinger** (2. Aufl. 1991, München). Kriminalroman mit guten Backgroundinformationen zu Costa Rica.

Rauin, Regine: **Spanisch für Costa Rica Wort für Wort** (Kauderwelsch Band 113) 7. Aufl., Bielefeld 2012. Ein nützliches Buch für alle diejenigen, die des (lokalen) Spanischen nicht mächtig sind.

Siegfried, Susanne: **Entführung in Costa Rica – minutiöse Dokumentation der Entführung von Susanne Siegfried & Nicola Fleuchaus 1996**, Toppenstedt 2000. Die zusammen mit einer Kundin für fast 3 Monate entführte Reiseleiterin will die Behauptungen in dem auf Pro7 ausgestrahlten Film „Die Geiseln von Costa Rica" zurechtrücken.

Kleiner Sprachführer

Allgemein

Begrüßung und Höflichkeit
Guten Morgen! = ¡Buenos días!
Guten Tag! = ¡Buenos días!
Guten Abend! = ¡Buenas tardes!
Gute Nacht ! = ¡Buenas noches!
Auf Wiedersehen! = ¡Hasta la vista!
Wie geht es Ihnen? = ¿Cómo está Usted?
Danke, sehr gut. = Gracias. Muy bien.
 (in Costa Rica oft: ¡Pura vida!)
Und wie geht es Ihnen? = ¿Y cómo está Usted?
Verzeihung. = Perdón.
Bitte sehr, keine Ursache. = De nada. No hay de que.
Danke. = Gracias.
Viel Glück! Alles Gute! = ¡Mucha suerte!
 (in Costa Rica oft: ¡Pura vida!)
Ich = Yo (vor Verben wird „ich" nur zur Verstärkung genutzt)
Ja. = Sí.
Nein. = No.
Herr = Señor (el)
Frau = Señora (la)
Fräulein = Señorita (la)
Sie = Usted
Du = Tú (in Costa Rica oft: Vos)
Was ist das? = ¿Qué es esto?
Sprechen Sie Englisch? = ¿Habla ingles?
Ich spreche kein Spanisch. = No hablo español.
Ich kann nur ein wenig Spanisch. = Solamente sé un poco español.

Die wichtigsten Wendungen
Verstehen Sie? = ¿Entendido?
Ich verstehe nicht. = No entiendo.
Ich habe verstanden. = Entiendo.
Wie bitte? = ¿Cómo?
Wie heißen Sie? = ¿Cómo se llama Usted?
Mein Name ist ... = Mi nombre es .../
 Me llamo ...
Woher kommen Sie? = ¿De dónde viene Usted?
Wohin gehen Sie? = ¿Adónde va Usted?
Bitte helfen Sie mir! = Por favor, ¡ayúdeme!
Hilfe! = ¡Socorro!
Bitte schreiben Sie dieses Wort auf! = Por favor, ¡escríbame ésta palabra!
Achtung! Vorsicht! = ¡Cuidado! ¡Ojo!

Kein Problem! = ¡Esta bien! (in Costa Rica oft: ¡Pura vida!)

Reise und Verkehr
Ich möchte gerne nach ... = Quiero ir a ...
Wo? = ¿Dónde?
Wohin? = ¿Adónde?
Wann? = ¿Cuándo?
Geradeaus. = Todo derecho.
Nach rechts. = A la derecha.
Nach links. = A la izquierda.
Bus = Autobús
Zug = Tren (el)
Boot = Lancha (la)
Busterminal = Terminal
Bahnhof = Estación (la)
Wo ist die Toilette? = ¿Dónde está(n) el (los) lavabo (servicios)?
Wann ist ... geöffnet? = ¿A qué hora el (la)... está abierto (abierta)?
Polizei = Policía (la)
Krankenhaus = Hospital (el)
Arzt = Médico (el)

Unterkunft und Restaurant
Wo ist ein gutes Hotel? = ¿Dónde hay un hotel bueno?
Haben Sie ein freies Zimmer? = ¿Le queda una habitación?
Kann ich das Zimmer sehen? = ¿Puedo ver la habitación?
Haben Sie noch andere (freie) Zimmer? = ¿Le queda otra habitación?
Wo gibt es ein gutes Restaurant? = ¿Dónde hay un restaurante bueno?
Das Essen schmeckt gut. = Me gusta la comida.
Zahlen, bitte! = ¡la cuenta por favor!

Einkaufen
Ich möchte ... kaufen. = Quiero comprar ...
Gibt es ...? = ¿Hay ...?
Ja, das gibt es. = Sí, hay.
Nein, das gibt es nicht. = No, no hay.
So viel möchte ich nicht ausgeben. = No quiero gastar tanto.
Zeigen Sie mir bitte etwas anderes. = Déjeme ver algo diferente, por favor.
Können Sie diese Sache nicht billiger verkaufen? = ¿No tiene esta cosa a mejor precio?

Rund ums Essen und Trinken

Speisen
aguacate = Avocado (auch: Trottel)
ajo = Knoblauch
arroz = Reis
bife = Steak u.ä.
bistec/biftec = Beefsteak u.ä.
camarones = Krabben
cangrejo = Krebs
carne = Fleisch
ceviche (auch cebiche) = Fischsalat
cebolla = Zwiebel
cerdo = Schwein
chicharrones = frittierte Schweineschwarte
chorizo = Wurst
conejo = Kaninchen
empanada = teils mit Fleisch, teils mit Käse
   gefüllte Teigtasche
flan = Pudding mit Karamelgeschmack
fríjol = (schwarze) Bohne
gallina = Huhn
gallo = Hahn (siehe aber auch: pinto)
gall(it)os = eine Art Hamburger mit unterschiedlicher Füllung
helado = (Speise-)Eis (aber: hielo = Eis[würfel])
huevo = Ei
jamón = Schinken
mantequilla = Butter
mariscos = Meeresfrüchte
natilla = Schmand
palmito = (essbare) Palmenteile
pan = Brot
papas = Kartoffeln (aber: el papa = der Papst)
papas fritas = Pommes frites
patacones = frittierte Kochbananen
pescado = (toter) Fisch als Speise (lebender
   Fisch = pez)
(gallo) pinto = schwarze Bohnen und Reis
   gemischt
plátano = Kochbanane (im span. Spanisch
   normale [Süß-]Banane)
pollo = Hähnchen
puerco = Schwein
pulpo = Tintenfisch
queso = Käse
sopa de albondiga = Fleischklößchensuppe
sopa del mondongo = Kuttelsuppe
sopa negra = (schwarze) Bohnensuppe
tamales = gefüllte Maisbällchen
tortilla = Maispfannenkuchen (im span.
   Spanisch: Art Bauernomelette)
tortuga = Schildkröte
tostones = frittierte Kochbananen in Schinken
verdura = Gemüse
zanahoria = gelbe Rüben/Möhren

Speisezustand und Gewürze
ají = Cayennepfeffer
asado = gebraten
azúcar = Zucker
dulce = süß
frito = gebacken/gebraten
picante = scharf
pimienta = Pfeffer
pimiento = Paprika
sal = Salz

Getränke
agua (mineral con/sin gas) = (Mineral-)Wasser
   (mit/ohne Kohlensäure)
aguadulce = (wörtlich: süßes Wasser)
   Heißgetränk auf der Basis von im Wasser
   gelösten (Rohr) Zucker mit/ohne Milch
café = Kaffee
cerveza = Bier
jugo = Saft
leche = Milch
té =Tee
vino blanco = Weißwein
vino tinto = Rotwein
zumo = Saft

Obst
banana = Banane
fresa = Erdbeere
granadilla = Art Passionsfrucht
manzana = Apfel
maracuya = Passionsfrucht
mora = Brombeere
melón = (Honig-)Melone
naranja = Orange
papaya = Papaya
piña = Ananas
sandía = Wassermelone

Instrumente
cuchara = Löffel
cuchillo = Messer
plato = Teller
tenedor = Gabel
vaso = (Trink-)Glas

Speisefolgen
almuerzo = Mittagessen
cena = Abendessen
comida = Speise allgemein
desayuno = Frühstück
ensalada = Salat
fruta = fruta
entrada = Vorspeise
postre = Dessert
sopa = Suppe

Glossar Flora und Fauna

Hinweis
Ein Glossar zur Flora und Fauna eines
Landes mit einer so großen
biologischen Vielfalt wie Costa Rica
kann keinen Anspruch auf
Vollständigkeit erheben. Alle
deutschen, lateinischen und
spanischen Bezeichnungen ohne
Gewähr.
l = lateinischer Name
s = spanischer Name

Flora

Adlerfarn (*l* Pteridium aquilinum,
s helecho común)
Afrikanische Ölpalme (*l* Elaeis
guineensis, *s* palma africana)
Afrikanisches Futtergras (*l*
Hyparrhenia rufa, *s* pasto jaragua)
Ajillobaum (*l* Pithecellobium
macradenium, *s* guabo)
Alcornoque (*l* Mora megistoperma,
s mora)
Amarillón (*l* Terminalia amazonia)
Amazonisches Bambuspalme (*l* Rafia
taedigera, *s* palma de yolillo)
Ameisenbaumarten (*l* Cecropia
obtusifolia und Crecropia peltata,
s guarumo)
Amerikanische Ölpalme (*l* Elaeis
oleifera, *s* corozo o. palmiche)
Anauras (*l* Licania arborea,
s alcornoque o. canilla de mula)
Andenerle (*l* Alnus acuminata, *s* jaúl)
trichillia
Andiroba (*l* Carapa guianensis, *s* cedro
macho o. caobilla)
Balsabaum (*l* Ochroma pyramidale,
s balsa o. balso)
Balsamapfelbaum (*l* Clusia rosea,
s copey)
Balsambaum (*l* Bursera simaruba,
s indio desnudo)
Berg-Guave o. Echte Guave (*l* Psidium
guajava, *s* árbol de la guayaba)
Bergorange (*l* Clusia odorata., *s* azahar
de monte o. copey)
Bisselonbaum o. Baum der Heiligen
Maria (*l* Calophyllum brasiliense,
s cedro maría o. palo de maría)
Botarrombaum (*l* Vochysia
ferruginea, *s* botarrama)
Brasilianischer Regenbaum (*l* Samanea
saman, *s* cenízaro)
Breiapfelbaum o. Kaugummibaum
(*l* Manilkara zapota o. Manilkara
chicle, *s* chicle)
Bukarebaum (*l* Erythrina poeppigiana,
s bucare ceibo)
Camibarbaum (*l* Copaifera aromatica,
s camibar)
Cativobaum (*l* Prioria copaifera,
s cativo)
Cerillo (*l* Symphonia globulifera,
s cerillo)
Chapernusbaum (*l* Lonchocarpus
heptaphyllus, *s* barbasco)
Coquillopalme (*l* Astrocaryum alatum,

s coquito)
Coralberrybaum (*l* Ardisia
pleurobotrya, *s* tucuico o. uvita)
Costaricanische Schwarzeiche
(*l* Quercus costaricensis, *s* roble
costarricense o. roble negro)
Croton (*l* Croton gossypifolia Vahl,
s sangregao)
Danto (*l* Parmentiera valerii, *s* [jícaro]
danto)
Divi-Divi-Baum (*l* Caesalpinia coriaria,
s nacascolo)
Drachenblutbaum (*l* Pterocarpus
officinalis, *s* palo de sangre o.
sangrillo)
Dugandbaum (*l* Platymiscium
pinnatum, *s* pochote o. cristóbal)
Encineoeiche (*l* Quercus aleoides,
s encino o. encina)
Espavel (*l* Anacardium excelsum,
s espavé)
Färbe- o. Brasilholzbaum (*l*
Hematoxylum brasiletto, *s* brazil)
Flameberry (*l* Urera caracasana,
s crespón)
Fruchtflügelbaum (*l* Pterocarpus
officinalis, *s* palo de pollo)
Futtergras (*l* Hyparrhenia rufa, *s* pasto
jaragua)
Gamalotegras (Paspalum
fasciculatum, *s* pasto gamalote)
Gelbmilchbaum (*l* Symphonia
globulifera, *s* cerillo)
Gemeiner Bambus (*l* Bambusa
vulgaris, *s* bambú)
Genomapalme (*l* Genoma spp.,
s surtuba)
Geschnäbelte Helikonie (*l* Heliconia
rostrata, *s* platanillo)
Glückskastanie (*l* Pachira aquatica,
s poponjoche)
Goldbaum o. Gelber Trompetenbaum
(*l* Tabebuia chrysantha, *s* araguaney
o. guayacán)
Goldtrompetenbaum (*l* Tabebuia
ochracea, *s* corteza amarilla, árbol
de Cortéz)
Grauerle (*l* Alnus acuminata, *s* jaúl)
Guababaum (*l* Inga edulis o. Inga vera,
s guaba)
Guacimobaum (*l* Luehea seemannii,
s guácimo colorado)
Guarianthe (*l* Guarianthe skinneri,
s Guaria morada)
Guatemaltekische Steineibe
(*l* Podocarpus guatemalensis,
s cipresillo o. pinillo)
Gummibaum (*l* Ficus costaricana,
s higuerón o. matapalos)
Guttifere (*l* Calophyllum brasiliense,
s palo María o. guanandi)
Hahnenfuss-Baum (*l* Cochlospermum
vitifolium, *s* poró-poro)
Heidekraut (*l* Comarostaphylis
arbutoides, *s* madroño enano)
Heidelbeerbusch (*l* Vaccinium
consanguineum, *s* arrayán)
Heliocarpus appendiculatu (*s* jonote,
burio)

Hirschhornbaum (*l* Schelera
rodriguesiana, *s* papayillo o. cacho
de venado)
Iguano (*l* Dilodendron Costarricense,
s comenegro)
Ira Rosa (Lorbeergewächs) (*l* Nectandra
sanguinea)
Jatobabaum (*l* Hymenaea courbaril,
s jatobá, guapinol)
Jerusalemdorn (*l* Parkinsonia aculeate,
s palo verde)
Jobo (*l* Brunellia costaricensis,
s cedrillo macho)
Jocote-Baum o. Rote Mombinpflaume
(*l* Spondias purpurea, *s* jocote)
Kakaobaum (*l* Theobroma cacao,
s cacao silvestre)
Kalebassenbaum (*l* Crescentia cujete,
s jícaro o. colabacero)
Kandelaberkakteen (*l* Pachycereus
pringlei und Stenocereus aragonii,
s cardón)
Kanonenkugelbaum (*l* Couroupita
guianensis, *s* bala de cañón)
Kapokbaum o. Wollbaum (*l* Ceiba
pentandra, *s* ceibo o. ceiba)
Kautschukbaum (*l* Hevea brasiliensis,
s árbol de hule)
Knoblauchbaum o. Piquia (*l* Caryocar
costaricense, *s* ajo)
Knopfmangrove (*l* Conocarpus
erectus, *s* mangle botón o. mangle
Zaragoza)
Kokospalme (*l* Cocos nucifera, *s* coco
o. palma de coco o. cocotero)
Kongapalme (*l* Welfia Georgii, *s* palma
conga)
Königspalme (*l* Scheelea rostrata,
s palma real)
Krotonbaum (*l* Croton glabellus,
s targua)
Kugelkopf-Akazie o. Ameisenakazie
(*l* Acacia collinsii, *s* cornizuelo)
Kuhmilchbaum (*l* Brosimum utile,
s palo de vaca o. árbol de la leche)
Lanzenbromelie (*l* Aechmea
magdalenae, *s* piñuela)
Laurelbaum (*l* Cordia alliodora, *s*
laurel negro)
Lechosobaum o. Schlangenholzbaum
(*l* Brosimum alicastrum, *s* ojoche)
Leguminosen-Baum (*l* Zygia longifolia,
s sotocaballo)
Letternbaum (Brosimun costaricana,
s ojoche)
Magnolia poasana (*s* candelillo)
Mahagoni (*l* Swietana macrophylla,
s caoba)
Mancinellenbaum siehe Wahrer
Mancinellenbaum
Mangrove siehe Knopfmangrove, Rote
Mangrove, Schwarze Mangrove,
Teemangrove und Weiße Mangrove
Mangrovenfarn (*l* Acrostichum
aureum, *s* helecho de manglar)
Mastatenbaum (*l* Brosimum utile, *s* palo
de vaca)
Meeresbohne (*l* Canavalia maritima,
s frijol de playa)

Meertrauben (*l* Coccoloba uvifera,
  s uva de playa)
Mesquitebaum (*l* Prosopis juliflora,
  s árbol de mostrenco o. bayahonda
  o. mezquite)
Mexikanische Ulme (*l* Ulmus
  mexicana, *s* tirrá)
Milchbaum (*l* Brosimun utile, *s* mastate
  o. palo de vaca)
Nambarbaum (*l* Dalbergia retusa,
  s cocobolo o. cocolobo)
Nancitebaum (*l* Byrsonima crassifolia,
  s nance)
Nargusta (*l* Terminalia amazonia,
  s amarillón)
Niedriger Kakaobaum (*l* Gliricidia
  sepium, *s* madera negra o. madre de
  cacao)
Nierenbaum (*l* Anacardium
  occidentale, *s* marañón)
Ohrenfruchtbaum (*l* Enterolobium
  cyclocarpum, *s* [árbol de]
  guanacaste)
Ohrenfruchtbaum (*l* Enterolobium
  cyclocarpum, *s* guanacaste)
Olivenbaum (*l* Simarouba amara,
  s aceituno)
Pachaobaum (*l* Schizolobium
  parahyba, *s* gallinazo)
Panamaischer Gummibaum (*l* Castilloa
  elastica, *s* hule)
Panama-Mahagoni (*l* Anacardium
  excelsum, *s* espavél)
Philodendron (*l* Philodendron sp.,
  s philodendro)
Phoebebaum (*l* Phoebe valeriana,
  s quizarrá)
Piedrabaum (*l* Coccoloba tuerckheimii,
  s piedra)
Pilonbaum (*l* Hieronyma alchorneoi-
  des, *s* pilón o. carne asada)
Pittierische (*l* Cecropia pittieri,
  s guarumo)
Pouteriabaum (*l* Pouteria congestifolia,
  s leche amarilla)
Purpurholzbaum (*l* Peltogyne
  purpurea, *s* nazareno)
Rasierpinselbaum o. Glückskastanie
  (*l* Pachira aquatica, *s* árbol de
  dinero, jelinjoche o. quirihillo)
Regenbaum (*l* Pithecellobium saman,
  s cenízaro, cenícero o. samán)
Rosa Trompetenbaum (*l* Tabebuia
  pentaphylla o. Tabebuia rosea,
  s roble sabana)
Rote Mangrove (*l* Rhizophora mangle,
  s manglar rojo)
Ruptiliocarpon caracolito (*s* cedro
  caracolito)
Sajo-Baum (*l* Campnosperma
  panamensis, *s* orey)
Sandbüchsenbaum (*l* Hura crepitans,
  s javillo)
Sandpapierstrauch (*l* Curatella
  americana, *s* raspaguacal o.
  chumico de palo)
Santa-Maria o. Jacareuba
  (*l* Calophyllum brasiliense, *s* Cedro
  María)
Sapatebaum (*l* Calocarpum
  mammosum, *s* zapote)
Sapodillabaum (*l* Pouteria viridis,
  s zapote)

Scheibenblume (*l* Cyclanthus
  bipartitus, *s* hoja de lapa)
Schwarze Mangrove (*l* Avicennia
  germinans o. Avicennia Tonduzii,
  s mangle negro o. mangle prieto)
Schwarze Ölpalme (*l* Astrocaryum
  standleyanum, *s* chonta)
Schwarzeiche siehe Costaricanische
  Schwarzeiche
Schweinepflaume (*l* Spondias mombin,
  s jobo)
Seemandelbaum (*l* Terminalia catapa,
  s almendros de playa)
Sinnpflanzen (*l* Mimosa pigra, span:
  dormilona)
Sonnenschirm der Armen (*l* Gunnera
  insignis, *s* higuera o. sombrilla de
  pobre)
Spanische Zeder (*l* Cedrela odorata,
  s cedro amargo)
Spanischer Walnussbaum (*l* Prioria
  copaifera, *s* cativo o. cabimo)
Stachelnüßchen (*l* Acaena elongata,
  s rosácea)
Stachelrindenbaum o. Dornzeder
  (*l* Bombacopsis quinatum,
  s pochote)
Steineibe (*l* Podocarpus macrostachy-
  us, *s* cipresillo o. ciprés blanco)
Sura (*l* Terminalia oblonga,
  s guayabón)
Süße Zeder (*l* Cedrela tonduzii, *s* cedro
  dulce)
Talgmuskatnussbaum (*l* Virola
  sebifera, *s* fruta dorada)
Teemangrove (*l* Pelliciera rhizophorae,
  s mangle piñuela)
Tempisquebaum (*l* Sideroxylum capiri
  o. Mastichodendron capiri,
  s tempisque)
Terciopelobaum (*l* Sloanea faginea,
  s terciopelo)
Tigerwoodbaum o. Zebrawoodbäume
  (*l* Astronium graveolens, *s* ron ron)
Tolu-Balsambaum (*l* Myroxylon
  balsamum)
Umbellifere (*l* Myrrhidendron
  donnell-smithii, *s* arracachillo)
Vaccinium-Strauch (*l* Vaccinium
  consanguineum, *s* arrayán)
Virolabaum (*l* Virola koschnyi, *s* fruta
  dorada)
Viscoyolpalme (*l* Bactris spp., *s* palma
  viscoyol)
Wahrer Mancinellenbaum
  (*l* Hippomane mancinella,
  s manzanillo)
Waldmandelbaum (*l* Dipteryx
  panamensis, *s* almedro de montaña)
Wanderpalme (*l* Socratea exorrhiza,
  s macanilla o. maquengue)
Wasserlilie o. Wasserhyazinthe
  (*l* Eichhornia crassipes, *s* lirio
  acuático, lirio de agua o. jacinto de
  agua)
Weinmannia-Gewächse (*l* Weinmannia
  wercklei, *s* arrayán mora)
Weißarrayanbaum (*l* Weinmannia
  pinnata, *s* lorito o. arrayán blanco)
Weiße Mangrove (*l* Laguncularia
  racemosa, *s* mangle mariquita o.
  mangle blano)

Weißeiche (*l* Quercus copeyensis,
  s roble blanco)
Wiesenschwengel (*l* Swaiienochioa
  subtessellata, *s* cañuela batamba o.
  chusquea)
Winterrinde (*l* Drimys winteri o.
  granadensis, *s* quiebramuelas o.
  chilemuelo)
Wollbaum siehe Kapokbaum
Würgefeige (*l* Ficus tuerckheimii,
  s matapalo)
Yaguapalme (*l* Attalea butyracea,
  s palma real)
Yolillopalme (*l* Raphia taedigera,
  s yolillo)
Yosbaum (*l* Sapium laurifolium, *s* yos
  o. árbol de yos)
Zapfenpalme (*l* Zamia fairchildiana,
  s palma de pegamento o. zamia)
Zebraholz-Baum (*l* Astronium
  graveolens, *s* ron-ron)
Zungenfarn (*l* Elaphoglossum lingua,
  s helecho lengua)
Zypressenarten (*l* Podocarpus
  guatemalensis und Podocarpus
  oleifolius, *s* ciprés lorito)

Fauna

Amphibien

Aga-Kröte (*l* Bufo marinus, *s* sapo
  gigante)
Erdbeerfröschchen (*l* Dendrobates
  pumilio, *s* sapito rojo)
Goldbaumsteiger (*l* Dendrobates
  auratus, *s* rana de flecha verde y
  negra)
Goldkröte (*l* Bufo periglenes, *s* sapo
  dorado de Monteverde)
Grüner Leguan (*l* Iguana iguana,
  s iguana verde)
Harlekin- o. Stummelfußfrosch
  (*l* Atelopus varius, *s* sapo arlequín)
Helmbasilisk (*l* Basiliscus basiliscus,
  s basilisco común)
Mittelamerikanische Blindwühle
  (*l* Gymnopis multiplicata, *s* dos
  cabezas)
Nacktbauch-Glasfrosch (*l* Centrolenella colymbiphyllum o. Centrolenella
  valerioi, *s* ranita de vidrio)
Stirnlappenbasilisk (*l* Basiliscus
  plumifrons, *s* basilisco verde o.
  basilisco de doble cresta)
Südamerikanischer Ochsenfrosch
  (*l* Leptodactylus pentadactylus,
  s rana ternero)
Zentralamerikanischer Glasfrosch
  (*l* Centrolenella euknemos, *s* ranita
  de vidrio)

Fische und Meereslebewesen

Blaue Landkrabbe (*l* Cardisoma
  crassum, *s* cangrejo azul)
Bogenstirn-Hammerhai (*l* Sphyma
  lewini, *s* tiburón martillo)
Cavallafisch (*l* Caranx hippos, *s* jurel)
Diadem-Kaiserfisch (*l* Holocanthus
  ciliaris, *s* angel reina)
Diadem-Prachtkaiserfisch
  (*l* Holocanthus ciliaris, *s* pez ángel
  reina)

Einsiedler- o. Eremitenkrebse
(*I* Pagurus bernhardus, *s* cangrejito ermitaño)
Franzosen-Kaiserfisch (*I* Pomacanthus paru, *s* pez angel [francés])
Frauenfisch o. Tarpon (*I* Tarpon atlanticus, *s* sábalo o. tarpón)
Gelbflossenthunfisch (*I* Thunnus albacares, *s* atún aleta amarilla)
Halloween-Krabbe (*I* Gecarcinus quadratus, *s* cangrejo de tierra)
Herz-Muschel (*I* Anadara tuberculosa, *s* piangua)
Isabelita Kaiserfisch (*I* Holacanthus isabelita, *s* pez isabelita)
Karibik-Languste (*I* Panulirus argus, *s* langosta)
Leopardenbuntbarsch (*I* Cichlasoma dovii, *s* guapote lagunero)
Leopardenmuräne (*I* Muraena lentiginosa, *s* morena joya)
Managua-Buntbarsch (*I* Cichlasoma managuense, *s* pez loro)
Mantarochen (*I* Manta birostris, *s* manta gigante)
Marder- o. Weißspitzen-Riffhai (*I* Triaenodon obesus, *s* tiburón punta blanca de arrecife)
Meeräsche (*I* Mugil curema *s* lisa)
Miesmuschel (*I* Tagelus peruvianus o. Modilus capax, *s* mejillón)
Riesenflügelschnecke o. Große Fechterschnecke (*I* Strombus gigas)
Schnapper (*I* Lutjanus colorado, *s* pargo rojo)
Schwarzer Diadem-Seeigel (*I* Diadema antillarum, *s* erizo de espinas largas)
Seegurken o. Seewalzen (*I* Holothuroidea, *s* pepino de mar)
Seeigel (*I* Paracentrotus lividus, *s* erizo de mar)
Seesterne (*I* Asteroidea, *s* estrellas de mar)
Skalaren (*I* Pterophyllum scalare *s* pez ángel)
Snooks (*I* Centropomus medius, *s* róbalo)
Teufelsrochen (*I* Manta birostris, *s* manta raya)
Venusfächer o. Gemeine Fächerkoralle (*I* Gorgonia ventalina, *s* abanico de mar)
Weißspitzenhai (*I* Carcharhinus longimanus, *s* tiburón punta blanca)
Zahnkarpfen (*I* Priapichtys annectens, *s* olomina)

Insekten
Agrippinaeule (*I* Thysania agrippina, *s* diabolo blanco, polilla fantasma o. bruja gran gris)
Ameise (*I* Hymenoptera formicidae, *s* hormiga)
Blauer Morphofalter (*I* Morpho peleides, *s* morfo azul)

Reptilien
Abgottschlange o. Königsboa (*I* Boa constrictor, *s* boa contrictora o. bequer)

Bastardschildkröte o. Oliv-Bastardschildkröte (*I* Lepidochelys olivacea, *s* tortuga olivácea o. tortuga marina lora)
Buschmeister o. Südamerikanischer Buschmeister (*I* Lachesis muta, *s* matabuey, cascabel del Pacífico o. plato negro)
Echte Karettschildkröten (*I* Eretmochelys imbricata, *s* tortuga carey)
Erzspitznatter (*I* Oxybelis aeneus, *s* bejuquilla)
Fer-de-Lance siehe Terciopelo-Lanzenotter
Glanzspitznatter (*I* Oxybelis fulgidus, *s* bejuquilla verde)
Goldkröte (*I* Bufo periglenes, *s* sapo dorado o. sapo de Monteverde)
Granulierter Pfeilgiftfrosch (*I* Dendrobates granuliferus, *s* sapito dardo)
Greifschwanz-Lanzenotter o. Schlegels Lanzenotter (*I* Bothrops schlegelii o. Bothriechis schlegelii, *s* bocaracá, oropel, mapanare cejuda o. toboba de pestañas común)
Grüner Leguan (*I* Iguana iguana, *s* iguana)
Kaiman (*I* Caiman crocodylus, *s* caimán)
Königsboa siehe Abgottschlange
Korallenschlange (*I* Micrurus nigrocinctus, *s* coral común)
Krokodilkaiman (*I* Caiman crocodilus fuscus, *s* verdadero caimán o. lagarto oji gordo)
Kugelfingergecko (*I* Sphaerodactylus pacificus, *s* gecko de la Isla del Coco)
Lederschildkröte (*I* Dermochelys coriacea, *s* baula)
Norops (*I* Norops townsendi, *s* anolis del Coco)
Oropelschlange o. Palmenviper (*I* Bothriechis schlegelii, *s* bocaracá o. vibora de pestañas común)
Palmenviper siehe Greifschwanz-Lanzenotter
Rotwangenschmuckschildkröte (*I* Trachemys scripta, span: tortuga orejas rojas)
Savannennatter (*I* Coluber mentovarius, *s* sabanera)
Schnappschildkröte (*I* Chelydra serpentina, *s* tortuga mordedora)
Schwarze See- o. Suppenschildkröte (*I* Chelonia agassizi, *s* tortuga negra)
Schwarzer Leguan o. Gemeiner Schwarzleguan (*I* Ctenosaurus similis, *s* garrobo)
Spitzkrokodil (*I* Crocodylus acutus, *s* cocodrilo americano)
Springende Lanzenotter o. Springende Grubenviper (*I* Atropoides nummifer, *s* mano de piedra)
Stirnlappenbasilisk (*I* Basiliscus plumifrons, *s* garrobo o. iguano Jesuscristo)
Sumpfkrokodil (*I* Crocodylus palustris, *s* cocodrilo)
Suppenschildkröte (*I* Chelonia mydas, *s* tortuga verde)

Terciopelo-Lanzenotter o. Fer-de-Lance (*I* Bothrops asper, *s* barba amarilla o. terciopelo)
Tropische Klapperschlange o. Schauer-Klapperschlange (*I* Crotalus durissus, *s* cascabel tropical o. vibora de cascabel)
Zentralamerikanische Baum-Boa (*I* Corallus ruschenbergerii, *s* boa arborícola jardinera)

Säugetiere
Agouti (Aguti) o. Mittel- bzw. zentralamerikanisches Agouti (*I* Dasyprocta punctata, *s* aguti centroamericano o. guatusa)
Bergkaninchen (*I* Silvilagus brasiliensis, *s* conejo de monte)
Beutelratte (*I* Philander opossum, *s* zorro cuatro ojos)
Blütenfledermaus (*I* Leptonycteris curasoae, *s* murciélago-hocicudo de Curazao)
Brasilien-Waldkaninchen (*I* Sylvilagus brasiliensis, *s* conejo de monte)
Brillenblattnase (*I* Carollia perspicillata, *s* murciélago frutero común)
Brüllaffe o. Mantel-Brüllaffe (*I* Alouatta palliata, *s* mono aullador negro o. mono congo)
Buckelwal (*I* Megaptera novaeangliae, *s* ballena jorbada)
Bunthörnchen (*I* Sciurus varigatoides, *s* chiza o. ardilla)
Delfin siehe Gemeiner Delfin, Großer Tümmler, Ostpazifischer Delfin und Schlanker Delfin
Deppe's Eichhörnchen (*I* Sciurus deppei, *s* chiza)
Dreifingerfaultier o. Braunkehl-Faultier (*I* Bradypus variegatus, *s* perezoso de tres dedos)
Eichhörnchen siehe Bunthörnchen und Deppe's Eichhörnchen
Felsenmaus (*I* Peromyscus nudipes, *s* ratón mexicano)
Fischotter o. Südamerikanischer Fischotter (*I* Lontra longicaudis, *s* lobito de río)
Fransenlippenfledermaus (*I* Trachops cirrhosus, *s* murciélago de labios)
Gemeiner Delfin (*I* Delfinus delphis, *s* delfin común océanico)
Gemeiner Vampir (*I* Desmodus rotundus, *s* vampire común)
Graufuchs (*I* Urocyon cinereoargenteus, *s* zorro gris)
Große Hasenmaul- o. Fischerfledermaus (*I* Noctilio leporinus, *s* murciélago pescador)
Großer Ameisenbär (*I* Myrmecophaga tridactyla, *s* oso hormiguero grande o. oso caballo)
Großer Tümmler (*I* Tursiops truncatus, *s* delfin mular, delfin nariz de botella)
Großmazama siehe Roter Spießhirsch
Gürteltier siehe Neunbinden-Gürteltier
Halsbandpekari (*I* Pecari tajacu o. Tayassu tajacu, *s* saino o. zaino)

Hasenmaul- o. Fischerfledermäuse
(*l* Noctilio leporinus, *s* murciélago
pescador)
Jaguar (*l* Panthera onca o. Felis onca,
s jaguar)
Jamaikanischer Fruchtvampir o.
Jamaika-Fruchtfledermaus
(*l* Artibeus jamaicensis,
s murciélago frugivoro de Jamaica)
Kapuzineraffe o. Weißschulterkapuzi-
ner (*l* Cebus capucinus, *s* mono
carablanca o. mono cariblanco)
Karibik-Manati o. Nagel-Manati
(*l* Trichechus Manatus, *s* vaca
marina o. manati)
Klammeraffe o. Geoffroy-Klammeraffe
(*l* Ateles geoffroyi, *s* mono colorado
o. mono araña [de Geoffroy])
Kojote (*l* Canis latrans, *s* coyote)
Langschwanzwiesel (*l* Mustela frenata,
s comadreja)
Lanzennasenfledermaus
(*l* Chrotopterus auritus, *s* falso
vampiro orejón)
Makibär (*l* Bassaricyon gabbi, *s* olingo)
Mantel-Brüllaffe siehe Brüllaffe
Mexikanische Hirschmaus
(*l* Peromyscus mexicanus, *s* ratón de
patas blancas)
Mittelamerikanisches Katzenfrett
(*l* Bassariscus sumichrasti,
s cacomistle)
Nasenbär siehe Weißrüssel-Nasenbär
und Südamerikanischer Nasenbär
Neunbinden-Gürteltier (*l* Dasypus
novemcinctus, *s* armadillo común o.
armadillo de nueve bandas o.
cusuco)
Nördliche Tamanduas (*l* Tamandua
mexicana, *s* oso colmenero)
Nordopossum (*l* Didelphis virginiana,
s tlacuache norteño)
Opussum siehe Nordopposum und
Südopposum
Ostpazifischer Delfin (*l* Stenella
longirostris, *s* delfin tornillo)
Ozelot (*l* Felis pardalis o. Leopardus
pardalis, *s* ocelote o. manigordo)
Ozelotkatze o. Langschwanzkatze
(*l* Felis wiedii, *s* caucel o. tigrillo)
Paca (Paka) (*l* Cuniculus paca, *s* paca
común) siehe auch Tieflandpaka
Pekari o. Nabelschwein siehe
Halsbandpekari und Weißbartpekari
Präriewolf (*l* Canis latrans, *s* coyote)
Puma (*l* Puma concolor, *s* puma)
Roter Spießhirsch (*l* Mazama
americana, *s* Cabro de monte)
Sackflügel- o. Zweistreifenfledermaus
(*l* Saccopteryx bilineata,
s murciélaguito de tirantes negro)
Schlankbär (*l* Bassaricyon gabbii,
s olingo)
Schlanker Delfin (*l* Stenella attenuata,
s delfin manchado)
Schnurrbartfledermaus (*l* Pteronotus
parnellii, *s* bigotudo)
Schwertnase (*l* Lonchorhina aurita,
s murciélago orejón nariz de espada
Seekuh siehe Karibik-Manati
Seidige Kurzschwanzblattnase
(*l* Carollia brevicauda, *s* murciélago
de cola corta)

Skunk o. Amazonas-Skunk
(*l* Conepatus semistriatus, *s* zorro
hediondo)
Spitzmaus (*l* Cryptotis sp.,
s musaraña)
Stachelschwein (*l* Coendou mexicanum
s puercoespín)
Stinktier siehe Skunk
Südamerikanischer Nasenbär (*l* Nasua
narica, *s* pizote)
Südopossum (*l* Didelphis marsupialis,
s zorro pelón o. tlacuache común)
Tapir (*l* Tapirus bairdii, *s* danta)
Tayra (*l* Eira barbara, *s* tolomuco)
Tieflandpaka (*l* Agouti paca,
s tepezcuintle)
Tigerkatze (*l* Felis tigrina, *s* tigrillo)
Totenkopfaffe o. Mittelamerikanischer
Totenkopfaffe (*l* Saimiri oerstedii,
s mono ardilla o. titi)
Underwoods Mastifffledermaus
(*l* Eumops underwoodi, *s* sombrerete
centroamericano)
Vieraugenbeutelratte o. Graue
Vieraugenbeutelratte (*l* Philander
opossum, *s* zorro cuatro ojos)
Waschbär (*l* Procyon loctor,
s mapache)
Weißbartpekari (*l* Tayassu pecari,
s chancho cariblanco o. pecari
barbiblanco)
Weißrüssel-Nasenbär o. (*l* Nasua
nasua, *s* coatí de cola anillada)
Weißwedelhirsch (*l* Odocoileus
virginianus, *s* venado de cola
blanca)
Wickelbär (*l* Potos flavus, *s* martilla o.
kinkajú)
Wieselkatze siehe Yaguarundi
Wollbeutelratte o. (*l* Caluromys
derbianus, *s* zorro de balsa)
Yaguarundi (Jaguarundi) o.
Wieselkatze (*l* Puma yagouaroundi
o. Felis jaguarundi, *s* yaguarundí o.
león breñero)
Zentralamerikanisches Agouti siehe
Agouti
Ziege (*l* Capra hircus, *s* cabra)
Zweifingerfaultier o. Hoffmann-Zwei-
fingerfaultier (*l* Choleopus
hoffmanni, *s* perezoso de dos dedos
o. oso perezoso)
Zwergameisenbär (*l* Cyclopes
didactylus, *s* serafín de platanar)

Vögel
Amerikanischer Schlangenhalsvogel
(*l* Anhinga anhinga, *s* anhinga, patos
aguja, corúa real o. pájaro
serpiente)
Ara (*l* Ara macao, *s* lapa roja o.
guacamayo macao)
Baltimore-Trupial (*l* Icterus galbula,
s cacique veranero)
Bindentaucher (*l* Podilymbus
podiceps, *s* zambullidor piquipinto)
Blauflügelente (*l* Anas discors,
s zarceta o. cerceta aliazul)
Blaureiher (*l* Egretta caerulea,
s garceta azul)
Blauringtaube (*l* Leptotila verreauxi,
s paloma coliblanco)

Blauscheitelmotmot (*l* Momotus
momotta, *s* pájaro Bobo)
Blauscheitelpipra (*l* Pipra coronata,
s saltarin coroniceleste)
Bonaparte-Schuppentao o. Bergtinamu
(*l* Nothocercus bonapartei, *s* gallina
de monte)
Brauner Pelikan (*l* Pelecanus
occidentalis, *s* pelícano alcatraz)
Braunflügelguan (*l* Ortalis vetula,
s chachalaca norteña o. guacharaca)
Braunhäher (*l* Cyanocorax morio,
s piapia)
Braunschwanzamazilie (*l* Amazilia
tzacatl, *s* amazilia rabirrufa)
Braunsichler (*l* Plegadis falcinellus,
s morito común)
Braun-weißer Fischbussard (*l*
Busarellus nigricollis, *s* gavilán
pescador)
Brillenkauz (*l* Pulsatrix perspicillata,
s oropopo)
Bussard (*l* Buteogallus meridionales,
s aguilucho)
Cabanisdrossel (*l* Turdus plebejus,
s yigüirro)
Cayennekuckuck (*l* Piaya cayana,
s bobo chizo)
Cayenne-Ralle (*l* Armides cajanea,
s rascón cuelligris)
Chiriquí-Sittich o. Hoffmanns
Rotschwanzsittich (*l* Pyrrhura
hoffmanni, *s* cotorra catana)
Cocos-Fink (*l* Pinaroloxias inornata,
s pinzón de la Isla del Coco)
Cocos-Kuckuck (*l* Coccyzus
ferrugineus, *s* cuclillo de la Isla del
Coco)
Dominikanertriele (*l* Burhinus
bistriatus, *s* alcaraván)
Drosseluferläufer (*l* Actitis
macularius, *s* andarríos macularia)
Eckschwanzsperber (*l* Accipiter
striatus, *s* camaleón)
Eichelspecht (*l* Melanerpes
formicivorus, *s* carpintero careto o.
carpintero bellotero)
Einfarb-Hakenschnäbel (*l* Diglossa
plumbea, *s* pinchaflor pizarroso)
Einsiedleradler (*l* Harpyhaliaetus
solitarius, *s* águila solitaria)
Elfenbeinsittich (*l* Aratinga
canicularis, *s* aratinga frentena-
ranja)
Erzeremit-Kolibri (*l* Glaucis aenea,
s ermitaño bronceado)
Erzfischer o. Zwerggrünfischer (*l* Chloroceryle aenea, *s* Martin pescador
enano)
Feenseeschwalbe (*l* Gygis alba)
Feuerschnabel-Arassari (*l* Petroglossus
frantzii, *s* arasarí piquinaranja o.
cusingo)
Feuerwaldsänger (*l* Parula gutturalis,
s reinita garganta de fuego)
Fischadler (*l* Pandion haliaetus,
s aguila pescadora)
Fischbussard (*l* Busarellus nigricollis,
s busardo colorado)
Fischertukan o. Regenbogentukan
(*l* Ramphastos sulfuratus, *s* curré
negro o. tucán piquiverde)

Fleckenbrust-Zaunkönig (*l* Thryothorus maculipectus , *s* soterrey pechimoteado)
Fregattvogel (*l* Fregata magnificens, *s* tijereta del mar o. fregata)
Gebirgsstreifenbaumhacker (*l* Lepidocolaptes affinis, *s* trepatroncos coronipunteado)
Gelbnackenamazone (*l* Amazona auropalliata, *s* lora copete amarillo)
Gelbschenkel-Buschammer (*l* Pselliophorus tibialis, *s* saltón de muslos amarillos)
Gelbschnabelkazike (*l* Amblycercus holosericeus, *s* cacique piquiamarillo o. arrendajo andino)
Gelbstirn-Blatthühnchen (*l* Jacana spinosa, *s* gallito de agua o. jacana centroamericana)
Gelbwangenamazone (*l* Amazona autumnalis, *s* amazona frentirroja)
Gildrossel (*l* Turdus grayi, *s* yigüirro)
Goldkinnsittich (*l* Brotogeris jugularis, *s* catano o. zapoyolito)
Goldwaldsänger (*l* Dendroica petechia, *s* reinita [amarilla] del manglar)
Grauscheitel-Kotinga (*l* Carpodectes nitidus, *s* Cotinga nivea),
Großer Soldatenara (*l* Ara ambigua, *s* guacamayo ambiguo)
Großfuß-Buschammer (*l* Pezopetes capitalis, *s* saltón de patigrande)
Großtinamu o. Großtao (*l* Tinamus major, *s* tinamú oliváceo)
Grünbrustfischer (*l* Chloroceryle americana, *s* martin pescador verde)
Guatemalawachtel (*l* Dendrortyx leucophrys, *s* colin cariclaro)
Halsbandarassari (*l* Pteroglossus torquatus, *s* arasarí acollarado)
Halsbandtrogon (*l* Trogon collaris, *s* trogón collarejo o. viuda roja)
Hämmerling (*l* Procnias tricarunculata, *s* campanero tricarunculado)
Harpyie o. Haubenadler (*l* Harpia harpyja, *s* águila harpía)
Haubenkauz (*l* Lophostrix cristata, *s* búho corniblanco)
Hellroter Ara (*l* Ara macao, *s* lapa roja)
Herbstpfeifgans (*l* Dendrocygna autumnalis, *s* suirirí piquirrojo)
Jabiru (*l* Jabiru mycteria, *s* jabirú)
Kahnschnabel (*l* Cochlearius cochlearius, *s* chocuaco o. cuaca)
Kanadareiher (*l* Ardea herodias, *s* garza azulada)
Keilschwanzsittich (*l* Aratinga, *s* zapoyol)
Königsgeier (*l* Sarcoramphus papa, *s* zopilote rey)
Königstyrann (*l* Tyrannus tyrannus, *s* mosquero coludo)
Krabbenbussard (*l* Buteogallus anthracinus, *s* gavilán cangrejero)
Kuhreiher (*l* Bubulcus ibis, *s* garza boyera)
Kupferköpfchen (*l* Elvira cupreiceps, *s* colibrí esmeralda capirotada)
Kurzschnabeltaube (*l* Columba nigrirostris, *s* paloma piquicorta)
Lachfalke (*l* Herpetotheres cachinnans, *s* guaco)

Langschwanzhäher (*l* Calocitta formosa, *s* urraca copetona)
Langschwanzpipra (*l* Chiroxiphia linearis, *s* saltarín colilargo o. toledo)
Laucharassari (*l* Aulacorhynchus prasinus, *s* tucán bicolor, tucanillo, tucancillo, tucancillo verde, curré o. tucán esmeralda)
Mangrovenamazilie (*l* Amazilia boucardi, *s* colibrí de manglar)
Mangrovenreiher (*l* Butorides striatus, *s* garcilla verde)
Maskenklarino (*l* Myadestes Melanops, *s* jilguero o. solitario carinegro)
Mohrenguan (*l* Chamaepetes unicolor, *s* pava negra)
Montezumastirnvogel (*l* Gymnostinops Montezuma o. Psarocolius montezuma, *s* Montezuma oropéndola)
Morgenammer (*l* Zonotrichia capensis, *s* comemaíz)
Nachtreiher (*l* Nycticorax nycticorax, *s* martinete común o. chocuaco)
Nicaraguagrackel (*l* Quiscalus nicaraguensis, *s* clarinero nicaragüense, zanate de laguna o. toti)
Odinshühnchen (*l* Phalaropus lobatus, *s* falaropo picofino)
Olivenscharbe (*l* Phalacrocorax brasilianus, *s* cormorán biguá)
Panamaschopfohr (*l* Pseudocolaptes lawrencii, *s* Trepamusgo cachetón)
Pauraquenachtschwalbe (*l* Nyctidromus albicolis, *s* cuyeo)
Pelikan (*l* Pelecanidae, *s* pelicano)
Pfauentruthuhn (*l* Meleagris ocellata, *s* pavo salvaje)
Plattschnabelmotmot (*l* Electron platyrhynchum, *s* momoto picoancho)
Prachthaubenadler (*l* Spizaetus ornatus, *s* águila-azor galana)
Quetzal (*l* Pharomachrus mocinno, *s* quetzal)
Rabengeier (*l* Coragyps atratus, *s* zopilote negro)
Regenbogentukan siehe Fischertukan
Regenbrachvogel (*l* Numenius phaeopus, *s* zarapito trinador o. cherelá)
Ridgwaykotinga (*l* Cotinga ridgwayi, *s* cotinga turquesa)
Rosalöffler (*l* Platalea ajaja o. Ajaia ajaja, *s* espátula rosada)
Rostbauchguan (*l* Penelope purpurascens, *s* pava cojolita, pava granadera o. pavón)
Rosttäubchen (*l* Columbina talpacoti *s* tortolita rojiza o. tortolita castaña)
Rotbrustfischer (*l* Ceryle torquata, *s* martin pescador collarejo)
Rotkopfbartvögel (*l* Eubucco bourcierii, *s* cabezón cabecirrojo)
Rotnackenzaunkönig (*l* Campylorhynchus rufinucha, *s* soterrey matraquero)
Rotrückentaube (*l* Colomba cayennensis, *s* paloma morada)
Rußdrossel (*l* Turdus nigrescens, *s* negruzco)

Salmonreiher (*l* Tigrisoma fasciatum, *s* martin peña)
Schieferschwanztrogon (*l* Trogon massena, *s* trogón coliplomizo)
Schirmvogel (*l* Cephalopterus cuellicalvo o. Cephalopterus glabricollis, *s* pájaro sombrilla cuellicalvo)
Schmuck-Amazilie (*l* Amazilia decora , *s* amazilia corona de berilo)
Schmuckreiher (*l* Egretta thula, *s* garceta nivosa)
Schneesichler (*l* Eudocimus albus, *s* ibis blanco)
Schopfkarakara (*l* Caracara plancus o. Polyborus plancus, *s* carancho, caracara cargahuesos)
Schuppenbrusttaube (*l* Claravis pretiosa, *s* tortolita azulada)
Schuppenhalstaube (*l* Columba fasciata, *s* paloma collajera)
Schwalbenweih (*l* Elanoides forficatus, *s* ave de rapiña)
Schwanz-Seidenschnäpper (*l* Ptilogonys caudatus, *s* capulinero colilargo)
Schwarzohrpapagei (*l* Pionus menstrus, *s* loro cabeciazul)
Silberreiher (*l* Casmerodius albus, *s* garza blanca o. garceta grande)
Sonnenralle (*l* Eurypyga helias, *s* garza del sol o. tigana)
Stirnfleckenorganist (*l* Euphonia imitans, *s* eufonia vientrirrojizo)
Stirnvogel siehe Montezumastirnvogel
Streifenjunco (*l* Junco vulcani, *s* junco paramero)
Tölpel (*l* Sula sula, *s* pájaro bobo o. gaviota bobo)
Tovisittich (*l* Brotogeris jugularis, *s* catita churica, zapayol o. catano)
Tropfen(wald)wachtel (*l* Odontophorus guttatus, *s* codomíz)
Truthahngeier (*l* Cathartes aura, *s* aura gallipavo)
Tuberhelhokko (*l* Crax rubra, *s* pavón norteño o. pavón grande)
Tyrannenvogel (*l* Nesotriccus ridgewayi, *s* mosquerito de la Isla del Coco)
Veilchentrogon (*l* Trogon violaceus, *s* trogón violáceo)
Waldstorch (*l* Mycteria americana, *s* tántalo americano)
Weißbussard (*l* Leucopternis albicollis, *s* gavilán blanco o. busardo blanco)
Weißflügelbussard (*l* Buteo leucorrhous, *s* gavilán negro)
Weißgesicht-Faulvogel (*l* Monasa morpheous, *s* monja cariblanco)
Weißkehlkolibri (*l* Selasphorus flammula, *s* chispita volcanera)
Weißschopfelfe (*l* Lophornis adorabilis, *s* Coqueta crestiblanca)
Weißstirn- o. Brillenamazone (*l* Amazona albifrons, *s* amazona frentialba)
Zweibindenbussard o. Graubussard (*l* Buteo nitidus, *s* gavilan gris)
Zwerggrünfischer siehe Erzfischer
Zwergveilchenohrkolibri (*l* Colibri thalassinus, *s* colibrí verdemar)

Stichwortverzeichnis

Bildnachweis

Alle Bilder von **Jochen Fuchs**, außer:
CATA: 26 (Traveller AUREA), 34, 69, 117, 123, 228, 236, 239, 247, 262, 272, 277 (Cristina Candel), 302, 304, 357, 380, 419, 425, 426, 429, 441, 547, 552; **fotolia.com**: 49 (niquimania), 51 (belizar), 59 (mgkuijpers), 61 (damtraveller), 63 (hotshotsworldwide), 64 oben (Eduardo Rivero), 64 unten (JKaczka Digital Imaging), 68 (jirisykora839), 82 (Isame), 285 (AustralianDream), 350 (Stephanie Rousseau), 363 (costarica), 542 (Mischa Krumm); **iStock**: 16, 198, 403 (hemeroskopion), 28 (Wolfgang Feischl), 30 (2tamsalu), 32 (JeninVA), 36, 412 (billberryphotography), 42 (anzeletti), 43 (gregvr8156), 48 (JeffGrabert), 55 (jarnogz), 84 (tzooka), 150 (l27), 166 (piginka), 177 (ania), 185 (awc 007), 187 (fredlamarche), 191 (andykrakovski), 204, 348 (ianmcdonell), 209 (hotshotsworldwide), 211 (photoBlueIce), 217 (piratedub), 222 (IMPALASTOCK), 234 (jgorzynik), 242 (OliverJW), 257 (pchoui), 266 (bgsmith), 287, 322, 330, 335, 340 (lightphoto), 289 (trondlarsen), 292 (sekarb), 306, 435 (Focus on Nature), 312 (Enjoylife2), 316 (sculpies), 323 (canon_bob), 326 (thepalmer), 328 (Urs Siedentop), 345 (danab), 355 (blueye), 368 (WTolenaars), 377 (vanilla string), 384 (DavisImages), 387 (gionnixxx), 395 (animaldoc), 408 (terriestock), 415 (PuraVidaFotos), 417 (mtcurado), 436 (Patrick Gijsbers/Reisbegeleidercom), 443 (Klaris), 449 (thejmann), 461 (pumucl), 469 (alessandro0770), 476 (NTCo), 485 (ToniFlap), 487 (atosan), 489 (bcboy30), 495 (ChrisMR), 502 (jferrer), 513 (AGoyen); **Pixelio**: 470 (Oliver Brunner); **Julia Minderlein/Matthias Hager**: 18, 31, 39, 53, 54, 57, 91, 130, 253, 258, 278, 447, 514, 518, 520, 521, 526, 527, 531; **Wikipedia**: 451 (ArquiWHAT); **Andy Rusch**: 146, 147, 170; **Ulrich Quack**: 231

Entfernungen in Costa Rica (in Kilometern)

	San Jose	Poás	Arenal/La Fortuna	Los Chiles	Monteverde	Liberia	Santa Rosa National Park	Tamarindo	Nicoya	Samara	Playa Tambor	Puntarenas	Jaco	Manuel Antonio	Dominical	Golfito	San Isidro del General	Turrialba	Puerto Viejo de Talamanca	Siquirres	Puerto Limon	Guapiles	Puerto Viejo Sarapiqui	Puerto Jimenez	San Vito
San Jose	-	56	136	192	155	217	269	263	298	250	171	110	108	195	166	339	134	68	234	99	160	64	83	336	267
Poás	56	-	250	213	177	242	220	215	296		135	132	115	196	241	396	191	124	259		215	120	120		
Arenal/La Fortuna	136	250	-	65	110	140	120	210	171	209	210	121	159	232	266	410	154	190	310	184	239	146	100	436	384
Los Chiles	192	213	65	-	245	151	215		105	270	300	126	315	188	385	309	196	302	256		192	158	104		
Monteverde	155	177	110	245	-	110	155	159	105	142	195	67	117	190	224	368	255	209	366	240	295	202	181	394	364
Liberia	217	242	140	151	110	-	27	72	79	118	200	138	189	255	290	447	329	285	432		379	284	258	460	462
Santa Rosa National Park	269	220	120	215	155	27	-	85	57	110	175	159	200	260	325	360	320	320	473		401	317	339	502	
Tamarindo	263	215	210		159	72	85	-	57	38	160	175	225	298	332	476	317	477	310		405	363	289	502	472
Nicoya	298	296	171	105	105	79	57	57	-	38	85	217	268	334	278	525	365	419	363		458	334	337	447	541
Samara	250		209	270	142	118	110	38	38	-	85	159	306	281	315	485	347	301	457		387	293	273	485	456
Playa Tambor	171	135	210	300	195	200	175	160	85	85	-	35	115	175	215	459	250	250	331		261	120	150	430	456
Puntarenas	110	132	121	126	67	138	159	175	217	159	35	-	72	138	178	330	177	327	209		270	175	173	348	345
Jaco	108	115	159	315	117	189	200	225	268	306	115	72	-	107	107	261	144	175	268		268	173	176	276	276
Manuel Antonio	195	196	232	188	190	255	260	298	334	281	175	138	107	-	43	194	77	241	403		334	236	242	213	210
Dominical	166	241	266	385	224	290	325	332	278	315	215	178	107	43	-	144	32	184	360		269	223	243	170	140
Golfito	339	396	410	309	368	447	360	476	525	485	459	330	261	194	144	-	205	364	503	411	499	404	439	128	71
San Isidro del General	134	191	154	196	255	329	320	317	365	347	250	177	144	77	32	205	-	159	328	233	294	199	217	201	133
Turrialba	68	124	190	302	209	285	320	477	419	301	250	327	175	241	184	364	159	-	176	47	107	84	150	354	292
Puerto Viejo Talamanca	234	259	310	256	366	432	473	310	363	457	331	209	268	403	360	503	328	176	-	132	73	167	211	529	455
Siquirres	99		184		240											411	233	47	132	-	60	37	132	430	339
Limon	160	215	239	192	295	379	401	405	458	387	261	270	268	334	269	499	294	107	73	60	-	97	140	459	426
Guapiles	64	120	146	158	202	284	317	363	334	293	120	175	173	236	223	404	199	84	167	37	97	-	45	392	331
Puerto Viejo Sarapiqui	83	120	100	104	181	258	339	289	337	273	150	173	176	242	243	439	217	150	211	132	140	45	-	412	367
Puerto Jimenez	336		436		394	460	502	502	447	485	430	348	276	213	170	128	201	354	529	430	459	392	412	-	150
San Vito	267		384		364	462		472	541	456	456	345	276	210	140	71	133	292	455	339	426	331	367	150	-

Iwanowski's Reisebuchverlag GmbH • Salm-Reifferscheidt-Allee 37 • D- 41540 Dormagen
Tel: 0 2133/260311 • Fax: 0 2133/260334 • E-mail: info@iwanowski.de
www.iwanowski.de • www.facebook.com/Iwanowski.Reisebuchverlag
www.iwanowski.de/blog • www.twitter.com/Iwanowskireisen